U0098504

中俄
關係史（下冊）

History of
Relationship Between
China and Russia

明　驥　編著

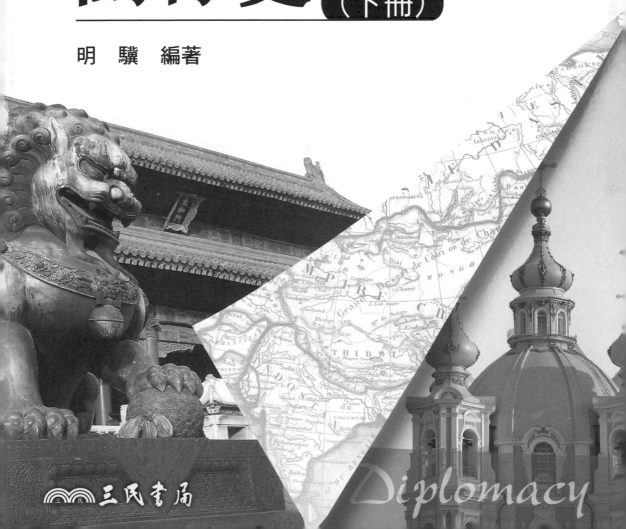

Diplomacy

三民書局

國家圖書館出版品預行編目資料

中俄關係史／明驥編著.－－初版一刷.－－臺北
市：三民，2008
　　冊；　公分
　　參考書目：面
　　ISBN 978–957–14–4515–1　（上冊：平裝）
　　ISBN 978–957–14–4904–3　（下冊：平裝）
　　1.中俄關係 2.外交史

644.8　　　　　　　　　　　　　　　97001282

© 中俄關係史(下冊)

編 著 者	明　驥
責任編輯	闕瑋茹
發 行 人	劉振強
著作財產權人	三民書局股份有限公司
發 行 所	三民書局股份有限公司
	地址　臺北市復興北路386號
	電話　(02)25006600
	郵撥帳號　0009998–5
門 市 部	(復北店) 臺北市復興北路386號
	(重南店) 臺北市重慶南路一段61號
出 版 日 期	初版一刷　2008年6月
編 　 號	S 571280
定 　 價	新臺幣500元

行政院新聞局登記證局版臺業字第○二○○號

有著作權·不准侵害

ISBN　978–957–14–4904–3　（下冊：平裝）

http://www.sanmin.com.tw　三民網路書店

※本書如有缺頁、破損或裝訂錯誤，請寄回本公司更換。

作者願景

中俄兩國關係深

是非恩怨有史評

地理位置移不動

上帝命定永為鄰

後代子孫同努力

消滅隔閡及戰爭

合作互助常相處

共謀正義與和平

Заветная мечта автора

(作者願景)

Китай и Россия—отношения между двумя нашими странами так непросты, их история изобилует примерами согласия и разлада, приязни и неприязни.

(中俄兩國關係深，是非恩怨有史評)

Но им, расположенным в одной части света, никуда не уйти друг от друга, ибо самим Всевышним им назначено быть соседями.

(地理位置移不動，上帝命定永為鄰)

Пусть же настойчивыми стараниями грядущих поколений будет покончено с отчуждением и конфликтами и восторжествуют сотрудничество, взаимопомощь и вечное содружество во имя общих для нас идеалов справедливости и мира.

(後代子孫同努力，消滅隔閡及戰爭，合作互助常相處，共謀正義與和平)

THE WISH OF THE AUTHOR

China and Russia have profoundly historical relations

Embracing both friendship and conflicting.

It is because of being geographically neighboring

Which is the destined situation.

Wishing the new generations of both nations

Making best efforts to promote co-operation

And coordination,

And to avoid hostility and misunderstanding,

So as to uphold justice,

And make the cause of peace advancing.

中俄關係史（下冊）　目錄

作者願景

第三編　清代後期中俄關係

第三編

清代後期中俄關係

第一章　俄人再度侵略黑龍江地區

第一節　一六八九年後清政府對黑龍江以北與烏蘇里江以東之管理

一、尼布楚條約劃定中俄東段邊界及穩定了百餘年和平關係

　　一六八九年，中俄雙方經過平等協商簽訂《尼布楚條約》，劃定了中俄東段邊界，從法律肯定了外興安嶺以南，黑龍江和烏蘇里江流域都是中國領土。

　　根據俄國史學家波特金等人編著《外交史》一書載稱：一六八九年《尼布楚條約》的締結，對雙方都具有重大的積極意義，因為它長期穩定了兩國之間的和平關係。十八世紀和十九世紀初期中俄關係的特點，是雙方在共同交界地區軍事力量都很薄弱。對俄國來說，軍事薄弱的原因，是由於俄、中邊界離俄國生活核心極遠，以及不可能在這些邊遠和無法通行的地區，集中和維持多麼大的軍事力量。中國在俄國邊界上軍事力量薄弱，也是由於類似的原因。再加上這個國家一般工業和經濟上的落後，以及它的武裝的薄弱。俄國和中國通常都希望和平解決他們之間的爭端。幾世紀來的和平睦鄰關係，有助於雙方同侵略者進行鬥爭。進犯俄國的侵略者主要是來自西方，而進犯中國的侵略者則是來自東方海上❶。

　　《尼布楚條約》簽訂後，清政府即派遣官吏查勘中、俄東界，並在額爾古納河口和格爾必齊河口樹立界碑，碑上刻有滿、漢、蒙、俄、拉丁五種文字的《尼布楚條約》約文。一七〇九年至一七一〇年，康熙帝（一六六二至

❶　波將金等編著，史源譯，《外交史》，北京，三聯，一九八二年四月，第一卷，下冊，第八〇五頁。

一七二二年）「特差能算善畫的人，將東北一帶山川地理俱照天文度數推算，詳加繪圖」❷。參加這項工作的有在清政府任職的西方傳教士雷孝思（原名雷易）、杜德美（原名北埃爾‧雅多）和弗里德里等人。他們遠到黑龍江以北、烏蘇里江以東和庫頁島等地，測繪了北至外興安嶺的全部東北地圖❸。

二、區分行政管理責任

在行政上，外興安嶺以南，黑龍江、烏蘇里江流域和庫頁島，是黑龍江將軍和寧古塔將軍（從一七五七年起改為吉林將軍）的轄區。黑龍江中、上游一帶，「北至外興安嶺」，「西北至格爾必齊河」，「東至外興安嶺之興（亨）滾河（源）」，「東南至畢占河」，屬黑龍江城副都統管轄。亨滾河河源和畢占河以東，「東北至飛牙喀（費雅喀）……海界（鄂霍次克海）」，「東南至希喇塔（錫霍特山脈）……海界（日本海）」，包括被稱為「寧古塔所屬大洲」的庫頁島，都屬寧古塔副都統的管轄❹。

三、實行巡查邊境制度

據康熙時人方式濟在《龍沙紀略》一書中記載：每年五月，由卜魁（齊齊哈爾）、墨爾根（嫩江）和璦琿三城，「各遣大弁率百人巡邊，至鄂爾姑納河（額爾古納河），河以西俄羅斯地，察視東岸沙草有無牧痕，防侵邊也。往返各五六十日。」❺此外，清政府還進一步具體規定：「打牲總管每年派章京、驍騎校、兵丁，六月由水路與捕貂人同至托克、英肯❻兩河口及鄂勒希❼、

❷　德齡纂，《康熙實錄》，第二四六卷，臺北，華文，一九六四年，第九頁。

❸　一七一八年，這些地區和國內其他地區測繪的地圖編在一起，進呈康熙帝，名曰《皇輿全覽圖》；翁文灝，〈清初測繪地圖考〉，載《地學》雜誌，第一八卷，第三期，並參看康熙《皇輿全覽圖》。

❹　何秋濤，〈庫頁島附近諸島考〉，《朔方備乘》，第二二卷，臺北，新興，一九八八年。

❺　方式濟，《龍沙紀略》，收錄於《述本堂詩集》，濟南，齊魯，二〇〇一年，第一五頁。

❻　英肯河，又名英墾河，在璦琿城北一千六百四十里，源出興安嶺（即外興安嶺），南入西里木地（西林木迪）河。見宗筠、王河等纂修，《盛京通志》，乾隆四十九年，第一四卷。

❼　鄂勒希河，也作俄勒喜河，是牛滿河（今俄羅斯布列亞河）的上源。該河位置見《盛京吉林黑龍江等處標註戰跡輿圖》。

西里木地（即西林木迪）兩河間遍查，回報總管，轉報將軍。三年派副總管、佐領、驍騎校於冰解後由水路至河源（即外興安嶺）巡查一次，回時呈報。」其黑龍江官兵每年巡查格爾必齊河口。並照此，三年亦至河源興堪山巡查一次，年終報部❽。從此以後，每年五、六月間，便由齊齊哈爾、墨爾根、黑龍江三城副都統各派協領一員，佐領、驍騎校各二員，兵丁共二百四十名，分三路至格爾必齊河口、額爾古納河口、墨里勒克、楚爾海圖（即祖魯海圖）等處巡視，謂之邊察❾。這種定期巡邊的制度，始終貫徹執行，從未間斷❿。

四、設立卡倫作為行使主權的明證

清政府還在黑龍江以北，烏蘇里江以東地區設立許多卡倫，派遣官兵駐守。「卡倫」是滿語，也稱「喀倫」，即哨所⓫。事實上，在黑龍江以北設置卡倫，主要是為了「防禦俄羅斯」⓬，在烏蘇里江以東設置卡倫，主要是為了防止滿、漢人私挖人蔘；設置布特哈檢貂卡倫，則是為了徵收賦稅。此外，各卡倫還有稽查行人和傳遞公文等項任務。總之，在上述地區設置卡倫和派兵巡查邊境，都是清政府在自己領土上行使主權的明證。

五、各族居民分屬黑龍江將軍和吉林將軍管轄

在清代居住在黑龍江以北，烏蘇里江以東的各族居民，分屬黑龍江將軍

---

❽ 清仁宗敕撰，《清高宗實錄》，臺北，華文，一九七〇年再版影印本，第七四三卷，第四至五頁。

❾ 西清，《黑龍江外記》，臺北，臺灣商務，一九六五年，第五卷。

❿ 文慶等輯，《籌辦夷務始末》，同治朝，上海，上海古籍，二〇〇二年，第三卷，第二至三頁載：咸豐十一年（一八六一年）十一月署黑龍江將軍特普欽等奏：「查乾隆三十年（一七六五年）奏定章程，每年派黑龍江城官兵前往格爾必齊河口巡查邊界一次。又每屆三年赴格爾必齊河源至（外）興安嶺梁巡查一次。惟上年新訂和約《中俄北京條約》內載，此後兩國東界，定為由什勒喀（石勒喀）、額爾古納河會處，即順黑龍江下游，其北邊地屬俄羅斯國等語。」……直到一八六一年，才停止巡查格爾必齊河和外興安嶺邊界。

⓫ 同❾，第二卷記載：「更番候望之所曰台，國語（滿語）謂之喀倫，俗稱卡路。」嘉慶，《大清會典》，第五二卷載：「於要隘處設官兵瞭望曰卡倫。」

⓬ 同❻，第三三卷。

和吉林將軍管轄。「黑龍江將軍所屬」的「打牲部落索倫、達呼爾、鄂倫春畢拉爾⑬，居於額爾古納河及精奇里江之地」⑭，「沿嫩江而北」，直至牛滿河流域和外興安嶺南麓「西里（林）木迪河一帶」⑮。外興安嶺以南的遼闊原野，是他們射獵捕貂的地方。黑龍江將軍屬下的布特哈衙門，又稱「黑龍江打牲處」，「東北數千里內，處山野、業採捕者悉隸之」⑯。

居住在黑龍江下游、烏蘇里江以東和庫頁島的赫哲、費雅喀、庫頁、奇勒爾、鄂倫春和恰喀拉等族⑰，起先屬寧古塔副都統管轄，後來由於行政區劃分的變更，「混同江岸（即黑龍江下游）及海中大洲（庫頁島）居住之赫哲、費雅喀、庫頁、鄂倫春、奇勒爾」，劃歸三姓副都統管轄，「統以吉林將軍」⑱。清政府把這些少數民族，以喀喇（氏族）或噶珊（鄉）為單位，編入戶籍，設喀喇達（氏族長，也稱姓長）或噶珊達（鄉長）分戶管轄⑲。

上述史實證明，在帝俄割佔黑龍江以北、烏蘇里江以東地區以前，清政府一直在這一廣大土地上行使主權。這個地區的每塊土地，都浸透中國各族人民的血汗，是經由世世代代胼手胝足，辛勤努力共同開發的。

---

⑬　畢拉爾，也寫為畢喇爾，係鄂倫春族的一支，居於牛滿河流域等地。

⑭　和坤等撰，《大清一統志》，乾隆朝，上海，上海古籍，一九八七年，第四八卷載：「國初有索倫、達呼里（達幹爾）兩部，居喀爾古納河及精奇里江之地」，繼因羅剎侵擾，「移居嫩江」，《尼布楚條約》簽訂後，一部分回到黑龍江左岸，「仍居舊地」。

⑮　托津等纂，《欽訂大清會典事例》，嘉慶朝，臺北，文海，一九九二年，第七二九卷；圖理琛，《異域錄》，下卷，臺北，臺灣商務，一九六五年。

⑯　同❹，第二卷，〈索倫諸部內屬述略〉。

⑰　吉林將軍所屬的赫哲居於松花江下游、烏蘇里江流域和黑龍江下游一帶；恰喀拉分布在牛滿河源錫霍特山區中部，和錫霍山脈以東、岳色河以南，直至琿春東南沿海一帶；奇勒爾分布在黑龍江下游、紅滾河流域和烏蘇里江以東地區北部沿海一帶；鄂倫春、費雅喀、庫頁等族分布在黑龍江下游和庫頁島。

⑱　托津等纂，《欽訂大清會典事例》，嘉慶朝，第六七卷。

⑲　清高宗，《清朝文獻通考》，第二七一卷，臺北，新興，一九五九年。

第二節　從彼得一世到尼古拉一世帝俄侵略黑龍江之一貫政策

一、彼得一世對黑龍江流域之圖謀

彼得一世（Петр I）為適應其對東方領土擴張及拓展國外貿易市場之需要，把奪取出海口作為俄國的一項重要國策。黑龍江是亞洲東北部流入太平洋的唯一可以通航的大河，侵佔了中國黑龍江，帝俄便可獲得通向太平洋的出海口。因此，彼得一世在自己的筆記中毫不掩飾地強調「整個遠東地區特別是黑龍江對俄國的極端重要性，下狠心要把黑龍江據為己有」[20]。《尼布楚條約》簽訂後第四年，即一六九二年，他便訓令出使中國的義杰斯，要「偵察」中國軍隊在黑龍江流域的動向，以便待機而動[21]。同時，彼得一世用心深遠地加強了「黑龍江流域的大門口」——外貝加爾地區的軍事力量，並力圖把伊爾庫茨克和雅庫次克建成帝俄由西向東和由北向南入侵黑龍江的基地。

黑龍江口是從該江通往太平洋的咽喉要地，具有重要的戰略意義。因此彼得一世特別處心積慮地圖謀侵佔黑龍江口。他曾指示軍事委員會主席阿・緬施科夫，「俄國必須佔有涅瓦河口、頓河口和黑龍江口」，因為它們對「俄國未來的發展異常重要」[22]。他還提出：「將來必須在瀕臨太平洋的黑龍江口，建立俄國的城堡」[23]。彼得的廷臣沙爾鐵科夫甚至把我國的黑龍江與鄂畢河、葉尼塞河、勒拿河相提並論，視為俄國的內河，一七一四年，他奏請俄皇在俄國各大河口建立造船廠，其中竟包括黑龍江口[24]！

---

[20] 維諾庫羅夫・弗洛里奇，《涅維爾斯科依海軍上將的功勳》，莫斯科，一九五一年，第一〇頁。

[21] 班蒂什——卡緬斯基，《一六一九至一七九二年俄中外交資料匯編》，喀山，一八八二年，第六八頁。

[22] 卡巴諾夫（Кабанов П. И.），《黑龍江問題》，第二六頁；福斯特，《莫斯科人和清朝官員》，美國，一九六九年，第二四六頁。按：頓河流入亞速海；涅瓦河注入波羅的海。

[23] 岡索維奇，《阿穆爾邊區史》，海蘭泡，一九一四年，第七〇至七一頁。

[24] 勒・別爾格，《俄國地理發現史綱》，莫斯科，列寧格勒，一九四九年，第二四至二

彼得一世不僅把黑龍江視為通往太平洋必經之路，而且還要把這一地區變成帝俄殖民勢力，進一步伸向中國內地的橋頭堡。一七二四年，彼得曾經表示，他打算經由西伯利亞親往通古斯人的地方，直抵中國萬里長城❷❺。彼得一世死於一七二五年一月，但以後其歷代繼任之俄皇，都全盤繼承了他侵略中國黑龍江流域的政策，並且不斷加以擴大和發展。

二、薩瓦對中國國情的探知與建議

葉卡婕琳娜一世（Екатерина I）繼承彼得皇位後，旋於一七二五年九月，帝俄政府就命令為劃分中俄中段邊界和擴大貿易出使中國的薩瓦，要「盡可能慎重探知中華帝國的軍事實力和物質資源❷❻，並查明取道黑龍江開展對遠東貿易的可能性」❷❼。

薩瓦在使華過程中，最負責任和積極地執行了如何探知中國國情的任務。在他回國後，即向俄國政府呈交了許多從中國政府竊取的極為重要的「精確情報」，並提出武裝佔領黑龍江的建議。他認為中國「是一人口稠密，防禦很差的富饒國家」。因此，俄國在遠東經濟方面和領土方面發展的可能性，幾乎可以說是無限的❷❽。他建議立即在色楞格斯克和尼布楚邊境地區修建要塞、配置砲兵，並就地製造大砲❷❾，以便向中國施加壓力，伺機侵佔黑龍江。

三、葉卡婕琳娜二世之遠東政策的中心

一七六二年，葉卡婕琳娜二世（Екатерина II）登上皇位，在她執政期間（一七六二至一七九六年），帝俄除曾兩次發動對土耳其的戰爭，三次參與瓜分波蘭外，同時葉卡婕琳娜二世對入侵中國也念念不忘，並把奪取黑龍江作

五頁；〈沙爾鐵科夫奏摺全文〉，見葉菲莫夫，《偉大的俄國地理發現史片段》，莫斯科，一九四九年，第一〇四至一〇五頁。

❷❺ 霍多羅夫，〈波克羅夫斯基與遠東研究〉，載蘇聯《新東方》雜誌，一九二九年，第二五期，第一七頁。

❷❻ 加斯東・加恩，江載華譯，《俄中早期關係史》（一六八九至一七三〇年），臺北，臺灣商務，一九六一年，第一一一頁。

❷❼ 同❷❶，第四八一至四八二頁。

❷❽ 同❷❻，第一三三頁。

❷❾ 巴夫諾夫斯基，《中俄關係》，紐約，一九一九年，第三〇頁。

為俄國「遠東政策的中心」❸０，公開表示「假如黑龍江真是一條可供我們向堪察加和俄國在鄂霍次克海的領地運輸糧食的方便途徑，那麼，佔有這條河流對我們是重要的」❸１。

一七六三年二月，葉卡婕琳娜二世下令，調整中俄邊境地區的邊防體制，將有關加強尼布楚和色楞格斯克邊防的全部事務集中於「特別軍事委員會」之手❸２，並計劃在東線「和中國人作戰，從尼布楚方面進攻，以便奪取黑龍江」。同年十二月，她密令西伯利亞邊界司令官在西線密切配合，準備向我國喀什噶爾等地進攻❸３。同年，葉卡婕琳娜二世還命令米勒爾（Миллер Г. Ф.）起草關於黑龍江的第二個「備忘錄」，在這個題為「關於對華戰爭的意見」秘密文件中，米勒爾無視歷史的事實，極力否認中國對黑龍江流域的領土主權，硬說「整個黑龍江從上游到江口原為俄國所有」。他極力主張發動侵華戰爭，叫嚷這是「恢復（俄國）原先對黑龍江和絕大部分蒙古地區權利」的唯一手段，他還特意設計了一條俄、中邊界線，公然把黑龍江作為界河，把大片的中國領土和戰略要地，肆無忌憚地劃入俄國的版圖❸４。

葉卡婕琳娜二世在一次討論「中國問題」的會議上曾稱：一七六八年俄、土戰爭爆發前，俄國正要著手解決中國問題，已有六個團作好了準備❸５。嗣因俄、土戰爭的爆發，推遲了帝俄侵華的計劃，使葉卡婕琳娜二世不敢冒在東西兩線作戰的危險。

對土耳其的戰爭剛結束，葉卡婕琳娜二世又試圖著手解決「黑龍江問題」了。一七七五年，她公然下令從烏第堡派遣部隊前往中國亨滾河，在盡可能靠近黑龍江的地方建立居民點，然後由此出發調查黑龍江口的水深。她還命令：如果黑龍江可容海船駛入，就進一步佔領江口。根據這項命令，一七七七年，從烏第堡派出了三十名哥薩克兵，侵入亨滾河。當地鄂倫春族居民迅

❸０　同❷５。

❸１　涅維爾斯科依，《俄國海軍軍官在俄國遠東的功勛》（一八四九至一八五五年），第四〇頁。

❸２　瓦西里耶夫，《外貝加爾的哥薩克》，赤塔，一九一六至一九一八年，第二卷，第一七一頁。

❸３　特魯塞維奇，《俄中通使與通商關係》，莫斯科，一八八二年，第五八頁。

❸４　同❷１，第三七八至三九三頁。

❸５　尤里‧謝緬諾夫，《西伯利亞的征服和發展》，倫敦，一九四四年，第二五三頁。

速向北京報警，清政府立即向俄國提出嚴重抗議，聲明：如果俄國不停止侵略活動，中國就要關閉恰克圖的一切貿易❸。俄國政府一時派不出足夠的後援部隊，又不願輕易放棄恰克圖貿易的巨額收入，不得不將哥薩克兵撤去。

　　一七八五年七月，葉卡婕琳娜二世在給軍事委員會主席格波爵姆金親王的秘密敕令中，授權他為加強西伯利亞「防務」作出「一切必要的安排」，其中包括在西伯利亞邊境「部署必要數量的正規和非正規部隊；給該地區以足夠的大砲和其他軍需物質」；向邊境地區或鄰近邊境的戰略要地集結，和運輸必要的人力❸。次年，格波爵姆金即圖謀入侵黑龍江，並狂妄地認為俄國只要發兵一萬，即可橫行中國❸。五年後，原伊爾庫茨克城防司令伊凡‧雅科比（Якобий И.）（弗‧雅科比的兒子）也向俄皇政府提出了吞併蒙古和黑龍江的狂妄計劃，主張沿黑龍江重新劃分中俄東段邊界。為此目的，他認為必須在外貝加爾集中兩個軍團的正規軍（內步兵二萬、騎兵一萬）；把恰克圖和尼布楚分別建成南下（佔領蒙古）和東進（佔領黑龍江）的基地；在伊爾庫茨克和赤塔設立倉庫；在邊疆地區擴建工事，並召募通古斯族獵戶和布里亞特族牧民加入哥薩克邊防軍❸。帝俄政府由於在西方連年征戰，財政支絀，兵員不足，所以沒有貿然發動對中國的武裝入侵。但是，它吞併黑龍江地區的圖謀，並沒有絲毫改變。

　　一七八三年，西伯利亞總督拉巴首先以「新殖民地和商業企業的需要」為「理由」，向帝俄政府提議「兼併黑龍江邊區」❹。一七八六年，御前大臣巴‧索伊莫諾夫、商務委員會主席沃隆佐夫和宮廷侍衛長別茲鮑羅德科也提議派艦隊前往太平洋，「保衛俄國的利益，守衛俄國航海家發現的土地」❹。據此，葉卡婕琳娜二世於一七八七年初正式下令：「為了捍衛我們在俄國航海家們所發現的土地上的權利」，應當向遠東派遣一支規模巨大的「探險隊」。

---

❸　同❸，第四六頁。

❸　福斯特，《莫斯科人和清朝官員》，第三〇九頁。

❸　托克，《葉卡婕琳娜二世傳》，倫敦，一七九九年，第一卷，第三一〇頁。

❸　同❸，第二一六至二一七頁。

❹　諾維科夫——達幹爾斯基，〈阿穆爾大事記〉（一六八九至一八五八年），載《阿穆爾州地誌博物館與方誌學會論叢》，第四冊，第八七頁。

❹　法因別爾格，《俄日關係》（一六九七至一八七五年），第四七頁。

給探險隊隊長穆洛夫斯基上校的特別訓令規定，該隊除調查外國人在俄國亞洲領地的活動，向鄂霍次克等據點運送軍需物資外，主要的任務是：「巡視對著黑龍江口的大島嶼庫頁島，測繪它的海岸、海灣和港口，同樣也要測繪黑龍江口，並盡可能在庫頁島靠岸，探明它的居民情況、土質、森林和物產」[42]。在帝俄海軍委員會的直接領導和科學院的積極參與下，該隊的各項準備工作迅速完成，並計劃於年底出發。但是，這一年俄、土戰爭爆發，次年，俄國又與瑞典交戰，穆洛夫斯基戰死，這個計劃被迫擱置[43]。

四、十八世紀末起，帝俄加緊窺伺黑龍江

俄皇亞歷山大一世（Александр I）於一八〇一年即位後，繼續積極推行侵略黑龍江政策。他特別重視「收集關於中國邊境上的兵力和黑龍江航行條件的情報，並企圖請求中國政府允准在黑龍江口設置商務代理人」。一八〇二年亞歷山大一世指派海軍軍官克魯遜什特恩率「環球航行探險隊」到遠東進行海上考察，主要目的之一就是刺探關於黑龍江航運的情報。帝俄政府給該隊規定的任務是：將俄國派往日本的使節、俄美公司總經理列扎諾夫送往日本，然後，查看一七八七年法國拉波魯茲和一七九七年英國布勞頓兩航海隊對韃靼海峽的描述是否正確，並「勘察庫頁島東岸和從鄂霍次克海到黑龍江口的通道」[44]。訓令還肆無忌憚地規定：「必須將庫頁島置於俄國管轄之下」[45]。

一八〇三年八月，克魯遜什特恩率領大批人員組成的探險隊，乘「希望號」輪船從喀琅施塔得出發，橫越大西洋，繞過南美洲，進入太平洋，於一八〇四年九月到達日本。隨船同往的列扎諾夫與日本進行了談判。一八〇五

[42] 同[20]，第四〇至四一頁。

[43] 涅夫斯基，《俄國人首次環球航行記》，莫斯科，一九五一年，第一七至二〇頁。按：帝俄海軍委員會為該隊配備了四艘兵艦和一艘運輸船。在籌備過程中，帝俄科學院院士、一七七二年曾率領俄國「科學院勘察隊」從伊爾庫次克到達石勒喀河、額爾古納河及黑龍江上游一帶活動的帕拉斯，於一七八七年二月向海軍委員會副主席提出了詳細的「勘察」計劃，公然主張在庫頁島上建立俄國殖民據點。

[44] 布謝，〈俄國征服黑龍江〉，載謝苗諾夫主編，《美麗的俄羅斯》，聖彼得堡，莫斯科，一八八五年，第一二卷，第二分冊，第二八二至二八三頁。

[45] 倫森，〈早期俄日關係〉，載《美國遠東季刊》雜誌，一九五〇年，第一〇卷，第一期，第二五頁。

年六月，該船將已完成赴日使命的列扎諾夫送回堪察加半島，隨即調轉船頭從鄂霍次克海沿庫頁島西北海岸向南行駛，於八月中旬開到黑龍江口外北緯五十三度處，按照帝俄政府的訓令開始了「勘察」活動。同年十月，「希望號」滿載皮貨離堪察加半島南下，於十二月上旬到廣州進行了大量非法貿易活動，並於次年二月九日啟碇回國。克魯遜什特恩回國後向沙皇建議：俄國應當立即佔領庫頁島南端的阿尼瓦灣，把它作為進一步佔領中國東北沿海地區的跳板❹❻。

　　早在一八○一年亞歷山大一世即位之初，他就收到了西伯利亞總督斯特藍德曼的一份特別條陳，強調俄國政府應與中國就「修改」邊界、利用黑龍江航行等問題進行談判：「如果中國人不同意談判，就使用武力」❹❼。一八○三年四月，商務大臣魯緬采夫也向俄皇建議派一位官員出使中國，就黑龍江航行等問題進行談判。同年十一月，俄國樞密院將派遣使臣一事，照會清朝理藩院❹❽。

　　一八○五年二月，俄國政府正式任命戈洛夫金伯爵為出使中國的特命全權大臣。按照給予他的訓令，戈洛夫金應要求清政府允許在整個中俄邊界上通商；准許俄國商人在廣州貿易，在黑龍江口和廣州設置商務代表，給予俄國政府商隊在中國內地城市經商的權利，准予俄國派公使常駐北京❹❾，而他最重要的使命是：「搜集關於黑龍江航行和能否順該河到鄂霍次克海的情報，要求中國政府允許利用這條航道，並在黑龍江口建立貨棧」❺⓿，同時要「暗示庫頁島不屬於中國」❺❶。

　　一八○五年七月，戈洛夫金率隨員（其中包括一批掛著「學者」頭銜的高級偵探）及衛隊共二百四十餘人，從聖彼得堡啟程，十月到達恰克圖，清政府飭地方官準備隆重接待。由於戈洛夫金不遵行清政府傳統的禮儀，被拒

❹❻　拉文斯坦，《俄國人在黑龍江》，倫敦，一八六一年，第一一三頁。

❹❼　同❸❸，第三卷，第二至三頁；同❸❺，第二五三頁。

❹❽　〈十九世紀和二十世紀初的俄國對外政策〉，《俄國外交部文件集》，莫斯科，一九六○年，第一集，第一卷，第四○三至四○五、五五五至五五六頁。

❹❾　同❹❽，第二卷，第四七二頁；宮岐正義，《沿黑龍江地方近代中俄關係之研究》，大連，一九二二年，第二○六頁。

❺⓿　馬爾堅斯，《俄國與中國》，海蔘威，一八八一年，第三三至三四頁。

❺❶　巴斯寧，〈關於戈洛夫金伯爵出使中國〉，轉引自卡巴諾夫，《黑龍江問題》，第四六頁。

絕入京，帝俄的計劃又成為泡影。

　　一八〇六年二月，戈洛夫金等離開恰克圖回聖彼得堡，外交使團成員奧夫萊上校被派到尼布楚地區，刺探中國邊境地區清軍設防的情況，查明「將來能否到黑龍江和斯塔諾夫山脈（外興安嶺）之間的地方去進行一次小規模的秘密勘察」，並要求他「嚴守機密和謹慎從事」。奧夫萊在格爾必齊河一帶親眼看見了刻有五種文字的中國界碑，但仍然說「黑龍江之地屬於俄國」。之後，他還為俄皇政府設計了一套偵察黑龍江而不引起中國人懷疑的方法，以便進一步刺探情報 ❷。

　　戈洛夫金本人在給帝俄政府的報告中公然建議：「俄國只有憑藉武力才能達到目的」，主張出兵佔領黑龍江下游、精奇里河與烏第河之間的廣大中國土地 ❸，這意見得到伊爾庫茨克地區俄軍司令柯爾尼洛夫的響應。後者還主張在黑龍江上建造武裝艦艇，向中國示威，迫使中國允許俄方無理要求 ❹。

　　俄皇尼古拉一世（Николай I）於一八二五年即位後，更加速了侵華的步伐，違約入侵的事件日益頻繁。一八二八年，東西伯利亞總督拉文斯基和俄國外交部亞洲司司長菲尼金派專人收集有關黑龍江流域的資料，其中包括越境到過黑龍江的獵戶、漁夫和流放犯提供的資料，企圖「證明」黑龍江流域不是中國的領土。拉文斯基根據不實的資料竟斷言：「住在黑龍江下游的基力亞克（費雅喀）人、庫頁島和黑龍江沿岸某些地區的土著居民，並不隸屬中國。」他還建議派遣專門「勘察隊」前往這一帶地方繼續收集情報，並提出了佔領黑龍江的計劃 ❺。與此同時，俄美公司建議在烏第河建立海港，以便向黑龍江進行經濟滲透。為此，俄美公司在一八二八、一八二九年先後派出海軍軍官庫茲明等兩批人前往「勘察」 ❻。一八三一年，庫茲明又要求從尼布楚出發「偵察」黑龍江，搜集關於兩岸居民狀況的「詳盡精確的情報」 ❼。

---

❷　同❷，第四七頁。

❸　陳芳芝，〈中國邊疆外交──東北的侵蝕〉（一八五八至一八六〇年），載《燕京社會科學學報》，一九五〇年七月，第五卷，第一期，第七五頁。

❹　同❷，第三頁。

❺　同❷，第八六頁。

❻　吉布森，《俄國的毛皮貿易與糧食供應》（一六三九至一八五六年），倫敦，一九六九年，第一四八頁。

❼　阿列克謝耶夫，《一八四九至一八五五年阿穆爾勘察隊》，莫斯科，一九七四年，第

一八三二年，曾任俄國駐北京東正教傳教士團監護官的拉狄仁斯基上校，經烏斯季、斯特列爾卡闖入黑龍江，直至雅克薩。他起草了一份武裝佔領黑龍江的詳細計劃。後來，帝俄科學院院士米登多爾夫在越境潛入中國黑龍江地區前，曾參考過這個計劃❺❽。一八三三年，俄國植物學家圖爾查尼諾夫也沿石勒喀河侵入黑龍江，到雅克薩一帶搜集情報❺❾。由於帝俄政府的精心策劃與積極鼓吹，到十九世紀三〇年代，武力吞併黑龍江的意圖，在東西伯利亞已不再是什麼秘密。烏第堡的俄國商人，甚至在一八三〇年，就已公開傳播俄軍將入侵中國的消息❻〇。

第三節　十九世紀中葉帝俄侵華步伐的加速

一、帝俄主要目標指向黑龍江地區

十九世紀中葉，由於中俄兩國政治經濟情況的變化，乃導致帝俄侵華步伐的加速。俄皇尼古拉一世乘中國在鴉片戰爭中的慘敗，他就發誓要不失時機地「實現他的高祖父和祖母（指彼得一世和葉卡婕琳娜二世）的意圖」❻❶，決心用武力侵佔黑龍江，奪取通往太平洋的出海口。俄國政府根據他的意圖，決定加強研究中國的時局，調查中國的實力、資料，特別是黑龍江一帶的情況。

二、米登多爾夫在黑龍江地區的活動

一八四二年，帝俄科學院決定派院士米登多爾夫考察西伯利亞東部和東北部。一八四四年九月，他和地形測繪員瓦加諾夫中尉從鄂霍次克海岸返回時，由烏第河未定界地區非法潛入中國國境。一路上窺測了外興安嶺南麓的牛滿河、古里河等地，然後經石勒喀河回到外貝加爾，歷時長達四個月之久。

米登多爾夫在黑龍江地區的活動，具有極明顯的政治目的。他別有用心

九頁。

❺❽　巴托爾德，《歐洲和俄國的東方研究史》，列寧格勒，一九二五年，第二三六頁。

❺❾　馬克，《黑龍江旅行記》，聖彼得堡，一八五九年，第六六頁。

❻〇　同❹❻，第一一四頁。

❻❶　同❸❶，第五九頁。

地調查當地居民同中國的關係，到處在中國境內尋找中、俄國界界標❷。一八四五年初，他在呈給俄皇侍從將軍、作戰參謀別爾格的報告中，公然否認《尼布楚條約》的明確規定，把他在牛滿河上游和古里河等處發現的一些石堆，說成是清政府設立的「界標」，從而斷言中國「自願」把外興安嶺南麓的領土「讓給」了俄國❸，他還說黑龍江地區「既沒有中國的邊防部隊，也沒有中國的管理機關」❹；明目張膽地宣稱「黑龍江下游從來不屬於中國」，是「無主的土地」❺；居住在黑龍江口的費雅喀族是「獨立的」，不向任何人納稅❻。他建議帝俄政府收買費雅喀族的部分土地，在黑龍江口建立貿易點❼；組織一支有他參加的秘密「勘察隊」，乘船勘測整個黑龍江河流❽；並主張「刻不容緩地」佔領黑龍江❾。

別爾格非常讚賞米登多爾夫的意見，認為「用些極為菲薄的禮物」，例如「幾普特煙葉」就可以換取費雅喀的一部分土地，將它「控制在我們（俄國）的手裡」❼⓿。他把報告轉呈尼古拉一世，沙皇對米登多爾夫的建議極為重視，立即準備制定新的入侵黑龍江的計劃。

三、成立「特別委員會」進行策劃

但是，直到十九世紀四十年代，帝俄對於黑龍江下游和庫頁島一帶的地理狀況，還不甚瞭解。長期以來，西歐和俄國的探險家都認為黑龍江口不能通航，庫頁島是一個半島。如果情況屬實，黑龍江作為一條聯絡西伯利亞內

---

❷　帝俄地方自治會編，《黑龍江地區》，莫斯科，一九〇九年，第三五頁。

❸　同❸，第六九頁。

❹　同❺，第二三六頁。

❺　岡索維奇，《阿穆爾邊區史》，第八八頁；弗納德斯基，《俄國政治和外交史》，波士頓，一九三六年，第三〇五頁。

❻　同❺，第三五頁。

❼　同❹，第二八四頁。

❽　巴爾蘇科夫，黑龍江大學外語系、黑龍江省哲學系社會科學研究所譯，《穆拉維約夫——阿穆爾斯基伯爵（傳記資料）》，北京，北京商務，一九七三年，第一卷，上冊，第二〇一至二〇二頁。

❾　同❺⓿，第三六頁。

⓿　同❽。

地和太平洋的航道的價值便十分有限。因此，探明黑龍江能否通航，成了帝俄向遠東擴張迫切需要解決的關鍵問題。為此，帝俄政府於一八四三年成立「特別委員會」進行策劃。七月，該委員會成員海軍少將普提雅廷（Путятин E. B.）提議，趁清政府在鴉片戰爭中失敗之機，派戰艦秘密前往黑龍江口、庫頁島，「小心謹慎地勘察俄國同中國的東部邊界」，調查黑龍江口通航情況，並在那裡尋找可靠的港口❼。尼古拉一世一聽正合心意，立即命令普提雅廷裝備由海防艦和運輸船組成的「海上勘察隊」，從黑海開往中國，勘察黑龍江口及河口灣，查明以前的著名航海家們關於海船不能進入黑龍江口的結論是否確實，弄清關於中國派有重兵駐守該河口的消息是否屬實❼。

　　一八四六年春，帝俄外交部給俄美公司下達了詳細訓令，要求調查「黑龍江口灣、庫頁島和大陸海岸之間的海灣（原文如此——引者）以及鄰近河口灣直至烏第河灣的鄂霍次克海東南（應為西南——引者）海岸」。由於擔心計劃敗露會引起清政府的嚴重抗議，帝俄外交部特地規定：船上應懸掛各色旗幟，務使中國人猜不出這是俄國的船隻；船上人員應冒充是「來河畔捕魚的」；如果遇到中國人盤問，就回答：「風浪意外地把船隻沖到這裡來了」❼。尼古拉一世唯恐「勘察隊」的目的還不夠明確，又在訓令上親自批示：「要採取一切手段，確實查明船隻能否駛入黑龍江」；因為這是一個對於俄國極為重要的問題❼。

　　根據俄皇的手諭與外交部的指示，俄美公司總經理海軍少將符藍格爾作了精心準備。一八四六年五月十七日，他調派船長、海軍少尉加夫利洛夫率領水兵和船員二十五人，乘「康士坦丁」號雙桅戰船從俄國北美殖民地新阿爾漢格爾斯克（錫特卡）開到阿揚，然後向船長下達「勘察」黑龍江口的任務。為了「不讓中國人知道這是俄國人船隻」，俄美公司給加夫利洛夫的補充命令規定：行動要謹慎，嚴守秘密，全部機要工作（如保管測繪儀器、繕寫航海記錄等）只許他本人承擔，不許助手參與；不准把航行的目的地告訴船員；如果在黑龍江口遇到俄國逃犯，應與他們秘密交涉，允許給他們特赦，

❼　同❺，第一〇至一一頁。

❼　同❸，第五九頁；帝俄地方自治會編，《黑龍江地區》，第三六頁。

❼　同❸，第六一頁。

❼　同❸，第六四頁。

以免發生變故 ❼。八月一日，「康士坦丁」號駛離阿揚，十日，到達黑龍江河口灣，然後加夫利洛夫乘舢舨竄入河口灣十二海里處進行「勘察」。

四、尼古拉一世時代帝俄對中國的政策

尼古拉一世在位的時期，俄國政府對中國的政策，由於執政大臣們的見解不同，分為兩派；一派是外交大臣尼希諾德和財政大臣伏隆申科等人為代表，主張與中國親善，發展恰克圖及兩國邊疆貿易，每年國庫可坐收五十萬至百萬盧布的巨額收入，實遠較侵佔中國邊疆土地為有利；另一派是以內務大臣彼羅夫斯基 (Перовский) 和海軍參謀長緬施科夫 (Menshekov) 公爵等人為代表，主張乘中國內部邊亂與外受列強交侵之際，採取迅速行動，併吞黑龍江地區，才符合羅曼諾夫王朝的最高利益 ❼。兩派爭執不下，只有取決於俄皇本人最後的裁決。雖然尼古拉一世對中國問題並無深刻之研究，但其侵略中國的意圖則是甚為明顯。俄人探察黑龍江的計劃曾數度受挫，他始終不甘放棄，時常積極物色能夠為他效命的人選，去到西伯利亞的東部，對中國的邊疆地區作一詳盡的探察。

第四節　穆拉維約夫侵略黑龍江地區的軍事外交並進政策

一、穆拉維約夫的生平

㈠穆拉維約夫的家世與幼年教育

尼古拉・尼古拉耶維奇・穆拉維約夫 (Муравьёв Николай Николаевич)，一八〇九年八月十一日生於聖彼得堡，出身貴族家庭，他的父親尼古拉・納扎里耶維奇・穆拉維約夫，任職御前大臣。其三個兒子中，最傑出者就是尼古拉・尼古拉耶維奇・穆拉維約夫，他是名垂俄國史冊的一個人物 ❼。他的母親葉卡婕琳娜・尼古拉耶夫娜，是一位「品德端莊，很有

---

❼　同 ⑳，第四二頁。

❼　同 ㉑，第七九至八〇頁。

❼　同 ㉘，第一〇至一一頁。

教養，信仰宗教的婦女」❼❽。她死於一八一九年四月二十四日，當時尼古拉‧尼古拉耶維奇‧穆拉維約夫還不滿十歲。

　　穆拉維約夫就是在這樣一位很有教養的母親的影響下，受到了良好的啟蒙教育，母親死後不久，他就被送到私立高杰尼烏斯寄宿中學讀書，準備投考大學。但俄皇亞歷山大一世對御前大臣尼古拉‧納扎里耶維奇‧穆拉維約夫很賞識，所以敕令將他的長子尼古拉和次子瓦列里安送入皇家貴族軍事學校。由於尼古拉‧穆拉維約夫在家庭和學校受過很好的教育，因此十四歲就被拔擢升為少年侍隊，不久又晉升為軍曹，並參加了一八二六年八月二十二日，在莫斯科舉行的皇帝尼古拉一世的加冕典禮❼❾。

㈡穆拉維約夫的簡歷

　　穆拉維約夫學習成績優異，畢業時名列第一，因此他的名字被鐫刻在大理石上。當時他擔任少年侍從已經一年，但由於年紀太小，還不能晉升軍官。只有到他滿了十七歲時，即一八二七年才出校。同年七月二十五日，他參加禁衛軍芬蘭團，在該團任准尉。一八二八至一八二九年參加了對土耳其作戰，一八三〇至一八三一年，穆拉維約夫參加鎮壓波蘭戰爭，被任命為第二十六步兵師師長 E. A. 戈洛文的副官，並因參加波蘭戰爭有功，受到皇帝獎賞。一八三八至一八四〇年，穆拉維約夫調高加索服務，在這期間，穆拉維約夫被擢升為少將。一八四五至一八四六年，被任命為圖拉省省長兼駐軍司令。一八四七年又被任命為西伯利亞總督。穆拉維約夫是一個年輕又智勇雙全的軍官，在俄土戰爭及高加索之役，他都立有偉大的功績，他出任圖拉省省長時，年紀還僅只三十八歲。尼古拉一世素來認為他在政治上具有高超的伎倆，所以此時便將向東方擴張領土的重任委任予他。

㈢穆拉維約夫的性格特點

　　俄國作家巴爾蘇科夫編著《穆拉維約夫—阿穆爾斯基伯爵》一書中對於穆拉維約夫的性格特點，作了如下的說明：

1. 他總是非常謙虛謹慎地在上司和上級機關面前把自己的活動目標規定出一個範圍，因此，他作的總是比他所預期的和許諾的多。
2. 堅持不渝的進行他的改革計劃。他的行動，就廣義而言，總是有預見性的

---

❼❽　《俄羅斯檔案》，一八七五年，第一卷，第三五頁。

❼❾　同❻❽，第一三頁。

和經過充分準備的。

3. 他能夠精確的估計到他所提出的每一個問題的意義，因此，有時候敢於毫不猶豫地後退幾步，以便更有信心地完成他認為要達到某一目的所必須的工作。

這三個可貴的特點，貫穿在他的全部生活中，在疆場上是這樣，在家庭生活中是這樣，在漫長的總督生涯中也是這樣 **⑳** 。

㈣俄廷對穆拉維約夫的勛獎

關於俄廷對穆拉維約夫能夠圓滿達成侵佔中國黑龍江地區之任務，授予最高榮譽勛獎的情形，在巴爾蘇科夫編著《穆拉維約夫—阿穆爾斯基伯爵》一書中有這樣的記載 **㉛** ：

> 穆拉維約夫一八五八年阿穆爾 **㉜** 之行，到此便告結束。這是他到阿穆爾口的第三次航行，這三次航行中的每一次，對業已完成的事業都具有重大意義；一八五四年第一次航行，穆拉維約夫發現了阿穆爾；一八五五年第二次航行，抗擊了敵人，保衛了阿穆爾。而一八五八年的第三次航行，為俄國收復了阿穆爾。穆拉維約夫的功勞如此偉大，我個人不敢妄加評論，這是歷史的任務。亞歷山大二世（Александр II），為表彰穆拉維約夫多年的努力操勞和功績，於一八五八年八月二十六日，在莫斯科頒布了一道聖旨（引證俄皇的原稿），「尼古拉‧尼古拉耶維奇伯爵：卿勤政奉公，屢建武功，政績昭著，深得先皇 **㉝** 器重。先皇深知卿才智出眾，故將帝國幅員遼闊之邊陲託付於卿，卿十一年如一日，為振興東西伯利亞終日操勞，孜孜不倦，不負朕望。東西伯利亞所以能有興盛之象，悉賴卿治理有方，卿以明智堅決之措施，使帝國同鄰邦中國和睦相處。卿簽訂之條約，使西伯利亞獲得阿穆爾通商新徑，實為帝國未來工業發展之保證，誠乃俄國可慶之事。卿無愧領受朕之真誠謝意。茲為表彰卿之功勞，朕已手諭樞密院，即日封卿為俄羅斯帝國伯爵，賜號為阿穆爾斯基，以資紀念卿為之（尤其近年來）勞瘁不懈與朝夕關懷之邊陲。卿

---

⑳ 同 **㊹**，第一九〇頁。

㉛ 同 **㊹**，第五四四至五四五頁。

㉜ 阿穆爾（即黑龍江——作者）。

㉝ 指俄皇尼古拉一世——作者。

將永享朕之恩典，欽此。

穆拉維約夫被封為伯爵的同時，晉升為步兵上將。

穆拉維約夫因患壞疽病，於一八八一年九月十八日去世，享年七十二歲。

遺體葬於法國巴黎蒙特馬爾特勒公墓。

關於前述穆拉維約夫的性格特點，在其精密規劃與親自領導侵略黑龍江地區的整個過程中都充分表露無遺。可惜當時清廷政府官員對此人全無研究和認識，自然提不出有效的對策，以阻止其侵略的行動，以致坐視其發展壯大，步步得逞，使中國在領土與主權方面，均受到最嚴重之損失。也因此，穆拉維約夫乃成為帝俄時代在東方開疆略土最大的功臣。

二、穆拉維約夫調任東西伯利亞總督

一八四七年九月六日（道光二十七年八月），俄皇尼古拉一世途經圖拉省時，命其省長穆拉維約夫至車站謁見，便立即指派這位年輕勇敢的將軍為東部西伯利亞的總督。於是俄國在遠東的時代，便在這位總督精心努力之下開始了。當時，他年僅三十八歲，但尼古拉一世素來認為他在軍事政治與外交等方面具有優越的才能，所以便以經略東方的重任委託於他。穆拉維約夫對於侵入遠東這個任務，富有濃厚的興趣與熱心，他認為俄羅斯偉大的將來是在遠東[84]。

當一八四七年穆拉維約夫被任命為東部西伯利亞總督的時候，俄皇特別囑其注意該地的金礦、恰克圖的商業和中俄間的關係。俄皇並進一步強調說：「至於俄國的黑龍江，你聽我以後的命令」。因為俄國對於黑龍江已定有整個的計劃。在這裡尼古拉竟然把中國的內河黑龍江說成是「俄國的」河流，充分暴露了帝俄圖謀侵佔中國領土的野心。

穆拉維約夫為了「迅速實現俄皇的意志」，一向「自稱是哈巴羅夫的繼承人」的他[85]，受命後之第一步工作，便是回到俄都，毫不遲疑地立即著手研究瞭解當時西伯利亞的情況，尤其是黑龍江的情況[86]。同時他四處活動，一

[84]　何漢文，《中俄外交史》，上海，上海中華，一九三五年，第九三至九四頁。

[85]　伊‧葉菲莫夫，《布欽斯基教授對穆拉維約夫伯爵的評論和回憶》，聖彼得堡，一八九六年，第一三頁。

[86]　同[68]，第一七一頁。

面拜訪宮廷中達官貴人，一面羅致人才，組成強大有力的團隊。一八四八年一月離開聖彼得堡前，他曾晉見俄皇，取得了「把一切必要的情況都直言不諱地直接上奏」的獨特權利，作為自己在西伯利亞實行獨裁統治和向中國大舉入侵的「一道護身符」 **87**。一八四八年三月，穆拉維約夫到達伊爾庫茨克任所後，立即把「解決黑龍江問題」，作為他在西伯利亞活動中高於一切的中心課題 **88**。

三、穆拉維約夫有關侵佔黑龍江地區的論調及奏摺

他首先強調：侵佔黑龍江地區是鞏固俄國在西伯利亞的殖民統治和向太平洋擴張的關鍵。一八四八年九月，穆拉維約夫在給內務大臣彼羅夫斯基的信中就大談黑龍江地區的重要性，並說：「誰能佔有黑龍江左岸和黑龍江口，誰就能佔據西伯利亞。」 **89** 一八五〇年三月在給內務大臣的函件中，他又極力強調：「俄國只有佔領黑龍江，或者至少取得在該河上航行的權利，才能保衛堪察加和鄂霍次克海，使其永屬俄國版圖。」 **90** 同時，他公開宣稱：「佔據黑龍江對於我（俄）國分享東洋（太平洋）的國際利益的問題也具有很大的意義」 **91**。

一八四九年三月，他在給俄皇的奏摺中，公然把中國的黑龍江看作俄國的生命線，斷言：「西伯利亞產品的真正出路、東西伯利亞未來的福祉，全賴打開一條通向東洋的可靠而便利的交通孔道」；「如果黑龍江不通航，任何行業都不能夠發展，都不可能達到理想的規模。」又說：「整個黑龍江左岸蘊藏著豐富的黃金礦源」，而「黃金已成為俄國不可或缺之財富」 **92**。同年五月，他又上書沙皇說：「我認為保持我國同中國貿易的唯一辦法，是把定點互市改為販運貿易，把我國紡織品沿黑龍江運到中國東北各省，這些省份離英國人

87　同 **68**，第一八一頁。

88　同 **22**，第九〇至九一頁。

89　穆拉維約夫，《致內務大臣公函摘錄》；巴爾蘇科夫，《穆拉維約夫——阿穆爾斯基伯爵（傳記資料）》，莫斯科，一八九一年，第二卷，第三五頁。

90　同 **68**，第一卷，第二五八頁。

91　同 **68**，第二卷，第二八八頁。

92　同 **68**，第一卷，第二〇六至二〇七頁。

目前活動的地區較遠，從而可以避免同英國人競爭。」❽他還露骨地宣稱：「獲取黑龍江足以補償恰克圖貿易衰落而造成的損失」❾。為此他竭力主張搶佔黑龍江，打開從北方入侵中國的大門。

　　一八五〇年三月，他獲悉道光帝去世，年僅十八歲的咸豐帝（一八五一至一八六一年）繼位，局勢不穩，就曾向尼古拉一世獻策：「應利用中國目前的事件」，「趁英國人尚未完全統治中國之際，根據我（俄）國內部之急需，在同中國交界處增兵防守，並進而佔據黑龍江」❾❺。太平天國革命運動興起後，穆拉維約夫又多次促請沙皇政府利用清政府忙於鎮壓太平天國的時期，乘虛而入，把黑龍江地區據為己有。一八五三年，太平天國革命軍佔領南京，清政府岌岌可危，這時他更野心畢露說：「如果俄國在東方更加強大一些，它甚至可以充當中國的保護者。」❾❻

四、穆拉維約夫準備侵佔黑龍江地區初期採取的措施

㈠偵察中國沿邊和黑龍江一帶的情況

　　一八四八年末，穆拉維約夫親自考察貝加爾地區，足跡遠至邊境城鎮恰克圖、祖魯海圖一帶❾❼。隨後他又派遣地形測繪員瓦加諾夫帶領四名哥薩克，從斯特列爾卡出發，前往黑龍江偵察❾❽。一八五一年，他又派卡扎凱維奇和斯基勃涅夫勘察黑龍江上源音果達河、鄂嫩河和石勒喀河，探明從石勒喀河到額爾古納河完全適宜航行❾❾。同年末，他在伊爾庫茨克主持成立了俄國皇家地理學會西伯利亞分會，規定該會的任務是「積極執行俄皇意志」，「在學術上為俄國侵佔黑龍江服務」。

---

❾❸　同❻❽，第二卷，第四七至四八頁。

❾❹　同❹❼，第三卷，第一八頁。

❾❺　穆拉維約夫，《上皇帝疏》；巴爾蘇科夫，《穆拉維約夫——阿穆爾斯基伯爵（傳記資料)》，第二卷，第五六頁。

❾❻　科斯廷，《大不列顛與中國》（一八三三至一八六〇年），英國牛津大學，一九三七年，第二四七頁。

❾❼　同❻❽，第一卷，第一九三頁。

❾❽　帝俄地方自治會彙編，《黑龍江地區》，第五四頁；卡巴諾夫，《黑龍江問題》，第一三三頁。

❾❾　同❻❽，第一卷，第二九〇頁。

㈡積極儲備軍糧和籌備軍費

帝俄政府由於連年對外征戰，國庫空虛，無力撥付巨款供穆拉維約夫開展「黑龍江事業」。於是責成他努力尋找地方資源，就地籌集侵略經費❿。為此，穆拉維約夫首先向東西伯利亞居民恣意榨取，給他們強加上各種繁重的賦役⓫。由於連年歉收，外貝加爾地區糧食本已不能自給。穆拉維約夫為了籌備軍糧，竟強制徵調民糧，並以「警察手段」，壓低糧食收購價格⓬（低於實價百分之五十）。結果，外貝加爾許多地方發生糧荒，居民只得以穀糠和樹根充飢，其中距黑龍江最近的尼布楚地區，受徵購徵用之害比他處尤大⓭。

㈢籌備建立外貝加爾哥薩克軍

在穆拉維約夫為侵略黑龍江而作的準備活動中，最重要的一環是擴建武裝部隊。這是穆拉維約夫推行侵華政策的主要支柱。正如俄學者所說，穆拉維約夫確立如下信念:「目標——黑龍江;手段——外貝加爾軍隊;執行人——穆拉維約夫」⓮。

長期以來，帝俄的戰略重點在西方，部署在東西伯利亞的兵力相對薄弱，不足以實現它的侵華野心。因此，穆拉維約夫就任總督後，立即著手擴充外貝加爾的兵力，計劃於正規軍之外，建立一支龐大的外貝加爾哥薩克軍，作為入侵黑龍江的主力，按照他的意見，這支軍隊由五部分組成: 1.全部哥薩克邊防軍; 2.外貝加爾哥薩克城防團; 3.所有的「異族」團隊; 4.外貝加爾地區各村鎮的哥薩克; 5.尼布楚礦區的農奴。前四個部分組成騎兵，最後一部分編成步兵。

尼古拉一世完全贊同穆拉維約夫的擴軍方案。在他的扶植下，外貝加爾哥薩克軍的擴建極為迅速，到一八五一年六月，總數已接近五萬人，內有戰鬥部隊一萬七千多人⓯。為了提高作戰能力，這些軍隊定期舉行大規模集訓，

⓵ 同 ⑥⑧，第一九三頁。

⓵ 同 ⓾，第五四頁; 卡巴諾夫，《黑龍江問題》，第一一三頁。

⓵ 維紐科夫，《一八五七至一八五八年——向黑龍江移民的回憶》，收錄在《阿穆爾地區中國和日本之行》，哈巴羅夫斯克（伯力），一九五二年，第一二一頁。

⓵ 同 ㉒，第一一五頁。

⓵ 同 ㊼，第三卷，第一三頁。

⓵ 同 ⑥⑧，第三四頁。

穆拉維約夫常親自前往督察，鼓舞士氣。一八五二年九月，他向俄皇報告，哥薩克軍已擴充完畢 ⑩。至此，外貝加爾地區的男性適齡居民，幾乎都已置於帝俄軍事組織之中，外貝加爾哥薩克人居住地區，已經變成了一個大兵營。

　　穆拉維約夫不僅竭力擴充哥薩克軍，作陸上入侵的準備，而且力主在太平洋大辦海軍，以便侵佔中國東北港灣和島嶼 ⑩。一八四九年三月上旬，他在一份奏疏中強調，俄國必須在黑龍江口設置要塞，在黑龍江口和堪查加彼得羅巴甫洛夫斯克港之間派出艦隊巡航，並從俄國內地派部隊到這些要塞和艦隊服役。一八四九年十二月，俄皇批准將鄂霍次克和堪察加的全部艦隻組成西伯利亞地區艦隊，歸穆拉維約夫統轄。一八五二年六月，康士坦丁親王 ⑩擔任海軍總參謀長後，繼續擴充帝俄在太平洋上的海軍。在他任職期間，每年有十至二十四艘軍艦出沒在太平洋上，肆無忌憚地把中國黑龍江口一帶作為自己的活動場所。

　　一八五三年，尼古拉一世指示穆拉維約夫說：「中國理應滿足俄國的全部要求，倘若不允，爾今手握雄兵，可以武力迫其就範。」⑩事實證明，穆拉維約夫正是按照這一指示行事的。在軍事上作了充分準備以後，他接著便從海上和陸上發動了對我國黑龍江流域的武裝入侵。

五、穆拉維約夫入侵黑龍江的有力助手──涅維爾斯科依

　　涅維爾斯科依（Невельский Геннадий Иванович）係貴族家庭出身，一八二九年，入中等海軍武備學校，畢業後在波羅的海艦隊服役，一八四六年，晉升海軍大尉。早在學生時代，就接受了「彼得一世關於黑龍江及其河口對俄國有重要意義」的想法 ⑩，把十七世紀的帝俄殖民者波雅科夫（Поярков）、

---

⑩　同 ⑱，第二卷，第九二頁。

⑩　煙山專太郎，湖北學報譯印，《俄國侵略黑龍江地方史》，一九〇三年，第三頁；黎際濤，《俄人東侵史》，哈爾濱，一九三〇年，上冊，第三六三頁。

⑩　康士坦丁‧尼古拉耶維奇（一八二七至一八九二年），是沙皇尼古拉一世的次子，一八五〇年，被指定為國務委員會委員，一八五二年，出任海軍總參謀長，次年主管海軍部，不久兼任「阿穆爾（黑龍江）委員會」主席。他是十九世紀五十年代和六十年代初帝俄侵華的重要決策人，一貫積極支持穆拉維約夫侵略黑龍江、烏蘇里江以東地區的活動。

⑩　同 ⑱，第一卷，第四八四頁。

哈巴羅夫（Хабаров）等奉為英雄，立志要繼承他們的事業。參加海軍後，他就力主「俄國應當建設一支太平洋艦隊，找到便利的海港，並且在那裡建設基地」❶❶。同時對於拉彼魯茲、布勞頓和克魯遜什特恩等人關於「黑龍江口不能通航、庫頁島是半島的結論」表示懷疑。為了證實自己的推測，涅維爾斯科依決心要親自到黑龍江口作實地勘察。

一八四七年末，涅維爾斯科依靠海軍大將康士坦丁親王的幫助，謀得了正在建造的「貝加爾」號船長的職位。按照帝俄海軍部的計劃，這艘軍用運輸船建成後，將定期從喀琅施塔得運載軍需物資前往彼得羅巴甫洛夫斯克港。涅維爾斯科依接受新的任命後，立即前往聖彼得堡晉見海軍總參謀長緬施科夫，請求在完成堪察加之行後，允許他乘該船前往韃靼海峽和黑龍江口考察。緬施科夫授意他去晉見穆拉維約夫。當穆拉維約夫和涅維爾斯科依見面後，對其主張極表讚賞，並答應「努力用一切辦法來助其實現」❶❷。

在穆拉維約夫的鼓舞下，涅維爾斯科依一面親自跑到造船廠催促提前完工和安裝大炮，以便早日成行；一面繼續在聖彼得堡遊說，尋求大人物的支持。同時他擬定了調查韃靼海峽、黑龍江口和其他港口的詳細計劃，於一八四八年二月獲得帝俄政府批准。一八四八年九月二日，涅維爾斯科依率「貝加爾」號從喀琅施塔得啟程開往堪察加，船上有軍官九人、軍士、水兵、炮兵二十八人。十一月下旬，當「貝加爾」號尚在途中的時候，穆拉維約夫就迫不及待地向彼得羅巴甫洛夫斯克港寄發了給涅維爾斯科依的密令，要特別詳細測繪庫頁島北部東西兩岸、黑龍江河口灣與河口、辦事要「嚴守秘密」、為了攏絡當地居民，要「態度親熱，再送些禮物」。密令還強調：如果在那裡遇到了歐洲人，涅維爾斯科依應稱：「我（俄）國船隻經常在此地考察海岸」，藉以暗示庫頁島北部和黑龍江左岸是我（俄）國的領土❶❸。這份密令表明，

---

❶❶　卡馬寧，〈涅維爾斯科依傳〉，載涅維爾斯科依，《俄國海軍軍官在俄國遠東的功勛》（一八四九至一八五五年），第一二頁。

❶❶　特列涅夫，《格·伊·涅維爾斯科依》，第一四至一五頁。

❶❷　同❻❽，第一二二頁。

❶❸　穆拉維約夫，《給「貝加爾號」運輸船指揮官、海軍大尉涅維爾斯科依先生的指令》；巴爾蘇科夫，《穆拉維約夫——阿穆爾斯基伯爵（傳記資料）》，第二卷，第三七至三八頁。

穆拉維約夫的侵略意圖比海軍部又進了一步。

為了統一侵略黑龍江的部署，根據俄皇的訓令，一八四九年二月上旬，在聖彼得堡成立了由總理兼外交大臣涅謝爾羅迭、陸軍大臣車爾尼雪夫、海軍總參謀長緬施科夫、內務大臣彼羅夫斯基和作戰參謀、侍從將軍別爾格等主要軍政頭目組成的「阿穆爾問題特別委員會」，又名「基立亞克委員會」。該會不顧中俄兩國的成約，悍然決定：由海軍部派遣以涅維爾斯科依為隊長的「勘察隊」（實際上已派出），勘察黑龍江口一帶和庫頁島的北部海岸，並盡可能在黑龍江口北岸附近選擇有利據點，伺機佔領。二月二十日，俄皇批准了這一決定。

「貝加爾」號於一八四九年五月二十四日到達彼得羅巴甫洛夫斯克港。涅維爾斯科依一到這裡，就收到了穆拉維約夫寄來的訓令和密信。訓令要他詳細考察黑龍江口及該河本身通航的狀況，調查庫頁島北部港灣情況和黑龍江河口灣一帶通航的前景，確定從北面進入該河的途徑，探明有無便於「防衛」黑龍江河口灣和它的入口處的地點。訓令還要求「調查」應秘密進行，船上不得懸掛俄國的軍旗或商旗；「勘察」結果應盡速密報緬施科夫和穆拉維約夫轉呈俄皇，不得聲張。密信強調：「特別重要的」是，一定要在一八四九年年底前將關於黑龍江口和河口灣的情報上報❶❶❹。

一八四九年六月十一日，「貝加爾」號卸完貨物，立即南駛，六月二十四日到達庫頁島東岸，轉而向北，開始了在中國領海內的「探險」活動。涅維爾斯科依在庫頁島北部沒有找到可供海船使用的避風港，便轉向西南行駛，穿行於該島與大陸之間的海面，沿途不斷測量水深、描繪海岸，終於確定了從北面進入黑龍江河口灣的航道，並於七月九日下午侵入河口灣北部進行詳細偵察。隨後，他派海軍准尉格羅特乘舢舨沿庫頁島西岸往南調查水道情況；派海軍中尉卡扎凱維奇乘舢舨沿大陸海岸向南偷測黑龍江口❶❶❺。卡扎凱維奇到達黑龍江口後，便沿河道左岸探測找到了一條深六到九尺的水道。接著，七月二十二日，涅維爾斯科依親自出馬，率領三名軍官、十四名水兵，分乘三隻舢舨，順卡扎凱維奇找到的深水線，於次日潛入中國內河黑龍江，當晚

---

❶❶❹　同❺❼，第二一至二二頁。

❶❶❺　同❸❶，第一○○頁，本段所載之日期均據涅維爾斯科依與阿列克謝耶夫《一八四九至一八五五年阿穆爾勘察隊》。

沿左岸到達庫艾格達岬，並擅自將該地改名為康士坦丁半島。二十五日，又潛往黑龍江口右岸，然後沿河口灣向南行駛，進入韃靼海峽，一路上不停地測量水位，察看地形。經過十二天，舢舨到達了大陸海岸與對面的庫頁島距離最近之處，找到一條寬約七公里半、深約九公尺的水道，從而推翻了拉波魯茲、布勞頓和克魯遜什特恩等人認為該處是地峽的錯誤結論。

涅維爾斯科依所謂「重大的地理發現」，其實遠在千年以前，中國唐朝就對庫頁島作了記載⓪。明朝對於「在奴兒幹海東」的「若夷」、「若兀」、「庫兀」即庫頁島的記載，更是屢見不鮮⓱。在清代康熙《皇輿全覽圖》中，已經清楚地標明庫頁島是一個脫離大陸的海島；其後，乾隆年間編撰的《盛京通志》更明確地指出：庫頁島是一個「大洲」，在混同江（黑龍江）口之東大海中⓲，這是盡人皆知的事實。就連帝俄學者也不得不指出：「中國人從很古以來，就確信庫頁島是一個島嶼」，並且早就繪圖立說，對自己的這一帶領土，作出正確的記載了⓳。

涅維爾斯科依在達到主要目標之後，又按照穆拉維約夫的指令，竄到鄂霍次克海西南海岸進行測繪。他在黑龍江河口北面，先後找到一個巨大的港灣和一個開闊的、可以避風的停泊場，並擅自把這兩處分別命名為幸運灣和聖尼古拉灣。

一八五○年夏，涅維爾斯科依再度從聖彼得堡回到太平洋岸，率領二十五名武裝人員，乘鄂霍次克戰船駛到幸運灣，隨後就佔領了距黑龍江口很近的海岸。於六月二十九日就在當地建立了所謂彼得冬營，豎立俄國軍旗，作為第一個侵略據點。兩星期後，他又親率水兵六名、譯員兩名、火炮一門，乘小艇闖入黑龍江，上駛約二十哩，到達特林村落的地界，當即有一名中國官員，帶領二百名左右的村民將他們包圍，聲稱未經中國許可，任何人都無權來到當地，要求他們撤離。但涅氏反用武力威脅這些平民，揚言他們已在幸運灣及黑龍江口附近建立軍用界標，全部濱海地區都屬俄國保護。八月六

⓪　《新唐書》，第二一九卷。

⓱　參閱《明宣宗實錄》，第六九卷，宣德五年八月庚午條；《寰宇通志》，第一一六卷，《女直》；《大明一統志》，第八九卷，《女直》；《遼東志》，第九卷，《外志》等。

⓲　同❻，第二七卷。

⓳　同❻❹，第三六頁。

日，他們就在黑龍江口二十五俄里之處，中國城市廟街附近，建立了另一個哨所，名為尼古拉耶夫斯克港（Николаевск. Г.），以紀念當時的俄皇。並派六名士兵據守❿。

穆拉維約夫得知此消息後，異常欣喜，立即回返首都報告佔領黑龍江的消息，然而所得到的反應卻意外的冷淡，外交大臣尼希諾德的一派人士，對涅氏在中國城市廟街附近建立界標之事，深表不滿。因此，於一八五〇年十二月召開黑龍江特別委員會，提出討論，出席的大臣們多認為涅氏未得授權，即擅自佔領中國地界，殊屬危險。俄國當以佔據黑龍江口以北的幸運灣為滿足，移民的時機尚未成熟，建立尼古拉耶夫斯克的界標，必致驚擾中國人民，應立即撤退。涅氏違命擅權，應褫奪其大尉的軍階及其船長之職，降為水兵。穆拉維約夫也應受警告，不得擅行以武力侵犯中國。但是，尼古拉一世存心袒護涅氏，更不願撤銷尼古拉耶夫斯克界標，於是召見涅氏，一方面責其違命擅行，降其為水兵，一方面又親賜勳章，擁抱涅氏，表示感謝他的愛國行動，再勉其謹慎行事，勿再蹈違命之咎。最後宣布：俄國國旗既經在尼古拉耶夫斯克升起，即不應再行降下。一八五一年一月，特別委員會重行開會，由皇太子任主席，決議改採折衷辦法，改尼古拉耶夫斯克港為俄美公司的貨倉，以軍艦一艘及六十三名官兵留守，同時通知中國政府，聲明黑龍江口界標為俄美公司所建立，駐艦留守，是防備他國勢力的入侵，無進犯中國之意❿。此乃外交大臣尼希諾德一派對穆氏與涅氏二人的侵華行動第一度採取的遏阻措施。

穆氏與涅氏雖然在首都遭受挫折，但他們回到東方任所以後，仍舊各行其是：穆氏在外貝加爾一帶徵集土著居民，訓練成為一支與哥薩克軍相混合的勁旅，作為日後滲入黑龍江地區的主力。涅氏則繼續在沿海勘察，尋覓形勢優勝的港灣。一八五二年春，他發現韃靼海峽最狹窄處的德卡斯特里（De Castries）灣，為一最有價值的軍事港，未經呈報批准，即擅自在海灣上建築

---

❿　中國社會科學院近代史研究所編，《沙俄侵華史》，北京，北京人民，一九七七年九月，第二卷，第八二至八四頁。

❿　Zenone Volpicelli (Pseudoneym Vladimir), *Russia on the Pacific and the Siberian Railway*, London, S. Low, Maraton, 1899, pp. 183–185；陳復光，《有清一代之中俄關係》，雲南，崇文，一九二八年初版，第八五至八六頁。

冬營。俄美公司此時又佔領了奇集湖附近的闊吞屯，改名為馬林斯克
(Mariinsk)，涅氏還率同部下的軍官們，對黑龍江進行了測繪。同年八月七日，
穆氏根據涅氏的意見，向俄廷陳述佔領奇集湖和德卡斯特里港灣的必要性，
因而也請求一併批准將於一八五二年秋季沿黑龍江的航行，以補充黑龍江口
的海軍力量，俄皇閱奏，即詢問尼希諾德（此時任總理大臣）的意見，經尼
氏說明以後，俄皇肯定尼氏的見解，就否決了佔領奇集湖和德卡斯特里港灣
的提議，也沒批准沿黑龍江航行的請求，並且再次提醒穆拉維約夫對此事必
須十分謹慎，不可操之過急❷。此時，尼氏信守對華條約的政策，依然受到
俄廷的重視，穆氏與涅氏獨斷的侵華活動，遭到尼希諾德之遏阻。

　　到了一八五二年的十二月，才發生了一些有利於穆氏的轉變，因為此時
阿赫杰中校所率領的考察隊已完成勘察任務，他向穆氏報告：黑龍江下游及
鄰近海岸地區均未經中國佔領。穆氏得此有利訊息，即偕同阿赫杰中校回到
聖彼得堡，分頭向大臣們疏通見解。一八五三年三月，穆氏向俄皇上了一份
機密條陳：他表示擔心英國可能佔領堪察加、庫頁島及黑龍江口，切斷俄國
和太平洋的聯繫，因此請求允許他直接與中國政府接觸，不必經過外交部的
轉折，這是他企圖擺脫外交部的控制，以便施行獨立的談判權之始。四月，
他又向俄皇報告了阿赫杰中校的考察工作，並再度陳述佔領德卡斯特里灣和
奇集湖及建立哨所的必要性。此時，遠在東方的涅氏也正積極進行海上的探
察工作。六月，他侵入韃靼海峽南部最優良的海港哈吉灣，建立康士坦丁哨
所，並擅自將哈吉灣命名為皇帝港。八月，他又率船北駛，在德卡斯特里灣
海岸建立亞歷山大哨所。十月，他率領水兵侵入庫頁島最優良的阿尼瓦灣，
隨即升起軍旗，架設大炮，在港灣東面的高地建立穆拉維約夫哨所❸，這些
港灣都位於黑龍江口之南，在外烏蘇里的沿海，都屬於大清帝國的版圖。

　　俄廷對這些轉變中的情勢，也採取了相等的回應：俄皇在四月份收閱了
穆氏的條陳和報告後，就於五月召開了有穆氏和其他高級官員參加的特別會

---

❷　同❸，第三卷，第五二至五三頁；陳復光，《有清一代之中俄關係》，第八七至八九
　　頁。

❸　陳復光，《有清一代之中俄關係》，第九一、九三、九五頁；同❸，第三卷，第七〇
　　至七二頁；李齊芳，《中俄關係史》，臺北，聯經，二〇〇〇年，第一七一至一七二
　　頁。

議，會上，俄皇正式批准了德卡斯特里灣及奇集湖的佔領，不過同時也指示大臣要通知中國政府，就此事與之進行交涉，通知中國政府的職責屬於外交部，外交部仍舊根據尼希諾德遵守條約之原則。六月十六日照會清廷理藩院，聲稱：

> 竊案俄羅斯國，與大清國分界處所，自固（格別字）爾必齊河之東，山後邊為俄羅斯地方，山之南邊為大清國地方，雖經議定在案，惟貴國立有界牌，敝國尚無界牌。……伏乞貴國派員或前赴恰克圖卡倫抑或赴伊爾固特斯克（伊爾庫茨克之舊譯）城，與敝國總理東邊西畢爾（西伯利亞之舊譯）大臣商辦。並求在無界之近海一帶地方，亦設立界牌，兩國均有裨益。

　　照會中言明山之南邊屬於大清，只要求與清廷討論設立界牌及近海烏第河流域未定界的分劃事宜，顯示外交部所採取的政策與穆氏的行動相反，外交部是遵守《尼布楚條約》的規定，僅要劃定黑龍江地區的邊界，而穆氏的計劃卻是吞併黑龍江地區。由此可以看出，尼希諾德一派的人士，仍在竭力遏阻穆氏侵華野心之實現。

　　同年十月，俄土兩國之間克里米亞 (Crimea) 戰爭爆發，英法均支持土耳其，俄國情勢緊張，穆氏顧慮到戰爭可能蔓延到遠東，因此他又於十一月向俄廷上了一份有關防守沿海地區的機密條陳，強調只有掌握黑龍江的航行權，才能保衛堪察加和江口的沿海港灣，否則，既不能運糧食和武器，也不能運送軍隊。此一條陳交付黑龍江特別委員會審議。此時的委員會已完全為皇太子和康士坦丁親王控制，尼希諾德一派人已無能為力。此項條陳經委員會審議後，即進呈俄皇，並提出建議：准許穆拉維約夫直接與中國進行劃界問題的談判；不等中國政府的答覆，就可沿黑龍江運送軍隊，以保衛沿海地區。一八五四年一月十一日，俄皇批准了委員會的建議，並親自囑咐穆氏說：「但不要散發出火藥味」。意即允許穆氏逕自航行黑河，但不要開戰。二月，外交部通知清廷理藩院說，已授權穆拉維約夫直接與理藩院就劃定邊界事務進行交涉。同時派外交秘書一人、中滿文翻譯官多人為其隨員，一同前往東部，協助談判❹。至此，穆氏得俄皇之全力支持，大權在握，不必再受外交部之

<hr>

❹　同❸，第三卷，第七二至七三頁；陳復光，《有清一代之中俄關係》，第九三頁；李

牽制，而尼希諾德的對華親善政策，則完全失敗。

六、穆拉維約夫併吞黑龍江之計謀與三次武裝航行

俄廷外交部在一八五三年六月向中國政府發出照會，於同年八月到達清廷理藩院，清帝也隨即命令庫倫貝子辦事大臣向黑龍江將軍蒐集資料，盡快完成劃界談判事宜。一八五三年十一月，中國代表齊集庫倫，等候談判，當時俄方恰克圖長官瑞賓德爾 (Rebinder) 奉外交大臣尼希諾德的密令，蒐集有關邊務的一切文件，也準備與中國代表開始談判，但穆氏仍滯留俄京，遲遲不來與會，並聲言邊界問題須得俄皇的命令始能決定；他自己也未得俄皇的任何訓令，無法前往會議，實際上，穆氏的計劃是要片面的強行通航，造成有利於俄國的情勢，先行強佔黑龍江北岸，然後再逼迫中國政府承認既成事實。當時他認為時機尚未成熟，因此避免與清方任何代表舉行會議，致使瑞賓德爾的一番準備完全落空。到一八五四年一月十一日，俄皇尼古拉一世頒發授權穆氏與中國進行談判劃界問題的訓令後，他才於二月自聖彼得堡啟程返伊爾庫茨克任所，四月向清廷理藩院發出咨文，通知說：他要運兵通過黑龍江，並詢問雙方會議日期和地點[125]。

㈠第一次武裝航行黑龍江

一八五四年三月，英法加入俄土間的克里米亞戰爭，對俄國宣戰。此一事件的發展，確實為穆拉維約夫製造了很好的機會，藉口要增強俄屬東北亞沿海地區的兵力，以防英國海軍的侵襲，因而要求經中國黑龍江的航道，運送軍隊武器和糧食到堪察加去加強防務，但是他的實際目的，卻是吞併中國的黑龍江。穆氏回到任所後，就積極作通航的準備；從他所訓練的部隊中，抽調了八百名組成的混合邊防營和一百零九名哥薩克，連同將近三萬五千普特（Pud，一普特等於 16.38 公斤）的各種物資、軍糧、貯備品，分裝在七十五隻駁船和一艘「額爾古納」號輪船上。從額爾古納河左岸的烏季斯特列爾卡 (Uststrielk) 出發，駛入黑龍江。六月的第一週，到達中國設防的城市璦琿，黑龍江副都統胡遜布上船詰問，並告訴穆氏，沒有得到允許俄人通過的命令，

齊芳，《中俄關係史》，第一七三至一七四頁。

[125] 同[32]，第三卷，第七一至七四頁；陳復光，《有清一代之中俄關係》，第九二頁；李齊芳，《中俄關係史》，第一七四頁。

勸穆氏不要前進，穆氏不從，強行通過，胡遜布自知沒有軍力足以阻止穆氏的船隊，只好任其順流而過。穆氏第一次的強行通航就此很輕易的完成❿。

　　值得注意的是穆氏到達黑龍江下游以後，只把少數的部隊運送到堪察加的彼得羅巴甫洛夫斯克港灣去，而把大多數的部隊分布在烏蘇里江口、馬林斯克（闊吞屯）、奇集湖、廟街、德卡斯特里灣，還修築了德卡斯特里灣附近的道路，沿途佔據村屯、砍木燒磚、建立營房、列置銅炮、駐紮守兵、非法佔領的行為至此完全暴露。七月初，穆氏為了紓解清廷的疑懼，委託俄東正教派駐北京布道團第十三屆修士大司祭巴拉第 (Palladius) 上書清廷理藩院，聲稱：穆氏之往東海口岸，雖由中國黑龍江行走，然一切兵事應用之項，俱係自備，並無絲毫擾害中國。……此次用兵，不惟靖本國之界，亦實於中國有裨益，但願中國內心相同，勿以兵過見疑。此次由中國境內行兵，甚得鄰好之益。如將來中國有甚難之事，雖令本俄羅斯國幫助，亦無不可。……俄方的解釋，雖極為曲折及友善，但究竟不得不承認是由中國境內行走，理藩院的官員和吉林將軍景淳也都能洞悉俄人的詭計，然而當時內有太平天國的事變，外有東南英法海軍的威脅，東北邊境，無兵無餉，實不能與俄人再起兵端，所以理藩院在收到穆氏四月發出伊爾庫茨克的咨文後，經過內外大臣的協商，都認為經由外交途徑以保疆圍是唯一可行的策略。一八五四年十二月，清廷命令庫倫辦事大臣答覆穆氏四月的咨文，約定次年六月中俄雙方代表到格爾必齊河，會商安設界碑之事❿。

㈡第二次武裝航行黑龍江

　　然而穆氏此時卻不願在他武裝強佔計劃尚未完成之前舉行談判，仍舊逕自準備第二次的武裝航行。一八五五年春，準備就緒。五月初，第二次武裝船隊起航遠征部隊啟航，遠征部隊、哥薩克軍、男女移民及兒童，合計大約有八千餘人分乘一百二十餘艘的船隻，首尾連續達兩俄里之長（每一俄里等於三千五百英尺）。船中尚裝有要塞重炮、大批彈藥、糧食、牲畜等等，分三批出動。五月的第三週，首批船隊駛到呼瑪爾河口，與中國黑龍江副都統富

❿　同❸，第三卷，第七五至七七頁；同⓬，第一○一至一○二頁；李齊芳，《中俄關係史》，第一七四至一七五頁。

❿　同❸，第三卷，第七八、七九、八一頁；同❿，咸豐朝，第八卷，第二五至二六頁；同⓬，第一一○頁；李齊芳，《中俄關係史》，第一七六頁。

尼揚阿及其隨員相遇，富等登船面見穆氏，阻攔前進，令其由外海行走，並請他到格爾必齊河會議，穆氏不理，強行東駛。六月，到達黑龍江下游，隨即佔地屯兵、建築房屋、安設炮位；從闊吞屯到廟街三百多里的地帶，建立一連串的移民點和糧食物資倉庫，到一八五五年年底，聚集在這個區域的部隊和移民，已達七千餘人 ❿。至此，帝俄對中國黑龍江下游的非法佔領，實際上已大致完成。

　　穆氏及其船隊是八月到達馬林斯克的，中國全權代表富尼揚阿等也隨即於九月初趕到，原來清方早於一八五四年就派定了富尼揚阿為邊界委員，到馬林斯克，要與穆氏舉行談判，但俄方人員說：穆氏已往東部海岸與英國海軍交戰，行前並未交代查辦邊界事。富氏等被迫折回。現在（一八五五年九月）才又再度來到馬林斯克，要求舉行會議，穆氏稱病不出，先派譯員與清方代表周旋，及至正式開議，仍只派海軍少將札沃依科 (Savoiko) 代為出席，穆氏則提出書面的「劃界意見書」，宣稱：俄國為了保衛阿穆爾口（指黑龍江口）不受英法等外國人的侵犯，花費巨款在江口集結兵力，並構築永久性的工事。為了補償費用，俄國政府要求合併整個阿穆爾左岸和沿海地區，從而使阿穆爾和烏蘇里成為兩個帝國之間的疆界。富尼揚阿嚴詞拒絕。九月十二日，繼續會議，穆氏始親自出席，詢問清方代表是否同意他提出的「劃界意見書」？富尼揚阿援引《尼布楚條約》及一八五三年六月十六日俄國外交部樞密院致理藩院的照會，反駁：上項照會明白的承認自格爾必齊河之東，山後邊為俄羅斯地方，山之南邊為大清國地方；當前會議之範圍，只限於討論未立界的近海地帶。黑龍江與松花江左岸的土著，均大清國的屬民，年納貢賦，已居住年久，無割讓之理。穆氏只說目前情勢改變了，強調割讓的要求是俄皇下的旨意。清方代表說他們只被授權劃界立牌，未被授權作割讓領土的讓步。穆氏也承認精奇里、西林木迪、牛滿等河流域均係大清地方，但仍要求割讓，堅請富氏等把他的「劃界意見書」帶回北京，促理藩院從速回覆。同時宣布：來年俄國還要浮運更多的兵力、物資和大炮到東部海岸去，會議至此也就無結果而散 ⓫。

---

❿　同 ⑫，第二卷，第一一一頁；Zenone Volpicelli, op. cit., pp. 210–211；李齊芳，《中俄關係史》，第一七六至一七七頁。

⓫　同 ⑫，第一一二至一一三頁；同 ㉜，第三卷，第九一、九二頁；李齊芳，《中俄關

一八五六年一月，清方的庫倫辦事大臣、黑龍江將軍和吉林將軍，會銜向俄羅斯樞密院提出抗議，指控穆氏的行動違反條約及以往照會中的諾言，穆氏也恰恰於此時返抵聖彼得堡，向不久前繼位的俄皇亞歷山大二世（一八五五至一八八一年）面陳將作第三次航行黑龍江的籌辦情況，促俄廷採取積極的政策。俄皇正式任命穆氏為全權代表，與中國談判邊界問題，又批准了他經營黑龍江的各項計劃。穆氏的政敵，總理大臣兼外相的尼希諾德恰在此時退休，繼任的外相哥爾查科夫 (Gorchakov) 與穆氏相處甚為款洽，穆氏此後更能暢行其志❸。

㈢第三次武裝航行黑龍江

穆拉維約夫得到俄皇的任命和俄廷的支持後，即時向外貝加爾省的首長科爾薩科夫（Корсаков）上校發出指令，命令他積極準備一八五六年的第三次航行。一八五六年五月，準備完成。六月初，科爾薩科夫率領一百一十艘大小船隻，運載的部隊與哥薩克軍共計有二十四名軍官和一千六百六十六名士兵，護送大批牲畜、糧食及軍需物資，由石勒喀河出發，駛入黑龍江。科爾薩科夫乘第一批船隊抵璦琿後，通知中方的副都統魁福說，將有大批軍艦到達璦琿，在左岸儲備糧食，派兵保護。中方官員答稱：未奉到有關俄人航行的上諭，但對於俄艦之航行，彼等不加反對，所希望者，不要在左岸設立倉庫與警衛，並詢問黑龍江口俄軍之確數，科氏說，俄軍現有一萬人，還有五千人繼續開到，將以五百人駐紮精奇里河，然後分批下駛，中方官員只得任其通過。七月底，浮運的船隊，先後到達了馬林斯克哨所，在隨後的兩個多月內，俄軍相繼在黑龍江中游的左岸建立了附有儲糧倉庫的軍事據點：呼瑪爾河哨所、結雅（海蘭泡）哨所、興安哨所和松花江哨所、魁福曾派員往海蘭泡勸阻，俄方軍官保證，各處糧房都係暫蓋，至秋後將全部拆毀，但後來並沒有實踐諾言。第三次航行到十月底已大致完成，沿江岸也建立了許多移民的村莊。十一月，俄方的特別委員會又批准了穆氏在五年內從外貝加爾哥薩克軍抽調男女，向黑龍江左岸移民一萬五千人至兩萬人的計劃❹。

係史》，第一七七頁。

❸　陳復光，《有清一代之中俄關係》，第九六至九七頁；李齊芳，《中俄關係史》，第一七七頁。

❹　同❷，第三卷，第一〇一至一〇四頁；同❷，第一一八至一一九頁；李齊芳，《中

此外，一八五七年年初，英、法兩國在中國廣東省的侵略行動，又予穆拉維約夫以最佳的機會：他命科爾薩科夫又作航行準備工作，目的是運送補充部隊和移民及其眷屬到黑龍江中、下游的左岸去。穆氏釋放了一千多名罪犯，勸他們自新，去作開闢家園的移民，又釋放一批女犯人，任他們互相選擇，結為配偶。結果使移民及其眷屬成了此次航行的主要人物，士兵們卻都充當了護衛、舵手和木匠。合計哥薩克移民、婦女、兒童們共約有二千四百餘名；馬、牛、羊、豬合計二千四百九十八頭；各種穀物五千五百三十二普特；其他各種應用物品，如冬季用的皮襖、種籽、斧頭、釘、鐮刀、鐵鍋、鐵鍬、鋸、磨、漁具、玻璃、繩子、皮革、木工及打鐵工具，則不計其數。可見他們計劃之周全。這也是我們應該自嘆不如而當引以為警惕的。五月底，此一船隊在科爾薩科夫的指揮下，從石勒喀河出發，駛入黑龍江，到了精奇里河口附近的結雅哨所以後，就逕自建造營房，屯兵駐守，演練槍炮。到一八五七年末，黑龍江北岸的俄國移民，已達六千人。同時，共建成了十七個哥薩克村鎮，其中最大的村鎮是呼瑪爾、烏斯季、結雅和英格森。在松花江、烏蘇里江口也強行建立了軍事哨所❶❷，他們把黑龍江上、中游左岸的佔領區和前幾年已佔領的下游地區連成了一片，使清廷在開始談判邊界時所面臨的既成事實，確難用非軍事的手段所能改變的了。

穆拉維約夫自一八四七年受命為東西伯利亞總督，至一八五七年設立沿海州行政區，其間經過的時間不過十一年，雖內經政敵之阻擾，外受英法的攻擊，但是他的侵略黑龍江地區之計劃，在事實上已得到了完全成功。其後所要作的事，即再運用外交的手段，透過條約的方式，使其侵華之舉，取得法律的地位。

俄關係史》，第一七八頁。

❶❷ Weigh Ken Shien, *Russo-Chinese Diplomacy*, Shanghai, The Comm Press, 1928, p. 25；同❸❷，第三卷，第一二九至一三〇、一四〇頁；李齊芳，《中俄關係史》，第一七八至一七九頁。

第二章　對帝俄割地喪權最嚴重的三個條約

第一節　穆拉維約夫與中俄璦琿條約

一、普提雅廷來華

一八五七年初，正是中國局勢日益險惡，內則太平天國之勢力正方興未艾，外則由「亞羅號」事件引起與英、法之糾紛，亦愈形嚴重。俄廷無時不深切注意遠東局勢之演變，其駐倫敦海軍專使普提雅廷伯爵報告康士坦丁大公，謂英法兩國正準備向中國進兵。大公為保障俄國在太平洋沿岸新獲疆土之利益起見，即向外相哥爾查科夫建議：在英、法使臣尚未到達中國之先，須從速任命一幹練大員與中國政府解決邊界懸案；普提雅廷旋任為赴華全權公使。不過，俄皇之任普氏，完全無礙穆拉維約夫經營黑龍江之事，蓋俄廷已深知中國正處於內憂外患夾攻之中，必不致也不敢阻礙俄國侵略之活動。尼古拉一世曾誇言曰：「中國應認識吾等之正當要求，否則大軍到達，吾等將以雄厚之武力強迫其承認。」當俄廷任命普氏為使臣時，穆拉維約夫即通知陸軍部，謂彼雖不贊同任用一海軍司令官當外交之衝，以引起無謂之糾紛，但必要時，當準備軍力，為其後援。

普提雅廷於一八五七年三月自聖彼得堡出發，道經伊爾庫茨克時，與穆拉維約夫秘密討論黑龍江問題，復由伊爾庫茨克於四月抵達恰克圖。穆氏乃命令全城張燈結彩，以隆重豪華聲勢浩大的儀式歡迎他，認為如此可在中國人的心目中抬高普氏的身分與聲望。普氏到達邊境後，隨即通知清廷政府，要求准他前往北京，與中國舉行談判。五月，清廷回信答稱：中國與俄國並

無特別重大事務，值得特派如公使這樣的人員，不顧旅途艱辛，不遠千里來到北京❶。因而，婉拒了普氏入京的申請，普氏不得已，即與穆氏計劃取道黑龍江和海路前往中國。

穆拉維約夫為了協助普提雅廷理解黑龍江問題，便伴同普氏於一八五七年五月末，乘快艇自石勒喀河出發，經黑龍江口，改乘輪船取道海路去北京。穆氏陪送了數俄里，方乘炮艇返回哨所。七月，普氏經北直隸灣到達北河，請求入京，再度被拒，普氏乃自海路前往香港。十二月，普氏自香港致電俄外交部說，外交上的強硬要求，無法改變中國對待外人的態度，不採取有力的強制措施，不能得到任何結果。同月二十四日，俄廷阿穆爾特別委員會舉行會議，會中否決了普氏廢除與中國的舊約另訂新約及召回駐北京傳教士團等建議；決定一方面佔領黑龍江左岸，另一方面又不中斷俄中之間的關係。由於普氏公使職銜已無必要，故特任命普氏為分艦隊司令兼欽差大臣，以便監視英法兩國聯軍和中國之間的衝突與演變，並與美國公使採取一致行動，爭取參加英法與中國之間的談判，進而保障俄國的既得利益❷。

穆拉維約夫也參加了此次特別委員會的會議，他藉口中國人火燒俄國在塔城的貨圈和拒不接待普提雅廷公使，建議向中國提出割讓的要求，把整個黑龍江左岸和濱海地區，直至朝鮮半島，都割讓予俄國，並要求在烏蘇里江自由航行。穆氏在會議中的此一提案，竟使普氏此次出使不利的遭遇轉變成為對俄國有利的條件。委員會又草擬了一份咨文，答覆清廷屢次要求派員劃定烏第河邊界的問題，其內容是告訴清方：穆氏已奉召回聖彼得堡，俄皇將就如何解決俄中邊界一事，對他親授機宜，並重新授予他與中方進行談判的全權。經過如此的轉折，黑龍江的事務又重新由普提雅廷的公使職權之內，回到了穆氏掌握之中❸。

清廷拒絕接待普提雅廷公使前往北京談判，實屬最嚴重的失策，當時自清廷皇帝以至理藩院的官員，都對俄方政策轉變的內幕毫不知情，坐失引用外交影響力以制衡穆氏的良機，以致他的武力強佔的策略再度得逞。清廷理藩院後來似乎也發覺了此一錯誤，又連續向俄方遞送了三次咨文，要求召回

---

❶ 文慶等輯，《籌辦夷務始末》，咸豐朝，第一五卷，第一七至一八頁。

❷ 瓦西里耶夫，《外貝加爾的哥薩克》，第三卷，第一四二至一四四頁。

❸ 同❷，第一四四至一四五頁。

普氏，但為時已晚，普提雅廷早已航行到香港去了❹。

二、以武力為後盾的璦琿談判

一八五八年五月的璦琿談判，乃是帝俄利用第二次鴉片戰爭的時機，倚仗自己的哥薩克軍隊，對中國實行武力恫嚇，敲詐勒索的典型事例。

五月二十日，英法聯軍攻佔大沽，天津告急，北京震動。二十二日，穆拉維約夫乃趁勢率隨員乘坐汽艇，在兩艘炮艇護送下，從海蘭泡來到璦琿與奕山會晤。

二十三日，雙方在璦琿開始談判，穆拉維約夫帶著衛隊前來出席第一次會議。出席的還有外交部官員彼・尼・彼羅夫斯基、滿語譯員希什馬廖夫和總參謀部上校布多戈斯基。中國方面出席的有奕山、璦琿副都統吉拉明阿和佐領愛紳泰。穆拉維約夫首先發言稱：「中、英正在交戰，英國很可能表現出佔據黑龍江口及其以南沿海地區的欲望，只有我國根據所訂條約聲明上述地區係歸俄國領有時，才能遏止英國的侵犯。」❺而英國一旦「侵佔了方便的沿海港灣，就有可能進攻滿洲腹地。」❻因此，中國政府當前尤須盡快了結此事❼。接著他又抛出了「自衛」論：「俄國為從海上保衛自己的領土，應當佔有濱海地區，而為了建立濱海地區同西伯利亞的聯繫，應當在黑龍江（從西到東最方便的水路）建立居民點」❽，「為了雙方的利益，中、俄必須沿黑龍江、烏蘇里江劃界，因為這是兩國之間最合適的天然疆界。」❾說完，他便拿出俄方擅自繪製的沿黑龍江、烏蘇里江至海為界的〈邊界草圖〉，叫奕山觀看。奕山指出，根據《尼布楚條約》，兩國分界「向以格爾必齊河、外興安嶺為限，議定遵行，百數十年從無更改。今若照爾等所議，斷難遷就允准。」為求兩國和好，俄國應及早將人眾撤回❿。至於兩國未分界址，只有烏第河一處，尚

---

❹　李齊芳，《中俄關係史》，第一八一頁。

❺　同❷，第一二三頁。

❻　卡巴諾夫，《黑龍江問題》，第一八三頁。

❼　同❺。

❽　同❻，第一八八頁。

❾　涅維爾斯科依，《俄國海軍軍官在俄國遠東的功勛》（一八四九至一八五五年），第三五一頁。

❿　〈黑龍江將軍奕山奏與木哩斐岳幅（穆拉維約夫）會商兩國邊界經過情形折〉，一

待秉公商辦。關於防範英國進犯西伯利亞一事，奕山指出：俄國在西伯利亞早已嚴密防守，現在英國正在中國沿海侵擾，對西伯利亞豈不比以前更少威脅❶？雙方進行了激烈的辯論。第一次會議歷時四小時，沒有結果。臨散會時，穆拉維約夫把去年他與普提雅廷一起擬定並為哥爾查科夫所贊同的條約草案交給奕山，限第二天答覆❷。

俄方條約草案共分六條：㈠兩國以黑龍江烏蘇里江為界；㈡在兩國界河上，只准兩國船舶航行，不准他國船隻往來；㈢在通商口岸，俄國與各國享同等權利；兩國界河沿岸，准予自由貿易；㈣黑龍江左岸中國居民，限三年內移居右岸，所需費用由俄供給；㈤重新審訂舊條約，另立新規章；㈥本條約為已往諸約章的補充❸。這個草案的基本精神，就是要徹底撕毀中俄《尼布楚條約》，使俄國非法佔領黑龍江以北地區的既成事實合法化，並進一步吞併烏蘇里江以東地區。

二十四日，雙方在俄船舉行第二次會議。穆拉維約夫指派彼羅夫斯基出面談判，中方代表愛紳泰斷然拒絕俄方於第一天提出的無理要求，並將上述草案退回。他指出：中、俄邊界已為過去兩國的條約所確定，不可更改，「以河為界」的字句應當刪去，奕山只授權就烏第河地區分界立碑事與俄方會商，如果俄方不同意改變自己的草案，會談勢必決裂❹。彼羅夫斯基向愛紳泰暗示，俄國完全瞭解清政府目前的困境，並威脅說：「俄、中兩國能維持和好，悉賴俄皇的寬宏大量。根據中國近年來的各種行徑，我國完全有權按另一種方式行動」。中國企圖「依據舊約劃定格爾必齊河以東和烏第河附近地區的邊界，是徒勞無益的。」❺「以河為界字樣，斷不能刪改。」❻在會談過程中，穆拉維約夫坐在與會議艙僅一板之隔的另一船艙內，通過與布多戈斯基高聲談話，向彼羅夫斯基反覆提示，指揮操縱。希什馬廖夫則往返於兩艙之間，

　　一八五八年六月二日，咸豐八年四月二十一日。

❶　尤里・謝緬諾夫，《西伯利亞征服記》，倫敦，一九一四年，第三〇五頁。

❷　同❻；同❶。

❸　巴爾蘇科夫，《穆拉維約夫——阿穆爾斯基伯爵（傳記資料）》，第一卷，第五一〇頁；同❶，第二五卷，第一一至一二頁。

❹　同❾，第三五二至三五三頁。

❺　同❷，第一二四至一二五頁。

❻　同❶，第二五卷，第一三頁。

不斷向穆拉維約夫請示❶。由於俄方的無理取鬧，會議仍無結果。

在二十五日的會議上，愛紳泰等堅持前議，要求俄方放棄第一條，並且說明，烏蘇里江一帶是吉林省地界，不歸黑龍江省管轄，奕山無權就該地劃界問題作出決定，應歸吉林將軍辦理。對此，俄方以同意刪去「草案」第五條，企圖誘使中國方面作出原則讓步❶。至於「草案」第四條，即限期遷走黑龍江以北中國居民問題，俄方改為「今將黑龍江左岸，北自精奇里河，南至霍勒木爾錦屯（豁爾莫勒津 (Hormoldzin) 屯）❶，其中舊居屯戶仍令照常安居。」俄方作出這一變動，並非出於對中國的「友好」和「讓步」。彼羅夫斯基事後說，帝俄這樣做，是為了驅使當地居民為入侵的哥薩克軍生產糧食，並利用他們向南岸「擴大俄國的影響」，把江東六十四屯一帶變成繼續南侵的橋頭堡。一句話，這樣「對俄國不但沒有任何害處，相反的，會有好處。」❷這次會議由於俄方缺乏誠意，也無法達成協議。

三、穆拉維約夫逼簽中俄璦琿條約

穆拉維約夫見中國代表一直不肯屈服，便決定親自出席，想對奕山施加壓力。二十六日，他穿禮服，佩戴勳章，以高姿態向奕山提出最後文本，逼奕山簽字。奕山據理力爭說，黑龍江左岸的居民向清政府納稅，這些地區都有中國的哨所，烏蘇里江至沿海一帶，是當今皇室的故鄉，更不能割讓。穆氏強詞奪理的說，俄國曾保衛黑龍江左岸，使之不致為外人所佔，應有充分的權利佔據此一地區，奕山反駁說，如果中國人為了同樣的目的，要去尼布楚地區，俄國政府是否允許他們渡過額爾古納河去驅逐外夷？穆氏聽了之後大怒，站起來抓著奕山和吉拉明阿的手，滿面怒容的轉向譯員，命令他轉告奕山，現在他們能夠做的事，就是討論和同意他的永不會變更的決議，期限只寬展到明天，不待這些話翻譯完，他就快步走出，在大門口上馬，向碼頭疾馳而去❷。

---

❶　胡世澤，《近代中俄關係條約根據》，巴黎，一九一八年，第一六一至一六二頁；同❶，第三〇六頁。

❶　同❷，第一二四至一二五頁。

❶　同❶，第二五卷，第一三頁。

❷　同❸，第五一一頁。

　　根據奕山向清廷的報告，當天夜裡，停泊在對岸的俄艦火光明亮，槍砲的聲音不斷，奕山就是在這種武力恫嚇之下向俄方屈服的。此時江邊有俄艦七艘，軍械齊全。

　　二十七日，奕山派愛紳泰等登俄艦，表示願意接受俄方的一切條件，只要求從條約草案中刪去「以烏蘇里江為界」。穆拉維約夫明知奕山無權談判烏蘇里江地區的劃界問題，若堅持不改，可能造成僵局，對帝俄反而不利。因此，他表示可以刪去「為界」的字樣，將烏蘇里江以東改為「兩國共管」。接著，穆拉維約夫向愛紳泰宣布：中方必須「照案（即俄方最後修正案）辦理，即對畫押文字，彼此為憑。如其不然，先將左岸滿洲屯戶遣兵驅逐，不准屯居。」❷❷奕山認為事關重大，要求派人將俄方草案送往北京，待批准後再行簽字；俄方擔心發生變故，堅決拒絕❷❸。這樣，經過六天的談判，奕山被迫於一八五八年五月十六日（咸豐八年四月十六日）與穆拉維約夫簽訂了喪權辱國、最不平等的《中俄璦琿條約》。

　　《中俄璦琿條約》有滿、蒙、俄三種文本。全約共三條：

第一條　黑龍江、松花江左岸，由額爾古納河至松花江海口，作為俄羅斯國所屬
　　　　之地；右岸順江流至烏蘇里江，作為大清國所屬之地；由烏蘇里江往彼
　　　　至海所有之地，此地如同接連兩國交界明定之間地方，作為兩國共管之
　　　　地。由黑龍江、松花江、烏蘇里江，此後只准大清國、俄羅斯國行船，
　　　　各別外國船隻不准由此江、河行走。黑龍江左岸，由精奇里河以南，至
　　　　豁爾莫勒津屯，原住之滿洲人等，照舊准其各在所住屯中永遠居住，仍
　　　　著滿洲國大臣官員管理，俄羅斯人等和好，不得侵犯❷❹。

❷❶　中國社會科學院近代史研究所編，《沙俄侵華史》，第二卷，第一三二至一三四頁。

❷❷　長順修，《吉林通志》，吉林，吉林省圖書館，一九八五年，第五五卷，第一四至一五頁。

❷❸　同❷，第一二六頁。

❷❹　本約中的松花江，指的是松花江口以下的黑龍江，亦即混同江，並非今天我國黑龍江省境內的松花江。俄國人關於黑龍江的知識，大部得自中國，因此常襲用中國的舊說，稱黑龍江下游為松花江；直到十九世紀五十年代，這種情況沒有改變。《璦琿條約》簽訂後，帝俄利用松花江一名兩指的情況，曲解該約第一條的文字，曾不斷強行闖入松花江，並屢次向中國提出所謂松花江航行權問題。

第二條　自精奇里河口以南，至豁爾莫勒津 (Hormoldzin) 屯（江東六十四屯）原
　　　　住之滿洲人等，照舊允其永久居住，仍歸大清帝國官員管轄。

第三條　烏蘇里江、黑龍江、松花江居住兩國之人，准其彼此貿易，官員等在兩
　　　　岸彼此照看兩國商人❷。

四、中俄璦琿條約中國的損失及影響

　　奕山與俄國訂立的《璦琿條約》，竟將《尼布楚條約》規定為中國屬地的
大興安嶺以南與黑龍江以北之廣大領域，加上烏第河未定界地區，共計六十
多萬平方公里的領土讓與蘇俄，還把烏蘇里江以東的領土置於同俄人共管之
下，從此，領土讓與的先例，也就開始了。所以《璦琿條約》的訂立，不僅
是把黑龍江以東的地方完全失去，而且還造成了中國東北與西北邊患的根源。
奕山無知，庸臣誤國，真是為中華民族的千古罪人❷。

五、俄方的反應與侵佔布局

　　帝俄政府的反應當然是一片歡欣鼓舞的盛況；當俄皇亞歷山大二世收閱
穆拉維約夫送呈的條約原件和奏疏時，簽署了「感謝上帝」的御批，隨即於
同年八月二十六日封穆氏為伯爵，賜姓阿穆爾斯基 (Amursky)，也就是以黑龍
江之名為他的姓氏❷。

　　簽訂《璦琿條約》之後的第六天，即五月二十二日，穆拉維約夫就與英
諾森大主教啟程航行前往黑龍江口，沿途令哥薩克步兵營應於當年夏季佔據
黑龍江左岸，並遍設村鎮，又在烏蘇里江口建立軍屯。這一年，即一八五八
年，俄方遷移到黑河流域的男女移民達三千六百九十六人，他們建立了三十
二個村鎮，十三個由騎兵屯駐，十九個由步兵屯駐，又把中國人聚居的伯力
城改名為哈巴羅夫斯克 (Хабаровск)，以紀念曾於一六五一年率眾侵略這個
地方的哈巴羅夫 (Хабаров)。

　　同年十二月八日，俄皇敕令設立阿穆省和濱海省，建立阿穆爾哥薩克軍，
其人員由外貝加爾哥薩克組成，決定實行強制哥薩克移居阿穆爾地區的辦法，

---

❷　同❷，第一三六至一三七頁。

❷　何漢文，《中俄外交史》，第一〇六頁。

❷　同❷，第一三九頁。

以武裝居民保衛新的邊界線❷。

　　一八六〇年六月穆拉維約夫藉共管之名，強行佔領海參崴，改名為 Владивосток Г.（控制東方之意），立即派遣大批哥薩克移殖此一地區。

第二節　普提雅廷與中俄天津條約

一、普提雅廷的簡介

　　普提雅廷是一個足智多謀經驗豐富的帝俄外交官、海軍上將。一八三八年至一八三九年曾參加兼併高加索的戰爭；一八四二年出使波斯，為帝俄取得貿易、航行等重要權益；一八五五年他又強迫日本簽訂不平等的日俄《下田條約》，開放下田、函館、長崎三口通商，從而受到俄皇賞識，加封伯爵；一八五六年至一八五七年任駐英、法兩國海軍武官；一八五八年六月代表俄方簽訂《中俄天津條約》。

二、帝俄再派普提雅廷為使華全權代表

　　前文已經述及，由於俄國要趕在英、法之前派使節前往北京，於是，帝俄政府迅即於一八五七年二月宣布任命普提雅廷為使華全權代表。普氏的具體使命，首先是要求清政府割讓黑龍江以北和烏蘇里江以東地區的土地，並承認俄國有權在黑龍江自由航行。按照俄皇的命令，普提雅廷把他出使中國主要目的及時通知了穆拉維約夫。穆氏表示願以武力為後盾，積極支持這次「外交的遠征」❷。

　　普提雅廷動身來華前，俄國外交部就照會中國政府理藩院稱：「現因貴國內地不靖，外寇侵擾廣州，……敝國君特遣親信大臣為使，令其權宜辦理兩國交涉一切事件，用昭我國相交之道。其所派使臣，諒貴院亦無不願之理。如遲疑不從美意，必致別生事端。」❸

　　同時，帝俄政府又指令修士大司祭巴拉第表示願對中國提供「援助」，勸

---

❷　同❷，第一五五至一六四頁。

❷　同❸，第一卷，第四八六、四九〇頁。

❸　同❶，第八至九頁。

告清政府允許普提雅廷進京。接著，普提雅廷不等收到清政府的覆文，於一八五七年三月五日由聖彼得堡出發，從陸路前往恰克圖。北京俄國東正教會訓練的「中國通」——教士阿瓦庫姆（又名安文公）和醫生塔塔里諾夫（又名明常）充任使團的譯員。此外，隨行人員還有一等秘書畢休羅夫、二等秘書馮‧奧斯登‧薩根、炮兵上尉巴留捷克和工兵上尉瓦托夫斯基等人。

　　四月二日，普提雅廷到達伊爾庫茨克，和穆拉維約夫進行多次密謀，十日動身赴恰克圖。離伊爾庫茨克前，普提雅廷曾派塔塔里諾夫赴庫倫投遞公文，內稱：「英吉利勾結佛（法）夷，由東海前赴天津，侵佔地界；我兩國均有妨礙，應如何辦理，是以派委使臣，會同在京之有關大臣等商酌。」❸ 庫倫辦事大臣據以上報。二十六日咸豐帝頒發諭旨：「俄羅斯狡猾成性，所稱英人糾約各國，欲往天津，伊欲來京密商等語，無非借端恐嚇，欲於黑龍江外佔據地方」，並指示庫倫辦事大臣，如俄使前來，「該大臣即當據理攔阻，告以已奉諭旨，不敢專擅，勸其回國。」同時，咸豐帝命令吉林、黑龍江兩將軍，如普提雅廷要求經東北入京，也應據理阻止 ❸。庫倫辦事大臣遵照咸豐帝的命令，拒絕讓普提雅廷經過蒙古去北京。清朝理藩院也復照帝俄政府，拒絕俄國派遣使臣來華的要求，照會中明確指出，中國「並無機密要事應與貴國商辦，毋庸特派大臣來京。」至於說到中國的內政問題，我們可以自行處理，「貴國可免懸念」；英、法窺伺中國，「中國自行禦侮，不借外國幫助之力」❸。普提雅廷不等清政府答覆，又行文理藩院和庫倫辦事大臣，強要經蒙古前往北京，並聲明如在五月底以前接不到回文，即改經中國東北進入北京 ❸。清政府仍然堅持原來的立場，由庫倫辦事大臣回文駁覆 ❸。普提雅廷在恰克圖遇阻後，便決定按照外交部原定方案，強行取道中國東北前往北京。

　　五月二十八日普提雅廷與穆拉維約夫一道離恰克圖，在兩個步兵營和一

---

❸　同❶，第一一頁。

❸　清穆宗敕撰，《清文宗實錄》，臺北，華文，一九七○年再版影印本，第二二三卷，第二至四頁；第一三頁。

❸　同❶，第一三卷，第一七至一八頁。

❸　同❶，第二二頁；奎斯特德，《俄國在東亞的擴張》（一八五七至一八六○年），吉隆坡，一九六八年，第七五頁。

❸　同❶，第二三頁。

個野戰炮營護送下向東進發。臨行之際，他再次行文理藩院威脅說，若是中國東北也不讓行走，他將乘船出黑龍江口，由海路逕赴天津。若清政府仍然拒絕，一切後果將由中國方面承擔。

六月十七日，普提雅廷和穆拉維約夫率俄軍到達璦琿江面，派阿瓦庫姆等入城會見璦琿副都統魁福，要求准許普提雅廷一行「由滿洲地方行走」。魁福根據清政府的指示予以拒絕，於是普提雅廷強行繼續下駛，並由穆拉維約夫帶炮艦兩艘護送了一段路程❸。到達黑龍江口時，普提雅廷藉口英、美兩國企圖染指庫頁島的煤礦，竟派遣魯達諾夫斯基中尉帶領十五人赴該島南部強行建立新哨所（位於北緯四十八度）。七月十三日，普提雅廷在廟街登上「亞美利加」號輪船，向南直駛天津。

清政府知普提雅廷此行必有詭謀，命令署直隸總督譚廷襄，如普提雅廷到天津投書，應婉言拒絕❸。

八月五日，普提雅廷到達白河口外。他違反兩國通過庫倫辦事大臣遞送公文的規定，硬要在天津投遞公文，請求入京，地方官奉命拒絕接受。但是，在這前後形勢有了新的變化。英國政府派額爾金為專使，率領艦艇來華，已於七月初到達香港；法國專使葛羅也即將率軍來華。英、法聯軍正式醞釀奪取廣州。面對著這個局面，軟弱無能的清政府擔心，如果對普提雅廷拒之過嚴，俄國可能與英、法公開勾結，則將更難對付。因此，準備在天津接待普提雅廷，並指派查河大臣文謙，會同長蘆鹽政烏勒洪額、直隸布政使錢炘和相機辦理。文謙等即親赴「亞美利加」號會見普提雅廷，告以此行雖屬違例，但念兩國「和好」，如果投文後立即啟程回航，赴恰克圖或黑龍江聽候回音，尚可接受。普提雅廷硬要在天津等候答覆，反覆辯論，相持不下。最後，清政府被迫退讓，只要求普提雅廷投文後暫離天津，允許他在約定的時間內仍至天津聽候回音，普提雅廷表示同意，八月二十四日將照會交付錢炘和轉遞，次日啟碇出口，前往上海，住在美商旗昌洋行。

三、普提雅廷兩面外交策略活動的概況

十一月中旬，普提雅廷從上海趕到香港，分別會見了先已到達該地的英

---

❸　同❶，第三二頁；同❸，第四九六頁。

❸　同❶，第二七頁。

國專使額爾金、法國專使葛羅和美國公使列衛廉，共商侵華大計。從此，英、法、俄、美四國的侵華聯合戰線正式形成。普提雅廷向英、法侵略者獻策說：「除非對北京本身施加壓力，否則和中國政府是什麼事也辦不成的。同時，利用吃水淺可以航行白河的艦隻，是使這種壓力收效的最好辦法❸」。特別對美使列衛廉，普提雅廷更是百般拉攏，過從甚密。列衛廉熱烈稱讚普提雅廷「骨子裡是半個美國人」，並承認他們之間「在一切共同關心的事情上有過最坦率的交談」❹。

　　一八五七年十二月，英、法聯軍進攻廣州，二十九日廣州淪陷。同一天，普提雅廷致電哥爾查科夫說，俄國必須「採取有力的強制措施」，才能迫使清政府屈服。他認為「最有效的措施是封鎖白河口，禁止中國帆船駛入，直到北京派出全權大臣赴直隸灣同我談判，確認贈予俄國的地界並給予我國其他國家相等的特權。」他斷言俄國只要派出一中隊船艦，就可以完成對白河口的封鎖，從而切斷北京的糧源。他還說：「一旦聯軍將戰事北移，我們便應及時建議法、英和我海軍於此海域配合行動，以達到共同的和只涉及俄國一國的目的。」❹總之，普提雅廷竭力主張俄國正式參加英、法聯軍，對中國採取戰爭行動。帝俄政府接電後立即開會研究。由於擔心公開對華作戰，會使俄國喪失陸路通商和傳教的重大利益，會議決定一方面擴大對黑龍江左岸地區的武裝佔領，一面仍不拋棄「中立」的面具，繼續保持同清政府的「和平關係」，並授權穆拉維約夫同中國進行邊界談判，改任普提雅廷為太平洋分艦隊司令兼欽派大臣，繼續留在中國，參與英、法同中國的「談判」，以「分享中國人可能給予其他列強的各種權利」，並注意「不讓上述列強中的任何一個在條約中獲得佔有或暫時佔領我們（俄國）打算得到的地方的權利；如果中國的河流准許它們自由通航，則不要讓黑龍江包括在內。」❹

　　英、法侵略軍攻佔廣州後，決定趁勢北上迫訂不平等條約。額爾金事先

---

❸　英國議會文書，《有關一八五七至一八五九年額爾金伯爵出使中國和日本的通信》，倫敦，一八五九年，第五四頁。

❹　奎斯特德，《俄國在東亞的擴張》（一八五七至一八六〇年），第九一頁。

❹　同❸，第一卷，第五〇三至五〇四頁。

❹　同❷，第一一五頁；波波夫（Попов），〈太平天國起義時期的沙皇外交〉，載蘇聯《紅檔》雜誌，一九二七年，第二卷，第一九五至一九六頁。

曾就這一北侵計劃同普提雅廷密商，從而得到「很大的幫助」❷。二月四日，額爾金、葛羅函請普提雅廷和列衛廉向清政府發出內容相同的照會，要求派遣全權代表到上海談判公使進京、增開口岸、內地傳教等問題。普提雅廷立即覆函支持，表示願和英、法、美三國「一致行動」❸，並主動地將帝俄照會的英文本送請額爾金、葛羅和列衛廉「校正」，藉以聯絡感情，表明心意❹。但是在照會發出之前，普提雅廷又偷偷地塞進一個「附件」，公然要求清政府割讓黑龍江以北和烏蘇里江以東地區，並要求「在伊犁地方分明界址」❺。這些惡毒的領土要求，普提雅廷一字也不曾向英、法、美三國專使透露❻。

英、法、俄、美四國使臣密謀後，立即派人攜帶照會北上，於一八五八年二月二十六日在蘇州交江蘇巡撫趙德轍轉遞，指定清政府必須在三月底以前派遣全權代表到上海談判，否則就要擴大戰爭。

上述照會發出不久，四國使臣先後離開香港、澳門前往上海。行前，普提雅廷極力煽動英、法侵略軍從速北上，進攻大沽口，用武力逼迫清政府屈服。他說：「在直隸灣（渤海灣）沿岸作戰的最好月份是四、五月，這兩個月天氣大多晴朗，熱度尚能忍受，六月份很熱，七月初以後雨季要持續六至七週，『低平的地面幾乎不能通行』❼，不利於英、法作戰」。

咸豐帝獲悉四國照會後，十分憤怒，即於三月間令理藩院就普提雅廷違反舊約逕往上海一事，向帝俄樞密院提出抗議，命兩江總督何桂清分別照會四國公使，要求英、法、美三使回廣州與新任兩廣總督黃宗漢交涉；俄國和五口通商向無關係，俄使應去黑龍江與黑龍江將軍交涉❽。

清政府的答覆自然不能滿足侵略者的要求，形勢急遽惡化。普提雅廷三

❷　鄂理漢，《額爾金伯爵出使中國和日本紀實》（一八五七至一八五九年），倫敦，一八六〇年，第一卷，第一七八頁。

❸　高弟，《一八五七至一八五八年對中國的遠征》，第二八〇至二八一頁；同❸，第一八六至一八七頁。

❹　同❶，第一八卷，第三三頁。

❺　戴維茲，《美國外交與政府文件》，收錄在《美國與中國》（一八四〇至一八六二年），美國，一九七三年，第一輯，第一四卷，第三七二、三七九頁；同❸，第九七頁。

❻　同❸，第九八頁。

❼　同❺，第三九八頁。

❽　同❶，第一八卷，第三三至三五頁；同❸，第二四五卷，第一九至二一頁。

月二十九日於上海致函額爾金，宣布「帝國政府亟盼目前在中國的糾紛達到愉快而滿意的結果，並且命令我對各國全權專使可能向北京朝廷提出的一切代表共同利益的要求，給予道義上的支持。」❹並再次強調，五月底以前是在渤海灣採取軍事行動的最好季節❺。在他的唆使下，英法聯軍決定立即北上。

四月七日，普提雅廷從上海匆匆北上，企圖搶在英、法、美前面與清政府進行交涉。接著，英、法、美使陸續北上。清政府見四國結成一氣，急忙尋求對策。四月八日，咸豐帝頒發諭旨說：「如先解散俄、美兩酋，不致助逆，則英、法之勢已孤，再觀其要求何事，從長計議。……現在中原未靖，又行海運，一經騷動，諸多掣肘，不得不思柔遠之方，為羈縻之計。」❺就是說，為了「靖中原」，就不惜對侵略者實行「懷柔」。這一投降主義政策，更使帝俄獲得了偽裝「調人」從中漁利的機會。

四月二十九日，普提雅廷面見譚廷襄，提出照會一件，要求俄國在通商口岸享有與英、法同等的權利，揚言不管准與不准，俄船都要進入這些口岸。

五月一日，英、法公使發出照會，強硬要求清政府迅速發給譚廷襄全權證書，否則「必貽後災」❺。普提雅廷也趁機於五月六日照會譚廷襄，要求接受帝俄四月二十九日提出的條件，限四日內答覆❺。同日，普提雅廷寫信給額爾金和葛羅煽動說：「同中國政府打交道，沒有堅定和恐嚇，不可能達到令人滿意的結果。」❺儘管普提雅廷混水摸魚的企圖已經昭然若揭，譚廷襄也認識到帝俄實與英、法「聯絡為一」；英、法「陽示其惡」，俄、美「陰濟其奸」，帝俄「所云願為幫助說合，斷不可靠」❺，但是軟弱的清政府在疑懼之餘，仍存僥倖心理，幻想普提雅廷「肯為我用」，從中「調停」。為此，清政府表示可對帝俄的某些要求讓步，允其五口通商，「與各國一體貿易」❺。但普提雅廷仍然堅持要清政府接受他的全部條件，並利用清政府想用他充當「調

---

❹　同❸，第二五四頁。

❺　同❹，第二五八頁。

❺　同❶，第一九卷，第二三頁。

❺　同❶，第二一卷，第三〇至三一頁。

❺　同❺，第二九至三〇頁。

❺　同❹，第三五二頁；同❹，第四九八頁。

❺　同❶，第二一卷，第九至一〇頁；第二二卷，第七頁。

❺　同❶，第二一卷，第四〇頁。

人」的急迫心理，故意自抬身價，於五月十日宣稱，如不滿足他的要求，「他國之事，從此不能再管」，假裝拒絕「調停」，進而又「借英法以便其挾私制危之詞，一日數至」❺❼。清政府依舊堅持，關於黑龍江的事，帝俄應派員去黑龍江辦理。

普提雅廷計謀未遂，決心進一步借助英法的炮艦，五月十七日，他獲悉清政府拒絕接受英、法要求，連忙密告額爾金和葛羅，並致函列衛廉說，清政府的態度使英、法聯軍有了「行動自由」，要對北京朝廷產生「有效的影響」，就必須攻打大沽❺❽。

五月十八日，英、法聯軍指揮官會議，決定於二十日進攻大沽炮臺，然後進兵天津。普提雅廷獲悉後，立即向額爾金保證，一俟聯軍上溯白河，俄艦即隨同前往，並給予英、法「道義上的全力支持」❺❾。五月二十日上午八時，英、法聯軍給譚廷襄發出最後通牒，限兩小時內交出大沽炮臺；清政府不予理會。十時，英、法聯軍向大沽發動進攻。俄、美兩國船艦也駛入白河為英、法助威。中國守軍英勇抵抗，但由於清政府備戰不力，主持軍事的大員又率先逃亡，炮臺旋即失守。英、法聯軍溯白河而上，直抵天津城下。

大沽炮臺陷落，北京震動。譚廷襄驚慌失措，一心求和，多次請普提雅廷居間「調停」。普提雅廷一面偽裝「公正的和事佬」，一面繼續借英、法的威力嚇唬清政府，口是心非，上下其手，以便為帝俄掠取最大的好處。他照會清政府說，必須同意四國公使赴津談判，並進京晉見皇帝，否則西方列強就要「強行闖入北京」❻⓿。五月二十六日，英、法兩國通知清政府即派一品全權大臣二員來津談判，否則仍欲進京，並毀滅天津；照會限二日答覆❻❶。普提雅廷乘機火上加油，寫信給葛羅說，只有「施以強大的壓力和採取突然行動」，才能迫使中國人讓步❻❷。他還寫信給列衛廉，抱怨英、法全權代表遲遲不前往天津，並要求列衛廉勸說他們「不要喪失時機」，「這樣對各國都有

❺❼　同❶，第二一卷，第四九頁；第二二卷，第一四頁。

❺❽　同❹❺，第一五卷，第八頁。

❺❾　同❸❽，第三〇九頁。

❻⓿　同❹❺，第二七頁。

❻❶　同❶，第二三卷，第六頁。

❻❷　同❹❸，第三七八頁。

好處」❻❸。

四、迫簽中俄天津條約

　　五月二十八日，清政府在英、法的武力壓迫下，派大學士桂良、吏部尚書花沙納馳往天津議和。普提雅廷與英、法、美一起照會清政府，要求授予桂良、花沙納以議和全權，否則就要以武力進入北京。五月三十日，額爾金、葛羅乘炮艦抵天津，普提雅廷和列衛廉乘俄船「亞美利加」號同至。六月六日，普提雅廷與桂良、花沙納舉行正式會談，同時單獨會見譚廷襄。他利用清政府擔心英、法攻打京、津的心理進行敲詐勒索，表示如速按俄國條款定議，即可代向英、法「說合」。清政府經不起普提雅廷的誘騙，被迫接受俄國提出的條件。一八五八年六月十三日（咸豐八年五月初三日，俄曆一八五八年六月一日），帝俄捷足先登，搶在英、法、美前面❻❹，同清政府簽訂了《中俄天津條約》。全約共十二條，內容如下：

　　大清大皇帝欽差東閣大學士總理刑部事務桂、吏部尚書鑲藍旗漢軍都統花為全權大臣；大俄羅斯國自專主持簡承宣管帶東海官兵戰船副將軍御前大臣公普為全權大臣；兩國大臣各承君命，詳細會議，酌定十二條，永遵勿替。

第一條　大清大皇帝、大俄羅斯國自專主今將從前和好之道復立和約，嗣後兩國臣民不相殘害，不相侵奪，永遠保護，以固和好。

第二條　議將從前使臣進京之例，酌要更正。嗣後兩國不必由薩那特衙門及理藩院行文；由俄國總理各國事務大臣或逕行大清之軍機大臣，或特派之大學士，往來照會，俱按平等。設有緊要公文遣使臣親送到京，交禮部轉達軍機處。至俄國之全權大臣與大清之大學士及沿海之督撫往來照會，亦按平等。兩國封疆大臣及駐紮官員往來照會，亦按平等。俄國酌定駐紮中華海口之全權大臣與中國地方大員及京師大臣往來照會，均照從前各外國總例辦理。遇有要事，俄國使臣或由恰克圖進京故道，或由就近海口，預日行文，以便進京商辦。使臣及隨從人等迅速順路行走，沿途

---

❻❸　同❹❺，第一五卷，第二九頁。

❻❹　中美、中英、中法《天津條約》，分別於一八五八年六月十八日、六月二十六日和六月二十七日訂立。

及京師公館，派人妥為預備。以上費用，均由俄國經理，中國毋庸預備。

第三條　此後除兩國旱路於從前所定邊疆通商外，今議准由海路之上海、寧波、福州府、廈門、廣州府、臺灣、瓊州府等七處海口通商。若別國再有在沿海增添口岸，准俄國一律照辦。

第四條　嗣後陸路前定通商處所、商人數目及所帶貨物並本銀多寡，不必示以限制。海路通商章程，將所帶貨物，呈單備查，拋錨寄碇，一律給價，照定例上納稅課等事，俄國商船均照外國與中華通商總例辦理。如帶有違禁貨物即將該商船所有貨物，概行查抄入官。

第五條　俄國在中國通商海口設立領事官，為查各海口駐紮商船居住規矩，再派兵船在彼停泊，以資護持。領事官與地方官有事相會並行文之例；蓋天主堂、住房並收存貨物房間；俄國與中國會議置買地畝及領事官責任應辦之事；皆照中國與外國所立通商總例辦理。

第六條　俄國兵、商船隻如有在中國沿海地方損壞者，地方官立將被難之人及載物船隻救護，所救護之人及所有物件，盡力設法送至附近俄國通商海口，或與俄國素好國之領事官所駐紮海口，或順便咨送到海邊，其救護之公費，均由俄國賠還。俄國兵、貨船隻在中國沿海地方，遇有修理損壞及取甜水、買食物者，准進中國附近未開之海口，按市價公平買取，該地方官不可攔阻。

第七條　通商處所俄國與中國所屬之人若有事故，中國官員須與俄國領事官員，或與代辦俄國事務之人，會同辦理❻❺。

第八條　天主教原為行善，嗣後中國於安分傳教之人，當一體矜恤保護，不可欺侮凌虐，亦不可於安分之人禁其傳習。若俄國人有由通商處所進內地傳教者，領事官與內地沿邊地方官按照定額，查驗執照，果係良民，即行畫押放行，以便稽查。

第九條　中國與俄國將從前未經定明邊界，由兩國派出信任大員秉公查勘，務將邊界清理補入此次和約之內。邊界既定之後，登入地冊，繪為地圖，立定憑據，俾兩國永無此疆彼界之爭。

---

❻❺ 本條俄文本最後另有下述幾句：「俄國人獲罪，應照俄國律例科罰，中國所屬之人有與俄國人因人命、產業、傷害等事獲罪者，應照中國律例科罰。俄國人在中國內地犯法，應審訊治罪者，解送俄國邊界地方或俄國辦事官員駐紮海口辦理。」

第十條 俄國人習學中國漢、滿文義居住京城者，酌改先時定限。不拘年份，如
有事故，立即呈明行文本國核准後，隨辦事官員逕回本國，再派人來京
接替。所有駐京俄國之人一切費用，統由俄國付給，中國毋庸出此項費
用。駐京之人及恰克圖或各海口往來京城送遞公文各項人等路費，亦由
俄國付給，中國地方官於伊等往來之時，程途一切事務，要妥速辦理。

第十一條 為整理俄國與中國往來行文及京城駐居俄國人之事宜，京城、恰克圖
二處遇有來往公文，均由臺站迅速行走，以半月為限，不得遲延耽誤，
信函一併附寄。再運送應用物資，每屆三個月一次，一年之間分為四
次，照指明地方投遞，勿致舛錯，所有驛站費用，由俄國同中國各出
一半，以免偏枯。

第十二條 日後大清國若有重大外國通商等事，凡有利益之處，毋庸再議，即與
俄國一律辦理施行。

以上十二條，自此議定後，將所定和約繕寫二分。大清聖主皇帝裁定，大俄
羅斯國自專主裁定之後，將諭旨定立和書，限一年之內，兩國換文，永遠遵守，
兩無違背。今將兩國和書用俄羅斯並清、漢字體抄寫，專以清文為主。由二國欽
差大臣手書畫押，鈐用印信，換交可也。所議條款俱照中國清文辦理。

大清國欽差全權大臣大學士桂

大清國欽差全權大臣尚書花

大俄羅斯國欽差全權大臣普

咸豐八年五月初三日

一八五八年六月十三日

五、對中俄天津條約的評述

簽訂條約之後的第三天，普提雅廷致書英、法兩國使臣致謝，而英、法、
美三國使臣也致書普氏，對他在共同執行困難任務中給予明智的合作，表示
十分的感激。普氏又向清廷表示：俄國願為中華出力，因此將贈送火槍一萬
枝、大砲五十尊，並派軍官來華幫助教練戰術，修築砲臺，勘探金銀礦藏，
代為籌劃一切，以表酬謝之忱[66]。他的外交辭令，在四個國家代表之中確實
甚為突出，按普氏自一八五七年二月受命出使中國以來，進京之請，三度被

[66] 同[21]，第一六三至一六四頁；同[4]，第一八七至一八八頁。

拒，在天津、上海、香港之間往返奔走了一年多的時光，終於參加了英、法、美三國公使的行列，達成了俄廷所交付的任務。他不僅獲得了以前諸約所未能建立的商務關係，並且根據共同利益的要求，為俄國取得了多種新權益，以及最惠國條款的待遇。尤以第九條又為俄人企圖進佔中國烏蘇里江以東的一片領土，埋下了另一伏筆。他對付清廷就用婉言忠告，或用危詞要脅；對付英、法則為之出謀劃策，或懲惡，或規勸，竟能使各方面均誤信他確為具有助成和局熱忱的良友。實際上他是利用英、法發動的戰爭和清廷大臣的無能，而從中謀取了大量權益的受惠者。

六月底，普氏任務完畢離華，臨行前告知清廷：俄即將派遣一位新的公使來華換約，勸清廷採取一切相應的措施。他回到俄國後，即向外交部建議，盡快完成數項對華示好的行動：㈠贈送已經允諾的槍砲予清政府；㈡派軍官五名到中國為其訓練軍隊；㈢派遣噸位較小的艦艇赴太平洋，以便駛入中國的內海活動。這些建議在俄皇召集的御前會議中進行研究，並獲得俄皇的批准和嘉許❻❼。

第三節　伊格納季耶夫與中俄北京條約

一、彼羅夫斯基來華換約與補續和約之提出

中俄《璦琿條約》、《天津條約》簽訂後，俄皇政府急欲搶在英、法之前完成換約手續，並誘迫清政府割讓更多的領土，首先是割讓烏蘇里江以東廣大地區。「為了爭取時間」❻❽，她決定不等從聖彼得堡派出新公使，而指派正在伊爾庫茨克準備首途來華的新任駐北京東正教會監護官彼·尼·彼羅夫斯基❻❾立即同中國舉行談判。外交大臣哥爾查科夫指示彼羅夫斯基說，談判時應力促清政府批准《天津條約》❼❶。穆拉維約夫也就談判內容提出指導性意

---

❻❼　布克斯蓋夫登 (Baron A. Booksgevden) 著，王璟、李嘉谷、陶文釗譯，《一八六〇年北京條約》，北京，北京商務，一九七五年，第四頁。

❻❽　同❻，第二四四頁。

❻❾　同❻❼，第七頁。

❼❶　彼·尼·彼羅夫斯基原係俄國外交部五等文官，因參加《璦琿條約》談判有功，升

見，致函彼羅夫斯基說：《天津條約》第九條規定：「中國與俄國將從前未經定明邊界，由兩國派出信任大員秉公查勘等等。」我認為，這段話我們應作如下理解：它所指的是《璦琿條約》中規定的由雙方共管的地區，即從烏蘇里江至海的土地。因此，恭請閣下，根據授予您的全權，建議中國政府立即派遣委員，前往勘查自烏蘇里江至諸海港之間地區，並通知中國政府，我將派出我國勘查隊前往該地，會同勘查。他通知彼羅夫斯基說，俄國勘查隊將沿烏蘇里江繪製邊界地圖，然後送往北京，以便雙方據以訂約劃界 ❼❶。

　　彼羅夫斯基奉命以後，立即從伊爾庫茨克前往恰克圖，一八五八年八月六日離開俄境，「其隆重情況為前此的任何傳教士團所無法比擬 ❼❷」。十月十日，彼羅夫斯基抵達北京。但是他匆忙赴任，並未持有俄國政府的全權證書，也未拿到俄國政府對《天津條約》的批准書，所以到北京頭兩個月，一直沒有向清政府說明自己來華究竟要幹什麼？俄國政府給清政府的咨文，有「應照現在貴國京城大臣丕業羅幅斯基（彼羅夫斯基）商議之言」辦理的話。然而，彼羅夫斯基「到京後並未聲言欲辦何事」，因此，清政府對彼羅夫斯基的使命感到「無不可解」❼❸。

　　一八五八年十二月彼羅夫斯基收到俄國政府對《天津條約》的批准書和全權證書後，於十四日照會理藩院，要求換約。清政府派禮部尚書、管理理藩院事務肅順、理藩院尚書瑞常為代表，同他談判。開議之初，雙方對條約文本發生了爭執。中俄《天津條約》有滿、漢、俄三種文本，以滿文本為準。但滿文本有兩個：一個是中方由俄文譯漢，再由漢文本譯為滿文的；另一個是俄方自譯的。兩個滿文本的文字「間有不符」，例如第二條內，該國自翻譯滿文中，多「遇有要事，向軍機大臣、大學士面議」一層，中方翻譯的滿文本中沒有這一句。又如第十二條，中方滿文本有「所議條款，俱照中國滿文辦理」字樣，而俄方自譯的滿文本卻少此句 ❼❹。不過兩種滿文本雖有這些歧

　　為四等文官，並獲得每年一千二百盧布的終身年金和勛章一枚。

❼❶　穆拉維約夫，〈致彼羅夫斯基的公函〉，收錄在巴爾蘇科夫，《穆拉維約夫——阿穆爾斯基伯爵（傳記資料）》，第二卷，第二○五至二○六頁。

❼❷　同 ❼❶，第一八三頁。

❼❸　同 ❶，第三三卷，第二六至二七頁。

❼❹　同 ❼❸，第四七至四八頁。

異，基本內容並無不同，在《中俄天津條約》簽訂時，「普提雅廷亦經看明畫押無詞」**⑦**，並未提出異議。彼羅夫斯基卻堅稱兩個滿文本不同，「不肯互換，借端欲請更正」**⑦**，並索看中方的條約原本。清政府本來準備在上海同英、法、美、俄四國換約，條約原本已由桂良、花沙納帶往上海。彼羅夫斯基提出閱看原本的要求後，清政府立即行文上海調取。彼羅夫斯基仍不滿意，多次行文軍機處，指責肅順等「辦理不正」，甚至揚言要停止談判，糾纏了四個多月，直到一八五九年四月二十四日才完成換約手續，從兩國互換的《天津條約》約文可以看出，清政府實際上被迫同意以俄方自譯的滿文本作為唯一的正式文本，在這一問題上對帝俄作出了最大的讓步。

但是帝俄政府並不以互換《天津條約》為滿足。早在三月二十日，帝俄外交大臣哥爾查科夫即已訓令彼羅夫斯基要求清政府另訂新約，蓄謀割佔整個烏蘇里江以東地區和中國西部邊境大片土地，並擴大陸路通商的特權**⑦**。不過，彼羅夫斯基在《天津條約》互換以前，並未透露還有其他意圖，避免清政府對他產生懷疑，影響換約任務的完成。因此，當四月間穆拉維約夫的翻譯官希什馬廖夫對璦琿副都統吉拉明阿說，彼羅夫斯基負有解決綏芬、烏蘇里「劃界」問題的任務時，清政府頗感意外，還認為「斷不可信」**⑦**呢！然而這卻是事實。

《中俄天津條約》互換後，彼羅夫斯基立即按照哥爾查科夫的上述訓令採取行動。五月四日，他突然以書面形式提出所謂《補續和約》八條，要求清政府接受。八條中涉及邊界的有二條，即第一條和第三條。第一條說，為補充《中俄璦琿條約》第一條和《中俄天津條約》第九條，兩國東邊界址，應順烏蘇里江和松阿察河至興凱湖，再「由興凱湖至琿春河，順河至圖們江，順圖們江至海口為界」。第三條說，中俄西界「自沙斌嶺（沙賓達巴哈）卡倫至額爾齊斯河、齋桑湖，又自塔爾巴哈臺、伊犁所屬地方，至阿拉塔烏山考康（浩罕）邊為界」。此外，還有訂立陸路貿易章程，准許俄人由陸路進入中國內地貿易，以及在庫倫、張家口、喀什噶爾、齊齊哈爾等地設立俄國領事

---

⑦ 同**⑦**，第四七頁。

⑦ 同**⑦**。

⑦ 同**㊴**，第一六七頁。

⑦ 同**❶**，第三六卷，第五八頁。

官等 ❼。如果將這八條同一八六○年《中俄北京條約》作一比較，不難看出他們正是該約的藍本。

　　清政府對彼羅夫斯基之無理要求，深感事態嚴重，決定加以抵制。五月二十五日，軍機處覆照彼羅夫斯基，對八條逐一進行駁斥，強調指出：「中國與俄國地界，自康熙年間，鳴炮誓天，以（外）興安嶺為界，至今相安已百數十年。乃近年貴國有人在黑龍江附近海岸闊吞屯等處居住，該將軍念兩國和好之誼，不加驅逐，暫准居空曠之地，已屬格外通情。今聞欲往吉林地界，該處距（外）興安嶺甚遠，並不與貴國毗連，又非通商之處，斷不可前往，致傷和好。」關於劃分中俄西段邊界問題，清政府指出：中國在該處「有向來定界，應毋庸議」。此外，對於擴大陸路貿易和設立領事等無理要求，清政府也斷然拒絕 ❽。五月二十八日，彼羅夫斯基又照會軍機處進行糾纏，強要「以烏蘇里江立為兩國之交界」。軍機處再次行文予以駁斥，並指出「此次貴使臣來京，專為互換和約，尚書肅、瑞亦指專辦此事」，現在《天津條約》已換，「京中實無可辦之事」，而且條約中也沒有准許俄使常駐北京的規定 ❽。這實際上就是暗示他不受歡迎，要求他離開中國。

　　彼羅夫斯基使華幾個月，除了交換《天津條約》以外，沒有撈到更多東西。一八五九年六月末，彼羅夫斯基奉調回國，行前通知軍機處說，俄國政府所派新使臣伊格納季耶夫已經到京，今後將由他同清政府繼續「商議八條之事」 ❽。

二、伊格納季耶夫使華與割讓烏蘇里江以東領土之要求

　　彼羅夫斯基的使華具有明顯的過渡性質。就在彼羅夫斯基抵達北京後不久，俄皇政府已根據亞洲司司長科瓦列夫斯基的推薦，確定了一個他認為更適當的使華人選——少壯派軍人尼·巴·伊格納季耶夫（Игнатьев Николай Павлович）上校。他從一八五六年起進入外交界，曾任俄國駐英陸軍武官。一八五八年他以特別軍事考察團團長的身分，前往希瓦和布哈拉

---

❼　〈丕業羅幅斯奇（彼羅夫斯基）致軍機處照會〉，一八五九年五月十五日。
❽　同❶，第三七卷，第一五至一七頁。
❽　同❽，第二二至二三頁。
❽　同❷，第一八二頁。

汗國執行一項重要的侵略使命。一八五八年末,伊格納季耶夫奉命從布哈拉趕回聖彼得堡。沙皇亞歷山大二世親自召見,提升他為侍從少將,嗣後並晉升為步兵上將和賜封為伯爵。同時帝俄政府按照普提雅廷關於向清政府贈送槍炮和派遣教官的建議,指派伊格納季耶夫率領「軍事援助團」前往中國,執行外交代表的職務。事實上,伊格納季耶夫的主要使命,仍然是為了逼迫清政府割讓整個烏蘇里江以東的廣大地區 ❸ 。

伊格納季耶夫所率領「軍事考察團」的軍火共有來福槍一萬枝、大炮五十門,由三百八十輛大車載運,並有軍事教官多名隨同。此外,帝俄政府還撥款五十萬盧布作為訓練費用,準備在逼簽新的割地條約同時,重新「組織中國全部軍隊」,並預定由巴留捷克負責訓練炮兵,澤福爾特負責訓練步兵,澤伊姆負責訓練工兵,利申負責射擊訓練,什姆科維奇負責地形測繪工作,以全面控制中國的武裝力量 ❹ 。該「軍事援助團」於一八五九年三月六日從聖彼得堡啟程,四月四日趕到了伊爾庫茨克,與穆拉維約夫相見,共商使華大計。

然而,此時清廷的朝議發生了很大的變化;一般強硬派人士覺察到《瑷琿條約》和《天津條約》中損失太大,又懷疑俄方將利用援助向清方提出更多的要求,於是拒絕交換《瑷琿條約》,同時以觸怒英人為藉口,拒絕接受俄國的軍事援助。這種變化,使伊氏預定的任務失去了主要的目標,正當他在進退無據的時候,中國的驛使回報恰克圖行政長官,聲稱:中國皇帝已同意讓俄公使進京,伊氏只得以外交代表的資格進入中國,雖然此時他尚未收到俄國外交部的授權令;五月二十四日,伊氏攜帶四名隨員和譯員及五名哥薩克侍衛人員離開恰克圖;二十七日,到達庫倫,兩天後,繼續前進,越過戈壁和草原,於六月十五日抵達北京郊外,俄東正教駐京全體教士和世俗人員前往歡迎。入城時,伊氏乘綠呢官轎,由騎馬的隨員和護送的哥薩克軍簇擁而行,被安置在俄羅斯南館居住,當時正是僧格林沁在大沽砲臺擊退英國艦隊的第五日,清廷對外人的轉趨強硬,惟對俄國使團雖未熱烈的歡迎,然尚受到相當的禮遇,所有隨員,甚至低級官員和工役,都享有充分的自由,在全城各處通行無阻 ❺ 。

---

❸ 同 ⓭ ,第一卷,第五五〇頁。

❹ 同 ⓺⓽ ,第七至八頁。

三、肅順與伊格納季耶夫的交涉

　　清廷再度派肅順與瑞常為談判代表，雙方於六月二十八日在南館舉行第一次會議，談判開始，肅順先聲明：公使可能尚未自彼羅夫斯基處獲悉，《天津條約》已完成交換，軍械和教官一事已作罷論，俄方所提各項建議，均已予肯定明確之答覆，北京已無未了之俄國事務。伊氏說軍械和軍事教官之事當然不必再議，他之來到北京是要根據《天津條約》、《璦琿條約》和其他諸條約應予解決的一切俄、中問題。肅順解釋：清廷對消除中英之間的誤會，不得已而拒收俄方軍械，實屬權宜之計。並聲明：《璦琿條約》完全無效，因奕山既無全權證書，又無正式關防，朝廷萬難允許俄國侵佔滿洲的寸土。伊氏辯稱：中國全權大臣桂良曾宣布皇帝已有上諭提到璦琿談判順利結束之語，怎能否認其合法性，雙方爭辯了兩個多小時，毫無結果，只約定以後雙方會商的方式而散。

　　會議的次日，伊氏以書面方式提出《補償和約》六款，並附有備忘錄一份，逐條作了說明。這就是彼羅夫斯基所提八條的縮寫本，其內容要點如下：

㈠本約補充《璦琿條約》第一條，及《天津條約》第九條；此後中俄兩國東疆，定由烏蘇里、黑龍江會合處，沿烏蘇里江流至松阿察河會流處，由彼處交界，依松阿察河上游至興凱湖及琿春河，沿此河流至圖們江，依圖們江至海口之地為界。

㈡西疆未定界，此後應順山嶺大河流，及當時中國常駐卡倫等處，由早年和約所定之地方起，往西直至齋桑綽爾，往西南順天山之特穆爾圖綽爾，南至浩罕邊境為界。

㈢開放庫倫、張家口、北京，及中國內地的陸路通商，允許俄國商人貿易，中國人亦可往俄國行商，兩國人民在各該國經商者，得典置田地，設立教堂，修蓋商場房屋。

㈣俄國得在庫倫、張家口、喀什噶爾、齊齊哈爾及中國他處，設立領事館。

㈤調整俄國邊務當局和中國邊務當局之間的直接關係，如兩國人員到分界處作記繪圖，遇有立界碑事，即以圖文為本。

㈥引渡逃犯，等等。

---

❽❺　同 ㉑，第一八五至一八六頁。

對於此種要求，肅順逐條予以反駁，又於七月十九日以書面照覆伊氏，嚴正指明：中國皇帝優待俄國，已將黑龍江空曠地方及闊呑屯、奇集湖等處，借與俄國居住，以堅兩國和好，但並非將烏蘇里江以東地方借給在內，該地係吉林將軍所管，不與俄國毗連，斷不能借，何能言及分疆立界？關於西界，照舊定交界辦理。八月十九日，雙方再次舉行會議，會上發生最為激烈的爭辯，肅順將給他看的《璦琿條約》文本，擲於桌上，告訴伊氏：這是一紙空文，毫無意義。伊氏頓時起立，大聲指責肅順蔑視國際文件，揚言他將要求清廷撤換全權大臣，隨即退出會議。次日，伊氏行文軍機處，指責肅順罪狀多條，聲稱與他談判毫無益處，要軍機處另派大臣與議。

四日後，軍機處照覆伊氏，宣稱：肅順、瑞常均為皇帝親信大臣，斷無不誠心相待之理，其所發照會及面議言語，皆係據理直言，本處均已知悉，何謂先出無禮之言？中國根據《天津條約》對俄國已作出重大讓步，允許俄人到七處海口通商，又將黑龍江沿岸地區、闊呑屯及海邊空曠地方借與俄人居住。至於烏蘇里、綏芬河一帶，不與俄國接壤，絕不能讓與俄國。「貴大臣必欲將所求之事，件件准，方為和好，有是理乎？」**❽❻**

軍機處此一文件極關重要，實際上是以清廷最高行政決策機構之名義向俄人宣示，中國已放棄黑龍江左岸及闊呑屯以下海邊空曠之地，所要挽回者僅烏蘇里江以東的地區而已。如此俄人雖未獲《璦琿條約》批准生效之名，卻已據有所求土地之實。然而伊氏並不以此為滿足，堅持要依俄方所提條件辦理。自一八五九年九月至十二月，迭次向軍機處提出照會，要求從速簽訂《補償和約》，明文規定將烏蘇里江以東的「共管」之地割予俄國。一八六〇年一月八日，又提出長篇照會，重複說明，聲稱烏蘇里江以東如不早為辦結，難保不啟爭端，最後結語聲言：「本大臣奉本國皇帝之命，轉告貴大臣，無論大清帝國准與不准，……將所借之地，本國堅守，永不復還。」**❽❼**其所持之理由與言詞極為牽強，且甚專斷，缺乏外交辭令的說服力。清廷再次覆照，據理力爭，但俄方絕無任何減少苛求之跡象，相持不下的僵局，終不能突破。

自後，伊氏與外界的聯繫常受到干擾，他在北京的處境日益艱難，他的態度與言詞也日趨激烈，雙方的談判也等於完全中斷。最後還是俄國外交部

---

❽❻　同 **❽❼**，第一六、二四至二五頁；同 **❶**，第四二卷，第二六頁。

❽❼　同 **㉑**，第一九四至一九五頁。

作出了迴旋的決定，建議他暫時離開北京，到停泊在北塘的俄國軍艦上去，注意海上列強的動向，和美國公使聯合行動，最好仍本著一八五八年普提雅廷公使的精神，竭力以調停人的身分出現，並且切勿使戰況擴大到足以摧毀滿清王朝的危險境地，用漢人王朝來代替滿人王朝，對俄國將極為不利 **⑧**。

四、英法聯軍對華戰爭中伊格納季耶夫之陰謀活動

伊格納季耶夫認為純用外交方式解決其領土要求既不可能，遂於一八五九年冬，向俄廷建議採取斷然行動，又恐英、法使臣抵北京後，將予俄國以不利，乃建議：俟英、法聯軍攻入北京，清廷失敗之際，要求領土之割讓，或再向清廷交涉，履行《璦琿條約》；如仍被拒絕，則將會議移至黑龍江，再以武力壓迫，以謀獲得完美之解決 **⑧**。關於末項建議，未獲俄廷採納，因將會議移至黑龍江，用武力威脅，可能力迫清廷與英、法議和，而以全力對付俄國，甚至獲得英、法援助，俄國反蒙不利。同時，穆拉維約夫則主張協助英、法，謀遠東問題之總解決。穆拉維約夫以為北京之陷落，清廷必致崩潰，蒙古、滿洲亦必與中國脫離。俄國應希望歐洲列強將中國本部併吞，則滿蒙自然成為俄國的附庸。清廷推倒，中國新政權成立後，俄國可再使滿、蒙脫離中國新政府 **⑨**。穆拉維約夫計劃亦不見納，因俄廷認為，一旦英、法將清廷政權推倒，為中國建立新政府，則英、法在遠東的勢力必更加強大。除俄國利益計，莫若仍然維持滿清皇統，令使臣駐在中國，以和平觀望態度，徐圖交涉之為得策也 **⑨**。

當時，穆拉維約夫志在必得烏蘇里江以東至海之中國土地，故於濱海一帶作種種軍事布置，為伊格納季耶夫交涉之後盾。於一八六〇年春，由伊爾庫茨克致書伊使稱：帝俄政府已准其佔領烏蘇里江左岸，沿烏蘇里江東岸及興凱湖南岸，已建有哥薩克村落。為完成佔領此項區域起見，俄國地方長官，應將滿洲駐防，由烏蘇里江右岸移開。關於佔領東海濱一帶，曾令阿穆爾省軍事長官，會同西伯利亞東海艦隊司令卡沙克維茲伯爵 (Kasakhviteh) 率領艦

---

⑧　同 **⑥**，第三一頁。

⑧　Ivan Barsukov, *Mouraviev-Amonrsky*, M., 1891, V. 1.

⑨　Ibid..

⑨　陳復光，《有清一代之中俄關係》，第一二三頁。

隊，到海視察，並將阿穆爾砲隊人馬，歸其節制；同時令其在海參崴等地，建設軍事要港，春季將完全佔領東海濱達朝鮮邊境一帶地方。且令卡沙克維茲於夏季駛至大彼得灣，如遇他國海軍偵察海面，則俄軍已先期實際佔領。另遣卡沙克維茲之艦隊駛至北直隸灣，暫撥伊格納季耶夫調用。在哈巴羅夫斯克建造砲艦二艘，以備必要時駛入烏蘇里江及松花江。又令黑龍江、烏蘇里江之非正式軍隊及哥薩克軍，練習射擊，藉以示威；並在沙巴伊哈爾至伊爾庫茨克一帶，揚言俄軍將於春季沿邊境出動，故使此項消息傳到北京，以利談判之進行。最後，囑伊格納季耶夫向中國當局申述：穆氏受俄皇之訓令，將嚴格執行璦琿條約；哥薩克村既已建立於黑龍江左岸，俄方將於春季佔領東海濱及其他各地，並根據條約，航行烏蘇里江，若有抵抗事件發生，彼將以東西伯利亞總督名義，用武力執行其政府之命令；一旦發生衝突，甚至引起更嚴重之事件，其責任將由避免履行條約者負之 **❷**。此為穆拉維約夫佔領黑龍江後又一威脅準備的概況。

　　一八六〇年初（咸豐十年），英、法聯軍為雪一八五九年在白河戰敗之恥，擬向清廷興師問罪，以期達到在北京交換《天津和約》之目的。俄廷同時亦擬定應付遠東事件之方案，並向法國外交部聲稱：俄國使臣伊格納季耶夫，亦如前使臣普提雅廷，僅擔任「和平觀望」之使，俄國對於和約既無怨言（《中俄天津條約》已於一八五九年交換），不擬參加任何戰爭，希望聯軍勿壓迫清廷過甚，且表示維持滿清皇統，為俄國對遠東之基本政策 **❸**。法國駐俄大使孟蒂貝洛公爵 (Duke Do Montello)，將俄外相哥爾查科夫對於遠東事件之態度，呈報法政府謂：「伊格納季耶夫除供聯軍諮詢外，不自動有所主張，僅與列強作善意斡旋而已。哥爾查科夫不主張操之過急，認為北京一旦為聯軍攻下中國皇帝必退居蒙古，北京必陷於無政府狀態，結果不僅不利於法國，即與中國有關係各國亦蒙不利。俄國對華外交之主旨，在維持中國政治中心於北京，以免受聯軍尤其是英國之操縱。」 **❹** 伊格納季耶夫當時尚未接到關於對華外交方針之正式訓令，中俄談判仍陷僵局。是時，中國局勢日趨緊張，英、法聯軍已準備對清廷用高壓手段。伊使預測聯軍再度進攻白河之後果，非為

---

❷　同 **❶**。

❸　Henri Corder, *L'Expedition de Chine, de 1857–58, Paris*, 1905, pp. 120–121.

❹　Ibid..

與中國迅速媾和，即為獲取北京，甚至促成清廷之顛覆。無論結果如何，必使俄國解決邊界問題，受重大影響。伊格納季耶夫將全局詳加考慮後，遂決定先與聯軍聯絡感情，俾便探悉聯軍對華之整個計劃，且可依軍事外交之變化，相機操縱中國與聯軍之交涉，以期取得雙方之好感，而達到俄國所要求之目的。

伊格納季耶夫既已決定其應採步驟，乃於一八六〇年五月二十一日（咸豐十年四月一日），照會軍機處謂：中國政府究竟願否依照條約辦理？能否允其所提各項要求？並希望中國政府深信沙皇，「甘願中國有益，及其避免用兵之厚意」。若仍不見允，彼即遵照沙皇諭旨，離開北京，前往北塘。請軍機處於三日內答覆，因彼須於五月二十八日前往北塘❾❺。次日軍機處答覆稱：關於烏蘇里綏芬地界，該處軍民人等屢次上呈，誓不相讓。「中國向來辦事，皆以俯順民情為要，是以礙難允准」。又謂：「中國與俄國相好二百餘年，並無相傷之處，亦無彼此無益之事，今反言與中國有益，尤不可解」，希望伊格納季耶夫將何事有益於中國之處，「詳細咨覆」。末謂：「烏蘇里綏芬軍民既有所請，中國斷不能驅逐百姓，令俄國人民借住之理。」如伊使「看不明晰」仍可定期與所派欽差大臣見面❾❻。此時，伊格納季耶夫知繼續交涉無何結果，遂準備離開北京，而暗中派員赴北塘觀察形勢；一面暗示清廷，謂願在北塘等候，俟清廷看清局勢，有所覺悟，始便繼續交涉，只須對邊界問題能滿足俄國「合理之要求」，則彼極願從事「善意斡旋」❾❼。不久，俄廷訓令到達，伊格納季耶夫仍雍容自得，鋪張揚厲，帶哥薩克兵一連，離北京前往北塘，途中訓令俄國駐京暗探居民、傳教士促其偵察時局之變化，並飭其通知中國政府，謂在戰雲瀰漫軍事外交吃緊之際，俄國願嚴守中立，不受聯軍之影響。又令其將北方情形隨時呈報；萬一清廷強令彼離開北京，必須維持俄國在京之教堂，以通消息❾❽。

伊格納季耶夫在北塘一週後，即赴上海，暗中與英、法接洽。自此期間以至北京條約之締造，其所持態度與俄國前使普提雅廷完全一樣；不過以更

---

❾❺　同❶，第五一卷，第一至二頁。

❾❻　同❶，第五卷，第二至三頁。

❾❼　Buxhowden, *Rosskill Kitai*, p. 53.

❾❽　Ibid., pp. 59–60.

為陰鷙之手腕，完成其使命。伊使到上海不久，即向法代表布爾布隆表明態度，謂其任務僅為一「和平觀望」者，可於相當時期，出任斡旋。清廷既未侵犯一八五八年之中俄條約，俄國對於中國只能完全採靜觀態度；對英、法遠東政策，願以極誠懇之態度表示同情。又謂：彼入京之目的，係以友誼之精神，達到和平之目的，且曾向清廷勸告立時履行，將所給予英、法、美三國各項權益之條件，後因無法使之覺悟，方決計離開北京，目的在使清廷明瞭：當英、法聯軍將以武力對付中國時，俄國雖守中立，但關於清廷對聯軍之背信行為，仍極反對，故彼離開北京一舉對清廷不無影響❽。在這個時候，上海正傳說伊格納季耶夫因拓界交涉失敗，乃赴滬與聯軍聯絡，俾謀轉圜。故伊使致法使之函件，意在闢謠，以掩蔽自身之私圖❿。為增進聯軍對其信任計，伊格納季耶夫將關於中國之種種重要情報，密告英、法使臣。如向法國代表布爾布隆言，中亞細亞各國均曾與之發生關係，然對於履行條約一事，未有如清廷之狡猾不守信義者。要使中國履行條約，惟有用武力促其覺悟；且北京政府已為主戰最力之僧格林沁一派所左右。欲使主戰派瓦解，只有對於大沽，予以有力之進攻不為功❶。同時，伊格納季耶夫又以其聯絡法國代表之手法，施之於新抵上海之英使額爾金爵士和葛樂男爵，在與彼等閒談中，暗示：「清廷官吏中，肅順實為歐洲各國最大之障礙」。此外，伊使對於英、法聯軍之軍事將領，亦積極交往，因而獲得英、法軍事領袖之好感，故其在滬的聯絡工作，頗有成效。接著，伊格納季耶夫於七月三日經日本長崎，轉赴北塘。英陸軍統帥克蘭德 (Sir Hope Grant)、海軍司令赫卜 (James Hope)；法陸軍統帥孟托邦 (Cousin Montauban)、海軍司令霞爾勒 (Chainer) 等，也相繼抵達北塘。直隸總督恆富即提議交涉事，託美國使臣華若翰 (Ward) 及伊格納季耶夫從中斡旋。先是，華若翰已於一八五九年八月（咸豐九年七月），由北塘晉京交換《中美天津條約》後，復與英、法使臣同至北塘，並告英使額爾金，謂已與恆富交換意見，據恆富言，若英、法使臣援美使例經北塘入京，則亦得晉京換約。八月六日，恆富照會英使，要求與英、法使臣晤談，英使藉口軍機處「覆文不妥」，故爾用兵，且貴欽差，亦未能「實奉其權」，故未

---

❽ Henri Corder, op. cit., pp. 120–121. Ibid., pp. 208–211.

❿ Buxhowden, op. cit., p. 71.

❶ Henri Corder, op. cit., p. 207.

便與恆富交談 ⑩。除託美使華若翰調處外，恆富又致函伊格納季耶夫，謂聯軍在北塘積極備戰，實覺驚異；請其轉告英、法使臣，援美使之例，由北塘轉赴北京換約，則雙方邦交即可維持。伊格納季耶夫自然別有詭謀，認為調停對俄利益之最佳時機尚未成熟，置諸不答 ⑩。反密告法使葛樂謂：「北塘毫無戒備，儘可進攻。」⑩

英、法兩使臣與恆富之交涉既沒有結果，聯軍遂於一八六〇年八月二十一日（咸豐十年七月五日）攻陷大沽砲臺，二十四日，英、法艦由白河直抵天津。額爾金及葛樂由北塘移天津，伊格納季耶夫也急忙趕到，與英、法作秘密之會商。英使將英國之遠東政策直告伊使，主張英、俄兩國在中國宜採一致行動。伊格納季耶夫揣度英使之心理，答稱：英國在中國商務上之權利，極應維持；至於俄國，則僅注意邊界問題，因俄國為中國鄰邦，故對於邊疆特別注意 ⑩。

當英、法聯軍進駐天津，中國與英、法之交涉漸趨和緩。大學士桂良，直隸總督恆富出任欽差，與英、法使臣談判媾和條件。英、法提出：開天津為通商口岸；中國賠償英、法二國軍費各八百萬兩；英、法公使得各帶數十人入北京交換和約。清廷認為要求過苛，僧格林沁等又主戰甚力，而聯軍則以桂良、恆富無締約全權，懷疑清廷藉交涉宕延時日俾僧格林沁得以集中軍隊，雙方俱感不滿，以致和議破裂。一八六〇年九月九日（咸豐十年七月二十四日）硃諭有：「朕今親統大師直抵通州，以伸天討，而張撻伐」之語 ⑩。此時，正值英、法聯軍向通州推進，準備進窺北京。伊格納季耶夫乃出而操縱，以爭取雙方之信任。英使希望清廷早日屈服，亟思利用伊使，予聯軍以軍事上之協助，故挑撥其與中國方面之感情，將所得清廷之一秘密公文示伊使，內有「夷酋伊格納季耶夫因對於彼所要求之邊界問題不得解決，遂調俄之砲艦下北塘，以恐嚇中國，目下極宜設法，阻止俄之砲艦調往北塘」之言；並託其將實情告知法軍統帥孟托邦，使早日進攻通州，且云：「君之見信於法

---

⑩　同❶，第五五卷，第三一九至三二〇頁；Henri Corder, op. cit., pp. 250–251.

⑩　Buxhowden, op. cit., p. 86.

⑩　Henri Corder, op. cit., p. 216–247.

⑩　Buxhowden, op. cit., p. 115.

⑩　同❶，第六〇卷，第三〇頁。

國統帥，勝於吾等」[107]。伊格納季耶夫此時之策略，在利用危機，逼清廷請求其協助，對於議和事件，寧使之遷延；但維持滿清皇統之存，既為俄國已定之政策，又不能使清廷趨於崩潰，故對額爾金之勸誘，婉詞拒絕[108]。迨伊格納季耶夫探知聯軍有進攻北京之勢，為增進英、法軍事領袖對彼信任起見，乃獻給孟托邦一幅為俄傳教士所繪之北京詳圖；指導對待北京居民之方式，告以如何保護北京一帶之廟宇[109]；其意在乘機操縱英、法聯軍，以形成利於俄國之局勢。有時則用懲愚手段，告英、法使臣以清廷之執拗昏聵。當雙方在天津將近妥協時，伊格納季耶夫又訪額爾金爵士，密談多時，煽動英使提出一種使清廷不能接受之條件。除貢獻聯軍各種計劃及重要情報外，對於細微事件，亦極力對聯軍表示殷勤。如法國陣亡將士之出殯，伊使親往執紼，並允許在通州陣亡之英國官兵，得葬於俄國在華之公地，故英使對伊格納季耶夫乃倍加感激[110]。在清廷方面也獲知伊使與聯軍有相當感情，故每遇交涉發生困難，就請其居間斡旋。對於中國民眾，伊亦隨時表示好感。如在天津時，力勸法將孟托邦保護該地居民，勸聯軍司令部廣發布告，以安民心；凡駐軍有擾害居民者，概處死刑。由伊使派人張貼，故極得天津民眾之歡心，有稱之為「伊大人」者[111]。當聯軍漸向北塘進展，恆富請伊格納季耶夫出任調停，託其轉告聯軍至少再在天津停延三天，伊使立向恆富表示：英、法聯軍此次進攻天津，意義異常重大，蓋彼等旨在覆滅清廷；俄國則極願援助清廷，且具有援助之力量。但此時，伊格納季耶夫私心甚重，仍以斡旋時機尚未成熟，必俟清廷完全允納其要求，正式求其斡旋時，方出任調人[112]。因此他一方面仍慫恿聯軍趕快向中國進攻，一面又暗示清廷以時局之嚴重及俄國地位之重要，以期造成對俄國有利之環境，以收漁利[113]。

---

[107] Buxhowden, op. cit., p. 121.

[108] Ibid., p. 122.

[109] Ibid., pp. 122–125.

[110] Snedley, Agness, *China, Correspondence*, London, 1858–1860.

[111] Buxhowden, op. cit., pp. 124–125.

[112] Ibid., pp. 128–131.

[113] 同[91]，第一二八頁。

五、北京之陷落與伊格納季耶夫出任調人

英法聯軍於九月九日（一八六○年，咸豐十年七月二十四日）在通州作軍事準備，有進逼北京之勢，清廷急派怡親王載恆為欽差大臣，於通州與英、法使臣談判妥協。聯軍態度強硬，屢次談判不得要領，未獲結果。隨即聯軍突襲張家灣，清軍大敗。此時，咸豐以狩獵為名，赴熱河避難，命皇弟恭親王奕訢留守北京，與英、法議和。十月五日（咸豐十年八月二十一日）英、法聯軍分路進攻北京。翌日，法軍侵入圓明園，恭親王倉惶出走。七日，英軍亦相繼到達，將園內珍寶一擄而空。時聯軍以嚴冬將屆，決進逼都城，迫清廷為城下之盟。十月十日（咸豐十年八月二十六日）致書恭親王稱：十三日（咸豐十年二十九日）正午不開安定門，即以砲擊毀之。守城將領相顧失策，乃如期開城，英、法聯軍遂狂歌而入。但聯軍攻入北京後，內部意見不一致，法使葛樂則主張速與清廷媾和，以便早日離京；英使額爾金懷仇九月十八日通州暗殺事件，主張鷹懲清廷。伊格納季耶夫認為時機已至，乃於十月三日自通州前往北京，到達安定門外的聯軍行營，商討致恭親王哀的美敦書的內容與措詞，並勸英使有緩和對華之必要；對法使則允諾以誠懇之協助，促成和局，以免北京糜爛❶❹。並謂：欲避免北京無政府之狀態，聯軍須速入京，使恭親王及清廷官吏有所警悟。法使深信其說，促其早日返京調停，對英國過激計劃，允為控制，使之易於調停。伊格納季耶夫遂於十月十六日再度入京，以施展其操縱雙方之伎倆❶❺。

恭親王得知俄使伊氏到京，即授意原任全權大臣瑞常、刑部尚書文祥及其他留京權要人士詢問俄東正教駐京大司祭固禮神父 (Father Guri)，俄使前來北京的真實原因？是否願任調人？是否允許援助中國？固禮答稱：伊公使關於清廷已往開罪之處，皆可不咎，極願援助清廷，保護北京；請其擔任調停事，亦可允諾，惟須正式請求，及承認俄國所提出之一切「合理要求」。恭親王代表允諾交換《璦琿條約》，但拒絕再締新約，惟請其早日出任調停。伊氏則向清廷大員們說明當時情勢之嚴重，強調須迅速派遣代表，解決中俄懸案，遵照他的忠告與聯軍交涉，北京方可免於劫難，滿清皇統方能維持，危

---

❶❹　Henri Corder, op. cit., pp. 397–398.

❶❺　同❾❶，第一二九頁。

局方能挽救。又聲明：清方必須完全承認俄方所提之條件，他方能出任斡旋之責，伊氏此時已儼然成了和戰中舉足輕重的關鍵人物，恭親王對他所提條件只有全部接受一途，其所提之條件為：

㈠恭親王本人須聽其忠告，並發給請求斡旋之正式公文；

㈡須將清方與英法交涉的情況隨時告知，不得固守秘密；

㈢他前在北京時提出之一切條件，清廷必須完全承認。

　　十月六日晨，恭親王照覆，三項條件，完全承認。就在同一天，英、法專使也請伊氏將他們的最後通牒轉交奕訢，限三日內答覆，否則將北京夷為平地。但在通牒送出之次日，英軍即將圓明園全部焚燬，園內二百四十餘所輝煌燦爛之宮殿，均化為灰燼❶❶❻。

　　恭親王對英軍之野蠻，深為憤怒，認為英使在最後通牒中所提的要求過分苛刻，清廷不能同意。伊氏卻力勸清方認識當前情勢之嚴重，中國既無力抵抗，要提出異議是不可能的。他只能答應為求得下列數項讓步才願出面進行斡旋：

㈠以中國海關關稅作擔保，勸英、法延後賠款的期限；

㈡要求和議一成，聯軍即退兵出境；

㈢不再要求清廷懲罰囚殺英俘的官吏；

㈣勸阻聯軍不要破壞北京皇宮；

㈤要求英、法兩使迅速入京議和；

㈥勸說英、法兩使入京時，所帶衛隊，不超過三百人。

　　當時情勢緊張，伊氏即時親往聯軍軍營，確告英、法兩使：如果兩使能放棄砲轟京城的打算，他答應說服清廷同意聯軍提出的要求，屆時一定予以滿意的答覆；兩國使臣都樂於同意照此辦理。伊氏又通過清廷大臣們向恭親王表示：只要清廷能保證俄國的要求，能得到圓滿的解決，他將力勸英方放棄公使常駐北京的主張。當清廷大臣們將接受英、法最後通牒要求的覆照送請他過目時，他也毫不猶豫的認為措詞含糊，逼使依照他的意見重新修改，磋商與修改的工作一直延續到八日的午夜才定稿，然後由大臣們趕送到恭親王處，請他認可並畫押，伊氏則於深夜將他所獲致的成果通知英、法兩方，請他們採取措施，以免清晨向北京城內射擊。九日清晨，清方的答覆於七時

❶❶❻　同❻❼，第一二五至一三一頁。

前送到大本營，始避免了一場砲轟京城的災禍。

在伊氏這種「調停」下，恭親王終於在十月十二日（咸豐十年九月十一日）到禮部衙門與英方特使額爾金簽訂《中英北京和約》，次日與法方特使葛樂簽訂《中法北京和約》。聯軍軍隊撤出北京之期限訂在十月十八日，後來一再拖延，到十月二十四日才開拔離去，英、法兩國特使也於二十八日離開北京，兩使離京的次日，恭親王前往拜會伊格納季耶夫，表示感謝之意。

六、中俄秘密談判與北京條約之締結

中英、中法《北京和約》一經簽訂，伊格納季耶夫立即要索取進行「斡旋」的報酬，他照會奕訢說：「英、法兩國業已換約，仍以所祈之事，請派大員前來商酌。」清廷雖明知伊格納季耶夫「心殊叵測」，但又怕「夷兵未退，誤會暗中挑釁，必致節外生枝。……」[117]因此，不敢拒絕他的要求，決定派尚書瑞常、侍郎寶鋆、麟魁、成琦等前往俄羅斯館談判。

伊格納季耶夫以避免英、法使臣牽制為詞，要求採秘密方式進行中俄談判。同時，並威脅清廷說：「聯軍對我方與貴國之事情毫無所知，所以他們完全相信全部濱海邊區久已歸屬於俄國，而現在如果他們知道情況並非如此，那麼由於對我方嫉妒和不甘落後，他們會不顧已簽訂的條約，而向貴方提出新的要求。」[118]清廷經不起伊格納季耶夫之恫嚇，只得同意。瑞常等赴俄羅斯館行秘密談判，表示願意研究俄國公使提出的一切問題。伊使當場交給瑞常三個文件：㈠闡揚俄國要求的實質的簡明紀要；㈡布多戈斯基私自測繪的所謂中俄東界地圖；㈢續約草案十五條。這些文件都譯成了漢文和滿文[119]。續約草案主要的內容為：㈠劃定烏蘇里江、興凱湖、綏芬河、圖們江一帶的中俄東部邊界；㈡中俄西界由沙賓達巴哈往西至齋桑湖，西南順天山之特穆爾圖淖爾，南至浩罕邊界為界；㈢互派大臣前往會同勘界立碑，以為憑據；㈣開北京、張家口、庫倫、齊齊哈爾、喀什噶爾五處為商埠，並在該處設立領事官等[120]。

---

[117]　同[1]，第六七卷，第八至九頁。

[118]　同[67]，第二二三至二二四頁。

[119]　同[1]，第二二四頁。

[120]　同[1]，第六七卷，第五五至五六頁。

中、俄雙方秘密談判達半個月之久，經瑞常、成琦等多方爭執結果，對於清廷所必爭，而俄國視為無關緊要之點，伊格納季耶夫表示讓步：如第一條烏蘇里江等號分界，允添入「空曠之地，遇有中國人居住之處，及中國所佔漁獵之地，俄國均不得佔，仍准中國人照常營業之規定……」；第三條允添入「通商所不得超過二百人，並有路引之規定」；並將張家口設領事一節刪去，議定只得在喀什噶爾和庫倫通商，在北京、齊齊哈爾不得通商。……恭親王等雖以割讓烏蘇里江以東至海之地，及增添通商地點等事，仍不免為邊陲之患，然以伊使「狡鷙異常，幾於一字不能更易」，又「以斡旋英、法攘為己功，此時英軍尚未撤退，法軍亦未盡撤，若再事遷延，恐其又勾引英、法為中國患」，故奏請委屈求全，以期「敵氣早淨，及早迎鑾」[121]，旋奉諭謂：俄使提出條約十五款，經瑞常等會同「逐層商酌，尚屬妥協，即可定期畫押蓋印」；又謂：「事勢至此，不得不委屈將就，免致狼狽為奸。」[122]

一八六〇年十一月十四日，奕訢赴俄羅斯南館，同伊格納季耶夫簽訂《中俄北京條約》（又名《中俄續增條約》）。本約有俄、漢兩種文本，漢文本係根據俄文本譯出（全文共十五條，內容見附錄）。

七、伊格納季耶夫完成使命載譽返國

伊格納季耶夫既完成其侵併中國領土之使命，於一八六〇年十一月二十二日從北京經庫倫「載譽返國」。各方對之均現好感，法使葛羅則謂伊使「忠誠而無成見之行為」，特別滿意。英將克蘭德則認之為「忠實爽直之外交家」，及英使額爾金亦稱，彼深知伊使固有時利用其頭腦簡單之弱點，但彼此意見甚為融洽[123]。恭親王明知伊格納季耶夫狡詐，然覺事機危迫，不得不利用之，以資斡旋。實則自北京失守，清廷已毫無抵抗能力，與英、法聯軍議和，乃時間問題。即無伊使從中斡旋，所失亦不過於是；然伊使站在俄國立場，操縱運用，造成有利之局勢，以完成其使命，適足充分表現了其敏銳狡詐之外交手腕。故曾自詡曰：「以一方式達到一目的者多矣；余則善用多方以達之，一面不行，再計其他，故余以目的為要，手段則非所計也。」關於外交家之任

[121]　同❶，第六八卷，第一二至一五頁。

[122]　同⓵⓶⓪。

[123]　Wright, *Lord Elgin*, p. 3.

務，伊使奏沙皇又云：「一國之使臣，非僅為轉照會擬公文之機器，此則任何書辦均能為之；若努力為國工作，而使本國之利益與駐在國之利益相調和，此乃使臣之主要任務。一國使臣在平時，應具有能運用五萬大軍之能力，否則宜在罷免之列。」由此可知，伊格納季耶夫之專長在能夠靈活運用詭計陰謀，能得雙方利益衝突者之信任，又從而播弄之，以收漁利之效。但其後任君士坦丁堡大使時，竟得土耳其政府與當地耶穌會教徒之信任，同時用盡挑撥之能事，引起俄、土戰爭，終於一八七八年，迫土耳其政府簽訂《桑斯蒂伐洛和約》；此舉與在一八六〇年，得恭親王及英、法使臣之信任，而從中操縱漁利如出一轍。「同時騎背道而馳之兩馬，為外交騎術中最難之事，而伊格納季耶夫竟能之。」❷此為其同儕瓦西尼伯爵 (Count P. Vassili) 對彼之佳評❷。

八、中俄北京條約中國的重大損失

關於《中俄北京條約》，中國無論在領土和主權等方面都受到非常嚴重的損失，帝俄侵華的腳步，由東北伸張到西北。茲摘錄中外數位學者和評論家對此一問題的看法，以供讀者研究之參考與瞭解事實之真相。

這兩個條約──《中俄璦琿條約》及《中俄北京條約》，在世界歷史上開了一個新紀元，即領土割讓的記錄。我國在咸豐八年及十年所喪失的土地，其總面積有四十萬零九百十三方英里。現今的東三省加上江蘇省，比我們這兩年所喪失的土地只多一千四百方英里。法、德兩國的面積比我們這兩年所喪失的土地，還少六千五百三十一方英里，俄國從我國得到這麼大的領土，不但未費一顆子彈，且從始至終口口聲聲說俄國是中國唯一的朋友，那俄國「友誼」的代價不能不算高了❷。

咸豐以後的東北可稱為半東北、殘東北，因其面積縮小了一半，且因為它東邊無門戶，北邊無自然防具──它是殘缺的。所以到這步田地的原因有三：第一是太平天國的內亂；第二是咸豐年間全盤外交政策的荒謬，爭所不必爭，而必爭者反不爭。比這兩個原因還重要、還基本的是在世界諸民族的競進中，我族落伍了。有了這個原因，無論有無前兩個原由，我們的大東北，

❷ Count Vassili, *Behind the Veil of the Russion Court*, Radziwill, 1913, p. 86.

❷ 同❹，第一三五頁。

❷ 蔣廷黻，《最近三百年東北外患史》，臺北，中央日報社，一九五二年，第六二頁。

全東北是不能保的 ⑫ 。

《璦琿條約》把黑龍江以北、大興安嶺以南的廣大區域，都割讓與俄國以後，沒多久又訂立了這個喪權辱國的《北京條約》。據這個條約中的規定，烏蘇里江以東的九十萬三千方哩的地方都一起送給俄國了。於是穆拉維約夫十餘年來苦心經營的東方的侵略陰謀，到此都完全實現了。這兩次喪地條約的訂定，都是不費一兵一卒、一彈一砲，完全是由於欺騙談判，便得到阿穆爾和東海濱兩省的廣大地區，這一方面是由於當時內憂外患交逼的結果，但是最大的原因，還是由於庸臣誤國，在他們的簽字之下喪失了這樣廣大的土地，他們竟幾乎完全沒有這些地方的印象，以這種糊塗蟲辦外交，自然會要得到此種慘敗的結果 ⑫ 。

這兩次的惡劣結果，是喪權失地，但是最大的惡果，便是把滿洲全部從此也促成了一個危險的局面，成為東方的巴爾幹，釀成許多國際糾紛，所以以後遠東國際局面的推移，以及中國今日國運的形成，這兩個條約，都是有很顯著嚴重的關係 ⑫ 。

《中俄北京條約》簽訂，俄國正式取得黑龍江以北及烏蘇里江以東領土權，興凱湖會議復具體解決中俄東界案最後的勘立界碑問題。至此，不僅俄東西伯利亞總督穆拉維約夫個人夢寐以求之東西伯利亞殖民王國理想得以實現，即俄國歷史性向東發展基礎亦於焉大定。俄自建海參崴軍港後，曾揚言寧棄聖彼得堡而不棄海參崴，可見咸豐十年俄人擴地意義之重大 ⑬ 。

英國外相寇遜爵士 (Lord Crzon) 批評《中俄北京續約》謂：「以極便利而狡詐之手段，而獲得如是肥沃土地者，實為舉世所罕見！」良非虛語也 ⑬ 。

旅居中國英國人米琪（舊譯立嘉），在評論《中俄北京條約》時指出：中國的極端窘困就是俄國的機會。俄國外交的陰險狡詐，從未像這一次表現得如此充分。俄國公使一度對陷入困境的中國政府假裝溫情脈脈，並主動提出

---

⑫　同 ⑫ 。

⑫　同 ⑳ ，第一一六至一一七頁。

⑫　同 ⑫ ，第一一七頁。

⑬　趙中孚，《清季中俄東三省界務交涉》，臺北，中央研究院近代史研究所，一九七〇年初版，第一三七頁。

⑬　同 ⑨ ，第一三六頁。

在日益迫近的對外戰爭中給它以間接援助。可是，當他發現中國政府已經喪魂失魄時，就突然猛撲過來，向它提出種種無恥的要求，其中包括將全部滿洲和烏蘇里江、黑龍江、日本海的大片土地割讓給俄國。中國人（指清朝政府）無力抵抗。為了幫助他們早作決定，俄國公使又溫和地通知說，如若不從，沙皇的報復，將比正在受到的懲罰更加可怕。於是條約就簽訂了，俄國勝利了 [132]。

　　一八六四年簽訂中俄《勘分西北界約記》的俄國代表巴布科夫高興地說，《中俄北京條約》就其成果的重要性而言，就我國公使（他在極短時期內增強了俄國在華的作用）所採取的卓越行動方式而言，可以說是我國與中國皇帝政府外交史上空前的範例 [133]。穆拉維約夫更加興奮的說：《中俄北京條約》的簽訂是俄國的一大「政治勝利」、「喜悅」和「更為重要的新成就」，其收穫「超乎我們期望之外」。伊格納季耶夫為俄國「立下卓越的功績」，通過他強迫清廷政府締結的新約，俄國「大大加強了對中國深遠的影響」，《瑷琿條約》與《天津條約》業已得到確認，所有不足之處均得到補充，一切疑慮煙消雲散，現在俄國合法地佔有了富饒的烏蘇里地區及南部港口，取得了由恰克圖進行陸路貿易和在庫倫與喀什噶爾設立領事官的權利。俄國人滴血未流，僅憑我國公使的外交才幹，堅持不讓，便取得了這一勝利 [134]。

第四節　中俄勘分東界約記及琿春東界約的簽訂

一、中俄勘分東界約記

　　根據《中俄北京條約》第三條規定，關於查勘中俄東界，雙方代表應於一八六一年四月在烏蘇里江口會齊辦理。一八六〇年二月十九日，奕訢奏請派遣大員前往查勘。同月末，咸豐帝指派倉場侍郎成琦為欽差大臣，於次年春前往吉林，會同吉林將軍景淳，辦理烏蘇里分界事宜 [135]。

[132]　米琪，《從北京經西伯利亞到聖彼得堡的陸上路線》，倫敦，一八六四年，第三六〇頁。
[133]　巴布柯夫，《一八五七至一八七五年我在西伯利亞服務的記憶》，聖彼得堡，一九一二年，第七二頁。
[134]　同 [13]，第三一四至三一七頁。

一八六一年二月二日，吉林將軍景淳奏稱，中俄東界，烏蘇里江和松阿察河段界限分明，易於勘辦，其餘陸路交界部分，即從興凱湖至圖們江一段，情形複雜，山河交錯，是這次「分界要地」。欽差大臣應親自往勘，這一建議為咸豐所採納。同日，咸豐帝指示成琦及早「親至興凱湖、圖們江一帶，與俄國使臣查明交界地方，不可落後。」❻

　　四月四日，成琦奉命從北京出發。十一日清政府以成琦、景淳的名義照會俄國濱海省當局說：「分界要地，全在興凱湖至圖們江，其烏蘇里江口，擬即責成三姓副都統富尼揚阿前往會辦。本欽差大臣、欽差將軍親至興凱湖一帶往同俄國辦理分界大員，秉公勘辦。」❼

　　五月五日，成琦抵達吉林省城，與景淳會晤，六月七日，抵達興凱湖西北，下營駐紮。十一日，俄國全權代表濱海省省長卡扎凱維奇、副代表布多戈斯基也來到興凱湖西北，在土爾河口紮營，距中方代表住處三十餘里，並「於湖岸安設大炮一尊、火槍三十餘桿，隨來俄兵不知確數」❽，蓄意用武裝佔領「表明所佔據的地點是在（俄國）國界線內」❾。成琦等多次抗議，要求俄方離去，都被拒絕。雙方原先約定六月十五日在達連泡（距俄營十里）舉行會議，但屆時俄國代表託故不到，有意刁難。十八日，成琦等被迫赴俄方營地與卡扎凱維奇等會見，開始了一八六一年的中俄興凱湖會議。

　　談判一開始，雙方便在白稜河的方位問題上發生重大分歧。按照中俄《北京條約》的規定，兩國邊界線從松阿察河河源跨興凱湖至白稜河河口，再由該河口順山嶺至瑚布圖河口。因此，必須確定白稜河口的方位，才能解決中俄在興凱湖和瑚布圖河以北這兩段邊界線的具體分界問題。但是，成琦等遍查吉林所繪各圖及早年所存吉林地圖，只有白珍河，並無白稜河，即使依據伊格納季耶夫交給奕訢的地圖，也無白稜河，只有白志河。清朝代表認為白稜河即興凱湖西南的白珍河。卡扎凱維奇等奉行以實際佔領支持外交要求的

❸　同❶，第七一卷，第五至六頁。

❻　同❶，第七二卷，第二六頁。

❼　中央研究院近代史研究所編，《咸豐朝籌辦夷務始末補遺》，咸豐朝，臺北，近代史研究所晒藍本，一九八二年，第四冊，上，第七二頁。

❽　同❶，第七九卷，第九頁。

❾　同❸，第七六頁。

侵略方針，一口咬定位於興凱湖西北已被俄軍強佔的土爾河口就是白稜河口，蓄謀在松阿察河河源和土爾河口之間劃一直線，以此線作為兩國國界，從而將興凱湖的大半圈入俄國版圖。他們表面上根據《北京條約》的規定前來查勘分界，實際上卻憑藉武力，恣意勒索，企圖割佔更多的中國領土。

十九日，卡扎凱維奇派帝俄總參謀部軍官圖爾實攜帶照會前來中方營地，又無理要求將松阿察河以西很遠的穆稜河流域（即使按不平等的中俄《北京條約》它也完全在中國境內）作為「公共之地」，「意圖展佔」。成琦等指出，這一要求顯與《北京條約》相悖，也不符合俄國自繪地圖中所標示的分界線，俄方不應於條約之外，妄生枝節。圖爾實竟然聲稱：「和約、地圖，均可不必照依行事」 **❿**，赤裸裸地暴露了俄方藉口「勘界」進一步掠奪中國領土的圖謀。

二十一日，成琦派屬員丁壽祺等赴俄營，與俄使約期相會。卡扎凱維奇竟「按佩刀直視，意在以兵相脅」，隨即聲稱，「明日來營與欽使、將軍當面商議，自有道理」 **❶**。二十二日下午，卡扎凱維奇氣勢洶洶，帶兵數十名至中方代表駐地繼續談判「將槍兵向營門排立，按刀而入」。開議後他又悍然要求「於琿春東岸設卡蓋房，將琿春作為公共之地」 **⓬**。中方代表當即予以拒絕「駁詰兩時之久」，卡扎凱維奇理屈辭窮「無隙可乘」，才表示不再堅持將穆稜河和琿春地作為兩國「共管」。隨後他再次提出白稜河問題，強要中方承認該河即土爾河。雙方辯論很久，沒有結果，卡扎凱維奇竟採取威脅手段，「決定停止談判，並從桌旁站立起來，準備退席」。成琦等面臨土爾河口已被俄軍侵佔的既成事實，懼怕一旦談判破裂，俄方將採取進一步的武力侵略行動，終於被迫讓步，接受了卡扎凱維奇的要求。

二十二日會議上，卡扎凱維奇還藉口興凱湖以南「荒僻危險」、「實難行走」，提議「在興凱湖行營，照依和約，將地圖內未分之界用紅色畫斷作記，繪圖鈐印。應立界碑，各差小官豎立。」成琦畏懼旅途艱苦，竟對這一別有用心的「建議」，欣然表示同意。他奏報咸豐帝說：「今核與該使所言，尚屬符合。若強約該使前往，設道途阻滯，糧運不濟，轉致遷延時日，於事無益。

---

❿　同❶，第七九卷，第一〇、一三頁。

⓫　丁壽祺，《海隅從事錄》，收錄在《小方壺齋輿地從鈔》，臺北，廣文，一九六二年，第三帙，第二九六頁。

⓬　同❶，第七九卷，第一三至一四頁。

……只得從權允於興凱湖行營，照依該使所言辦理。」**❸** 這樣，在中俄興凱湖會議上，未經實地履勘就決定按照俄國單方面繪製地圖即《北京條約》附圖定議。

一八六一年六月二十一日，雙方簽訂中俄《勘分東界約記》，作為《北京條約》的補充條款，同時簽署交換了《烏蘇里江至海交界記文》，規定自烏蘇里江口至圖們江設立「耶」（Е）、「亦」（И）、「喀」（К）、「拉」（Л）、「那」（Н）、「倭」（О）、「帕」（П）、「土」（Т）等界碑，並且未經履勘就預先確定設碑地點。這一文件完全由俄方一手炮製，成琦等只不過「照依謄寫」，「畫押鈐印」。而此外，雙方還簽署交換了布多戈斯基炮製的《北京條約》附圖。附圖的比例尺小於一百萬分之一，圖上畫了一條紅線，粗略地標示兩國以烏蘇里江和黑龍江為界**❹**，並沒有表明邊界線在江中的確切位置。中、俄興凱湖會議前後開了十天，就這樣草草結束了。

在互換圖約的次日，成琦即離開興凱湖返京。設置界碑的工作，除土爾河（即俄方所指的白稜河）口的「喀」字界牌於六月二十七日由卡扎凱維奇、成琦親自豎立，烏蘇里江口的「耶」字界牌於七月十九日俄官吉成克會同三姓副都統富尼揚阿豎立以外，全由帝俄軍官圖爾賓等會同成琦指派的地方官員辦理。總計從烏蘇里江江口到圖們江共設置了八個極簡陋的木製界牌，飾以油漆，牌上一面書寫漢文，一面書寫俄文。事後，俄方就立牌情況寫了一份文件，名為《中俄設立烏蘇里江至圖們江口國界牌博記》，作為中俄《勘分東界約記》的附件。

二、中俄琿春東界約

一八六一年二月十四日（咸豐十一年正月初五日），北京再接吉林將軍景淳奏報，謂吉林東邊琿春河以南至朝鮮交界地區，自康熙年間設防以來，即有旗人屯戶居住。現該處共有旗屯二十餘屯，丁口約計萬餘人。該區屯戶，自中俄約成即惴惴不安。現又風聞俄人欲以琿春河至圖們江會流域處以迄於海口線為界，奪彼生業，為旗民生計，朝廷應知照俄方，不得率予侵佔琿春河南岸山溝地段，俾得各安生理**❺**。

❸ 同**❶**，第七九卷，第一五頁。

❹ 同**❶**，第八〇卷，第七頁。

一八六一年以後，俄人在烏蘇里江一帶不斷進行擴張，伺機把界牌向中國一方移動，以「暗竊潛移」的方式侵佔我國領土[146]。例如「拉」字界牌，原立於興凱湖與穆棱河流域之間分水嶺的平坡上，在薛家房子附近，後被俄人移到大頂子南崗二里處，距原地點北移十八里餘。其他界牌，也有被俄方擅自移動的情況。

一八八一年，吉林地方政府派員赴土爾河以南調查，發現邊界線的寬闊平坦地面均被俄人竊據，或三、四十里，或五、六十里，強設兵營，派兵駐守。一八八三年，帝俄又侵佔琿春邊界，將圖們江東岸沿江百餘里視為俄國所轄之地，並於里頂子地方安設俄卡[147]。一八八三年四月，俄方進而又在興凱湖地區越界設卡。一八八五年四月二十八日，總理各國事務大臣慶親王奕劻奏稱：中俄東界牌「博」「年深月久，形跡無存」，「界址湮失」，請速派大員往勘[148]。同日光緒帝頒發諭旨，派會辦北洋事務大臣吳大澂會同琿春副都統依克唐阿前往辦理。同年秋，帝俄東西伯利亞總督府照會吉林將軍，同意重勘東界。

一八八六年四月五日，吳大澂自天津到達琿春，七日照會俄國勘界委員會主席濱海省兼司令巴拉諾夫，建議迅速開議。五月十八日，巴拉諾夫帶領勘界委員會委員舒利金、克拉多、馬丘寧等人抵岩杵河（琿春城東面六十多里處，在俄境內）。二十五日，雙方在岩杵河正式開始談判。

這次會議，中方著重要求解決補立「土」字界牌和歸還里頂子問題。關於「土」字界牌，中方要求按照一八六一年條約，立於距圖們江口二十華里的地方。巴拉諾夫強詞奪理說：「海口二十里海水灌入之地，當謂之海河，除去海河二十里才算圖們江口」[149]，企圖把「土」字界牌立於距江口四十里處。吳大澂駁斥說：海口即江口，指海灘盡處而言，「土」字界牌應按海灘盡處（即江口）向內二十里處設立。第一次會議沒有結果。

五月二十九日又舉行第二次會議，經過再三辯駁，雙方達成妥協，決定

---

[145] 同[1]，第七三卷，第七至八頁。

[146] 魏聲和，《雞林舊聞錄》，吉林，吉長日報社，一九一三年，第一冊，第三頁。

[147] 王彥威，《清季外交史料》，臺北，文海，一九八五年，第五七卷，第七頁。

[148] 同[147]，第九頁。

[149] 吳大澂，《皇華紀程》，臺北，藝文，第一九頁。

將罳頂子歸還中國，「土」字界牌設於沙草嶺以南越嶺而下之平崗盡處，從界牌順圖們江到海三十華里，徑直至海口二十七華里。新設界牌雖然比舊界牌距江口稍近，但與《烏蘇里江至海交界記文》的規定比較，中國仍然蒙受了許多的損失。

六月十九日，吳大澂、巴拉諾夫等同赴沙草嶺南麓十餘里處，為豎立「土」字界牌掘土奠基。隨後吳大澂並在長嶺子中、俄交界處，添立銅柱，上面銘刻「疆域有表國有維，此柱可立不可移」❿。

一八八六年七月四日，吳大澂和巴拉諾夫分別在《中俄琿春東界約》上畫押鈐印，彼此互換。隨後雙方代表又考察了土爾河以南的中俄邊界，增立「啦」（P）字、「薩」（C）字和「瑪」（M）字界牌，並於七月至十月就這段邊界線先後簽訂六個勘界議定書，總稱「中俄查勘兩國交界六段道路記」。此外，在中俄岩杵河會議期間，吳大澂鑑於圖們江口已被帝俄佔據，曾要求俄方允許中國船隻自由出入江口，巴拉諾夫表示可以考慮，但此事須請示本國政府才能決定。後經雙方商定於《琿春東界約》中寫明：關於中國船隻自由通過圖們江口問題，「巴拉諾夫少將已將此點提交俄國外交部審理，待得答覆後，對本議定書再行補充。」不久，俄國外交部電告巴拉諾夫：「圖們江口中國船隻出入，俄國必不攔阻。」⓫並於同年十月十二日由俄國政府正式向中國地方政府遞交內容如上的照會，作為《琿春東界約》的附件。

這次重勘中俄東界，至此全部結束。總的說來，此次界務交涉不過奉行成案⓬，進一步肯定不平等的《中俄北京條約》和《勘分東界約記》而已。當時，英國強佔了朝鮮南部的巨文島，英、俄之間因爭奪朝鮮形成很尖銳的對立。帝俄企圖利用清政府對抗英國，因此才在歸還罳頂子、圖們江口行船等問題上對中國作了一點微小的讓步⓭。

---

❿ 梅文昭，《寧安縣誌》，南京，鳳凰，二〇〇六年，第一卷，第四〇頁；徐宗偉，《琿春鄉土誌》，大連，旅大圖書館，一九三九年抄本，上編，第三九至四三頁。此銅柱在一九〇〇年為俄人「碎為兩段」，移至伯力，陳列於博物館中。

⓫ 同⓳，第六九卷，第一五頁。

⓬ 劉爽，《吉林新誌》，長春，遠東編譯社，一九三一年，上編，第六頁。

⓭ 同㉑，第二卷，第二二八頁。

附錄

中俄北京條約

　　大清國大皇帝與大俄羅斯國大皇帝，詳細檢閱早年所立和約，現在議定數條，以固兩國和好，貿易相助，及預防疑忌爭端。所以大清國欽差派內大臣全權和碩恭親王奕訢、大俄羅斯國派出欽差大臣伊格納季耶夫，付與全權，該大臣等，各將本國欽派諭旨互閱後，會議酌定數款如下：

第一款

　　議定詳明，一八五八年瑪乙月十六日，即咸豐八年四月二十一日，在璦琿城所立和約之第一條遵照是年伊云月初一日，即五月初三日，在天津地方所立和約之第九條，此後兩國東界定為由什勒喀、額爾古納兩河會處，即順黑龍江下流，至該江烏蘇里江會處，其北邊地屬俄羅斯國。其南邊地至烏蘇里江口，所有地方屬中國。自烏蘇里江口而南，上至興凱湖，兩國以烏蘇里江及松阿察二河作為交界。其二河東之地，屬俄羅斯國，二河西屬中國。自松阿察河之源兩國交界，踰興凱湖，直至白稜河，自白稜河口順山嶺至瑚布圖河口，再由瑚布圖河口順琿春河及海中間之嶺，至圖們江口，其東皆屬俄羅斯國，其西皆屬中國。兩國交界與圖們江之會處，及該江口相距不過二十里。且遵《天津和約》第九條議定，繪畫地圖，內以紅色分為交界之地，上寫俄羅斯國阿、巴、瓦、噶、達、耶、熱、皆、伊、亦喀、拉、瑪、那、倭、帕、啦、薩、土、烏等字頭，以便易詳閱，其地圖上必須兩國欽差大臣畫押鈐印為據。

　　上所言者乃空曠之地，遇有中國人住之處，及中國人所佔漁獵之地，俄國均不得佔，仍准中國人照常漁獵。從立界碑之後，永無更正，並不侵佔附近及他處之地。

第二款

　　西疆尚在未定之交界，此後應順山嶺大河之流，及現在中國常駐卡倫等處，及一七二八年即雍正六年所立沙賓達巴哈之界碑末處起，往西直至齋桑淖爾湖，自此往西南順天山之特穆爾淖爾，南至浩罕邊界為界。

第三款

　　嗣後交界，遇有含混相疑之處，以上兩條所定之界作為解證。至東邊自興凱湖至圖們江中間之地，西邊自沙賓達巴哈至浩罕間之地，設立界碑之事，應如何

定立交界，由兩國派出信任大員，秉公查勘。東界查勘，在烏蘇里江口會齊，於咸豐十一年三月內辦理。西界查勘，在塔爾巴哈臺會齊商辦，不必限定日期，所派大員等，遵此約第一、第二條將所指各交界作記繪圖，各書寫俄羅斯字二份，或滿洲字或漢字二份，共四份，所作圖記，該大員等畫押用印後，將俄羅斯字一份或滿或漢字一份，共二份送俄羅斯收存，將俄羅斯字一份或滿或漢字一份，送中國收存互換，此記文地圖仍會同具文畫押用印，當為補續此約之條。

第四款

此約第一條所定交界各處，准許兩國所屬之人，隨便交易，並不納稅，各處邊界官員，護助商人，按理貿易，其《璦琿和約》第二條之事，此次重複申明。

第五款

俄國商人除在恰克圖貿易外，其由恰克圖照舊到京經過之庫倫、張家口地方，如有零星貨物，亦准行銷。庫倫准設領事官一員，酌帶數人，自蓋房一所，在彼照料。其地基及房間若干，並餵養牲畜之地，應由庫倫辦事大臣酌核辦理。

中國商人願往俄羅斯國內地行商亦可。

俄羅斯國商人不拘年限，往中國通商之區，一處往來，人數通共不得過二百人，但須在本國邊界官員給與路引，內寫明商人頭目名字，帶領人多少，前往某處貿易，並買賣所需及食物牲口等項，所有路費由該商人自備。

第六款

試行貿易喀什噶爾與伊犁、塔爾巴哈臺，一律辦理。在喀什噶爾，中國給與可蓋房屋，建造堆房、聖堂等地，以便俄羅斯商人居住，並給與設立墳塋之地。並照伊犁、塔爾巴哈臺給與空曠之地一塊，以便牧放牲畜。以上應給各地數目，應行文喀什噶爾大臣酌核辦理。其俄國商人在喀什噶爾貿易物件如被卡外之人進卡搶奪，中國一概不管。

第七款

俄羅斯商人及中國商人至通商之處，准其隨便買賣，該處官員不必攔阻。兩國商人，亦准其隨意往市肆鋪商，零發買賣，互換貨物，或交現錢，或因相信賒賬俱可，居住兩國通商日期，亦隨該商人之便，不必定限。

第八款

俄羅斯國商人在中國，中國商人在俄羅斯國，俱仗兩國扶持。俄羅斯國可以在通商之處設立領事官等，以便管理商人，並預防含混爭端。除伊犁、塔爾巴哈臺二處外，及在喀什噶爾、庫倫設領事官。中國若欲在俄羅斯京城或別處設立領事官，亦聽中國之便。兩國領事官，各居本國所蓋房屋，如願租典通商處居人之房，亦任從其便，不必攔阻。

兩國領事官及該地方官相交行文，俱照《天津和約》第二條平行。

凡兩國商人遇有一切事件，兩國官員商辦，儻有犯罪之人，照《天津和約》第七條各按本國法律治罪。

兩國商人遇有發賣及賒欠含混相爭大小事故，聽其自行擇人調處。俄國領事官與中國地方官，只可幫同和解，其賒欠賬目，不能代賠。

兩國商人在通商之處，准其預定貨物，代典鋪房屋等事，寫立字據，報知領事官處，及該地方官署。遇有不按字據辦理之人，領事館及該地方官，令其照依字據辦理，其不關買賣，若係爭訟之小事，領事官及該地方官會同查辦，各治所屬之人之罪。

俄羅斯國人私往中國人家，或逃往中國內地，中國官員照依領事官行文查找送回。中國人在俄羅斯國內地或私往，或逃往，該地方官員亦當照此辦理。

若有殺人、搶奪、重傷、謀殺、故燒房屋等重案，查明係俄羅斯國人犯者，將該犯送交本國，按律治罪。係中國人犯者，或在犯罪地方或在別處，俱聽中國按律治罪。遇有大小案件，領事官與地方官各辦各國之人，不可彼此妄拏存留查治。

第九款

現在買賣，比前較大，且又新立交界，所以早年在尼布楚、恰克圖等處所立和約，及歷年補續諸條，情形多有不同，兩國交界官員，往來行文查辦，所起爭端，時勢亦不相合，所以從前一切和約，有應更改之處，應另立新條如下：向來僅止庫倫辦事大臣與恰克圖、固畢爾那托爾及西伯利亞總督與伊犁將軍往來行文，辦理邊界之事，自今以後，擬增阿穆爾省及東海濱省、固畢爾那托爾，遇有邊界事件，與黑龍江及吉林將軍往來行文。

恰克圖之事，由恰克圖邊界廓米薩爾與恰克圖部員往來行文，俱按此約第八條規模，該將軍總督等，往來行文，俱按《天津和約》第二條，彼此平等，且所行之文，若非所應辦者，一概不管。如遇有邊界緊要之事，由東西伯利亞總督行文軍機處或理藩院辦理。

第十款

查辦邊界大小事件，俱照此約第八條，由邊界官員會同查辦，其審訊兩國所屬之人，俱照《天津和約》第七條各按本國法律治罪。

遇有牲畜或自逸越邊界，或被誘取，該處官員，一經接得照會，即行派人尋找，並將蹤跡，示知卡倫官兵，其係逸越尋獲者，或係被搶查出牲畜，俱依照會之數，將所失之物尋獲，立即送還。如無原物，即照例計贓定罪，不管賠償。

如有越邊逃人，一經接得照會，即設法查找，找獲時，送交近處邊界官員並將逃人所有物件，一併送回。其緣何逃走之處，由該國官員自行審辦，解送時，

沿途給與飲食，如無衣給衣，不可任令兵丁，將其凌虐，如尚未接得照會，查獲越邊之人，亦即照此辦理。

第十一款

兩國邊界大臣，彼此行文交官員轉送，必有回投。東西伯利亞總督恰克圖、固畢爾那托爾行文送交恰克圖、廓米薩爾，轉交部員，庫倫辦事大臣行文即交部員，轉送恰克圖、廓米薩爾，阿穆爾省、固畢爾那托爾行文送交璦琿城副都統轉送黑龍江將軍，吉林將軍行文，亦送交該副都統轉送，東海濱省、固畢爾那托爾與吉林將軍彼此行文，俱託烏蘇里、琿春地方卡倫官員轉送，西伯利亞總督與伊犁將軍行文，送交伊犁、俄羅斯領事官轉送，遇有重大緊要事件，必須有人傳述，東西伯利亞總督、固畢爾那托爾等，庫倫辦事大臣黑龍江、吉林、伊犁等處將軍，行文交俄羅斯國可靠之員亦可。

第十二款

按照《天津和約》第十一條，由恰克圖至北京，因公事送書信，因公事送物件，往來限期，開列於後：書信每月一次，物件箱子，自恰克圖至北京，每兩個月一次。自北京往恰克圖，三個月一次，送書信限期二十日，送箱子限期四十日，每次箱子數目至多不得過二十隻，每隻分兩，至重不得超過中國一百二十觔之數，所送之信，必須當日傳送，不得耽延，如遇事故，嚴行查辦。

由恰克圖往北京，或由北京往恰克圖送書信物件之人，必須由庫倫行走，到領事公所，如有送交該領事官等書信物件，即使留下，如該領事官等有書信物件，亦即帶送。

送箱隻時，開寫清單，自恰克圖及庫倫知照庫倫辦事大臣，自北京送時，報知理藩院，單上註明何時啟程，箱隻數目，分兩多少，及每箱分兩於封皮上，按俄羅斯字繙出，蒙古字或漢字寫明分兩數碼。

若商人為買賣之事，送書信物箱，願自行僱人，另立行規，准其預先報明該處長官，允行後照辦，以免官出花費。

第十三款

大俄羅斯國總理各外國事務大臣與大清國軍機處互相行文，或東西伯利亞總督與軍機處及理藩院行文，此項公文，照例按站解送，並不拘前定時日亦可，設有重要事件恐有耽誤，即交俄羅斯可靠之員速送。大俄羅斯國欽差大臣居住北京時，遇有緊要書信，亦由俄國自行派員解送，該差派送文之人，行至何處，不可使其耽延等候。所派送文之員，必係俄羅斯國之人，派員之事，在恰克圖由廓米薩爾前一日報明部員，在北京由俄羅斯館前一日報明兵部。

第十四款

日後如所定陸路通商之事內，設有彼此不便之處，由東西伯利亞總督會同中國邊界大臣酌商，仍定章程辦理，不得節外生枝。至天津所定和約第十二條，亦應照舊，勿再更張。

第十五款

會同商定後，大清國欽差大臣將此約條規原文譯出俄字，畫押用印交付大俄羅斯國欽差大臣一份；大俄羅斯國欽差內大臣亦將此條規原文譯出漢字，畫押用印，交付大清國欽差大臣一份。

此次條款，從兩國欽差大臣互換之日起，與《天津和約》一體永遵勿替。

兩國大皇帝互換和約後，各將此和約原文，曉諭各處應辦事件地方。

大清國欽差全權大臣和碩恭親王

大俄羅斯國欽差全權內大臣伊

咸豐十年十月初二日

一八六〇年諾雅卜爾月初二日

第三章　帝俄對中國西北疆域的滲透與侵佔

第一節　中國對西域之經營

一、中國歷代之經營西域

西域之名，始自前漢，有廣、狹二義：以廣義言，包括今新疆全境及蔥嶺以外之中亞、西亞、印度、高加索、黑海一帶地；以狹義言，指天山、蔥嶺、崑崙山脈間之塔里木盆地，即今之新疆南北路❶。新疆為古雍州外地。漢初，天山北為匈奴右方諸王所遊牧。匈奴右部之西伊犁河流域，為由河西東部遷徙之烏孫❷。烏孫本突厥種，佔地數千里，人口六十餘萬。天山南路本三十六國，其後稍分至五十餘，最著者為于闐、龜茲諸國（即今新疆庫車縣）。漢孝武帝苦匈奴為患，建元二年（西元前一三九年），遣張騫聯絡匈奴西北敵國大月氏❸，以夾攻匈奴。大月氏原據河西之西部（今甘肅之涼州、甘州、肅州、安息一帶），後徙大宛二三千里，居嬀水北，南為大夏，西為安息，北為康居，「隨畜徙移，與匈奴同俗，控弦二十萬，勢頗強大，時凌匈奴。

❶ 今新疆，即古西域。出肅州、嘉峪關而西，過安西州，至哈密，天山橫亙其間，南北兩路，從此而分。全境之地，東界安西州，東北界阿拉善及喀爾喀蒙古，北界科布多，西北界哈薩克部，西南界布魯特及浩罕、安集延等部，南界西藏，東南界青海、蒙古，東西七千餘里，周圍二萬餘里。見祁韻士，《西陲紀略》，道光十七年。

❷ 烏孫之種族為何，學者迄今無定論，有謂為韃靼種者，有謂為芬種者，亦有認為印度、日耳曼種者，晚近俄國學者則斷定為西突厥種，日人白鳥庫吉亦主是說，似以此說為最有力。

❸ 大月氏之種族學者亦聚訟不決，但多數學者如 L. Hirth 及白鳥庫吉均斷為突厥族。

西漢初，冒頓立，攻破月氏，老單于復殺月氏王，以其頭為飲器」。不久逃往伊犁河流域，旋被烏孫戰敗，始逾葱嶺至阿姆河流域❹，征服亞歷山大部將所建立之大夏王國❺，轉據其地。張騫之奉使大月氏，原欲與之共擊匈奴，不意中途為匈奴所捕，留十三年，於元朔三年三月遁歸。後又使大宛、康居、大月氏。及至月氏，月氏已臣大夏而君之，地肥饒，少寇患，無報匈奴之心，騫竟不得要領。元狩二年（西元前一二一年），漢擊破匈奴右部，奪取祁連、敦煌之地，於是達西域之道大通❻。

　　此時，張騫又建議：厚賂烏孫，招於東居故地，既可斷匈奴右臂，復藉以招徠其西之大夏。武帝嘉之，拜騫為中郎將，齎金帛西行。騫至烏孫，未得要領，因分遣副使使大宛、康居、大月氏、于闐、大夏、安息、身毒諸國❼。

---

❹ Anni Darya 古稱媯水或烏滸河 (Oxus River)。

❺ 大夏即西史之 Bactria，其地在阿姆河南岸。

❻ 陳復光，《有清一代之中俄關係》，第一四九頁。

❼ 漢代西域諸國之種族及地理，茲參考史籍及中西學者之考證，略述如下：

　　㈠大宛：據白鳥庫吉考證，大宛土民大部係伊蘭種，其中混入突厥種，其地今為吉爾吉斯共和國之費爾干城，其國都為貳師城。

　　㈡康居：屬突厥種之遊牧民族，其根據地在大宛都城貴山城西北一千五百至二千里處，其方位大抵在今之哈薩克共和國。

　　㈢奄蔡：屬突厥種，一名闔蘇，即《後漢書》所稱之阿蘇聊國，其領域在今之鹹海、裏海北岸。

　　㈣大月氏：原居敦煌，為匈奴所逐，西遷伊犁，後為烏孫所破，踰葱嶺至阿姆河，征服大夏而為其君。張騫西使，始通於漢。

　　㈤大夏：大夏之建國始於狄奧多托第一 (Diodotos 1)，先是，馬其頓亞歷山大王東征波斯、印度，略有伊蘭高原及印度河流域。王卒，部將各擁眾自立，傳至後世，其東方屬地巴克特里 (Baktria) 之總督狄奧多托於紀元前二一六一年宣布獨立，自稱為王，此即張騫西使之大夏國，後為大月氏所滅。

　　㈥安息：即今伊蘭國地，有阿薩克斯 (Arsak) 者，帕提亞 (Barthia) 人，在伊蘭高原北麓與裏海東南角之間，屬敘里亞王，當狄奧多托獨立時，阿薩克斯亦起兵殺帕提亞之敘里亞守將，自稱為帕提亞王，是為安息國。

　　㈦身毒：又名天竺，即今之印度，武帝時嘗遣張騫從西南夷通身毒未達，和帝時，數遣使來貢，後西域反叛，乃絕。桓帝延熹二年及四年，身毒從日南（安南之一郡名）徼外來獻，是為中印海上交通之始。

　　㈧大秦：即犁靬，其人長大平正，有類中國，故稱大秦。延熹五年，大秦破安息兵，

西域各國始正式通聘於漢。蓋張騫之專使西域，其動機固出於政治上之使命，及親訪西域各國，獲見珍奇頗多，乃銳意致力於調查西域諸國物產及運輸路線，尤注意於東西交通路線，故對當時南北道要衝，詳記無遺。

漢得祁連、敦煌後，武帝先後置張掖、酒泉、武威、敦煌四郡，是為河西四郡。南有祁連山，北據沙漠，為中原通西域天然走廊。又沙漠一帶防禦殊難，易遭匈奴襲擊，武帝乃將秦代之長城自今居（今甘肅永登縣境）向西北築至酒泉，漢代稱為塞垣。沿河西四郡之東至居延澤折向西行，至敦煌之西，置玉門、陽關，為通西域門戶。劉歆云：「孝武表河曲，列四郡，開玉門，通西域以斷匈奴右臂，阻絕南羌月氏，單于失據，由是遠遁，而幕南無王廷。」漢以後歷代之經營及籌設西北防務，均先注意於此，蓋武帝奠下之基也❽。

西漢太和二年（西元前一〇二年），以大宛劫殺漢使，武帝以李廣利為貳師將軍伐大宛，西域震恐，多遣使來貢，漢使西域者益得職。自是山南城郭三十六國，始背匈奴內附，武帝乃設都護，治烏壘城（今喀喇沙爾境）以統之。後卒用烏孫，及諸國兵馬，以收平定匈奴之功。按西漢經營西域，武、昭、宣三帝孜孜不息，與強大之匈奴角逐於西域達四十餘年之久，然僅能保衛南道諸國，至北道諸國，則力能未及❾。迨匈奴內亂，西域始完全內附，置西域都統以統之。及至王莽篡漢，國內騷動，漢土與西域之交通斷絕，加以王莽失恩於西域，於是西域乃背漢而事匈奴。光武即位，重新漢室，西域怨匈奴賦斂苛重，民不堪命，咸思內附，請漢置都護，帝以忙於內政，無暇勤遠略，未允之。於是自王莽篡位以迄明帝永平十六年，前後計六十五年（西元前七十三年）之間，西域與漢之關係完全斷絕。歷經東漢明、章、和三帝先後通西域僅三次：

第一次在明帝永平十六年（西元前七十三年），竇固伐北匈奴，擊降車師，復置都護及戊己校尉以守之，漢之威力乃重振。

取波斯灣地，大秦王安頓遣使從波斯灣乘船經印度洋至中國入貢，是為中歐海上交通之始。

❽　同❻，第一五〇頁。

❾　西漢時，自中土至裏海有南北二道：北道經疏勒、大宛，沿真珠河而達黑海、裏海之北，奄蔡、康居即屬北道諸國；南道經莎車，越西葱嶺、大月氏，渡阿姆河至裏海，而越高加索山脈之南，驪靬大益諸國，即南道必經要衝。

　　第二次在和帝永元六年（西元九十四年），竇憲大破北匈奴，班超平疏勒莎車，抗大月氏，降龜茲，定焉者，西域五十餘國悉納貢內屬。其條支（位於幼發拉底河下游，波斯灣、阿拉伯巴比倫之間）、安息（今之波斯）諸國，至瀕海四萬里外，皆重議通貢。此為東漢擴充勢力之極盛時代。

　　第三次為和帝永元九年（西元九十七年），班超遣甘英西使，經條支至大秦，抵西海（今波斯灣）而返。大秦在前漢時為犁軒，奉希臘正教，至後漢乃名大秦，奉羅馬正教。當時漢人所知之大秦，實為東羅馬沿埃及之屬地。甘英西使之時，正值羅馬帝國強盛時代，華絲之暢銷羅馬，亦以此時為盛。由甘英之使大秦，漢乃得悉羅馬帝國之富強。同時，漢之富強亦以班超之活躍而名震西域。中西交通範圍拓展及於波斯，實以此時為最廣。嗣後漢廢西域都護，而改置西域長史，威勢遂一蹶不振。

　　漢以後迄三國兩晉，因中國本部內亂頻仍，西域與中國本部之關係時絕時通。及隋文帝統一中國，北服突厥，國勢稍振。煬帝繼位，好大喜功，頗有志經營西域，時西域商人多至張掖貿易。帝命侍郎裴矩掌胡商事務。矩知帝勤遠略，諸胡商至者，矩誘令其國俗及山川險要，撰《西域圖記》三卷以奏。帝大悅，每日召矩親問西域諸國事。矩進言併吞吐谷渾，帝由是委以通西域事，命其招致西域諸國。帝又西巡張掖，分別討撫，諸番相率入貢者三十餘國，置西域校尉以統之，蔥嶺以外入貢者二十餘國。大業三年，破吐谷渾（今青海西寧縣境），拓地廣大，遣兵戍守天山南路郡縣；又於磧石鎮大開屯田，扞禦吐谷渾，以保障通西域之大道。……是時，西域各國除與中國本部發生政治關係外，復發生貿易關係。今之甘肅一帶，成為當時中國與西域貿易之樞紐，實由隋代開其端。

　　唐代因太宗貞觀之治，蔚為漢民族極盛時代，其時對外武功之盛，亦為兩漢所不及。最顯著者如東北滅百濟、高句麗；北平東突厥，撫蔥嶺外各國；西服吐谷渾，滅薛延陀；北取高昌諸國，平西突厥；南服黔南嶺中。於是黃海、東海以西，鹹海、裏海以東，貝加爾湖以南，安南以北，完全臣服。僅就其平東西突厥於經營西域有關者分述之❿。

　　突厥即漢之丁零，與鐵勒、敕勒為一音之轉，世居金山（阿爾泰山）之南，夙為柔然部屬。梁武帝時，其部長南破高車，併其部落，國勢遂強，其

---

❿　同❻，第一五二至一五五頁。

後更滅柔然，西破嚈噠（即月氐），南降吐谷渾，東攘契丹（通古斯族，當時自內蒙古東部蔓延滿洲西境），北併結骨（即黠戛斯，為藩殖於葉尼塞河上游之土耳其族）。於是突厥屬土，東至滿洲，西至阿拉海，北包貝加爾湖，南併青海，建王廷於外蒙古之都斤山（突厥碑文之烏德達山，當在今日之杭愛山附近），以統東方諸國。使從弟達頭可汗建牙於千泉（今之中亞細亞塔拉斯河上游）以統西方諸國，是為突厥分東西之始。隋文帝時，東突厥木朴可汗與沙鉢可汗有隙，東西突厥遂永為怨敵。隋文帝乃利用東西突厥之不睦，以和親政策為離間之計。當東突厥可汗傳至頡利時，唐太宗已為秦王，以反間計造成頡利與突利二可汗間之仇隙。迨太宗踐祚，頡利乘機入寇，帝親幸渭水，與可汗隔水而語，兵騎嚴整，頡利大驚請和，帝厚賂之，以驕其志。其後頡利、突利自相殘殺，突利乞援，太宗趁其蔽而擒頡利，東突厥遂平。時貞觀中葉，西元六三〇年之事。

當東突厥入寇中國之時，西突厥亦漸崛起，其疆域東起巴里坤湖，西抵今中亞細亞。其祖先達頭可汗之孫射匱可汗，立於西元六一一年，拓地東至金山，西至雷翥海，南至疏勒（今新疆疏勒縣），建王廷於龜茲之北（龜茲在今之新疆庫車縣附近），玉門關以西諸國皆為其後屬。射匱死，其弟統葉護可汗立，據烏孫故地，南破波斯，北併鐵勒，西服西域各國，是為突厥極盛時代；但以缺乏統治全國部落有才幹之領導人物，故從未構成一中央集權國，內部分為若干部落，形似聯邦，以致內部首領之爭，屢見不鮮。至唐高宗顯慶二年（西元六五八年），命蘇定方擊沙鉢羅可汗，擒之，西突厥遂平。

唐朝平突厥後至八世紀中葉，西藏民族已發展為新興勢力，由南方不斷壓迫，阿拉伯人復征嬀水盆地，兩族互相聯合抵抗中國。其在中亞之優勢突入印度河流域後，乃橫越婆夷水（今之吉爾吉特）與奧都庫什，中國在塔里木盆地之地位大受威脅。為挽救此種危機，天寶六年（西元七四七年）遂有高仙芝遠征之舉。仙芝率大軍自疏勒出發，橫越蔥嶺與垣駒嶺（即今之達科特山口）驅逐來自嬀水流域之大食軍，雖中途挫敗，然其冒險精神實為歷史上所罕見。英國考古學家斯坦因（A. Stein）於親身考察達科特冰板後，贊仙芝曰：「唐朝大將高仙芝之橫越達科特及帕米爾，較之歐洲史上，自漢尼拔拿破崙，以至蘇伏洛夫（Suvaroff）諸名將之越阿爾卑斯山更為困難。」

唐既得西域諸地，其統治之術，懷柔與鎮懾政策並用，前者為設立府州，

以民政歸地方政府管理，以促其內向；後者為建軍府駐重兵，以國防歸中央政府掌握，藉以防其反側。太宗、高宗兩朝，統治西域之最高機關為安西都護府，其職權為統攝藩部諸府州，並管理當地駐兵，自蔥嶺以西，波斯以東之西域十六國，皆屬其下。太宗平龜茲，移安西都護府於其地，兼統于闐、碎葉、疏勒，是為四鎮❶。武后臨朝，東西突厥勢甚猖獗，屢犯山北諸藩部，乃置北庭大都護府於庭州。西突厥平後，在其地所置之濛池、崑陵二都護府❷，亦改隸於北庭，於是安西、北庭二都護府，遂為唐代統治西域之最高機關。玄宗即位，鑑於因武韋之禍，外夷入侵，乃於邊陲要地置十節度使，委以兵馬、財賦大權，使經略四方。其經營西域者，有安西與北庭兩節度使，安西節度使撫西域各國，統龜茲、焉耆、疏勒、于闐四鎮，與安西都護府同治於龜茲城；北庭節度使治所在北庭都護府內，統瀚海、天山、伊吾三軍；兩節度使共統兵四萬四千人。唐朝當時在西域統治權所以能維持數十年而不墜，兼能制吐蕃、突厥，侵入山南山北，振聲威於蔥嶺之外，殺大食北侵之兇燄者，全賴於此。安祿山亂後，秦隴失陷，西域與中原勢成隔絕。唯安西與北庭能於絕境中為中國死守十年者，其關鍵亦在此。

　　五代與宋為積弱時期，防邊患且不暇，經營西域事蹟更無足言者。元朝勃起，首以漠北根據地，大舉西征，疆域隨馬蹄而擴大，中亞、東歐盡為所有，疆土之廣為曠古所未有。其統治西域之政策，除封汗地外，有三行省之設置：阿姆河省轄阿姆河以南之地，別矢八里行省轄天山南北畏兀兒之地，阿力麻里行省轄伊犁之地。又置三宣慰司隸於別矢八里之下，並設三宣慰司都元帥府。

　　明時，太祖既定中原，復平韃靼，海內又安，乃有志於通西域，於是西行使節相望於道。成祖繼位，尤銳意交通西域，除海道有尹慶、鄭和通南洋外，陸路有傅安、陳誠、李貴等遍遊蔥嶺內外，凡西域人來華經商、進貢者，均優遇之，於是西域大小諸國由哈實哈爾（古疏勒國）、于闐、撒馬爾罕，以至布哈爾、安集延、阿拉伯、波斯等，常遣使貢方物，入關（嘉峪關）通商；

---

❶　四鎮中之碎葉鎮，不在潮河南岸之碎葉城，而實在焉耆國，此由《新唐書·地理志》、《郭元振傳》、《舊唐書·龜茲傳》、及《資治通鑑》可為佐證。

❷　濛池都護府在碎葉（潮河）以西，其屬地西達裏海之地。崑陵都護府在碎葉以東，其屬地當天山北路，北至阿爾泰山，南至珠都勒斯河，東起巴里坤湖，西止潮河。

然就政治、軍事言，明代並未能控制西域。明初外患最烈者，初為韃靼，繼為瓦剌，時為邊患。瓦剌（衛拉特之轉音）本蒙古部落，據天山北路。成祖時嘗封其王馬哈木等三人為王，以為遠交近攻牽制韃靼之計。馬哈木初遣使入貢，迨破韃靼，乃有窺明之意，入漠北大舉犯邊，成祖率師親征，其勢稍殺，傳至其子脫歡勢復振。孫也先即位更加強暴，英宗時，也先分道入寇，英宗親征，師次土木堡（今察哈爾懷來縣西）為敵所俘，京師震動，是為土木之變。也仙死，瓦剌始衰，漠北地復為韃靼所據，天山北路仍為瓦剌所有，所謂四衛拉特者即：㈠和碩特，遊牧於烏魯木齊，後移青海；㈡綽羅斯遊牧於伊犁，即準噶爾部；㈢杜爾伯特，遊牧於額爾齊斯河；㈣土爾扈特遊牧於塔爾巴哈臺。清朝初期，踞北路之準噶爾部復為邊患，於是有康、雍、乾三帝之平定準、回兩部，及招撫中亞各部落，以奠定西陲之基。

二、十八世紀中葉後清廷對西北疆域之管理

清政府平定厄魯特準噶爾部貴族的割據和統一西北地區後，就把西域改稱為新疆。而新疆是直屬清廷中央政府的省級行政區，最高行政軍事長官稱總統伊犁等處將軍，簡稱伊犁將軍，駐惠遠城。為強化統治效能和健全管理機制，立即進行下列措施：

㈠進行地理調查和地圖測繪

當時主持地理調查工作的有參贊大臣鄂容安和大學士劉統勛等，主要任務是把西域的「所有山川地名，按其疆域方隅，考古驗今，匯為一集。」[13]後來，這些調查研究的成果編入了《西域圖志》。

測繪地圖的工作實際上早在一七五五年即已開始準備。這年七月，乾隆帝指示說：「準噶爾諸部盡入版圖，其山川道里，應詳細載入皇輿全圖。」[14]並命令左都御使何國宗、欽天監五官正明安圖和副都統富德，帶領兩名耶穌會士，攜帶測繪儀器，前往伊犁等處，「測其北極高度，東西偏度，及一切形勢，悉心考訂，繪圖呈覽」[15]。一七五六年二月，又加派三等侍衛努三到伊

---

[13] 傅恆等撰，《西域圖志》，江蘇，廣陵古籍，一九九一年，卷首，〈諭旨〉；清仁宗敕撰，《清高宗實錄》，第四八二卷，第一九頁。

[14] 清高宗敕撰，《清朝文獻通考》，杭州，杭州古籍，一九八八年，第二五六卷，〈象緯考〉。

犁參加這一工作 ❻。測繪範圍包括天山以北的喀喇烏蘇路、塔爾巴哈臺、伊犁東路和伊犁西路等地。在巴爾喀什湖、特穆爾圖淖爾（伊塞克湖）、楚河、塔拉斯河等處，都測定了經緯點 ❼。俄國地理學家謝苗諾夫主編的《美麗的俄羅斯》一書記載說：十八世紀下半葉，「中國政權便在天山南北路確立起來，中國的測量深入到這些地方，在伊塞克湖西南面北緯四十二度十七分地方，有中國人所確定的中國天文點。」❽

　　天山南路的測繪工作，從一七五九年六月開始。當時大、小和卓的叛亂即將平定，乾隆帝下令「照平定伊犁之例，繪畫地圖」❾。領導這次測繪工作的是新任欽天監督正明安圖。他是蒙古族人，對天文、數學都有精湛研究。參加測繪工作的還有在欽天監任職的外國耶穌會士傅作霖和高慎思等 ❿。經過實地勘查，明安圖等測定了喀什噶爾、葉爾羌、色勒庫爾、鄂什等許多地方的經緯點 ㉑。據記載，天山南路的測繪比天山北路更為完善，因為天山北路準噶爾遊牧區沒有城廓，而南路「諸回部咸有城廓可憑，各就治所起數方隅道里，尤稱准得云」㉒。一七六〇年五月，明安圖等完成測繪任務，回到北京，得到了乾隆帝的獎賞 ㉓。

㈡改進對巴爾喀什湖以東、以南地區的管理制度

　　清廷為加強新疆的行政管理，在伊犁將軍下又設塔爾巴哈臺、伊犁和喀什噶爾地區，各設參贊大臣，烏魯木齊設八旗都統。其他各地和葉爾羌、阿克蘇、和闐、庫車、英吉沙爾、喀喇沙爾、庫爾喀喇、烏蘇和吐魯番等地，分別設置辦事或領隊大臣。同時，清政府為考慮新疆各民族、風俗習慣的不同，又採取各種不同形式的管理方法。例如，在維吾爾族聚居區設阿齊木伯

---

❶❺　同 ❶❹。
❶❻　傅恆等撰，《平定準噶爾方略》，成都，四川民族，二〇〇二年，正編，第二四卷，第四頁。
❶❼　同 ❶❸，第六卷，〈晷度〉；同 ❶❹，第二六一卷，〈象緯考〉。
❶❽　謝苗諾夫，《美麗的俄羅斯》，第一〇卷，第三四三頁。
❶❾　同 ❶❻，第七二卷，第七頁。
❷〇　同 ❶❾。
㉑　同 ❶❹。
㉒　同 ❶❻，續編，第二卷，第二至三頁。
㉓　同 ㉒。

克等官管理；在蒙古族遊牧區設札薩克管理；在布魯特遊牧區也任命各部落頭人為官，管理本部落事務。在新疆東部，以漢人為主的地區，則一律實行與內地相同的府、州、縣制度。除此，復實施以下數項新政：

(1)建立巡邊制度：一七五八年，定邊將軍兆惠、副將軍富德等，開始巡查巴爾喀什湖以南的廣大地區。一七五九年，副將軍策布登札布率領烏里雅蘇臺兵丁一千名，越阿爾泰山西行，巡查額爾齊斯河、塔爾巴噶（哈）臺、巴爾哈（喀）什淖爾等處❷。一七六〇年，參贊大臣阿桂派遣副都統伊桂巡查特穆爾圖淖爾、巴爾渾嶺和納林河等地❷。這些巡查尚屬臨時性質，並未成為定制。到一七六一年，阿桂奏准每年派兵巡查塔爾巴哈臺區一次，「有越界者照前驅逐」❷。一七六四年伊犁將軍明瑞也奏准伊犁西邊一帶「每年巡查一次」❷。這樣，巡查伊犁和塔爾巴哈臺邊境開始作為一種制度就固定下來。

(2)向境內哈薩克、布魯特牧民徵收賦稅攤派差役：在清政府平定準噶爾貴族叛亂時，哈薩克的牧地分布在巴爾喀什湖以北、以西的地區。一七五七年至一七五八年，哈薩克左、右兩部，先後向清朝「稱臣納貢」，但清政府並不把當時哈薩克的居地作為自己的領土，同時，也不允許哈薩克人越界牧放。一七六七年，清政府接受了哈薩克的請求，允許他們進入境內，於卡座附近過冬，「每牲百隻抽一，交卡上官員收取，以充貢賦，春季仍行遣回」❷。一七九四年，清政府又下令說：「哈薩克人躲避風雪，可於塔爾巴哈臺或伊犁卡外指給一處，暫令遊牧，照過冬例收納官馬後，仍令移出界外。」❷這樣，哈薩克人就大批進入巴爾喀什湖以南一帶遊牧。後來，這些哈薩克人獲准在這個地區長久居住，每年向清政府繳納貢賦，成為中國境內的一個少數民族。

(3)設置卡倫、鄂博和石碣：早在平定準噶爾的過程中，清政府就開始在善塔

---

❷　同❶，正編，第六八卷，第一八頁。

❷　同❶，續編，第七卷，第四至五頁。

❷　同❶，第一三卷，第六至八頁。

❷　清仁宗敕撰，《清高宗實錄》，第七二一卷，第三頁；同❶，續編，第二七卷，第二頁。

❷　同❷，第七八〇卷，第三四至三五頁。

❷　同❷，第一四四四卷，第一〇至一一頁。

斯和齋桑湖以北布昆河、霍呢邁拉厒等處駐兵設卡❸。嗣後，另定塔爾巴哈臺地區安設卡倫二十九座：從塔城西南至伊犁地區，設置卡倫八座；從塔城東北至齋桑湖以北額爾齊斯河左岸，設卡倫二十一座❸。駐卡官員有侍衛、佐領、防禦和驍騎校。每座卡倫駐兵數名至數十名不等。卡倫侍衛由清廷中央政府選派，三年更換一次。佐領、防禦、驍騎校以及各卡倫兵丁由地方委派，三個月更換一次❸。設置卡倫的主要目的是為了稽察行人，緝拿逃犯，管理地方治安。

在沒有設卡倫的一些邊遠地方，清廷政府則建立了石碣和鄂博。一七六三年，伊犁參贊大臣伊勒圖帶兵巡邊時，曾「在塔拉斯建立石碣，並在塔什霍爾懸掛木牌，上書蒙古字記❸。在巴爾喀什湖以東、以南的愛古斯、勒布什、哈喇塔拉等地，也有清廷政府在乾隆年間建立的鄂博」❸。

(4)興辦屯田、建設鉛廠和開採鹽湖：十八世紀初期，清廷政府開始在哈密、巴里坤湖和吐魯番等地墾荒屯田❸。中葉以後，新疆駐軍增加，糧食需要量隨之增多，於是清廷政府就下令在新疆各地進行普遍開展屯田。

一七九五年，伊犁將軍保寧還在格登山以西，格根河以北建立鉛廠❸。此外，清政府並在格根河以南，達布遜淖爾（準噶爾語，意為鹽湖）開採食鹽，供附近民眾食用。一八六二年，俄國西伯利亞總督杜加美爾曾說：「中國人永遠不會把格根河盆地讓給我們，因為他們在那裡有一個供給附近居民食鹽的湖泊，和正在開發的銀、鉛礦。」❸由此可見，直到十九世紀六十年代，帝俄侵佔該地以前，清政府一直沒有停止對上述鉛廠和鹽湖的經營。

(三)加強對烏梁海地區的管轄

---

❸　同⑯，正編，第五一卷，第一二頁；第五五卷，第一一至一二頁；徐松，《西域水道記》，臺北，廣文，一九六八年，《清金匱浦氏靜寄東軒》影印，第五卷，第三頁。

❸　《伊犁都統事略》，第九卷，〈卡倫〉。

❸　同❸。

❸　北平故宮博物院編，《清代外交史料》，北平，該院刊，一九三二年，道光朝，第四冊，第一九頁。

❸　同❸，第二冊，第一五頁。

❸　祁韻士，《皇朝藩部要略》，第一五卷，〈回部要略〉。

❸　徐松，《西域水道記》，第四卷。

❸　巴布柯夫，《一八五九至一八七五年我在西伯利亞服務的回憶》，第二一二至二一三頁。

烏梁海地區分為三個部分，即唐努烏梁海、阿爾泰烏梁海和阿勒坦淖爾烏梁海。從十六世紀末起，唐努烏梁海屬喀爾喀札薩克圖汗部和托輝特首領碩壘烏巴什琿台吉及其後裔管轄。和托輝特首領的管轄地，當時還包括葉尼塞河的吉爾吉斯地區。一六五五年，清政府在喀爾喀建立八札薩克的管理體制，碩壘烏巴什的兒子鄂木布額爾德尼被封為八札薩克之一❸ 。

一七五六年後，清廷政府改變了唐努烏梁海的管理體制，按照八旗制度把這裡的烏梁海人編為五旗四十六個佐領。其中五旗二十五個佐領直屬烏里雅蘇臺將軍，十三個佐領屬喀爾喀塞音諾顏部，五個佐領屬札薩克圖汗部，三個佐領屬哲布尊巴呼圖克圖❸ 。

唐努烏梁海的東部和北部的一部分以薩彥嶺與俄羅斯為界，然後邊界線橫越西薩彥嶺至沙賓達巴哈。這段邊界是一七二七年《中俄布連斯奇條約》確定的。沙賓達巴哈以西的中俄邊界，當時沒有正式劃定。沙賓達巴哈位於唐努烏梁海西北，設有二十四號界牌一座。沙賓達巴哈以西，居住著賽音諾顏部所屬的十三佐領和烏里雅蘇臺將軍直轄的十佐領。賽音諾顏部所屬十三佐領南依鄂爾噶汗山，「西與科布多所屬阿勒坦淖爾烏梁海二旗接」，北至阿穆哈河和察罕米哈河匯合處與俄羅斯為界❹ 。烏里雅蘇臺將軍所屬的十佐領遊牧於唐努烏梁海的西北部，「跨阿爾泰河（即阿勒坦河）、阿穆哈河」而居，北至阿勒坦河和哈屯河匯合處與俄羅斯為界❹ 。

唐努烏梁海以西是阿勒坦淖爾烏梁海和阿爾泰烏梁海地區。在這一帶居住的烏梁海人，原屬準噶爾管轄。一七五四年，清朝在平定達瓦齊之亂時，曾進兵哈屯河上源察汗烏蘇和推河等地，居住在這一帶的烏梁海齋桑察達克、圖布慎、車根、雅爾都、赤倫等部，紛紛降附❹ 。一七五五年，哈屯河流域和哈屯河與薩雷斯河之間汗山等處的烏梁海齋桑郭卓輝、鄂木布、哈爾馬什、瑪濟岱等也相繼率眾歸附❹ ，清政府把他們編為七旗二十五佐領❹ 。這些烏

---

❸　同❸，第三卷，〈外蒙古喀爾喀部要略〉。

❸　和坤等撰，《大清一統志》，第五三二卷，〈烏里雅蘇臺統部〉；嘉慶，《大清會典圖》，第一三二卷，〈唐努烏梁海圖說〉。

❹　同❸。

❹　同❸。

❹　同❶，正編，第四卷，第二至四頁。

梁海人居住於阿爾泰山、齋桑湖以東及額爾齊斯河右岸上游一帶❹，總稱為阿爾泰烏梁海。

清廷政府為了管理上述三部分烏梁海人，在唐努烏梁海的唐努旗、薩拉吉克旗（薩爾吉格旗）、陶吉旗（托錦旗）、庫布蘇庫勒諾爾旗（肯木次克旗）各設總管一人。阿勒坦淖爾烏梁海二旗，設總管二人。阿爾泰烏梁海七旗，分設左右兩翼，左翼四旗，右翼三旗，設總理七旗副都統一人，左右兩翼散秩大臣各一人。唐努烏梁海官員的任免，由烏里雅蘇臺將軍奏請皇帝批准。阿爾泰烏梁海和阿勒坦淖爾烏梁海官員的任免，由科布多參贊大臣奏請皇帝批准❹。

無論唐努烏梁海人，阿爾泰烏梁海人或阿勒坦淖爾烏梁海人，都必須遵守〈理藩院則例〉的規定，違者逮捕法辦。俄國東正教著名漢學家俾邱林寫道：「由阿爾泰山起，沿唐努山派往來，直到葉尼塞河發源地的烏梁海人，都服從〈理藩院則例〉中對蒙古規定的法律，聽從其牧區所在地的總司令的統轄」❹。這個「總司令」，就是烏里雅蘇臺將軍。俄羅斯學者耶祖伊斯托夫也明確地承認「在圖瓦（即唐努烏梁海）境內實行中國法律」❹。

第二節　帝俄積極掠取中央亞細亞

一、中央亞細亞之地理概況

中央亞細亞亦稱東土耳其斯坦，其位置適居西伯利亞及伊蘭高原，西濱裏海，東鄰我國之新疆，地界是西伯利亞之高原 (Steppes)，南與波斯、阿富汗及印度一角相接，為一沙漠高原及山嶺形成之地。氣候純為大陸性，寒暖

❹ 何秋濤，《朔方備乘》，第五卷，〈征烏梁海述略〉。

❹ 同❶，續編，第一七卷，第三至四頁。

❹ 嘉慶，《大清會典》，第一○卷，〈戶部〉，第五二卷，〈理藩院〉。

❹ 同❹，第三六卷，〈兵部〉。

❹ 俾邱林，〈亞金甫〉，《厄魯特人的歷史概況》，第一三五頁，轉引自卡鮑，《圖瓦的歷史與經濟概述》，第七〇頁。

❹ 耶祖伊斯托夫，《從封建的圖瓦到社會主義的圖瓦》，克孜勒，一九五六年，第一三頁。

時變，雨水不均，而乾燥特甚，又有沙漠之熱風，旅行遇之多險。

其地勢大多平坦，多沙漠，其最著者為基窪沙漠 (Desert of Khiva)，在西土耳其斯坦之南。東南兩方面略有山脈，其最大者為興都庫什山脈 (Hindu Kush Mts) 及天山山脈 (Thin Shan Mts)。因山脈偏於東方故河流多向西注，瀦成大澤有三：一為裏海 (Caspeian Sea)，深二千三百餘尺，在中央亞細亞之境。二為鹹海 (Aral Sea)，在中央亞細亞之中部，位於裏海之東。三為巴爾喀什湖 (L. Balkash)，在中央亞細亞之東境，為三大澤之最小者。此外，境內河流甚多，其大者有：㈠阿姆河，發源於帕米爾高原，長約二千七百英里，注入鹹海；㈡錫爾河，發源於天山以西地方，長約一千五百英里，亦注入鹹海；㈢朱河，為多數小河所聚成，發源於天山以北及伊斯塞克湖 (Issyk Kul) 以南之地，長約七百英里，流入迪舍葛特河 (Desertgirt)；㈣伊犁河，發源於博克多山 (Borokhoro) 及天山之交界處，長約七百餘英里注入巴爾喀什湖；㈤烏拉河，發源於烏拉山之托博爾河 (Tobol) 地方，長約八百英里，在中央亞細亞之西北角，流入裏海。

二、中央亞細亞與中國之歷史的關係

本來中央亞細亞在歷史上與我國新疆併稱為西域。元初，成吉斯汗於一二一八年大舉西征，盡收其地。元朝瓦解後，各部落乃紛起割據。到清朝初年，平定新疆後，西陲各部都先後內附，求為屬國，當時的領土及屬國是以葱嶺為界，以東為新疆，以西為屬國。當時的屬國最重要的有兩個，一是天山北路西北的左右哈薩克，一是天山南路西南的東西布魯特，其次便是以西的浩罕和布哈爾諸部。茲分述各部的情形如下❹：

㈠哈薩克

哈薩克即是我國歷史上所稱的康居，分為左右三部（左一部、右二部），左部哈薩克和天山北路的準噶爾相接，北與俄國接境。在清朝初年，因被準噶爾所阻隔，所以不能和中國內地交通。乾隆二十二年（西元一七五七年）清大軍進剿阿穆爾撒，直入哈薩克左部，哈薩克謀助清兵擒之以作進獻。當時左部哈薩克阿布賚汗曾上表請內附，他在表上說：「臣阿布賚願率哈薩克全部，歸於鴻化，永為中國臣僕。」是年秋季，清廷參贊大臣富德率兵追捕準噶

---

❹　何漢文，《中俄外交史》，第八五至八七頁。

爾餘黨至哈薩克右部境，此時右部正和塔什干發生戰事，富德乃遣使勸其停戰，後來右部汗阿布勒比斯也上表請內附，他在表中說：「右部與左部阿布賚同為雄長，今得均隸臣僕，請陪左部自效。」自此以後，哈薩克便全部成了中國的藩屬。

㈡布魯特

布魯特即《漢書》所稱休循，唐稱大勃律，在伊犁西南邊外，分為東西兩部，東部在天山北路準噶爾的西南面，近蔥嶺，距伊犁一千四百里。西部在天山南路回部之西，距喀什噶爾三百里。乾隆二十三年（西元一七五八年）大軍討回布喇尼敦、霍集站，將軍兆惠因為搜捕伊犁餘孽，旋師會剿，道經布魯特界，其酋首圖魯顏拜等遮道自陳，說向為厄魯特所阻隔，所以沒有朝貢，今西域蕩平，所部均願內屬，請率領入京朝貢。當時，清帝很高興地接受他的歸化。

㈢浩罕

浩罕為漢代的大宛地域，蔥嶺以西的回回國，國內有四十個大城市，最西為首都浩罕，最東為安集延，離新疆的喀什噶爾城五百里，此地商業很發達，故《西域記》盛稱安集延的繁盛。安集延的西北八十里為馬爾克郎城，又西八十里為納木干城。此外，還有所屬的四個小城市，為塔什干 (Tashkend)、霍站 (Khojen)、科拉普 (Kolap)、阿什 (Ashe)，統稱為浩罕八城。乾隆二十四年（西元一七五九年）大軍進迫霍延占，霍延占想投奔安集延，安集延拒絕入境，其酋長額爾德尼迎迓清軍入城，從此浩罕內附。

㈣布哈爾

布哈爾一稱布哈拉，也是回教國。《外藩列傳》稱其在葉爾羌的西面，馬行二十五日可至，其地東界浩罕，北界哈薩克，南界阿富汗，所佔地域很廣。部落也很多，從鹹海直達裏海一帶，都是元代行省撒馬兒干 (Samer Kand)。布哈爾民性很強悍，時與浩罕發生戰爭。清乾隆二十五年（西元一七六○年）平準噶爾，遣使敕諭，其部長因巴特克山乃請求內附。

三、帝俄侵略中央亞細亞的經過

由上所述，中亞細亞在清代的初年，幾乎全部是中國的藩屬。不過當時以交通不便等關係，中國對於這些屬地，都僅僅採一種羈縻政策，並未加以

積極的管理和經營。

帝俄於一五一二年、一五五四年，先後進佔喀山及阿斯塔拉康之結果，不僅啟俄人越烏拉山向東開拓之野心，且引起對中央亞細亞之覬覦。導引俄人決心經營中亞者，為一具有外交頭腦之英籍商人金肯生 (Jinkinson)。金氏熟悉歐陸海道，恐英、俄互爭地中海霸權，領導帝俄東侵，以轉移其視線，乃建議沙皇願自任引導之責。伊凡八世納其議，為之函介中亞各汗，金氏遂溯伏爾加河而下，抵土耳其斯坦。一五六二年渡裏海，訪土爾庫曼 (Turkmann) 與基窪 (Khiva)。十七世紀中，俄測量探險家赴土耳其斯坦者，計有一六二〇年凱赫諾夫 (Khekhelov) 之充當沙皇米哈伊爾·費耀多維茲專使，訪問布哈爾；一六七〇年費多托夫 (Fedotof) 等之經裏海達基窪；一六七六年克什莫夫 (Kassimov) 之奉沙皇命赴布哈爾；及一六九〇年俄海軍軍官杜巴文 (Dubarvin) 率領探險隊抵基窪，測量土耳其斯坦地圖，對後續者頗有貢獻。

十八世紀初葉，彼得一世曾積極進行中央亞細亞之探測，曾言曰：「此等部落（指吉爾吉斯——即點戛斯）雖係遊牧民族，但實為溝通亞洲各國之樞紐。」據俄格里戈里夫教授 (K. Grigorif) 之研究，沙皇本無征服吉爾吉斯草原之企圖，但為獲得印度之寶藏及伊克特（即葉爾羌）之金礦，擬由此草原開闢一向南之通商大道。一七〇三年，基窪汗遣使至俄京輸誠納貢，彼得一世乃乘機派軍隊五千赴基窪及布哈爾，以貝柯維茲 (Bekoviteh)、邱爾加斯基 (Tehirkaski) 為領隊，但無任何結果；傳聞邱係中亞籍，而有意從中破壞所致。一七三〇年，吉爾吉斯汗求俄保護，俄廷允其所請，派特凱勒夫 (Terkelev) 為專使，以保護之。自一七三〇年至一七三八年間，中亞各部落，均先後受俄廷之保護；蓋各汗思利用俄廷，以逞其部落間角逐之私慾。然此等部落，於十八世紀中葉，亦時有背叛俄廷之舉❺⓿。

十九世紀初葉，俄國戰勝波斯（一八一三年俄波之戰），攫取裏海區域；一八二八年俄波再戰，俄國勢力伸入亞美尼亞，遂佔有小亞細亞之據點。自尼古拉一世即位，帝俄亟謀吉爾吉斯草原之開拓。到了一八四〇年（道光二十年）哈薩克已全部被帝俄吞併，中國損失藩屬土地三百二十六萬方里。同年布魯特也向俄國屈服，又損失藩屬土地四十萬方里。至於布哈爾在道光年間，曾和浩罕聯合和俄人作戰，被俄將高福曼打敗，佔據了一部分土地；一

❺⓿ 同❻，第一五七頁。

八六四年（同治三年）俄兵又進攻布哈爾，布哈爾向阿富汗求援，又想和英國聯盟，都沒有成功，國內又生內亂。到一八六八年（同治七年），只好和俄國締結和約，承認受俄國的保護，並賠償軍費五十萬盧布，撒馬爾罕一帶的土地，全部讓給俄國，布哈爾的脫藩，中國便損失藩屬土地三百零七萬二百方里。接著，俄國又進攻基窪，一八七三年（同治十二年）俄國又威脅基窪做了保護國。可是人民頗為怨恨俄人，常常殺害他們。到一八七六年（光緒二年），俄將司古拜拉夫滅了浩罕，並以浩罕的都城做俄領西土耳其斯坦的首府，派駐總督坐鎮。中國又損失了藩屬土地九十二萬方里。可見帝俄侵佔中國西北藩屬土地之廣，其數字更超過東北地方❺❶。

　　帝俄佔有中亞草原後，即謀交通之開發。經普勒瓦爾斯基 (Prjevalski) 等探測之結果，俄廷欲築一鐵道由裏海經帕米爾及土耳其斯坦以達中國邊境，後為延伸鐵道至阿富汗及印度邊境計，乃於一八八一年至一八八八年期間，又決定於米哈諾夫斯克 (Mihailovk) 向塔什干築一支線。此時，帝俄正企圖延伸西伯利亞大鐵道至北太平洋。

　　帝俄為掩飾其侵略中央亞細亞之事實，乃有如下的說法：「俄國對於中亞各國，並無領土之野心，僅為達到宣傳文化之願望。」俄外相科札科夫於一八六四年十一月九日，照會英國外交部，申述其中亞政策云：「……文明國家與無一定社會組織之半開化遊牧民族相毗鄰，即俄羅斯在中亞所處之地位也。……此種好亂成性之遊牧民族，既難與之為鄰，則為保障邊界利益，維持商務關係計，凡文明國家，必須負起統治之責任，……俄帝國有鑑於此，故一面建築必要之堡壘及延長邊境防線，一面盡力對半開化之民族宣傳文化，並增進彼等之福利。」當時主張積極侵略中亞之俄將羅曼諾夫 (General Romanov) 又云：「如對吾人有敵對之行為者，吾人將以武力威脅浩罕，……並可集中重兵於邊境，此不僅為防禦計，且於必要時為進攻計也」。對於中央亞細亞時思覬覦之英國外相寇遜爵士，關於俄帝國之領土慾，有極正確的譬喻：「無論地理上或人種上發生問題，皆非所計，因二者均可用以卸責之藉口也。事實是，若無物質上之阻礙，而有一剽掠為業，不悉外交之邏輯，只知失敗了事之敵人當前，俄帝國必向前邁進，亦如地球之繞日而行也。」寇遜此語，不僅可引以形容帝俄，且可形容侵略各弱小民族之帝國主義國家也。英、

---

❺❶　黃大受，《中國近代史》，臺北，文匯，一九五九年再版，第三二四頁。

俄兩國於十九世紀下半葉在中亞之衝突，亦可於斯概見了 ❷。

第三節　阿古柏在新疆的獨立及其與俄英之關係

一、新疆回變的起因

清季回疆之變，阿古柏在新疆之獨立，其原因大約可分為遠、近兩方面。遠者為：㈠和卓子孫之仇視中國；㈡中亞回教各國，尤其浩罕對於中國之仇視，及其與和卓子孫之勾結。其較近與更重要之原因，則為東干回民之變。茲分述如次：

有清自乾隆間北滅準部，西取回疆，逐以前統治該地之兩和卓出境，並由巴達克山酋長擒斬此兩和卓，函首以獻清廷。一時中亞諸國家諸部落如：布哈爾、浩罕、愛烏汗（即今之阿富汗）、布魯特、哈薩克等皆入貢稱藩，表面上西北國防問題似已解決，而究其實則殊有不然者。良以兩和卓木雖死，而大和卓木之子終得間逸去，輾轉入浩罕，於其地娶妻生三子。而此三子皆屢屢入寇回疆，思顛覆中國在彼之統治權，以恢復其祖業（計有道光五年張格爾之入寇；九年、十年浩罕與玉素普之入寇；二十五年萬力 (Wali) 和卓或七和卓之入寇） ❸，胥成有清西陲國防上之問題。雖以是時清朝國勢尚盛，和卓等終不得逞（張格爾且被擒送北京處死），然此輩和卓蓋未嘗一日放棄其仇視中國之心理。一俟中國有事，彼等即乘機而動，此為回疆獨立遠因之一 ❹。

復次，回疆自宋以後即為回教寖盛之地，至元尤甚。其在清初以迄今日，其人民之風俗、習慣、語言、文字、信仰、種族皆與中亞諸國（如布哈爾、浩罕、愛烏汗）略同。所以在有清一代，就感情方面言，其與中亞諸國之關係，實較其與中國之關係為密切。而中亞諸國，尤其浩罕亦皆以回疆為其同

---

❷　同❻，第一五九頁。

❸　關於和卓作亂一節，參閱興亞院政務部譯，《魏源聖武紀》，東京，生活社，昭和十八年，第四卷。

❹　包遵彭等編纂，《中國近代史論叢》，臺北，正中，一九七〇年再版，第一輯，第一〇冊；吳其玉，《清季回疆獨立之始末及其外交》，收錄在《中國近代現代史論集》，臺北，臺灣商務，一九五六年臺初版，第三七頁。

教人之領土，今竟為中國所統治，每引為恥，尤以一般好作亂好掠奪的野心家為然。所以每從而慫恿、援助和卓對中國之陰謀，和卓之勢力遂因而大，此為清季回疆獨立遠因之二。然上述二種情形雖為有清一代國防上問題，而在有清季年則有將行消滅之勢。其故蓋因當時俄人掠地已至浩罕北部，屢與浩罕發生劇烈戰事。浩罕已自救不暇，和卓等既以浩罕之勢力為勢力，今浩罕危亡，則中國國防上和卓與浩罕兩問題自可解決泰半。所以就實際上言，倘無其他更重要的情形，當日浩罕與和卓之仇視中國，已不足為回疆獨立之原因。然則此更重要之原因為何？即上言東干回民之變是。

　　回教自宋以後寢盛於回疆，上節已言之矣。其盛行於中國內地，則似在蒙古入主中國以後。惟回教在中國雖有長久之歷史，而回教同胞在中國歷史上則實從未有叛亂的行為，或與其他異教同胞不睦之記載，與中央亞細亞各國之回教徒時有偏狹的宗教思想及排外心理者不同。此其故或因中國歷來對於信仰素主放任，或因中國文化具有絕大潛移默化之勢力，吾人此刻不能遽而加以判斷。惟有清季年回教徒在中國之情形及行為與以前則顯有不同。此其故，吾人目下亦不能加以武斷的推測。然吾人如試讀清代歷史而細加以探索，則似有一種事實在有清一代足以引起回教同胞之不滿者：即有清初年因種種理由，滿、漢、蒙、藏四族人民皆得有相當政權與地位，而回族則獨無也。滿、漢兩族之得有政權無待解釋矣，其蒙、藏兩族之受清人優待，則因清初清廷與準部發生戰事之故，清廷欲藉喇嘛教以收蒙、藏人心，以孤準部之勢。易言之：繼漢、蒙、藏三族人心之收拾，皆為有清初年政治上最重要之問題，故三族皆得有相當之地位，而回教同胞則正因其歷來不成為中國政治上之問題，反而不得政權，落於滿、漢、蒙、藏之後。而滿、漢官員對之亦似有忽略輕視之處，此在有清季年吏治腐敗以後益覺其然，此似為回教同胞積憤最大之原因。職是之故，在有清國勢衰弱，外交失敗，內亂蠭起之際，一部分回教徒遂起為亂，即清季所稱雲南、陝、甘、新疆回人之亂。述其新疆起事者則有：㈠黃和卓自稱土耳其斯坦王，都阿克蘇，轄喀喇沙爾以西，喀什噶爾以東之地；㈡妥明稱清真回王，都烏垣，有奇臺、綏來、昌吉、阜康諸縣；㈢馬福迪哈天布拉 (Mufti Habiboulla) 據于闐；㈣阿布都拉門 (Abdurahman) 據葉爾羌；㈤金相印，或沙的克伯克 (Sadic Beg)，布魯特首領，據喀什一帶；後伊犂亦為本地土回所陷。於是全疆除巴里坤及哈密外皆陷落。

惟於此有值得吾人注意者，即上述在新疆境內起事諸人，多半皆為烏合之眾，並極肆寇掠，為一般民眾所痛嫉；清軍如稍加以抗拒，彼輩即不易得手。所以當時南路清兵堅守諸城，叛徒皆不能攻下。尤以喀什為甚，計自同治三年九月亂事起後，延至三月之久，叛徒迄不能攻下❺❺。

二、阿古柏在新疆的獨立及其與俄英關係

回疆叛亂禍首金相印乞師於浩罕之阿來姆庫爾汗 (Alim Kul)，此時，又正當俄人用兵浩罕，自顧不暇，但經金相印使者及布士爾克力求，方允遣其部將帕夏阿古柏（帕夏突厥語將軍之意）入新疆，並允其在浩罕境招兵，計得六十六人。於布士爾克及阿古柏始入回疆，和卓與浩罕之關係從此又恢復。

一八六五年三月（同治四年二月），阿古柏入喀什；四月，攻下英吉沙爾；八月陷喀什之漢城；一八六七年，攻滅阿布都拉門併有葉爾羌，而四城遂入阿手。布士爾克則沉溺於聲色，坐享其成，布惡阿擅權，且於同討葉爾羌時，暗通敵人以謀阿，阿乃迫參謁天方，自立為汗，稱畢條勒特汗。布哈爾艾米爾汗聞之，尊阿為阿達里克式，取聖道擁護之意，是為阿古柏在新疆獨立之始，亦即為其與英、俄發生外交關係之始。嗣後阿古柏又訓練新式軍隊，向印度購買新式槍炮，團結南疆各民族，集中行政權力。一八六七年，誘殺于闐王馬福迪哈天布拉於葉爾羌，並取庫車，滅黃和卓。一八六九年又派妥明所遣馬仲、馬泰二將，取英吉、綏來、呼圖壁，削妥明王號。妥明旋病卒，阿古柏移都阿克蘇，欲窺取伊犁。於是南疆全部並北疆一部，遂完全統一於阿古柏。而其與英、俄兩國也從此開始了錯綜微妙之外交關係。

按新疆西北毗連俄羅斯，南接英領印度，西通中亞各回國。阿古柏既在新疆獨立，遂與回教諸國及俄、英發生外交關係。中亞回教諸國，素仇視清廷之統治回疆，對回疆獨立，極表同情，又阿古柏得勢之時，正帝俄征服浩罕之際，回教各國亟盼阿聯合抗俄。阿以俄國勢力，不敢輕舉妄動；然私則與回教各國聯絡，以厚己勢。一八七三年，阿又承認土耳其為上國，並祈封號，土耳其即封之為天山南路艾米爾❺❻。

---

❺❺　吳其玉，《清季回疆獨立之始末及其外交》，第三八至三九頁。

❺❻　包爾漢，〈論阿古柏政權〉，載《歷史研究》雜誌，一九五八年，第三期；蕭賽斯，《一八七三年出使葉爾羌報告》，加爾各答，一八七五年，第十一頁。

　　關於阿古柏對俄、英之外交關係，就其性質言之，可分為三點：㈠始則為阿求俄國之承認，而俄以盛氣臨之，提出種種要求，以致俄阿齟齬（一八六六至一八七〇年）；㈡繼則為俄人佔領伊犁，阿對俄之屈服（一八七〇至一八七二年）；㈢終則為阿、英之接近，以與俄抗衡（一八七三至一八七六年）。此皆與日後左宗棠之用兵回疆，直接或間接有甚大之影響。

　　阿古柏之獨立，雖有中亞回教諸國之同情，然立國於中國境內，自為中國絕對不能容允，乃亟欲得一強大鄰國之承認。帝俄勢力，當時已直迫回疆邊境。阿古柏為獲得其承認，不惜捐棄從前與俄人在浩罕之宿怨，轉而與之聯絡。故一方面極力避免參加中亞諸國對俄抗戰，一方面於一八六六年，由守邊官吏與俄國訂立非正式協定，雙方允許任何一方，不干涉他方之行動，並給任何一方有入他方境內追捕逃犯之權。惟帝俄總是以上國自居，欲阿古柏稱藩，且要求於納林阿築橋，以利軍行。阿不同意，俄廷於是有討伐阿古柏之議。卒以中亞有事，未果。一八六八年（同治七年）俄商克魯道夫 (Kludoff) 至新疆，頗得阿古柏之禮遇。克氏遊說其間，阿自動派遣薩迪密爾薩 (Shadi Mirta) 至塔什干及聖彼得堡，要求俄國承認其新國。俄廷不僅不允，且要求阿獻出在俄境行旅逃入阿境之搶犯，並釋放被捕之俄屬人民。阿古柏為報復俄廷之不承認，一面拒獻逃犯，一面拘留已由吉爾吉斯所釋放之俄人，俄以此對阿極為憤怒，且阿古柏與英信使往還更招俄忌，此又當俄、英在中亞衝突正激烈之時。於是俄廷遂令浩罕右德耶爾汗 (Kudayu Khan) 攻阿古柏，不成，復令其勸阿向俄輸誠。同時為先發制人計，以馬賊逃匿為詞，進佔伊犁，向南疆取包圍進攻之勢❺❼。

　　帝俄軍隊攻取伊犁後，對阿古柏採取軟化政策，意在助長阿在回疆之勢，企圖久踞伊犁；而阿古柏方面懼怕俄人之侵略，不得不暫為隱忍，遂致書俄土耳其斯坦總督高福曼，請俄人不必利用浩罕汗之調停，可直接向其磋商雙方締盟及商務事宜。俄廷乃派柯爾巴爾斯男爵 (Baron Kaubars) 為特使，入回疆調查阿古柏之軍事力量，令其將俄阿關係，建立於阿古柏承認之基礎上，同時，力圖獲得回疆商務之獨佔，以阻英人之發展。

　　阿古柏與高福曼於一八七二年四月九日，訂立《商務協定》五項：俄國承認阿古柏為回疆首領；俄人得在回疆任何區域經商；俄人之入口稅，則定

❺❼　同❻，第一六二頁。

為值百抽二‧五；俄國有在回疆設立商務專員之權；俄商及其駝隊，有經過回疆至鄰國之權。該協定訂立後，阿古柏又遣使者賽亦德‧阿古柏 (Seyyid Yakoob) 至塔什干及聖彼得堡，沙皇待以上賓之禮，並請其參加閱兵典禮。此為俄、阿關係最佳時期；然而阿古柏對俄終不信任，故俄、阿《商務協定》簽訂不久，阿古柏又轉而聯英以對抗俄國。

十九世紀英俄兩國在近東與中東之衝突，事實上此種衝突之局面，實為英國與亞洲回教各國共同對俄之衝突。蓋十九世紀俄國所侵略之亞洲國家，近東如土耳其，中東為波斯、阿富汗、布哈爾、基窪、浩罕等回教國家，其對俄之利害每與英相同，英人每從而袒護之。而回教諸國對英關係，大體上言，亦較良好，且都有聯英抗俄之意。阿古柏為回教徒之一，又屢受俄人威脅，其不能獨自例外，自為事理之當然。這一方由阿所派赴俄使者賽亦德‧阿古柏由俄至土耳其，與土成立秘密諒解，以增外援。阿本人並用種種方法禁俄人來回疆貿易，俾免俄人之偵察與陰謀活動；另一方則又遣賽亦德‧阿古柏由土耳其至印度，與英人成立諒解。時英方怵俄在中亞之南進，思有以制之。且英人商務在回疆亦有顯著之進步，其對於阿古柏之一番盛意，自加以十二分的歡迎。一八七三年夏，英人乃以費昔斯爵士為全權大使，至回疆進行英、阿訂約之事，大受阿古柏歡迎，遂訂英、阿商約十二條：英人承認阿古柏為喀什噶爾及葉爾羌區域之「艾米爾」；英人在回疆有通商、駐使、設領事之權；英貨入回疆，納值百抽稅二‧五等權利。大體上言，皆較阿古柏所給予俄人之權利為優越，英、阿友好之局於是以立。同時，阿又承認土耳其為上國，鑄蘇丹阿布都爾阿什斯 (Abdulaziz) 首於回疆銀幣之上，是為阿古柏全盛時期。

阿古柏既與英國訂約，予以優越的權利，又與土耳其成立諒解，且防俄商人入新，其對俄國的關係遂日趨惡化。所以在阿古柏承認土耳其為上國時，帝俄復有討伐阿古柏之議。雖以基窪有事中止，然俄、阿關係並無改善。主要原因，乃是自英、阿訂約後，英人在回疆之經濟勢力，逐漸發展穩固。據狄爾遜氏 (Dabryde Thiersant) 引英國某報 (Manehester Guardian) 云：在英、阿訂約之第一季中，由孟齋斯德 (Manehester) 及倍明亭 (Birminghan) 運入回疆之貨，竟增至二倍之多，即由十五萬法郎進至三十萬法郎之值。後來英商又設英喀通商公司，其勢力更大。而阿古柏則利用英人此種經濟優勢，以抵制

俄人之商務，使俄人無法在新疆通商。而他方面則假意的歡迎俄商入新，改其以前防止之態度，以示優容，此為俄人所不滿者一。抑有進者，即俄人最初訂約時，並未取得設置領事官之權利，俄人先感待遇不平等，為改善此種情形起見，一八七四年冬，帝俄復派鄔爾托將官至回疆，援英人先例，要求給予俄國在回疆之駐領權，阿不允，且侮謾俄人。於英皇世子伊登堡公爵 (Duke of Edinburg) 與俄皇公主瑪莉・亞歷山大 (Marie Alexandrovna) 結婚時，阿古柏致書土耳其斯坦總督高福曼申賀，故意於函中自稱為英國之同盟國，高大為憤怒，準備軍實，力主伐阿。若不因浩罕之變，恐俄軍已在清廷討伐阿古柏之前，侵入回疆，其情勢將是另一個局面。

第四節　帝俄出兵強佔伊犁地區

一、伊犁地理位置之重要

　　伊犁是中國和中央亞細亞的主要通道，它的重要性曾被比擬為「開伯爾山口」❺❽。雖然帝俄最初侵佔的中國領土是靠近西伯利亞一帶，但他們深知在當時情況下，通向中國的道路，應該是通過天山和阿爾泰山的地區。由於北京位於中國東北部，所以自十七世紀以來，帝俄的使節和商人必須首先經過艱險的蒙古高原，才能到達北京。但不久經驗告訴他們，最好的貿易道路是從西西伯利亞通過中國新疆準噶爾盆地和甘肅進入中國中心腹地。換言之，從齋桑湖到中國的中心漢口，才是最便捷的通商道路。而且，在這條道路上交通方面的困難，是容易克服的。中間除大約一百六十英里，只適宜於駝運之外，其餘二千六百英里的途徑，都可以行駛車輛，而途中所需要的時日，僅一百四十天，較之繞恰克圖到北京二百零二天的途程，節省了兩個月時間。同時，伊犁西南的穆札爾山口，又是準噶爾盆地和塔里木盆地的紐帶，因此可以直趨喀什噶爾和葉城，無需翻越天山再轉一個彎子❺❾。

　　這不僅由於伊犁河及其三大支流特克斯河、空格斯河和喀什河流域構成的伊犁地區，是中國西北邊疆的一塊寶地。這裡氣候適人，土地肥沃，雨水

❺❽　在今巴基斯坦與阿富汗之間，歷史上曾是通往中亞的要道。

❺❾　金楷理口譯，《西國近事匯編》(一八七三至七四年)，瑞士，第三卷，第六一頁。

充足，物產富饒，農牧林礦諸業興旺，集市貿易也很發達。在這塊美麗富饒的土地上，坐落有惠遠、綏定、廣仁、惠寧、熙春、寧遠、拱宸、瞻德、塔勒奇九個城，其中惠遠最大，是伊犁將軍的駐紮地，是新疆的軍政中心。

二、帝俄佔領伊犁之經過

一八六四年（同治三年），惠寧與惠遠二城亂起，漢回、纏回（伊犁纏回塔蘭奇）聯合擁纏回邁孜木札特為首領，勢力甚大，清軍明諸常清興戰失敗，伊犁諸城先後淪陷。俄人初對回疆採不干涉政策，繼因阿古柏勢力日增，有進犯伊犁意，而俄、阿間又時相齟齬，為先發制人計，遂有出兵強佔伊犁之舉。先是，回變起後，帝俄土耳其斯坦總督（即七河省總督）高福曼即已派軍佔領博羅明吉多爾河（在霍爾果斯河西），另遣支隊進犯伊犁河上游之特克斯河，據冰嶺以扼天山南北之咽喉。俄將庫羅巴特金 (Куропаткин А. Н.) 曾言：「伊犁為向東伸延之一大盆地，若以之屬俄，則可予俄國邊防以相當保障，而使中國受軍略上之威脅。」蓋庫氏為當時力主侵略中亞之將領。一八七○年（同治九年）五月，巴里爾斯克 (Balilsk) 少校渡博羅明吉多爾河，準備進窺伊犁。一八七一年六月，俄羅斯七河省巡撫葛爾帕科夫斯基 (Kolpakovasky) 藉搜索逃入伊犁之馬賊為名，率兵進攻伊犁，未及十日，回軍不支而退。七月四日，回首阿布特拉向俄輸誠，葛即曉諭居民謂伊犁將「永久」併為俄領，一面又上奏沙皇：為鞏固邊防及制止阿古柏之進犯，俄人實有佔領伊犁之必要，並假以軍權，俾其再向前推進。

為便於永遠佔領，帝俄將伊犁所屬九城中原為伊犁將軍及清軍駐紮的大城毀去，西北五城，除在清水河、塔勒奇、綏定收容當地四千人外，其餘廬舍也都夷為平地，另在大城東九十里金頂寺地方，建設一個市區，街道長約二十里，為俄軍駐紮的所在地❻。新佔領的伊犁地區，歸駐於阿拉木圖的謝米列金斯克的行政長官管理。

---

❻　甘督左宗棠奏，〈遵議伊犁交涉應付事宜摺〉，一八七九年十二月十七日，見王彥威，《清季外交史料》，第一八卷，第四頁；〈甘督左宗棠奏遵復中俄外交事宜並邊防佈置情形摺〉，一八八○年四月十六日，見王彥威，《清季外交史料》，第二○卷，第一○頁。

三、帝俄在伊犁拒不撤兵及要挾

起初，俄廷對於進佔伊犁不如其邊將之積極，迨俄軍強佔伊犁，乃追認葛爾帕科夫斯基之功績。同時，在表面上，為顧及中、俄外交關係起見，俄廷乃命駐北京公使倭良戛里照會總理各國事務衙門謂：「七河省巡撫葛現在派兵赴伊犁，已於七月四日克服伊犁，請定如何辦法。」❻❶清廷一面令恭親王奕訢與俄使會商，一面飭署伊犁將軍烏里雅蘇臺、參贊大臣榮全，前往伊犁瞭解狀況，並與俄方進行談判。

直到九月二十日，榮全才聽到帝俄侵佔伊犁的真實情況，並延遲到一八七二年五月十九日（同治十一年四月十三日），才與俄廷內政部❻❷所指派的博呼策勒傅斯奇上校，在塔城附近色爾賀鄂普勒舉行談判。在博呼策勒傅斯奇臨行前，俄廷內政部給他的指示是：㈠解釋伊犁的情況以及俄國所採取措施，是為了「保障中國利益」；㈡宣布沒有足夠的軍隊到來之前，俄國不能歸還伊犁；㈢弄清楚清朝政府準備為經營管理伊犁所採取的措施；㈣拒絕討論軍事費用的賠償問題；㈤拒絕討論中、俄間的邊界線問題❻❸。

在這樣的情況下，儘管榮全急於要談判歸還伊犁的問題，可是俄方代表博呼策勒傅斯奇根據俄國政府指示，採取敷衍搪塞手法，聲稱：「伊犁的事，我一句也不能說，等著我請示我們國君，才能論說。」並說：「據我看來，倭良戛里（俄駐北京公使）接到我的信，與你們大臣議論事，約須一年。我們兩人辦的事，一年方可辦完」等等。他不僅竭力避免提及歸還伊犁問題，反而節外生枝，提出一系列無理要求，進行要挾。諸如要在新疆的科布多、烏里雅蘇臺、烏魯木齊、哈密、阿克蘇、喀什葛爾等處通商設領，重新劃定中俄邊界，賠償烏里雅蘇臺俄領事失落的銀子之類。從談判中透露出，帝俄「志尚不僅在伊犁，直於新疆全局大有關係」❻❹。在博呼策勒傅斯奇這種狡譎的拖延伎倆下，談判毫無結果，榮全空手而回。

---

❻❶　文慶等輯，《籌辦夷務始末》，同治朝，第八二卷，第六頁。

❻❷　帝俄竟將中國領土伊犁地區，列為其內政部管轄的殖民地。

❻❸　季倫奇耶夫，《俄國與英國在中亞細亞》，加爾各答，一八七六年，第一卷，第二五二至二五三頁。

❻❹　同❻❶，第八六卷，第三八至四〇頁。

　　清廷政府得悉榮全談判情況後，總理各國事務衙門大臣奕訢，特就博呼策勒傅斯奇在談判中所提的要挾事項及態度方面等問題，與帝俄駐北京公使倭良戛里進行交涉。而倭良戛里也是一昧狡辯，認為「本國動兵收復伊犁，因邊界滋事，絕斷通商，不得不設法使邊界永睦。若遽然將伊犁交還，倘三、五月或一年內仍行滋事，再煩本國動兵，有何益處」；並提出「交還伊犁後，中國是否能守，能否保我國邊界永遠無事」，來作為要挾，始終拒絕談判歸還伊犁問題。此外，他也提出許多無理的要求，諸如修改塔城邊界，要求科布多等城通商等，強迫清廷政府接受❻。一八七二年九月（同治十一年八月），博呼策勒傅斯奇由恰克圖來到北京，奕訢又與之進行談判，反覆辯論，他仍堅持帝俄內政部指示的立場，認為：「榮將軍兵力太單，如接收伊犁，恐不能守。」完全關閉了談判的渠道❻。

第五節　左宗棠用兵平回變與克復新疆

一、清廷策劃以武力收復新疆

　　當秦隴回變日乃解決之時，清廷即策劃以武力收復新疆。一八七三年三月（同治十二年），命正白旗漢軍都統金順及涼州副都統額爾慶額率軍出關，調廣東提督張曜進屯哈密；授景廉為欽差大臣，督辦新疆軍務。張曜在哈密大事移殖，實行寓兵於農，以為用兵之基礎。關內回變解決，及伊犁交涉停頓後，於是清廷遂著手用兵關外。恭親王於一八七四年五月（同治十三年四月八日）奏請飭下陝甘總督左宗棠、烏魯木齊都統景廉等，「將各路進剿事宜，會商辦理，以靖邊氛，而杜外患」。惟時值日本侵擾臺灣事件發生，東南沿岸局勢緊張，清廷以內亂初平，財政支絀，東南與西北勢難同時兼顧，不能立即大舉西征；及臺灣交涉既定（同治十三年九月二十二日《中日北京條約》），清廷切感海防之無備，痛定思痛，亟思籌亡羊補牢之策。恭親王等奏海防亟宜切籌，並痛陳練兵、簡器、造船、籌餉、用人持久各條。關於籌費問題，沿海疆吏有力主移西征之餉，先籌辦海防者，於是海防及塞防之先後緩急，

遂成為同光之交疆吏爭辯之焦點❻[67]。

二、關於海防與塞防之爭論

當時倡導海防政策最有力者，為直隸總督李鴻章、兩江總督沈葆楨、福建巡撫丁日昌，皆分奏切籌海防條議。關於海防之重要，丁日昌奏中有云：「……以理與勢窺之，凡外國陸地之與我毗連者，不過得步進步，志在蠶食，而不在鯨吞；其水路所面臨者，則動制我要害，志在鯨吞，而不在蠶食……。」❻[68]而李鴻章則進而主張停止西征，移其餉以挹注海防，其奏云：「近日財用極絀，人所共知，欲圖振作，必統天下全局，通盤會籌，而後定計。新疆各城，自乾隆年間始歸版圖，無論開闢之難，即無事時，歲需兵費尚三百萬，徒收數千里之曠地，而增千百年之漏卮，已為不值；且其地北臨俄羅斯，西界土耳其及波斯各國，南近英屬之印度，外日增大，內日侵削，今昔異勢，即勉圖恢復，將來斷不能久守，……喀什噶爾回酋新受土耳其之封，並與俄、英兩國立約通商，是已與各大邦勾結一氣，不僅伊犁久踞已也。揆度情勢，俄先蠶食，英必分其利，皆不願中國得其志於西方。而無論中國目前力量，實不能專顧西域，師老財痛，尤慮別生他變。曾國藩前有暫棄關外，專清關內之議，殆老成謀國之見。今雖命將出師，兵力餉力，萬不能逮，可否密諭西路各統帥，但嚴守現有邊界，且屯且耕，不必急圖進取；一面招撫伊犁、烏魯木齊、喀什噶爾等酋，准其自為部落，如雲、貴、粵省之苗、猺土司，越南、朝鮮之略奉正朔可矣。兩存之則兩利。俄、英既免各懷兼併，中國亦不至累煩兵力，似為經久之道；況新疆不復，於肢體元氣無傷，海疆不防，則腹心之大患愈棘，孰重孰輕，必有能辨之者。此議果成，則已經出塞及尚未出塞各軍，仍須略加覈減，可撤則撤，可停則停，其停撤之餉，即勻作海防之餉。」❻[69]

此時，左宗棠坐鎮陝、甘，奉廷諭飭其對海防、塞防「統籌全局，妥籌具奏」。左氏對於西陲關塞，征戍、局勢、地形研究有年，故自伊犁問題發生，關於對俄問題，即已成算在胸。於同治十年（一八七一年）秋，上總理各國

---

❻[67]　同❻[6]，第一六六頁。

❻[68]　朱克敬，《邊事續鈔》，臺北，文海，一九六六年，第三卷，第一頁。

❻[69]　李鴻章，《李文忠公全書》，臺北，文海，一九六五年，第二四卷，〈奏疏〉第一九頁。

事務衙門書云：「……俄在外國，最稱強大，其戰陣與泰西各國大略相同，火器精利，亦復相似。現在隴右兵事方殷（指陝甘回變），故難捨近圖遠，即令河湟甘涼一帶肅清，苟非釁端自彼先開，亦未可橫挑釁畔，蓋彼己之勢均，而我國家當多難之餘，如大病乍蘇，不禁客寒也。如天之福，事可速了，宜妙簡賢才，錯落布置，靜以圖之；若此計不諧，彼方思逞；則宜收殮固齒以收節短勢險之效。……如俄人既起釁端，則我所以待之，亦必期其詳盡而無幾微之撼，乃可杜其貪狡，以規久遠。」❼⓪

迨俄人多方要挾，遷延交還伊犁，左宗棠義憤填膺，乃移書沈幼舟中丞（即沈葆楨）（一八七三年）曰：「……俄國代復伊犁，遂欲久假不歸，而俄出兵將領之駑，兵力之薄，早已為所窺破，將來不免有事。樞邸但思折衝樽俎之間，而不急求出關之選。不能規復烏魯木齊，而謂強鄰遂帖然斂戢，恐無是理」。同時，又上書總理各國事務衙門云：「就兵事而言，欲杜俄人狡謀，必先定回部，欲收伊犁，必先克烏魯木齊，如烏城克服，我武維揚，興屯政以為持久之謀，撫諸戎嬋，安其耕收之舊，即不遽索伊犁，而已隱然不可犯矣。」❼❶由此觀之，先定回疆，以武力為外交之後盾，始能收回伊犁之主張，在海防塞防問題未發生爭論前，左宗棠即已慨乎言之矣。

三、左宗棠高瞻遠矚力陳西征之必要

左宗棠奉旨，令其具奏對海防塞防之意見，除針對李鴻章之海防條議，一一申辯之外（光緒元年三月初七日至一八七五年四月），云：「各國志在通商，不敢輕起釁端，海防無須塞防之餉，塞防餉絀，無可勻借」。進而力陳出兵西征之至為必要，謂：天山南北兩路，舊有富八城、窮八城之稱，烏垣以西「土沃泉甘，物產殷阜」，素號腴疆；所謂富八城，烏垣以東四城，地勢高寒，山豁多而平川少，哈密以南，而西抵阿克蘇四城，地勢不佳，中多戈壁，謂之窮八城。以南北兩路言之，北八城廣而南八城狹，北可制南，而南不可制北。準部強時，回部時被併吞，乾隆亦先平準部，後定回疆。腴疆已得，乃分屯列戍，用其財富，供移屯之用，節省塞防之費用實多。「今若劃地自守，不規復烏垣，則無總要可扼。即烏垣速覆，駐守有地，而烏垣之巴里坤哈密

---

❼⓪　左宗棠，《左文襄公書牘節要》，一九〇三年，第一一卷，第二三至二四頁。

❼❶　左宗棠，《左文襄公奏稿》，光緒十六年，第四六卷，第三二至三八頁。

北之塔爾巴哈臺各路，均應增植重兵，以張犄角，精選良將，舉辦軍屯民屯，招徠客士。以實邊塞，然後兵漸停撤，而餉可議節矣，……若此時即擬停兵節餉，自撤藩籬，則我退守，而寇進尺，不獨隴右堪虞，即北路科布多、烏里雅蘇臺等處，亦未能晏然，是停兵節餉，於海防未必有益，於邊塞則大有所礙。……」至於喀什噶爾，果如報載「附其同教之土耳其，與英、俄通商，我既兼顧不遑，無從問及，則將來恢復後，能否久守，原可姑置勿論，但就守局而言，亦須俟烏魯木齊克服後，察看情形，詳為籌劃，始能定議。若此時先將已經出塞及尚未出塞各軍，概謀停撤，則實無此辦法也」**⓻**。

四、左宗棠平回變與克復新疆

我們讀此，深受感動，尤其深刻體認到，左宗棠之高瞻遠矚，公忠謀國之精神。他在不妨礙海防政策之下，力主鞏固塞防，以收復烏魯木齊為規復全疆之先著；同時復奏請統軍出關云：「……臣以一介書生，極高位顯爵，今年已六十有五，豈尚有功名之念，惟是俄踞伊犁，阿古柏帕夏據喀什噶爾，若付之不問，後患將不可知。」英勇之氣，溢於言表。這時，清廷意旨亦重視西陲國防，如軍機大臣密寄左氏上諭云：「中國不規復烏魯木齊，則西北兩路，已屬堪虞，且關外一撤藩籬，難保回匪不復嘯聚，肆擾近關一帶。關外賊氣既熾，雖欲閉關自守，勢有未能。」**⓼** 清廷既有意西征，而左宗棠之奏入，立被嘉納，尋任之為欽差大臣，督辦西征軍務；以金順為烏魯木齊都統，陝西巡撫譚鍾督辦西征餉事（光緒元年三月，一八七五年四月）。

西征糧餉及軍事布署初定後，左氏於一八七六年三月（光緒二年二月），進駐蘭州，飭西寧道劉錦堂統湘軍，出星星峽向哈密進發，繼經鎮西而出古城，與金順會合。西征之師先後出關者，有八十二營（約計八萬人）；計前欽差大臣景廉移交金順馬步精壯十九營；張曜馬步十四營（河西嵩武軍）；金順馬步軍十營；劉錦堂馬步二十四營（湘軍）；徐占彪馬步五營（蜀軍）。西征之餉，左氏預算在光緒二年度，需銀一千萬兩。因各省關協餉及商家借款，均緩不濟急，奏請借用外債一千萬兩。以主海防政策者之兩江總督沈葆楨力持反對，未成。幸清廷以大軍業已出征，必須接濟，著戶部以四成洋稅下撥

⓻　王彥威，《清季外交史料》，第一卷，第四頁。

⓼　同**⓺**，第一五卷，第四頁。

二百萬，准借洋款五百萬，各省關協餉三百萬，湊足一千萬兩；並嚴飭各省將軍督撫速解協餉，倘有延擱，准左督指名奏控。因此，左宗棠西征，若無政府有力之支持，必受重大之打擊，自然也無法如此迅速地克服全疆。

當左宗棠進駐肅州後，立即採取各個擊破之戰略。第一步，專攻由陝竄附阿古柏之白彥虎。這時，白奉阿命，駐守烏垣、綏來一帶。俟北路克服，第二步，則轉鋒南攻阿古柏；蓋就回疆形勢言，自北向南，其勢較順，所謂致力於北而收攻於南。且阿古柏軍力較強，非有充分準備，不易輕舉進攻。左氏整個作戰計劃，在答張曜書中有云：「……俄使亦言其（指阿古柏）西洋槍炮頗多，似未可輕視。徐學功稟中亦言其用兵嚴整，頗能得其死力。已與毅齋（劉錦堂）囑其留意準備。此次進兵，先北路而後南路。如大軍一攻劉古牧地烏垣紅廟一帶，帕夏（阿古柏）敢赴北路之援，官軍猛打數戰，自可挫其凶鋒，將來下南路，聲威已張，或易著手。如天之福，事機順利，北部得手，毅齋下兵南路，屆時尊部由哈密迤西進攻吐魯番，節節掃蕩而前，庶足壯後路聲威，俾湘軍得長趨大進，不致受其牽制。吐魯番之守既固，後路無虞，麾下轉戰而前與徐占彪部分途並進，一向阿克蘇，一向葉爾羌，則南路大局也可速定」❼❹。軍事計劃既定，即令張曜守哈密，繼續屯墾，拓撫哈密回民，以防止敵人之煽動，並防阿古柏由吐魯番東犯。徐占彪駐防鎮西（又名巴里坤）以固後路，劉錦堂全師由阜康會兵進攻。對於回民不抗拒者，設法招撫，此即左宗棠所奏，「剿撫兼施，糧運兼籌」之策也。

一八七六年七月（光緒二年六月）劉錦堂、金順由阜康向西猛攻烏魯木齊前哨重鎮古牧地，下之，乘勝克服烏垣紅廟，陝甘漢回纏回被戮者甚多，白彥虎不支，棄城南遁。次月，金順西進，未及三月，連拔昌吉呼圖璧瑪納斯（綏來）。自是，北路據點收復。時值大雪封山，師行非宜；且為整理軍隊，補充糧食，左宗棠令各軍固守北路，準備明春南進❼❺。

當清軍在北路節節勝利，俄人無所表示，英人恐阿古柏見侵失勢，影響其在南疆所獲之優越地位，英外相德爾比 (Lord Derby) 遂循阿赴英使臣賽爾德之請，電令駐華使臣威妥瑪 (Sir Thomas Wade) 代阿請封為屬國。海防派大為所動，駐英公使郭嵩燾奏請俯順阿心，與為約誓，令繳還各城❼❻。然而，

❼❹ 同❼⓪，第一六卷，第三至四頁。
❼❺ 同❼⓪，第一七卷，第一九頁。

左宗棠卻洞見癥結，上書總理事務衙門曰：「……安集延（指阿古柏）既竊取八城，阻我進兵克復，更欲我保護彼疆，不被俄人侵擾，設心當不如是。是英代為請降，非為安延集，乃圖謀印度、腴疆耳。俄、英共爭印度，數十年矣。印度東南之地，為英所有，其北與西，為俄所有，若由東而漸及於南，英之腴疆，將折而入於俄。威使所云與英之印度者，以此。至云與中國邊界不利，則有不然。俄之代復伊犁，亦自知處非所據，原有俟烏魯木齊瑪納斯克復交還之約。其駐伊犁之兵力不過千人，揆諸情理，似無久假不歸之意。至南疆賊勢，重在達板、吐魯番及托克遜三處。官軍南下，必有數惡戰，三處得手，則破竹之勢可成。察酌彼己情形，仍非緩進急戰不可。至轉戰四千里，戰事難計遲速；然果餉糧軍火轉運得手，亦不至久滯戎機，勿須英人之過慮」❼。左氏書入，英人之計竟不得逞，然其供給阿古柏軍官和軍械仍源源不斷。對於伊犁交涉，左氏主張「暫可置之不論。北路鮮獨當一面之才，縱問其仍理舊說，要挾必多，而收回後，則有意外之虞，翻難兼顧，不若姑以此委之，俾得一意南路。如果南路事機順利，似伊犁亦可不索而還」。此所謂先作勢，而後理論之。倘南路克服，伊犁問題亦較易解決，此為左宗棠之著眼點。西征軍遂本「緩進急戰」之計劃，進行南攻之準備。

　　阿古柏聞北路敗訊，知清軍必乘勝南進，乃積極增強天山防禦，以達板城扼天山之口，為自烏垣往南必由之要道，遂屯駐重兵，命大通哈愛伊德爾呼爾守之，是為第一防線；達板之東南托克遜，命次子海古拉守之，增築兩城，互相犄角，命白彥虎助守，此為第二道防線；以馬人得守吐魯番，為東南防線，阿古柏則鎮守喀喇沙爾（焉耆）以為策應。

　　一八七七年（光緒三年）四月，清軍乘春融，分三路並進；劉錦堂自烏垣越天山趨達板，張曜自哈密，徐占彪自鎮西會攻吐魯番。劉軍猛攻凡七日，克達板城，大通哈亦就擒。為羈縻諸回計，乃釋放安集延人纏回及土爾扈特人，賜以衣糧，縱之使歸；又前此潛回烏垣求撫之纏回三百餘，亦給以牛種，令就達板城附近耕墾，回人大悅。緣各軍南進時，左宗棠曾訓示曰：「安集延虐使其眾，官軍撫之以仁；安集延貪取於民，官軍對之以寬大。回部方出虎口，而投慈母之懷，風聲已樹，則取南疆八城，易於反手，尚何敢久抗顏行，

---

❼⑥　同❼⑩，第一七卷，第一五至一六頁。

❼⑦　同❼⑥。

自取屠城哉？」**78**

　　劉錦堂攻陷南路要塞達板後，即進擊托克遜，白彥虎軍紀潰亂，棄城而逃，纏回及漢回二萬餘人乞降，劉令繳械聽候安置。東路軍張徐會師攻吐魯番，劉亦派兵合攻，馬人得不支乞降。達板、托克遜、吐魯番三據點既克，南八城（南路自乾隆二十四年平定回疆，建八城曰：喀什噶爾、英吉沙爾、葉爾羌、和闐、阿克蘇、烏什、庫車、喀喇沙爾）。雄據回疆十餘年之阿古柏，知大勢已去，且方為俄土戰爭所牽制之英國亦不能為助，乃服毒自殺而死。其次子海古拉載其屍西行至庫車，為其長兄伯克胡里所殺，伯克胡里自稱王於喀什噶爾，保有西四城。這時，英國又出而調停，請清廷保存伯克胡里，立為保護國。駐英公使郭嵩燾又奏請：「飭左宗棠體察關外情勢，以制剿撫之宜，一面將現在進兵事宜，是否能操勝算，趕緊覆奏，以為在英應付之資。」**79** 左宗棠深知俄土方戰（一八七七年），俄、英以「土耳其為重，固無能難我」**80**。乃披瀝奏對曰：「自浩罕為俄人所有，安集延諂附英吉利，英人亦蔭庇之。今復以護持安集延為辭，保護立國為義，其隱衷恐安集延為俄所有。夫安集延非無立足之處，何待英人別為立國？即欲別為立國，則割英地以與之，或即割印度以與之可也，何乃索我腴地以示恩？且喀什噶爾為古疏勒國，漢代已隸中國，固我舊土也。而英人直以為帕夏固有之地，其意何在？從前恃其艦砲橫行海上，猶謂祇索埠頭，不取土地，繼則並索其疆土也。彼陰圖為印度增一屏障，此何可許？今我愈示弱，彼愈逞強，勢將伊于胡底？臣奉職邊方，惟勉竭駑鈍，不顧目前成敗利鈍以圖之。現在南路之師劉錦堂三十二營，擬於八月中旬，分起西進，張曜擬於九月初旬繼發。前聞英人遣使赴安集延，臣已馳告劉錦堂、張曜，對其善為看待。如論及回事，則以我奉命征討侵佔疆宇之賊，以復我舊土，他非所聞；如欲議論別事，請向肅州大營，臣自有以折之。」奏入，清廷大為嘉納。從上述所奏內容觀之，左氏可謂一代武人、外交家，一面指揮作戰，一面洞察國際局勢，其高瞻遠矚，其氣魄雄偉，其公忠體國，其保住對國防安全至為重要新疆這片領土所作之貢獻，在清國勢式微期間之疆吏中，實無可與比擬者**81**。

78　同**70**，第一八卷，第四頁。

79　同**72**，第一一卷，第五至六頁。

80　同**70**，第一八卷，第三七頁。

是時，駐英郭使報告，英有乘機取喀什噶爾為印度屏障之意，為阻撓英人進窺計，左宗棠劉錦堂跟蹤追擊白彥虎，克復東四城然後直搗喀什噶爾 ❷。同時，俄使復藉邊界案件，與總督辯論，藉端支展，為緩交伊犁之計。張曜聞俄攻土耳其失利（俄、土正酣戰於克里米亞）頗有乘隙動作，收復伊犁之意，左氏知俄大舉攻土，直指土京，勢並未弱，戒張勿妄動，致滋無謂糾紛。左氏始終認為南八城完全收復，伊犁問題自易解決，不必急急索還伊犁，而與俄發生正面衝突，此可見其對俄外交之能沉著應付也。其致金順書曰：「大抵俄人代復伊犁，本非公義。彼既以大國自居，亦何嘗不自知失其體。觀於駐兵少而斂利多，其無久假不歸之心，固可概見。此時烏垣瑪納斯既下，南路之師又極順利，局勢與前不同，交還伊犁，彼將何所藉口？故在數月來，布使（布策 Buzov）雖以交還各案，曾向總署辯論，不過藉挑剔各案，為支展之計，而於此事始終固無異詞也。愚意此時若急於索還伊犁，彼人必更挾以自重；且駐伊俄官，本非該國大員，交還與否，亦非該俄官所能擅主。仍須由總署與俄國駐京公使計議定妥，行文知照，外間始有遵循。若尊處與駐伊俄官員先行商辦，無論徒滋議論，於事無濟，且慮紛紜糾葛，致啟論端，反為不好。……俄人惟利是圖，其邊界各員，均思藉端要挾，為求贏之計，不但此時收回伊犁，大費周折，即伊犁收回後，仍不免議論橫生。我所以待之者，修明軍律，寓折衝於談笑之中，俾強鄰漸視兵威，不萌狎侮之意。彼雖中藏叵測，我姑導引善機，彼雖變相頓生，我約常度不改，以柔道牽之，終可望其歸轍，此待俄人之道也。……彼既以交還伊犁為真，我即認以為真，並以素重信義之響推之；彼既講條約，我即按照條約講說，以寬厚之意出之，總不令其有所藉口，至兵力強弱實際固不以俄人之評論抑揚為定，我亦不必示強示弱為心，但申明紀律，整齊隊伍，操練技藝，嚴為戒備，靜以待之。」❸左氏深明外交事權，以交涉事宜由政府統盤籌劃，不令地方軍事當局，橫生枝節；他對俄人及俄情之瞭解與應付之策，並主張以武力為外交後盾，如左宗棠者實為罕有。

---

❽❶　同❻，第一七四至一七五頁。

❽❷　同❼❶，第一八卷，第六至七頁。

❽❸　宋伯魯，《新疆建置志》，臺北，臺灣學生，一九六七年影印初版，第一卷，第五至六頁。

　　左宗棠既定計劃秋熟糧足，繼續西征，劉錦堂等遂於一八七七年九月初，率軍鼓行而西，將及二旬，節節克服庫車、阿克蘇、烏什古城，於是南路東四城，完全收復。十一月，劉錦堂又分兵三路，令黃萬鵬等由烏什，余思虎由阿克蘇會攻喀什噶爾；自率一軍趨葉爾羌。伯克胡里棄英吉沙爾奔喀什。十二月中旬，余、黃兩軍下喀什，白彥虎、伯克胡里等及其部隊數千人，紛紛逃入俄境。劉錦堂旋亦收復葉爾羌、英吉沙爾，又令黃福祥取和闐。未半月，南路西四城俱下，南疆完全恢復，捕阿古柏妻及子孫、金相印父子，及安集延陝回大小頭目，訊明處死者共一千一百六十六名。」❽戰勝而大肆殺戮，種下了種族仇恨，此為西征將領欠缺深遠考慮與最大之憾事。

　　全疆既復，獨伊犁一隅，尚為俄佔，左宗棠乃建議闢行省，置府縣，為久遠計。清廷以伊犁未歸，未允。及西四城逸回糾眾寇邊，左氏以為非革除舊俗，漸以華風，難冀久安長治，復奏申前議：「按新疆形勢，北路則為烏魯木齊，南路則阿克蘇，地處天山南北之脊，居高臨下，足以控制全疆，擬設新疆總督，治烏魯木齊；設巡撫治阿克蘇，將軍率旗營駐伊犁；塔爾巴哈臺改設都統，……伊犁增設兵備道；……」，其餘各地，則參酌歷史沿革，地理形勢，設府廳州縣；軍事重地，增設兵備道，未及行，而左氏內召，以劉錦堂代之。

　　光緒十年（一八八四年），清廷始根據左宗棠先後所上條例，增設甘肅、新疆巡撫布政使各一員，悉撤舊設都統、參贊、辦事、領隊以下各員，而於東四城及西四城，分設兵備道，一駐阿克蘇，一駐喀什；於伊犁、塔爾巴哈臺設分巡道；喀伊塔三道均兼管通商事宜，餘設府廳州縣有差。由是觀之，伊犁得以收回之基礎，新疆得以改制建省之規模，皆為左氏之所定。左氏領導西征，平回變與克復新疆，前後僅用二千六百四十餘萬兩之軍餉，六七萬之兵力，而收復一、六四一、五五四萬公里之失地，以奠定中國西北國防之屏障。以當時揆之，非左氏於軍事上、政治上與外交上之決策正確，卓有成就，曷克臻此？倘當時海防政策成為單純之國防政策，撤退西征之兵，則阿古柏與白彥虎日益坐大，新疆更必成為俄、英角逐之對象，我不僅無從過問，任人分割，自撤西北藩籬，且兩強勢力進而更有伸入陝、甘、青之可能，西北從此多事，而國本也隨之動搖。試想，當俄人穆拉維約夫侵略黑龍江時，

❽　陳復光，《有清一代之中俄關係》，第七六頁。

清廷內憂外患煎迫之下，應付固難，然當時疆吏若有左宗棠其人坐鎮東北，與之周旋，則中國所失疆土，當不致有《璦琿條約》割予俄國之大也。因此，疆吏之是否賢能？而使用得人與否？其關係到國防和國家之生存發展都至為重大 ❽ 。

第六節　崇厚使俄簽訂利發第亞條約

一、崇厚赴俄談判

收回伊犁為左宗棠西征之主要目的，因此，當阿古柏敗亡，及南疆克復之後，清廷即要求俄國歸還伊犁，先後由恭親王奕訢、總理各國事務衙門、左宗棠與劉錦堂、伊犁將軍金順，分別向俄國駐北京公使布策、土耳其斯坦總督高福曼、俄七省省長葛爾帕科夫斯基提出照會，請其履行歸還伊犁之諾言，並要求將俄境的白彥虎等叛亂分子，依照條約規定，解予中方受審。俄國上下互相推諉不作具體答覆，清廷與之屢次交涉，絲毫不得要領，於是總理衙門決定奏請派遣大臣，前往俄京進行直接交涉。一八七八年六月，清廷發布上諭：派總理各國事務大臣、吏部左侍郎崇厚前赴俄京，談判交還伊犁問題，並加以內大臣銜，令其「酌度時宜，相機辦理」。崇厚曾任三口通商大臣，一八七〇年天津教案發生後，他曾奉命赴法國謝罪。朝廷以為他素知洋務，才特派他前往俄國，擔負進行談判的重任。

一八七八年十一月，崇厚與頭等參贊邵友濂及隨行人員三十名，自上海乘船起程，經南洋、巴黎、柏林，於十二月底，抵達俄京。翌年一月，向沙皇亞歷山大二世呈遞國書。至二月末，始與俄外交大臣吉爾斯 (Гирс Николай Карлович) 正式開議，先由清廷代表團提出索還伊犁的節略，而俄國代表仍規避正題，聲稱事關重大，須奏明國君，方可定議。遷延多時，反而提出商務、分界、補郵俄民三項交涉節略，談判過程中，又將商務與分界兩項下各分三條。

商務三條為：㈠中國西邊省份應准俄商前往貿易；㈡天山南北各路應妥擬貿易章程；㈢中國西邊省份及蒙古地方應議設俄國的領事館。

---

❽ 同 ❻，第一七七頁。

分界項下三條為：㈠伊犁西南應稍加更改；㈡塔爾巴哈臺與俄分界亦應加更改；㈢天山以南兩國未定界應加劃清。

至於補岫俄民及伊犁代守費用，應再詳議。事實上，俄國真正之目的，很明顯的是不願輕易交還伊犁，只圖藉此在中國西北廣大地區，獲取更多與更大之利益，例如要求索讓帖克斯河域，截天山南北道等。

二、崇厚簽訂利發第亞條約

崇厚不察山川扼要之形勢，眛於中外交接之事宜，昏庸誤國，一聽俄人之撥弄，竟未經先行向北京朝廷報准，即允依照俄方所提條件定議，遂於一八七九年九月二十日（光緒五年八月十七日）與吉爾斯、布策在黑海克里米亞半島利發第亞行宮，簽訂所謂《利發第亞 (Livadia) 條約》十八條，又稱《中俄交收伊犁條約》（內容全文見附錄一）。

三、中國朝野的反應

崇厚於一八七九年九月與俄國所簽訂之《利發第亞條約》，中國在領土與權利等方面之損失，極為嚴重，其為俄人肆意要求，不言而喻。恭親王奕訢奏疏所列該約之失利，洞見癥結，可視為當時官方之正確批評，其奏中有云：「……臣等詳加覆覈，各款中仍以償費、分界、通商為三大宗。查俄人代收伊犁，歷有年所，此次償還盧布五百萬兩元，以為收守各費，約計銀二百八十萬兩有零，雖為數不少，而核其收守年分，所償尚不過多。即嘉峪關前未通商，而茶運山楚達隴，左宗棠亦曾議及。其所擴充者，現如蒙古貿易，統天山南北路兩路，張家口及准設領事之處，均立行棧。其所設領事增出嘉峪關、烏里雅蘇臺、科布多、哈密、吐魯番、烏魯木齊、古城七區。……是商務一節，若允照辦，輾轉甚多，並與華商生計，亦有妨礙。至於交界之事，中國接收伊犁後，取爾果斯河西，伊犁山南之帖克斯河均歸俄有，並塔城界址亦擬酌改，是照同治三年（一八六四年）議定之界，又於西境南塔各劃去地段不少。似此，則伊犁已成彈丸孤注，控制艱難，況山南劃去之地，內有通南八城要路兩條，關係回疆全局。兼之，俄人在伊犁置有財產，照舊營業，示彼此民混居，種種弊端，難以枚舉。以此觀之，臣等前奏所陳，收還伊犁與不收同，或尚不如不收之為愈，並非過慮也。」❻

　　緣崇厚赴俄，雖以索還伊犁為主要任務，而界務、商務利害所在，亦宜熟思審處，乃昏庸幼稚，徒取收回伊犁之虛名，任俄廷肆意要求，竟輕率定議，且未奉命令，擅自簽約，尤為外交技術上之重大錯誤。允行崇約，則為害過大；不允，則恐俄廷振振有詞，要求更苛；且中、俄接壤西北處處毗連，邊釁一開，防不勝防，清廷對俄邦交之善後處置，陷於進退維谷。總署以事機嚴重，奏請飭李鴻章、左宗棠、沈葆楨、金順等將條約各款詳酌奏覆，於是朝野震驚，紛責崇厚；惟始終主海防策之李鴻章對俄態度較為和緩，對崇厚亦不加深責。在其奏中，僅咎崇厚以索還伊犁為重，急欲得地以報命，受俄人之牢籠，置他務利害於不顧，未免失之輕率❽。其對崇約，則認為「……崇厚出使，係奉旨給與全權便宜行事字樣，不可謂無立約定議之權。若先允後翻，其曲在我。自古交鄰之道，先論曲直，曲在我而悔自招。用兵之道，亦論曲直，曲在我而師必不壯。今日中外交涉，尤不可不自處於有直無曲之地。我既失伊犁，而復居不直之名，為各國所訕笑，則所失更多；且彼仍必以交界修約為詞，時相促迫，促迫不已，必啟兵端；而西北路各軍與俄人遍處，約既不換，則隨時隨事易生猜嫌，亦難保不漸開邊釁，中俄接壤之處，約萬餘里，迨兵釁一開，其所要求，恐僅照現議而不可者，況防不勝防。日本探聽伊犁消息，以為詘伸準止。若聞俄事不諧，或將伺隙而動，即英、德各國條約恐亦因而生心。是崇厚所定俄約，行之雖有後患，若不允行，後患更亟。中國必自度果能始終堅持，不至受人擠偪，且必自度邊備完固，軍餉充裕，足制控禦，乃可毅然為之。否則，躊躇審慎，祇能隨宜設法，徐圖補救；並宜稍事含容，免使他國聞之，長其效尤之計。……應由總理衙門大臣密與詳詢，體查情形，俟換約時，能否將界務、商務酌議更改，如改得一份，即得一份之益」❽。……欲圖避免與俄衝突，以防止列強之乘機思逞，危及海防，乃為李鴻章奏請批准崇厚所簽條約之基本主旨。

　　當崇厚甫抵俄都，俄使布策隨即返俄。這時，陝甘總督左宗棠料布策歸後，必有所策劃，以挾持崇厚，力主以武力為外交後盾，上書總署曰：「……此次遣使前往，本朝廷慎重邦交，先盡其在我之意，無預存期必之心。……

---

❽　同❼，第一六卷，第二五至二八頁。

❽　同❽，第三五卷，第一五頁。

❽　同❽，第三五卷，第一六至一九頁。

至和議難成不得已而必出於武，當茲皇威遠播，我武維揚，尚復何容顧慮。古人云，未聞以千里畏人者，現今局勢如日之計乎。」❸ 及聞崇厚輕率簽約，宗棠義憤填膺，又上書總署曰：「……宜於地山（崇厚字）覆命後，將不可允行各條，明旨宣示，俾中外咸知聖意所在，則正氣當伸，人心自奮矣。諭旨頗以先允後翻，曲仍在我為疑。宗棠愚見，地山雖以全權出使，而所議約章，均須俟御筆批准，是先無所謂允也。……況俄自踞伊犁，圖我九城，久假不歸，納我叛逆，屢索不與，入縱通寇，擾我邊境。此次地山出使與俄官議和，彼先恩敵為請，此殷提督（殷華廷）稟示張焀，俄官不許，是俄已啟釁，曲本在俄也。邦交之道，論理亦應論勢，勢之所在，即理亦因之而長，無理亦說之有理；勢所不存，則抑而承人，不能自為軒輊，有理而說成無理。……以目前邊事言之，論理因我所長，論勢亦非我所短。只盼內外堅持定議，詢謀求同，欽奉諭旨，以與周旋，則先之以口舌，繼以兵威，事無不濟。當彼竭我盈之會，機有可乘，邊臣有所稟承，指揮必能如意。如邊務、商務大節目，俄均降心相從，此外無關緊要者，自當示以包容不與計較。否則邀南路之兵，分由阿克蘇、烏什兼程急進，直取伊犁，兼索叛逆，集關內外之勢，塞其蹊徑，令其就我範圍，均有把握。特釁端之開，不先自我，乃操全算。」❹

　　事機日益迫切，但朝議未定，左宗棠氏又奏陳利害，有請求再度出關，以與俄人周旋之意，奏中有云：「……武事不競之秋，有割地求和者矣。茲一失未聞加遺，乃遽議棄捐要地，饜其所欲，譬猶投犬以骨，骨盡而噬仍不止。目前之患既然，異日之憂何極，此可為嘆息痛恨者矣。……此次崇厚全權出使，布策先以異詞餂之，枝詞惑之，復多方迫促以要之。其意蓋以俄於中國，未嘗啟釁端可堵中國主戰者之口，妄忖中國近或厭兵，未便即與決裂，以開邊釁，而崇厚全權出使，便宜行事，又可牽制疆臣，免生異議。是臣今日所披瀝上陳者，或尚不在俄人意料之中。當此時事紛紜，主憂臣辱之時，苟心知其危而復依違其間，欺幽獨以負朝廷，就便安而誤大局，臣具有天良，豈宜出此。就事實次第而言，先之以議論，委婉而用機，決之以戰陣，堅忍而求勝，臣雖衰庸無似，敢不免旃。除烏里雅蘇臺、科布多邊務應請自飭下該將軍大臣預籌布置，以臻妥慎外，所有新疆南北兩路軍務，臣既身在事中，

❸　同❼，第二一卷，第一三頁。
❹　同❼，第二三卷，第二四至二五頁。

自當與各將領敬慎圖謀，以期有濟。……。」❶ 奏入，得旨嘉許，令宗棠預籌布置新疆南北兩路及吉林、黑龍江一帶邊防事宜，以備萬一，令其統籌全局，謀定後動 ❷ 。

　清廷此時，深知事態嚴重，不可延誤，一面令左宗棠布置邊疆軍務，一面飭西路將帥，將伊犁、塔什分界所指山名地名「查明詳註」，以便崇厚抵京，再作計議。時值崇厚北上，路過保定，與李鴻章會談締約經過。李氏據以上書總署，力主妥協，非議宗棠主戰，其書曰：「……頃地山於十七日（一八七九年十二月三十日）路過保定，面詢底細。據稱俄國臣民本意皆不願讓還伊犁形勝之區。其君相念兩國多年和好，又有專使往議，不得已始允退還。先欲佔住綏定一城，嗣高甫滿（高福曼）又力持將霍爾果斯河西南地方分歸俄屬，蓋必欲稍分其界，不如是則所議無成。今幸一了百了，已訂之約，若再議更改，彼必不允。若屆期不與互換，於俄人本意不合，而後則不可思議。又稱界務所稍吃虧者，僅伊犁南邊兩山之間一帶空地；塔城以北哈薩克舊地早經佔去，並非新佔；喀什噶爾交界，則仍係舊址。渠帶有照譯俄國所繪地圖似較中國為明確。……適接劉毅齋（劉錦堂字）九月二十五日來書，詳述該處近日軍情，亦冀此事早日了結，不致別生枝節。……左相必不以界務為然，但欲進駐哈密，恫嚇俄人，使其酌請減收，此萬做不到之事。其所持者劉、張兩軍，毅齋近況如此，張曜亦屢以久役乞假；軍心不固，外強中乾，設與俄議決裂，深為可慮。尚祈：主持大計，勿為浮言所搖惑。」❸ 李氏書中特引用劉、張不主戰以為證者，意在予宗棠以重大之打擊，以造成其孤立之勢。同時，駐英公使郭嵩燾由倫敦奏議崇約，亦非議主戰，謂：「廷臣主戰，祇是一隅之見，是宜樹酌理勢之平，求所以自處，而無急言用兵……。」❹

　當時和戰之爭，仍淵源於海防、塞防之爭，而其爭辯之激烈與其關係之重大，自不減於西征之初期。迨崇厚抵京不即入覲，更激起朝臣疆吏之憤怒。翰林院侍讀黃體芳稱崇厚「荒謬誤國」，請「特伸威斷，敕下廷臣會議，重治其罪，以為人臣專擅誤國者戒」❺。光緒五年十一月二十一日，清廷尋降旨，

❶　同 ❼，第一八卷，第七至八頁。

❷　同 ❶。

❸　李鴻章，《李文忠公全書譯署函稿》，第一〇卷，第一七頁。

❹　同 ❻，第二卷，第二四至二五頁。

責崇厚「不候諭旨，擅自回程回京，著先交部嚴行議處，開缺聽候部議。其所議條約章程：著大學士六部九卿翰詹科道妥議具奏」**❾❻**。

俄國駐北京署使凱陽德（Koyarnder）旋赴總署質問交議諭旨之用意，並云：「……似此情形與兩國交涉事件，大有關係。……若將此事報知本國，不但疑惑，一定以為中國不願和好，一定是不照辦。既是中國內政，俄國使臣在此無事可辦，衹可就走。」乃拂然而去，次日，又以恫嚇詞調語恭親王曰：「……凡俄國官兵及泰西各國均以為不應該讓與中國者，俄國國家因欲與中國永遠和好，所以特排眾議，將不應讓與中國之處，全行相讓。豈知愈讓愈不見好。俄國並非無力量，至條約准予不准，在俄國總是一樣。」**❾❼**自是之議便陷僵局，不易克服。

當時清廷則以回疆初定，士氣激昂，俄國與土耳其戰後喘息未復，因而廷臣多信足以與俄一戰。詹事府右子張之洞奏陳，不可批約之十大理由，堅持廢約，且言招釁亦不足懼，謂改約之道，可有四端：一曰計決，立誅崇厚則計決；二曰氣盛，明示中外則氣盛；三曰理長，緩索伊犁則理長；四曰謀定，急修武備則謀定。……除此，之洞更進而主張乘機以武力收回伊犁，憤慨陳詞曰：「臣非敢狂論高談，以大局為孤注，僅深觀世變日益艱難，西洋撓我政權，東洋思啟封疆；今俄人又故挑釁端，若更忍之讓之，從此各國相逼而來，……然則即今一決，乃中國強弱之機，尤人才之消長之會。此時猛將謀臣，正可一戰，若再閱數年，左宗棠雖在而已衰，李鴻章未衰而將老，精銳漸盡，欲戰不能。而俄人已城於東，屯於西，行棧於北，縱橫穹穴於口內，不如今日捍之於藩籬，而待他日鬥之於庭戶，悔何及乎。要之，武備者改議宜修，不改議亦宜修；伊犁者改議宜緩，不改議亦宜緩；崇厚者改議宜誅，不改議亦宜誅；此中外群臣之公言，非臣一人之私言也。」**❾❽**當時對崇約堅持改議，並主張於必要時以武力與俄人相抗者，疆吏首推左宗棠，而文人中則首推張之洞。

這時，關於將處崇厚以極刑之傳聞甚囂塵上。主戰派人日益得勢，但列

---

❾❺　同**❼❷**，第一八卷，第九頁。

❾❻　同**❼❷**，第一八卷，第一〇頁。

❾❼　同**❼❷**，第一八卷，第一〇至一一頁。

❾❽　張之洞，《張文襄公奏稿》，第二卷，第一至四頁。

強認為對清廷若無所表示，其對俄之反感將形成整個排外運動；且嚴處崇厚，亦將影響今後中國駐各國之地位，及其駐在國之權威。各國駐北京公使於是集議對策，原則上，大都贊同由各國公使自行措詞，單獨勸告清廷寬處崇厚❾❾。然而各使之勸告，終未生效。不及一月（一八八〇年二月十七日）崇厚由刑部判決「監斬候」之罪名❿；同時禮親王世鐸奏請另行遣使談判改約事宜❿❶。清廷自是一面備戰，一面盡最後之努力，以圖轉圜，於一八八〇年二月十九日，派大理寺少卿駐英法公使曾紀澤為欽差大臣，使俄改約，並齎國書，「代達衷曲，以為直心和好之據」❿❷。然此舉並未能緩和兩國之緊張關係，中俄雙方仍各自備戰。

第七節　曾紀澤使俄改訂伊犁條約

一、曾紀澤奉命使俄

曾紀澤（一八三九至一八九〇年），字劼剛，湖南湘鄉人。他於一八七八年（光緒四年）出使英、法等國，又於一八八〇年（光緒六年正月）奉諭兼充俄使欽差，交涉改約，正當崇厚返國，朝野輿論沸騰，中俄局勢緊張之時，改約交涉，自甚棘手，俄人由崇約既獲重利，認為入口之食，不甘輕放；且崇厚係以頭等全權大臣資格訂約，而曾紀澤以二等欽差出使，欲推翻前案，俄廷自必多方刁難。曾紀澤在致丁雨生中丞書論及此事云：「……紀澤所懼者，入其境而見輕，直無術以自列於公使之班，無論商議事件之齟齬也。總署有總署意見；京官有京官意見；左帥有左帥意見；俄人有俄人意見，縱有策劃於無可著棋之局，覓一劫路，其奈意見紛歧，道傍築室，助成者少，而促毀者多，蓋不蹈地山覆轍不止也。……地山因太怯弱，又牽於私家之事，回華太急，近於專橫，與言路以口實……。」❿❸

---

❾❾　Henri Cordier, *Histoire des Relatios*, T. 11, pp. 192–193.

❿　《清史稿》，列傳二三三，〈崇厚傳〉。

❿❶　同❼❷，第一〇卷，第一至二頁。

❿❷　同❼❷，第一九卷，第三頁。

❿❸　曾紀澤，《曾惠敏公文集》，上海，清光緒二十年石刊本。

二、曾紀澤收復伊犁的主張

當曾紀澤奉旨後，未敢立即輕率赴俄，先奏請貸崇厚死罪，以便對俄交涉之轉圜。清廷尋降旨將崇厚暫免「監斬候」罪名，仍行監禁。以此求緩和俄人關於崇厚處以極刑不滿之感情，紀澤反對戰爭，主張以外交方式，收復伊犁。他乃熟權情勢，確定交涉原則，於一八八〇年五月二十七日（光緒六年四月十九日），具疏痛陳大勢和利害關係云：「竊唯伊犁一案，大端有三：曰分界、曰通商、曰償款。籌辦之法亦有三：曰戰、曰守、曰和。言戰者謂左宗棠、金順、劉錦堂諸臣擁兵自重於邊境，席全勝之勢，不難一鼓而取伊犁，似也。臣竊以為伊犁地形巖險，攻難而守易，主逸而客勞。俄人之堅甲利兵，非西陲之回部亂民可同日而語。……大兵履險地以犯強鄰，直可謂之孤注一擲，不敢謂為能操必勝之權。不特此也。伊犁本中國之地，中國以兵力收復舊疆，於俄未有所損，而兵戎一啟，後患方長，是伊犁雖倖而克復，祇可為戰事之權輿，而不得謂大功之已蕆也。俄人恃其詐力，與泰西各國爭為雄長，水師之利，推廣至於東方。是其急不過欲藉伊犁以啟釁端，而所以擾我者，固在東而不在西，在海而不在陸。我中原大難初平，瘡痍未復，海防甫經創設，布置尚有未周，將來之成效，或有可觀，第就目下言之，臣以為折衝禦敵之方，實未能遽有把握。又況東三省為我根本重地，迤北一帶，處處與俄毗連，似有鞭長莫及之勢，一旦有急，尤屬防不勝防。或者謂俄多內亂，其君臣不暇與我為難。臣則以為俄之內亂，實緣地瘠民貧，無業之命者眾也。俄之君臣，常喜邊陲有事，藉侵伐之役，以消納思亂之民，此該國以亂靖亂之霸術，而西洋各國之所稔知，凡與之接壤者，因是而防之益嚴，疑之益深，顧未聞有幸其災而樂其禍者，職是故耳。又或者謂連結歐洲各邦，足以怵俄人而奪其氣，是因欲以戰國之陳言，復見諸今日之行事。不知今日東西各國之君，非猶時戰國之君，各國之政，非猶時戰國之政也。各邦雖不盡民主，而政則皆於議院主持，軍政大事，尤必眾心齊一，始克有成。今日之使臣，雖得辯如蘇張，智如隨陸，亦不能遍赴各國議院之人而說之，又將何以厭其求？曩者俄土之役，英人助土以拒俄，大會柏林，義聲昭著，卒之以義始者，實以利終，俄兵未出境，而賽卜勒斯一島，已入英人圖籍矣。況各邦雖外和內忌，各不相能，而於中華，則猶有協以謀我之勢，何也？一邦

獲利，各國均沾，彼方逐逐眈眈，環而相伺之不暇，豈肯顯背公法，出一旅以相助，是戰之一說，今固未易言也。言守者，則謂伊犁邊境，一隅之地耳，多予金錢，多予商利以獲之，是得邊地而潰腹心，不如棄之，亦是守我所固有。伏維我朝自開國以來，所以經營西域者至矣，……迨至乾隆二十二年，伊犁底定，西陲從此安枕，腹地亦得以息肩，是伊犁一隅，夫因中國之奧區，非僅西域之門戶也。……今舉伊犁以棄之，如新疆何？更如大局何？而說者又謂姑紓吾力，以俟後圖，然則左宗棠等軍，將召之使喚乎？召之使回，而經界未明，邊疆難保無事，設有緩急，不惟倉卒無以應變，即招集亦且維艱，任其久留，則轉餉浩繁，不可以持久也。夫使歲費不資，而終歸有用，猶之可也。若竭天下之力，以注重西陲，歷時既久，相持之勢，漸有變遷，典兵者非復舊人，將帥之籌劃不同，兵卒之懈不一，誠恐虛糜餉糈，仍歸無用，而海防之規模，亦因之不能逐漸開展，則貽誤實大，此因廷臣疆臣所宜及今妥籌全局，不可視為日後之事，而忽之者也。我皇太后皇上憫念遺黎，不忍令其復遭荼毒，遣派微臣思有以保全二百年來之和局，則微臣今日之辯論，仍不外分界、通商、償款三大端，三端之中，償款因其少焉者也，即就分界、通商言之，則通商一端，似亦較分界稍輕。查西洋定約之例有二：一則守常不渝，一可隨時修改。守常不渝者，分界是也；分界不能兩全，此有所益，則彼有所損，是以定約之際，其慎其難。隨時修改者，通商是也；通商之損益，不可逆睹，或開端乃見端倪，或久辦乃分利弊，或兩有所益，或互有損益，或偏有所損，或兩有所損，是以定約之時，必商定若干年修改一次，所以保其利而去其弊也。俄約既經崇厚定議，中國誠為顯受虧損，然必欲一時全數更張……俄人桀驁狡詐，無端尚且生風，今於已定之約，忽云翻異，而不別予一途，以為轉圜之路，中國人設身處地，似以難降心相從也。臣之愚見，以為分界既屬永定之局，自宜持以定力，百折不回；至於通商各條，惟當即其太甚者，酌加更易，餘者似宜從權應允，而採用李鴻章立法之說，以補救之。如更有不善，則俟諸異日之修改，得失雖暫未公平，彼此宜互相遷就；庶和局終可保全，不遽決裂，然猶須從容辯論，虛與委蛇，非一朝一夕所能定議也。」❿

此外，再由紀澤致譯署函件觀之，更見他對於此次修約考慮之周詳，函

---

❿　同❽，第一九二頁。

曰：「竊以為損益之間，能當權其輕重。俄人於伊犁全境不肯悉還，其措詞必非強我割地也。必仍藉兵費以立言曰：五百萬盧布未足以盡償兵費，故於伊犁境割留某處某處，以土地准折資財也。又曰五百萬盧布未足以盡償兵費，故於通商政務推廣某事某事，以商販之利准折資財也，此事縱辦得順遂，大約界務稍有更改，兵費不能不加。商務係俄人所最重者，必不能全行駁改。若能勸其歸於另案辦理，即屬萬幸。然此案若不兼議商務，則兵費又不能不加。紀澤雖尚未赴彼都，以愚意揣之，斷無駁改全約，而不加兵費之理。刻下急務，誠如鈞諭所云，能將原定約章專條，置諸不論不議，是為最妙。惟竊思第二步辦法，乃係相因相成，一無聯貫之事。蓋俄人因不肯默然輕廢前約，而不更議新約也。即使俄人肯將已議之約作為罷論，而在我亦有難能之勢。何也？第一步辦法將原定約章專條，置不論不議，是索還伊犁亦當置諸不論不議也。……或仍索伊犁全境，我可以酌加兵費，或暫不索伊犁，而以伊犁更換東境舊挖某地以難之，皆是立言之法。」❶⓪❺

三、曾紀澤與俄方代表會談之經過

曾使於一八八〇年七月七日（光緒六年六月初七日）偕參贊劉麟祥、翻譯官慶常桂榮、外籍隨員馬格里 (Macaytney)、日意格 (M. Gignei) 等由倫敦赴聖彼得堡，於七月三十日抵俄京。為探悉俄方態度起見，於到達俄都之第三日，即遣馬格里往訪駐俄英使德弗楞爵士 (Lord Dufierin)，德云：「中國使者初到外部，吉爾斯（格爾斯）等必以屬色相待，無須介意，久之，總可轉圜。俄人所注重者，邊界要案數件必須速辦，以平其心，而顯中國和好之意一也。崇厚必須赦免，且須斟酌措詞，如云姑赦斬罪，仍候新使得手，乃予真赦，則俄之怒更不可改，二也。先派頭等公使，俄人常以誇之，今派二等公使，較為減色，三也。此皆吉爾斯親對余言，既未囑余密之，余故可以告君，末一條不關重要，前二條則甚吃重。歸告曾侯，其留意安排，應答之語可也。日意格見駐俄法使商西 (Chanzi)，言不如英使之詳，而言崇厚使事，則亦甚懇切。」❶⓪❻曾使得悉英、法兩使情報，即據以奏聞，請示機宜，及擬定應付俄人之策。

---

❶⓪❺ 　曾紀澤，《曾惠敏公文集》，第二卷，〈奏議〉第三至四頁。

❶⓪❻ 　同❶⓪❸，第四卷，第五頁。

一八八〇年八月四日起（光緒六年六月二十九日）到一八八一年二月二十三日（光緒七年正月二十五日）止，曾使與俄方代表晤談五十一次，始將伊犁條約改訂完成，反覆辯論，真是舌敝唇焦，俄方的談判人員，除外相吉爾斯外，尚有外次熱梅尼和駐華公使布策等人，談判的情形，極為艱難，但也很精彩，具見紀澤為人精敏，設想周密，誠為中國外交界最具典範的人才。茲特根據伊犁定約的中俄談話錄，將最重要的經過情形，節述如下：

㈠曾紀澤首次往訪俄外相吉爾斯

紀澤在其出使日記云：「二十九日（光緒六年六月二十九日）偕康侯靄堂至外部見外相吉爾斯、駐華公使布策福（即布策）、外部總辦熱梅尼(Moinikov)。……吉爾斯面冷詞橫，始言約不可改，繼言各國訂約，誠有商改之事，惟未經商議，即罪其全權之使，增兵設防，有意尋釁等語。詰難良久，最後乃允代替國君，請示呈遞國書。」由是日曾吉會談節略觀之，即知俄方對於中國新使詰難之實情。該談話錄有云：

> 吉（以下吉即吉爾斯）：「昨已接到貴欽差照會，不知是常川駐俄抑係特派辦事。」
>
> 曾（以下曾即曾紀澤）：「我係駐箚欽差，兩國交涉未完事件，我亦有商辦權。」
>
> 吉：「前此崇欽差來鄂（俄），已將應辦之事，會同本大臣商議妥協，只候准予施行；至今貴國並無一言，且將崇治之以重罪，邊界各處增械設防，中外人心惶惑，幾欲啟釁，似此情形，豈能議事。」
>
> 曾：「本國大皇帝因崇不聽吩咐，故治其罪。後聞此事有傷貴國體面，遂赦其罪，以示中國願與鄂國和好之意。」
>
> 吉：「治崇之罪，不惟本國難堪，即歐洲各國亦難為情；且崇與本大臣，益心竭力，商議一年有餘，凡事無不力爭，並非諸事率先應允，本大臣當時覺各為其主，亦其本份，當商議時，必兩下心平氣和，然後定議，現在只候照行，無可商辦。」
>
> 曾：「貴大臣不願與我商議手？」
>
> 吉：「不是如此說，蓋因本國注意所請各節，俱載在約章，及與崇往來照會之內；現在只要照辦，無可商議。」

曾：「凡各國定約，必俟兩國批准，方能實施；如所定之約，有難行之處，例可再議。」

吉：「侯爺所言甚是，惟未見如中國之治崇罪，致傷他國體面者也。」[107]

　　吉爾斯詞鋒銳利，咄咄逼人，然不過先以厲色相待，預示恫嚇，保留以後有利地位而已。曾使知其然，故以不卑不亢之態度，從容應付，與之反覆申辯，最後乃云：「貴大臣如肯同我議事，我甚感謝，若不肯同我商議，非我所能強求，惟我奉朝命為駐紮貴國欽差，第一當呈遞國書，代達朝廷和好之意，即請於大人代奏貴國皇帝，諭定呈遞日期。」吉爾斯自是始允將呈遞國書事及當日談話奏聞沙皇；同時清廷亦將崇厚開釋，以利交涉。曾使遂於八月二十二日（光緒六年七月十七日）覲見沙皇於薩爾克斯行宮，呈遞國書。俄皇自作英語與之問答，慰勞甚殷，並表示崇厚之開釋，已消除交涉之諸種困難，希望有關問題能獲得和平之解決[108]。曾使旋奏稱：「……自抵俄都，兩旬有餘，細察俄人相待之情，頗有前倨後恭之象，直至呈遞國書之日，始有輸誠修好之言」，此一幕外交儀式既終，乃以公使地位，進行有關改訂《伊犁條約》正式談判。

㈡曾紀澤提出改約的意見

　　八月二十三日（七月十八日），第三次會談，紀澤到俄國外交部，面向吉爾斯、熱梅尼、布策提出談判的意見：

曾：「中國之意見有三：所有前訂約內，有於中國不甚相宜，礙難應允者，一也；約內有聲敘不詳之處，恐日後不易照辦，故有須加詳者，二也；舊約所准之利益，不必復敘於新約之內，三也；中國有此三意，本大臣分為六條。第一條，中國不願將自己疆土讓與別人，貴國既有交還伊犁之美意，請將伊犁全境交還。第二條，塔爾巴哈臺、喀什噶爾交界，只能仍照舊址，如實有小處必須酌改，應由兩國特派大員前往查勘面訂，我等作欽差者，未履其地，不得其詳，不敢妄指地名。第三條，鄂國（即俄國）所要好處，如嘉峪關通商，尼布楚、科布多開兩條道路行走，如

[107]　曾紀澤，《曾紀澤——伊犁訂約中俄談話錄》，收錄在《金軺隨筆》，臺北，臺灣商務，一九六六年臺二版，第一頁。

[108]　Boulger, *Sir H. S. Macartney*, p. 345.

第一條議定之後，中國亦願應許。第四條，鄂國（即俄國）議設領事之處太多，夫領事之設，原於中國無損，而不曉事者，以為欽差所允太多，且議定許多地方，將來俄國亦未必逐處全設，除嘉峪關可設一員外，其餘應俟通商開辦之後，再行酌議。第五條，設領事之處，既未訂定西疆、哈密、古城、巴里坤等城，鄂國可以擇一處留貨，照張家口情形辦理，比方嘉峪關如天津一般。第六條，新疆貿易不比沿邊地境，若處處免稅，中國甚是喫虧，尚須與貴國商量辦理。」❿

吉：「如此，是將從前之約，全行駁了。」

曾：「嘉峪關通商，尼布楚、科布多開路行走等事，鄂人受益實已多矣。」

吉：「從前與崇宮保議約甚費苦心，所留之地，係為安插該處之民或為邊情，而中國竟不達此意。」

曾：「此係辯論，我所說係中國意見，並未辯論道理；我如辯論道理，亦有很多應說之言，蓋我知鄂國本是大國，所以欲割地者，並非貪得土地，實欲安插回民；但中國亦係大國，所以不肯割地者，亦非惜此土地，誠以割地安插回民，其弊甚多，故不允耳。」紀澤的對話把吉爾斯所駁倒了。

㈢阻止布策的來華

俄國本意，原想派布策到北京去就近談判改約，總署人員如不善於應付，必將損失許多權利，所以紀澤告訴熱梅尼說：「我接吉大人七月二十三日（八月二十八日）照會，言前議約章，中國既未批准，要另派使臣到北京商辦，不肯同我在此商議，我已電報本國，現接本國電示，給我商議之權，令我在此商議。」又說：「在北京商議，不如在此商議，較為妥便；如有要緊事，中國本未允許，而貴國仍求通融者，我可發電請示本國，十餘日可得回音；若在此不能允者，即在北京商議，亦不能允。」經過紀澤的解說，已經動身的布策，又奉俄皇命回俄都參加談判。

㈣曾布的第八次會談

十月六日（九月初三日），布策接到紀澤的節略後，來館相晤，這次會談的問題最多，布策先指責中國改約的不當，並陳述要伊犁的理由，紀澤一一駁倒，茲節錄如下：

---

❿　同❼，第三次會議。

布:「中國只想向鄂國有所索取,而不顧鄂國有許多為難之處,即如去年所立約章,是兩國全權大臣畫過押的,而且邊界事情,從去年二月(陰曆)商議起直至去年八月乃行畫押,其間有六個月之久,中國何以不能斟酌妥當?即使約章內有難允之事,當在畫押以前聲明,鄂國不難相讓;甚至畫押以後,如有礙難允許之處,仍可密告鄂國,必有通融辦法;不意中國將約章交議,以致約章傳播於外,無人不知,而中國又在邊界地方,添兵設防,頗有恫嚇之勢,一面派欽差大臣到鄂改約;似此情形,鄂國如遽然答應,不索補償,人人將謂鄂國懼怕中國,所以將昔年所攻取於回人之地,白白的送與中國了。」

曾:「大凡商議條約,均候批准乃行,如以全權大臣畫了押的,就要照辦,則何必更有批准之說!若說中國有半年斟酌的工夫,必已斟酌妥當,我從實告訴布大人,得知去年崇大人將去黑海畫押之時,始將全約報知本國,而分界等事,亦係臨赴黑海之際,總理衙門有電報問出,崇大人乃答電曰無可商議云云,現在兩國均有好意,以前之事,可不必提。貴國大皇帝既說不強中國概允,足見慎固邦交之意,如鄂國答應中國商改,此係鄂國以禮接待鄰邦,人人必說是鄂國美意,斷不能說中國強令鄂國允許,儻允許中國一事,即要中國補償,豈不是又添出事情了。」

布:「即如本國割留伊犁西邊及帖克斯河一帶地方,非欲貪得中國土地,實緣該處時有變亂,不得不留以固疆圉,且以安置伊犁遷出之民。」

曾:「中國既允赦免該處居民,該民何至更求遷出,縱偶有之,亦必不多。」

布:「本國收守伊犁十年之久,殊非容易,伊犁居民雖係暫歸鄂國管屬,而鄂國必當設法保護,聞中國克復烏魯木齊、瑪納斯等處,殺人過多,……中國雖允赦免伊犁居民,而本國仍不放心。」

曾:「中國官兵打仗時,剿除凶類,最為嚴切,及承平之後,則待民最為寬厚;西路未遭回亂以前,百姓甚樂,刑輕賦簡天下所無,何可以殘忍二字加之中國該處官員?」

接著布策又提出中國如要收回帖克斯河一帶,「必須為鄂國想一地步,才可讓還。」對於劃界問題,布策提出齋桑地界不妥,想要改定,「喀什噶爾地方,貴爵稱欲依照阿古柏原界,查本國並未與阿古柏定界,惟本國有一提督

所作之書，所指原界；較去年所定界址，有增無減。」可見當時俄國是沒有國界的。

> 曾：「中國看界務最重，商務於兩國有益，可以相讓，至於界務，我在鄂國不能答應的，布大人到北京，中國亦不能答應的，總要邊界大員查明後，方可商定。」
>
> 布：「貴爵究竟有定界之權否？」
>
> 曾：「我原有定界之權，但是不肯自用此權，因為怕中國吃虧；凡言界務不妥，必係無山無河，難保守之故；如鄂國肯退在鄂國之地，尋一好山好河專為界務起見，我可以立時答應，如要中國讓地於鄂，我不能答應也。」
>
> 布笑曰：「曾侯祇是能取而不能與，如何好辦！」
>
> 曾：「塔爾巴哈臺邊界，貴國說哈薩克人時常過界，恐滋事端，吉大人向崇大人說過，如中國肯收留哈薩克人，鄂國情願讓其地與中國，是讓地之說，鄂國亦曾說過也。總之，邊界照舊小有出入，使中國可以自守，我就能答應，但不可將原定山河之處，改移平陸；有門之處，改為無門。」

㈤俄國派遣海軍問題

十月二十日（九月十七日）紀澤在俄外部和熱梅尼的會談。

> 熱指責：「中國與本國作難，或傳宣示諭，或派添防兵，舉動諸多不善，逼得本國亦設防添兵，並派水師前往中國，所費盧布已一千二百萬元，如事情遲延一日，則本國多一日之費，本國兵費愈多，將來中國吃虧愈重。」
>
> 曾：「中國派兵，不過傳聞，毫無實據。至於傳宣示諭，更無其事，必係外人願意中俄失和所捏造的。中國在西路和黑龍江未曾添兵，至於沿海地方，中國早已辦理海防自守。熱大人所言貴國派水師一事，我曾聞之，但不知是為中國，今日熱大人說明是為中國，我實在詫異。」
>
> 熱：「中國購買槍礮火藥，無人不知，即不批准約章，亦顯有不睦之意。」
>
> 曾：「槍礮火藥，中國時常採辦，非與貴國議約後始行購買；至於不批准一層，原係各國向有之事，未聞有條約不批准，遽派水師者。」

(六)曾紀澤對俄威脅態度的指責

談判難以接近，俄國又想採取強硬威脅手段；在十一月五日（十月初三日）布策來館和紀澤的商談中，紀澤以堅定的態度指責。

曾：「上次熱大人對我說，一月期限滿了，中國若無辦法，貴國即飭海部尚書（海軍大臣）洛索物斯基會同凱大人（駐華俄使）。將貴國未了的話，告知中國，我想兩國邦交最為緊要，既因改約索地，貴國外部說出不睦之言，中國情願退讓，將前約廢棄，緩索伊犁，此係中國保全和好起見。」

布：「熱大人之意，如終不能在鄂商辦，然後派人在北京辦理。」

曾：「熱大人所說貴國之費甚鉅，若再遲延，不如打仗合算，我想中國係一大國，聞此恫嚇之言，不能再相讓了。」

布：「熱大人所言，原無恫嚇之意。……但此言專指費用。」

曾：「中國不願有打仗之事，儻不幸而有此事，中國百姓，未必不願與鄂一戰；中國人堅忍耐勞，縱使一戰未必取勝，然中國地方最大，雖十數年，亦能支持，想貴國不能無損。」

布：「貴爵所言甚是；我想打仗無論勝負，兩敗俱傷，而且中俄係兩大國，和好二百餘年，若遽然失和，無以對兩國百姓。」❿

俄國人的威嚇手段：布策終於被曾紀澤駁斥得無話可說，只好自打圓場，以敷衍面子。

(七)兵費和賠款的爭執

曾紀澤的毫不退讓，俄皇無奈只好答應將帖克斯河流域交還。十一月十日（十月初八日），曾紀澤在收到俄國照會，說是俄皇已允歸還帖克斯川河域以後，又交涉收回伊犁西境土地和兵費名目問題。關於兵費，這一項事，曾使與熱梅尼又發生劇烈爭辯，經過四次會談，俄代表才答應將兵費改為增加代守伊犁費用名目，曾紀澤答應增加補償費用理由，是為了要收回伊犁全境的緣故。談判過程中的對話，約略節述如後：

曾：「我先請問熱大人，要中國出錢，係何名目？」

熱：「此係中國賠償俄國備兵設防之款，……本國既因中國所逼，以致費

---

❿ 同 ⓾，第十四次會議。

此鉅餉，理應向中國索償，方昭平允。」

曾：「向來打仗之後，始可索要兵費，今中國既不知貴國派有兵船，又願同貴國和平商議，豈有向中國索要兵費之理？……中國設防練兵，何年不有，何以從前中國整頓武備，貴國從無一言也。」

熱梅尼提出要求的兵費數目是一千二百萬盧布，曾笑曰：「儻要一千二百萬盧布，中國情願打一仗，再出此款。」

再度會談時，曾又告熱：「布大人謂鄂國純是好意，中國先懷失和之心，我想凡事當以眼可見者為憑，如現在實係鄂國兵船在中國海上，並非中國兵船到鄂國海上也。」熱回說：「並未到中國海上，是到南洋公海。」曾說：「我甚喜聞此語，惟鄂船既未到中國海上，何故竟向中國要錢？」熱梅尼無理可說，只好支吾以對了。

三度會談時，紀澤又告訴熱梅尼：「中國稍出錢財，以為補償代守伊犁之費，原無不可，至言兵費，則……中國斷不能應允，不能既出鉅款，復惹各國訕笑，且恐日後他國，亦隨便派些兵船前赴中國，任意索償兵費。」熱梅尼才放棄了兵費名目，卻提出要四百萬盧布，做代守伊犁費。

四度會談時，紀澤又要求熱梅尼向俄皇轉請再歸還伊犁西邊之地，但聲明不能再增加償款了。

㈧帖克斯河以西三小村的爭執

俄外部要求帖克斯河以西的三小村，歸於俄國，曾面告布：「地方大小，我雖不得而知，然分界之事，應由分界大臣做主，我不能先允。」紀澤是非常的慎重。熱梅尼說：「此不過三個村子而已。不過稍加酌改，其地方不大。」紀澤的回答是：「言分界，我可允，指明要村莊，我不能允。蓋恐在此既允讓三村，將來分界時，仍可向分界大臣再索三村也。」後來吉爾斯和布策又分別的再行交涉三小村之事，紀澤看地圖認為是另讓地方，不肯答應，只有答應勘改邊界，卻不肯開出界線。

四、改訂伊犁條約之簽定

當中俄交涉仍陷於困難之時，沙皇自黑海還都，令外部勿使中國為難，於無可讓步中，設法讓步。一經和議後，即當定議。俄外部不敢固執前議，

於一八八〇年十二月二十七日（十一月二十六日）送曾使照會兩件，節略一件。第一照會言：此次允改各條，若中國仍不允，則不得在俄再議，且將外部許曾使商改之事，全行收回。第二照會敘交收述伊犁辦法三條，節略中，則歷述允改之件，約有七端：一曰交還伊犁之事；二曰喀什噶爾界；三曰塔爾巴哈臺界務；四曰嘉峪關通商；五曰松花江通船至伯都納；六曰添設領事；七曰天山南北貿易納稅。此外，則為償款。曾使綜觀界務、商務、償款三大端，經其力爭後，俄方已有若干之讓步，與總署電囑辦理之意大致相符。於是摘錄照會節略大意，電請總署代替，並向外部申明：候奉電旨再行簽字。一面則與布策先行商議法文約稿，「逐日爭辯，細意推敲，於和平商權之中，仍示不敢苟且之意。」一八八一年一月中，曾使奉旨著其照約簽字，直至二月初（光緒七年一月）始將法文約稿議定，於同月二十四日（光緒一月二十六日），與外相吉爾斯、前駐北京俄使布策共同簽定⓫。是即中俄改訂條約，亦曰《聖彼得堡條約》。約章二十款，附關於賠款交納次序辦法專條一，中俄續改陸路通商章程十七條（全文見附錄二）。

五、改訂伊犁條約得失之評論

此約於一八八一年八月（光緒七年七月）批准，旋在聖彼得堡交換。翌年二月，伊犁將軍金順遂正式接收伊犁。按中俄改訂條約，將《利發第亞條約》中中國所損失之利權爭回不少。最重要者，為爭回廣二百餘里、長四百里，位於伊犁南境特克斯河（帖克斯河）廣大流域。此段地帶，實為伊犁之屏障，故曾使以全力爭之。累爭而未得者，為霍爾果斯西六十城。關於設領問題，俄國照舊約在伊、塔、喀、庫倫設領外，只得在肅州、吐魯番兩城增設，其餘如科布多、烏里雅蘇臺、哈迷、烏魯木齊、古城，俟商務興旺時再議；蓋清廷當時認為如允俄多設領館，彼更易覬覦塞外，而滋糾紛。關於嘉峪關通商，俄方於西安、漢中行走，以及直達漢口一節，曾使甚為重視，蓋與各國訂約，向無指定邊地何處准西商減稅行走明文，恐此端一開，效尤踵至，後患無窮。俄方初堅持已見，曾使以事關大局，倘不見允，餘事盡空談，俄方始行讓步，故約中將西安、漢中兩路及漢口字樣均刪去，此外塔、喀界務及松花江行船問題，經曾使力爭，俄方均有若干之讓步。至俄人得在蒙古

貿易照舊不納稅，及喀什烏魯木齊等地暫行免稅經商一事，而為約中美中不足之處，然為妥協起見，亦不易再爭也❷。此約在力主與俄妥協之李鴻章等視之，認為滿足；但始終主張強硬對俄之左宗棠、張之洞，則仍感不快。其實，藉左宗棠、曾紀澤軍事及外交之成果，新疆始得以保全，中俄西北邊界得以勘定，否則以當時情勢揆之，阿古柏汗即使暫得保持獨立局面，恐終成為英、俄兩帝國角逐之對象，不但威脅到我西北各省，且擴大十九世紀八十年代英、俄對中亞鬥爭之範圍。而新疆居亞洲之中心，為自漢朝以來，大陸至歐亞交通之孔道，為我國今後之「正門」，及中、俄、英在中亞之安定力量❸。

　　十九世紀八十年代為滿清王朝末葉，也正是國勢衰微趨於谷底之時，而中俄為伊犁事件簽訂《利發第亞條約》也正是這個時候。由於崇厚昏庸無能，擅自簽訂喪權辱國之條約，使中國損失極大。故而清廷拒絕批准，並想與俄國毀約與改約。我們試想一個積弱不振的國家，要另一個強勢的國家，將已簽字畫押之條約作有利於己之修改，其難度真是不堪想像，清廷以此重任委之紀澤。他終能達成改約之使命，爭回不少的權益，卓越才智與忍辱負重之愛國精神和貢獻，將永遠令人敬仰。

　　關於同俄人談判過程中遭遇困難的情形，曾使於條約簽訂後，始將委屈與難言之隱，及此次任務之艱巨，與尋常出使情形迥然不同之處，據實奏明云：「西人待二等公使之禮，遠遜於頭等，而視定議復改之任，實重於初議。原約係派頭等全權便宜行事之大臣所訂，臣晤吉爾斯、布策諸人，咸以是否頭等，有無全權相詰。臣答以職居二等，不稱全權大臣，乃彼一則曰頭等所訂，豈二等所能改乎？再則曰全權者所定，尚不能行，豈無全權者所改轉可行乎？……俄人與臣議事，稍有齟齬，則改以無全權非頭等之說折臣，每言使者遇事不敢自主，不如遣使北京議約，較為簡捷此其難一也。按之萬國公法，使臣議約，無不候君諭旨。不與外部意見不合，而敢擅行畫押，間有定而復改之事，亦不過稍有出入，從無與原約大相逕庭者。外部見臣照會，將約中要領痛行駁斥，莫不詫為奇談。累以崇厚違擅之故曉之，奈彼聞所未聞，始終不信此其難二也。原約所許通商各條，皆布策駐京時自總署求之多年而未得者。崇厚甘受其紿，求無不應。一經畫押，彼遂據為己得之權，再允熟

❷　同❻，第二〇一至二〇二頁。

❸　同❻，第二〇二頁。

商，彼即予其莫大之惠，此其難三也。……此次廷臣奏疏，勢難緘密。傳播失真之語，由於譯漢為洋，鋒稜過甚之辭，不免激羞成怒，每謂中國非真心和好，即此可見其端。若於此時忍而改約，則柔懦太甚，將貽笑於國人，見輕於各國等語。臣雖設詞慰切，而俄之君臣懷憾難消。此其難四也。自籌兵籌餉屢有傳聞，而俄之上下亦惴惴焉時有戒心，遣兵船以備戰，增戍卒以防邊。臣抵俄時，彼已勢成騎虎，若仍在俄議事，則前此之舉動為無名，故欲遣使晉京議約，以歸功於海部，無怪一言不合，俄使即以去留相要，此其難五也。」[114]

六、俄外相吉爾斯對曾紀澤的讚佩

中俄改訂條約簽訂的當天，俄外相對紀澤在外交方面智慧與才華，表示高度的稱讚和敬佩，以下是吉、曾當時的對話：

吉：「此次商改約章，實係最難之事，貴爵辦成，具見貴爵才智兼優，能辦大事，曷勝欽佩。」

曾：「此係本爵分內之事，職所應為，尤賴貴國大皇帝願同中國和好，不忍傷百姓，所以能和平定議。」

吉：「起初本國大皇帝頗有不悅之意，幸貴爵到鄂後，布置咸宜，令人欽羡，所以本國大皇帝始復和好初心。」

曾：「吉大人隨事與本爵和好商議，我深感謝，從此兩國，可望永久和好。」

吉：「我辦外國事務四十二年，所見人才甚多，今與貴爵共事，始知中國非無人才。」

吉後來另一次會晤又說：「以貴爵之才智，不惟出眾於中國，亦罕見於歐洲，誠不可多得之使材也；外部諸公，同為敬佩，即如熱大人，久辦外國事務，彼亦為欽羡。」[115]

---

[114] 同[105]，第六至九頁。

[115] 同[51]，第三四五頁。

第八節　中俄西北界約之簽訂

一、西北境界問題之發生

　　根據一八六〇年（咸豐十年）的《中俄北京條約》第三條，西北的中俄境界，應該互派大臣，加以勘查。清廷於是在一八六四年（同治三年），派伊犁將軍明誼為中國西北勘邊大臣，俄國派遣查哈勞為勘邊全權大臣，於十月七日（九月初七），在塔爾巴哈臺，商議勘界問題。根據《北京條約》的第二條，已正式承認巴勒喀什湖以外的地方，非中國所有。而且所謂卡倫，有常設、移設、添撤的分別，夏秋有時移動，並不一定有國界，第二條裡有了「常駐卡倫」字樣，劃界的問題更加複雜，俄國又好混水摸魚侵略邊地。談判的時候，正值新疆發生回亂，明誼急於要回伊犁；匆促間沒有明定界碑，只訂立《塔爾巴哈臺條約》十條，又名《中俄勘分西北界約記》（簡稱《塔城條約》）。這條約內容中國吃虧太多，因為俄國硬要把與界址問題無關的「常駐卡倫」，作為定界根據。至於常駐卡倫，常常深入內地，最近距城不過幾十里，雖經翻譯官再三解釋，俄人堅持不肯，於是將色米珀拉特以南，巴爾喀什湖、安集延以西地方，全劃出國界之外，禍根固種因在《北京條約》，但《塔城條約》又將齋桑湖、特穆爾圖泊（伊塞克湖）完全或更多的劃出國界之外。於是定邊將軍所屬烏梁海十佐領游牧地，科布多所屬阿爾泰、淖爾烏梁海二旗游牧地，哈薩克、布魯特游牧地，一齊劃歸俄國（即帝俄阿爾泰省，現今互刺自治區、齋契塔省之地）。綜計帝俄此次通過《中俄勘分西北界約記》，吞併西北領土高達四十四萬餘平方公里，損失極為重大。❶❶⑥

二、中俄西北之界約

　　俄國將伊犁交還中國後，繼之兩國於一八八二年、一八八三年及一八八四年根據約文第七、八、九條有分界置碑之規定，派大員勘定伊塔克等地邊界，先後締結伊犁、喀什噶爾、科布多、塔爾巴哈臺及續訂《喀什噶爾諸界約》，茲節述如下❶❶⑦。

---

❶❶⑥　中國社會科學院近代史研究所，《沙俄近代史》，第三卷，第二二八頁。

㈠重訂伊犁界約（滿文譯約）

該約於中國光緒八年七月初三日，即俄國一八八二年阿瓦古斯塔月（即俄文八月——作者）初四日，兩國欽差大臣在伊犁西南天山之陰，納林哈勒噶地方，按照圖約商定，另繪輿圖。分別畫出紅線，查其交界地名。自伊犁西南，至俄國交界地方，應立界碑鄂博。兩國大臣會同自伊犁西南納林哈勒噶起，至伊犁東北喀爾達板止，已將界碑鄂博立完時，由兩國大臣互相擬立條約三條，以昭信守，並沿兩國邊界建立界碑。此一界約瀕臨區域為：精河廳伊犁府（今伊犁行政區）與七河省（今一部分劃屬哈薩克共和國），割讓之地為霍爾果斯河以西與伊犁南北之地。

㈡重訂喀什噶爾東北境界約（俄文譯約）

該約於中國光緒八年十月二十七日，即俄國一八八二年十一月二十五日，中國巴里坤領隊大臣沙克都林札布，俄國特派分界大臣洋登斯格，遵照一八八一年二月，在聖彼得堡議定條約，擬定俄國所屬之界，與中國所屬喀什噶爾西北之界，今自納林廓勒河（原註——又名納林哈勒噶河，界圖作那林闊勒河）上游起，至別牒里（又別疊里）山谿止。一帶所分邊界，建立界碑。繪畫地圖，並指明建界碑處所。此約計分四條，瀕臨區域為：溫宿府（今阿克蘇行政區）與七河省（今一部分劃屬吉爾吉斯共和國）割讓之地為天山正脊以南，阿克蘇札那爾特等河源之地。

㈢重訂科布多界約（俄文譯約）

該約於中國光緒九年七月初十日，即俄國一八八三年七月三十一日，中國勘分界務內閣學士兼禮部侍郎衛伊犁參贊大臣升欽命科布多幫辦大臣副都統衛法福靈巴圖魯額，與俄國分界全權大臣總管鄂木斯克等有軍務衙門大臣等各奉敕命，根據一八八一年在波特爾布爾格都城（即聖彼得堡）議定和約內第八、九兩條，將同治三年九月初七日，在塔城所定邊界，自應將齋桑淖爾迤東舊界查勘更改，則於兩國和好益敦。雙方在哈巴河賽哩烏蘭齊巴爾地方會商，議定《邊界條約》五條。這一界約，很明顯地，是將同治三年（一八六四年）塔城所定之邊界，自齋桑淖爾以東之界查勘更改，而以自阿爾泰

⑪ 袁同禮，《中俄西北條約集》，華盛頓，一九六三年，第三二至七一頁；施紹常，《中俄國際約注》，清光緒三十一年，第二一九至二五九頁；陳復光，《有清一代之中俄關係》，第二○一至二○二頁。

山西麓之奎屯山起，至木斯島山之邁哈布奇蓋止，又向西南至賽烏蘭嶺之木斯島山西麓與舊界會合，瀕界區域為：科布多塔爾巴哈、與托姆斯克，及斜米帕拉廷斯克，失去額爾河南北地萬餘里。

㈣重訂塔爾巴哈臺西南界約（俄文譯約）

該約於中國光緒九年九月初三，即俄國一八八三年九月二十一日，兩國勘分界務大臣會同，按照俄國皮特爾布爾格京都議定新約（即光緒七年改訂條約）及俄國一八六四年新提雅伯里月（即俄文九月）二十五日，即中國同治三年九月初七日，塔城和約內載自中國噶爾斯克阿拉塔烏嶺之喀喇達板山豁起，至塔爾巴哈臺之哈巴爾阿蘇山豁止，由兩國分界大臣，在塔城會齊，議立界約七條。這一條約，瀕界區域為：塔爾巴哈臺與七河省（今一部分劃屬哈薩克共和國）。

㈤續訂喀什噶爾西北境界約（滿文譯約）

該約於中國光緒十年五月初十，即俄國一八八四年五月二十二日，俄國分界大臣費爾干省副將威，與中國分界大臣頭品頂戴乾清門侍衛庫楚特伊巴圖魯巴里坤領隊大臣沙，遵照一八八一年二月十二日在俄都聖彼得堡議立條約，擬定俄國所屬邊界，及中國所屬喀什噶爾西北一帶界線。本年由兩國分界大臣商定，此約勘分兩國邊界，並註明邊界地名。所有俄國所屬七河省，暨中國所屬喀什噶爾地方界線，應自別牒里山豁起，往南，順天山嶺至圖永蘇約克山豁為止，至俄國所屬費爾干省，暨中國所屬喀什噶爾西界界線，應自圖永蘇約克山豁，往南至烏自（又作烏仔）別里山豁為止。所有此次約內所載邊界各山豁、各河，以及自然界之名，並以上各處，建立界碑，暨人跡難到不能立碑之處，亦詳列條款。此一界約共六條，瀕界區域為：疏勒與七河省（今一部分劃屬塔吉克共和國），割失阿克塞河源之地❶❶❽。綜觀以上在各地勘界時，俄人復多方刁難。我方勘界大員如升泰長順沙克都林札布等皆庸懦畏事之輩，不與力爭，卒損失許多應得之領土。自是除烏仔別里以南之帕米爾高原法律上尚懸有未定界外，中俄西北邊界乃從此確定❶❶❾。

---

❶❶❽　《中俄界務沿革紀略》，外交部；葛綏成，《中國近代邊疆沿革考》，上海，上海書局，一九九一年，西北界。

❶❶❾　曾問吾，《中國經營西域史》，臺北，文海，一九三六年，第六章。

附錄一

利發第亞條約十八條 [120]

第一條

大俄國大皇帝允將一八七一年即同治十年俄兵代收伊犁地方交還大清國管屬。此約第七條所載伊犁西邊及帖克斯河一帶地方，應歸俄國管屬。

第二條

大清國大皇帝允將伊犁擾亂時及平靖後，該處居民所為不是，無分民教，均免究治，免追財產。中國官員於交收伊犁以前，遵照清國大皇帝恩旨，出示曉諭伊犁居民。

第三條

伊犁居民，或願仍居原處，或願遷居俄國入俄國籍者，均聽其便，應於交收伊犁以前詢明。其願遷居俄國者，自交還伊犁之日起，於一年限期遷居，攜帶財物，中國官員並不攔阻，及已入俄國籍之人，將來至中國地方貿易遊歷等事，凡有兩國條約許與俄民利益之處，亦准一體均沾。

第四條

交收伊犁後，俄國人在伊犁地方有產業者，應準照舊章營業。

第五條

兩國特派大臣一面交還伊犁，一面接收伊犁，並遵約內關繫交收各事宜，在伊犁城會齊辦理施行。該大臣遵照督辦交收伊犁之陝甘總督，商定次序開辦。陝甘總督奉命到中國御筆批准條約，將通行之事，派委妥員前往塔什干城，知照圖爾克斯唐總督，自該員到塔什干城之日起，於兩個月內，應將交還伊犁之事辦竣，會辦交收各事，宜無可議。

第六條

大清國大皇帝允將大俄國自同治十年代收守伊犁所需兵費，並將補恤在中國境內被搶受虧俄商及被害俄民家屬之款，共銀盧布五百萬元，歸還俄國，自換約之日起，按兩國所定次序，一年歸完。

第七條

中國接收伊犁地方後，其伊犁西邊及帖克斯河一帶地方，歸俄國管屬，以便

---

[120] 見〈總署奏崇厚所訂條約章程等，經審定簽注擬議辦法摺〉，光緒六年二月二十二日。

入俄國籍之人民，在彼安置。今將兩國交界明定如下：兩國交界自別珍島山、順霍爾果斯河，至該河入伊犁河匯流處，再過伊犁河往南，至烏家島山廓里札特村東邊，順阿克不爾塔山嶺上，即帖克斯河北分流之處往東；其哈拉凱及察善勒等山口歸俄國屬，過帖克斯河，仍順阿克不爾塔什山嶺，至廓克蘇打灣山口，自此往南，至艾什克巴什山再往西南，順天山之哈雷克島，罕顛葛里蔭雷雅庫庫爾特留克廓克山、克拉帖凱等山，至蘇約克山口。

　　從前浩罕地方，即今俄國屬之費爾干省，與中國喀什噶爾等處地方交界，明定如下：由蘇約克山頂（此山口應歸俄國屬）往南順有阿米廓勒及薩烏業爾得二山口之山腳，至業精與那格拉察勒二卡中間之地，由此往伊爾克什唐卡東之齊吉勒蘇河，再往南至瑪里他巴爾山。

第八條

　　一八六四年即同治三年塔城界約，第一、二兩條所定交界有不合宜，擬將此界改定如下：兩國交界，自奎峒山順喀巴布、爾崇二河中間山嶺分流之處，過黑伊爾特什河，至薩烏嶺內堪迭爾雷克河源，此條及前所定各界，在此約所附圖上，用珠筆作線，註以俄國字母。

第九條

　　以上第七、第八兩條，所定兩國交界地方，及從前未立界碑之交界各處，應由兩國派大員勘定，安設界碑，所有應行分界立碑之處，分定幾段，分行派員勘定安設界碑，各大員等會齊地方時日，應由兩國酌覈再擬。俟擬定交收後，自應分界安置牌，博一定辦法，可勿庸再議。

第十條

　　俄國照舊契，在伊犁、塔爾巴哈臺、喀什噶爾、庫倫設立領事官外，准在嘉峪關、科布多、烏里雅蘇臺、哈密、吐魯番、烏魯木齊、古城，設立領事官。其哈密、吐魯番、烏魯木齊、古城四城，共准設官二員。其嘉峪關領事兼管甘肅、陝西通商事宜，照依一八六〇年即中國咸豐十年《北京和約》第五、第六兩條，應給予所蓋房屋，牧放牲畜，設立墳塋等地。以上應設領事官各處，亦准一律照辦。領事官公署未經起蓋之先，地方官幫同租賃暫住房屋。俄國領事官在蒙古地方及天山南北兩路，往來行路，寄發信函，比照《天津和約》第十一、《北京和約》第十二兩條，可由臺站行走，地方官妥為照料。

第十一條

　　俄國領事官駐中國，遇有公事，分別情形，或與本城地方官或與地方大憲往來，均用信函，畫押蓋印，彼此往來會晤，均以友邦官員之禮相待。兩國人民在中國地方貿易等事，致生事端，應由領事官與地方官會同查辦。如因貿易事務，

致起爭端，聽其自行擇人，從中調處，如不能調處完結，再由兩國官員會同查辦，兩國人民為預定貨物、運載貨物、租賃舖房等事，所立字據，可以呈報領事官及地方官處畫押蓋印為憑，遇有不按字據辦理之人，領事官及地方官令其照依字據辦理。

第十二條

俄國人民准許在中國蒙古地方貿易，並不納稅，其蒙古各處及各盟設官與未設官之處，均准貿易，亦不納稅，並准俄民在伊犁、塔爾巴哈臺、烏魯木齊及關外之天山南北兩路各城地方貿易，均不納稅。以上所載中國各處，准許俄民出入販運各國貨物，其買賣貨物，或以錢易貨，或以貨換貨俱可，並准以各種貨物抵賬。

第十三條

俄國應設領事處，及張家口准俄民建造舖房行棧，或在自置地方，或照一八五一年即咸豐元年伊犁、塔爾巴哈臺通商章程第十二條辦法，由地方官給地蓋房亦可。

第十四條

俄商自俄國陸路販貨入中國內地，准許經過張家口、嘉峪關，前往天津、漢口，並准在張家口、嘉峪關、通州、西安府、漢中府等處銷售，或由各處運往內地銷售俱可。俄商在以上各城各口及內地販買貨物，亦准由此路經過張家口、嘉峪關運往俄國。

第十五條

俄國人民在中國內地及關外地方陸路通商，應照此約所附章程辦理，其約內通商各條，及陸路通商章程，自奉到御筆批准換約之日起，於五年後會議酌改，如五年限滿，前六個月內未經知照酌改，應仍照行五年。俄國人民在中國沿海通商，准照各國總例一律辦理。如將來總例有應修改之處，應由兩國會議酌改。

第十六條

將來俄國陸路通商較旺，出入中國貨物，如要定立稅則，較為合宜，應由中俄兩國會議，定立進口出口貨物，均按值百抽五納稅，惟未定稅則前，先將現照上等茶納稅之各種下等茶之稅酌減定議，應由中國總理衙門，會同俄國駐北京全權大臣，自批准換約後，一年內會同酌定。

第十七條

一八六〇年即咸豐十年北京所定和約第十條，至今講解各異，擬將此條聲明，追還牲畜之條，其意應作為凡有牲畜被人偷盜誘取，一經獲犯，應將牲畜追還，如無原物，作為向該犯追償，倘該犯無力賠還，地方官不能代賠。兩國邊界官，應各按本國之例，將盜取牲畜之犯，嚴行究治。並設法將自行越界及偷盜之牲畜

追還，其自行越界及偷盜之牲畜蹤跡，示知邊界官並附近鄉長。

第十八條

此約兩國御筆批准後，各將條約通行曉諭各處地方遵照。將來換約應在聖彼得堡，以一年為期。能於期內互換亦可，兩國全權大臣將此約議定，備漢文、俄文、法文各兩份，畫押蓋印為憑，三國文字校對無訛，遇有爭論以法文為憑。

附錄二

中俄改定條約

大清國大皇帝、大俄國大皇帝，願將兩國邊界及通商等事，於兩國有益者商定妥協，以固和好，是以特派全權大臣，會同商定。大清國欽差出使俄國全權大臣一等毅勇侯、大理寺少卿曾，大俄國參政大臣署理總管外部大臣薩那特爾部堂格，參議大臣出使中國全權大臣布，兩國全權大臣，各將所奉全權諭旨，互相校閱後，議定條約如下：

第一條

大俄國大皇帝，允將一八七一年即同治十年俄兵代收伊犁地方，交還大清國管屬，其伊犁西邊，按照此約第七條所定界址，應歸俄國管屬。

第二條

大清大皇帝允降諭旨，將伊犁擾亂時及平靖後，該處居民所為不是，無分民教，均免究治，免追財產。中國官員於交收伊犁以前，遵照大清國大皇帝恩旨，出示曉諭伊犁居民。

第三條

伊犁居民，或願仍居原處為中國民，或願遷居俄國入俄國籍者，均聽其便，應於交收伊犁以前，詢明其願遷居俄國者，自交收伊犁之日起，予一年限期遷居，攜帶財物，中國官並不阻攔。

第四條

俄國人在伊犁地方置有田地者，交收伊犁後，仍准照舊管業，其伊犁居民交收伊犁之時入俄國籍者，不得援此條之例。俄國人田地在咸豐元年伊犁通商章程第十三條所定貿易圈以外者，應照中國人民一體完納稅餉。

第五條

　　兩國特派大臣，一面交還伊犁，一面接收伊犁，並遵照約內關繫交收各事宜，在伊犁城會齊辦理施行。該大臣遵照督辦交收伊犁事宜之陝甘總督與土耳其斯坦總督，商定次序開辦。陝甘總督奉到大清國大皇帝批准條約，將通行之事，派委妥員前往塔什干城知照土耳其斯坦總督，自該員到塔什干之日起，於三個月內，應將交收伊犁之事辦竣；能於先期辦竣亦可。

第六條

　　大清國大皇帝允將大俄國自同治十年代收守伊犁所需兵費，並所有前此在中國境內被搶受虧俄商及被害俄民家屬，各案補恤之款，共銀盧布九百萬圓，歸還俄國。自換約之日起，按照此約所附專條內載辦法次序二年歸完。

第七條

　　伊犁西邊地方，應歸俄國管屬，以便因入俄籍而棄田地之民，在彼安置。中國伊犁地方與俄國地方交界，自別珍島山，順霍爾果斯河，至該河入伊犁河匯流處，再過伊犁河，往南至烏宗島山廓里扎特村東邊，自此處往南，順同治三年塔城界約所定舊界。

第八條

　　同治三年塔城界約所定齋桑湖迤東之界，查有不妥之處，應由兩國特派大臣，會同勘改，以歸妥協，並將兩國所屬之哈薩克，分別清楚。至分界辦法，應自奎峒山過黑伊爾特什河至薩烏爾嶺畫一直線，由分界大臣就此直線與舊界之間，酌定新界。

第九條

　　以上第七、第八兩條所定兩國交界地方，及從前未立界碑之交通各處，應由兩國特派大員，安設界碑，該大員等會齊地方、時日，由兩國商議酌定。

　　俄國所屬之費爾干省與中國喀什噶爾西邊交界地方，亦由兩國特派大員前往勘查，照兩國現管之界勘定，安設界碑。

第十條

　　俄國照舊約在伊犁、塔爾巴哈臺、喀什噶爾、庫倫設立領事官外，亦准在肅州（即嘉峪關）、及吐魯番兩城設立領事，其餘如科布多、烏里雅蘇臺、哈密、烏魯木齊、古城五處，俟商務興旺，始由兩國陸續商議添設。俄國在肅州及吐魯番所設領事官，於附近各處地方關係俄民事件，均有前往辦理之責。按照一八六〇年即咸豐十年《北京條約》第五、第六兩條，應給予可蓋房屋，牧放牲畜，設立墳塋等地，嘉峪關及吐魯番亦一律照辦。領事官公署未經起蓋之先，地方官幫同租覓暫住房屋。俄國領事官在蒙古地方及天山南北兩路往來行路，寄發信函，按照《天津條約》第十一條、《北京條約》第十二條，可由臺站行走，俄國領事官以

此事相託中國官，即妥為照料。吐魯番非通商口岸而設立領事，各海口及十八省東三省內地不得援以為例。

第十一條

俄國領事官駐中國，遇有公事，按事體之關係，案件之緊要，及應如何作速辦理之處，或與本城地方官，或與地方大憲往來，均用公文，彼此往來會晤，均以友邦之禮相待。

兩國人民在中國貿易等事，致生事端，應由領事官與地方官會同查辦。如因貿易事務致起爭端，聽其自行擇人從中調處。如不能調處完結，再由兩國官員會同查辦。兩國人民為預定貨物、運載貨物、租賃舖房等事，所立字據，可以呈報領事官及地方官處，應與畫押蓋印為憑，遇有不按字據辦理情事，領事官及地方官，設法務令依照字據辦理。

第十二條

俄國人民准在中國蒙古地方貿易，照舊不納稅，其蒙古各處及各盟設官與未設官之處，均准貿易，亦照舊不納稅，並准俄民在伊犁、塔爾巴哈臺、喀什噶爾、烏魯木齊及關外之天山南北兩路各城貿易，暫不納稅，俟將來商務興旺，由兩國議定稅則，即將免稅之例廢棄。

以上所載中國各處准俄民出入販運各國貨物，其買賣貨物，或用現錢，或以貨相易俱可，並准俄民以各種貨物抵賬。

第十三條

俄國應設領事官各處，及張家口准俄民建造舖房行棧，或在自置地方，或照一八五一年即咸豐元年所定伊犁、塔爾巴哈臺通商章程第十三條辦法，由地方官給地蓋房亦可。張家口無領事而准俄民建造舖房行棧，他處內地，不得援以為例。

第十四條

俄商自俄國販貨由陸路輸入中國內地者，可照舊經過張家口、通州，前赴天津，或由天津運往別口及中國內地，並准在以上各處銷售，俄商在以上各城各口及內地置買貨物，運送回國者，亦由此路行走，並准俄商前往肅州貿易，貨幫至關而止，應得利益，照天津一律辦理。

第十五條

俄國人民在中國內地及關外地方陸路通商，應照此約所附章程辦理，此約所載通商各條，及所附陸路通商章程，自換約之日起，於十年後可以商議酌改，如十年限滿前六個月未請商改，應仍照行十年。俄國人民在中國沿海通商，應照各國總例辦理，如將來總例有應修改之處，由兩國商議酌定。

第十六條

將來俄國陸路通商興旺，如出入中國貨物，必須另定稅則，較現在稅則，更為合宜者，應由兩國商定。凡進口出口之稅，均按值百抽五之例擬定，於未定稅則以前，應將現照上等茶納稅之各種下等茶出口之稅，先行分別酌減。至各種茶稅，應由中國總理衙門會同俄國駐京大臣，自換約後一年內，會商酌定。

第十七條

一八六〇年即咸豐十年在北京所定條約第十條，至今講解各異，應將此條聲明，其所載追還牲畜之章，作為凡有牲畜被人偷盜誘取，一經獲犯，應將牲畜追還，如無原物，作價向該犯追償，儻該犯無力賠還，地方官不能代賠，兩國邊界官應各按本國之例，將盜取牲畜之犯，嚴行究治，並設法將自行赴界及盜取之牲畜追還。其自行赴界及被盜之牲畜蹤跡，可以示知邊界兵弁及附近鄉長。

第十八條

按照一八五八年五月十六日即咸豐八年在璦琿所定條約，應准兩國人民在黑龍江、松花江、烏蘇里江行船，並與沿江一帶地方居民貿易，現在復為申明，至如何照辦之處，應由兩國再行商定。

第十九條

兩國從前所定條約，未經此約更改之款，應仍舊照行。

第二十條

此約奉兩國御筆批准後，各將條約通行曉諭各處地方遵照。將來換約，應在聖彼得堡。自畫押之日起，以六個月為期。兩國全權大臣議定此約，備漢文、俄文、法文約本兩份，畫押蓋印為憑，三國文字校對無訛，遇有議論，以法文為證。

光緒七年正月二十六日，西曆一八八一年二月十二日，俄曆一八八一年二月十二日，聖彼得堡。

關於賠償問題由兩國大使議定專條

按照中俄兩國全權大臣現在所定條約第六條所載，中國將俄兵代收代守伊犁兵費，及俄民各案補恤之款，共銀盧布九百萬元歸還俄國。自換約之日起，二年歸完。兩國全權大臣，議將此款交納次序辦法，商定如下：

以上銀盧布九百萬圓，合英金鎊一百四十三萬一千六百六十四圓零二仙令，勻作六次，除兌至倫敦匯費，毋庸由中國付給外，按每次中國淨交英金鎊二十三萬八千六百一十圓零十三仙令八便士，付與倫敦城內布拉得別林格銀號收領。作為每四個月交納一次，第一次自換約後四個月交納，末一次在換約後二年期滿交

納。此專條應與載明現在所定條約無異，是以兩國全權大臣畫押蓋印為憑。

光緒七年正月二十六日，西曆一八八一年二月十二日，俄曆一八八一年二月十二日，聖彼得堡。

中俄續訂陸路通商章程

第一條

兩國邊界百里之內准中、俄兩國人民任便貿易，均不納稅。其如何稽察貿易之處，任憑兩國可按本國邊界限制辦理。

第二條

俄國商民前往蒙古及天山南北兩路貿易者，祇能由章程所附清單內指明卡倫過界。該商應有本國官所發中、俄兩國文字。並譯出蒙古文或回文執照，漢文照內可用蒙古字或回回字，註明商人姓名、隨人姓名、貨色包件、牲畜數目若干；此照應於入中國地界時，在附近邊界中國卡倫呈驗，該處查明後，卡倫官蓋用戳記為憑。其無執照商民過界者，任憑中國官扣留，交附近俄國邊界官或領事官從嚴罰辦。遇有遺失執照，貨主應報明附近領事官，以便請領新照，一面報明地方官暫給憑據，准其執此前行。其運到蒙古及天山南北各路各處之貨，有未經銷售者，准其運往天津及肅州（即嘉峪關），或在該關口銷售，或運往內地，其徵收稅餉，發給運貨執照、查驗放行等事，均照以下章程辦理。

第三條

俄商由恰克圖、尼布楚運貨前往天津，應由張家口、東壩、通州行走。其由俄國邊界運貨過科布多、歸化城前往天津者，亦由此路行走。該商應有俄官所發運貨執照，並由中國該管官蓋印；照內用中、俄兩國文字，註明商人姓名、貨色、包件數目，任憑沿途各關口中國官員迅速點數查看，驗照蓋戳放行。查驗之時，如有拆動之件，仍由該關口加封，必將拆動件數於照內註明，以憑查覈。該關查驗，不得過一個時辰。其照，限六個月在天津關繳銷；如該商以為限期不足，應預先報明該處官員。倘有商人遺失執照，應報明原給執照之官並呈明日期、號頭、請領新照，註明補給字樣，一面至就近關口報明，查驗相符，暫給憑據，准其運貨前行。如查該商所報貨數不符，查該商係有隱匿、沿途私賣貨物，希圖逃稅情事，應照第八條章程罰辦。

第四條

俄商由俄國運來貨物，路經張家口，任聽將貨酌留若干於關口銷售，限五日

內在該關口報明，交納進口正稅後，由中國官發給賣貨准單，方准銷售。

第五條

俄商由俄國運來貨物，自陸路至天津者，應納進口稅餉，照稅則所載正稅三分減一交納。其由俄國運來貨物至肅州（即嘉峪關）者，所有完稅納餉等事，應照天津一律辦理。

第六條

如在張家口酌留之貨，已在該口納稅，而貨物有未經銷售者，准該商運赴通州或天津銷售，不再納稅，並將在張家口多交之一分補還俄商，即於該口所發執照內註明。俄商在張家口酌留之貨，已在該口納稅者，如欲運入內地，應照各國總例再交一子稅（即正稅之半）。該口發給運貨執照應於沿途所過各關卡呈驗。如無執照者，則逢關納稅，遇卡抽釐。

第七條

俄商由俄國運來貨物至肅州（即嘉峪關），欲運入內地者，應照章程第九條天津運貨入內地之例，一律辦理。

第八條

俄商由俄國運來貨物至天津，除報明酌留張家口之貨外，如查有原貨抽換，或數目短少，與原照不符，即將所報查驗之貨全行入官。但沿途實係包箱損壞，必應改裝者，該商行抵就近關口報明，如查驗原貨相符，即於執照內註明，方可免其議罰。倘有沿途私售，一經查出，其貨全行入官。如僅繞越捷徑，不按第三條所載之路行走，以避沿途關卡查驗，一經查出，罰令完一正稅。如係車腳、運夫作弊，有違以上章程，貨主實不知情，該關應體察情形，分別罰辦。惟此辦法係專指俄國陸路通商經過各處而言，各海口及各省內地遇有以上情事，不得援以為例。其罰令入官之貨，如商人願將原貨作價交官，准其與中國官按照原貨，估價交官亦可。

第九條

俄商自俄國由陸路運至天津之貨，如由海道運往議定通商各口，應按照稅則，在天津補交原免三分之一稅銀，俟抵他口，不再納稅。如由天津及他口運入內地，應按照稅則交一子稅（即正稅之半），照各國總例辦理。

第十條

俄商在天津販買土貨回國，應由第三條所載張家口等處之路行走，俄商運貨出口，應交出口正稅。若在天津販買復進口土貨及在他口販買土貨經津回國，如在他口全稅交完，有單可憑，至此不再重徵。該商交稅後，在一年限內出口回國，將在天津所交復進口半稅仍行給還。俄商運貨回國，領事官發給兩國文字執照，

註明商人姓名、貨色、包件數目若干，由該關蓋印，該商務須貨、照相隨，以憑沿途各關口查驗放行。其繳銷執照限期，並遇有遺失執照等事，均照第三條章程辦理。該商應照第三條所載之路行走，沿途不得銷售。如違此章，即照第八條所定章程罰辦。沿途各關卡查驗貨物，應照第三條章程辦理。至俄商由肅州（即嘉峪關）販運該處所買土貨，及在內地所買土貨運往該處回國者，所有完納稅餉等事，均照天津一律辦理。

第十一條

俄商在通州販賣土貨，由陸路出口回國，應照稅則，完納出口正稅。其在張家口販買土貨，出口回國，應在該口納一子稅（即正稅之半）。俄商由內地販買土貨，運往通州、張家口回國者，照各國在內地買土貨總例，應再交一子稅，由各該關口收納，發給運物執照。其在通州買土貨回國者，應在東壩報明收稅，發給執照，沿途不得銷售，應於執照內載明。其由以上各處運貨出口、發照、驗貨等事，應照第三條所載章程辦理。

第十二條

俄商在天津、通州、張家口、嘉峪關販運別國洋貨，由陸路出口回國，如該貨已交正稅、子稅，有單可憑，不再重徵。如袛交過正稅，未交子稅，該商應按照稅則，在該關補交子稅。

第十三條

俄商販運貨物進口、出口，應照各國稅則及同治元年所定俄國續則納稅，如各國稅則及續則均未備載，再照值百抽五之例納稅。

第十四條

凡進口、出口免稅之物如金銀、外國各銀錢、各種麵、砂穀、米麵餅、熟肉、熟菜、牛奶酥、牛油、蜜餞、外國衣服、金銀首飾、擾銀器、香水、胰碱、炭、柴薪、外國蠟燭、外國煙絲煙葉、外國酒、家用雜物、船用雜物、行李、紙張、筆墨、氈毯、鐵刀利器、外國自用藥料、玻璃器皿，以上各物由陸路進口、出口，皆准免稅；惟由章程內載各城及各海口運往內地者，除金銀、外國銀錢、行李三項仍毋庸議外，其餘各物皆按每值百兩完納稅銀二兩五錢。

第十五條

凡違禁之物如火藥、大小彈子、砲位、大小鳥鎗並一切軍器等類及內地食鹽、洋藥均屬違禁，不准販運進口、出口；如違此例，即將所運違禁之物全罰入官。俄國人民前往中國者，每人准帶鳥鎗或手鎗一桿護身，填入執照。又硝磺、白鉛須奉中國官發給准單，方准俄商運進口內，如華商持奉准明文，方准銷售。中國米、銅錢不准販運出口。外國米穀及各種糧食皆准販運進口，一概免稅。

第十六條

俄商不准包庇華商貨物運往各口。

第十七條

凡有嚴防偷漏諸法，任憑中國官隨時設法辦理。

光緒七年正月二十六日，西曆一八八一年二月二十四日，俄曆一八八一年二月十二日聖彼得堡。

附錄三

俄商前往中國貿易過界卡倫單

中國卡倫	俄國卡倫
一、胡柏里志呼	一、斯他羅粗魯海圖斯基
二、則林圖	二、查罕額羅業甫斯基
三、毛葛子格	三、克留車甫斯基
四、烏梁圖	四、庫魯蘇他業甫斯基
五、多羅洛克	五、查蘇車業甫斯基
六、霍林納拉蘇	六、杜魯勒吉業甫斯基
七、呼拉查	七、托克托爾斯基
八、巴揚達爾噶	按：遍查有關史籍，俄國卡倫部分，均無第八卡倫名稱
九、阿深嘎	九、阿深金斯基
十、鳴挲	十、們森斯基
十一、烏阿勒嘎	十一、沙拉郭勒斯基
十二、庫達拉	十二、庫達林斯基
十三、恰克圖	十三、恰克圖
十四、哈拉呼志爾	十四、博齊斯基
十五、治爾格台	十五、熱勒都林斯基
十六、鄂爾托霍	十六、哈拉采斯基
十七、伊勒克池拉穆	十七、哈木聶斯基
十八、烏尤勒特	十八、克留車甫斯基

十九、貝勒特斯　　　　　　　　十九、歡金斯基

二十、賽郭鄂拉　　　　　　　　二十、額庚斯基

二十一、金吉里克

二十二、攸斯提特

二十三、蘇鄂克

二十四、查牢鄂博（自此卡倫以下兩國同名）

二十五、布爾噶蘇台

二十六、哈巴爾烏蘇

二十七、巴克圖

二十八、喀普他蓋

二十九、闊克蘇山口

三十、霍爾果斯

三十一、別疊里山口

三十二、帖列克第山口

三十三、圖魯噶爾特山口

三十四、蘇約克山口

三十五、伊爾克什唐

　　單內所開過界各卡，可俟中國邊界官及俄國領事官體察情形報明後，由中國總理衙門會同俄國駐北京大臣商議酌改，將查明可裁之處分別刪減，或以便商之處酌量更易亦可。

第四章　甲午戰爭與帝俄侵華之急進

第一節　帝俄對華侵略急進之國際背景

一、中國成為列強角逐之對象

自一八八一年中、俄對伊犂問題循外交途徑解決以迄中日甲午之戰十五年期間，中、俄邦交均能保持和好，無重大之糾紛。在中國方面，西北回變結束後，清廷注重海疆之經營。在此帝國主義掠奪領土狂潮中，中國東北與西北邊藩，先後與列強發生利害衝突，演成一八八五年中、法越南之役，及一八九五年中日甲午之戰，從此中國成為列強角逐之對象，有歐洲政治後院 (Backyard of European Politics) 之稱，而帝俄自北方積極侵入，遂形成中、俄邦交史上帝俄侵華最急進之一頁。在帝俄方面，自締結《伊犂條約》後，於遠東則進行西伯利亞之墾殖及鐵路之延伸，在近東則鼓吹大斯拉夫主義，與列強角逐於巴爾幹，在中東則與英國演成帝國主義之侵奪戰。

二、帝俄向巴爾幹發展之不順

同光之際，中、俄競爭於新疆，適當俄土之役（一八七六年）與柏林會議（一八七八年）之時。因德國在會議中，未曾積極助俄向巴爾幹發展，俄乃從此另覓與國。反之，德國為孤立法國，爭稱霸歐陸計，須於俄、奧中擇一與國。因地理、民族及經濟之聯繫與奧國較為密切，乃決定聯奧；而奧國為在巴爾幹發展以抵抗大斯拉夫主義計，亦須賴德國之支持，於是促成一八七九年之德奧秘密同盟，自奧國言，同盟之目的在積極防俄；在德國言，其

國策既在孤法連奧以壯聲勢，但又不願開罪於俄國；因孤法而有一八八二年德奧義秘密同盟之締結，因籠絡俄國有一八八一年及一八八四年德奧俄三帝國同盟之簽訂，繼之而有一八八七年德俄《再保條約》之締結❶。

三、俄法同盟之勢力達於遠東

一八九〇年德國首相俾斯麥退職，德皇威廉第二反俾相之稱霸歐陸政策，而採世界政策，藉兩國關稅競爭細故，不與俄國續訂《再保條約》，於是沙皇轉而企圖與法國交好。緣俄法在柏林會議前後，本無利害衝突，且關於歐洲問題，俄時有徵求法國同意之傾向。及一八八六年沙皇因保加利亞與東羅美利亞 (Roumelia) 聯合問題，與德、奧齟齬，且因發展東部鐵路，須向外借款，乃決計以法為與國。結果，於一八九四年正式成立法俄同盟。然德皇仍一面曲意聯絡俄、法，一面將兩國引向歐洲以外發展，而鼓勵帝俄東進。俄、法同盟之勢力，亦自是達於遠東。一八九五年乃有俄、法、德之干涉還遼，庚子之役期中，而有帝俄佔領滿洲之舉，繼之而有一九〇四年之日俄戰爭。

四、英日同盟促長日本之侵略野心

十九世紀後半期間，英、俄兩國之敵視，至為尖銳。英、俄帝國主義政策在近東、中東（波斯阿富汗）、遠東均發生利害衝突。在近東、中東，英之仇俄，大半為顧慮其通印度之要道。蓋帝俄向土耳其發展，在在危及英國與其東方領土之交通；其在波斯、阿富汗邊境之侵略，又直接威脅印度之安全。帝俄在十九世紀下半葉向近東侵略屢遭挫折後，乃轉而侵略中東，因之英、俄之衝突，在此區域亦最激烈。因英、俄在東方的敵視，而有英國聯華抗俄之建議。一八八五年英國外相格蘭菲爾 (Granville) 向中國駐英公使提出中英合作意見；一八九三年法暹衝突時，英國又命駐華公使竇納樂 (Claude Macdanald) 正式向清廷建議，訂立中英協約，以保衛暹羅。同年冬，當英、俄勘劃阿富汗東北界址時，英政府復申前請。清廷因恐開罪俄、法，又因不願加入任何聯盟，謝絕英方要求。甲午戰後，英、俄齟齬仍未稍減，而日、俄在滿洲朝鮮之衝突，轉趨積極。英國為保障其在遠東領土與權益計，乃轉而聯日，此為英、日同盟之背景，亦為促成日俄戰爭之基本原因。自此以後，

---

❶　陳復光，《有清一代之中俄關係》，第二一七頁。

日本在遠東佔政治、經濟、軍事之優勢，而中國自《馬關條約》後之日趨衰落，亦種因於此。此動向也決定了十九世紀末及二十世紀初之遠東大勢❷。

第二節　中日甲午戰爭之起因與經過

一、帝俄對朝鮮之野心

在前幾章，我們已略述帝俄在十九世紀中葉以後竭力向遠東侵略的情形，結果它獲得了黑龍江以北、烏蘇里江以東的廣大地域，從此它向東方侵略的野心愈加急切了。並對於滿洲方面，儼然認之為其侵略之勢力範圍。而對朝鮮，它也已認定是在遠東發展的最佳終點；因為在朝鮮方面，假如能建立其侵略勢力，不但可以得到比海參崴更好的海口，並且制止日本向大陸發展的使命，獨握在太平洋岸的霸權。然而過去朝鮮為中國的屬國，已有悠久的歷史，日本最初在朝鮮的侵略行動，也沒有特殊積極的表現，中國當時還是東亞的盟主；因此，俄國雖已包藏此種禍心，也未敢魯莽進行，只能靜候時機。

二、朝鮮之內亂

朝鮮由於內政不修，民心憤怒，社會不安，致一八八二年國內發生擾亂，日本公使館被毀，少數日本人被殺，當時日本軍人便主張乘機進兵朝鮮，結果仍用和平方法解決。一八八三年又不幸發生亂事，對日本使館作第二次攻擊，因此，遂引起中日軍隊的衝突。結果，於一八八五年二月，日方代表伊藤晤李鴻章於天津，締結《天津條約》，雙方政府協議退兵，僅留少數衛卒，防衛使館，規定將來任何方面派兵至朝鮮時，必須先以書面通知對方。從這次條約以後，日本在朝鮮的勢力，已和中國居於對等的地位，並且在實際上日本的勢力已足以壓倒中國了。

三、中日出兵朝鮮及日本拒絕撤兵

一八九四年三月（光緒二十年），朝鮮又有「東學黨之亂」。東學黨主張西教，提倡東學。日本看到朝鮮發生內亂，立即派少壯軍人組織「天佑俠團」，

---

❷　同❶，第二一八頁。

到朝鮮去幫助東學黨，以擴大內亂。朝鮮於叛亂發生時，立即告急於中國，清政府即派直隸提督葉志超、總兵聶士成，領兵一千五百人前往牙山，一面依照《天津條約》規定知照日本，而日本乃以保僑為名，乃大舉出兵七千餘名，並且決計乘機挑釁，當亂事平定後，日本又拒絕撤兵，以圖長期佔據朝鮮。

四、李鴻章重俄輕英之調停致談判破裂

　　當朝鮮東學黨亂起之時，歐美各國都沒有加以注意，及見日本大量出兵，乃相與驚愕，俄、英、美諸國，都群起干涉調停和提出照會，其中尤以俄國態度很堅決，因為它已經看出了日本想佔據朝鮮的野心，對於自己在朝鮮的侵略計劃，會要遭受很大的打擊，所以不得不加以干涉。

　　五月間，駐北京俄國公使喀西尼伯爵 (Count Casini)，奉命歸國，道經天津，李鴻章託其懇請俄國政府調停中、日間的糾紛。俄國政府便命喀西尼留津，和李鴻章商談。一面訓令駐東京公使彼得洛夫向日本政府提出勸告，彼得洛夫先向日本外務省提出口頭勸告後，復於六月三十日提出照會公文如下❸：

> 朝鮮政府已通告內亂鎮定之意，於駐在該國之各國使臣，關於中、日兩國同時撤兵事件，請求該使等之援助。因之，俄國政府勸告日本政府，容納朝鮮之請求。若日本政府拒絕與中國政府同時撤退其軍隊，則日本政府應負重大責任，特此忠告。

　　日本外務省接到此項公文後，經與伊藤商議及內閣會議討論，都認為此時無應俄國忠告而撤兵的必要，於七月二日致送一照會與俄政府，拒絕俄國的忠告，僅說：「帝國政府派出軍隊於該國，實屬對於現時形勢不得已之舉，決無侵略疆土之意。若至該國內亂完全消滅，將來無何等畏懼時，當然將軍隊撤退。」❹

　　俄外相認為七月二日日本稱於朝鮮內亂完全平定後即可撤兵之聲明，「形式上甚為切實」❺，乃於七月九日，訓令駐日俄使以友誼之態度，將俄廷意

---

❸　何漢文，《中俄外交史》，第一四二頁。

❹　同❸，第一四二至一四三頁。

❺　〈俄國外相致北京俄使電〉，一八九四年七月七日。

見轉告日本。七月十三日，俄使照會日本政府言：「日本政府照會中，有對於朝鮮無侵略之意，且有至該國內亂消滅，完全恢復平穩狀態，內亂無再發之虞時，則當速由該國撤退其軍隊之意思，沙皇認為滿意。但切望此後中、日兩國政府速開談判，早結和平之局。俄國政府雖以鄰國之故，不能旁觀朝鮮之事變，然今日之事，全出於希望中、日兩國之輯睦⋯⋯。」日本陸奧外相解釋此係俄國政府暗佔地步，為以將來對韓事預留發言餘地之聲明。當中、日邦交行將斷絕時，俄使果再致日本政府照會：「不論日本現今對於朝鮮所要求之讓與為何，苟違犯朝鮮國以獨立政府名義與列強行締結之條約時，俄國政府決不能認為有效。為避免將來不必要之糾紛計，由友誼上再告日本政府，促其注意。」在日政府視之，此係對於俄國外交部七月十三日之照會所云，「不能旁觀轉變」之言，加以註解，而嚴格確定其意義者❻。

在此期間，俄使喀西尼在天津與李鴻章保持密切之聯繫，不斷注視韓事之演變，請俄廷速採斷然步驟干涉日本，以堅中國對俄國之信心，於七月七日致俄國外相請示電云：「日本覆我國照會，詞語雖謙恭，但終拒絕吾人之勸告，日本對俄國雖有若干次之和平保證，但其行動足以證明其正在排除中、俄兩國之參與，而獨自支配朝鮮之命運。中國聲明將用一切手段反抗此種企圖。現所以忍耐，不開始軍事行動者，完全是對俄國之調停工作，尚未絕望。究竟是否讓朝鮮造成排他之勢力？甚至奪取半島？此為俄國最後決策之時。日本政策極為活躍，日本將為俄國大陸上最討厭之敵人，此無庸置疑者。不論鄙見如何，俄國不能再任中國處於動搖懷疑之中。中國曾堅決向余要求答覆：吾人是否堅決主張日本應撤退駐韓之軍隊；如果俄國主張在東京遭到失敗，中、日之間不免發生戰爭，斯時，俄國對中國之態度如何❼？」電文主旨，喀使已先一日密告李鴻章，故李鴻章致總署電有：「憑此電到俄國或有辦法」之語❽。但俄國外相之主旨，一面拒絕過問朝鮮內政之改革及干涉朝鮮內部之糾紛，同時又不願中國政府向英國求助，遂電令駐英俄使探聽中國是否有

❻ 陸奧宗光，《日本侵略中國外交祕史（蹇蹇錄）》，上海，上海商務，一九二九年，第三至三三頁。

❼ 蔣廷黻選，〈赤檔〉，載《國聞週報》，第一一卷，第三三期，一八九四年七月七日，〈駐北京俄使致外相電〉。

❽ 李鴻章，《李文忠公全書》，第一六卷，〈電稿〉，第七頁。

向英國求助之舉 ❾。從俄國認為日本允諾韓亂平定即可撤兵之電文中，已表明有「某種妥協之準備」，希望中國能利用時機與日本妥協，以免牽連甚多，反使俄國不能保有其對朝鮮行動之自由。惜當時，李鴻章完全不瞭解俄廷之政策，仍期待俄援甚殷。

　　先是，當俄國向日本提出警告時，清廷聞韓國政府在日本威脅之下，將押駐韓商務總辦袁世凱出境，乃有對韓國討伐之意。事為駐京英使歐格訥所聞，急請調處，以「先撤兵，商共保及內政」為條件；如允，則可告駐京日使小村請廷示來商，其議為總署所婉拒。侍郎張蔭桓於七月一日據以電致李鴻章，並詢其喀西尼援助之言是否過誇，抑或俄廷援助尚未決定 ❿。李鴻章答以「喀尚實心，似駐日使為日本所惑，不甚著力。日本不遽撤兵，殊難收場。歐（歐格訥）赫 (R. Hart) 一氣，但歐滑，小村轉請，亦不得勁，或添一調處亦宜。」⓫致袁世凱，亦詢俄使調處必有收場，令其「堅貞，勿退卻」⓬。歐使尋奉英國外交部電，令其從中調停，乃向總署申稱：「中國如願將整理朝鮮內政，同保護該國土地，勿令他人佔據兩節，彼此和商，即可電覆外交部令駐日英使商辦。⋯⋯各國亦可責備日本促令撤兵。此事如能善了，自較用兵易於收束。」總署答以只要無礙中國體制權力，盡可相商；惟辦法有無障礙，須視屆期斟酌。如果事不能行，仍可罷議，並電李鴻章徵求意見 ⓭。李鴻章以「英使調停，語似含混」答總署，蓋以日方所請整理韓國內政與英國待埃及相似，「韓國固不願，中國亦辦不到」請總署與日使切實商議。小村旋向總署表示：「甚願兩國相商，不欲他國干預，以免日後牽制。」歐使亦告總署，謂英國外交部已電令其駐日本公使商治日本外務省與中國和商。總署對於李、喀所商中、俄、日三國會議之說，因以懷疑，電詢李鴻章、喀與日使曾否商定 ⓮。

　　此時，俄國外交部關於喀使三國會議請示電尚未答覆，李鴻章對俄仍有

---

❾　同❼，一八九四年七月八日，〈俄國外相上沙皇奏摺〉。

❿　李鴻章，《李文忠公全書》，第一五卷，〈奏摺〉第一八頁。

⓫　同❿，第五八頁。

⓬　同⓫。

⓭　同❿，第一五卷，第六六頁。

⓮　同❿，第一六卷，第五頁。

所期待，故請總署一面試與日本談判，「一面仍不拒俄，亦不與說明」。緣於喀使「屢言：俄主保全東方和局美意，特令回津商辦；其向旁人密言：十二年九月俄遣拉得仁會商韓事，議垂成未允，俄廷很抱歉。」此為李鴻章所深信，仍謂：「喀仍申前令，無他要求，欲以牽制日人，不會日權於韓太重，小村慮牽制，誠畏俄也。」❶ 七月七日，喀使奉俄外相拒絕干涉朝鮮內政改革之訓令；九日，向李鴻章表示外交部意旨。李鴻章對俄國始稍失望，電請總署「與小村商議辦法，無慮牽制」❶。經歐格訥之從中斡旋，總署慶親王等遂與小村會商。七月九日，小村堅主先有辦法，然後再議撤兵；總署力持先撤兵，然後再議韓事，會議致無結果❶。小村往晤英使，責總署違約。英使於十二日質問總署：中、日、俄三國會商是否屬實？意在不願俄國居間調停，並表示可電其政府會同列強，以中、日兩國共保朝鮮改革內政為條件，促日本撤兵。總署答以須先撤兵始可計議其他❶。

　　李鴻章堅持朝鮮內政，非中國所應強其改革，更非日本所得干預；即交涉內政，日本亦應先撤兵，方能開議。歐使向總署提出之調停方案，無益中、日共管朝鮮，亦即日本所要求者，李鴻章以此更側重俄國之援助，而持懷疑英國之態度，致歐使調停大感棘手。但李鴻章既側重聯俄，而又想採「以夷制夷」之手腕，使英、俄爭先制日。當歐使示意願任斡旋，詢問俄國是否出任排解韓事。李鴻章置而不答，僅云：「俄、韓雖近鄰，未能無故動陸兵。若英國水師雄天下，……應請轉電外交部，速令水師提督帶十餘鐵快艦，往赴橫濱，與駐使同赴倭外署，責其以重兵壓韓無禮，擾亂東方商務，與英國大有關係，勒令撤兵再議善後。諒倭必遵，而英國與中、倭交情尤顯，此好機會，勿任俄國著先鞭。」並密託赫爾慫恿，意在盼英國出力，以牽制俄國❶。到了七月中旬，日本仍堅持不讓步，戰爭迫於眉睫，英國外相提議，必要時對於中日軍隊共同佔據朝鮮謀一妥協，使雙方軍隊相離稍遠，以避免衝突。

---

❶　同❶，第一一卷，第三頁。

❶　同❶，第一六卷，第二一頁。

❶　外交問題研究會編，《中日外交史料叢編》，臺北，外交問題研究會，一九六四年，第一四卷，第一九頁。

❶　同❶，第一四卷，第二八至三○頁。

❶　同❶，第一三卷，第三○頁；同❶，第二三三頁。

俄國外相對此亦表同意，且以單獨斡旋既已失敗，建議請德、法協助 ❷。李鴻章昏庸誤國，眛於國際情勢之演變，不知促成列強之共同行動，反密告知俄使喀西尼，謂：「英使正向總署商談，希望中國對日本讓步，給以支配朝鮮內政之完全自由，因朝鮮在日本手中，即可作一支柱以阻止俄國在遠東擴大版圖與勢力。」❷ 李鴻章之不善運用多元平行外交，誤認干涉日本俄力較大，故重俄輕英，結果反為日本所利用。

　　日本陸奧外相以中國放棄英使之議，致英國調停歸於失敗，而使日本外交行動漸得自由，遂乘隙促成破裂之局，訓令小村向中國所謂最後通牒，反責中國不顧英國調停友誼，足見有意滋事，今日如有不測，日本政府不負其責 ❷。小村將最後通牒致中國後，陸奧復訓令駐韓日使大島圭介，謂：「英國之調停已失敗，現在有施斷然處置之必要。」

　　但英使仍以事尚可為，復努力於調停活動，密派員至天津與李鴻章接洽，勸清廷信賴英國之調停，一面令駐日英使向陸奧商談。此時，大島已對韓國政府提出最後通牒，中、日衝突，一觸即發。陸奧為敷衍英使計，不能公然拒絕其調停，乃提出明知中國不能接受之條件以難之。英國政府甚感不快，於七月二十一日對日本提出覺書，謂：「……日本政府固執如斯，政略而致開釁，則日本政府不能不任其責。」❷ 措詞之嚴厲與俄國七月十三日之照會相同，然日本外相陸奧自始相信英國政府之決心，不及俄國之堅決，乃以狡獪圓滑之外交詞令答覆英國；且謂：「當初中國政府容納日本之提議，或駐華英公使之仲裁，與日本政府再開會商，事態當不致如此重大。」❷ 英國對日本答覆無任何表示，且鑑於中日戰爭不能避免，乃退而保守其海上利益，請日本政府承認不在「上海及其附近為戰爭……運動」。陸奧為避開英國之干涉起見，慨然容納其要求，其外交手腕可謂至為靈活而狡詐 ❷。

---

❷　同❺，第三五期，一八九四年七月六日，〈俄國外相上沙皇奏摺〉。

❷　同❷，一八九四年七月十四日，〈駐北京俄使致外相電〉。

❷　同❻，第三三至三四頁。

❷　同❻，第三六頁。

❷　同❷。

❷　同❶，第二三四頁。

五、甲午之戰爭爆發與帝俄對中日之外交活動

　　當中日關於朝鮮撤兵問題交涉期間，而日方卻積極進行作戰之準備，殆軍事上與外交上均已布署成熟後，遂於六月下旬，用兵佔領朝鮮王宮，強迫其王宣言獨立，廢止中、韓間一切條約，立大院君為傀儡，操縱其國政事。日本在朝鮮實行逼宮之後，掌握了朝鮮軍政僅兩天，就在朝鮮海面豐島附近，擊沉中國運兵船高陞號，接著又進攻駐朝鮮牙山的清軍，中國被迫應戰。一八九四年八月一日（光緒二十年七月初一日），中、日兩國同時均正式宣戰，此即所謂中日甲午戰爭。

　　中日戰爭期間，日本軍事節節進展，清軍陸戰敗於平壤，海戰挫於黃海，訓練數十年之北洋軍完全土崩瓦解。英、德、美等國首先正式宣布中立，俄國此時也表示中立的態度，但沒有正式的聲明。由於日軍所向披靡，各國恐在遠東利益遭受威脅，咸感不安，干涉之議復起。在此期中，俄國政府對中、日之外交活動，也為甲午戰爭中重要之一頁。

　　甲午之戰，原本可以避免，嗣因清廷外交過分信賴俄使喀西尼之調停，鑄成大錯。李鴻章與俄使喀西尼之關係未因戰爭而斷絕，於七月十三日（西曆八月十三日）致總署衙門一電曰：「頃喀俄使遣巴參贊持其國家訓條，謂此語須秘密」。譯云：「朝鮮之事，俄國已有激而起，毫無自利之心，惟有確照西曆一八八六年即光緒十二年拉德仁在津面訂之約辦理，此約准喀西尼本月十二日來電，李中堂迄今依然承認，即將此意密向中國政府聲明為要」等語。查拉署使前訂節略，密致總署在案。現朝鮮局勢大變，若能照前樣辦理，於國體舊制尚無大損。看來俄國似有動兵逐倭之意。該使謂如何辦法，該國尚未明諭，而大要必不出此❷❻。電中所云「節略」者，即光緒十二年巨文島事件時，李鴻章與俄使拉德仁在天津所訂「中國不變更朝鮮政體，俄國亦不侵佔朝鮮土地」之節略。嗣清廷恐因此約而受俄國束縛，迄未簽字，借由俄方口頒擔保不佔韓土。至此情勢已變，而俄方表示仍承認此約有效者，欲藉此以為置喙韓事，預留之地步❷❼。

　　總理衙門旋以李鴻章電入奏，迨平壤大東溝海、陸相繼失敗，慈禧太后

---

❷❻　李鴻章，《李文忠公全書》。

❷❼　同❷❺，第二三七頁。

亦因信賴俄國過甚，亟思與俄國尋此舊盟，以制日本。乃有遣翁同龢至津晤李鴻章探詢俄事之舉。……九月初二日，翁輕裝至天津，晤李鴻章，傳慈禧意。據翁同龢日記記這件事云：「入督署，見鴻章，傳皇太后、皇上諭慰勉，即嚴責之。」鴻章恐，引咎曰：「緩不濟急，寡不敵眾，此八字無可辭……。」適接廷寄一道，寄北洋（李鴻章）及余云：「聞喀西尼三、四日到津，李某如與晤面，可將詳細情形告翁某，回京覆奏云云。」余曰：「出京時曾奉慈諭，現在斷不講和，亦無可講和；喀使既有前說，亦不決絕。今不及顧慮，據實回奏。」李曰：「喀以病未來，其國參贊巴維福先來云：俄廷深忌倭佔朝鮮，中國若守十二年所議之約，俄國亦不改前意。第聞中國議論參差，故意中止。若能發專使與商，則中俄之交固，必出為講說。」又云：「喀使與外交部侍郎不協，故喀無權。余曰：『回京必照此覆奏。余未到譯署，且此事尚未知利害所在，故不加論斷，且俄連英而起，奈何？』」李云：「無慮也，必能保俄不佔東三省。」❷

　十月初，翁同龢回京覆命，其日記又載有云：「午初，入見於儀鸞殿，皇上亦在坐，詳述情形。」並力言：『喀事恐不足恃，以後由北洋（李鴻章）奏辦，臣不與聞。』❷於此可見慈禧本傾向和議，且期待俄國甚殷；而李鴻章所云：「必能保俄不佔東三省」信俄尤深。此時中國水陸均遭重挫，戰爭大勢已極明顯，俄國固躍躍欲試，其他各國亦擬促成中、日和局。十月中旬，英使歐格訥至天津晤李鴻章，勸早日議和。其時，李鴻章正促俄國出面干涉，對英使之溫和辦法不甚注意。喀使旋自煙臺到津，與李鴻章談中、日軍事，李鴻章慫恿俄國依前議，干預韓事。喀使答以「中、日用兵之際，韓局未定，未便譖越。如侵俄界，俄兵必力堵剿，否則暫守局外。如中、日議和以後，日人仍久踞朝鮮，俄廷必有辦法，不容伊獨自佔踞。惟中日戰爭不已，傷損必多，終須議和，不如乘敵未入境之先，速商停戰辦法。」❸意在俄國尚有待而發，並非始終置於局外，但李鴻章急於言和，對此不免深感失望。

　俄英二使雖有勸和之意，然其時旅順未陷，遼瀋無驚，言和格於清議；議和之機，尚未成熟。迨旅順失陷，遼東告警，和議始漸有力，而啟其端者

❷　翁同龢，《翁文恭公日記》，臺北，臺灣商務，一九二五年影印本。

❷　同❷。

❸　同❷。

厥為美國。美駐東京公使譚恩 (Mr. Dun) 於十一月六日（一八九五年）以函轉達陸奧，表示美國政府希望中日停戰之意。日政府狃於戰勝，拒不接受。但陸奧私語譚恩：「日本政府若請美仲裁，或不免招致第三國之干涉故不能不避免。異日若由中國開講和之端緒時，美國居間交換彼此之意見，則當深賴美國政府之厚誼。」譚恩以此意電達華府及駐北京美使田貝 (Charles Denbbby)。田貝電譚恩曰：「中國將直接開媾和談判之事委託本使。講和條件為承認朝鮮之獨立及賠償軍費二事，乞將此旨遞達日本大臣。」譚以之轉達陸奧。是時，中國已決意言和，先派德璀琳 (H. G. Detring) 東渡。德赴日後，日方以其非中國全權大員，拒不與議，迫中國正式派使；清廷派張蔭桓和邵友濂為議和代表，日本政府決定以廣島為議和地點。陸奧並與伊藤議定媾和方針，對媾和條款保持秘密，俾第三國無置喙之餘地。旋開御前會議（光緒二十一年正月二日，西元一八九五年一月二十七日），陸奧提出和約草案：決定朝鮮獨立、劃地、賠款及開埠、通商諸原則。經日皇裁可，派陸奧、伊藤為全權大臣。馬關條約之原則，於此見其梗概，而列強之外交活動遂由此日趨積極❸❶。

　先是，當中日戰爭爆發未久，列強靜觀局勢之發展，認為日本野心勃勃，各國在華利益將受威脅，乃思有以調停。最熱心奔走者為英國。英國政府曾於十月八日（一八九四年）邀請德、俄、法、美聯合干涉；俄國政府主採調解方式，德、美則加以拒絕，英國之建議遂告失敗。十一月三日，總署召請英、美、法、德、俄五國公使出面調停，亦未成功。俄國在此兩次調停嘗試中，均抱觀望態度，尚無明顯堅決之表示。一八九五年二月六日，英國外相金柏烈 (Lord Kimberley) 與俄國駐英公使史達爾 (M. de Staal) 就遠東局勢會談於倫敦，藉以探測俄國政府對遠東局勢之態度；但內心不願與法、俄聯合干涉中日戰爭，擔心為法、俄左右，而有損英國之利益，於是乃轉而求助於德國，並以英俄會談之情形告德國駐英公使哈齊費爾德 (Hatzfeldt)，約定英、德隨時保持密切接觸，以便於必要時，德國可採取決定性之措施。英國一面探詢俄國遠東政策之意向，一面覓取德國之合作。倫敦報紙則一致警告日本，勿在華操之過急，盼以緩和之條件為滿足，以免冒與列強衝突之危險；日本果能適可而止，英國決不與計較。此為當時英國一般輿論之論調，此亦反映英國政府之態度❸❷。

❸❶　同❶，第二三九至二四〇頁。

俄國外交部於獲悉二月六日，俄國駐英公使史達爾與英國外相金柏烈會談情形後，外相齊期肯 (Cnichkine) 乃以俄國之立場電史達爾謂：俄國政府認為日本若不以和議條件告知中國，則列強將無能為力；倘條件和緩，唯有以壓力迫中國接受，俄國無意放棄中立態度。基於俄、日邦交之親睦，「俄國政府之政策自不便剝奪其戰爭之合法結果」❸❸。二月八日，俄國外相復密電史達爾，謂：俄國當局對遠東局勢之嚴重性及其可能之發展，與英國外相所見相同。在日本積極前進之形勢下，俄國政府對英國外相之焦慮不安，亦表同情。且認為朝鮮之獨立，為俄國政策所必需。密函外，並附一備忘錄，載有由阿列克謝耶夫 (Алексеев Е. И.) 親王所主持，而經沙皇批准之會議結論。財相威特 (Витте С. Ю.) 在其回憶錄中，對此次會議之主題有所評論云：「在會中，余主張保持中國領土、主權完整之原則，並建議密許日本向中國索取相當賠款，以償戰費。日方若不允此要求，則俄國除公開活動外，別無他途。」❸❹在德國方面，則認為英國政府聯德調停之舉，實欲藉之以平衡英國與俄、法之關係。為乘英國求助之機，以達到其在中國沿海獲取根據地之目的，德國政府乃決定採德皇所主張之政策：「德國應在英、法衝突與英、俄對立之中，保留絕對獨立之行動自由，俾英國求助於德國時，德國可於相當時機索酬；萬一發生衝突，德國可取其所需，不致轉入漩渦」❸❺。當德國政策決定之後，遂於致英國覆文中，申述：「目前德國在東亞利益並未如英、俄之受威脅，……使吾人有參加干涉之理由，……且中國崩潰之危機尚屬遙遠。倘時局惡化，則德國當要求補償，因此衝突之損失。……」❸❻英國接覆文後，遂未與德國續商。

是時，帝俄政府對中日戰爭之進展，並未放棄其關切的態度。一八九五年二月，駐日俄使希特洛沃 (Hitrowo) 與日本外相陸奧宗光會談後，報告其政

---

❸❷　同❶，第二四〇頁。

❸❸　*De Staal Papers*, Chichkine. To do. Staal, Feb., S. 1805.

❸❹　Yarmolinsky, *Memoirs of Count Witte*, p. 83.

❸❺　Auswartiges Amt, *Die Grosse Politlk der Europaischen Kabinette*（歐洲政治史料）Band 14, Berlin, Deutsche Verlagsgesellschat Für Politik und Geschichte, 1992, p. 255, foot note, Document 2227.

❸❻　Ibid., pp. 251–252, foot note.

府，謂：「……日本對英俄協商之謠傳，甚感不安。陸奧曾對余再三提出關於朝鮮之保證，表示日本不願續戰，致使中國土崩瓦解，並將審慎考慮列強之利益 ❸。……日本政府為履行對俄國所提之諾言，希望以承認朝鮮獨立、賠款、割土及訂立新商約，為議和之基礎；並要求勿以之告其他列強。余答以『日本政府在名義及實際上承認朝鮮之獨立，俄國政府當勸告中國派全權代表接受其條件。』❸ 俄國政府既得此保證，深知其利益不致受日本之威脅，更無與英國聯合干涉之必要，乃持靜觀態度以待事件之發展。同時，俄國新外相羅巴諾夫 (Лобанов А. Б.) 告駐俄德使車爾斯基 (Tchirsky)；縱令日本議和條件包括向華割讓土地，俄國亦盼保持中立。」❸

英、德合作之議，經一度中止後，日本對華之軍事攻擊愈加激烈，大有危及列強利益之可能，英國對此關切尤深，於是又重尋求德國之合作。此時，德國政府則深恐英、俄對遠東問題已有協議，而拒德國於門外，乃別採途徑，訓令駐日公使，向日本政府提出警告，說明：歐洲列強有數國已應中國之請求出面調停；曰：如堅持割地，必引起干涉，不如及早直接交涉為有利。日本政府接德國警告後，於一八九五年三月八日遂發表聲明，力斥索地將促成戰端重開之說。為緩和德國計，聲言：「在開放中國全部通商之下，日本絕不索取較他國更優之條件 ❹。三月十四日，倫敦《泰晤士報》轉述東京消息，透露日本擬向中國要求割讓遼東半島 ❹。此為日方暗示英國日本無控制整個中國之意，以避免英國之出面干涉。同時，日、俄會談後，日本已深知俄國無意干涉，亦無反對割地之議，日本駐英公使青本遂以日、俄會談之情形告德國。此時，英國朝野人士主張積極干涉之態度，亦因日本政府發表不以中國為保護國之聲明而趨緩和。於是列強聯合干涉之陣線無形中遂告瓦解」❹。

德國自其警告被日本拒絕後，認為日本倘佔領旅順，則列強間縱有利害衝突，聯合干涉仍有可能，乃訓令其駐英公使口頭通知英國政府，表明遠東

---

❸ *De Staal Papers*, Copy of Letter from M. Hitrowo to St. Petersburg, Feb. 15, 1895.

❸ O. Frank, *Die Grossmachte in Ostassien*, p. 52.

❸ E. Brandenburg, *von Bismark Zum Weltkrieg*, p. 46.

❹ *London Times*, March 9, 1895.

❹ Ibid., March 15, 1895.

❹ 同❶，第二四一至二四二頁。

形勢變化時，德國決參加干涉；蓋以為英國正需求助於德國，以平衡對俄、法之勢力，必能遂德國之求也。是時，英、俄協議干涉之說，甚囂塵上，德國恐此說果實，將被摒於干涉範圍之外，對德國大為不利，於是又訓令駐俄公使一面探詢英、俄對中國之態度 ❹；一面與俄國外長交換意見，協商共同行動。俄國表示同意，認為德、俄無利害衝突，德、俄步調遂趨一致 ❹。一八九五年三月，兩國即應中國之請，調停和局，並於停戰前，探取日本之和平條件。此為德、俄在中日戰爭中採取一致行動之嚆矢，亦即其後俄、德、法三國干涉還遼之張本。旋以情勢不利，中國撤回停戰要求，各國外交活動暫告中止。三月三十一日，中日停戰之消息，始公布於世。

　　和議之促成，始由於慈禧亟欲停戰。自張、邵二使東渡被拒後，循日方之要求，乃派李鴻章為全權議和大臣。及抵日開議，李鴻章以日方條件太苛，未之允。於第三次會議完畢返行館途中，忽遭暴徒狙擊，彈中左頰，傷勢頗重。日本國內群情惶惑，恐由是橫生枝節，遂自動停戰，於光緒二十年三月五日（一八九五年三月三十一日）簽訂停戰條款，規定於簽押後二十日（四月二十一日）生效。日方於三月七日（四月一日）將草約送中國行館。其要點為：㈠承認朝鮮為完全無缺乏之獨立國；㈡中國將臺灣、澎湖列島以及奉天南部由鴨綠江至遼河以達遼東半島包含旅順、大連之土地割讓與日本；㈢賠償三萬萬兩，分五年支付；㈣締結中、日新商約，予日本以最惠國待遇；㈤開北京、沙市、湘潭、重慶、梧州、蘇州、杭州為商埠；㈥日本商船得在宜昌至重慶間之長江，湖南之湘江，從西江至梧州，從上海入吳淞江及運河達蘇杭二州等河流航行 ❹。李鴻章接和約底稿後，即提出覽書表示：朝鮮獨立，日本亦應承認；割地之舉必種下中、日兩國世仇；賠款要求減低，商約則須互惠。日本則促中國迅提答案，並威脅李鴻章之子李經方（李鴻章養傷期中，清廷任命暫為全權大臣），中國旋提出對案：㈠中、日確認朝鮮獨立；㈡割地限於奉天省內之安東縣、寬甸縣、鳳凰縣、岫巖州及澎湖列島；㈢償金減為一萬萬兩，無息；㈣商約以中國與歐洲各國所訂者為基礎，以互惠待遇為原則；㈤為擔保履行和約，中國允許日軍暫時佔領威海衛；㈥關於和約

❹　*D. G. P. (Die Grosse Politik)* B. 14, p. 256.

❹　Ibid., B. 14, Doc. 2229; 2230.

❹　王芸生，《六十年來中國與日本》，第二卷，第二九一頁。

之解釋及實施，雙方如有異議，由第三國仲裁。於是，中、日全權舉行第四次談判，集中於割地、賠款兩問題之爭辯。日本又提出對中國修正案之覆文，其要點為：㈠朝鮮獨立不變更原案字句；㈡割地略減；㈢償金減為二萬萬兩；㈣商約各條不變更原案，但所開港埠將梧州、湘潭、北京減去；㈤不允仲裁 ❹。李鴻章於談判後，即電告總署請旨定奪，伊藤復函李鴻章，堅持日方修正條款，限四日答覆。是即等於最後通牒。李鴻章於三月十七日（四月十一日）電總署作最後請示云：「昨與伊面談，語已決絕，今又來此函，似是哀的美敦書，應如何應付之處，祈速示遵辦。」清廷得電，令李鴻章再與磋磨，冀可減輕賠款割地，臺灣割讓一半，牛口營莊在所必爭。「倘事件至無可再商，應由該大臣一面電聞，一面即與訂約。」李鴻章以上諭各節，勢難達到，續電告情勢緊急，非與訂約不可。二十日總署電李鴻章曰：前電「所諭各節，原冀爭得一分有一分之益，如竟無可刪改，即遵前旨與之訂約。」❹ 李鴻章接到最後諭旨，馬關之盟成矣！《馬關和約》遂於光緒二十一年三月二十三日（一八九五年四月十七日）由李鴻章、李經方與伊藤博文、陸奧宗光簽字於馬關春帆樓 ❹。

　　《馬關條約》主要內容如下：

㈠中國承認朝鮮為獨立自主國，廢除該國向中國修貢典禮。

㈡割讓遼東、臺灣全島，及附近群島嶼，以及澎湖列島。

㈢中國賠償日本軍費二萬萬兩。

㈣中國以與歐洲各國約章為基礎，速與日本締結通商、行船及陸路章程，開沙市、重慶、蘇州、杭州為通商口岸。

㈤日本臣民在中國各通商口岸城邑，得自由從事各種工業製造，日本臣民在中國製造貨物，及一切稅課及租棧利益享受一切之優例豁免。

㈥日本暫佔威海衛，以保障本約之履行，俟第一、第二兩次賠款償清，日本始撤回威海衛軍隊。

㈦不得逮捕為日本軍隊服務過的中國人。

　　中日《馬關條約》是自《南京條約》以來，喪權辱國最嚴重的國際條約。

---

❹　同 ❹，第二卷，第三一九至三三四頁。

❹　同 ❹，第二卷，第三四一至三四二頁。

❹　同 ㉕，第二四三頁。

這個條約之簽訂使帝國主義對中國之侵略，進入另一個新的歷程，使中國淪為次殖民地之地位。因為這個條約極為苛酷，它給近代中國社會帶來極惡劣之影響，舉其要者有下列六點❹：

㈠該條約使日本割去臺灣等大片領土，破壞中國領土主權之完整，也助長了列強瓜分中國之野心。蓋中日戰爭之後，帝國主義爭相在中國劃分勢力範圍，中國面臨著被瓜分的危機。

㈡朝鮮淪為日本的附庸國，中斷了中國與朝鮮悠久的親密關係，為往後日本併吞朝鮮鋪路。進而日本以朝鮮為跳板，大舉向中國東北地區擴張勢力。

㈢日本佔領臺灣，不僅是掠奪了資源的寶庫，而又成為侵略我東南沿海的基地。

㈣允許日本在華投資設廠，其他列強引援「利益均沾」的片面最惠國待遇，群起效尤，爭向中國進行資本輸出。從此，列強以條約為根據，爭先恐後地在中國開設工廠，進一步掠奪中國資源，廉價奴役中國勞工，打擊本土工商業，阻礙社會經濟之發展。

㈤巨額的賠款，加劇了清廷的財政危機，更加重了百姓的負擔。二萬萬兩的賠款，和三千萬兩的「贖遼費」，相當清廷全國歲入的三倍。因此，清廷無力償還，不得不靠外債渡日，列強則透過貸款，控制中國的經濟命脈。

㈥中國的割地賠款，加速日本轉化為帝國主義。日本軍國主義者利用這筆巨額賠款，投資於重工業，特別是軍事工業，增強它向外擴張侵略的軍經力量。

第三節　俄德法之聯合干涉還遼

一、三國干涉還遼聯合陣線之形成

　　當甲午戰爭期中，和議之說初起時，日本政府就商議決定對和約條款內容對外完全保密，使列強雖有干涉之意，而以不明日方真意所在，不能採取積極聯合干涉之政策。

　　迨馬關和約開議，日本政府向中國要求朝鮮獨立與割讓遼東等之消息始透露於世。各國對日本所提條件之苛刻均感不安，深恐遼東一旦落入日本之

---

❹　趙叔鍵等編，《中國近代現代史》，臺北，今古文化，一九九三年修訂三版，第一三八至一三九頁。

手，列強在遠東之利益必受重大威脅❺⓿。乃產生阻遏干涉之意，其中以德國為最積極。蓋此時日本已攻佔旅順、牛莊等重要據點，德國恐日本再度擴張其勢力，則中國將可能陷於土崩瓦解，使日本由島國地位一躍而為東方之強國；尤恐英、俄向華要求割地，摒德國於度外。於是決定對日本採取更積極之干涉態度，乃尋求與俄國密切合作，以阻止日本政府野心之實現，並可藉此以削弱俄、法同盟之力量，誘導俄國勢力於遠東，以減輕其對德國東疆之壓力，免其宣傳泛斯拉夫主義❺❶。關於此說主張最力者為德國前駐華公使勃蘭德 (Von Brandt)。他於四月八日上書德國外交部云：「……吾人與帝俄在東亞之合作，必使其在歐洲對德國之態度，發生不容忽視之影響；倘法國不贊同俄國對日干涉之建議，對法、俄同盟在表面上必告鬆懈。……德、俄合作干涉之結果，可能由中國獲得一海軍軍港或煤站之割讓。」❺❷勃氏於四月九日與威廉會見時，復發揮其見解，認俄國為對「蒙古世界」最堅強之支柱，應援助之以建築通過滿洲之鐵道。威廉頗同意其說，在他建議書中批註曰：「在此事件上支持俄國，乃為減輕俄國對西歐邊界之壓力，誘導俄國勢力於東方亦為對德國有利之舉。」❺❸

德國轉移俄國西線於遠東之願望，一時雖獲實現，然歐洲大陸聯合陣線不久即告崩潰，削弱俄、法集團之計劃亦歸失敗。蓋三國干涉還遼未久，法、俄二國在遠東之金融合作，適足以加強法、俄集團之力量。而俄國之參加干涉，非為有助於中國，實欲拒日本於亞洲大陸之外，故一面壓迫日本接受其條件，一面組織法、俄金融政治集團，置中國於其勢力範圍之下，使中國深信欲對抗日本，惟求助於俄國。

德國除覓取俄國之合作外，更進而遊說英、法實行聯合干涉。當馬關會議開始，日本所提條件內容洩露於世，德國益感不安，四月二十日（一八九五年）德國外相馬夏爾 (Marsehall) 遂向駐德日使青木提出警告云：「日本佔領旅順，必受巨大妨礙……，德國自去秋以來，已對日本表示充分厚意，打破歐洲諸國之企圖並以其他種種方法援助日本，然日本對之不思報酬，不增進

---

❺⓿　Zu Reventlow, *Deutchland Auswartigo Politik*, p. 83.

❺❶　Ctto Hamman, *Der Neuer Kurs*, p. 3.

❺❷　*D. G. P.* B. 14, Doc. 2237.

❺❸　Ibid., B. 14, Doc. 2240, foot note.

德國之利益，甚至漠視德國及其他列強對於中國通商之直接關係，竟擅訂和平條件。德國自不能立於歐洲諸國共同利害之外，且日本似已由通商條款中，獲得若干不正當之利❺❹。」此為德國在中日戰爭中首先採取強硬態度之第一步，而德、俄之聯合干涉陣線，至是已完成初步之基礎。

　　嗣後，德國警告日本放棄南滿旅順及澎湖群島，法國亦表示與俄國採取一致行動。俄國政府至是對日本始採積極態度，放棄與英協作及與日本秘密妥協之議。四月十一日，復舉行秘密會議，陸相萬諾夫斯基主張：「如日本不退出滿洲，俄國應訴諸武力。」財相威特則曰：「日本所發動之戰爭，是本人修築西伯利亞鐵路之結果。一切西歐國家及日本似感到瓜分中國之來臨，而西伯利亞鐵路將增加吾人瓜分中國之機會。日本之敵對行為，主旨在反對吾人。日本圖謀佔領南滿，為俄國之一種威脅，或者由此而佔有朝鮮之全部。日本由中國取得二萬萬兩之賠款後，即將在其所佔領之區域建築防禦，且將誘致好戰成性之蒙古人、滿洲人以便相機再發動一次新戰爭。在此情勢下，數年之內，日本天皇成為中國之皇帝亦在逆料之中。日、俄衝突勢難避免。如任日人佔有滿洲，俄國必須擴充強大之陸、海軍，始能保障吾國之領土及西伯利亞鐵道。目下之問題，是將允日本佔領南滿，俟西伯利亞鐵道完成後，再求補償；抑或決然阻止日本之佔領。就二者之得失而論，以立採積極行動為有利。現時不必提出阿穆爾邊界之重新勘定，亦不必談及領土之攫取，以免同時開罪中、日兩國。吾人對歐洲亦應抱正確之態度，斷然聲明不能讓日本佔領滿洲。如吾人之要求不能實現，只有採取必要之措置，如此絕不致發生戰爭。蓋吾人被迫而決然行動時，歐洲各國及日本均將相信吾人已準備就緒。如出乎意料，日本拒絕俄國之要求，只有派遣軍艦，對日本艦隊開始敵對行為，轟擊日本海港，但不可佔領任何地點。是時，吾人即成為中國之救主，中國必重感俄國，他日自然同意以和平方式重勘中俄邊界。日本之戰勝中國，不能證明其力量。據余所知，日本出動之軍隊不過七萬，而且分散朝鮮全境及南滿各地。如不幸發生戰事，則目下吾人所能支配之軍隊，亦足敷用，且可獲得中國人及朝鮮人之協助，蓋彼等仍仇視日本也。」威特繼言：「俄國可對日本作任何讓步，臺灣、澎湖、旅順甚至在朝鮮南部均可不問；但決不放棄滿洲，最好決定備戰，否則俄國必遭更大之損失。」阿列克謝耶夫及阿

❺❹　同❻，第一六三至一六四頁。

布魯契夫 (Abruchiv) 仍企圖阻止俄國捲入戰爭；羅巴諾夫則以為除訴諸戰事外，別無他法。海、陸兩相表示戰爭之準備已可應付裕如，於是根據威特主張議決：㈠以友誼方式勸告日本放棄南滿之佔領，如被拒絕，即聲明保留行動自由；㈡向歐美列強及中國發表正式聲明，俄國不攫取土地，但為保持俄國自身之利益，須堅持日本撤退南滿之駐軍❺，此為俄廷對干涉中日和約重大決策討論之內幕。

俄國對於中日戰爭，始則僅欲以外交手段達其目的，而終則不惜用武力干涉者，蓋以日本於甲午戰勝後，在南滿貪得無厭，妨礙俄國發展南滿之計劃。時德皇威廉二世對遠東局勢之演變，既深表關切，尤恐中、日結為同盟，與歐洲為敵，乃提出「黃禍」之說，聯合歐洲列強干涉日本阻止其野心之實現❺。其建議旋為俄國所贊助。德國遊說俄國參加干涉既獲成功，乃轉而覓取法國之合作；但德國駐法大使言：若無英國參加，法國亦保留行動之自由；蓋是時適為法國割讓阿爾薩斯羅萊茵之二十五週年紀念，與德國舊恨未消，若非形成一普遍之聯合陣線，法國殊不便與德國攜手❺。德國為獲取法國之參加，不得不先謀與英國合作。惟當日本議和條件未公布前，英國不欲與德國聯合干涉，德國駐英公使哈齊費爾德電告其政府稱：英國外相金柏烈雖亦認為日本佔旅順將危及中國獨立；但不信列強（法、俄）將因此而受威脅❺。德國獲得俄廷合作之答覆後，為探詢英國真實態度起見，復請英國政府參加共同干涉，以保中國之獨立。英國外相未正式覆文，而以私人資格答稱：英國不為日本條件所威脅，「一遼東之割讓將威脅俄國利益，尤以朝鮮為然，至於英國利益則主要集中上海一帶❺」。四月八日，英國內閣會議討論此事，議決通知德、俄政府：「英國在東亞之利益未受中日和約之影響，故無參加干涉之理由，蓋干涉之舉，顯然唯有出於武力干涉一途也。」❻由此可知英國對中

❺　羅曼諾夫，民耿譯，《帝俄侵略滿洲史》，俄財部檔案第二〇號，臺灣，學生；Witte（威特），*Bospominania*《回憶錄》, II, pp. 37–39.

❺　E. Brandenburg, *von Bismark zum Weltkieg*, p. 51.

❺　Philip Joseph, *Foreign Diplomacy in China* (1894–1900).

❺　Ibid., P. 110.

❺　*D. G. P.* B. 14, Doc. 2236.

❻　Ibid., B. 14, Doc. 2239.

日戰爭所持之政策始終一貫，迄未變更；其政策所依據之兩大原則，即以日本對華控制之程度，及其對英國在華貿易之影響以為衡。倘日本之進展危及中國之生存獨立及英國在華商業利益，英國即採積極干涉態度。反之，則退而為消極之中立❻。此英國之終未參加干涉還遼之舉。英國雖以利害關係拒絕參加干涉，但對三國之聯合干涉亦不表示反對，且勸告日本對三國壓力讓步❻。

　　對於三國干涉還遼，法國態度，亦頗重要。德國既獲得俄廷之支持，英國既表示拒絕，乃亟謀覓取法國之合作。法國自中日戰爭開始，對日本雖維持友誼，且暗示法、日提攜之議；但顧及歐洲攻略計，其對遠東政策大半又視俄國態度為轉移❻。當馬關和議進行期中，法國外相阿南陀 (Hanotaux)、俄國外相羅巴諾夫同感遠東時局之嚴重，歐洲列強在遠東之權益，將受重大影響。雙方根據駐華使臣之報告，不斷交換意見，以謀控制日本，並增進同盟友誼❻。此時，法國一般輿論雖不熱烈主張參與干涉之舉，但政府當局認為若拒絕干涉，則新訂未久之俄、法同盟，必為之削弱，故為維持同盟之力量起見，不得不唯俄廷之馬首是瞻，採取一致行動❻。

　　自俄國內閣特別會議議決對日本採取積極行動後，羅巴諾夫尚有所猶豫，不立將議決案奏報沙皇。羅氏固反對日本佔領旅順，但亦不願與日本為敵，且認為必要時，須與日本結盟，然又不相信對日本有親善可能。當時俄國對日本所能採取之途徑唯有：㈠沙皇所預定者，攫取朝鮮一海港；㈡威特所主張者，將日本人驅出亞洲大陸，亦即對日本宣戰。當羅氏猶豫不決之際，駐俄法使蒙台伯洛 (Count Montebello) 適由巴黎返任，根據法國政府之兩項建議，向羅氏表示：㈠法國擬取得海南島旁中國一小島；㈡控制日本，勿操之過激，以免其與英國聯合，而增強其抵抗力。羅巴諾夫將法國建議奏聞，沙皇深然其說，贊同與法國一致，不反對馬關和議之進行，以便攫取一不凍港以為補償。於此可見，法國援俄，亦有所圖，不願出以武力干涉之方式。久

---

❻　Philip Joseph, op. cit., p. 117.

❻　Ibid., p. 125.

❻　Tardieu, *The Dual Alliance*, p. 214.

❻　A. Gerard, *Ma Mission en China*, p. 42.

❻　同❶，第二四九頁。

之，羅氏始將特別會議之決議案奏陳 ❻ 。沙皇於四月十六日召集財、陸、外
三相及阿列克謝耶夫親王商討決策。威特重申其主張，請沙皇放棄攫取朝鮮
海港之議，而堅持保全滿洲，即與日本開戰亦所不辭。沙皇大為所動，嫌法
國態度失之和緩，決計以德國為援助之主力，乃立令外交部執行是項計劃。
是則俄廷對日本態度所以急轉直下，出於武力干涉之一途者，威特之策劃與
德國對日本態度之強硬，實有以致之，而在法、俄協商合作之過程中，法國
之態度亦不無相當之影響。

　　德、法之態度既明，而英國又避免參加干涉，俄國政府即向巴黎、柏林
建議：俄、德、法三國應向日本政府作友誼策動，勸勿佔領中國大陸 ❼ ；因
遼東半島之佔領，「非但危及中國首都，且使朝鮮獨立徒托空談，更足為遠東
和平之永久障礙。」 ❽ 倘日本拒絕此項勸告，則三國當在海上採取共同行動，
遮斷日軍與本國之交通線，使其在中國大陸陷於孤立 ❾ 。四月十七日，德皇
一面以私人名義電沙皇，一面由外交部正式覆稱：「業已訓令駐日德使援助俄
國之要求，德國遠東艦隊已奉令與俄國海軍共同動作。」至此，俄、德、法干
涉日本之聯合陣線遂告形成。

二、俄德法干涉還遼行動之開始

　　俄、德、法三國干涉日本之政策既已一致，便將干涉的計劃通知中國，
使其不接受日本的媾和條件，同時俄國政府更舉行御前會議，詳細討論干涉
的計劃，會議所得的結論：
㈠為保全華北均勢，先對日本作友誼的忠告，使其撤退在南滿的軍隊，因此
　種軍事行動，有損俄國利益，並妨礙遠東和平。
㈡向歐、美及中國發表正式聲明，俄國決不攫取領土，但為保俄國自身利益，
　深感堅持使日本撤退南滿駐軍之必要 ❼⓿ 。
　　四月二十三日，俄、法、德三國公使同至日本外務省送致覺書，此時，

---

❻　Witte, op. cit., pp. 55–57.

❼　*D. G. P.* B. 14, 269.

❽　Ibid., B. 14, Doc. 2224.

❾　Ibid., B. 14, Doc. 2243.

❼⓿　Yarmolinsky, op. cit., p. 84.

因馬關條約後，日皇傳旨，不日行幸京都，在廣島的閣僚、重臣都已先到京都，外務大臣陸奧宗光也因病請假，所以東京沒有一個重要的負責人。三國公使到外務省後，會到外務次官林董後，謂各受本國政府的訓令，提出關於中日媾和條約中割讓遼東半島的異議。俄國的覺書如下：

俄國皇帝陛下之政府，查閱日本向中國所要求之媾和條件，認遼東半島為日本所有，不特有常危中國首都之虞，且同時朝鮮之獨立，亦為有名無實，對於將來遠東之和平，予以障害。因此，俄國政府為向日本政府重表誠實友誼，勸告日本政府，應放棄領有遼東半島❼。德、法覺書詞意相同，惟德國覺書中原有「貴國弱，敵國強，若果開戰，貴國必敗」等語，經日方抗議，始行刪去。時中日和約已由伊藤與李鴻章於四月十七日在馬關簽字，決於五月八日由兩國政府批准。因之，日本對三國覺書之答覆，須於十五天內決定。

四月二十四日，首相伊藤博文於廣島召開御前會議，是時，外相陸奧臥病於播州舞子。與會者僅陸相山縣有朋、海相西鄉從道等。伊藤提出對策三項：㈠斷然拒絕俄、德、法之勸告；㈡招請列國會議，處理遼東半島問題；㈢完全容納三國勸告，恩惠的交還遼東半島於中國。三策中任擇其一，廟議結果，認為：就第一策論，日本雖戰勝中國，然國內海、陸軍備空虛，人員軍需，均告疲勞缺乏，即單獨對俄國艦隊抗戰亦無把握，何況應付三國。第三策恩惠的交還遼東，又屬不值，遂暫決定第二策，召開列強會議。伊藤即夜由廣島出發，於二十五日訪陸奧於舞子。藏相松方內相野村亦由京都來會，繞外相病榻鼎坐會商，外相主張暫拒絕三國勸告，觀察彼等將來動作，探究其真意後，再議外交上轉圜之策。伊藤駁稱「……俄國去年以來之行動，甚為明白，不須探究其真意之深淺。若再由我挑撥，予彼等以適當之口實，其危險甚多，況當危機將爆發之際，已無講外交上轉圜之餘地。」松方野村亦贊同伊藤之說，陸奧則反對召開列強會議，謂：「現今招請列強會議，則於對局者俄、德、法之外，至少須加二三大國，而此五六大國是否參加所謂列強會議，尚成問題。即令承諾參加，至實地公議時，尚須許多之時日，而中日媾和條約批准交換之期，已迫於目前。徬徨於和戰未定之間，徒增事局之困難。又凡此種問題，一交列國會議，則列國各主張自己之利益，為必至之勢。會議之結果，不免別生枝節，各國互提種種條件，終至破壞《馬關條約》之全

❼　東亞同文會編纂，《東亞關係特種條約彙纂》，東京，丸善，明治三十七年，第八五頁。

部；由我而更招歐洲各國之新干涉，尤非得計。」伊藤、松方、野村均然其說，陸奧繼稱：「廣島會議既已決定不增加新敵國，若三國積極進行干涉，則日本不能不承認其勸告之全部或一部，而日本今日除有三國干涉之難題外，尚有與中國和戰未定之問題。若此後三國交涉過久，中國或乘此機會拋棄《馬關條約》之批准，意使《馬關條約》成為廢紙，亦所難料。故日本應確然分清問題，務使彼此無所牽連，決定對於第三國縱令至最後不能不完全讓步，對於中國則一步不讓。本此方針，以一直線進行。」❼❷伊藤等均贊同此議，即將決議奏請日皇裁決。在條約批准交換之期限前，一面擬請三國和緩或撤回其要求，一面引誘其他二三大國之援助，以牽制三國干涉之勢力。陸奧外相鑑於俄國為主要之干涉者，遂於二十五日先向駐俄日使西德二郎發一電訓，以試探俄國之決心，略謂：「中日媾和條約，已經我皇上批准之今日，拋棄遼東半島，頗屬為難。若俄國認為傷害從來日俄兩國多年親密之善鄰關係之為非得計，則貴官可要求其對此次之勸告再加考慮，且望告以：日本將來雖永久佔領遼東半島，亦不危及俄國之利益。關於朝鮮之獨立，日本政府無論如何，當使俄國政府充分滿足。」❼❸經日使多方申述，俄外相言：沙皇以日本之請求並無充分理由足以使俄國撤回其勸告。至日本請求援助之其他列強，意圖雖欲積極助日，然其遠東實力不大；美國僅願於局外中立範圍內予以協助；英國則抱不援助之立場 ❼❹。自是日本始確悉俄、德、法實具貫徹干涉之決心，及其他列強實力援助之不可恃。時西德二郎向日本政府建議苛索償金，使中國永久不能還清，以為變相的永佔遼東半島。陸奧頗然其說，四月三十日，遂令其向俄國政府提出照會，同時電青木、曾根兩使，向德、法政府提出同一內容之照會，要求：㈠日本政府除金州完全放棄外，對於遼東半島有永久佔領權，但日本政府與中國商議後，對於拋棄之領土當定相當之報酬金額；㈡迄中國完全履行媾和條約之義務時止，日本政府有佔領該領土為擔保之權。俄國政府完全拒絕日本之要求，認為日本佔領旅順以為俄國領土安全之障礙；德、法亦持同一之態度 ❼❺。

---

❼❷　同❻，第一四二至一四四頁。

❼❸　同❻，第一四四頁。

❼❹　同❻，第一四〇至一四六頁。

❼❺　同❻，第一四八頁。

　　是時，三國遠東艦隊已準備行動，俄國遠東海軍司令已奉有二十四小時內隨時將停泊日本海港之俄國艦作出航準備之命令。各艦皆晝夜升火，禁止航員上陸；又海參崴急召集預備兵，東部西伯利亞總督統率之預備兵已集合五萬之眾，隨時出師之準備，亦已完成。五月五日及八日，俄海軍司令梯爾特夫 (Tyrtof) 幾兩度與日艦開釁於東洋海面 **❼**。在三國積威之下，日本經再度廟議，始決定還遼。五月四日，依據外相陸奧之主張，以單純之詞調，擬就覺書，答覆三國，經日皇裁可後，即令駐俄、德、法三國日使，向各該駐在國提出，其文曰：「日本帝國政府根據俄、德、法三國政府之友誼忠告，約定拋棄奉天半島之永久佔領。」**❼❼** 五月九日，駐東京俄國公使希得羅渥 (Hitrovo) 奉到聖彼得堡的訓令，致日本政府的覆書如下：

> 俄國皇帝陛下，得日本拋棄遼東半島永久佔領之通告，認日本皇帝陛下
> 因此措置，重表示其高見，茲為宇內和平，特述祝辭！
> 同時，德、法兩國公使也都奉到政府的訓令，特赴日本外務省，宣述與
> 俄國相同的祝辭，日本政府接到三國的滿意表示後，日皇即於五月十日
> 正式宣詔，容納三國的忠告，交還遼東。茲錄其宣詔原文如下：
> 朕嚮依清國皇帝之請，命全權大臣與其簡派之使臣，會商訂結兩國媾和
> 條約。

　　然俄、德兩帝國及法蘭西共和國政府，以日本帝國永久佔領遼東半島之壤地，為不利於東洋永遠之和平，以勿永久保有其地域，慫恿朕之政府。顧朕恆眷眷於和平，而竟與清國交兵者，洵不外以永遠鞏固東洋和平為目的，而三國政府之友誼勸告，意亦在茲。朕為和平計，固不吝容納之。至更滋事端，致時局益艱，治平之恢復益遲，以釀民生之疾苦，而沮國運之伸張，實非朕意。且清國依媾和條約之訂結，已致渝盟之悔，使我交戰之理由及目的，炳然於天下。今顧大局，以寬宏處事，亦於帝國之光榮及威嚴，無所毀損。朕乃容納友邦之忠言，命朕之政府，以此意照覆三國政府。若關於交還半島壤地之一切措置，朕特命政府與清國政府商訂。此即同年九月中日還遼條約之濫觴。

---

❼　Asacara, *The Russo-Japanese Conflict*, p. 75.

❼❼　同**❻**，第一五〇頁。

明治二十八年五月十日，日皇名璽，內閣總理大臣伯爵伊藤博文、陸軍大臣伯爵山縣有朋、大藏大臣伯爵松方正義、海軍大臣伯爵西鄉從道、農商務大臣子爵榎本武揚、外務大臣子爵陸奧宗光、遞信大臣渡邊國武、司法大臣芳用顯正、文部大臣侯爵西園寺公望、內務大臣子爵野村靖❼❽。

《馬關條約》批准後，依約中規定，原定五月八日履行換約手續，後以三國干涉還遼事起，中國主張展延換約期限，以便從容定議，並請三國同意。俄國先則頗贊其議，勸展限。但及期，三國又一致促中國如期換約，蓋此時日本已答覆接受還遼之要求，清廷即令伍廷芳與日本使臣伊東在煙臺換約，而三國干涉之舉自此結束。

綜合上述俄、德、法三國干涉還遼之經過言之，為確定對歐洲政略需要與藉謀遠東利益，三國之中，幕後策動最力者為德國，而使干涉方式具體化者為俄國，法國則為增進俄、法同盟而對俄國聲援。至干涉之結果，雖在遠東一時獲得和平之局，但影響所及，極為重大。舉其要者有下列數點❼❾：

第一、日本於申明還遼未及三月，即與清廷進行有條件之還遼交涉。日本政府本陸奧之建議，於致三國覺書中，不提還遼有無條件者，即為他日外交上留一折衝之餘地❽⓿。當中日交涉還遼時，日本果要求償金五千萬兩及修訂通商行船條約，為遼東撤兵之條件，德、法頗為贊同，蓋欲藉此以恢復對日本之好感。中國力持無條件還遼，復請俄國疏通德、法以為聲援，俄國亦認為日本要求過甚，三國一致促日本緩和其條件，日本政府方允減償金至三千萬兩，不以修訂通商行船條約為條件。中、日始於一八九五年十一月簽訂《遼南條約》。日本不得已而還遼，除《馬關條約》所規定二萬萬兩之戰費外，尚獲得三千萬兩之償金，致中國財政益陷窘境，非大借外債不能償付，此即陸奧所謂「逐兩兔而得其一之技倆」。

第二、俄、德、法三國干涉還遼後，亦各得所償。中國支付友誼之代價甚鉅，除三國取得對中國債權人地位外，列強在華領土之攫取幾肇中國瓜分之禍。

第三、日本以戰勝國之地位，因獨霸大陸一念之差，而自招其辱，誠如羅曼諾夫在《帝俄侵略滿洲史》所云：「日本不惟失去其所專心圖謀在大陸上

❼❽ 同❼❶，第八六頁。
❼❾ 同❶，第二五三至二五四頁。
❽⓿ 同❻，第一五〇頁。

所攫得之領土，即此段外交公案，亦不免給日本若干形式上之凌辱。」陸奧外相記述三國干涉還遼時日本之恐怖，云：「日本社會猶如被襲於一種政治之恐慌，驚極而陷於沉鬱，憂心忡忡，皆恐我國之要地，受三國之炮擊。」高談匡救目下大難之策者，幾無一人。此時屬於對外強硬派之重要人物，在京都面會伊藤總理，談及三國干涉事件時，伊藤曾云：「今與其聽諸君之名論卓說，寧與軍艦大炮相對熟議。」彼等對此冷語，不類平日之多辯，不敢以一言相抗，亦不能言胸中有何打算。此輩尚然，況一般人民乎。人心洶洶，只默禱時難之速去耳。其實，當時陷日本舉國於恐怖時難中者，又未始非日本外交家如陸奧之流所促成。陸奧對於馬關議和時，要求割讓遼東之理由，曾云：「遼東半島撫朝鮮之背，扼北京之咽喉，國家將來之長計上，不論如何，不可不領有之。」日人咎由自取，不足為惜，惟其報復之決心益堅，甲午戰後，日本急謀東亞之史實，即可概見。

第四、日本於俄、德、法三國中，對俄國唧恨最深，駐俄日使西德二郎奉日本政府訓令，致俄國外交部覺書，即有：「……若俄國政府念及傷害從來日俄兩長年之善鄰關係，此舉實非得計……」之語❽。此顯係日本政府之哀鳴，亦其內心憤慨之流露；故自干涉還遼後，俄、日在滿洲之衝突日烈，卒引起一九〇四至一九〇五年日俄之戰。

第五、三國干涉還遼一舉，使中、日兩國日後之外交路線，各走一端。因李鴻章等廷臣疆吏之仇日，聯俄更趨積極，而有一八九六年《中俄同盟密約》之締結。在日本方面，日使西德二郎試探俄國外相羅巴諾夫之干涉真意後，即向陸奧建議：日本若欲在朝鮮鞏固其勢力，而再有佔領遼東半島之意，除充實必要之軍備外，須與英國結合，以便他日得其助力❽。遠在此時，日本駐外使節對英、日提攜之主張亦已露出。二十世紀開始，英、俄在華衝突愈烈，日本外交路線不聯英則聯俄，卒以對俄國報復心切，聯英主張遂佔優勢，而有一九〇二年英、日同盟之成立，奠定日俄戰爭中日外交戰之勝利。凡此諸點，皆三國干涉還遼對遠東局勢之影響。

總之，日本帝國主義之野心，由於甲午戰勝，益加擴張；又由於日俄之戰，擊敗強俄，更加猖狂，終導致一九三七年七月七日發動全面侵華與一九

---

❽　Witte, op. cit., p. 61.

❽　同❻，第一四七頁。

四一年十二月七日襲擊珍珠港之大戰，最後遭到戰敗和無條件投降之悲慘結局。倘若追根溯源，莫不與日本強迫中國割讓遼東有直接之關連。此一史實，頗值得所有實行霸權侵略主義國家之警惕。

第五章　李鴻章與中俄同盟密約

第一節　俄法合作計劃下對華之貸款與華俄道勝銀行

一、中國要支付對日鉅額賠款

　　《中日馬關條約》規定賠款二萬萬兩，清政府即刻面臨的一個嚴重問題是如何籌措數額龐大的賠款。第一期賠款五千萬兩應於一八九五年十月付出，非常緊迫。清政府最初打算從國內籌款，但是提高關稅，又遭到英國之強烈阻撓，迫使清廷除借外債別無他法。列強對此財政支絀，河山破碎之中國，亦極欲大舉貸款，藉在財政上有所支配，以期獲得重大之補償。遠在甲午之役初期，德國外交次長羅廷幹男爵 (Baran Rotenhan) 即向駐柏林俄使查理柯夫 (Charikoff) 表示：中、日兩國必向外國借債，歐洲資本家，可一視同仁，借債雙方❶。日勝中敗，中國成為債務人，而列強則成為債權人。當俄國政府御前會議決定干涉日本還遼時，財相威特即已著眼於此。俄政府雖決定與德、法共商干涉還遼，但對日本向中國要求如此鉅額之賠款，則毫不表示異議。

二、俄法對華借款與英德干預之經過

　　帝俄財相威特一面強硬對付三國干涉下之日本，一面防止他國搶佔先著，乃秘密向清廷表示：願代籌鉅款，由俄國擔保，而以中國關稅收入及全國財產為擔保；若中國無法還債，俄國負擔保障責任❷。

---

❶　蔣廷黻選，〈赤檔〉，載〈國聞週報〉，第一一卷，第三九期，〈駐德俄使致俄外交部電〉。

❷　Witte, *Bospominania*, p. 42.

一八九五年五月終（光緒二十一年四月二十一日），清廷同意俄國借款，由總署電駐俄大臣許景澄，向俄國借五千萬兩，週息五厘以內無折扣，本息均由關稅出票，戶部蓋印，按期撥還。至德、法借款，擬俟俄款商定，再與酌定，令婉達俄廷，並謝關切❸。許使於二十六日電告總署，謂：俄國財政部「嫌與德、法爭攬，改薦銀行承辦，海關作押，關款不敷，由俄國國家擔保，以便減輕息扣，辦法仍須含一萬萬兩之數，息五厘，每年還本息共六百零四萬三千四百五十兩，付至三十六年本息全清，無折扣，不加費用，交款盧布、英鎊均可」，「借款務須秘密，俟六個月後，再議他款」❹。俄國政府以籌款退兵為餌，堅持要中國多借。俄外相羅巴諾夫並有：「俄、法一氣無慮，德國則另想應付辦法」之語。蓋當時俄、法對華借款，係個別進行，且俄國政府與法國保持金融市場關係，圖利用其游資，對華作經濟侵略，故有俄、法一氣無慮之語。經過一段時間交涉後，許使與俄財政部商定，俄國同意允借法銀四萬萬法郎，照五厘息，擬定合同四點：㈠告明海關已押各款，每年應付本息及上年稅收兩項總數；㈡以後借款數付與否，先儘撥付俄款；㈢倘海關不能付款，應預告俄國以何項抵押；㈣中國以後借款，如允海關及他項權利，亦准俄國均霑。

此項合同草案電京後，英、德公使警告總署：「兩國借用商款，事所恆有，從無他國國家擔保者。既保借款，即為保護國之漸。」並以埃及曾用英國借款為證❺。總署雖認為英德或忌俄壟斷為此聳聽之詞，然亦不無疑慮，「所謂揭破則失歡，隱忍則貽患」。因飭許使告俄外部以：「英、德公使皆有中國借款大失體面之語，務請另想辦法，勿使中國聲名有損。」❻李鴻章致總署電，則主張：「俄代借法款一萬萬兩，四厘九三扣，每年約還本息，不及七百萬兩，利息甚輕，請速訂立，於公法國體，兩均無礙。」❼此時，英國政府乃向議院聲明：中、俄借款事，英不干預。惟德國則頗為疑忌，大為不滿。許使請總署轉商德使，以後兵費必向德商，俾免意見橫生❽。關於中、俄合同，俄外

---

❸　王彥威，《清季外交史料》，第一一二卷，第一〇頁。

❹　同❸，第一七頁。

❺　同❸，第一一三卷，第一七頁。

❻　同❺。

❼　同❺，第一八頁。

相羅巴諾夫復鄭重聲明：添列俄國一層，全為銀行售票較速起見；惟中國必須言明：不允許他國有管理財政之特權及利益，如他國得此權利，亦允俄國均霑；俄財政部並告訴中國勿輕聽流言。中、俄四萬萬法郎四厘借款合同，遂於一八九五年七月六日（光緒二十一年閏五月十四日）由駐俄公使許景澄與俄、法各銀行簽訂，參加者計有：俄國銀行六家，出款二萬萬五千萬法郎、法國銀行三家，出款一萬萬五千萬法郎。合同共九條，另與商定條件如下：第一、二條規定以海關收入為擔保；第三條規定：此款付還時，不拘何故，遇有阻止及滯緩之處，俄國國家已與中國國家商明，允許立合同之銀號，一面周備蟬聯，發給按期。此款之分年本息，惟中國國家應另許俄國以別項進款加保；至另商加保之事，應由兩國大臣在北京辦理；第四條規定：中國聲明無論何國何故，決不許其辦理照看稅入等項權利；如中國經允他國此項權利，亦准俄國均霑❾。

三、俄國願代籌鉅款之目的

當時帝俄政府之急於與中國簽訂借款合同者，其主要目的，在利用法國之財政勢力以支持其外交，在遠東造成俄、法政治、金融之凝聚，置中國於其控制之下，奠立歐洲合作之基礎。其對中國之野心，經濟之侵略大於政治之支配。為預謀佔經濟侵略之先著，乃以勸日撤兵為餌，博取中國之歡心。然法、俄借款之成立，法國亦非毫無野心。法、俄之財政外交勢力互為結托，相需為用；其侵略對象同為中國，不過其侵略之路線及手段則各有不同。俄以中國東北部為蠶食之起點，法則以越南為侵略之門戶。當清廷與法、俄進行借款談判之時，法向總理衙門提出條件，要求：勘定中越邊界，以土地割讓法國❿；在邊界開闢三個通商口岸；減低關稅，聘用法國技術人才，開發滇粵桂礦產；繼續建築滇越鐵路⓫。清廷表示接受，割土一款，雖經英國提出抗議，但法以中止借款為要挾，且利用俄國在幕後支持，清廷終不得不俯首就範。法、俄相互結合之堅，由此可見。

---

❽　同❺，第一九頁。

❾　同❸，第一一五卷，第七至一四頁。

❿　J. V. A. MacMurray, *Treatiea and Agreement Concerning China*, Vol. I, p. 26.

⓫　Ibid., pp. 28–30, *France and China*, June 20, 1895, Chap. II–V.

四、德國之憤懣及向德、英借款

法、俄借款既告成功，德國大為憤懣，乃慫恿日本向華索取鉅款為撤兵條件。日獲德之支持，於一八九五年六月十九日，分別照會俄、德、法三國，表示：日本為撤退遼東半島之駐軍，於中國賠款之外，另要求五千萬兩之撤兵費。中國於付清此款及第一期賠款後，即將駐軍撤至錦州邊界之外；付清第二期賠款及中、日商務航約批准後，再將駐軍由遼東半島全部撤退❷。法以此項條件過苛，非中國之力所能償付❸。德則以重要戰略地區之遼東乃日本戰勝之成果，日本放棄遼東，換取五千萬兩之代價，並不為過。俄外長羅巴諾夫堅持以二千五百萬兩為最高額，反對以締結條約為撤兵之先決條件，主張先定撤兵日期，再議賠款數額❹。反覆爭議後，德允讓步，將日本撤兵費減為三千萬兩❺。俄、德、法三國遂於九月十一日勸告日本於中國付清三千萬兩撤兵❻，並放棄索取兩期賠款之要求，日本表示接受❼。然俄、德、法三國之對日聯合陣線，終因俄、法對華借款之成立而告破裂，德國由同盟之一員變為日本之支持者，而與俄、法形成對立之情勢。

中國既向俄、法借款，勢不能置英、德於度外，於是又有中德、中英借款之成立。德在第一次借款中被摒於外，深感不滿，乃思與另一金融霸權之英國聯合，以謀在華分一杯羹。是時適值英、德金融集團成立，進行對華貸款，以阻撓俄、法金融集團對華勢力之擴張❽。中、英借款額總為一千六百萬鎊，利息四厘八分二，還本期四十五期；中、德借款一千二百萬鎊，利息五厘，還本期三十五年，以關、鹽二稅為擔保。此兩大借款對債權國利益雖少，但足以阻止俄、法對華金融控制力量之增強，使中國之關稅權不致完全落於俄、法集團之手，頗有制衡之作用。

---

❷ *D. G. P.* B. 14, p. 306, Doc. 2284.

❸ Ibid., B. 14, p. 307, Doc. 2285, "Memo of Rotengan," July 24, 1895.

❹ Ibid., Doc. 2389.

❺ Ibid., Doc. 2293.

❻ Ibid., Doc. 2302.

❼ Ibid., Doc. 2304.

❽ P. Joseph, *Foreign Diplomacy in China*, p. 152.

五、華俄道勝銀行之成立

當俄、法對中國貸款合同簽訂後，俄財相威特立即向銀行的代表們提出一項俄華合辦銀行的計劃。此一銀行仍由對華貸款的幾個財團來興辦，對銀行的投資也由俄國政府作保，經過一番談判和考慮後，「華俄道勝銀行章程」於一八九五年十二月五日在巴黎簽字，資本總額初期定為六百萬盧布，俄資佔八分之三、法資佔八分之五。一八九六年五月，俄方又向李鴻章提議，請中國投資。同年八月，清廷駐俄公使許景澄與道勝銀行總辦羅啟泰 (Rothstein)簽訂「華俄銀行合同」五款，清政府依規定入股庫平銀五百萬兩（折合七百五十六萬二千盧布），超過了俄法資本的總額。然而在總行八名董事之中，並無中國董事，法國也只分派到三席，俄國佔五席，董事長一職，也由俄國委派，銀行實權完全操縱在俄人之手。而道勝銀行的職權極為廣泛，不僅經營一般普通銀行業務，還從事貿易、貨運、代理中國政府承包稅收、執行國庫業務、發行貨幣、償付中國政府所借外債利息、租讓土地、建築鐵路、架設電線等等。俄國財相威特的計劃是以此種私營的金融機構為掩護，借用法國資本的力量，使該銀行成為俄國在華經濟影響力和政治滲透與控制的工具[19]。

　　一八九五年十二月，「道勝銀行章程」得到俄國沙皇的批准，隨即在聖彼得堡成立總行。自一八九六年二月起，在中國及遠東各國設置分支機構，一八九七年在巴黎設立分行。到一九〇一年，在各國的分行已有三十一處，代理處十處。其中設在中國的分行有上海、北京、天津、哈爾濱、大連、旅順、漢口、牛莊、煙臺、寬城子（長春）、齊齊哈爾、吉林、鐵嶺、奉天、海拉爾、喀什等十六所，代理處有張家口、庫倫、烏里雅蘇臺等三所。以後二十多年間，此一銀行積極從事於中國各種經濟及財務活動。當時北京分行的經理普科迪夫 (Pokotilov) 是威特的心腹幹部，一九〇五年至一九〇八年間，他又擔任俄國駐北京的公使，實際上他就是俄國財政部在中國的代理人[20]。

[19]　李齊芳，《中俄關係史》，第二五四至二五五頁。

[20]　同[19]。

第二節　清政府聯俄政策之形成

一、輿論之拒日與親俄

《馬關條約》自光緒二十二年二月二十四日兩國使臣開始談判，至三月二十三日兩國使臣簽訂約稿，為期一月。在此期間內，中國輿論及臣民咸矚目於馬關談判，即歐洲列強視聽亦皆集中於此次和議。起初，自伊藤博文提出和約十款，迫使中國割讓遼東半島與臺灣、澎湖，並賠款三萬萬兩之消息傳至中國後，朝野鼎沸，痛恨日本所索過苛，群起主戰。更有主張以讓倭者轉賂英、俄，請其助我，以滅此朝食者。迄李鴻章既定約，又紛紛上奏，拒絕批准。以待各國之干涉；並進而主張借助外援，聯俄以制倭。當時輿論，雖外交之道多未深諳，要該代表一時民氣之激昂，人心之背向，絕非日本武力所能屈服者。在中國近代史上輿論之足以支持外交者，當以此次為創始 **㉑**。

二、劉坤一的聯俄拒日論

劉坤一於一八九五年閏五月十五日奏請聯俄拒日的原文如下：

> 奏為密陳大計，聯俄拒倭，以鞏陪京，而維全局，恭摺由驛馳陳，仰祈聖鑒事：臣維華洋交涉，垂三十年，至今事益棘手。中國剛柔之用，貴隨時變通；各國相背之機，在因勢利導。自越南之役，中國措施失當，頗為各國所輕。此次與倭議和，諸多遷就，益起四夷遷就之漸，虎視眈眈，皆思擇肥而噬。我方自度力不能敵，不可不亟聯邦交，以資將伯之助。以臣愚見，各國之患猶緩，惟日本之患為急。蓋其國與我逼近，若得臺灣、遼東，則東路益便，直此枕席過師，隨在被其侵軼也。日本之患，沿海猶緩，東三省為急。蓋知為我龍興重地，三陵所在，勢在必爭，動輒覬覦，以圖要挾也。此係切膚之痛，有識者莫不以為深憂。帝倭之強，非俄所願，倭之擾我東三省，尤為俄所忌。是以中倭和約業經割予遼東，而俄與法、德勒令退還，詎專為我，亦自為耳。我乘此時與之深

㉑　劉祥熊，《清季十年之聯俄政策》，重慶，三友，一九四二年，第七頁。

相結納，互為聲援，並稍予便宜，俄必樂於從我。縱不能保我沿海各省，而東三省與俄毗連之地，倭必不敢生心，則保全之利，較沿海各省奚啻萬倍。倘東三省有失，則我朝何以奠根本？皇上何以對祖宗？此臣每一慮及，不禁心驚肉顫也。或謂俄與中國接壤最寬，將來必為害中國，臣前此亦以為然，今則頗知其說之謬，亦視我之撫馭何如。俄疆域已廣，且信義素敦，與我修好二百數十年，絕無戰事，實為千古所未有，垂之史冊，可為美談。前以伊犁還我，此次與法、德爭還中國遼東，其為德於我更大。而顧疑其有他，不復推誠相與，則是合者離之，厚者薄之，將謂中國不足為緣，我益成孤立之勢。伏乞皇上密飭總理衙門及出使諸臣，凡與俄交涉之事，務須曲為維持，有時意見參差，亦須設法彌縫，不使啟釁，中、俄邦交永固，則倭與各國有所顧忌，不致視我蔑如，狡焉思啟矣。國是所係，不敢緘默自甘，敬抒一得之愚，伏候聖明采擇。所有聯俄拒倭以維全局各緣由，謹恭摺密陳，伏乞皇上聖鑒訓示，謹奏❷。

三、張之洞聯俄奏摺

六月十八日，張之洞也上奏摺，請求聯俄，其原文如下：

再今日救急要策，莫如立密約以結強援。從古各國再立之時，大率皆用遠交近攻之道，而於今日中、日情勢為尤切。今日中國之力，斷不能兼與東西洋各國相抗，此時事機甚緊，變故甚多，即日夜汲汲，微繕經營，仍恐不及，莫不急謀一紓禍患，恐無喘息自強之暇。查外洋近年風氣，於各國泛交之中，必別有獨加親厚之一二國。平日預定密約，有戰事時，凡兵餉軍火，可以互相援助；若無密約者，有事便守局外，不肯干預。今欲立約結援，自惟有俄國最便。緣英以商睋中國之利，法國以教誘中國之民，德不與我接壤，美不肯預人兵事，皆難議此。查俄與中國，乃二百餘年盟聘鄰邦，從未開釁，本與他國之屢次搆兵者不同，且其舉動闊大磊落，亦非西洋之比。即如同治、庚午天津教堂之事，各國爭門，而俄國不與其事。伊犁之約，我國家將十八條全行駁改，而俄國慨然允從。此次為我索還遼地，雖自為東方大局計，而中國已實受其益，日人

❷ 見歐陽輔之編，《劉忠誠公遺集》，臺北，文海，一九六八年。

凶鋒，藉此稍挫。較之他國袖手旁觀，隱圖商利，相去遠矣。正宜乘此力加連絡，厚其交誼，與之訂立密約，凡關係俄國之商務界務，酌與通融。如俄國用兵東方，水師則助其煤糧，准其兵艦入我塢修理。陸軍則許其假道，供其資糧車馬一切，視其所資於我者，量為協濟。而與之約定，若中國有事，則俄須助我以兵，水師尤要，並與議定如何酬之法。蓋俄深忌英獨擅東方之利，中俄相結，則英勢稍戢，俄勢願從。總之，中國惟海軍練成不易，如有俄人之助，將來無論何國尋釁，數旬之後，可以立發兵艦數十艘，游行東方海面，則我得以專備陸路戰守之計，而敵人亦不能深入內犯之謀。此尤邦交之微權救急之要策也。中國與外洋各國向皆一律齊觀，此次遂無援助。此等事，須平日預籌，及今圖之，萬不可緩。應請旨飭下王大臣，密行商籌妥辦，惟萬不可使赫德聞知，恐其忌阻誤事，謹奏㉓。

四、李鴻章由以夷制夷變為聯俄制日政策

初當光緒五年至九年間，日、法相繼來擾，清廷雖有南北洋海軍之設立，然因力量太小，首尾不能兼顧，故一時輿論要求對日、法作戰，而李鴻章始終堅持不可。迄光緒十年中、法越南之戰既起，李鴻章遂認為制法要道，惟有聯絡英、德以為助，乃進行外交之活動。當時曾紀澤為出使大臣，受命周旋於英、德、俄三國之間，卒引起法、德間與英、法間之猜忌。越南一役，無割地賠款之恥者，要以得力於外交者居多。自是李鴻章遂深信此後外交之道，惟有「以夷制夷」之一策，原所持之「講信修睦」之外交，知不復能應付當前之局勢。

但李鴻章自經甲午之役失敗後，深感「以夷制夷」之失策，加以二十年艱難創辦之海軍一毀無餘，即欲重振旗鼓，亦恐緩不濟急，遂覺此後抗日圖存之道，唯一出於聯俄一途。是以李鴻章自甲午戰後，其所持之外交政策即由「以夷制夷」之策，進為「同盟自保」之時期——此即光緒二十二年，《中俄密約》之所以簽訂也㉔。

㉓　同❸，第一一六卷，第三五頁。

㉔　同㉑，第五至六頁。

第三節 中俄同盟密約之簽訂

一、李鴻章銜命赴俄

一八九六年五月二十六日（光緒二十二年五月十四日），俄國沙皇尼古拉二世（Николай II）（一八九四至一九一七年）舉行加冕典禮之期，各國及中國均被邀請特派使參加。先一年，使俄許景澄即函請總署簡專使或派駐使參與典禮，清廷決定派王之春為專使，前往致賀。王氏曾於一八九五年春，到俄弔唁沙皇亞歷山大二世之喪，故有此再使之任命。帝俄政府以王之春資望太淺，不便招待。由喀西尼授意清廷言：加冕典禮異常隆重，日本亦派明治維新元勛陸相山縣有朋為專使，中國不宜落日本之後，應派一親王或至低限度如李鴻章者，代表致賀❷。復向總署暗示：沙皇加冕，適值三國干涉還遼之後，中國不應視為單純之儀式問題，應注意及最近期間兩國密切親善之關係❷，其意在對李鴻章將有重大之要求。御史胡孚震亦奏請派李鴻章前往，以王之春輔之，方昭典重。旨嘉其議。清廷遂改派李鴻章為專使。「熟於俄事」之邵友濂為副使，於一八九六年二月初（光緒二十二年正月初十日）頒御旨二項：㈠一等肅毅伯文華殿大學士李鴻章著授為欽差頭等出使大臣，往俄國，致賀俄君加冕，典禮隆重，故特命爾遠行，爾其仰體朕意，聯絡邦交，敬慎行事，參隨人員，聽爾酌調，以期辦理妥協，毋負要任，特諭；㈡一等肅毅伯文華殿大學士李鴻章著授為欽差頭等出使大臣，前往英、法、德、美四國，親遞國書，奉宣德意，皇華遣使，責任基重，爾其善體朕意，聯絡邦交，毋負委任，特諭❷。李鴻章於當日曾上疏懇辭，文曰：

> 奏為籲懇天恩，收回成命，恭摺瀝陳，仰祈聖鑒事：十二月二十七日准
> 總理衙門鈔電，本日奉旨，明年四月初為俄君加冕之期，已派李鴻章為
> 正使前往致賀等因，欽此。聞命之下，惶悚莫名，伏念人臣之義，苟益

---

❷ Henri Cordier, *Relations de La China*, p. 124.

❷ A. Gerard, *Ma Misslon en China*, p. 124.

❷ 同❷，第一二〇卷，第一頁。

於國，艱險不辭，雖當重暮之年，敢忘致身之訓，況臣受恩深重，踰越等倫，久許馳驅，誓甘赴蹈，春間馬關之役，眾皆束手，危急萬分，臣拜命即行，未嘗少避；今者俄君加冕之禮，本非尋常交際之儀，俄人以王之春位望未隆，與各國遣使相形，難於接待，惟現在中外大臣，通知洋情，嫻習儀節，堪膺專對者尚不乏人，微臣以七十有四之衰齡，涉三萬有餘之海路，時逾數月，地隔三洲，凡風濤寒暑之交侵，實疾病顛連之莫保，臣自夏初使旋後，曾將積受病狀，疊次據實上陳，仰蒙恩許寬閒，得以加意調養，而本原虧損，傷病時發，步履軟弱，更甚於前，行動之際，扶掖須人，即使憑仗威靈，長途無恙，亦豈能以殘軀暮齒，從事於樽組之間？儻隕越於禮儀，殊有傷於國體，躊躇在四，跼蹐難安，惟有籲懇聖慈，鑑臣衰疾，收回成命，別簡賢員，剋期前往，感戴隆施，曷有既極。理合繕摺，披瀝懇陳，伏乞皇上聖鑒。謹奏。

但清廷未准，遂於十二月二十九日上謝恩摺，文曰：

奏為恭謝天恩事：光緒二十一年十二月二十八日准軍機處鈔奉上諭，李鴻章奏籲懇收回成命一摺，李鴻章耆年遠涉，本深眷念，惟赴俄致賀，應派威望重臣，方能勝任。該大學士務當仰體朝廷慎重邦交之意，勉效馳驅，以副委任，無得固辭，欽此。跪聆之下，感極涕零。伏念臣以衰朽之餘年，沐生成之大德，但蒙驅策，豈避險艱；特以壇坫周旋，既異兵爭之甚迫，風濤簸蕩，尤非老病之所宜，非敢愛身，惟虞辱命。乃荷俯加勉勵，令效馳驅，念其遠涉之勤，勖以邦交之重，繹訓詞之深厚，真堪淪浹於髓肌，顧志力之衰頹，猶誓捐麋於頂踵。謹案禮記：大夫七十有適四方之事，孔疏即指遠聘異國而言。今合五洲強大之區，儼同七國縱橫之局，為從來所未有，實交際所宜隆。況俄國本通聘最早之邦，而加冕又異俗至崇之禮，但有益交鄰之道，何敢憚夫越國之行，臣惟有勉竭愚誠；敷宣德意，期永敦於和好，冀仰答於恩知。一息尚存，萬程當赴，阻重深於山海，未改叱馭邛坂之心，夢咫尺於闕廷，猶存生入玉關之望，所有微臣感激下忱，謹繕摺叩謝天恩，伏乞皇上聖鑒，謹奏。

李鴻章於正月十六日，蒙慈禧太后在頤和園召見，《翁文恭公日記》（正

月十六日）於十八日請訓。

　　所帶隨員計有：兵部候補主事于式枚、分省補用道塔克什訥、記名海關道羅豐祿、升用道分省補用知府聯芳、候選知府林怡游、浙江試用同知薛邦穌、升用直隸州補用知縣柏斌、直隸試用縣丞麥信堅、河北試用縣丞張柳、分省試用縣丞洪冀昌、二品銜江蘇存記道李經方、三品銜刑部員外郎李經述、翰林院庶吉士龔心釗、分省補用同知黃家瑋、候選同知史雲龍、補用同知直隸候補知縣黃正、縣丞謝起源、典史羅忠彤。共文職十八人，以外尚有武員八人。另有外國隨員六人，計：俄人柯樂德、德人德璀琳、法人穆意索、英人赫政、美人杜維德、英人伊爾文。

　　前五名素任稅務司，伊爾文則隨行醫生。李鴻章告訴許景澄謂「隨員十七，供事武弁十人，僕役十」。除僕役外，以上共計隨員武弁三十二人，較之電文，當尚有學生三人。

二、由滬啟程與俄人之巧妙安排

　　一八九六年二月十五日，中國專使團乘法國輪船由滬起程。李鴻章一行到達紅海口亞歷山大港時，俄國沙皇親信烏赫托姆斯基（Ухтомский Эспер Эсперович，舊譯吳克託穆，並簡稱為吳王）親王已先來到蘇彝士運河迎接。俄人甚懼李使在抵俄以前，經過他國，發生擾亂中、俄之交涉，而影響俄國預定目標之達成。據帝俄財相《威特回憶錄》，則吳王之往馬賽迎接，乃俄國防李鴻章受西歐引誘先道經他處也。茲譯回憶錄所記如下：

> 當李鴻章往俄途中，行抵蘇彝士運河之際，他將遇見吳王，吳王乃彼時皇上親信左右之一。這事亦由我而發生。因余曾經聞知，英國、德國、奧國，意欲截取李氏，希望李氏先取道西歐，前往聖彼得堡。至於我則恰相反，意欲阻他來俄以前，訪問歐洲其他國家。蓋余明知，若彼先赴歐洲，則彼勢將成為歐洲各國政治家種種陰謀之中心。吳王遇見這位中國貴臣以後，頗能與他發生親熱的關係。雖有無量請帖請他往歐洲各埠，但他竟登上羅希亞輪（Rossiya），俄國商航公司的輪船，專派迎接他去的，他遂偕其屬從及吳王，直往敖德薩，在這城內，一隊我國兵士派充作他的衛隊。由於我的建議，就請他直往聖彼得堡，雖然羅巴欲令他在敖德

薩直侯至加冕時節。我們的外交大臣既完全不清楚我對遠東的情事，我
就受皇帝令給我必要的權力，辦理與這位中國客人的交涉。 **❷**

故李使一行由蘇彝士即改乘一般俄國輪船，由塞德 (Said) 港向黑海直駛
敖德薩 (Odessa)，然後改乘火車北駛，於三月十八日抵達俄都聖彼得堡。

三、李鴻章與威特密談經過及密約之提出

當中國專使團抵達俄都後，旋即晤俄外相，請訂覲見日期，因即定於二
十二日未正，俄主在皇村行宮接見，但此次只作呈國書寶星等官樣文章，並
未談及鐵路事 **❷**。威特既為接待李使特定人物，關於中、俄關係，概由李、
威兩人先行密商。據《威特回憶錄》所載：李首次正式訪問威特，威特頗體
會華禮，當李步入客廳時，威著大禮服，趨前相迎，互為鞠躬禮，互致問候，
禮貌至為殷摯。抵第二客廳，威命侍役奉香茗，分賓就坐，兩方隨員各立侍，
詢李是否吸煙，二華人立趨前，一人手持煙袋，一人手持煙草，另二人照拂
吸煙，李正襟危坐，沉靜吸煙。於是互問兩國皇帝安好，皇后及太子安好，
並未談及政治問題，會晤即告完畢。第二次會晤時，禮節較簡，威特推崇備
至，贊李氏於甲午戰後對中國之功勳，譽之為「確能統治中國唯一之政治家」；
此次會晤仍未談及政治。

迨威特訪李使於行館，始談及兩國及同盟問題，時當李使覲見沙皇之前
一日（三月二十五日），威特首先表示：俄國既宣布維持中國領土與主權完整
之「偉大原則」，為維持此項原則起見，於局勢危急時，俄國須有能以實力援
助之地位，須能由歐俄及海參崴將軍隊運至吉林省。因無鐵道交通，軍隊運
輸遲緩，及其到達，戰爭已過。為保障中國領土之完整，宜由俄國建一鐵路，
沿最短之路線，經滿、蒙北部以達海參崴，此擬議中之鐵路，勢將發展其所
經過中、俄兩國地界之經濟與資源；且日本對此亦表示讚許，因其受惠於西
歐文化實深，此路亦可使日本與西歐之連接。李使恐鐵路公司落於俄人，無
疑由俄自辦，惡例一開，他國必將效尤，對威特建議頗不謂然。但威特由與

---

❷ 威特，《威特伯爵回憶錄》，北京，新華，一九八三年，法譯本，第四章，第七四至
七五頁。

❷ 同**❸**，第一二〇卷，第二〇至二一頁。

李使談話中，知李如能確悉沙皇之意旨，終可贊同其建議❸；遂請沙皇如期接見李使。李於二十五日覲見沙皇，呈遞國書，二十六日將與威特晤談經過電總署云：「俄戶部威特來談，東三省接路，緣自尼布楚至伯力道紆河多，工費太鉅，不如由赤塔過寧古塔之捷徑省費，本由借路速成，藉抒日患。今中國雖認自辦，但素習顢頇，恐十年無成，鴻謂：代荐公司，實荐俄代辦，於華權利有礙，各國必多效尤。彼謂若竟不允，自辦又無期，我擬做至尼布楚一帶即停工候機會；但從此俄不能再助中國矣。查此議係威特主持，其才略俄主最信任，羅巴（Lobanbv，即俄外相羅巴諾夫——作者）兩次均未提及，合先密報。」❸

　　當李使於呈遞國書後，於三月二十五日又密覲沙皇於內宮。其電總署代奏與沙皇密談情形云：「向例遞國書後，不再見。俄皇藉回宮驗收禮物為名，未正式接見，令帶經方傳話，不使他人聞知。先將禮物逐一查問，屬代奏謝。……即行至便宮賜坐，暢談。彼謂俄國地廣人稀，斷不致侵佔他人尺寸土地，中、俄交情最密，東三省接路，實為將來調兵捷速，中國有事，亦便幫助，非僅利俄；惟華自辦，恐力不足。或令在滬，俄、華洋行承辦，妥立章程，由華節制，定無流弊，各國多有此事例，勸請酌辦，將來英、日難保不再生事，俄可出力接助云云。……較威特前議加厚，未便壅於上聞，請代奏。」❸

　　密約於三月二十六日，俄外相羅巴約李使在外部晚餐時，方初次提及。李使於三月二十七日電告總署：「始羅巴邀赴外部晚飯，與威特會議。該君臣皆以東三省接路為急，威謂三年必成。鴻以赤塔至三岔口，向多山險，我辦漠河礦，知漠河至齊齊哈爾省城，高山叢莽，人跡不通，必須穿過，亦甚難辦。彼謂多費而直接合算。中國自辦，無款無期，不如俄華銀行承辦較速，姑屬妥議章程送核，鴻答此須請旨定奪。關於俄皇所言對華援助一節，羅巴言尚未奉諭，容二十九日請示後再面商。大意以若請派兵，須代辦糧餉；中國如遇急難，俄必為助，反之亦然。惟最要之點，接修鐵路須經過滿洲，一經議院批准，密約即可成立。」❸

---

❸　Witte, op. cit., pp. 43–47.

❸　同❸，第一二○卷，第二一至二二頁。

❸　同❸，第一二一卷，第五頁。

❸　同❸，第一二一卷，第六頁。

可見彼時鴻章已與俄政府談及互助密約，但這次似只原則，而未及具體條文。至於條文則四月初一日，俄人始正式提出，即所謂「頃羅巴奉俄主命擬具密約稿面交轉奏」者。

四、密約的交涉

密約既由俄方提出，交涉樞紐在於我方頗欲訂立禦倭互助條約，而不欲允俄接辦鐵路，俄人則以接辦鐵路為訂立條約之交換條件。久之，李、威兩人商定中俄密約的大綱三項：

㈠中國允許俄國在中國境內建築一由赤塔至海參崴之直接鐵路，但須由一私家公司經營。李鴻章堅持反對此鐵路由俄國財政部建築或掌有之建議；因此乃同意組織一私人公司，名曰東清鐵路公司。此公司名義上雖為私家機關，實際上完全為俄政府所掌握，受財政部之統制。

㈡中國允許讓地一段，足敷建築及經營此項鐵路之用。在此地段內，准許鐵路公司自有警察，並實行充分不受拘束之權。中國對此項鐵路之建築及經營，不負任何責任。

㈢中、俄兩國對於日本攻擊中國領土或俄國濱海省時，有相互防禦之責❸❹。

五、密約之定稿及簽訂

密約大綱既定，威特據以奏聞，沙皇令與外部商洽。威特即晤外相羅巴諾夫言：關於中俄密約，已與李鴻章成立口頭協定，請其以之擬為正式約章。密約口頭協定，本規定中俄同盟之對象為「日本」，外相於擬正約時易為「任何一國」字樣。威特認為：對任何一國之軍事同盟，必將引起列強之反對，而肇無窮之糾紛，乃向沙皇奏明真相；沙皇即令外相修改。不久，有關人員悉往莫斯科參與尼古拉二世加冕典禮。（一八九六年五月二十六日）加冕禮成，威特迄與李鴻章繼續談判，條約內容至是定稿，鴻章旋得旨認可。

密約簽訂係在光緒二十二年四月二十二日，「頃率同李經方、李經述、羅豐祿、林怡游赴俄國外交部，與羅巴、威特互看彼此全權諭旨，覆校中、法約文無訛，因各畫押蓋印。」《威特回憶錄》對此所記較詳，他說：

最後，我們約定簽密約日期。簽約者俄方為羅巴及予，中方為李鴻章，

❸❹ Witte, op. cit., T. I. pp. 48–49.

他已由北京直接獲得訓令。我們約定在外交大臣辦公室會齊，依法並依照一切儀式，簽定約章。到了預定日期，俄國全權代表及其屬吏，李鴻章及其侍從，皆聚集於外交大臣辦公室內，圍坐桌旁。由羅巴宣布開議，宣稱此約條文兩方全權代表均已深悉，現秘書已照底稿精審謄清，我們只須畫押，不必再行誦讀。（但中國代表若欲再行審讀一遍，我們當亦同意。）此種條約共應簽押兩份，於是其中一份交與李鴻章之屬員。我就拿起其他一份開始審查，但初未懷疑其有錯誤。忽然看出關於我們與中國防禦同盟一條，雖然曾經皇帝擔保，雖然曾經我抗議，並未照改，將使我們為中國抵禦任何列強。我遂走近羅巴身徬，請其暫到側邊，低聲向彼耳語，說約中防禦同盟條並未修正，一如皇上所希望者。他聞言以手摸頭，說：「呀！上帝！我完全忘記吩咐秘書將該條依照初稿所擬改寫。」但是他卻未嘗絲毫失措。他將時計一看，業已十二點一刻。於是他連喚侍役上前，他更轉身向人家說：「正午已過，先去吃飯吧，餐畢再來簽字。」

我方全體前去用餐，只留秘書二人，在我們食飯期間，重改寫一遍，加以必要的修正。新抄件遂鎮靜的替換了飯前所提出者。於是一方面李鴻章，一方面由羅巴及予簽字其上❸❺。

蓋威特既與鴻章商妥中俄密約條款後，由羅巴起草約稿。但當約稿由羅巴進呈俄皇。重交到威特之時，威特看見稿內遺忘「對日本」字樣，變成普遍的中俄防禦同盟，他又重請俄皇令羅巴增上❸❻。

此為中俄密約之一段插曲，李鴻章尚未知之也。約本為法文及中文，而以法文本為主。法文之原稿存於俄財政部檔案，列二十號。為威特所指派之財政部總務廳主任代理國家顧問塞鮑夫 (Shopov) 所親手謄錄，密約全文如下：

大清國大皇帝陛下暨大俄國大皇帝陛下，因欲保守東方現在和局，不使日後別國再有侵佔亞洲大地之事，決計訂立禦敵互相援助條約。是以大清國大皇帝派大清國欽差頭等全權大臣太子太傅文華殿大學士一等肅毅伯爵李鴻章；大俄國大皇帝特派大俄國欽差全權大臣外部尚書內閣大臣上議院大臣實任樞密院大臣王爵羅巴，大俄國欽差全權大臣戶部尚書內閣大臣樞密院大臣威特，為全權大臣，即

❸❺　同❷❽，第七九至八〇頁。
❸❻　同❸❺。

將全權文憑互換校閱，均屬如式，立定條款如下：

第一款　日本國如侵佔俄國亞洲東方土地，或中國土地，及朝鮮土地，即牽礙此
　　　　約，應立即照約辦理。如有此事，兩國約明，應將所有水陸各軍，屆時
　　　　所能調遣者，盡行派出，互相援助；至軍火糧食，亦盡力互相接濟。

第二款　中俄兩國既經協力禦敵，非由兩國公商，一國不能獨自與敵議立和約。

第三款　當開戰時，如遇緊要之事，中國所有口岸，均准俄國兵船駛入，如有所
　　　　需，地方官應盡力幫助。

第四款　今俄國為將轉運俄兵禦敵並接濟軍火糧食，以期妥速起見，中國國家允
　　　　於中國黑龍江、吉林地方，建造鐵路，以達海參崴。惟此項接造鐵路之
　　　　事，不得藉端侵佔中國土地，亦不得有礙大清國大皇帝應有權利。其事
　　　　可由中國國家交華俄銀行承辦經理，至合同條款，由中國駐俄使臣與銀
　　　　行就近商訂。

第五款　俄國於第一款禦敵時，可用第四款所開之鐵路運兵、運糧、運軍械，平
　　　　常無事，俄國亦可在此鐵路運過境之兵糧，除因轉運暫停外，不得借他
　　　　故停留。

第六款　此約由第四款合同批准舉行之日起算照辦，以十五年為限，屆期六個月
　　　　以前，由兩國再行商辦展限。

　　　　光緒二十二年四月二十二日，俄曆一八九六年五月二十二日，訂於莫斯科。

　　　　兩國全權大臣議定：本月中俄兩國所訂之約，應備漢文、法文約本兩份，畫
押蓋印為憑，所有漢文、法文校對無訛，遇有講論，以法文為證❸❼。

　　　　《中俄同盟密約》，既於四月二十二日在莫斯科簽訂後，遂即於五月十一
日上諭批准。並於八月二十日在北京換約，任換約者，俄方為喀西尼公使，
中方為慶親王、翁同龢、張蔭桓。

　　　　這就是日後傳說紛紜的《中俄同盟密約》，亦稱《中俄禦敵互相援助條約》。
緣當時中俄對密約之進行，極為秘密，除兩國參與其事的全權及少數隨員外，
其真相絕非外界所得知。清廷處理此事異常縝密，一切出入的電報，均由一
二軍機大臣親自譯發，不經章京之手。翁同龢為參與機要之一人，其日記中
有云：

---

❸❼　V. A. Yokhontoff, *Russia and Sovict in the Far East*, pp. 356–366.

丙申六月十五日塔克什納（同文館譯員、道員用、李使隨員）從俄國由德回歸，齎約本來，酷熱走紅海，同舟為日本王爵某（殆係山縣有朋），極費周防也。約本有匣，匣匙由函中來，函匙交樵野（張蔭桓），樵野仍交余，約本則令姑持歸，俟商定遞法再給信。十七日，道員塔克什納兩次來見，以箱一件面交，略檢點一遍，付收據予之，明日攜入。十八日，是日以李相寄到之密約本呈遞，其管鑰面呈，諸皆慎密。派慶邸（慶親王）攜至懋勤殿用印。不知照內閣，不令章京伺候。十九日，約本批准發下，二十日，約本派慶邸用印訖，仍由軍機帶上。**❸❽**

清廷對此約處置之機密可知。同年八月二十二日（一八九六年九月二十八日）關於互換密約事，翁日記又云：

八月二十二日，發下密約要件……午正偕樵野，開看要件，遂歸。檢磁器為喀使賑：龍泉大盤一枚、江西新製瓷燈二，極華藻。樵野來，未正二刻同詣俄館，以酒果款我。慶邸於申刻到，始就坐。談數刻，始以要件互看，以一本交之，留一本（畫押者）為據。以漢文憑單二件，三人銜名下各畫押，各用名印訖，因不用總署印也。法文二件，照樣畫押用印，送各留一件。遞時各言兩國邦交日密，永敦和好，又就坐舉酒互祝而罷，約一時許也。喀觀所送物，喜溢於面，又見其女，能華言。樵野來齋，飯後而去，夜檢要物入匣。

二十三日，卯正三刻見起，奏明昨日互換事，將管鑰及要件繳上，垂詢頗詳。**❸❾**

翁同龢時任軍機大臣，參與機密，其所記：「夜檢要件入匣，將管鑰及兩要件繳上」，即指中俄密約換文無疑。

然而此項入匣之要件，在庚子之役，竟流入俄軍手中，《威特回憶錄》記此事，甚有趣云：

中國皇宮被搶掠後，許多文件散失。某日，外相接俄駐華公使來電，並文件一，為俄軍自北京皇宮劫出者。該項文件即羅巴諾夫、李鴻章與余

---

❸❽　翁同龢，《翁文恭公日記》，第三五卷。
❸❾　同❸❽。

在沙皇加冕典禮時所訂之密約。據云：此項文件，係攝政皇太后自置於其臥室櫃內，因庚亂西巡，倉卒出奔，未及攜走。由此可知中國政府對該密約之重視，而俄國則反是，能不慚然！究竟將該項文件寄還中國政府？抑歸俄廷保存？余以為應交還中國，以示俄國並非放棄中國之友善。遂立以之寄還。但適值俄軍佔滿洲，還約一舉反引起中國對俄國之不信任，事實上，俄廷違反條約，失去信用，宜深自反省也。 ❹

六、外人對密約之探詢及訛傳

密約交涉及其簽訂既極秘密，然接路一事又不能秘密，於是外人遂有種種揣測。簽約後不久，鴻章已謂「英使探詢，並謂北京駐使電告立約」之事。當時各國對此約必甚留意，後上海《字林西報》更發表一偽造密約全文，當時頗為人所信，西人且採入中外交涉書中，至今尚有人信之者。但現既能在電稿內看見當時交涉之各種真確事實，《字林西報》發表之約之為偽造，自能不待深論而自明。茲為比較起見，特錄如下，以免久作魚目之混珠 ❹。

偽造之密約：

大清國大皇帝前於中日肇釁之後，因奉大俄羅斯國大皇帝仗義各節，並願將兩國邊疆及通商等事於兩國互有益者，商定妥協，以固格外和好。是以特派大清國欽命督辦軍務處王大臣為全權大臣，會同大俄羅斯國欽差出使中國全權大臣一等伯爵喀，在北京商定，將中國之東三省火車道，接連俄國西伯利亞省之火車道，以冀兩國通商往來迅速，沿海邊防堅固，並議專條，以答代索遼東等處之義。

第一條　近因俄國之西伯利亞火車道竣工在即，中國允准俄國，將該火車道，一由俄海參崴埠，續造至中國吉林琿春城，又向西北續至吉林省城止；一由俄國境某城之火車站，續造至中國黑龍江之璦琿城，又向西北續至齊齊哈爾省城，又至吉林伯都納地方，又向東南續造至吉林省城止。

第二條　凡續造進中國境內黑龍江及吉林各火車道，均由俄國自行籌備資本，其鐵道一切章程，亦均依俄國火車章程，中國不得與聞。至其管理之權，

---

❹ Witte, op. cit., pp. 43–47.

❹ 蔣廷黻，《中國近代史論集》，臺北，大西洋，一九七〇年，第十五冊；李玄白，《李文忠使俄與光緒中俄密約》，臺北，臺灣商務，一九八六年，第五二三至五二七頁。

亦暫行均歸俄國，以三十年為期，過期後，准由中國籌備資本，估價將
該火車道並一切火車機器廠房等贖回，惟如何贖法，容後再行妥酌。

第三條　中國現有火車路，擬自山海關續造至奉天盛京城，由盛京城接續至吉林。
倘中國日後不便即時造此鐵路者，准由俄國備資，由吉林城代造，以十
年為期贖回。至鐵路應由何路起造，均照中國已勘定之道，接續至盛京
並牛莊等處地方止。

第四條　中國所擬續造之火車道，自奉天至山海關，至牛莊，至蓋平，至金州，
至旅順口，以及至大連灣等處地方，均應仿照俄國火車道，以期中俄彼
此來往通商之便。

第五條　以上俄國自造之火車道，所經各地方，應得中國官員照常保護，並應優
待火車道各站之俄國文武各官以及一切工匠人等。惟由該火車道所經之
地，大半荒僻，猶恐中國官員不能隨時保護周詳，應准俄國專派馬步各
兵數隊，駐紮各要地，以期妥護商務。

第六條　自造成各火車道後，兩國彼此運進之貨，其納稅章程，均准同治元年二
月初四日中俄陸路通商條約完納。

第七條　黑龍江及吉林長白山等處地方所產五金之礦，向有禁例，不准開挖。自
此約後，准俄國以及本國商民隨時開採。惟須應先行稟報中國地方官，
具領護照，並按中國內地礦務條程，方准開挖。

第八條　東三省雖有練軍，惟大半軍營仍係照古制辦理，倘日後中國欲將各省全
行改仿西法，准向俄國借請熟習營務之武員，來中國整理一切；其章程
則與兩江所請德國武員條程辦理無異。

第九條　俄國向來在亞細亞洲無周年不凍之海口，一時該洲若有軍務，俄國東海
以及太平洋水師，諸多不便，不得隨時駛行。今中國因鑑於此，是以情
願將山東省之膠州地方暫行租與俄國，以十五年為限，其俄國所造之營
房、棧房、機器、廠、船塢等類，准中國於期滿後，估價備資買入。但
如無軍務之危，俄國不得即時屯兵據要，以免他國嫌疑。其租賃之款，
應得如何辦理，日後另有附條酌議。

第十條　遠東之旅順口以及大連灣等處地方，原係險要之處，中國極應速為整頓
各事，以及修理各砲臺等諸要務，以備不虞。既立此約，則俄國允准將
此二處相為保護，不准他國侵犯；中國則允准將來永不能讓與他國佔踞。

惟日後如俄國忽有軍務，中國准將旅順口及大連灣等處地方，暫行讓與
俄國水陸軍營，泊屯於此，以期俄國攻守之便。

第十一條　旅順口、大連灣等處地方，若俄國無軍務之危，則中國自行管理，與
俄國無涉。惟東三省火車道，以及開挖五金礦諸務，准於換約後即便
宜施行，俄國文武官員以及商民人等所到之處，中國官員理應格外優
待保護，不得阻滯其遊歷各處地方。

第十二條　此約奉兩國御筆批准後，各將條約照行，除旅順口、大連灣及膠州諸
款外，全行曉諭各地方官遵照，將來換約應在何處，再行酌議，自畫
押之日起，以六個月為期。

此偽約歐美人稱為《喀西尼條約》(Cossini Convention)，謂為俄使喀西尼
與督辦軍務王大臣所訂者。余意此偽約必非《字林西報》記者所完全自造，
而係出於當時東交民巷外交界之所偽傳。換密約時，慶邸及翁同龢曾往俄使
館，慶、翁皆為督辦軍務處王大臣，此事當為東交民巷為外交界之所知，遂
謂喀使與督辦軍務處王大臣議訂密約；不知當時偕慶、翁同往者尚有張蔭桓，
則非督辦軍務處王大臣也。並且喀使對密約事，最初並無所知，交涉中心先
在聖彼得堡，後在莫斯科，而非北京；交涉中心人物為文忠及威特而非喀使
及在京諸大王臣也。初提交涉時，羅巴且告文忠，暫勿告喀使（電三十五）；
密約甫成，俄人已有換喀使之意，俄人始終未以密約交涉重任加諸喀也。偽
約之為十二條當亦由於鐵路合同十二條之所訛傳，其實既與真密約條文不同，
與鐵路合同亦不完全相似，閱者試將之與以上真約文及下章所載之鐵路合同
相比較，自能確悉其皆不同。偽約內只提起接修鐵路而未及互相防禦同盟，
愈足證密約之秘密未為當時他國外交界所能窺探，外人所能探知者只片斷的
鐵路合同而已。

第四節　東省鐵路公司合同之成立

一、俄藉中俄同盟密約取得借地築路權

根據《中俄同盟密約》第四款之規定：「今俄國為將來轉運俄兵禦敵並接

濟軍火糧食，以期妥速起見，中國國家允許於中國黑龍江、吉林地方，接造鐵路，以達海參崴。……其事可由中國國家交華俄銀行承接辦理；至於合同條款，由中國駐俄使臣與銀行就近商訂。」

二、東省鐵路公司合同交涉之經過

根據上述條款，俄財相威特派副大臣羅曼諾夫 (P. M. Romanov) 與中國公使許景澄會商。許使兼使德、俄，冬夏駐俄京，夏秋駐柏林（即前一年之十月至第二年六月為冬夏駐俄京，此後六月至九月駐柏林），時常夏季羅氏逕赴柏林與許使商談東省鐵路合同事；此本是李鴻章與威特在原則上已決定者。當《中俄同盟密約》簽訂之次日，為使東省鐵路交涉順利起見，華俄道勝銀行董事會本威特之意旨議決：(一)以三百萬盧布用以推動事業之順利進行；(二)該款不得移作他用，其用途之分配為：第一、在清帝降旨允將鐵路租借權交由華俄道勝銀行承辦，而李鴻章以書面文件證明其同意於租借合同之主要條件時，撥付一百萬盧布；第二、在租借合同業已最後簽字，而鐵路路線經中國官方正式確定時，再撥付一百萬；(三)該款交由烏赫托姆斯基與華俄道勝銀行總辦，羅啟泰根據第二款所列條件分配之，並對之負責；(四)該款由新成立之東省鐵路支出，作為鐵路費用之一部分。此項議定書為烏赫托姆斯基、羅曼諾夫及羅啟泰所簽訂。其主旨在暗示李鴻章使其知有所獲，而易於同意鐵路之租借權利❷。

先是，當李鴻章使俄時，曾以租借合同事電達總署，翁同龢丙申年六月初四日記有云：「余退逕歸，有李密電十四頁，與景子盡力譯之，兩時始畢，余抄一份半，腕欲脫，目欲眯矣，苦哉！開銀行事，此事與鐵路牽連，百方餂我，可恨，可嘆！」❸當月三十日記又云：「接李相密約，四月十八日，即所謂效函也，僅兩合同，信則泛泛數紙。」此殆指東省合同及華俄銀行合同草案言也。及李鴻章離俄，以其隨員副稅務司俄人柯樂德留京。柯雖服務中國，然主張以俄力建築東省鐵路者也。當許使與羅曼諾夫在柏林談判時，柯曾建議警告慈禧太后，如不速簽租借合同，則「將採他種辦法，而中俄同盟亦將變為廢紙」❹。清廷迭電許使爭執者為鐵道軌式問題❺。俄方主用寬軌，中

---

❷　羅曼諾夫，《帝俄侵略滿洲史》，俄財部檔案第五一號，第八九頁。

❸　同❸，第二五卷。

國主用窄軌，關於此點，鴻章與威特亦有一度之爭執，蓋恐鐵道全為俄所壟斷。因俄方堅持用寬軌，清廷不得已的情況，於八月二十八日（一八九六年）電許使定議❹。

三、東省鐵路公司合同之簽訂

一八九六年九月二日（光緒二十二年七月二十五日）中、俄合辦東省鐵路合同章程由許景澄與華俄銀行代表烏赫托姆斯基及羅啟泰在柏林簽字❹。該合同條款計十二條，其全文如下：

第一條　華俄道勝銀行建造經理此鐵路，另立一公司名曰中國東省鐵路公司。該公司應用之鈐記，由中國政府刊發，該公司章程應照俄國鐵路公司成規一律辦理，所有股票祇准華俄商民購買，該公司總辦由中國政府選派其公費應由該公司籌給，該總辦可在京都居住，其專責在隨時查察該銀行暨鐵路會司於中國政府所委辦之事，是否實力奉行。至該銀行暨該公司所有與中國政府及京外各官交涉事宜，亦歸該總辦經理。該銀行與中國政府往來帳目，該總辦亦隨時查核，該銀行應專派經手人在京都居住，以期一切事宜就近商辦。

查此條文及諸條所稱政府字樣，洋文係作古威勒芒，即近來譯為國家之稱。又所稱總辦字樣，洋文係作伯理璽天德，亦有總辦之義，而名目較大（西語無論公署商會其首領人皆稱為伯理璽天德，天德譯者以此稱專屬民主甚誤）。以所譯與洋文實事無甚出入，故皆仍之，其原譯薪俸字樣，現改公費措詞較為得體。

第二條　凡勘定該鐵路方向之事，應由中國政府所派之總辦酌派委員同該公司之營造司暨鐵路所經之地方官和衷辦理，惟勘定之路，所有廬墓村莊城市，皆須設法繞越。

第三條　自此合同奉旨批准之日起，以十二個月為限，該公司應將鐵路開工，並自鐵路勘定及所需地段給與該公司經理之日起，以六年為限，所有鐵路

❹　同❷，第一〇四頁。

❹　同❸，第二五卷，丙申年七月初五日。

❹　陳復光，《有清一代之中俄關係》，第二七三頁。

❹　同❸，第一二二卷，第一三至一八頁。

應全行告竣。至鐵軌之寬窄，應與俄國鐵軌一律，即俄尺五幅地，約合中國四尺二寸半。

第四條　中國政府諭令各該管地方官，凡該公司建造鐵路需用料件、催覓工人及水陸轉運之舟馬夫車並需用糧草等事，皆須盡力相助，各按市價，由該公司自行籌款給發，其轉運各事，仍應隨事由中國政府設法使其便捷。

第五條　凡該鐵路及鐵路所用之人，皆由中國政府設法保護。至於經理鐵路等事，需用華洋人役皆准，該公司因便催覓，所有鐵路地段命盜詞訟等事，由地方官照約辦理。

第六條　凡該公司建造經理防護鐵路所必需之地，又於鐵路附近開採沙土、石塊、石灰等項所需之地，若係官地，由中國政府給與，不納地價；若係民地，按照時價或一次繳清，或按年向地主納租，由該公司自行籌款付給，凡該公司之地段，一概不納地稅，由該公司一手經理，准其建造各種房屋工程並設立電線，自行經理專為鐵路之用，除開出礦苗處所，另議辦法外，凡該公司之進項，如轉運搭客貨物所得票價，並電報進款等項，俱免納一切稅釐。

第七條　凡該公司建造修理鐵路所需料件應免納各項稅釐。

　　　　查此條定議時，核對法文修理下尚有經理字樣，據稅務司柯樂德稱，當時李相謂與本條修理語意重覆，因將原譯漢文刪去經理二字，然非有故駁改，未令將法文並刪，故漢、洋文微有詳略等語，合併聲明。

第八條　凡俄國水陸各軍及軍械過境，由俄國轉運經此鐵路者，應責成該公司逕行運送出境，除轉運時或必須沿途暫停外，不得藉他故中途逗留。

第九條　凡外國搭客，經此鐵路於中途入內地，必須持有中國護照，方准前往；若無中國護照，責成該公司一概不准擅入內地。

第十條　凡有貨物行李，由俄國經此鐵路仍入俄國地界者，免納一概稅釐；惟此項貨物除隨身行李外，該公司應另裝車輛，在入中國邊界之時，由該處稅關封固，至出境時，仍由稅關查明，所有封記並未拆動，方准放行，如查出中途私行開拆，應將該貨入官。至貨物由俄國經此鐵路運往中國，或由中國經此鐵路運赴俄國者，應照各國通商稅則分別交納進口、出口正稅；惟此稅較之稅則所載之數減三分之一交納，若運往內地，仍應交納子口稅，即所完正稅之半子稅，完清後，凡遇關卡，概不重徵，若不

納子稅，則逢關納稅，遇卡抽釐，中國應在此鐵路交界兩處各設稅關。

第十一條　凡搭客票價貨物運費及裝卸貨物之價，概由該公司自行核定。但中國
　　　　　所有因公文書信函，該公司例應運送，不須給費。至運送中國水陸各
　　　　　軍及一切軍械，該公司祇收半價。

第十二條　自該公司路成開車之日起，以八十年為限，所有鐵路所得利益全歸該
　　　　　公司專得，如有虧折，該公司亦應自行彌補，中國政府不能作保。八
　　　　　十年限滿之日，所有鐵路及鐵路一切產業全歸中國政府，毋庸給價。
　　　　　又從開車之日起，三十六年後，中國政府有權可給價收回，按計所用
　　　　　本銀，並因此路所欠債項、並利息照數償還，其公司所賺之利，除分
　　　　　給各股人外，如有盈餘，應作為已歸之本，在收回路價內扣除，中國
　　　　　政府應將價款付存俄國國家銀行，然而收管此路，路成開車之日，由
　　　　　該公司呈繳中國政府庫平銀五百萬兩。
　　　　　查此條內給價收回一節，因恐將來講解有異，復商該總辦另繕憑函，
　　　　　附於合同之後，以期相信。

照譯華俄銀行總辦羅啟泰來函：

啟者：本公司帳目，按年結算，刊布其中載明各項帳目，及一歲出入款
項，並所欠之債、所借之款、還本付息等情，將來中國給價收回此路，
應以每年結算刊布之帳為憑，其收回緣由詳載公司章程之內。
光緒二十二年七月二十五日，即西元一八九六年九月初二日

第五節　對中俄東省鐵路公司合同及同盟密約之評論

一、在東省鐵路公司合同方面

華俄道勝銀行名義上雖承辦東省鐵路，但實際上則將租借支配權完全轉
移於帝俄政府控制之下。一八九六年十一月，華俄道勝銀行總裁將中東鐵路
章程送俄財政部批准時，附呈云：「中東鐵路公司之股票實無給與第三者之必
要。如此，銀行即能將全部股本交與俄國政府，作為其財產而受其支配。」❹⑧

帝俄政府既為東省鐵路公司之唯一股東，又是公司之唯一債權人，且負責鐵路費用之補充，結果成為該路之實際支配者。

按《鐵路公司合同》第十二條之規定：自開車日起，八十年後，該路交還中國，毋庸給價；或三十六年後，中國政府得給價收回。「按計所用本銀，並因此路所欠債項並利息，照數償還。其公司所賺之利，除分給各股人外，如有盈餘，應作為已歸之本，在收回路價內扣除。中國政府應將價款付存俄國國家銀行，然後收管此路。路成開車之日，由該公司呈繳中國政府庫平銀五百萬兩。」當時合同起草人羅啟泰認為中國決不同意威特所堅持之五十年贖期，威特考慮結果，始同意三十六年後允贖之規定；但贖路之根本原則為俄方除收回原本及支出外，尚須獲得鉅大之利潤❹。事實上，俄國財政部之目的，就是要使贖路手續十分困難，甚或使其不可能。同時，合同又規定須依照俄國鐵路成規編製「東省鐵路公司章程」（第一條），此更增加俄國政府對該路事業之干涉權。換言之，即擴大俄財政部之控制權，因公司章程之規定，須先得財相之允准。例如，採用俄國寬軌，凡由鐵路所運出入貨物，只收中國海關稅率三分之一，及公司對於鐵路運費之規定，完全有自由等項之規定，即威特本人亦認為「甚為有利於俄國」。此外，該鐵路公司合同尚有兩點侵犯中國主權最大者：㈠第六條中，允將「凡鐵路營業與護路所需之土地及鐵路附近出產石料、石灰與沙土之土地，若係公產，則無代價轉讓鐵路公司，若為私產之轉讓，則給以相當代價」。又凡屬鐵路公司之地段「一概不納地稅，由該公司一手經理，准其建造各種房屋工程，並設立電線，自行經理，專為鐵路之用。除開出礦苗處所另設辦法外，凡該公司之進項，如轉運接客貨物所得票價並電報進款等項，俱免納一切厘稅」。使俄國之經濟勢力又得以伸至沿鐵路之廣大區域。㈡合同第五條規定：「凡該鐵路及鐵路所用之人，由中國政府設法保護，所有地段命盜訴訟等，由地方官照約辦理」。所謂「鐵路區域」之觀念亦自是形成，而開「鐵路租界」之惡例。也就是凡鐵路所達之地，中國之行政權、警察權、經濟權逐漸淪入俄人之手❺。

---

❹　同❷，第三號。

❹　同❹。

❺　同❻，第二七三至二七四頁。

二、在同盟密約方面

綜上言之，《中俄同盟密約》及由此產生之鐵路與銀行兩合同，實為帝俄財相威特對華和平侵略之策，亦即其所謂「銀行與鐵道之征服」之工具。清廷為抵制日本而與俄結盟，其著眼點純為政治與軍事，而對俄國遠東之擴張政策以及對中國一貫之侵略圖謀，均缺乏深刻之瞭解，亦未從過去對俄締約各種交涉中吸取到經驗與教訓。

蓋十九世紀後半期中，俄國蟄伏於近東、中東、遠東者三十餘年，柏林會議後停滯於近東，一八八五年又停滯於中東，於是狡焉思逞，力圖求償於遠東。一八九一年乃有延伸西伯利亞鐵道以達海參崴之決策，恃巴黎交易所之資金，以最高之速率從事築路。一八九五年已築成一千二百五十餘俄里之大鐵道。適值甲午之役中國戰敗，俄國倡導干涉還遼東之舉，實為其向東三省邁進之初步，亦即威特遂行其銀行與鐵道征服之大好時機。因此，俄國主動要與中國結盟，主旨在借地築路，發展其經濟利益，增強它在遠東之地位。至於所謂保全中國領土與主權之完整，所謂軍事上共同對日者，乃為表面上滿足清廷當時之需要，以達其借地築路之要求。素主經濟侵略之威特當時之重視銀行、鐵道兩合同，實遠甚於同盟密約。柯樂德建議警告清廷，如不速簽兩合同，則同盟密約等於廢紙，實深知威特之心意。當時清廷為對抗日本之侵華，乃委屈求全，忍痛借地，所得者為同盟禦倭之虛名；而俄國所得者乃借地築路之實惠。兩國締約之旨趣既異，則盟約之價值與實效自然可知。實際上，俄國財相威特所側重鐵道合同本身，即已違反同盟密約不侵犯中國領土與主權之規定。嗣後，帝俄一八九八年之強佔旅順，一九〇〇年之進據東三省，已將密約徹底破壞。

第六章　帝俄強佔旅順大連與迫使清廷允築南滿支路

第一節　俄國遠東政策之轉變與德國的東進政策

一、俄國遠東政策由和平侵略變為軍事侵略

帝俄外相羅巴諾夫眛於遠東情勢，其對華政策多處被動，故在其任內威特得完全操縱其外交。新任外交大臣穆拉維約夫 ❶ (Муравьёв Михаил Николаевич) 對遠東政治亦甚隔膜，但此人好大喜功，頑固自矜，經常與威特對峙，表示不同之意見。蓋沙皇尼古拉二世又壅蔽闇弱，既為軍人僚屬所支配，復為德皇所鼓動，亦力主急進。一八九八年後，俄國遠東政策之由和平侵略轉變為軍事侵略者，俄廷人事之變遷與威特勢力之式微不無影響。而德國之佔領膠州，更引起帝俄領土擴張之狂慾。羅巴諾夫於中日甲午之戰末期，即一八九五年五月二十三日致駐法俄使穆麟翰 (Baron Mohreheim) 之函件，可為俄新遠東政策形成之佐證，其言曰：在吾人已為中國盡力之後，更希望使其領土及早脫離日本之勢力。為達此目的，前吾人曾設法使中國借獲外債；但此非激動吾人之唯一動機。吾人今後同樣重要之計劃，為使中國依附於吾人，不讓英國在華伸張勢力。英國在中亞南部頗佔優勢地位，吾人不願在此處啟英國之疑慮。此為吾人現所執行之遠東政策之關鍵 ❷。此外，俄國著名外交家伊茲沃利斯基 (Извольский А. П.) 在其回憶錄中，述及俄國置中國於附庸地位所採之第一步驟曰：「倘欲迫尋造成日俄戰爭之第一行動，必

---

❶ 穆拉維約夫・米哈伊爾・尼古拉耶維奇伯爵，一八九七至一九〇〇年的俄國外交大臣。

❷ *De Stual Papers*, "Labonov to Mohrenheim," May 23, 1895.

須追溯俄政府本威特子爵之意旨所採之政策。威特主張通過中國領土展築西伯利亞鐵路幹線直達海參崴，藉以縮短路線；但此在帝俄東疆同時造成一特別複雜危險之情勢，此為引起日本猜疑之第一舉，且對日本顯示帝俄在遠東之野心。」❸由此可知俄國政府開始推行其置中國於附庸地位之政策，實遠在德國侵略與租借膠州灣以前。事實上，俄、法金融政治集團之成立、俄華法郎借款之舉辦、《中俄軍事同盟密約》之簽訂、華俄道勝銀行中東鐵路公司之組織，均為帝俄實現此項政策所採取之手段。其佔領中國領土，只可視為一八九六年以後俄國計劃之一部。故德國之索取膠州，不過供帝俄更進而達到其攫取海港之理想而已❹。

二、德國的東進政策

德國自參加三國干涉還遼後，其東進政策 (Drag Nach Ferne Osten) 並未實現，所獲者僅參加對華借款及天津、漢口兩租界，此不足以饜其野心。緣德皇於中日戰爭期間，深感德國在遠東無海口之苦悶，即有向日本分讓臺灣之意。三國干涉還遼後，復向俄沙皇提及在中國沿海得一海口之問題。及遼東半島歸還解決，「德國擴廣土地會」又上書德首相霍亨洛 (Count Honenlohe)（一八九五年十月二十三日）謂：「德國近在中國天津、漢口新設租界二處，尚不能負本國臣民所望得推廣本國利權之益。德國應在中國得一合宜可靠地方，或一海口，或數島，可為保護本國商務，特請宰相設法辦此事，並須不顧他人忌妒之心。」❺

三、德國向中國提出索取海港之要求

一八九六年當李鴻章在俄國慶祝事畢歸國，道經柏林時，德皇與外相畢洛 (Prince Bulow) 乘機向李氏提出索取海軍站之要求❻。畢相動之以詞，反覆說明德國在遠東需要一個海軍艦隊根據地，以執行其維持亞洲均勢及中國領土完整之政策❼。當時，李鴻章以模稜之語調，對此不作具體之答覆❽。德

❸ Izvlosky, *Memories of Izvolsky*, pp. 122–123.

❹ P. Joseph, *Foreign Diplomacy in China*, p. 191.

❺ 許同莘，《許文肅公遺稿》，臺北，文海，一九六八年初版，第八卷，第五二頁。

❻ *D. G. P. B.* 14, Part 1, p. 25, Doc. 3663, "Memo of Marahall," June 19, 1895.

國索取海港之要求遂不得要領。同年八月，德國海軍少將烡爾比茲 (Tirpitz) 建議以膠州灣為最適當之港口，他並稱，這個港口有四大優點：㈠適於停泊；㈡造建容易，且所需經費不多；㈢附近有煤田之利；㈣氣候適宜於歐人 ❾。此外，稅務司之德人德璀琳 (Herr Detring) 亦指出膠州灣之六大優點：㈠其位置不但可控制山東，且可控制整個華北；㈡適於船塢碼頭設備；㈢內地資源豐富，可供開發；㈣交通線易於建築；㈤由該地可建築鐵路直達北京；㈥該地人民為全國中之體魄智力最優秀者 ❿。

四、德國海軍佔領膠州灣

　　一八九六年十一月初，德皇決定攫取膠州 ⓫，並立即派遣專家赴遠東考察，以及完成佔領計劃 ⓬。次月，駐北京德使向總署租借煤站五十年之要求。清廷恐列強援例，雖予以拒絕，但暗示若德國保證不致援例要求，對德租港事亦可早日加以考慮。久之，德國政府令駐俄使臣拉道林與俄廷接洽膠澳租界事；蓋俄國已取得清廷之同意，於是年，泊軍艦於膠州過冬，且俄國海軍大將阿列克謝耶夫曾向德將烡爾比茲建議，德可要求舟山為煤站也 ⓭。當拉道林提出膠澳租借問題時，俄外相穆拉維約夫婉詞勸告德國相機在較南海岸另覓港口 ⓮。德皇志在必得膠澳，乃藉是年訪俄之行，與沙皇在彼得霍夫 (Peterhov) 行宮直接密談。德皇問：「俄是否真心永佔膠州?」沙皇答曰：「現俄國正在此方尋找海港，在未得新港前，確須保留該港。」德皇又詢：「倘因事實需要，德國船艦在獲得俄海軍當局同意後停泊膠州灣,是否有所不便?」⓯沙皇予以否定之答覆。德皇總結與沙皇會晤之結果曰：「彼（沙皇）阻撓吾人向山東發展之路實無理由」⓰時，俄國外相穆拉維約夫在旁聆聽兩帝談話，

❼　Ibid., B. p. 27, Doc. 3663.

❽　Ibid..

❾　Ibid., B. 14, Doc. 3664, "Heyking to Hohenlohe," Aug. 22, 1896.

❿　Ibid., B. 14, Part I, p. 36, Doc. 3685, "Memo of Admiral Knorr," Nov. 3, 1896.

⓫　Ibid., B. 14, p. 47, foot note.

⓬　Ibid., B. 14, p. 27, Doc. 3663.

⓭　Willtam II, *Eireignisso and Gestalten*, 1878–1919, p. 65.

⓮　*D. G. P.* B. 14, Part 1, Doc. 3667.

⓯　Ibid., B. 14, p. 27, Doc. 3663.

遂乘機表示俄國並無永久佔領膠州之意，但亦不能確定何時放棄該地，當俄國放棄時，亟欲交給德國，以免落入英人之手❼。

一八九七年九月二十四日，拉道林晤俄外相稱：德國根據在彼得霍夫之談話，準備通知中國；在必要時，擬將德艦開入膠州灣，並要求當地俄國長官之同意。俄外相答以願轉沙皇❽。但俄國政府尚未正式答覆，德國已於十月一日通知中國總署，未告以佔領膠州灣之期限，僅聲明對此問題已與俄國商妥❾。

一八九七年十月三十日，德砲艦康麥隆號 (Conmeron) 被武昌居民以石投擊，繼以十一月四日，山東曹州發生兩名德國傳教士被殺害案，德皇遂令遠東德艦隊進發，同日（十一月六日）電詢沙皇意見。七日，沙皇覆電稱：「余對閣下派艦隊前赴膠州之命令既不能贊同，亦不能反對，因余不久以前，始悉該港於一八九五年與一八九六年間之冬季，不過暫時歸俄國掌管而已。」此電不啻沙皇表示放棄膠州之意。德國海軍司令狄德雷希 (Admiral Diderich) 遂於十一月十四日佔領膠州❿。

五、俄德對膠州灣之爭執及妥協條件

沙皇庸懦，不敢開罪好大喜功之德皇，乃有模稜之答覆。然而，俄外相穆拉維約夫立即訓令駐華俄使援助德國之懲兇要求，旨在使德艦隊之派赴膠州成為不必要；如德艦隊已有所動作，則下令俄艦隊司令隨德艦隊後進至膠州，以「保持俄國既得之停泊權」●。德皇聞之憤懣，但堅對此既成事實，俄國決不願為膠州而與德國作戰，終必趨於妥協；且德首相霍亨洛亦曾勸慰駐德俄使，謂：「世界歷史上從未有一政治問題如膠州問題為兩國君主以如是坦白而誠摯之態度加以討論者，恐穆拉維約夫外相尚不知沙皇之復電也。」●

---

❻ Willtam II, op. cit., p. 65.

❼ *D. G. P.* B. 14, Doc. 3679.

❽ Ibid., B. 14, Doc. 3682.

❾ Ibid., B. 14, Doc. 3684.

❿ Ibid., B. 14, Doc. 3688–3689.

● Ibid., B. 14, Doc. 3693.

● Ibid., B. 14, Doc. 3603–3607.

俄外相仍堅持前議，乃電駐德俄使向德外部表示：「沙皇對德國曲解其復電，甚為驚異。……在外艦駛入膠州時，俄國對此禁港絕不能漠然不顧。」此時德軍已在膠州登陸。旋又電駐華俄代辦，飭其「令俄艦在膠州過冬」❷❸。德俄邦交漸行惡化，德國不得已轉而請求英國之聲援。英政府答以不反對德國在中國沿海有所弋獲，而且愈向北愈佳❷❹；蓋英國正利用膠州問題，使德、俄在中國北部產生互相之牽制。

　　事實上，俄國之所以對德國要求之刁難，其動機完全著眼於俄國自身之利益，而非友愛於中國。清廷得知德軍在膠州登陸之消息時，曾請俄國政府派艦監視德軍在膠州之行動。俄國當局始則下令派艦前往，次日復撤銷前令❷❺。威特以此舉為穆拉維約夫外相欲利用此種局勢在遠東獲一海軍根據地。對此，他在回憶錄中說：「方十一月初旬，俄大臣數人（余亦在內）接穆拉維約夫之覺書一件，指出德佔領膠州於俄國以攫取中國海港（最著者為旅順及鄰近之大連灣）之有利時機。」❷❻俄國政府深知英國對俄國覓取商港不致出面阻礙；但俄國所需要者為軍港，此舉或不免遭英國之反對。故俄國反對德國取膠州，顯然是為了換取德國支持其攫取軍港之一種手段而已❷❼。

　　德國也知道俄國刁難之動機所在，於十一月二十三日通知俄國政府，除追溯德俄兩國對膠州問題之相互關係外，斷然表明：德國之要求佔領膠州，係在俄國否認在該地之權益以後，俄國得德國之同意，亦可由中國獲取勢力範圍。並謂：由於德、俄、法三國干涉還遼之結果，「俄國在實際上，不僅可得朝鮮，且可將直達北京及內黃海之整個華北，囊括於其獨佔勢力範圍之內。」更進而要求俄國政府支持其計劃，又謂：「在目前情況下，對任何業已付諸實際行動之計劃予以變更，必使中國政府及人民益信德、俄兩國之利益及尊嚴互不相容。對此情形，德皇認為沙皇必與之所見相同。德皇對沙皇之歐亞政策，固曾予以支持，但亟盼明瞭其目前未採實際行動前所持之意見。當俄國在內黃海尚無永久根據地期間，德國佔領膠州之舉，對於行將停泊之俄艦，

❷❸　Ibid., B. 14, Doc. 3706.

❷❹　Ibid., B. 14, Doc. 3707–3708.

❷❺　Yarmolinsky, *Memoirs of Count Witte*, p. 33.

❷❻　*D. G. P.* B. 14, p. 99.

❷❼　陳復光，《有清一代之中俄關係》，第二八三頁。

並無不便之處。」❷

　　同時，德國為打銷俄國對其索取膠州之阻礙起見，特付俄國以代價：㈠承認華北朝鮮為俄國之勢力範圍；㈡支持俄國在歐亞兩洲之政策；㈢俄國艦隊得停泊灣至獲得永久之港為止 ❷。至是，俄國外相對德國始行讓步，撤銷俄艦隊在膠州度冬之命令。（一八九七年十一月二十日）德國政府為示好俄國起見，反允俄艦隊是年在膠州度冬 ❸。當俄艦離膠州後一個月，駐德俄使即照會德國政府，言德國既已佔膠州，俄國將佔領旅順。德國首相畢洛答以：「俄人從此將安然見清帝國之日趨衰弱，而德、俄兩國最近之誤會及懷疑，亦從此解除。此為雙方最愉快之事也。」❸ 如此，德、俄對膠州問題，至是始得妥協。

　　惜當時清廷之王臣及駐外使節，對於德、俄均以犧牲中國之領土主權為兩國互相妥協之要件，不僅茫然不知，還以俄國為盟友，乞援於俄，任人欺騙和牽制，毫無反制之策，其對外交涉失敗之嚴重程度，真是不堪言狀（中德簽訂之《膠澳租界條約》見附錄一）。

六、中德簽訂膠澳租界條約

　　關於膠澳租借問題，德國既與俄國謀得諒解，只待外交手續上獲得清廷之正式承認而已。中國處於積弱之際，外交上又陷於孤立，遂忍痛應允於一八九八年三月六日（光緒二十四年二月十四日）由總理各國事務大臣李鴻章、軍機大臣翁同龢與德國海靖 (Heyking) 簽訂膠澳租界條約三端，界期為九十九年。第一端係膠澳租界之規定；第二端係鐵路礦務之規定；第三端為山東全省辦事之法。此為一八九八年列強在中國劃分勢力範圍之開端。 ❸

---

❷　Ibid., Doc. 3711, *Rotenhan to Ostsn*, Nov. 22, 1897.

❷　Ibid., B. 14, p. 27, Doc. 3663.

❸　Ibid., Part 1, Doc. 3070.

❸　M. Henrie Hauserets, *Histoire Diplomatigue*, de L. Earope, T. I, p. 337.

❸　王彥威，《清季外交史料》，第一三〇卷，第四至七頁。

第二節　俄國強佔旅順大連

一、旅順大連地理位置之重要

　　旅大地區包括旅順、大連和遼東半島南部金川（今金縣）、復州（今復縣）等幾個縣。遼東半島東瀕黃海，西臨渤海，山陵起伏，河川縱橫。旅順、大連兩港扼其南端，隔海與山東半島北部的威海衛、煙臺兩港，遙遙相望。旅順和威海衛有如兩扇大門，控制著渤海入口，屏衛著京津地區。旅順港口窄腹廣，岸壁陡峭，形勢極為險要，是中國北方的軍事要塞，也是遠東地區的戰略要衝。大連港海岸曲折港灣深湛，是東北地區的水陸交通要道，也是馳名中外的天然良港。

　　旅大地區不僅在軍事和交通上具有特別重要的地位，而且還擁有非常豐富的自然資源和物產，連綿不斷的丘陵地區盛產玉米、高粱、大豆、花生、棉花、柞絲和各種水果。地下則有金、銀、銅、鉛、煤等各種寶藏；且沿海一帶鹽田棋布，碧波之上漁帆聯翩。從很早的時候起，中國就開始開拓和建設這塊肥美的土地。明朝在旅大地區設置了金、復、海、蓋四衛❸❸，清代改設金、復、海、蓋四州。康熙年間，清政府為了進一步加強旅大地區的水陸防務，曾經重新修築金州城，並於一六九六年在旅順增設水師營，配備了大小戰船數十隻。

二、俄國侵佔旅順大連之經過及其外交活動

　　當俄國攫取旅、大之時，德、日兩國之態度至為重要；蓋俄志在必得旅、大，為達到此一目的，不惜首先全力運用外交手段，以聯絡德、日。俄陸軍參謀長庫羅巴特金為促成對華侵略計劃之實現起見，在戰略上認為有佔領旅順及遼東半島之必要❸❹。外相穆拉維約夫於三月十二日與駐俄德使拉道林之談話中，曾對德國佔領膠州表示謝意，認為膠州之佔領，使俄得以早日實現

❸❸　衛，明代軍隊轄區名。設於要塞地區，每衛五千六百人，長官為指揮使，由各省都師統領。防地可包括數府。一般駐在某地，即稱某衛，如天津衛、威海衛等。

❸❹　Yarmolinsky, op. cit., p. 102.

其佔領旅、大之計劃；倘無德國著先驅，俄將無機會佔領，且將延長時日也 ❸。穆拉維約夫又以俄對華之要求告知拉道林，以求德國之聲援。德政府於三月十五日答以「德皇對俄國於推行遠東政策時所遭遇之困難，願予以助力」 ❸。俄外相表示：「佔領旅順口為與德國妥協以反對在華共同敵人英國之必要條件。」德、俄應將黃海勢力範圍劃分清楚，即黃河北部及直隸灣、遼東灣、朝鮮灣應完全受俄國之支配；其南部及山東半島沿海，應劃入德國之勢力範圍 ❸。為證明其誠意起見，德國政府對俄國表示願拒絕英、德談判。由此可知，俄國之佔領旅、大事前已獲得德國之諒解 ❸。

俄國對德之外交聯絡既告成功，乃進而聯絡日本。俄政府深知佔領遼東及旅順，必促成英、日之聯合，此為俄國所大忌而力圖避免者。此時，德皇建議俄國應以朝鮮問題為基礎，運用日、俄協商以阻英、日協商 ❸。俄政府深信其說。日、俄兩國乃於一八九七年二月締結條約，共同保護朝鮮之獨立 ❹，又據一八九六年六月締結之羅巴諾夫、山縣有朋條約之規定，俄國在韓享有優越之權益。現在，俄國政府為換取日本對俄國佔領旅、大之承認，乃放棄在韓一切優越權，並撤退在韓之俄國財政、經濟顧問，以表示不再過問韓政。日本為取得朝鮮之優越權益，亦樂於與俄國成立諒解 ❹；於是俄國綏靖日本之政策遂告成功。

法、俄既為盟友，為謀兩國在華勢力之合流，對華有所要求，彼此均策應互動，俄要求租借旅、大，法亦要求西南諸省之權益。此為三國干涉還遼以後，俄、法集團之一貫政策，俄之所以侵佔旅、大，不過為此政策之一環。

當俄國對華提出租借旅、大要求時，法國駐華公使呂班 (Dubaul) 即告鮑柯齊羅夫，謂已奉巴黎訓令，予俄國以最有力之協助 ❹。（一八九八年三月十三日）這樣以來，英對俄國之向華侵略已成孤立無援之勢，不願與俄多所堅

❸　*D. G. P.* B. 14, p. 153, Doc. 3757.

❸　Ibid., B. 14, p. 153, Doc. 3755, Bulow to Radolin, Marali 15, 1898.

❸　Ibid., B. 14, Part 1, Doc. 3732, 3733, 3734.

❸　P. Joseph, op. cit., p. 285.

❸　同 ❻，Part 1, p, 159。

❹　Goctz, *The Willy, Nicky Correspondence*, p. 47.

❹　P. Joseph, op. cit., p. 269.

❹　羅曼諾夫，《帝俄侵略滿洲史》，第一五一至一六〇頁。

持引起戰爭，僅由外相巴福爾 (Balfour) 向駐英俄使聲明：「俄政府實現其佔領旅順之計劃，無異為分割中國之開始，而為他國所效尤。英國並不願佔領旅順，但如為他國所佔領而影響列強在北京之均勢，英帝國政府不得不起而嚴重反對。」❸

三、中國對俄國之交涉

俄國既得法、德之同情，日本之諒解，自然不重視英帝國之抗議，遂向清廷提出多方要挾。清廷派駐德欽差許景澄為頭等專使，於一八九八年三月十日自柏林起程赴俄京談判。十二日與俄外相穆拉維約夫開始會談，穆氏認為膠州灣租德之事已定，英國已得長江流域為其勢力範圍之利益，法亦有索件，故俄必須租得不凍港為水師屯地，保護兩國利益。……其鐵路請中國准聽東省公司，自鴨綠江至牛莊一帶，擇宜接通。許使答以：「事關東方大局，中國允俄，則英、法、日亦必生心，中、俄密交，務請體察。」穆氏說：「俄已明告英、法等國，務請電達總署，從速答覆，俄主意在必成；惟租界遠近，或可酌商。」許使尋電總署云：「此次交涉，俄國外相態度傲強，執意甚堅，大非昔比。」❹十五日，許使向沙皇尼古拉二世遞交國書後，並談旅、大事，許使說：「……英、法兩國均思在中國南境圖得土地，日本又在威海衛增兵，意圖久駐，皆視中、俄商辦旅大兩口結果，以定行止。如中國一允俄國，則英、法、日三國勢必接踵要求，中國即不能自立，必致東方大局擾亂。務請俄國皇帝通盤籌劃，看重睦誼，於商議之事，持平退議，於中、俄兩國皆能獲益。」沙皇問：「貴國究擬如何商議？」許使答：「使臣前次來俄，蒙俄國皇帝接見時面告：『俄國兵艦在旅順、大連灣春暖離口以後，仍須過冬』，本國政府現擬照此商一辦法。」沙皇曰：「是，我曾說此語；但自中國向英、德借款以後，東方情形，另有變動。」許使說：「中國所借英、德之款，係向銀行訂借，英、德國家並不干涉。」沙皇曰：「此且不論，……商借兩口，乃中、俄兩國共同利益，實為保護兩國起見，我並無得地之意。各報傳聞俄兵進滿洲，此說不確。」許使說：「中國派遣使臣前來，專為詳陳中國情形，實在為難地方，巴代辦 (Pavlov) 所告，限期太促，尤須展緩。」沙皇曰：「俄國在東

---

❸ British, *War Origin Documents*, V. 1, p. 24, Doc. 38.

❹ 同❺，第一〇卷，第二九頁。

方不能不有一駐足之地，現在外部所定條款及畫押期限，我早就籌定，實難改動；望轉達貴國政府早日允辦，使他國知我兩國係和衷商成，方為妥善。」許使說：「容即遵達本國，但此事總須貴國減讓，俾有成議。」沙皇不答，即引觀案上陳列中國磁玉等件 ❹，詢問數語云：「貴使幾時回國？」許使說：「俟辦洽然後回國。」 ❹

　　俄方有感許使立場堅定，因而不願與之在俄京繼續談判，十六日穆拉維約夫正式通知許景澄：奉國主諭，派巴代辦為全權專使，商辦旅、大條款，並須如期在京議結。十七日，總理衙門電告許使和駐俄公使楊儒：俄代辦急欲圖功，性情剛愎，總署實難與議，令二人在俄商議。於是，許使再次與俄方交涉，俄外交部仍然詞甚決絕，重申旅、大租地事須在二十七日前訂定，過期無覆，俄國即自行辦理，不能顧全聯盟交誼。許使又往訪烏赫托姆斯基，請其轉圜，烏氏反以危言相答，說俄主已准外部與陸海各部接洽辦事，無可疏通，恐過限有變。三月二十日，許使第三度約見外相穆拉維約夫，而穆氏竟拒不見面。許使不得已而致函俄外交部，請求展緩期限以便徐議。對此，俄方答稱：萬難改動，來函別無可論 ❹，許使任務，至此完全失敗。接著談判重心，又轉移到北京。

　　俄國此時已根據其在二月中旬特別會議的決議，從海參崴向旅順增派艦艇，運送兩個水雷兵中隊，輜重兵及騎兵約三千人，大炮六十七門 ❹，前往該港。與此同時，又向俄國太平洋分艦隊司令杜巴索夫少將發出了必要時在旅、大登陸並佔領整個遼東半島的命令 ❹。於是，自德國強佔膠州灣後之第二幕列強在華競逐之悲劇，遂告演成。

---

❹　同❺，第九卷，第三三頁。

❹　同❹。

❹　同❺，第一○卷，〈電報〉，第三○頁。

❹　英國《泰晤士報》，一八九八年三月七日，引自中國社會科學院近代史研究所編，《沙俄侵華史》，第四卷，上冊，第一一二頁。

❹　米・巴甫諾維奇，〈日本帝國主義在遠東〉，載蘇聯《新東方》雜誌，一九二二年，第二期，第七頁。

四、中俄簽訂旅大租借條約

關於俄國強租旅、大一事，俄國駐北京代辦巴甫諾夫早於一八九八年三月三日就開始於總理衙門談判，由於事關重大，一時未能達成協議。十二日巴氏又到總理衙門聲言：旅、大租地，開通鐵路斷不能改，已奉訓條，在此議論，限一日覆，至緩二日。總署告以有專使在俄商議，何須限日？巴氏竟說：可將許使擱開，由我商辦❺。十三日，巴氏又代表俄國政府向清廷提出最後通牒式的要求，限在兩週內答覆。二十日，巴氏又到總理衙門親交約稿六條，催促從速在北京訂議。當時許使與俄京外交部的談判已經擱淺，總署各大臣均異常激忿。二十二日，光緒帝召見群臣，垂詢大勢，君臣衡量前途惟有相對揮淚。二十三日，光緒帝又召見張蔭桓，獨談一時許，隨後又傳見軍機大臣集議，均認為如不許俄方要求，其患在目前，應許其患在日後。最後決定派李鴻章與張蔭桓為全權代表與俄代辦巴甫諾夫舉行談判❺❶。自二十三日下午起至二十六日止，雙方展開緊張的會談，此時，俄方並以將派軍隊登陸為要脅，清政府則請英、日兩國予以支持為對抗❺❷。結果僅能在字句及地界事項方面爭到了些許的修改，清政府瞭解到國際支持之不足恃，終於屈應俄方之要求，於二十六日議結。

據威特於其回憶錄中的記載，他曾在此關鍵時刻訓令派駐北京的辦事員，即道勝銀行北京分行經理璞科第，向李鴻章與張蔭桓二人行賄，分別饋贈了價值五十萬和二十五萬盧布的貴重禮品，因而起了應有的作用。換言之，此項《旅大租地條約》之能獲得簽訂，應歸功於他行賄之手段❺❸。

不過此說之正確性很值得懷疑，也就是說，道勝銀行辦事人員向李、張二人饋贈禮品容或有之，如果說這兩位大臣因接受了金錢饋贈，就專程到頤和園去，竭力說服慈禧太后同意俄方之要求，就未免把中國大政決策的程序

---

❺ 翁同龢，《翁文恭公日記》，見光緒二十四年二月二十日。

❺❶ 同❺，見光緒二十四年三月三日。

❺❷ Andrew Malozemoff, *Russian Far Eastern Policy, 1881–1904: With Special Emphasis on the Causes of the Russo-Japanses War*, Berkeley, Calif, Univ. of California, 1958, p. 104.

❺❸ 威特，《威特伯爵回憶錄》，第七九頁。

看得太簡單了。當時清廷的緊張情況在軍機大臣翁同龢的日記中都可看得很清楚。事實上，自三月十七日以後，總理衙門大臣幾乎每天都在會商對策，英國公使亦每天到總署探詢中俄談判的消息，時而抗議，時而警告。倘有因受賄而作輕率承諾情事，在華外報定有登載，怎能盡行湮滅而不外洩？而威特所記，係根據巴甫諾夫和璞科第的報告，很明顯的是誇張他們談判成功的策略。同時，說當時慈禧太后與光緒赴北京附近之行宮避暑去了，這個時令也是一大錯誤，當時中曆二月下旬，北京天氣還是寒冷，慈禧與光緒並未去避暑❺❹。

　　在法、德、日三國事先已為俄國所籠絡，英國又不能以實力支援中國，清廷在不得已的情況下而接受了俄方霸道無理的要求，遂於一八九八年三月二十七日（光緒二十四年三月六日，俄曆一八九八年三月十五日），李鴻章、張蔭桓與俄國代辦巴甫諾夫在北京簽訂《旅大租地條約》，此約共九款，有中、俄兩種文本，遇有爭議時以俄文本為準。同年五月三十日，該約在俄京聖彼得堡互換生效。其全文如下：

　　大清國大皇帝、大俄國大皇帝欲更敦兩國盟誼，互籌相助之法，為此，大清國大皇帝派總理各國事務大臣太子太傅文華殿大學士一等肅毅伯李、尚書衙戶部左侍郎張為全權大臣，大俄國大皇帝派駐華署理全權大臣內廷郎巴甫諾夫為全權大臣，該大臣等各以所奉全權之據，視為妥協，商訂條款如下：

第一款　為保全俄國水師在中國北方海岸得有足為可恃之地，大清國大皇帝允將
　　　　旅順口、大連灣暨附近水面，租與俄國，惟此項所租，斷不侵中國大皇
　　　　帝主此地之權。
第二款　因以上緣由，所租地段之界，經大連灣迤北，酌視旱地，合宜保守該段
　　　　所需應相離若干里，即准相離若干里，其確切界限以及此約各項詳細，
　　　　俟此約畫押後，在聖彼得堡會同許大臣，刻即商定，另立專條。此界線
　　　　商定後，所有劃入租界線內之地，及附近水面，專歸俄國租用。
第三款　租地限期，自畫此約之日起，定二十五年為限。然限滿後，由兩國相商
　　　　展限亦可。
第四款　所定限內，在俄國所租之地以及附近海面，所有調度水陸各軍，並治理地

---

❺❹　李齊芳，《中俄關係史》，第二七二至二七三頁。

方大吏，全歸俄官責成一人辦理，但不得有總督巡撫名目，中國無論何項陸軍，不得駐此界內。界內華民去留任便，不得驅迫；設有犯案，該犯送交就近中國官，按律治罪，按照咸豐十年《中俄條約》第八款辦理。

第五款　所租地界以北，定一隙地，此地之界，由許大臣在聖彼得堡與外部商定，此隙地之內，一切吏治，全歸於中國官，惟中國兵非與俄官商明，不得來此。

第六款　兩國政府相允旅順一口，既專為武備之口，獨准華、俄船隻享用，而於各國兵商船隻，以為不開之口。至於大連灣，除口內一港，亦照旅順口之例，專為華、俄兵船，其餘地方作為通商口岸，各國商船任便可到。

第七款　俄國認在所租之地，而旅順、大連灣兩口為尤要，備資自行蓋造水陸各軍所需處所，建築礮臺、安置防兵、總設所需各法，藉以著實禦侮，並認以已資修養燈塔，以及保航海無虞所需之各項標誌。

第八款　中國政府允以光緒二十二年所准中國東方鐵路公司，建造鐵路之理，而今自畫此約起，推及由該幹路某一站起，至大連灣，或酌量所需，亦以此理，推及由該幹路至遼東半島、營口、鴨綠江中間，沿海較便地方，築一支路。所有光緒二十二年八月初二日中國政府與華俄銀行所立合同各例，宜於以上所續支路，確切照行。其造路方向，及經過處所，應由許大臣與東方鐵路公司議商一切，惟此項讓造支路之事，永遠不得藉端侵佔中國土地，亦不得有礙大清國大皇帝應有權利❺❺。

第九款　此約自兩國全權大臣彼此互換之日起實行，此約御筆批准之本，自畫押後，趕緊在聖彼得堡互換。茲兩國全權大臣將此約備中、俄二國文字各二份，畫押蓋印為憑，兩國文字校對無訛，惟辯解之時，以俄文為本。此約在北京繕就二本。

　　光緒二十四年三月初六日，俄曆一八九八年三月十五日

五、中俄簽署旅大租借續約

　　根據《旅大租借條約》之規定，關於旅大租地與隙地界限及東省鐵路支線的造路方向，經過處所等問題，均應由許景澄在聖彼得堡與俄方商訂，因此，清廷命許景澄繼續留在俄京談判有關問題。

❺❺　同❸❷，光緒朝，第一三二卷，第一九至二〇頁。

一八九八年四月五日，許景澄根據總理衙門的訓令，與穆拉維約夫開始會談有關鐵路支線及租界地劃界問題，許使首先提出兩項要求：㈠東省鐵路支線專通大連灣，不達別口；㈡按地勢，大連迤北應將山梁以西連海岸一帶地，自金州城起，全不入租界❺❻。關於第一項，因為俄方既定旅順大連為中東鐵路支線的終點，所以同意中國的要求，至於第二項，穆氏藉口許使所提方案有礙俄方西面保守，斷難同意。經多次爭辯，穆氏只同意在所擬租界內劃出周環金州城距三俄里處，不入租界內。換言之，金州城三俄里以外地方，連同以西海岸一帶，均要劃入俄國租界地。雙方經過多次往返辯駁與修正，只在小節處稍有改動。四月二十日，俄國將第二次單方面擬定的約稿交許使，同時聲稱此稿已呈俄皇閱定，不能再改❺❼。迫使許使接受，在不得已的情況下，許使電清廷請示。二十九日，北京總理衙門經多方討論後，電令許景澄、楊儒會同畫押。

一八九八年五月七日（光緒二十四年三月十七日，俄曆一八九八年四月二十五日）許景澄、楊儒與穆拉維約夫在聖彼得堡簽署《旅大租地續約》六款，其條文如下：

大清國國家與大俄國國家，願在俄曆三月十五日北京所定條約，增立數款，兩國秉權大臣，議定條款如下：

第一款　按照原約第二條租與俄國之旅順、大連灣、遼東半島陸地，其北界應從遼東西岸亞當灣之北起，穿過亞當山脊（山脊在俄國租界內），至遼東東岸皮子窩灣北盡處止，租界附近水面及陸地周圍各島，均准俄國享用，兩國各派專員，就地詳確勘定所租地段之界線。

第二款　從第一款所定地段北界起，應照在北京所訂條約第五款所定隙地，其北界線應從遼東西岸蓋州河口起，經岫巖城，北至大洋河沿河左岸，至河口，此河亦在隙地內。

第三款　俄國國家允西畢利鐵路通接遼東半島之支路末處，在旅順口及大連灣海口，不在該半島沿海別處，又公司商定此支路經過地方，不將鐵路利益給與別國，至中國以後自造路從山海關接長至此支線最近之地，俄國允

---

❺❻　同❺❺，第一四頁。

❺❼　同❺❺，第一五頁。

不干預。

第四款　俄國國家允中國國家所請，允聽金州城自行治理，並城內設立應需巡捕
　　　　人等，中國兵應退出金州，用俄兵替代。此城居民有權往來金州至租地
　　　　北界各道路，並日常需用附城准俄國享用之水，但無權兼用海岸。

第五款　中國國家允認：㈠非俄國應允，不將隙地地段讓與別國享用；㈡不將隙
　　　　地東西沿海口岸與別國通商；㈢非俄國應允，不將隙地段內造路開礦及
　　　　工商各利益讓給。

第六款　以上議定各款，繕立華文、俄文專條各一份，由兩國全權大臣畫押鈐印。
　　　　遇有講論，以俄文為證。

　　　　光緒二十四年閏三月十七日，俄曆一八九八年四月二十五日

六、中俄簽訂勘分旅大租界專條

　　旅、大租地的正續兩約既經訂定以後，於是中、俄兩國又互派委員勘分
租界，當時勘分的結果，幾乎將黃海諸島一起包括在內，俄方在開始時，並
欲將廟群島也劃在租界以內，繼擬劃為隙地，經討論的結果，中國允許不將
廟群島割讓與別國，因此便成了俄國的勢力範圍。兩國派員勘界的結果，乃
成立《中俄勘分旅大專條》，於光緒二十五年正月十七日簽訂後，復於三月二
十八日經王文韶、許景澄會同俄使吉爾斯加押，全文計八款如下：

　　大清國國家專派委員花翎道員用候補知府福培、花翎知府用前署金州廳海防
同知涂景濤、大俄國國家專派委員坐探中國武備委員督辦營務處副將官倭高格，
督辦營務處遊擊官伊林思齊、各奉本國簡派，會同履勘遼東半島俄國租借地之陸
地北界，按照華曆光緒二十四年三月初六日，俄曆一八九八年三月十五日《北京
條約》第一款，就地劃界，為標明界址所在，共立界碑三十一塊，以俄字母挨次
為記即自「阿」始至「額」終，又加立小界碑八塊，以號碼為記，即自第一始至
第八終，茲該委員等會於旅順口，議訂條款如下：

第一款　按照華曆光緒二十四年閏三月十七日，俄曆一八九八年四月二十五日《聖
　　　　彼得堡續約》第一款，遼東半島俄國租地之陸地北界，自半島西岸之亞
　　　　當灣北岸起，往東間有偏北偏南至半島東岸之貔子窩灣北岸終。
　　　　阿字界碑（即中國第一碑）立於五湖嘴之防風山（亦名亞當山）極南崗

頂，距棗房身屯西盡處之西南二百六十俄丈（即羅鏡四十度），距棗房身屯往高家屯車道之北九十俄丈。

由阿字界碑起，界線一面往南，至亞當灣北岸，直出往英國海部第二千八百三十三號地圖所記四百三十英丈高之陰嶺山頂，一面往北微偏，東順防風山脊而走，長六百四十俄丈，並在防風山脊極北山頂，加立第一小界碑，距二道嶺子、棗房身兩屯，往老爺庫車道岔口之南四十五俄丈，由此小界碑起，界線多偏東，往黃衣山南坡之亂葬崗（即義地崗）而走，在亂葬崗東圍牆立巴字界碑（即中國第二碑），距第一小界碑二百三十五俄丈，棗房身屯土地，歸入俄租地，其亂葬崗（即義地崗）留在隙地之內（隙地一）。

由巴字界碑（即中國第二碑）起，界線往東二道嶺子、姜家爐及兩屯土地，歸入俄國租地，其花兒山屯土地，留在隙地之內（隙地二）。在姜家爐北山頂之南邊，立瓦字界碑（即中國第三碑），距巴字界碑六百八十俄丈，由此界碑起，界線微偏北，陳家屯及其土地，歸入俄國租地，孫家屯及其土地，留在隙地之內（隙地三），在孫家屯東北之山崗南坡，加立第二小界碑，距孫家屯九十俄丈，距瓦字界碑三百八十俄丈，界線由此偏往東南，順陳家屯土地北界而走，直出至俄國租地內三官廟及其土地，與留在隙地內（隙地四），姜家屯之分道處噶字界碑（即中國第四碑），立於附近陳家塋平坡之高頂，距第二小界碑六百二十俄丈。

由噶字界碑起，界線往東微偏北，留韓家屯及其土地於隙地之內（隙地五），在驛山西北前山頂上，立達字界碑（即中國第五碑），距噶字界碑一千一百九十二俄丈。

由達字界碑起，界線往東微偏北，至自西自南繞過花山屯之無名小河，在小河右岸（即西岸），橫過花屯山之車道處，加立第三小界碑，距達字界碑二百一十六俄丈，然後界線順此無名小河左岸（即北岸），至平陽河口，再順平陽河右岸（即西岸），至被花山屯，往孫家大道舖屋車道橫過平陽河之處，即在橫過處之左岸（即東岸），立耶字界碑（即中國第六碑），距花山屯東口二百一十俄丈，距第三小界碑四百四十五俄丈。

由耶字界碑起，界線順花山屯，往孫家大道舖屋車道北邊而走，在孫家大道舖屋西口，加立第四小界碑，距耶字界碑一百七十俄丈，然後界線

自北繞過孫家大道舖屋，將孫家大道舖屋及其土地，歸入俄國租地，經在蒼家屯小徑距孫家大道舖屋東北二百二十五俄丈之第五小界碑，又微偏南至老平山之北前山頂，在此立熱字界碑（即中國第七碑），距第五小界碑二百八十四俄丈。

由此界碑起，界線往東偏北，至後蒼家屯西口小廟，自西繞過，此歸入俄國租地之後蒼家屯及其土地，往下順往李家屯車道北邊而走，留周家山嘴、大李家屯兩屯於隙地之內（隙地六），即於安子河左岸（即東岸）附近此河水淺處，往李家屯之車道旁立皆字界碑（即中國第八碑），距熱字界碑一千二百四十俄丈。

由皆字界碑起，界線往東順李家屯街上老葉家、大周家屯土地中間，往李家屯之車道北邊而走，李家屯歸俄國享用，其街上老葉家、大周家屯留在隙地之內（隙地七）。

由距皆字界碑二百三十俄丈，李家屯車道之陡轉處，界線往魯家塋而走，然後至李家屯往于家屯之車道北邊沙河、安子河分水嶺之牧牛場高頂，立伊字界碑（即中國第九碑），距李家屯三百二十俄丈，距皆字界碑七百六十俄丈，界線由此順李家屯往于家屯之車道北邊而走，于家屯、後線石屯歸入俄國租地，韓家莊留在隙地之內（隙地八），即於後線石屯西北山崗立亦字界碑（即中國第十碑），距此屯一百五十五俄丈，距伊字界碑八百六十五俄丈，然後界線往沙河而走，後線石屯及前線石屯，歸入俄國租地。韓家屯留在隙地之內（隙地九），即於沙河右岸（即南岸）後線石屯，往沙河左岸（即北岸），橋頭屯道邊之沙土堆，立喀字界碑（即中國第十一碑），距亦字界碑七百零五俄丈。

由喀字界碑起，界線順沙河右岸（即南岸）而走，往龍王廟山麓之第六小界碑，長八百九十俄丈，界線由此過沙河左岸（即北岸），距橋頭屯六百七十俄丈，距第六小界碑二百零七俄丈，立拉字界碑（即中國第十二碑）。

由此界碑起，界線順沙河左岸（即北岸）而走，至流入沙河之小河口，在此立瑪字界碑（即中國第十三碑），距拉字界碑六百六十八俄丈，高家店、李家店留在隙地之內（隙地十），然後界線往東北而走，繞過大晏家屯土地，在往李家屯之道邊立那字界碑（即中國第十四界碑），距大晏家屯五十俄丈，距瑪字界碑三百九十俄丈，七耳溝、大晏家屯土地，歸俄

國享用，其李家屯留在隙地之內（隙地十一）。

由那字界碑起，界線往小晏家屯北口而走，繞過此屯，經臺子山南上，距那字界碑八百八十俄丈之樓子山（俄名聖尼闊來）山頂，其小晏家屯、隋家屯歸入俄國租地，由樓子山頂起，界線一直往東，在樓子山東崗第二頂立倭字界碑（即中國第十五界碑），距那字界碑一千二百四十俄丈，距樓子山頂三百六十俄丈。

界線由此微偏南，經楊家溝房屋，此溝留在隙地之內（隙地十二），在山嘴立怕字界碑（即中國第十六界碑），距楊家溝一百九十俄丈，距倭字界碑七百零五俄丈，然後界線方向與前相同，至夾河右岸（即西岸），在右岸沙土岡北根樹林北半立啦字界碑（即中國第十七界碑），距怕字界碑七百八十俄丈，其姜家崴子屯土地，歸入俄國租地，郎家屯、大唐家屯及其土地，留在隙地之內（隙地十三）。

由啦字界碑起，界線過夾河微偏南，經巴家屯、北巴家屯及其土地，歸入俄國租地，在巴家屯東南崗頂立薩字界碑（即中國第十八碑），距巴家屯二百四十俄丈，距啦字界碑七百四十俄丈。

界線由此一直往東，經夾河廟北一百五十五俄丈之房屋，直出至葫蘆頭西山頂，在此立土字界碑（即中國第十九碑），距夾河廟東北三百八十俄丈，距薩字界碑八百八十俄丈，其張家溝屯留在隙地之內（隙地十四）。

界線由此微偏南，經葫蘆屯北一百五十俄丈之房屋上，自葫蘆頭往東南之山脊，立烏字界碑（即中國第二十碑），距土字界碑七百俄丈，葫蘆屯、大樂家屯歸入俄國租地，葫蘆頭留在隙地之內（隙地十五）。

由烏字界碑起，界線仍按從前方向而走，過小河上老嵐子岡，在岡頂附近塹地立福字界碑（即中國第二十一碑），距烏字界碑六百二十俄丈，小樂家屯土地歸入俄國租地，劉家屯、小陳家屯及其土地留在隙地之內（隙地十六）。

然後界線偏北，往山嘴屯，順屯南小河左岸（即北岸），至小河流入清水河之河口，過清水河及清水河左汊之萬家溝河，在萬家溝河之左岸（即東岸）立哈字界碑（即中國第二十二碑），距鄭家窯一百二十俄丈，距福字界碑七百二十俄丈，大連窯子及其土地，歸俄國享用，其小老虎峪、山嘴屯兩屯，留在隙地之內（隙地十七）。

由哈字界碑起，界線順萬家溝河右岸（即北岸）而走，至河之往北陡轉處，距萬家溝屯西北一百二十二俄丈，在河之左岸（即東岸），立茨字界碑（即中國第二十三碑），距哈字界碑九百八十五俄丈，鄭家屯、三官廟屯留在隙地之內（隙地十八）。

界線由此微偏南，經歸入俄國租地之萬家溝屯並礆臺子屯，北至貔子窩往蓋州之大道，在橫穿此道之楊家屯車道處，立碑字界碑（即中國第二十四碑），距礆子臺屯北五十五俄丈，距茨字界碑六百五十俄丈。

由碑字界碑起，界線順成為礆臺子屯土地北界山溝之北邊而走，上岡頂在礆臺子、楊家屯、王家屯、滕家莊分道處，加立第七小界碑，距碑字界碑三百六十俄丈，界線由此往滕家莊、順莊之南口而走，至小岡嘴，在此立沙字界碑（即中國第二十五碑），距碑字界碑九百六十五俄丈，礆臺子、礆臺子屯、王家屯土地歸入俄國租地，其楊家屯、安家屯、宋家屯、滕家莊留在隙地之內（隙地十九）。

由沙字界碑起，界線直出河溝右岸（即南岸），順河溝而走，至贊子河，往下至河之分為雙汊處，在此加立第八小界碑，距沙字界碑一千二百六十俄丈，然後界線往留在隙地內之曲家屯，至高家店北之山谷，在岔路附近處立四叉界碑（即中國第二十六碑），距高家店三百三十俄丈，距沙字界碑二千一百六十俄丈。

界線由此往高家塋樹林南邊而走，至潮溝崖，在此立耶爾界碑（即中國第二十七碑），距四叉界碑七百八十俄丈，高家店土地歸俄國享用，其高家屯、宵家屯留在隙地之內（隙地二十）。

由耶爾界碑起，界線往林家屯（即林家坎字碑），歸邢家屯、潮溝崖於俄國租地，留沙泡子於隙地內，耶爾依界碑（即中國第二十八碑），立在阮窪處，距林家屯西北五十俄丈，距耶爾界碑一千二百九十二俄丈。

界線由此往橡樹嵐墳塋，在牟家屯北二百四十俄丈，由此屯往北之車道旁，立葉爾界碑（即中國第二十九碑），距耶爾依界碑五百八十俄丈，林家屯（即林家坎子屯）牟家屯土地歸俄國享用，然後界線微偏南，至距王家坦屯北一百五十八俄丈之烽臺，在由牟家屯往吳家屯去烽臺南二十俄丈之車道旁，立牙提界碑（即中國第三十碑），距葉爾界碑一千一百三十五俄丈，孫家屯、王家坦屯土地歸入俄國租地，其宵家溝屯留在隙地

之內（隙地二十一）。

由牙提界碑起，界線多偏南，直出至火神廟高山角，在角頂立額字末碑（即中國第三十一碑），距廟南一百五十二俄丈，距牙提界碑一千二百零五俄丈，界線由此往東南而走，下往大海，長二百俄丈，吳家屯及王家屯土地留在隙地之內（隙地二十二）。

第二款　此次專條第一款所定邊界，其屯莊土地，錯出錯入，設有齟齬，兩國邊界本管官，應切實按照此次所定專條第一款互相核辦。

第三款　按照華曆光緒二十四年閏三月十七日，俄曆一八九八年四月二十五日《聖彼得堡續約》第二款，自北毗連遼東半島俄國租地之隙地，陸地北界由半島西岸之蓋州河口起，往東偏南經過歸入隙地蓋平縣城（即蓋州）及隙地外姚家店中間，然後界線仍按前方向，往大洋河而走，自北繞過隙地內之岫巖州城，過大洋河左岸（即東岸），界線又順此左岸往下至河口在半島東岸為止。

第四款　此次專條第三款所定隙地陸地北界，按照華曆光緒二十四年閏三月十七日，俄曆一八九八年四月二十五日，《聖彼得堡續約》所附地圖，舉其綱領，若必須詳細就地勘劃界線，兩國另應派員核辦。

第五款　按照華曆光緒二十四年三月初六日，俄曆一八九八年三月十五日《北京條約》第一款，暨華曆光緒二十四年閏三月十七日，俄曆一八九八年四月二十五日《聖彼得堡續約》第一款，又按照北京俄國使署與總理各國事務衙門商定，遼東半島租界西岸附近水面陸地北界緯線以南各島，均歸俄國享用。

惟簸籮島南段歸俄國租界內，北段歸入隙地，此島詳細勘劃在後。

又租界東岸附近水面所有各島，在北界緯線以南者，均歸俄國享用，而以劃入俄國租界內之海洋島，作為盡東之界。

第六款　遼東半島租地陸地北界緯線以北在隙地內東西岸近水面各島，均應照華曆光緒二十四年三月初六日，俄曆一八九八年三月十五日《北京條約》第五款，暨華曆光緒二十四年三月十七日，俄曆一八九八年四月二十五日《聖彼得堡續約》第五款，所定隙地辦法。

第七款　按照北京俄國使署與總理各國事務衙門商定，所有遼東半島以南廟群各島，不歸租界之內，而中國允認不能將該全島或一二島，讓與別國及別

國之人，或永遠或暫行享用，並不能在此群島開設通商口岸，亦不能在此各島准與他國人民造鐵路開礦及工商利益各事。

第八款　此次專條所定界碑，自本年為始，每逾三年，應行查閱，屆期交界本管官各派一員，會於一定處所，順界線而走，查閱大小界碑，查閱時如大小界碑見有損壞，或全然損壞者，查閱官切實遵守此次專條，並附於此次專條之圖，仍就原處重立。

兩國委員此次所定專條，以俄、華文字各備四份，畫押蓋印，以昭信守，校對相符，遇有辯解，要以俄文字為憑。此外，委員等將界線繪圖，註以俄、華文字，用紅色標明此次專條所定界線，並就圖畫押蓋印為憑。

兩國委員將新界專條互換後，應將專條分呈駐箚北京俄國公使及總理各國事務衙門，以便批定完結。

此次專條於華曆光緒二十五年正月十七日，俄曆一八九九年二月十四日立於旅順。

督辦營務處游擊官伊林思齊押、大清分界委員福培押、涂景濤押。

大清光緒二十五年三月二十八日，俄曆一八九九年四月二十五日，大清欽命總理各國事務大臣、軍機大臣戶部尚書王、總理各國事務大臣工部左侍郎許押、大俄欽命駐京全權大臣內廷大夫格押。

以上為陸地北界之勘分，另有一附條，規定海面各島之界，其附條如下：

按照《遼東半島俄國租地分界專條》第五款，俄國分界委員游擊官伊林思齊、中國分界委員花翎升用道候補知府福培，暨總理各國事務衙門翻譯官薩蔭圖，於本年俄曆三月初九日，同乘俄國兵艦名「朝鮮人」者，履勘遼東半島俄國租地陸地北緯界線迤南之東西水面附近各島。並按照專條第五款，遼東半島東邊歸入俄國租地之螞蟻島、平島、黑島、古妻島、光祿島、刮皮島、舍利島、葛仙島、海仙島、大長山島、小長山島，及附近小長山島東盡處之二小島，王家島、搭連島、大霍子島、小霍子島、獐子島、五蟒島、海洋島，並大連灣進口處之兩三山島，均已履勘。其遼東半島西邊之豬島、湖平島、西螞蟻島，及就地圖尺寸表每寸四十俄里亞細亞俄界面積地圖所記之兔兒島（土人名為鳳鳴島），亦均勘履。

按照專條第五款，在簸籬島（土人名為中島）內劃分界線方石一塊，高約一零四分之一俄尺，用墨色註明，北面華文為第一碑，南面俄文為號

碼第一，立於英國海部二千八百三十三號地圖所記中巖南山嘴間此島之
西面小港，適中魯島紅子南兩屯車道西邊沙泡子地方之沙荒偏坡。自此
石碑起，界線往東南順寬闊沙鹻平原而走，長約二零四分之一俄里，直
至島之東岸，即在封閉小港北盡處岩根小港岸，順平原而流之潮溝口止
界，其界線迤南之村落，歸入俄國租地，界線迤北者留在隙地之內。

遼東半島俄國租地東西各該島民人，將其歸入租地情形，分貼告示，當
面曉諭。

其餘遼東半島俄國租地西邊各島，考諸一統輿圖及奉天輿圖，並英國海
部二千八百三十三號地圖，顯係空曠無人，惟其中數島，當水淺時定有
與遼東半島相連者。

此為俄曆一八九九年二月十四日《旅順分界專條》之款（華曆光緒二十
五年三月初三日，俄曆一八九九年三月三十一日），定於俄國兵艦之名「朝
鮮人」者。

督辦營務處游擊官伊林思齊押、中國分界委員福培押、翻譯官薩陰圖譯。

七、俄國在旅大的殖民地統治

《旅大租地條約》簽訂的第二天，即一八九八年三月二十八日拂曉，俄
國分艦隊陸戰隊在旅順口和大連灣登陸，俄軍從陸上和海上迅速佔據了旅順
口所有工事❺❽。晨八時，俄人在旅順黃金山炮臺上升起俄國國旗❺❾，炮兵陣
地和艦上禮炮齊鳴，慶祝俄國佔據旅、大的正式開始❻⓿。

俄軍在旅、大登陸後，便著手在租借地建立軍政合一殖民地統治的政權。
開初，由俄國太平洋分艦隊司令、關東駐軍司令杜巴索夫少將獨攬當地軍政
大權，行政事務由陸軍少將沃爾科夫協助。在頭五個月內，俄國殖民當局的
權力所及尚不超出旅順、大連兩地。一八九八年八月二十三日，沙皇敕令由

---

❺❽ 三月二十七日午夜一時以前，提督宋慶已奉命將旅順中國駐軍撤往營口。

❺❾ 同時還升有中國國旗，幾天後，俄人將中國國旗降了下來，只留下俄國國旗。詳見
尼魯斯，朱與忱譯，《東省鐵路沿革史》，臺北，文海，一九八七年，第一卷，第一
五五頁；格林斯，《日俄戰爭的序幕》，第五七頁。

❻⓿ 羅索夫，《關東的佔領與當地民俗概述》，第一頁；瓦西里耶夫，《外貝加爾哥薩克》，
赤塔，一九一八年，第三卷，第二六九至二七〇頁。

陸軍少將蘇鮑季奇接任關東司令，並賦予省級行政權力。歸阿穆爾總督格羅杰科夫管轄。一八九九年二月正式設立行政廳，同時並建立了司法機關❻❶。八月，沙皇政府便將遼東租界地擅自改為「關東省」，號稱俄國的「新邊疆」❻❷。

　　「關東省」政府設在旅順，下設民政廳、財政廳、外務局、警察局、省法院。外務局專員由曾任俄駐華公使館秘書，後任駐華公使的科羅斯托維茨擔任❻❸，科羅斯托維茨自稱，接受這任命是「參與實行我們（俄國）的新殖民主義政策」❻❹。旅順作為「關東省」的首府，它的城市建設自然受到俄國殖民當局的特別關注。……俄國人到來後，在這裡大量搶佔民房，將城市居民趕到鄉下去，少數被留下的人也被迫「把鍋灶讓給俄國居民」❻❺。俄國殖民當局「為了軍事及行政需要佔領了靠近港口的大量建築」，其餘的房子則被俄國居民佔領，這些人過了不久就認為自己是「他們所佔領的房屋的所有者，開始把房屋租給新來的人。……租金高度神話般的程度」❻❻。可是，俄國殖民當局認為這種強盜式的行為是當然合理的……❻❼。

　　一九〇三年，俄國政府又根據擴大侵略的需要，又頒布所謂《臨時遠東統治條例》，在旅順、大連設置了遠東總督府，管轄西起外貝加爾，東至庫頁島，以及東省鐵路幹線經過之地，向南直到旅、大地區。阿列克謝耶夫被提升為遠東總督，他坐鎮旅順，總攬帝俄遠東地區的一切軍政大權❻❽。

❻❶　斯潘德洛夫，《南滿俄國租借地的前半期》，第一一五至一一八頁，一八九至一九一頁。
❻❷　中國社會科學院近代史研究所編，《沙俄侵華史》，第四卷，上冊，第一三四頁。
❻❸　科羅斯托維茨，李金秋等譯，《俄國在遠東》，北京，北京商務，一九七五年，第五頁。
❻❹　同❻❸。
❻❺　托爾加謝夫，《遠東的冒險》，第一七九頁。
❻❻　同❻❺，第一八一至一八二頁。
❻❼　同❻❺，第一八六頁。
❻❽　遼寧師範學院政史系歷史教研室編，《沙俄侵佔旅大七年》，北京，中華，一九七八年，第一八頁。

第三節　中俄簽訂南滿支路合同之經過

一、烏赫托姆斯基訪華與提出南滿支路修築權之要求

　　烏赫托姆斯基以沙皇特使之名義來華，代表向光緒皇帝及慈禧太后答謝李鴻章赴俄慶祝沙皇加冕之盛意。烏氏於一八九七年五月抵達北京，攜有沙皇及皇后贈光緒、慈禧及李鴻章諸權要之禮品。重要廷臣均熱烈歡迎，並蒙光緒、慈禧賜宴，遇以優禮。實際上，烏赫托姆斯基此次訪華所負的主要任務為：謀求獲得中東鐵路南滿支路的修築權；商討有關中東鐵路與中國擬議中的鐵路銜接問題；探詢由中東幹線修築二路至朝鮮海港的可能性；要求賦予華俄道勝銀行鑄造銀幣及發行紙幣在滿洲通行的權利 ❻❾ 。烏氏為避免北京外交團之注意，乃向李鴻章秘密提出中東鐵路南滿支路修築權之要求。而這個問題，乃是俄國侵佔旅、大整個計劃中重要的一環。

二、清廷的憤懣與交涉

　　俄國特使團與總理衙門於六月初進行談判，開始談到南滿支路問題時，李鴻章即表示不以為然的態度說：「我們讓你們進入院內，你們卻要闖入我們家小的內室，未免過分。」李氏反對的立場至為堅持，最終的回答：「還得待以時日。」 ❼❶

　　當第二次談到中東鐵路與山海關路線的問題時，竟引起群情激昂，譴責李鴻章「效忠於俄國利益」的紛擾局面。恰逢英國人也推波助瀾，鼓動中國人對俄國的猜疑與不信任感 ❼❶ 。於是李鴻章乃採取防制的對策，發揮了暫時的抵制作用。最後，在六月七日的會議中，俄方代表只得中國代表的口頭聲明：中國政府不擬把自己從天津到錦州的鐵路築往錦州以北，而且無論如何不將這項租讓權給予任何外國人。烏赫托姆斯基聊感放心，談判至此結束 ❼❷ 。

---

❻❾　羅曼諾夫，《俄國在滿洲》（一八九二至一九○六年），列寧格勒，一九二六年，第一五一頁。

❼❶　同 ❻❾ 。

❼❶　同 ❻❾ ，第一五二頁。

三、中俄簽訂東省鐵路南滿支路合同

根據《旅大租地條約》及《續約》文內，均有准許東省鐵路公司建造一支路，直達旅、大海口之規定，因此，清政府應俄國政府之要求，指派許景澄與當時駐俄公使楊儒，和俄國政府財政副大臣馬羅諾夫 (Maronov) 及東省鐵路公司董事齊格勒 (Chigler) 進行會商，於一八九八年七月六日（光緒二十四年五月十八日，俄曆一八九八年六月二十四日）達成協議，續訂了《東省鐵路南滿支路合同》七款，其主要內容如下：㈠東省鐵路支線，至達旅順、大連海口，取名東省鐵路南滿支路。㈡中國准許東省鐵路公司的輪船及掛公司旗的輪船行駛遼河並該河之支河，及營口並隙地內各海口，運送造路材料。㈢為建造南滿洲支路需用物料、糧食便捷起見，准東省鐵路公司由此路暫築支路至營口及隙地海口運料，但俟南滿支路竣工後，應將其支路撤去。㈣准許東省鐵路公司在官地樹林內自行採伐，並准許公司在此支路經過一帶地方，開採、建造、經理鐵路需用之煤礦❼❸。

第四節　旅大租地條約之嚴重影響

一、俄國徹底破壞同盟密約

自一八九四年以後，帝俄政府逐漸形成的遠東政策，至此都從攫取中國的權益中獲得滿足：第一、通過《同盟密約》取得東省鐵路的築路權，使西伯利亞大鐵路主線能穿過滿洲，為外貝加爾湖地區和俄屬遠東基地之間，提供了更快捷戰略性的聯繫。第二、以武力要挾，強迫清廷簽訂《旅大租地條約》，取得南滿支路修築權，使俄國在遠東獲得最優良的不凍海港，實現了自俄皇彼得一世以來之宿願。然而，俄國這種帝國主義霸道的侵略行為，不僅徹底違反《中俄同盟密約》之神聖原則，並且永遠失去了中國人民的友誼和信任❼❹。

---

❼❷　同❼❶。

❼❸　許同莘等編，《光緒條約》，臺北，文海，一九七四年，第四五卷，第一四頁。

❼❹　同❺❹，第二七七頁。

二、強租旅大同時造成中俄兩國之災禍

強租旅、大同為中、俄兩國所造成之災禍，不僅在程度上非常嚴重，而且在時間上來得也極為迅速。茲引述下列評論藉以說明此事。

旅、大之租借，何以同為中、俄兩國之災禍，蓋自近者而言，列強更乘機思逞，相率攫取中國之領土，幾令中國瓜分之禍；自遠者而言，帝俄從此更得隴望蜀，不及七年，卒致慘敗於日，終且為帝俄政權崩潰之喪鐘。故威特於探知沙皇決心佔領旅、大後，謂米哈諾維奇大公 (Grand Duke A. Mikhailovitch) 曰：「請閣下謹記此日！此種致命之行動，將招致災禍之結果。」其憂心可知。中、俄兩國和睦之維持，垂百餘年。一八九六年，中國不惜犧牲，簽定同盟密約，今以沙皇尼古拉二世及其以外相穆拉維約夫為首的激進派之無遠見，遂鑄成違背條約之大錯，喪失中國之友誼，而致兩國共受同盟之殃，此亦一悲劇矣❼⓹！

因為帝俄強租旅、大的結果，從此便把中國陷入一個國際糾紛的悲境中，最顯著的第一個影響，便是各國對於中國開始了瓜分的企圖：德國的租借膠州灣，並劃定山東全省為其範圍；法國的租借廣州灣，並認兩廣及雲南為其勢力範圍；英國租佔威海衛和九龍，並認定揚子江流域為其勢力範圍；日本認定福建為其勢力範圍；甚至義大利也要求租借三門灣，都是把中國當成一個任其蹂躪的土地，這都是因為租借旅、大而產生的結果❼⓺。

又因為俄國租借旅、大，附帶地得到南滿支路的建築權，於是各國在要求租借港口，劃定勢力範圍之餘，也紛紛要求鐵路建築權，如德國建築膠濟等鐵路；法國建築滇越鐵路；英國建築滬寧等五路，也都是這次事件的惡劣影響❼⓻。

三、俄英協約對中國之危害——使中國淪為次殖民地

《俄英協約》的起因，也是由於這次鐵路建築權的讓與而引起的。當中國與日本甲午之役失敗後，中國便深深感覺到交通不靈，以及政治、軍事上

---

❼⓹　同❷⓻，第二九二頁。

❼⓺　何漢文，《中俄外交史》，第一九五頁。

❼⓻　同❼⓺。

的許多缺憾，尤以貫通南北的鐵路最為急需，於是便準備建築京漢鐵路，估計建築費共需五千萬兩。而當時本國以戰後財政困難萬分，僅能籌一千三百萬兩，其餘乃不得不仰於外資。但是戰敗以後，財政信用大為低落，各國對於此項借款，都持以很嚴酷的條件，俄國便乘機以較好的條件，攫得此路的建築權，同時正太鐵路也借華俄道勝銀行的款建築，於是山西豐富的煤礦，又無形落入俄人之手。因此，英國怕俄國進而攫取揚子江的利益，大起恐慌，英使乃急和中國訂立《關外借款契約》，即以二百三十萬鎊，借與中國修築山海關至新民屯與牛莊的鐵路。這樣，便把俄國在滿洲的鐵路與京漢鐵路、正太鐵路間的聯繫割斷，以阻止俄國勢力之發展。俄使雖竭力反對，要求毀棄此約，英國都嚴加拒絕。結果雙方讓步，於一八九九年（光緒二十五年）四月十六日俄國的外相穆拉維約夫與駐俄國公使查爾斯柯德在聖彼得堡締結《俄英協約》，其條件如下：㈠大不列顛約定不為其自身或其人民或他國人民營求長城以北任何鐵路權利，亦不直接或間接阻礙俄國政府在長城以北獲得鐵路權利；㈡俄國方面亦約定不為其自身或人民或他國人民營求揚子江流域任何鐵路權利，亦不直接或間接阻礙大不列顛在揚子江流域獲得鐵路權利 ❼❽ 。

此協約俄國公然認定滿洲和蒙古為其勢力範圍。同時俄、英兩國協約之訂定，完全不經中國的認可，僅由兩國擅自議定，相互承認其在中國之勢力範圍，而是當時中國政府已經到了毫無反抗的能力。這時候，中國在國際上的地位，也從此不被帝國主義者視為是一個主權完整的國家，而只是列強侵略的目標——如　孫中山先生所說的已淪為「次殖民地」的悲慘境遇。

附錄一

中德膠澳租界條約

山東曹州府教案現已商結，中國另外酬德國前經相助之誼，故大清國國家、大德國國家彼此願將兩國睦誼益增篤實，兩國商民貿易使之格外聯絡，是以和衷商定專條，開列於後：

---

❽　劉彥，《帝國主義壓迫中國史》，上海，太平洋，一九二七年初版。

第一端　膠澳租界

第一款

　　大清國大皇帝欲將中、德兩國邦交聯絡並增武備威脅，允許離膠澳海面潮平周遍一百里內（係中國里）准德國官兵無論何時過調，惟自主之權仍全歸中國，如有中國飭令設法等事，先應與德國商定，如德國須整頓水道等事，中國不得攔阻，該地中派駐兵營籌辦兵法，仍歸中國先與德國會商辦理。

第二款

　　大德國大皇帝願本國如他國在中國海岸有地可修造排備船隻存棧料物用件整齊各等之工，因此甚為合宜。大清國大皇帝已允將膠澳之口南北兩面租與德國，先以九十九年為限，德國於所租之地應蓋礮臺等事以保地棧各項，護衛澳口。

第三款

　　德國所租之地，租期未完，中國不得治理，均歸德國管轄，以免兩國爭端。茲將所租各段之地開列於後：一、膠澳之口北面所有連旱地之島，其東北以一線自陰島東北角起，至勞山灣為限。二、膠澳之口南面所有連旱地之島。其西南以一線自離齊伯山島西南偏南之灣，西南首起往笛羅山島為限。三、齊伯山陰島兩處。四、膠澳之內，全海面至現在潮平之地。五、膠澳之前防護海面所有群島，如笛羅山、炸連等嶼，至德國租地及膠澳周徧一百中國里界址，將來兩國派員查照地情，詳細定明在膠澳中國兵商各船與德國相交之國各船，德國擬一律優待。因膠澳內海面均歸德國管轄，德國國家無論何時，可以定妥章程，約束他國往來各船，此章程即中國之船亦應一體照辦，另外決無攔阻之事。

第四款

　　膠澳外各島及險灘，德國應設立浮樁等號，各國船均應納費，中國船亦應納費，為修整口岸各工程之用，其餘各費，中國船均無庸納。

第五款

　　嗣後如德國租期未滿之前，自願將膠澳歸還中國，德國所有在膠澳費項，中國應許賠還，另將較此相宜之處讓於德國。德國向中國所租之地，德國應許永遠不轉租與別國。租地界內華民如能安分，並不犯法，仍可隨意居住，德國自應一體保護。儻德國需用地土，應給地主地價。並中國原有稅卡設立在德國租地之外，惟所商定一百里地之內，此事德國即擬將納稅之界及納稅各章程與中國另外商定，無損於中國之法辦結。

第二端　鐵路礦務等事

第一款

　　中國國家允准德國在山東蓋造鐵路二道：其一由膠澳經過濰縣、青州、博山、

淄川、鄒平等處，往濟南及山東界。其二由膠澳往沂州，及由此處經過萊、蕪縣至濟南府。其由濟南府往山東界之一道，應俟鐵路造至濟南府後，始可開造，以便再商與中國自辦幹路相接。此後段鐵路經過之處，應於另立詳細章程內定明。

第二款

蓋造以上各鐵路設立德商華商公司，或設立一處，或設立數處，德商、華商各自集股，各派妥員領辦。

第三款

一切辦法，兩國迅速另訂合同，中、德兩國自行商定此事。惟所立德商、華商公司造辦以上鐵路，中國國家理應優待較諸在中國他處之華洋商務公司辦理各事。所得利益不使向隅，查此款專為治理商務起見，並無他意，蓋造以上鐵路，決不佔山東地土。

第四款

於所開各道鐵路附近之處，相距三十里內，如膠濟北路在濰縣、博山縣等處，膠沂濟南路在沂州府萊、蕪縣等處，允准德商開挖煤斤等項，及須辦工程各事，亦可德商、華商合股開採。其礦務章程亦應另行妥議。德國商人及工程人，中國國家亦應按照修蓋鐵路一節所云「一律優待較諸在中國他處之華洋商務公司辦理各事所得利益不使向隅」，查此款亦係專為治理商務起見，並無他意。

第三端　山東全省辦事之法

在山東省內如有開辦各項事務商定，向外國招集幫助為理或用外國人，或用外國資本，或用外國料物，中國應許先問該德國商人等願否承辦工程，售賣料物，如德商不願承辦此項工程及售賣料物，中國可任憑自便另辦，以昭公允。

以上各條，由兩國大皇帝批准，中國批准之約到德國柏林之後，德國批准之約交給中國駐德大臣收領，作為互換之據。

此專條應繕四份，華文、德文各二，由兩國大臣畫押蓋印，各執華、德文一份，以昭信守。

光緒二十四年二月十四日，西曆一八九八年三月初六日 ❼❾

附錄二

查三月三十日電陳專條全稿，係據俄外部所交法文稿譯出，嗣外部商定應照《北京條約》配用俄文、漢文各一份，所配漢文係從俄文譯出，與上次電稿字面

---

❼❾　同 ❸❷，第一三〇卷。

微有不同數處，第一款電稿，山脊亦在所租地段內，今照俄文譯為亦在俄國租地內，語意並無出入。又電稿至遼東東岸近皮子窩灣北止，蓋謂皮子窩灣北之附近處地界，應逾灣北，今照俄文譯為皮子窩灣北盡處止地界，應以灣北盡處為止，較前稿語意似稍明確。第三款電稿，在旅順、大連灣，不在該半島別海口，今照俄文譯為在旅順及大連灣海口，不在該半島沿海別處。第四款，日常需用附城之水，今照俄文譯為附城准俄國享用之水，語言仍無出入。又第三款中國以後自造路一語，俄文改為自己力量造路，語意有別，經與外部辯明，另備文聲明，已據外部照覆，與法文語意講解無異，故漢文並不改譯，合併聲明。

附錄三

為續俄曆一八九八年三月十五日條約所附專條事，本部奉俄主諭稱：俄國國家與中國國家所商之意，並顧念兩國睦誼，允將俄兵屯紮金州城外，作為試辦。惟萬一城中有亂，或居民與俄兵攻打，則俄兵即行入城，等因。特此照會貴大臣查辦。

俄曆一八九八年四月二十五日，光緒二十四年閏三月十七日。

第七章　義和團事變與帝俄侵佔東三省

第一節　義和團事變的起因與活動概況

一、義和團事變的起因

關於義和團事變的起因，可以分為外在與內在兩方面的原因。關於外在方面，首先是帝俄自十九世紀末侵華政策獲得了顯著的成功，它在三年之內（一八九六至一八九八年），對中東與南滿兩條鐵路之修築及旅順與大連兩港之租借，都自中國政府得到條約上的承認，使中國在領土和主權上都受到嚴重的損失。同時，又由於中國自甲午戰敗，國勢陵夷，幾致瓜分，而列強之壓迫日益加甚，無辜民眾迭受各地教會之欺凌蹂躪，無賴之徒又往往藉教會勢力魚肉鄉民，以致怨抑無告，積恨日深，終激成排外仇教之心理。關於內在方面，則是由於中國近數年來經常不斷的發生饑荒、人禍，以及清政府官吏的無知與無能所釀成。當此一運動出現於山東省內時，其勢本微不足道，地方當局如即時禁止，短期內當可消滅。但是巡撫毓賢昏庸無能，惑於義和團之迷信及其「扶清滅洋」之口號，竟暗中予以支持，致使其勢力得到迅速的擴展，演變成大規模的動亂。

除此，俄國財相威特對於義和團運動的起因，曾有這樣一段話，他說：「列強開始掠奪中國，它們那樣推論：既然俄國可以佔領旅順口和關東半島，那我們為什麼不同樣去佔領呢？於是列強開始強佔另一些港口，並以強迫相威脅，向中國索取各種讓與權。」他接著又說：「對中國這種掠奪，刺激了當地居民，發生了義和團暴動，這是穆拉維約夫所提出的掠奪中國領土政策的

結果。」❶威特這段話雖然懷有攻擊政敵的動機，然而卻道破了一個事實：義和團運動主要是由於帝國主義對華種種侵略事件所引起的，而沙皇俄國，正是列強瓜分中國領土主權的始作俑者。

二、義和團活動的概況

義和團於一八九八年起事於山東，次年即蔓延至天津、北京一帶，公開進行軍事操練。一九〇〇年五月，義和團在北京開始燒、殺、搶劫，多以教士或教會為對象。歐洲國家駐北京的公使認為危機正在形成，因而於五月二十一日提出一項聯合照會，向清廷抗議。二十八日，駐北京的英、美、德、法、俄各公使採取一致行動，聯名發出電報，要求各國海軍增援北京公使館的警衛隊。二十九日，義和團切斷京津鐵路線。三十一日，三百三十七名增援的警衛隊到達北京，其中七十四名為俄國官兵。六月四日，鐵路線再度中斷。六月五日，俄國駐北京公使吉爾斯 (Giers) 獨自寫了一封信給慈禧太后，要求對義和團採取制止行動，並對清慶親王奕劻表示：如果京津間的電報遭到破壞，俄軍將進駐大沽❷。六月十日，英國的西摩爾 (Seymour) 海軍上將率領一支二千零六十二名的聯軍，其中包括三百十二名俄國人，從天津出發去解救北京使團的包圍。然而這支聯軍剛一出發，就遭遇到新的障礙，因西摩爾於六月十六日在各國海軍將領會議中，要求中國軍方於十七日凌晨二時前把大沽炮臺交出，否則將用武力攻佔。當炮臺守將羅榮光拒絕此一最後通牒時，聯軍於六月十七日清晨即發動攻擊，俄方也調出三艘炮艦參戰，旋於同日晨六時三十分，炮臺被聯軍攻佔。但聯軍此一武力攻佔行動，不僅激怒了義和團，更激怒了中國政府，認為這是外國人背信棄義的明證，於是全中國範圍內立即引起報復的行動。在此事以前，一直猶豫不決的政府軍，自六月十七日後，就與義和團運動聯合起來，站在同一戰線上進行戰鬥❸。西摩爾的縱隊受到攔阻，被迫後退。天津租界遭到義和團的攻擊，並遭到中國正規軍炮兵的炮擊。此外，六月十一日，日本公使館書記生杉山彬在北京永定門外

---

❶ 威特，《威特伯爵回憶錄》，第一卷，第一五七至一五八頁。

❷ Andrew Malozemoff, *Russian Far Eastern Policy, 1881–1904: With Special Emphasis on the Causes of the Russo-Japanese War*, p. 126.

❸ Ibid., op. cit., pp. 140–141; 科羅斯托維茨，《俄國在遠東》，第三〇至三一頁。

被殺。在此以前，北京公使館只不過受到包圍，自此以後，是真正的受到圍攻了。二十一日，清廷下詔向所有以武力侵犯津、京的國家宣戰，如此使局勢更加混亂，並隨之擴及關外。盛京副都統率領義和團徒眾拆毀鐵路，攻擊俄僑，將俄教堂及鐵路公司先後破壞，……自是遼陽以北鐵嶺以南車站、洋房、鐵路莫不遭到拆毀與焚燒❹。俄國政府遂以此為藉口，準備進佔東三省。

第二節　帝俄在八國聯軍對華戰役中扮演的角色

一、俄使兩面手法的巧妙運用

一九〇〇年四月，義和團運動已推展到京郊，俄國駐華公使吉爾斯於同月十五日，狀似友善的向總理衙門說，其他列強準備舉行海軍示威，派兵來華，俄國「誠意警告中國，希望不致產生類似後果」，並「勸告總理衙門要不失時機，在義和團尚未強固和尚未在集結於北京周圍的大隊士兵中獲得信徒之時，將他們強力鎮壓下去」❺。五月十五日，吉爾斯再次警告總理衙門說：「各國政府以為中國自己不能管轄其民，勢必派兵來京，自己保護。……中國現在如不趕緊設法，嚴禁拳匪，恐貽後患。」❻吉爾斯顯對清政府關懷備至，似乎俄國不忍看到各國派兵來京擾亂中國，其實假慈悲，並非真正友愛中國，只不過是希望假清政府來鎮壓義和團運動；與此同時，他又背地加緊策動其他國家駐華使節，要他們對中國實行武裝干涉。五月十九日，吉爾斯電請本國政府從旅順口派軍艦將陸戰隊送到秦皇島，以便必要時召來北京❼。二十日，俄國公使與英、美、德、法、日等十一國駐華公使舉行會議，決定向總理衙門聯合提出嚴厲鎮壓義和團運動的六項要求❽，各國艦隊很快集中到大沽口，導致戰爭一觸即發。

❹　王彥威，《清季外交史料》，第一四四卷，第二一頁。

❺　《紅檔》雜誌，一九二六年，第一（總第一四）卷，第一〇頁。

❻　國家檔案局明清檔案館編，《義和團檔案史料》，北京，中華，一九五九年，上冊，第七九頁。

❼　同❺，第一一頁。

❽　愛爾蘭大學編，《英國議會文書》，中國，第三號，一九〇〇年，第二七三號文件，附件六。

二、俄國充當進攻大沽炮臺及天津的組織與指揮者

清政府為保障京、津安全，決定不再允許各國軍隊在大沽登陸，同時調集軍隊，加強大沽炮臺的防衛。而俄國為使大批聯軍能繼續迅速運送京、津地區，擴大對華之侵略，便積極策劃攻佔大沽炮臺。阿列克謝耶夫六月十五日給俄國總參謀部的電報說：「在大沽炮臺一帶，中國軍隊活動頻繁，正在設水雷障礙和集結軍隊。鑑於此種情況，我認為有必要建議分艦隊的長官同各外國海軍將領一起佔領炮臺，以便保障交通連絡。」❾

同一天，俄國艦隊司令海軍中將基利杰勃藍特根據聖彼得堡的旨意，在巡洋艦「俄羅斯」號上召集主持了各國海軍將領會議，制定攻佔大沽炮臺作戰方案，決定先把三百名日本海軍運往東沽，作為進攻炮臺的先頭部隊。第二天上午，基利杰勃藍特又召集第二次各國海軍會議進行策劃。會議中決定向大沽炮臺守將與直隸總督發出最後通牒，要求中國於十七日凌晨二時以前把大沽炮臺交出，否則用武力攻佔❿。最後通牒由基利杰勃藍特領銜，法、英、德、日、義、奧等國海軍將領共同署名⓫，於當天傍晚由俄國海軍少校巴赫麥季耶夫送往大沽，遞交炮臺守將羅榮光，並警告說：「如兩點鐘不讓出營臺，定即開炮轟奪。」⓬與此同時，另一名海軍軍官前往天津，把內容相同的最後通牒，通過法國駐天津總領事杜士藍交給直隸總督裕祿。通牒「標二十日發，二十一日卯刻始行送到」，「文到已逾時刻」⓭，使裕祿措手不及。

羅榮光收到通牒，一面派專差飛報天津，一面嚴令各營「加緊備戰」⓮，但為時已晚。

早在基利杰勃藍特發出最後通牒之前，各國海軍將領已作好武力奪取炮臺的部署。十六日，基利杰勃藍特在俄艦「海龍」號上召開了最後一次各國

❾　帝俄總參謀部軍事學術檔案編，《一九○○至一九○一年俄國在華軍事行動資料》，第二編，第一冊，第一一頁。

❿　同❾，第一編，第一三頁。

⓫　同❽，第一號，一九○一年，第一九六號文書附件。

⓬　同❻，上冊，第一六四至一六五頁。

⓭　同❻，第一四七頁。

⓮　同❻，第一六五頁。

海軍司令會議，詳細擬定了攻打大沽炮臺的具體方案。當天下午三時，各國艦隊共派出水兵九百十五人（其中有俄國水兵一百五十人）登陸，準備從水陸兩路攻打大沽炮臺❶。黃昏以後，聯軍炮艇偷偷於炮臺內側進入陣地。

十六日午夜，敵艦隊在俄國艦長多勃羅利斯基指揮下，集中炮火，向南北炮臺發動猛烈進攻。炮臺守軍開火自衛，英勇抵抗，重創敵艦。各國來犯艦艇共六艘，其中俄艦三艘均被擊傷：「基利亞克人」號中彈四次，下沉擱淺，死傷五十四人；「朝鮮人」號中彈起火，死傷二十六人；「海龍號」也有死傷❶。其他國家的艦艇也都受到重大的損失，其人員共死傷二百五十人，佔來犯者總人數的百分之二十八，其中俄軍共死傷八十七人❶。而羅榮光倉促應戰，又得不到裕祿的支持，最後南北幾個炮臺的火藥庫相繼中彈爆炸，敵人水陸進攻，大沽炮臺於六月十七日晨六時三十分失守。

大沽口是京津的門戶，聯軍佔領大沽炮臺，為進攻天津與北京鋪平了道路。中國各階層無不感到民族危亡的嚴重威脅，清政府被迫發布宣戰上諭。義和團共約二萬餘人，紛紛奔向天津，投入了反侵略的戰爭。同時，清軍官兵也奮起抗戰。

六月二十三日，旅順口俄軍當局緊急派出斯捷謝里率領二千俄軍進入天津，與當地俄軍會合後，佔領白河左岸，俄軍迅速增加到四千，其他各國聯軍約二千五百人佔領白河右岸的租界區❶。斯捷謝里的部隊到達，增加了聯軍的戰力，並使俄軍在其他國家的軍隊中佔絕對優勢，從而取得了指揮官的地位。英國海軍將領普魯斯當天的電報說：「聯軍海軍將領會議公推以俄國海軍中將為首席司令官」，「由於海軍將領會議對一切戰事行動有最高決定權，

---

❶ 薩維奇‧藍德爾，《中國與聯軍》，第一卷，第一一五頁；揚切維茨基，《在停滯不前的中國的城牆下》，第一七二頁記載：從各國船艦上派出登陸的聯軍共九百五十三名，其中俄國官兵一百六十八名。

❶ 日本外務省編，《日本外交文書》，東京，日本國際連合協會，昭和十一至三二年，第一二三卷，別冊一《北清事變》上冊，第六二三頁；薩維奇‧藍德爾，《中國與聯軍》，第一卷，第一二〇頁。

❶ 中國史學會編，〈義和團〉，《中國近代史資料叢刊》，第三冊，第二八九頁；帝俄總參謀部軍事學術檔案館編，收錄在《一九〇〇至一九〇一年俄國在華軍事行動資料》，第一編，第一冊，第一五頁。

❶ 吉普斯，《華北作戰記（至天津城陷落）》，倫敦，一九〇一年，第五三頁。

為了避免摩擦的發生，陸戰部隊的指揮官也應當與海軍將領主席，即首席艦隊司令為同一國籍。」依目前情況，當為俄國人。❸ 於是，當時無論是大沽口的各國海軍，還是天津地區的登陸部隊，均由俄國軍官充任指揮官。

　　六月二十七日，沙皇尼古拉二世授予海軍上將阿列克謝耶夫戰時獨立軍團司令的權力 ❷，責成他獨立指揮南滿和華北地區作戰，阿列克謝耶夫受命組成野戰司令部，第二天乘軍艦赴大沽 ❷，親臨前線，指揮作戰。與此同時，大批俄軍從旅順口源源而來，至六月三十日，天津地區的俄軍增至五千九百餘人，佔全部聯軍的百分之四十二 ❷。

　　十二日，阿列克謝耶夫召集在天津的各國司令官開會，並決定第二天早晨攻打天津城。日、英、美、法、奧軍隊由日軍少將福島指揮，進攻天津南門，俄軍擔負具有決定意義的掃除天津外圍的任務。戰鬥於七月十三日凌晨四點半開始，阿列克謝耶夫親自帶領俄軍四大隊，野戰炮兵兩中隊，共二千六百人，進攻蘆臺運河堤岸上義和團與清軍陣地。另有德、法軍隊三千人，由俄國軍官斯捷謝里統率，作為後援部隊。俄軍在白河左岸，擊潰了義和團和清軍的抵抗之後，奪佔了黑炮臺，使天津失去最有力的火力支持，而陷於孤立地位。福島率聯軍進攻天津城，集中全部大炮猛烈射擊，頓時平原上空硝煙彌漫，城內烈焰衝天 ❷。中國軍隊進行一整天的英勇抵抗，直隸提督聶士成戰死，另守將裕祿、宋慶、馬玉昆率軍撤往北倉。十四日拂曉，日軍轟塌天津南門，聯軍相繼湧入，天津全部失陷，居民逃竄時中彈及相互踐踏而死者不計其數。而聯軍參戰兵力共八千人，傷亡約九百人（其中俄軍一百八十人），死傷佔其總數百分之十一。聯軍進入天津城後即到處搜查，認為有嫌疑的人即行槍決，銀行及錢莊都被聯軍洗劫一空，鹽道金庫被日本人沒收，滿載搶劫而來的毛皮、絲綢、瓷器等物的軍人和文職人員隨處可見。當時天津本有一百萬左右的居民，經此劫難之後，只剩下十萬人左右 ❷。

---

❶　同 ❶，第三七至三八頁。

❷　同 ❾，第一編，第一冊，第二九頁。

❸　科羅斯托維茨，《俄國在遠東》，第二四頁。

❹　同 ❶，第四八頁。

❺　同 ❶，第五九頁。

❻　中國社會科學院近代史研究所編，《沙俄侵華史》，第四卷，上冊，第一八九至一九

三、聯軍統帥誰屬之爭

當聯軍攻陷天津後，隨即在此迭開會議，並決定於八月四日向北京進發，於是發生聯軍統帥誰屬之問題。先是，當德使克林德被殺後，德皇威廉二世極為憤怒，主張列強軍權統一，大舉進攻北京，有以德將領指揮之意。久之，俄政府向列強建議以資深望重者，或實力雄厚者任聯軍最高統帥，德政府於是乘機向各國駐柏林使臣表示以德人任聯軍統帥。英答以俟軍事緊急聯軍進至北京再議。俄政府置而不答，因為俄陸相庫羅巴特金有自任之意[25]。德皇乃利用沙皇尼古拉二世之憂柔無能，立電俄京謂：為聯軍事權統一，便於大舉進攻北京起見，宜置聯軍最高統帥，如沙皇同意，即以瓦德西伯爵 (Field-Marshal Waldersee) 任之。沙皇不得已表示贊同[26]。蓋俄國人既不能獲得此職，與其讓英人，莫如就讓德人。德皇尋求其他列強之同意，英、日、法亦相繼贊同。一九〇〇年八月七日，遂以瓦德西為聯軍之統帥。

四、俄軍搶爭聯軍進攻北京之先鋒

俄國既爭取不到聯軍統帥之職，於是俄方拉姆斯多夫 (Ламздорф В. Н.) 等人便不再持其「不急於」進軍北京的主張，而是把注意力轉向確保俄軍在聯軍陣線中的行動自由。最切實的辦法，自然是趕在瓦德西率軍來華之前攻佔北京，從而使聯軍統帥權對俄軍失去實際意義[27]，為此，帝俄臨時調整了滿洲戰場的作戰計劃，將進攻盛京的戰役推遲到聯軍佔領北京之後，以便就近增援進攻北京的俄軍。拉姆斯多夫在事後毫不掩飾的說：「這個統帥職務是毫無用處的，因為在他（瓦德西）率軍來到之前，要麼我們已經到達北京，或者中國政府已經出面開始談判。」[28]

一頁；同[21]，第四九頁。

[25]　*D. G. P.* B. 14, Doc. 4601.

[26]　Ibid., B. 14, Doc. 4501, 4602.

[27]　威特等估計，瓦德西來華將走四十天的路程，到那時，可能事情已平息，見《紅檔》雜誌，一九二六年，第五（總第一八）卷，第三五至三六頁。

[28]　同[27]，第三八頁，〈威特致西皮亞金的信〉（七）；羅曼諾夫，《帝俄侵略滿洲史》，第二五九頁。

八月三日，李涅維奇 (Линевич Н. П.) 在天津召集各國司令官和參謀會議，決定第二天進攻北倉，開始向北京進軍。這時，集中在天津一帶的俄軍有六千二百五十名步兵、三百七十七名騎兵、二十二門大炮、八挺機槍❷，數量僅次於日本。但俄軍控制鐵路，又有旅順口作後援基地，它在聯軍中仍處於十分重要的地位。正如蘇聯一部軍事史所說：「俄國人是這支國際部隊的核心」❸。

八月四日下午三時，八國聯軍一萬八千八百人，帶著一百門大炮從天津出發，沿運河向北京方向進發，其中俄軍四千八百人；帶著六門大炮❸，與法軍擔任右翼，沿運河左岸前進，日、英、美軍擔任左翼，沿運河右岸前進，另有六千聯軍留守天津，由俄軍上校柯尼西莫夫指揮，繼續鎮壓天津人民的反抗❸。同日，庫羅巴特金奉旨電告阿列克謝耶夫所部，「以進攻北京為當前主要任務，並速調營口或旅順的俄軍，取道大沽，參加攻打北京的戰鬥」❸。同時，庫羅巴特金告訴德國駐俄武官，目前向北京推進非日本人和俄國人莫屬，其他各國的軍隊，包括英軍在內，人數極其有限。俄軍有八千人，一俟滿洲局面許可，這個數目將增加一倍❸。

八月五日，八國聯軍對北倉的中國陣地發起強攻，義和團和清軍放水阻攔，布置了地雷，並在陣地上構築了掩避體，對侵略軍進行了英勇的抵抗，打死打傷敵軍三百多人❸。上午十時，北倉陣地的右翼和兩座鐵路橋被俄國軍隊佔領。同時，日軍、英軍、美軍和越過陣地右翼的俄國軍官斯捷謝里率領的第三步兵旅，佔領了北倉。

八月六日，聯軍進攻楊村，再次遇到中國軍民堅強的抵抗，俄國官兵被

❷　同❾，第三編，第二冊，第六八號文件。

❸　克爾斯諾夫斯基，《俄國軍隊史》（一八八一至一九一七年），第三卷，第五二八頁。

❸　馬士，張匯文等譯，《中華帝國對外關係史》，上海，上海書店，二〇〇〇年，第三卷，第二六八頁。

❸　揚切維茨基，《在停滯不前的中國的城牆下》，第三五五頁。

❸　同❾，第二編，第二冊，第三八頁。

❸　孫瑞芹譯，《德國外交文件》，北京，北京商務，一九六〇年，第一六卷，第一〇四章，第四六〇一號文件，〈外交大臣布洛夫伯爵上威廉二世電〉，一九〇〇年八月五日。

❸　同❾，第三編，第二冊，第一二一頁。

擊斃擊傷十九人 ❸。雙方激烈的戰鬥從早晨四時一直進行到下午二時，最後，陣地被聯軍突破，當天楊村失陷，裕祿自盡。李涅維奇為使中國得不到喘息和整補的機會，聯合其他國家的軍隊實行「不停的進攻」❸，十日佔領碼頭，十一日佔領張家灣，武衛軍幫辦李秉衡戰死。十二日通州失守。

聯軍佔領通州後，首先是李涅維奇提議稍事休息，聯軍將領會議決定十五日進攻北京❸。而俄軍為奪取「頭功」和搶劫更多的「戰利品」等等原因，竟提前於十三日傍晚從通州向北京進發，並於次日凌晨二時攻佔了東便門，首先衝入北京城，義和團和清軍對俄軍進行了堅強的抵抗，東便門的戰鬥持續達十四個小時之久，俄軍遭受重大傷亡，少將瓦西列夫斯基胸膛被槍彈穿透，身受重傷；打死上校一人、士兵二十人；打傷軍官五人，士兵一百零二人❸。其他國家的軍隊聽到俄軍攻城的炮聲後，也趕緊進攻北京城。在戰鬥中，義和團和清軍共擊斃、傷聯軍四百餘人，十四日，京城失守。次日清晨，慈禧太后挾光緒皇帝倉促離宮，出德勝門逃往太原。十六日，聯軍肅清北城，北京全部陷入聯軍之手中。

此次天津、北京一帶所遭殘破較之英、法聯軍時更甚，從津沽到北京沿途各地的農作物盡遭踐踏；農村及城鎮房屋多遭焚毀；津京官府產業多遭搶劫破壞；藝術珍品及造幣廠的存銀盡遭盜竊；皇宮、頤和園、官府、王公巨宅之內的寶物、珍貴骨董、稀有書籍、字畫多遭搶劫或毀壞，後來聯軍統帥瓦德西 (Waldersee) 證實搶劫者必非華人，因為皇宮、頤和園和官府都有聯軍駐守，一般平民均不得進入 ❹。

---

❸　同❾，第二編，第二冊，第一三八至一三九頁。

❸　同❾，第三編，第二冊，第一八七至一八八頁。

❸　同❾，第二編，第二冊，第二五四頁。

❸　同❾，第三編，第二冊，第二四一至二四二頁。

❹　中國社會科學院近代史研究所編，《沙俄侵華史》，第二○二頁。

第三節　俄國乘機派兵佔領東三省

一、俄國企圖控制滿洲的準備

中國一九○○年（庚子年）的事件，使俄國不得不迅速進行其浩大的建築工程，鐵路工程由五處一齊開工（自哈爾濱向東、向南、向西，由旅順口向哈爾濱，由雙城子向哈爾濱），在兩年的時間中築成了一千三百俄里，而輕便鐵路與站內的停車道尚未計算在內。哈爾濱現在已從一個小鎮變成大城市。為著輸送築路材料到哈爾濱來，所以對於松花江也加以浚渫，使之適宜於航運。築路工程處在海中組織了自己的船隊，共有汽船十三艘，海參崴、牛莊與大連之碼頭也開始建築，這些碼頭都立刻變成了建築材料之大貨棧與鐵路材料之儲藏庫。劃定了三十方俄里為計劃中之大連新市區，並以此區為無稅區。……在哈爾濱、吉林、瀋陽、旅順與牛莊都成立華俄道勝銀行的分行，這些分行把當地經濟生活的命脈都掌握到自己手中了。在煙臺與瓦房間都開始了採煤工作，為了築路需要，並且修有支線把兩地與南滿支線連接起來。以此類推，還有許多別的工作。凡此等等就對這廣大的區域灌入新的生命，而俄國對滿洲未來命運之支配權也就與日俱增了 ❹。

二、俄軍侵佔東三省的經過及暴行

先是，當義和團運動之消息傳到俄國時，俄國軍方認為侵略中國之時機已到。陸相庫羅巴特金尤主急進，有使「滿洲成為哈爾濱第二」之野心。迨北京使館被圍，庫羅巴特金進佔東三省之心益切，及義和團蔓延關外、奉天副都統晉昌率領義和團人拆毀中東路及攻擊俄僑事件發生後，使俄軍部更振振有詞，遂以護路、保僑為藉口，準備大舉進攻東三省。七月九日，俄皇尼古拉二世發布了一道諭旨，命令俄國的正規軍向中國的東北地區分五路進兵，佔領全滿洲 ❷；於是中國的整個東北三省就陷入戰爭狀態。

當時，黑龍江將軍壽山得悉這些軍事情報以後，因兵糧俱絀，陷入和戰

---

❹　羅曼諾夫，《帝俄侵略滿洲史》，第二○四至二○五頁。

❷　羅曼諾夫，《俄國在滿洲》，第二一九頁。

兩難的困境，惟奉天省副都統晉昌竭力主戰，連電壽山，鼓勵他積極拒俄，並允接濟糧餉，壽山才決意備戰。七月初，黑龍江兩岸已經警報頻傳，壽山欲後退而不可得。七月八日，海蘭泡有俄兵數千，要假道瑷琿、齊齊哈爾去哈爾濱保衛鐵路，壽山不許。然俄方的運輸輪船米克海爾 (Mikhnail) 號、色楞格 (Selenga) 號及布爾拉克 (Burlak) 號竟於十四日和十五日滿載槍枝和彈藥自下游伯力開往海蘭泡，途經中國瑷琿城的江面，中國軍方發出信號，示意船隻應該靠岸受檢，及至中國官員發現米克海爾號載有武器時，即宣布扣留船隻，於是引起了一場槍炮射擊❹，同時，海蘭泡方面謠傳中國軍隊將於十六日登陸左岸，進攻海蘭泡，海蘭泡的警察長官巴塔爾維奇 (Batarevich) 就根據此種情報向軍事當局匯報，要求立即把城內和區內的全部中國居民遷往黑龍江彼岸，以免他們擔任中國軍隊登陸的先導。阿穆爾省軍事長官、軍司令格里布斯基將軍下令照辦❹，於是就發動了一連串對中國人慘無人道的大屠殺。

海蘭泡原是一個中國人居住的村莊，位於黑龍江左岸，一八五八年清廷被迫割讓給俄國，遂改名為布拉戈維申斯克 (Blagoveshchensk)，後來成為俄方阿穆爾省的首府。至一九〇〇年人口達四萬人，其中中國人約有一萬至一萬五千名左右，多從事農商，也有流動性的雇工、小商販和手工業者。自格里布斯基將軍批准迫遷令後，海蘭泡中國人的居住區開始受到搜查，他們商店內的貨品、錢財、食物、武器都被搶光，被搜查出來的人，由哥薩克兵揮著皮鞭抽打，把他們像獸群一樣的趕向江邊，凡是抗拒的人就被刺殺。當時選擇了在黑龍江江面最狹窄處的上海蘭泡北邊，作為渡江地點，但是江中根本沒有船隻，執行押解的人乾脆把中國人趕進水裡，命他們泅水渡江，江流急湍，躍入水中者頃刻沉溺，後列的人不敢下水，哥薩克便用粗皮鞭抽打他們，帶槍者則一齊開槍，射擊持續了大約半小時，岸上中國人死屍已堆積如山，中國人的哀嚎，懇求免其一死，但一切都歸徒勞，屠殺行動連續了五天（十七日至二十一日），被押解到江邊泅水而死的中國人共有四批，被迫淹死的中國人，據《瑷琿縣志》的記載，共約五千多人，只有少數身強力壯的男

❹　陳芳芝譯，《俄中戰爭：義和團時期沙俄侵佔中國東北的戰爭》，北京，北京商務，一九八二年第一版，第五四至五五頁。

❹　同❹，第五八至五九頁。

子能游到右岸而得生。七月二十七日《阿穆爾邊區報》報導：總督的調查已經證實，沒有離開海蘭泡的中國人都慘遭虐殺，活活的被宰殺，或被燒死；中國人遺留在海蘭泡的財產都被洗劫一空❹。

同樣的屠殺慘劇也在「江東六十四屯」上演，江東六十四屯位於黑龍江左岸，在精奇里河河口以南的沿岸地帶，為黑龍江中游經中國人開發出來最繁庶的一片大地，居民全為漢族、滿族、達斡爾族所組成，除臨時居住的中國礦工等流動人口外，常住居民不下於兩萬人。按一八五八年《中俄璦琿條約》的規定，江東六十四屯地區的中國人有永久居住權，中國政府有永久管理權，但由於此一地區的物產豐富，俄人覬覦已久，於是乘海蘭泡捕殺中國人的狂潮中，另派一支俄軍渡過精奇里河，進入江東六十四屯，驅聚居民，沿屯放火，將中國居民及其房屋盡行毀滅，逃至江邊者又遭俄方哥薩克兵追殺，槍彈如雨，被槍殺的和淹死的中國人達七千多名。然後，阿穆爾省軍政長官公署竟於八月初發布一紙命令，將江東六十四屯之地收歸俄國管轄，中國居民之生存者亦不准重返，其原屬有土地房屋均交俄國移民使用❹，就此將璦琿條約所賦予中國人的永久居住權片面銷毀。

俄方殘酷的「清除」了黑龍江左岸的中國人之後，立即調兵遣將，動員十二萬六千二百九十人，集中主力於旅順口、海蘭泡、伯力三處，由陸軍大臣庫羅巴特金指揮全軍。七月三十一日發布進攻璦琿的命令。八月一日，向璦琿上游七十華里的黑河屯發動攻擊，八月二日凌晨一時至三時半偷渡過江，在黑河屯上游七華里之處登陸。中午十二時，中國軍因傷亡過重，被迫放棄黑河屯。俄軍進佔之後，立即將此一擁有約六千名居民的富庶城鎮，焚為廢墟。八月三日，俄軍開始進攻璦琿，部署在江東六十四屯的俄軍以猛烈的炮火轟擊璦琿城助戰。四日，俄軍抵達璦琿城郊，分水陸三面夾攻，中國官兵堅守陣地，奮力拒敵，最後力盡，五日城陷。俄軍四向焚燒，滿城煙火，雞犬飛嚎，數千房舍，化為灰燼，俄軍乘勝前進，於十七日攻陷墨爾根，壽山派營務處總理程德全持白旗三次赴俄營求和，均被拒，二十八日，俄軍從北、東、西三面包圍齊齊哈爾。二十九日，壽山自殺❹。黑龍江全省淪陷。三十

❹　同❹，第七二頁；孫蓉圖，《璦琿縣志》，南京，鳳凰，二〇〇六年，第八卷，第二八頁。

❹　Great Britain, *Parliamentary Papers*, "Blue Books", China 5 (1901), Doc. 23: 1.

日，俄軍進入齊齊哈爾城，將練餉、兵餉、雜款、銀錢、軍械、火藥庫、軍器庫內的一切資財和官物盡行劫走，官員備受凌辱，百姓多遭殘殺，倖存者亦露宿風餐，流離失所❹。清軍在吉林省的兵力更為薄弱；俄軍集結了約六千多人，於七月中從伯力駛入松花江，溯江而上，陷三姓而直達哈爾濱。另一支俄軍從海參崴出發，在七月與八月之內連陷琿春和寧古塔，將軍長順喪失鬥志，於八月二十五日派代表前往哈爾濱與尤哥維奇議和，約定兩軍相見，以白旗為號，各不開槍，讓道而行。九月二十三日，俄軍入吉林城，長順投降，吉林省全部淪陷❹。

　　俄軍在奉天省的軍事行動早於七月下旬佔領金州城時即已開始，並且乘機侵佔營口。原來營口係條約開放的國際通商口岸，城內有租界，有各國的領事館，天主教堂，華俄道勝銀行，海關，外僑俱樂部。七月間，俄方鐵路守衛隊從南滿支線撤入營口，同時俄軍艦亦在港口出現，中國當局要俄軍撤出，被拒。八月四日，俄方乘情勢緊張之際發動攻擊，佔領外國租界，中國守軍急忙往城裡退卻，但遭來自江面俄艦的炮轟，造成嚴重的傷亡。俄軍隨即入城佔據兵工廠和軍需庫，又接收了海關、銀號及政府財產，營口全部軍政機構均淪入俄軍之手❺。

---

❹ 壽山，袁姓，字眉峰，世居黑龍江璦琿，屬清漢軍正白旗，為明末抗清名將袁崇煥後裔，其父富明阿曾任清朝吉林將軍。一八八二年冬，壽山父親富明阿死去，按慣例他承襲了騎都尉世職，以三品銜補用兵部郎中（兵部下屬司的長官）、候選員外郎（司的副長官），留在北京兵部選用。一八九四年中日甲午之戰爆發，在敵寇入侵國門，國家民族存亡面臨嚴重威脅的緊要關頭，壽山「陳情請赴前敵效力」，得清廷允准，交黑龍江將軍依克唐阿「隨營差遣」。當時依克唐阿兵力不足，正奏請招兵。壽山「首舉義旗，人樂應募，十餘日間，且招且練，即成兩營勁旅」，隨即率隊馳赴遼東，與依克唐阿會合，並充任鎮邊軍步兵統領。一八九五年三月初，遼南告急，壽山率七十騎前往偵察，與日軍交戰於湯崗子。酣戰間，壽山「忽中飛彈，自右腹入，左臂出」，仍「屹立不為動，戰愈猛，敵既退，跨馬三十里回營，衣褲淋漓，血厚盈指」。一八九七年壽山任黑龍江鎮邊軍統領，駐璦琿。壽山無力挽回戰局，深責自己身為將軍，「事前既不善彌縫，事起又不能固守，喪師失地」，「令江省糜爛如是，璦琿予故土，坐令江東六十四屯遭此奇難」，有何面目對黑龍江父老。於是報「軍覆則死之義」之念，決心以身殉國。

❹ 孫蓉圖，《璦琿縣志》，第八卷，第三〇至三三頁。

❹ 同❻，下冊，第八一三至八一四頁。

　　俄軍攻佔營口及海城之後，在南滿的戰鬥暫趨沉寂，因當時聯軍正向北京進兵，俄方為爭取控制京津地區的優勢，特自南滿抽調一部分兵力，前往京津參與解圍的軍事行動，直至九月下旬，聯軍在京津的軍事部署大致完成，俄軍始撤出北京，再度集結大軍於旅順，分三路進兵奉天，奪取盛京。當時負防守之責的中國官兵約有三萬人，晉昌與壽長將前線部隊布置於鞍山和牛莊一帶，鞍山與牛莊被俄軍攻佔後，中國軍隊的主力就撤退至沙河堡，沙河堡的地形頗佔優勢，炮火所發揮的威力也曾予俄軍以重創，然指揮不當，失去克敵制勝的先機❺，終被俄軍乘隙擊破。沙河堡險要一失，俄軍即進逼遼陽。二十九日清晨，俄軍攻佔遼陽，盛京即失去屏蔽，奉天將軍增祺逃往新民廳，寫信向俄關東省總督阿列克謝耶夫乞和❺，被拒。俄軍於三十日上午開始進攻盛京，十月一日，攻入城內，俄軍乘勝佔據了皇宮和將軍府等官署，擄去西式大炮五十門，以及大量的炮彈、步槍、子彈、火藥等軍用物資，兵力為之大增。十月三日，俄軍司令官蘇鮑季奇 (Subotich) 入城，任命俄軍上校頓布羅夫斯基 (Dombrovskii) 為奉天省軍政長官。至此，東北三省全部淪入俄軍之掌握。

三、俄國政府監理滿洲之原則與奉俄協定

　　俄軍自佔領奉天後，聖彼得堡方面則正以全力制訂「俄國政府監理滿洲之原則」，預備以這個原則作為俄國與地方將軍們成立個別協定之根據，並將此個別協定轉變為與中央政府之總協定❺。

　　在奉天首先開始了。九月二十四日，庫羅巴特金詢問阿列克謝耶夫，如何能夠「最快地並最有把握地恢復奉天省的治安」。一開頭，庫羅巴特金就指出：「現在應該把行政權歸於各省的將軍，允許他們恢復騎步兩種警察，但不許有正式軍隊。」阿列克謝耶夫答稱：「如此進行交涉，完全符合目前之狀況，而且使我們在滿洲的任務容易進行。」但宜達到下列目的：㈠在奉天省保留一種真正行政系統，若無絕對必要，則不干涉將軍之內務行政；㈡在將軍之下

---

❺⓪　同❹③，第四三至四六頁。

❺①　同❹③，第一四四至一四七頁。

❺②　同❹③，第一五九頁。

❺③　同❹①，第二二○至二二一頁。

指派出軍事的全權代表與外交的全權代表；㈢使將軍與俄國成立中俄協定。阿列克謝耶夫的意見被中東鐵路代表認為是「很好的決定」，而威特也完全同意這個意見❺。

　　阿列克謝耶夫根據此項原則與盛京將軍增祺交涉。增祺於奉天失守後，遁匿城外，阿列克謝耶夫告以欲與諸商交還東三省事宜，增避不出，卒被獲，強使訂約。增祺不得已派道員周冕與俄外交官員科羅斯托維茨 (Korostovetz)會議於旅順，於一九〇〇年十一月十一日（光緒二十八年九月二十日），簽訂《奉天交地暫且協定各款》，其約文要點如下：㈠由將軍保衛地方，助造鐵道；㈡保路俄兵之糧食，由中國供備；㈢遣散華兵，交出軍火；㈣拆毀全省炮臺、火藥局；㈤地方安寧後再交還牛莊等處；㈥地方由中國自備巡捕彈壓；㈦俄國派員駐盛京；㈧遇事如華捕力不足，由俄派兵相助；㈨各款以俄文為準❺。

　　按此規定，直將南滿之警權、軍權及營口之行政權，完全受俄人之控制，而奉天將軍竟成為在俄國代表監視督導下，對俄關東區長官負責之屬員，其作為僅維持地方秩序而已。帝俄此舉，破壞中國領土與主權之完整已昭然若揭。

第四節　交還東三省之談判與列強之干預

一、李鴻章復出議和任務

　　原來清廷在京津局勢緊張之際，曾於一九〇〇年六月十八日降旨，調兩廣總督李鴻章為直隸總督兼北洋大臣，促其迅速北上，挽救危局。李氏得訊，乃於六月二十六日自廣州電告俄國財政大臣威特說：清帝召他入京，妥籌安危大計，請威特提出高見，以便協助清帝擺脫困境。俄方對此突然出現的好消息，自然緊握時機，立即回覆李氏兩電，威特的一電說：如李鴻章能通過中國當局維持滿洲的安寧，能保護在北京的俄國使館和俄國臣民，俄方保證不對中國宣戰，並且俄國政府和俄國軍隊將全力支持李氏。第二電報是烏赫托姆斯基發的，他答應七月間前往中國，與李氏進行會晤。

　　八月七日，清廷接受俄方的建議，任命李鴻章為議和全權大臣。九月十

---

❺　駐俄使館檔案。

❺　同❺。

四日李氏自上海乘船北上，十八日抵達大沽，當時各國佔領津沽的軍事、外交人員不承認李氏的全權，對他非常冷淡，只有俄方關東省總督府的外交專員科羅斯托維茨（Korostovets，舊譯為葛羅索維慈）去迎接他，護送到天津❺❻，將他及其隨員都安置海防公所。此一海防公所曾先後被義和團和聯軍佔用，一切設備被搶劫一空，沒有完整的床舖和椅子，飲食都很難供應。聯軍統帥瓦德西對他深懷敵意，拒絕與他見面，並聲言要拘捕他。十月十一日，李鴻章到達北京，因官府皆被外國佔領，李氏無處安身，只得寄居在賢良寺內，其困難之情無異於佔領區之俘虜。他此時除了承受來自各國的多方壓力外，還要竭力解救俄國武裝侵佔東北三省之危機，因俄方藉口義和團的動亂和清軍的敵對行動，已採取向滿洲地區進兵，正進行武裝佔領。

二、帝俄對華議和的政策

俄軍雖然在攻打北京戰役中承擔了主要的任務，但此舉只圖架空瓦德西的統帥職權，實際上，俄國當政者的注意力，依舊集中於滿洲地區的權益。這時候，俄國又採取雙線平行的對華政策：俄國在參與聯軍對華的談判中，它是以「中國的朋友」的姿態出現❺❼；在滿洲地方性的談判中，則以強硬的軍事力量，迫使地方當局接受其最不合理之要求，而與之簽訂協定。此外，並壓迫中國中央政府簽訂單獨協定，企圖獲得最廣泛和更重大的權益。

三、公使團提出議和大綱與辛丑和約之簽訂

全權大臣慶親王奕劻與李鴻章相繼抵達北京後，經與聯軍代表多次交涉，並經總稅務司赫德之斡旋，一九〇〇年十二月二十日（光緒二十六年十一月初一日），公使團提出了議和大綱十二條：㈠治罪，所有禍首應按中國極重法從事；㈡中國須允賠償各國公款，賠款、兵費、撫卹；㈢派近支親王往德謝罪，派大臣一員往日本謝罪，並在北京為德使克林德立碑；㈣凡滋事或鬧教各地方，停考試三年；㈤毀大沽炮臺；㈥天津至北京沿途設洋兵卡房；㈦使館設衛兵；㈧此後遇有仇害洋人之事，地方官各應認罪，其大小官員永不敘用；㈨凡專供戰爭之材料禁止運入中國；㈩治罪諭旨及曉諭告示，應懸掛二

---

❺❻　科羅斯托維茨，《俄國在遠東》，第一一五、一一七、一二二頁。

❺❼　Andrew Malozemoff. op. cit., p. 158.

年，凡隅匪壇會應令解散；⑵各使覲見禮節應酌改，總署僅設大臣一人；⑶上開各條允照辦後，聯軍方能撤去❺❽。議和大綱為十一國共同議定，不容磋商。十二月十六日（光緒二十六年十一月初六）廷旨照允。大綱已定，餘僅細目之商討。清廷尋下罪己詔，其中有警惕之語云：「……近二十年來，每有一次釁端，必申一次誥誡，臥薪嘗膽，徒託空言，理財自強，幾成習套。事過以後，循情如故，用私人如故，敷衍公事如故，欺飾朝廷如故，大小臣工清夜自思，即無拳匪之變，我中國能自強耶？」至今讀之，猶有餘痛！自承認議和大綱後，李鴻章、奕劻便開始與十一國公使磋商細目，達八月之久。於一九〇一年九月七日（光緒二十七年七月二十五日），在北京簽訂和約十二條，是即《辛丑條約》❺❾。主要內容如下：

㈠因德使、日本書記官被害之事，中國派專使大臣分赴德、日謝罪。

㈡懲辦首禍諸臣。外人被虐待城鎮，停止各種考試五年。外人墳塋被挖之處，建立昭雪之碑。

㈢二年內禁止中國製造軍火及輸入軍火。

㈣中國賠償四億五千萬兩，年息四釐，分三十九年還清。

㈤劃定各使館境界，由各國自行防守，中國人民不准在界內居住。

㈥中國將大沽口至京師通道之各炮臺，一律削平。

㈦中國允將各國在天津、塘沽、山海關等十二處，留兵駐守。

㈧將「總理各國事務衙門」改為「外務部」，班列六部之首。

在《辛丑條約》交涉中，俄國一直與其他國家共同參加，一起保持其攫取權益之機會。結果，俄國所得賠款獨多，竟佔四萬萬五千萬兩中百分之二十九，用於賠償其中東鐵路所遭受義和團運動之損失而有餘，故俄外相拉姆斯多夫認為「一九〇〇年之對華戰爭為歷史上少有最夠本錢之戰爭❻❶」。同時，帝俄政府並未放棄其單獨交涉之政策。而烏赫托姆斯基之來華，就是負有與李鴻章談判之重大使命。

烏赫托姆斯基於一九〇〇年九月初抵上海，當時李鴻章已北上，準備與

---

❺❽　王彥威、王亮抄本，《西巡大事記》，北平，外交史科編纂，一九三三年，第四卷，第四頁。

❺❾　辛丑條約全文，見許同莘等編，《光緒條約》，第六六至六七頁。

❻❶　同❹❶，第二一八頁。

公使團談判，烏氏乃與李鴻章子經方接洽。經方本其父意，向烏申述：「中國可以滿足俄國之願望，並可對俄國以大量賠款，但不能過大，致長他國之貪心」；且於武力佔領中東路之後，為便於中國對一般交涉之進行，俄政府須聲明：在原則上，拒絕金邊區（滿洲）之合併。除允許賠償戰爭損失外，經方又聲明：中國準備以蒙古及喀什噶爾之礦產無條件讓俄國開發，俄人前往屯殖，並將此項租借權名義上給予若干私人公司，實際上則給俄國政府❻。這時候，俄國政府已決定採取平行交涉之政策。蓋一八五八年至一八六〇年英法聯軍進攻北京期間，帝俄對華曾收到雙線外交之效，此為一八五八年後帝俄採行此項政策之第二次。

　　但俄國政府認為此時北京尚無負責任之政府，光緒、慈禧正準備奔赴西安，庇護義和團首魁端郡王載漪之黨羽，仍居要津，無意與列強妥協。全權大臣李鴻章、奕劻尚不能主持一切，烏赫托姆斯基乃認為與不負責之李經方接洽頗為不值。同時，烏氏又認為「如欲由李鴻章交涉中，獲得些微實際上之意義，須先給以金錢上相當補助，始能使之無所藉口，此乃必要之條件❻」。又由於李鴻章提出之租借權，僅提及蒙古與喀什噶爾而未及滿洲，俄政府頗感不快，復訓令烏赫托姆斯基，「在未明瞭李鴻章將來在交涉中之地位及一般情況之前，絕對不得支付任何巨款」。李經方曾言：「烏氏能先付五十萬盧布，彼即能以之勸誘慈禧左右，敦促兩宮從速返京，由此即可立下皇室返京後有利交涉之基礎。」❻烏氏開始商談款項問題，財相威特認為李鴻章「現時對於清廷已無何種勢力」，令烏赫托姆斯基停止商談，於是李烏談判遂無形擱淺❻。

　　但自「增阿暫款」（即《奉天交地暫且協定各款》）簽訂後，俄政府頗滿意，並要以此原則推及東北另外兩個省。此時，烏赫托姆斯基又與李鴻章連絡和向其聲明曰：單獨交涉中之俄國要求，不僅限於「鐵路之保障」，且須聲

❻　同❹，第二一八至二一九、二八四頁；俄財部檔案第七五號，〈烏赫托姆斯基致威特電〉，一九〇〇年九月十八日。

❻　同❹，第二一九至二二〇、二八四頁；俄財部檔案第七五號，〈鮑祥齊羅夫由上海致威特電〉，一九〇〇年九月二十日。

❻　同❹，第二二〇至二八四頁；俄財部檔案第五一號，〈烏赫托姆斯基致威特電及威特覆電〉，一九〇〇年九月二十九日。

❻　同❹，第二二〇至二八四頁；俄財部檔案第七一號，〈烏赫托姆斯基致威特電〉，一九〇〇年十月十六日。

固俄國在滿洲之「充分勢力」。烏氏復有請滿清皇室移往瀋陽之提示。李鴻章婉詞拒絕❺，而又向烏氏提議，請其提一種條約，在幾家完全私人公司名義之下，將滿蒙廣大財源之開發權讓與俄國。烏赫托姆斯基認為彼雖身任華俄道勝銀行總裁，但不便以私人資格談判條約。李鴻章又請烏氏密告威特：彼擬赴滿洲一行，以便對各將軍直接有所影響，當盡其所能，以安定當地之居民，……並可使朝廷相信：俄國無領土之野心，只願以少數軍隊佔領鐵路及城市以推動交涉之進行，且對於以莫須有之滿洲割讓而引起瓜分中國之危機，亦可完全清除❻。俄財部駐華代表鮑科齊洛夫認為此項提議，顯係李鴻章企圖「製造另一局勢，使俄應付較有魄力之李鴻章更感棘手」。威特此時以為在未明瞭列強行動之前，決不可締結單獨條約，以免作繭自縛，立電烏氏阻止李鴻章滿洲之行❼；此為「增阿暫款」簽訂前後烏赫托姆斯基與李鴻章私人秘密接洽之內幕。

四、清廷任命楊儒為全權大臣的背景

在此期間，俄國駐北京公使吉爾斯則主張將談判地點改在俄都，以便避開列強在北京的外交和軍事人員的耳目和干涉。他認為應乘中國政府尚在聯軍高壓之下徬徨無計之際，與中國單獨舉行談判，確信為取得滿洲及其他勢力範圍內的礦產資源和鐵路修築租讓權的最佳時機，如果延至列強與中國簽訂和約之後，就不容易得到中國的同意了。此一建議立即得到外交、財政、陸軍三位大臣的贊同。十二月二十六日，他們共同擬定的「單獨協定大綱」就獲得了沙皇的批准❽。外交大臣拉姆斯多夫於是電令吉爾斯要求清政府授予駐俄公使楊儒以全權，以期在俄進行談判，清廷立即表示同意。為著要引起國際間認清俄國侵略的野心，李鴻章暗中向英、日有關方面洩露了〈奉天交地暫且章程〉的內容❾。十二月二十九日，清廷降旨，斥責增祺擅立「暫章」，極為荒謬，著即革職，飭令回京，另派清銳署理盛京將軍。一九○一年

---

❺　同❹，第二二六頁。

❻　同❹，第二八八頁；俄財部檔案第七五號，第一部分。

❼　同❻。

❽　同㊷，第二四○至二四一頁。

❾　同㉔，第三一○頁。

一月一日，清廷任命楊儒為全權大臣，與俄外交部商辦接收東三省事宜，並指示楊儒隨時電商奕劻、李鴻章互相參酌 **❼⓿**。十八日，清廷發布上諭，宣布「暫章」係增祺委派革職道員周冕擅與俄方訂立，應作無效。並將增祺交部嚴加議處。可見當時清廷正盡最大努力，將地方性談判轉移到中央政府的手中，急急的作亡羊補牢之計。

五、楊儒對俄國交涉的重點與作法

楊儒於奉旨為全權大臣對俄要求自東三省撤軍任務後，即迅速擬定下列五項作為與俄政府交涉的重點與作法原則：㈠堅持廢除「增阿暫款」；㈡反對俄國「單獨協定大綱」；㈢竭力維護東三省領土主權；㈣讓俄國不合理需索充分暴露；㈤運用列強之矛盾對抗俄國。

六、楊儒與俄國政府第一階段之談判

楊儒於一月四日下午二時率翻譯陸徵祥前往俄財部會晤威特，討論談判地點與全權大臣的權限問題。八日下午八時，第二度往訪威特，楊氏提出當月三日英國《泰晤士報》刊出有關「暫款」的消息，威特予以證實。當時，楊氏疑此「暫款」並非出自政府與增將軍之本意，暗示不具法律效力。十五日午後五時，楊氏第三次往訪威特，而威氏口頭提出擬訂的十三項談判條款，其內容之苛刻較「暫款」猶有過之。不過「暫款」之存在，此時已喧騰於國際間，日、英兩國尤表關注，一月四日，日本政府要求俄國政府對此事予以澄清，俄外交副大臣予以否認。十一日，日本外相加籐再度命駐俄公使珍田詢問俄外交部「暫款」是否屬實？是何性質？拉姆斯多夫仍舊否認。直到二十二日，俄駐日公使伊茲沃利斯基 (Izwolsky) 始以個人名義向加籐詭稱：「暫款」是臨時性的，簽訂之目的是為了滿洲交還中國 **❼⓵**。此種說詞並未減輕日本的疑慮，其駐北京公使小村壽太郎於一月十六、十七兩日分別向奕劻和李鴻章提出警告：俄國在東三省長期駐兵，於中國大有損害，如此英必佔長江，德必據山東，日本亦不得不起而爭利 **❼⓶**。一月十二日，英外相蘭斯敦恩

---

❼⓿ 中國社會科學院近代史研究所近代史資料編輯，《楊儒庚辛存稿》，北京，中國社會科學，第六五頁。

❼⓵ Great Britain, op. cit., China 2 (1904), Despatch 4.

(Landsowne) 指示駐俄大使斯科特 (Scott) 向俄外交大臣詢問：如英國議會提出此一問題，他應如何作答？俄始覺悟此事已無法再行隱瞞，乃由威特發一聲明說：滿洲三省俄兵必全行撤退，土地全還中國，以復舊制，決不侵佔❼❸。十九日，楊儒與俄外交大臣拉姆斯多夫舉行第一次談判，惟俄方條款尚未擬就，故此次僅表述雙方立場而罷。二十一日，楊儒與威特舉行第四次會議，威特提出將鐵路左近金、煤各礦利益抵賠所毀鐵路的價款，楊氏指為過分侵佔，並提出「暫款」無效問題，各不相下。二十二日，楊儒與拉姆斯多夫舉行第二次談判，拉氏堅持先行批准「暫款」，後議「正約」。楊氏則堅持先廢「暫款」，再議「正約」。二十三日，楊儒與威特舉行第五次談判，楊氏重申「暫款」無效的原則，反覆辯論良久，威特始允將「暫款」批准之要求作罷❼❹，亦即將「暫款」作廢。

　　自一月二十三日以後，楊儒與威特及外相拉姆斯多夫續有多次談判，惟未有具體的進展。直至二月十六日，楊、拉二人舉行第七次談判時，拉氏才面交楊氏約稿的俄、法文本各一份，請速議辦，楊氏允將約稿譯閱後再行約會。拉氏所提出的約稿計十二款，其主要內容如下：

㈠東三省交還中國，吏治一切照舊。

㈡允許俄國在東三省駐兵保路，直至地方平靖及清政府完全履行約稿末四條為止。

㈢如遇變急，留駐之俄兵，全力助中國彈壓。

㈣鐵路竣工之前，不設兵隊，軍火禁入滿洲。

㈤將軍大員辦事不合邦交，經俄聲訴，即予革職。三省設馬步巡捕，數目與俄商定。不得用炮，不得任用他國人。

㈥中國北境水陸師，不用他國人訓練。

㈦廢除金州自治。

㈧連界各處，如滿、蒙及新疆之塔爾巴哈臺、伊犁、喀什噶爾、葉爾羌、和闐、于闐等處，礦路及他項利益，非俄允許，不得讓與他國或他國人，非俄允許，中國不得自行造路；除牛莊外，不准將地租與他國人。

---

❼❷　同❹，光緒朝，第一四五卷，第八至九頁。

❼❸　同❹，光緒朝，第一四五卷，第八頁。

❼❹　同❹，光緒朝，第一四五卷，第二八頁。

㈨俄方兵費賠償數目、期限、抵押，與各國會同辦理。

㈩鐵路及鐵路人員的損失及誤工補貼，由中國政府與鐵路公司商定。

㈠上項賠款，可以他項利益作抵。

㈡俄國可從東省鐵路向北京方向造路直達長城❼。

　　楊儒細譯各款，發覺俄方實際上是將華北、滿、蒙、新疆等廣大地區內的種種利權，一網打盡，又要建築支線抵達北京，鐵路遭受破壞的賠款，用他項利益相抵，此係暗指關稅礦路等事，隱而未露。其用心之「周密深遠」，實較以前威特口述十三款的內容更為險惡。楊氏遂電告奕劻和李鴻章，並約拉姆斯多夫於二月十八日舉行第八次談判，會中楊氏駁稱：蒙古、甘肅、新疆並未遭遇義和團之紛擾，俄兵亦未曾佔領，何以包括在內？不准中國在滿、蒙、新疆自行造路，實不合理。拉氏竟說該數省雖未經俄兵佔領，然俄之兵力足以佔據。楊氏又指責俄方禁止中國自行造路的要求，太無道理❼，會談終無結論而散。

七、列強之干預

　　中、俄雙方在聖彼得堡開議之後，各國即密切注視談判的消息。二月十三日，中國駐日公使李盛鐸致電清政府，轉述日本外務省之言：中國萬不可允各國割地，如允一國割地，或允其設官置兵，亦是暗讓，一經允定，各國必群起效尤，大局將不可問；財政及各種利權亦然。設有一國要挾太重，中國似可答以此次事變，關係各國，宜歸入各國公約（指《辛丑條約》）合併討論，方能牽制❼。美國政府則向中國公使伍廷芳聲明：美政府認為中國至低限度，在未得有關和約諸國之同意以前，作有關領土或財政上之讓步，為不合宜，甚至為絕對危險之舉。英國政府一方面向中國表示：俄約大損中國在滿之主權，惡例一開，中國有被瓜分之可能。另方面指令駐俄英使向俄表示：此項約文，與俄政府向英國聲明無意變更南滿當日之國際地位之言，既不相符，又未具有臨時性質，且影響英國在華之條約利益❼。其他德、奧、義公

❼　同❼，第七二至七四頁。

❼　同❹，光緒朝，第一四五卷，第三八頁。

❼　同❼，駐日公使李盛鐸，〈致西安行在電〉，光緒二十六年十二月二十五日。

❼　陳復光，《有清一代之中俄關係》，第三一八至三一九頁；李齊芳，《中俄關係史》，

使亦先後轉達其政府的來電，均係忠告清政府不能與俄單獨簽約之意。

八、廷臣疆吏之反對

當俄國對中國苛刻之條件傳出後，除引起列強之關注，紛紛警告勿簽俄約外，在廷臣疆吏中之稍稍明瞭國際局勢者，亦函電交馳，相繼責難。兩江總督劉坤一、兩湖總督張之洞均聯銜電奏西安行在，縷述日、英、德、義、美諸國皆反對中國單獨與俄訂約之意見，並痛陳接受俄約之害云：「現聞俄訂十二款，反客為主，權利盡失，各國既經聲告：允則大局有礙，惟明告我不允劃約。……允則均必效尤，不分而分，雖存實亡。萬一因此決裂，亦不商讓歸地，各國更為得計。反覆籌計，與其坐以待亡，熟若堅與相持；一國要挾與各國要挾，輕重懸殊。矧此時中國能堅持到底，公論所在，俄亦有所顧忌；各國明悉利害，俄得志東方，日為唇齒，固最受害，即英、德亦無安枕之日，是以皆有忌意，再三忠告，非為以後效尤計也。彼國各挾兵威，無所不可，何必預為聲明，此實逆料中能拒俄，俄必踟躕反顧……。為今之計，拒恐豆剖，允必瓜分。急脈緩受，斯為上策。第孤立無助，緩仍無益，更恐勢難終緩。擬請朝廷分電呂、羅、伍、李各使（駐德呂海寰、駐英羅豐祿、駐美伍廷芳、駐日李盛鐸）各密商各外部，告以俄如逞志，各國均有擾累，懇其聯絡各國，出為排解。倘各國能虛張聲勢，揚言相助，不必實有其事之當可戢俄驕志，與中國和平辦事……。」❼奏入，西安行在一面電令奕劻、李鴻章「統籌全局，婉商英、德、美、日各使，或面商俄使，設法勸阻。既不可激俄怒，亦不可動各國之憤」❽。一面諭呂、羅、伍、李各使，分別密商各國外部，懇請聯合斡旋，以期和平了事，俾利有關列強❾。

九、英日迅速簽訂同盟條約

此時各國都屢次催促，俄國撤退東三省軍隊，俄國貪心無度，始終遷延

第三〇三頁。

❼　同❺，許同莘編，《張文襄公年譜》，上海，上海商務，一九四七年再版，第一四五頁。

❽　同❺，光緒二十七年一七七日上諭。

❾　Great Britain, op. cit., Despatch 2.

不應。在列強中最為擔心者為英、日兩國：在英國方面，它在遠東的政策，是和俄國素來保持平衡的政策，此時，俄國政府不但企圖長期吞併東三省全部，並且對於西藏地區也大加活動（光緒二十年七月，達賴喇嘛派遣使節至俄，翌年六月，第二次使節至俄，沙皇皆賜覲見，加以厚禮優待。第二次密約，中國有將西藏利權讓與俄國的傳言）。英國政府大為震驚；在日本方面，據日使林董向英國政府坦稱，他說：「日本在滿洲的利益是次要的，但是俄國在佔領滿洲後，亦頗有併吞朝鮮之可能，所以日本不能讓俄國插足於滿洲，並希望日俄戰爭發生的時候（當然不僅為朝鮮且亦為滿洲）別的國家不致幫助俄國。」 ❽

此時，由於英、日兩國共同利益受到挑戰者均為俄國，基於互利互助之需要，於是英、日之合作就成為必然的趨勢。因此，雙方乃於一九〇二年（光緒二十八年）一月三十日在倫敦簽訂《英日同盟條約》，並於同月三十一日公布 ❽ 和通知俄國政府。條約全文如下：

第一條　兩締約盟國，以相互承認中韓兩國之獨立，聲明該兩國無論何方，不為全然侵略的趨向所牽制。但兩締約盟國之利益，即英國以對於中國之利益為主，日本對於中國之利益，及韓國政治上、商工業上之特殊利益，若因他國侵略行為，致締約盟國之利益受侵害，或因中韓兩國自起騷擾，致締約盟國之利益，及締約盟國臣民之生命財產受侵害，兩締約盟國為維護該利益起見，各得執行必要之手段。

第二條　兩締約盟國若一方因防護利益與乙國交戰之時，他一方之締約盟國須守嚴正中立，並努力妨礙第三國加入乙國，與同盟交戰。

第三條　上記戰鬥中，若他之一國或數國加入敵國，與同盟國交戰之時，他一方之締約盟國即當出兵援助，協同戰鬥，議和亦與該同盟國合意為之。

第四條　兩締約盟國無論何方，若不經他一方之協議，不得與他國締結妨害上記利益之別約。

第五條　英國或日本，若認為上記利益迫於危殆之時，兩國政府互相竭全力通告，

---

❽　見〈一九一三年俄國外交部叢書〉第五種所包含之〈林董日記〉之譯文，在第三二五以下各頁。

❽　同 ❹，第二六三頁。

不得隔閡。

第六條　本條約自調印之日起，五年間有效力；若第五年期滿時之十二個月以前，
　　　　兩締約盟國皆不照會廢約，則本條約以締約盟國一方表明廢約意思之日
　　　　起，仍繼續一年間有效力；但一年間期滿時，若締約盟國一方在交戰中，
　　　　則本同盟國之效力，必繼續於媾和結局之時❽❹。

十、俄法同盟關係之擴張

《英日同盟條約》公布之後，各國多表歡迎。俄國以該同盟係與已國為
敵而出，對於滿洲永久佔領之慾望，至此便不得不作其他的考慮。自然是害
怕英、日同盟的結果，有害遠東俄國勢力之權衡，因此，遂將俄法同盟關係，
擴張至於遠東方面，於一九〇二年三月十二日向各國發表聲明如下：

俄、法兩同盟國政府，以保持遠東現狀，及全局和平為目的，對於一九
〇二年一月三十日之《英日條約》，確信其以保全中韓兩國領土及商業上兩國
門戶為基礎。與俄、法兩國從未主張之原則，不相違背，表示十分滿足。

俄、法兩國政府尊重前記之原則，為兩國在遠東特別利益之保障，若因
第三國之侵略行動，或中國所生騷動，至中國之保全與其發達不能鞏固，因
之兩締約盟國特別利益受侵犯之時，兩國政府得取防禦之手段。

此外，俄國尚有一附帶的宣言如下：

本年一月之《英日條約》，引起矛盾之解釋及不同之臆度，最要者，因此
種事實及行動，似方簽訂《北京條約》（按即《辛丑條約》）之十一國中之兩
國，在中國共同行動之後，又與其他聯合國分離，對業已重建地方秩序恢復
中央政權之中國，置身於特殊地位。

帝國政府以平靜之思念，接受英日條約之通知。俄國所採之政策，迄今
仍無變更。俄國對於鄰好之中國，始終主張維持其獨立與完整，對於朝鮮亦
然。俄國希望維持遠東之現狀與和平。俄國修築西伯利亞大鐵路及經過滿洲
而達不凍港之支線，在滿洲一帶擴展世界各國之商工業，阻礙此種擴展於俄
有利乎？

英、日兩國所表明之意志，即係欲達俄國政府所抱之同一目的，俄國自予
同情接受，雖有某種政治方面及外國報章，對於帝國政府認為與一般政治情

❽❹　劉彥，《帝國主義壓迫中國史》。

勢，並無改變之一種外交行動，採取冷靜態度，有所議論，使其與真相迥異。

　　鑑於關於英日條約之長久不斷的搖惑，俄、法兩同盟國政府有發表宣言，對會同俄、法簽訂一九〇一年九月七日《北京條約》之各國，說明其觀點之必要 **⑧**。

十一、李鴻章恢復對俄國之交涉

　　在此期間，李鴻章欲利用英、日與俄對立日趨尖銳之外交局勢，恢復中俄交涉。並向俄方表示：「希望俄軍迅速退出滿洲，以便重新考慮滿洲協定問題」；並請俄國恢復中國在滿洲之軍權、財權及行政權。在俄國方面，為避免英、日之干涉，及制止李鴻章請求列強之聲援，拉姆斯多夫主張於《辛丑和約》簽字前，從速與中國解決滿洲問題 **⑧**。旋提較為和緩之條約四條，代替前之十二條，其原則為：㈠將滿洲交還中國；㈡規定俄軍撤退日期；㈢恢復中國在滿洲之軍隊；㈣俄國允將駐滿洲俄軍陸續撤退：在一九〇二年內，俄國在各處所留軍隊，不得過一千人……一九〇三年夏季前，其餘俄軍全數撤退；但在「再無變亂及他國軍隊亦無牽制時始可實行」。俄使吉爾斯及新任俄使雷薩爾 (Рысар) 奉命相繼與李鴻章進行交涉。同時，威特令華俄道勝銀行駐華代表波斯涅耶夫 (Позднеев) 與李鴻章秘密談判銀行協定問題。先是，威特曾向李鴻章表示「如中國允諾不先向華俄道勝銀行讓與，不得將滿洲之任何鐵路租借權讓給任何人，此項允諾，當有助於滿洲撤兵問題之解決」；並告鴻章嚴守秘密。李鮑之談判銀行協定問題，即由此出發。威特之主旨，在以俄財政部支配銀行，而以銀行控制全滿企業。當交涉進行時，俄方要求先簽銀行協定，然後再訂滿洲撤兵協定。李鴻章則認為可將銀行獨保問題，列為撤兵問題之一條，勿庸另訂專約，更無先行簽字之必要。待事機洩露，日本又出面阻撓，劉坤一等亦請朝廷確查 **⑧**。在此情形之下，李鴻章乃向波斯涅耶夫聲明：將整個滿洲交給銀行，事關重大，勢將引起列強之干涉及政府之駁斥，彼不敢負責簽字。威特大感不滿。李鴻章不得已向波斯涅耶夫詆詞，言慶親王已同意銀行協定，但必須與撤兵協定同時簽字；撤兵協定，亦須奉

⑧　*China, Treaties and Agreements*, p. 326.

⑧　同**⑪**，第三二六至三二七頁；俄財部檔案第七五號，第四部分，〈俄外相奏章〉。

⑧　同**⑱**。

旨，始能簽訂；慶親王既赴西安請示，俟其返京，再為定奪。於是，撤兵協定因銀行協定未決而擱置。時李鴻章以七十九齡之高年，於簽訂辛丑和約之後，慨國事之蜩螗，加以俄人之威脅利誘，疆吏之紛紛責難，慚憂交集，肝疾增劇，竟於光緒二十七年九月二十七日（一九〇一年十一月七日）卒於北京賢良寺 ❽❽。

十二、楊儒與俄國政府第二階段之談判

此時，清廷乃電令楊儒切實與俄方商改消除有爭端之條款，俾使列強無所藉口。並令楊儒向俄外部聲明：約文中有應駁者三項，應改者三項。其應駁之三項為：㈠第六條中國北境水陸師不用他國人訓練一節，中國並無允定之語；㈡將第七條關於廢除金州自治權一節刪去；㈢第十二條關於向京造路一節，俄政府前未說明方向，今突加入「北京」二字，甚不適宜。約文應商改之三項為：㈠第四條公路工竣不設兵隊，在該路兩旁地段內禁運軍火一節，應明定年限；㈡第八條蒙古、新疆礦路利益不得讓與他國一節，當聲明中國自辦不在此例；㈢第十一條他項利益作抵押一節，應聲明與此次公約（《辛丑和約》）各國利益相埒，並於中國主權利益無礙者。

楊使提出駁改節略時，俄外相拉姆斯多夫仍逐條強辯，並有中國「將情形傳播，致招外人阻撓，今日又如此駁改」，中國究否要俄國交還東三省等語，以相恐嚇 ❽❾。威特認為「如同意中國提出之反對意見，俄國將無任何擔保。且今後亦無從再提其他要求」，主張對楊使所提節略不能完全讓步。至俄國在蒙古之權益，固可放棄，俄不能放棄喀什噶爾、葉爾羌、和闐、于闐之豐富金礦 ❾〇。

但同時在列強對俄表示反感之國際情勢下，俄外相拉姆斯多夫也認為倘若過於苛刻，恐引起列強之干涉，乃主張就中國所提節略，將條約斟酌商改。故於楊使聲明：「現在如此為難，只好請朝廷另簡幹員，或許新使前來再辦」之語後，拉氏立有「貴大臣不必著急，我總設法」之表示 ❾❶。次日會談，俄

---

❽❽　同❼❼，第三二七頁。

❽❾　同❺❻，〈楊儒與拉姆斯多夫第十次會談記錄〉。

❾〇　同❹❶，第二四五、二九三頁；俄財部檔案第七五號，第二部分。

❾❶　同❺❻，〈楊儒與拉姆斯多夫第十二次會談記錄〉。

方向楊使提出最後約稿，就中國所提節略刪改者計有：㈠第六條，北京水陸師不用他國訓練全條刪去；㈡第七條中，刪金州自治之權廢除一句；㈢第八條滿洲、蒙古及新疆之塔爾巴哈臺、伊犁、喀什噶爾、葉爾羌、和闐、于闐等處礦路，及他項利益不得讓與他國一節中，刪蒙古、新疆各地名，改為滿洲全境；並刪除滿洲境內禁中國造路及租借與他國人兩節；㈣第四條禁運軍火，加「應按照各國公約辦理」句，即允與公約同一時效；㈤第五條，路工未竣，不設兵隊，改為應與俄國商定駐兵地方，即允中國不設兵隊專指沿鐵路而言；㈥刪除第十二條「向北京」字句。復經楊使指駁允改者，計有：㈠第五條凡將軍大員辦事不合邦交，改革職為調離，滿洲內地巡捕兵與俄商定數目，加「地方平定以前」一句，巡捕兵供差不用他國人，改只用中國人；㈡第十條，鐵路賠款，改照公約所擬賠款意旨，與該公司商賠。拉姆斯多夫提出最後約稿時，向楊轉述沙皇之言曰：「現因國書（中國）墾祈，使臣苦心，甚為感動，准將中國駁款再儘力刪改一次。」尋聲明今改款既經沙皇批准，即為定稿，限十四天簽字（西曆三月二十五日，華曆二月初七日），逾期則交收作罷。楊使詢以「各國藉口效尤，將何以應付。俄素欲保全中國，豈願中國從此多事。」拉氏答曰：「此約定後，即登官報，宣示環球，滿洲自我得之，自我歸之，誰能援例。」❷

　　俄外部提出最後約稿，限三月二十五日（光緒二十七年二月初七日）簽字，不能更改。楊使即將約文電軍機處請示，各方意見至為紛歧，日、英、德、美各國復警告清廷勿簽約。致使清廷徬徨不決，拒絕簽字，恐激成俄怒，發生不測之禍；簽字又恐各國群起效尤，造成瓜分之局，處此千鈞一髮之際，別無長策，惟有請俄國政府再刪改及展期簽字，以圖轉圜。西安行在電令楊儒向俄遞國書，措詞哀婉，其文曰：

　　「大清國大皇帝敬問大俄國大皇帝好：據楊儒電奏，大皇帝允將前約和平刪改深感大德，本應照允，惟第一款吏治照舊，第四、五款滿洲兵及內地巡捕數目，第七款全境一切工商利益，第九款遲誤路公賠費，第十一款自幹路或支路造一路至長城，皆為北京現議公約所不及。聯軍未退，各國勢必執定利益同沾，藉口勒索。在敝國歷荷貴邦維護，何事不可通融；但因目前急急圖報貴邦，而使各國從旁效尤，致各國所獲意外之權利，與貴邦相埒，失

我通國永遠之主權，諒非大皇帝之所願，亦非大皇帝向來相待之本心。楊儒轉奉還書，欲尋二百餘年鄰好，而逾加篤並不欲稍礙主權，且亟將滿洲全歸中國自理，一切悉照俄兵未據以前辦理。語語肫摯，朕與薄海臣民，感激至於涕零。現在限期甚迫，是以一面令楊儒商請展期。總之，事出兩難，與其事後受制於各國，不若事前專懇於貴邦。可否請飭下外部，將所指約中數處，准予刪去，俟接照允回電，即當飭令楊儒畫押，惟大皇帝格外鑒諒。」**❾❸**

　　同時，軍機處電令駐英羅使，懇請英外相或援助中國挽回危局，或由英國請俄國展限簽字；否則中國處於萬難之中，不能再行反對俄國矣**❾❹**。軍機處於三月二十一日電復則曰：「……昨已電英，今復電日、德、美，皆由駐使請各外部均電俄代請展限，能趕及否，亦不可知，做到一分是一分耳。頃盛（宣懷）電云：『俄約如畫，德先以山東效尤，英、日、法必相繼而來；逾限，東省不還，各國效尤，一畫押，各國群爭，亦難瓦全，萬分焦慮。』究竟利害熟輕熟重，尊處必有確見。如俄能展限，如天之福；若竟不允，能再商改，不使各國藉口。倘二者均不能行，惟有請全權定計，朝廷實不能遙斷也。」**❾❺**換言之，就是將此重大難題，推予楊氏。但楊氏此時的處境，萬分困難。轉遞國書，俄方不收，請晤外相，又拒不接見，以致積憂如焚，竟於簽字屆期前四天，蹉傷左腿，其悲痛可知！乃立電軍機曰：「……外部屢請不見，國書公文一概不收，絕我已甚，悚憤萬分。畫押與否，後患嚴重，視俄及各國辦法如何。儒未奉畫押之旨，不敢擅專。西例定須互據畫押憑據，未奉明旨，俄決不允。現在四國代請展期，尚無消息。日夜焦惶，百思無計，不勝迫切待罪之至。」**❾❻**奕劻、李鴻章同時電楊儒，令其酌量簽字曰：「……畫押期限已迫，昨沁豔兩電指明各條中，若再能商請照改，更較妥切。來電既稱照現改之約，似不至殆禍。該王大臣果有確見，乃可定議。惟英藍侯（藍斯敦）曾有候其回信之語，仍恐各國藉口，將謂私行定約，仍應明告各國：以俄已和平商改，又定限期甚迫，中國勢處萬難，不能不允。幸知照在先，較之不告即畫押稍妥。總之，此約關係甚大，惟在該王大臣等取其利害輕重，以籌

---

❾❸　同**❺❻**。

❾❹　Great Britain, op. cit., Despatch 32.

❾❺　同**❺❻**，〈軍機處電楊儒〉。

❾❻　同**❾❺**。

定議。此是內意已鬆，接尊來電，乃立斷。頃羅使電藍侯謂第十款蒙古、新疆字均刪，與原稿相衡，為患較低。但仍欲我緩允，應由尊處明告美及各國駐使，勢處萬難，不得不允。一面即酌量畫押勿誤。」❾❼楊儒以不奉旨，不肯簽字，電奕劻、李鴻章曰：「畫押須有切實電旨，方能作為憑據。」❾❽

　　一九〇一年三月二十三日（光緒二十七年二月初五日）威特約見楊儒，儒抱病前往，威特誘迫簽字，儒答曰：「刻下此事，實犯眾怒，實承貴大臣暨外部大臣美意，將此萬分棘手之事，使我獨任辦理，實深感謝。現在中國各都撫大夫及各駐使，均以此約畫押，或不畫押，其干係錯處，均在我一人身上。我不愛惜身家性命，畏罪退縮。如於國家有益，雖捐軀報國，是臣工份內之事。如奉諭畫押，即日後被人交謫，我所不顧。惟無訓條，我實未能私自畫押，且畫押後，政府必不承認，必不批准。」威特曰：「如貴大臣能畫押，他日政府不能批准，再行作廢。」儒曰：「私自畫押，刻羅何罪。我惜只有頭顱耳。」威曰：「現在中國情形不同，非去年六、七月間拳匪作亂時可比。彼時大小臣工相繼被害，刻下政府欲懲一大臣之過，定一大臣之罪，當必三思而行。如欲加罪於與俄訂約之人，俄國必出場保護。」儒作色曰：「貴大臣何出此言，我係中國官員，欲求俄國保護，太無顏面，如此行為，我在中國無立足之地矣。《詩云》：他人有心，予忖度之，此言甚為貴大臣所不取也。」威特自覺失言，頗有慚愧之色❾❾。

　　三月二十五日，俄外相拉姆斯多夫最後一次約晤楊儒，楊仍力疾前往，拉氏限次日上午九時三十分以前畫押，語畢即起，不容儒贊一詞，在威特欺侮誘訂之下，楊使竟能正顏厲色以折之，「我惜只有一個頭顱」及「欲求俄國保護，太無顏面」之語，至今讀之，正氣凜然，此種極具智慧與勇氣之精神，實為中國外交工作者之典範。

　　但楊使與俄外相會晤時，前曾跌傷右腿，行動需人扶持，而這次自外部回使館，下車雪滑，又再次跌倒，不省人事❿⓿。是時，由湖北總督張之洞領銜，兩江、兩廣、山東、安徽督撫奏請宣布中俄草約，請各國公斷❿❶。但清

❾❼　同❺❻，〈奕劻、李鴻章電楊儒〉。

❾❽　同❺❻，〈楊儒電奕劻、李鴻章〉。

❾❾　同❺❻，〈楊儒威特末次會談〉。

❿⓿　同❺❻，〈胡維德電奕劻、李鴻章〉。

廷已決定暫不簽約。一九〇一年三月二十三日（光緒二十七年二月初五日）所頒西安電旨直至初七日始達俄京，旨曰：「俄約關係重大，疊經諭令奕劻、李鴻章、楊儒熟權利害輕重，妥籌辦理。迄今未見切實覆奏。昨據各督撫及各駐使電奏，皆以堅持不畫押為害較輕。昨又具國書懇俄展限酌改，總以不背公約，各國不敢藉口為斷，亦未據楊儒覆奏。朝廷細思，不遽畫押，僅只激怒於俄，畫則群起效尤，其禍尤速。即著該王大臣等分告在京各使，中國不敢遽允俄約畫押，請先議公約，並著楊儒婉告俄外部，中國為各國所迫情形，非展限改妥，無礙公約，不敢遽行畫押。」⑩ 駐俄使館奉旨後，參隨人員乘楊儒神智清楚時告知。儒立命陸徵祥將電旨譯送俄外部。拉姆斯多夫閱畢，極為氣憤，變色起身曰：「刻下，我無話可說，請貴政府自看以後情形可也。」⑩ 中俄關於交收東三省之交涉，延續了一年又三個月的聖彼得堡談判至此破裂，楊氏拒簽約後，病勢日益沉重，竟於一九〇二年二月十七日歿於任所，其子觀宸奔喪至俄後，亦自縊而死。蓋此次中俄談判，楊儒先生在異常艱難的處境中，至死不屈，未由中國自簽此項賣身契，為東三省留下一線生機，後來日本與蘇聯均無法併吞此一地區，中國政府得以重光故土，實受楊氏堅持原則苦心拒簽俄約之賜 ⑩。

十三、交收東三省條約之簽訂

中俄交涉之停頓，在沙皇看來，認為俄國在滿洲必無如何損失，且以政治觀點言，對俄不無利益⑩。其意殆以俄國事實上佔領滿洲，得有充分之自由行動。其實中國雖拒絕簽約，列強對俄，仍甚懷疑。當中國方拒簽俄約，駐俄日使就立訪俄外相，告以目前強迫中國締結特殊協定之危險性；並聲明：「日本認為草約之若干條，實破壞中國主權與領土之完整，及其他列強之條約權利」。拉姆斯多夫答以此項條約為俄軍未由奉天撤退前之必要措置，且係

---

⑩ 許同莘編，《張文襄公年譜》，第一六頁。

⑩ 同 ㊱。

⑩ 同 ㊱，〈陸徵祥紀錄〉。

⑩ 王芸生，《六十年來中國與日本》，上海，上海書局，一九九一年，第四卷，第一四二頁。

⑩ 同 ㊶，第二四六頁。

臨時性質，「既未損害中國主權與領土之完整，又未影響列強之條約權利」❿。

　　繼之，美國務卿海約翰向駐美俄使喀西尼表示：「俄國在滿洲所締結條約，實危害美國在華之工商利益。而其對此種權利之忽視，曾引起美國輿論嚴酷之批評。……但俄國如認為某項辦法能防止上年嚴重事件之重演，美國完全承認俄國有採用此項辦法之權；如美國工商業不受損失，滿洲之門戶能照常開放，俄國為其自身利益與計劃計，再向前推進，美國亦可諒解。」⓲海氏之表示雖甚和緩，但不承認俄國獨佔滿洲至為明顯。不過，俄國政府當時所最顧忌者，還是日本。總之，俄國此時見到國際形勢日趨不利之情況下，而對中國之態度也轉而和緩，尤其威特傾向於從速簽訂撤兵協定，乃電俄駐京公使雷薩爾努力進行撤兵之談判，又命俄財部駐華代表璞科第敦促與協助，以期早日簽字，「即需用實在之費用亦在所不惜」⓳。俄方之急於簽字，以免列強之干涉，於此可以看出。中俄交收東三省之撤兵條約，遂於一九〇二年四月六日（光緒二十八年三月初一，俄曆三月二十六日）由中方外務部總理大臣慶親王奕劻、軍機大臣文淵閣大學士外務部會辦大臣王文韶與俄國駐華公使雷薩爾在北京簽訂，名曰《中俄交收東三省條約》。全約計有四條如下：

　　大清國大皇帝與大俄國大皇帝，願將於華曆光緒二十六年，即俄曆一九〇〇年在中國發生之變亂，所傷鄰交，恢復敦固。茲為商議東三省各事，大清國大皇帝特派總理外務部事和碩慶親王、軍機大臣文淵閣大學士外務部會辦大臣王文韶為全權大臣，便宜行事。大俄國大皇帝特派駐華全權大臣參政大臣雷薩爾為全權大臣，便宜行事。該大臣等各以所奉諭旨查核，均屬妥切，會同議訂各條款，開列如下：

第一條　大俄國大皇帝願彰明與大清國大皇帝和睦及交誼之新證據，而不顧由東三省與俄國交界各處，開戰攻打俄國安分鄉民各情，允在東三省各地歸復中國權勢，並將該地方一如俄未經佔據以前，仍歸中國版圖及中國官員治理。

第二條　大清國國家今自接收東三省自行治理之際，申明與華俄銀行於華曆光緒

---

❿　Great Britain, op. cit., Despatch 33.

⓲　同❹，第二四六頁。

⓳　同❹，第三〇四頁；俄財部檔案第五一號，第三部分。

二十二年八月初二日，即俄曆一八九六年八月二十七日，所立合同年限及各條款，實力遵守。按照該合同第五款，承認極力保護鐵路，暨在該鐵路職事各人，並分應保護在東三省所有俄國所屬各人及該人之事業。大俄國國家因有大清國國家所認以上各情，允認如果再無變亂，並他國之舉動亦無牽制，即將東三省俄國所駐各軍陸續撤退，其如何撤退，開列於後：由簽字畫押後，限六個月撤退盛京省西南段至遼河所駐俄國各官軍，並將各鐵路交還中國；再六個月，撤退盛京其餘各段之官軍暨吉林省官軍；再六個月，撤退其餘駐黑龍江省所駐俄國各官軍。

第三條　大清國國家暨大俄國國家，為免華曆光緒二十六年，即俄曆一九〇〇年變亂，後來再行復熾，且此變亂皆屬中國駐紮於俄國交界各省之官兵所為，今令各將軍與俄國官兵會同籌定，俄兵未退之際，駐紮在東三省中國兵隊之數目及駐紮處所，中國允認除將軍與俄國官兵籌定必須敷勤辦賊匪彈壓地方之用兵數外，中國不另添練兵。惟在俄國各軍全行撤退後，仍由中國酌核東三省所駐兵數，應添應減，隨時照知俄國國家。蓋因中國如在各該省多養兵隊，俄國在交界各處，亦自不免加添兵隊，以致兩國無益，而加增養兵各費也。至於東三省安設巡捕及綏靖地方等事，除指給東省鐵路公司各地段外，各省將軍教練，專用中國馬步捕隊，以充巡捕之職。

第四條　大俄國國家允准自俄曆一九〇〇年九月底，即華曆光緒二十六年閏八月起，被俄兵所佔據並保護之山海關、營口、新民屯各鐵路交還本主。大清國家允許：

一、設有應行保護該鐵路情節，則責成中國保護，毋庸請他國保護修養，並不可准他國佔據俄國所退各地段。

二、修完並養各該鐵路各節，必確照俄國與英國一八九九年四月十六日，即華曆光緒二十五年三月十九日所定和約，及按照一八九八年九月二十八日，即華曆光緒二十四年八月二十五日，與公司所立修該鐵路借款合同辦理，且該公司應遵照所出各節，不得佔據，或藉端經理山海關、營口、新民屯鐵路。

三、至日後在東三省南段續修鐵路或修支路，並或在營口建築橋樑遷移鐵路盡頭等事，應彼此商辦。

四、應將大俄國國家交還山海關、營口、新民屯各鐵路，所有重修及養
　　路各費，由中國國家與俄國國家商酌賠償，俄國因此項未入大賠款
　　內 ⑩ 。

　　兩國從前所定條約，未經此約更改之款，應仍舊照行。此約自兩國全權大臣
彼此簽押蓋印之日起施行，並御筆批准之本，限三個月內在聖彼得堡互換。茲兩
國全權大臣將此約備漢、俄、法三國文字各一份，畫押蓋印以昭信守。三國文字
校對相符，惟辯解之時，以法文為本。訂於北京，繕就二份。

　　當條約簽訂時，俄使雷薩爾用俄政府之名義，照會中國全權，聲明曰：
「帝國政府為恪守迭次宣言起見，漸次著手滿洲之撤兵，若其他列強或中國
不致有意外行動，而加以妨礙，則依上述條件實行撤兵，並依照俄國政府給
中國政府之書面，聲明將牛莊交還中國官吏；但須在外國軍隊已自該隊撤退
及天津交還問題完全解決之後（時，天津仍在聯軍之手，一九○二年七月始
還），始能實行。」中國政府確保對於與俄國所締結一切條約之履行，尤其是
對於一八九六年中俄協定之規定。此協定為兩國關係立基礎，依此項協定，
俄國於一八九六年已擔任維持中國獨立與完整之原則，中國應許與俄國以修
築經過滿洲之鐵路幹線，及利用與該事業有關係之物質上之特權。經過過去
二年間之事變後，遠東和平之完全恢復，及兩國友誼之增進，均有希望實現
之可能。但中國政府若違背諾言，藉故破壞上項條件之時，俄國政府則不能
再受滿洲協定及其有關各宣言之約束，解除將來所生結果之責任，乃出於不
得已也 ⑩ 。

　　此外，俄國政府又於四月十三日（一九○二年）發表一個附帶宣言，敘
述自庚子事變以來，俄國在華之立場及其行動之合理 ⑪ ，說中國及列強如不
有意加以妨礙，俄國必遵約撤兵。這個宣言，事實上，便預伏了其不肯撤兵
之根，也使日俄之戰，從此種下了遠因，其宣言全文如下：
　　一九○○年俄變亂紛然起於中國，遂使帝國公使館及俄國臣民瀕於危殆
之重大內亂，致使俄國為防衛自國利益計，而採斷然之處置。帝國政府以此

---

⑩　同 ❹ ，第一四九卷，第一二至一四頁；Great Britain, op. cit., Despatch 54.

⑩　Great Britain, op. cit., Despatch 51.

⑪　Ibid..

目的，派有力軍隊至清帝及百官已棄之北京。且因紛亂已由直隸忽而波及與俄接壤之滿洲，兇徒並兵士侵入俄領，中國地方官公然對俄公布宣戰，以是，俄兵亦開至該地。

雖然，帝國政府已告中國政府，俄國之採此態度，決非對於中國懷抱敵意。中國之獨立保全，乃俄國對遠東政策之基礎。

俄國始終確守此主義，業經宣言決意俟直接迫害帝國公使館，及俄國臣民之危難已過，即行先於列強撤退直隸之軍隊，並俟滿洲發現和平恢復之徵兆時，即與中國從事特別協商，訂定該地撤兵之方法及最短日期。但以該地之紛擾，猶未止息，擬附以帶有暫定的性質之若干擔保。

此種協定，則以中國大臣因清廷遷徙，不能以獨立國代表之資格而行動，遷延數月，未得締結。雖然，至於最近，中國之和平恢復已大有進步。一九〇一年八月二十五日（九月七日）議定書簽字後，清廷已回鑾首都，中央已行使正統權，各地亦恢復行政機關。北京外交官最初覲見之時，西太后對於外國代表申謝列國援助鎮定內亂之勞，並顯見確具決心，採用各種處置，以恢復變亂前之狀態。

俄國自鄰國紛擾起時所抱之主要目的，因是已達，帝國政府毫無侵略野心，主張他國亦不侵犯中國之獨立保全，並倡導俟締結各種條約之正統政府恢復變亂鎮定後，仍繼續中俄昔日之友誼關係。

帝國政府派兵於中國領土內，既不外出於此種目的，且因中國採用成文約束，故國內之秩序及俄國因此次事變所耗費用賠償，均得到擔保，以後已無駐兵鄰國之必要，是以遵皇帝陛下之敕令，本月二十六日駐北京俄使雷薩爾已與中國全權蓋印於關於滿洲撤退之協定。

依是觀之，帝國政府現已恪守屢次之宣言，漸次著手滿洲之撤兵，若其他列強或中國不致有意行動而加以妨礙，則依上述條件，完全撤兵，將牛莊民政交還中國官吏，但須在外國軍隊已自該地撤退，天津交還問題完全解決之後❶❷。

按《交收東三省條約》，比之楊儒在俄京所議者，雖較和緩，然中國在東三省之軍權及築路權，仍受若干之限制。如以「再無變亂及他國之舉動亦無牽制」為陸續撤兵之條件，尤含有深遠不測之意義。關於撤兵日期之規定，

❶❷　何漢文，《中俄外交史》，第二一八至二一九頁。

既非依照撤兵技術之需要，亦非根據鐵路工程之結束日期以為斷者，蓋俄政府不僅計算編練大批護路軍之時間，以代替俄國在滿洲之正規軍，且欲得充分之時間，完成中東路，使之成為軍事動員之利器。於是，撤兵期限之延長及撤兵條件之規定，原為俄人預設種種機制乃使其有所藉口，因而在一九〇三年初第二階段撤兵時，忽又違約向中國提出威脅條件，為清廷所拒。俄方又於十月二十八日重新佔領奉天，以致遠東局勢日趨嚴重，卒釀成日俄之戰。

一九〇〇年義和團事變，俄國乘機派兵佔領東三省，其後，在兩年多的交涉過程中，清廷為防止俄人長期獨佔東三省之野心，始則利用主張門戶開放之日、英、美與俄國之矛盾，自動闢東三省為國際商場，此種策略頗有抑制俄勢之作用，繼則如能再利用日、英同盟與俄之對立，盡力折衝，不達到無條件撤兵之短期迅速撤兵，即以停止談判為對策。痛惜，計不出此，只圖敷衍了事，終導致東三省又成為日俄戰爭之戰場，遭受嚴重之破壞與災難。負交涉之責者之李鴻章、奕劻、王文韶輩，實不能辭其咎也。

十四、簽訂交還關外鐵路條約

依照《中俄交收東三省條約》第四條之規定，於一九〇二年九月二十一日，又簽訂《交還關外鐵路條約》，全約條文如下：

大俄國武員將山海關、營口、新民屯之鐵路交還中國北方鐵路督辦大臣工程各條，今按照本年三月二十六日所定之和約，現計本年俄曆九月二十六日交還該鐵路於中國鐵路總局之限期將滿，因是，大俄國駐華欽差全權大臣雷薩爾會同大清國欽命大臣便宜行事，總理外務部和碩慶親王、署理全權大臣軍機大臣文淵閣大學士外務部會辦大臣王文韶會訂本條約。

第一條　俄國國家與中國國家為交還接收鐵路，各特派全權大臣，該全權大臣任便揀派幫辦委員，必期敷用該全權等會同商訂交還鐵路之次序及各章程。

第二條　中國鐵路須將俄員預備養路及保護鐵路之建造及物料，均按實價接收。

第三條　按一九〇一年八月二十五日所訂和議大綱，北京留駐保護使館衛兵及直隸駐守以保護京師至海暢道各兵隊限期之內，在山海關至營口之鐵路，准俄國兵隊一如各國現得及將來所得在北京至山海關之路各項利益。以便更調該隊往返限滿之各兵及新兵，營口車站之碼頭，准運俄國兵隊及

俄國軍實之船，應在別項搬運之先，儘行專辦。

第四條　俄國兵隊在山海關、營口之間，或自行來往，或運軍實，亦應照北京至山海關之鐵路當時之車價，一律辦理。

第五條　俄國郵政電報各局，在山海關車站所用之各房間，應交還中國鐵路總局，准與英國武員在天津山海關所用中國鐵路總局各房間，同時交還。

第六條　本約第三條載明限期之內，營口、山海關、北京一路所栽鐵路線桿上安設電線一節，俄國政府亦應照本年俄曆四月十六日英、中兩國所定交還鐵路章程第八條，各國在北京至山海關所得各利益，一律享用辦理。

第七條　由北京至營口郵政寄信一事，俄國政府亦應按照各國由北京至山海關一路所得的利益，一律享用，嗣後俄國信件日多，倘需另用火車寄送，該鐵路總局，應允一日內備車一輛，以便每禮拜日隨需用之車輛數目，自北京至中國東省鐵路，往返運送，俄國應付此車之費用，不過所定運送軍實之數。

第八章　日俄戰爭之始末及其影響

第一節　日俄戰爭之起因

日俄戰爭之起因，雖頗為複雜，然而綜合各方之情況，歸納言之，則與下列數事具有密切之關係。

一、爭奪朝鮮與滿洲之權益

當甲午戰爭以後，中國放棄朝鮮之統治權。這時，朝鮮在名義上雖然獨立，但實際上朝鮮就從此完全落入日本的勢力範圍，變成了日本的保護國。日本駐韓公使井上立改革內政案二十條，強迫韓國政府施行。這個提案的內容，實際上便是完全把朝鮮的政治、軍事、經濟等都歸之於日人掌握之中。因此，韓國人對於日本人侵略之憤激，大起排日，於是遂有親俄黨之產生，並以閔妃為領導之中心。也有親日黨的組織，兩黨互相傾軋，結果，閔妃死於日人的陰謀之下。但是此時朝鮮的民眾，對於日人愈加憤恨。於是俄使乘機煽動，把韓王誘入俄使館，頒布命令，改組政府，排斥親日派，起用親俄黨掌握政權。於是日人在朝鮮的勢力根本搖動，大起恐慌，乃不得不向俄國讓步，將指揮監督朝鮮的權利，分割與俄人，因此有第一次《日俄協約》（《漢城協約》）的訂立，不久又有第二次《日俄協約》（《莫斯科協約》）。兩次協約以後，俄人依然不事遵守。想把日本人在朝鮮的勢力，完全排斥，韓廷所僱的日本顧問，都強令解職，用俄國人來代替，日本式的軍隊也都解散，用俄國士官代替。但是俄國的猛進侵略，又引起了朝鮮人的疑忌，並且也受各國的干涉，同時它又正在進謀滿洲，很難兼顧。因此，乃對日人稍為讓步，訂立第三次《日俄協約》（《東京協約》），大旨：兩國承認韓國的獨立，不直接

干涉內政，並且承認日本在朝鮮的經濟勢力之優越。日、俄兩國在朝鮮的爭執，對於其兩國前途是具有重大的意義，日本得不到朝鮮，非但不能向大陸發展，並且其本國自身，也時刻都有一種滅亡的危機存在著。俄國如果能得到朝鮮，不但在太平洋上從此得到了爭霸權的良好根據地，並且可以制日本的死命。因此朝鮮成了兩國的死活線，為兩國必須盡力以爭奪的焦點，這是日俄戰爭爆發的遠因。

二、日本對於遼東之遺恨與俄國強租旅順大連

甲午戰爭以後，日本想乘機向大陸發展，所以《馬關條約》中要求割讓遼東半島，以作其向滿洲發展的根據地；結果因為俄國的倡議，而有三國干涉退回遼東半島的事件發生，日本當時以迫於國際大勢，所以不能不暫時屈服。但是它侵略滿洲大陸的野心，並未因遭此次的干涉而停止。不過最使它恐慌的，便是三國干涉事件以後，俄國乘機和中國訂立密約，取得中東路的建築權，又因援德租借膠州灣的例子，強租旅順、大連建築南滿鐵道支線，把整個的滿洲都放在它的勢力之下，這樣已使日本不能再為忍耐了。

三、俄國不履行撤兵條約並提出新要求

八國聯軍之後，俄國又強佔東三省全部，結果因為國際的干涉，迫其和中國締結《交收東三省條約》，允許分三期撤兵。當一九〇二年冬，第一期滿洲撤兵期將屆，俄政府遲疑不決，擬掀風作浪，提出要求。陸相庫羅巴特金主張向中國提出撤兵條件，要求「滿洲中國軍隊之訓練，不得延用日人，或他國人作教官」，並保留軍事代表制，「以監視中國軍隊之擴充」。嗣因外相拉姆斯多夫認為《交收東三省條約》甫經批准，俄國政府尚無理由向中國表示對條約有何不滿，於是庫羅巴特金始罷其議。俄國政府遂於十一月，遵約將盛京西南段至遼河之俄軍完全撤退，山海關、營口、新民屯之鐵路亦如約交還。但在一九〇三年四月（光緒二十九年三月十五日）第二期撤兵之前夕，俄國政府認為關於朝鮮與日本調整關係問題，及滿洲關稅是否交還中國總稅務司問題，牽動俄國遠東政策之全部，乃於二月（一九〇三年）召集閣議，令中、日、韓三國俄使回國，參加檢討俄國整個遠東政策。其主要議題為：「是否與日本成立關於朝鮮之協定？及滿洲第二期撤兵是否如約執行？」結果

決議與日本談判朝鮮問題，並於第二期撤兵前，由俄國駐北京公使雷薩爾向中國外務部提出新要求七項：㈠在任何情況之下，不得將俄軍行將撤退之遼河及牛莊區域，以變賣或租借方式讓給他國；㈡蒙古行政悉當仍舊；㈢不先通知俄國，他國不得在撤兵區域設立領館，亦不得在此區域開關商埠；㈣若中國人聘用他國人辦理事務，其權力不能及於華北，因俄國在華北有卓越勢力，若中國在華北聘用他國人，則所設辦事處應置於俄人監督之下，如聘用他國人為外務顧問，彼等不得干涉蒙古及東三省之礦務，此項礦務須聘俄人辦理；㈤俄人得有權利使用在滿洲之一切中國電線；㈥牛莊海關稅宜歸華俄道勝銀行收儲；㈦牛莊稅務司須用俄人，並以稅關管理檢疫事務❶。

上列的條約內容，當時傳聞雖有不同，然大體上是封鎖滿洲的門戶，把它完全置於俄勢力籠罩之下，條件的提出，最初很秘密，及消息傳出後，尤以日、英、美各國頗為憤怒，三國大感不滿，認為有背門戶開放主義。美國首先向俄提出抗議，對於在撤兵區域不得設領事及禁止開關商埠一節，美國極力反對；蓋提出行將締結之中、美商約時，美國已要求開瀋陽及大孤山為商埠。繼之，英、日兩國迭向俄國提出質問及抗議，並商決應採一致之步驟為：㈠如遇違反中國在滿洲主權及兩國在《滿洲條約》利益之任何條件，兩國允給中國以協助，如在一九〇一至一九〇二年中、俄撤兵談判時，所申援中國者；㈡俄國向中國之新要求，完全不可接受；㈢警告中國勿在無關重要之條件上讓步，以免被迫而作更大之犧牲❷。

俄國為掩飾列強耳目起見，一面對日、英、美否認有新要求，並謂其來源必為中國政府捏造，用以分化列強者❸；暗中則壓迫中國承認。俄國政府機關報《新時代》(Новое Время) 亦作同樣之否認，謂關於交收如此廣大領土，中、俄雙方交換意見則有之，至云提出撤兵條件，乃係英人捏造，企圖擾亂遠東之局勢。若英人執迷不悟，違反俄國之意志，阻撓此「進行順利之撤兵行動」，俄國「可暫時停止撤兵，以靜待時局之演變」。俄國政府用心之陰險狡詐，對中國壓迫之惡毒技倆，於此暴露無遺。

此時，俄國政府內部對朝鮮與滿洲問題意見紛歧，威特和拉姆斯多夫認

---

❶ Great Britain, *Parliamentary Papers, "Blue Books"*, China, No. 2 (1904), Despatch 8.

❷ Ibid., Despatch 80–82.

❸ Ibid., Despatch 103.

為當財政待整理，軍事尚無充分準備之時，一旦發生戰爭，有引起國內革命之可能。陸相庫羅巴特金也認為以軍事尚無把握而立即對日挑釁殊屬危險；但以沙皇為中心之所謂「神聖團」則力主急進。素主急進之內相布勒夫以為：一旦對日讓步，則其他之讓步必接踵而至，即令與日決裂，亦無所懼。蓋「軍事上之小勝利」，亦可遏止國內正在高潮之革命運動所必需之步驟。急進派之實際領袖為樞密院參贊大臣白卓布拉卓夫 (Безобразов)，此人極為沙皇所寵信，代表地主階層。遠在一九〇〇年即網絡接近宮廷之親貴，組織以皇室為中心之「東亞公司」，以滿洲朝鮮為其經營活動之範圍。其工作主要項目，則是側重工商業，自樹一幟，以與資本階層之代表威特對立。其計劃綱領，則在朝鮮創一大規模之礦業租借組織，以與日本之經濟勢力對抗。復將朝鮮之森林租權與滿洲之森林租權合併，而在鴨綠江區域，建立林業公司。沙皇皇太后與接近皇室之親貴，及關東區長官阿列克謝耶夫，均為重要股東。而阿列克謝耶夫遂以武力為此項企業之後盾，駐軍鴨綠江，將橫斷滿朝之鴨綠江廣大森林地帶，形成所謂「軍事屏風」❹。

　　關於帝俄此時在東方的新冒險，前蘇聯史學家戈羅德茨基 (Городецкий) 在其蘇聯歷史講話中，對此有正確之敘述：「十九世紀末葉與二十世紀初葉帝俄國內之情況，大資產階級之利益（尋覓新市場），及地主階層利益，將專制政府推進新的冒險，新的領土侵略。……沙皇政府對遠東之攻擊，在二十世紀初葉，特別加強。在朝鮮鴨綠江上，尼古拉二世獲得森林租借地，沙皇左右之奸黨（白卓布拉卓夫及其小團體）將此種租借地視為向朝鮮繼續推進之基礎。俄國之資產階級編製其在滿洲創立『黃羅斯』之計劃，但此種政策與日本帝國主義向大陸擴展之計劃相衝突。因為日本妄想創造『大日本』，佔領中國、西伯利亞、整個遠東。……」❺

　　沙皇既決意獨佔滿洲及經營朝鮮，乃訓令阿列克謝耶夫從速完成遠東軍備，並派白卓布拉卓夫赴遠東與庫羅巴特金會商活動。白為安定內部起見，於東行前，力勸外相及財相贊同其主張，並奏請沙皇增兵遠東。及抵旅順，又遊說阿列克謝耶夫以堅定其急進之信念。出乎白氏之意料，此時，阿列克

---

❹　陳復光，《有清一代之中俄關係史》，第三三八至三三九頁。

❺　羅曼諾夫，《帝俄侵略滿洲史》，第三六四至三六五、四〇四頁；俄財部檔案第一〇七號，第二部分。

謝耶夫鑑於遠東國際環境之不利，乃稍變更其態度，對於在鴨綠江之活動，他主張：只應負有純商業性質，撤兵條件應減少，在滿洲之經濟事業，不宜動用國庫資金，刪除撤兵條件中關於禁止在撤兵區域開闢商埠及設領二條，以減少日、英、美之反感。當財、外兩相得悉阿列克謝耶夫態度之轉變，乃議決（一九〇三年八月）：㈠不合併滿洲；㈡將必須之軍隊分布中東路區域；㈢繼續佔領琿春；㈣要求中國履行刪減後五項要求；㈤在要求中國此項條件時，聲明：俄國將立即撤退奉天之軍隊，在四個月內撤退吉林南部之軍隊，吉林省其餘地方及黑龍江全省軍隊，則於一年之內撤退❻。

此時，沙皇為急於履行《交收東三省條約》，迫使中國承認撤兵條件，主張對日暫時妥協，任由日本佔領朝鮮，白卓布拉卓夫返俄京後，對放棄朝鮮之意見，堅決反對，認其鴨綠江建立「軍事屏風」計劃之頓遭打擊，係中其政敵威特等之陰謀，乃盡力包圍沙皇，以期貫徹其急進之主張。沙皇復為所動，下令設立遠東總督府（一九〇三年八月十五日），而以好大喜功之阿列克謝耶夫任總督，並內定白卓布拉卓夫為國務秘書。舉凡俄國在遠東之行政、軍事、外交悉歸總督辦理，俄廷不為遙制。為避免政府各部牽制起見，又設立遠東特別委員會，沙皇自兼委員長，除各部大臣及遠東總督為當然委員外，其餘委員由沙皇遴派。急進派領袖人員白卓布拉卓夫等均被任為委員。遠東總督府直隸於遠東特別委員會，儼然形成一個戰時政府。自是，沙皇完全在急進派冒險政策支配下，出而親當遠東政策之重任，而白卓布拉卓夫自威特去職後（一九〇三年九月），更肆行無阻，貿然向戰爭之險途邁進。

第二節　日俄戰爭前之交涉

一、俄國朝臣對朝鮮與滿洲問題意見之紛歧

自一九〇三年四月，俄國違背條約，拒絕自中國東北撤兵後，遂激起國際輿論紛紛譴責，日人反應尤為激烈。日人認為若任俄國在中國滿洲久據，其結果必損及日本之利益及其大陸政策之推行。此時，在俄國方面，其一般大臣對朝鮮與滿洲問題的意見仍是紛歧不一，溫和派人士認為：軍事準備尚

---

❻　Great Britain, op. cit., Despatch 113, 120.

嫌不足，一旦與日本發生戰爭，勢必引起國內危機之發生，難有致勝之把握；但激進派人士則堅持以滿洲和朝鮮為俄國的勢力範圍，利用地理上及軍事上既有優勢，加強該地區工商業之經營，以與日本經濟勢力相抗，終可完成控制中國東北之計劃。

二、日本的御前會議及重要決定

俄國在中國東北三省積極之軍事活動，使日本政府的首腦異常憂慮。日本元老院及內閣大臣乃於一九〇三年六月二十三日舉行御前會議，討論結果，決定對中國及俄國的政策是：一面警告中國不得給俄國任何有損領土主權及列強在滿洲條約權利的讓與，他方面就朝鮮與滿洲的特殊利益問題與俄國直接談判，以期達成友好之協定。桂太郎首相與小村外相均認為，承認俄國在滿洲的條約權利，並使俄國承認日本在朝鮮之充分權利。為貫徹此一目的，雖訴之於戰爭，亦所不辭。除此，當日在會議中決定的大要如下：㈠俄國違約拒絕從滿洲及遼東撤兵，日本正可利用此機會來解決數年來未曾解決之朝鮮問題；㈡為解決此問題，首先必須在任何情況下，不將朝鮮或其一部分讓與俄國；㈢對俄國在滿洲已取得之優越地位多少予以讓步❼。

三、日俄雙方交涉之經過

㈠日本向俄國提出談判大綱

一九〇三年七月，日本外相小村壽太郎命令駐俄公使栗野慎一郎即向俄國外交大臣拉姆斯多夫提議，兩國舉行會談，以協調兩國之歧見，俄方立即同意，日方乃於八月十二日向俄方提出談判協約大綱六條，其要點如下：(1)日、俄兩國互相尊重中、韓兩國之獨立及保全其領土，並保持各國在該二國之商工業之機會均等；(2)俄國承認日本在韓國之優越利益，日本承認俄國對於滿洲經營鐵路之特殊利益；(3)兩國互相限制，不違背本約第一條，以期不礙日本於韓國，俄國於滿洲商工業活動與發展。又將來朝鮮境內鐵路延長至滿洲南部，與中東鐵路、山海關、牛莊鐵路相接，俄國不得阻礙；(4)為保護

❼　廣島守之助，《日本外交政策の史的考察》，東京，巖松堂，昭和二十六年，第一七一頁；德富豬一郎編述，《公爵桂太郎傳》〈坤卷〉，東京，故桂公爵紀念事業會，大正六年，第一二八至一二九頁。

第二條之利益，日本對於韓國，俄國對於滿洲，認為必要派遣軍隊時，其所派軍隊相約不超過實際必要兵額之上，且事平後即召還；(5)俄國宣承認凡助朝鮮改良政體及軍務之舉動，盡屬日本之專權；(6)本約議定以前，日、俄因朝鮮所立之約，一律作廢❽。

㈡俄國向日本提出之對案

日本在交涉之始，原主張在聖彼得堡談判，但是當栗野於八月五日向俄國外務部提出此一協約大綱時，俄並無迅速談判的誠意，拉姆斯多夫託言將從俄皇巡遊歐西，又謂此事與遠東問題有關，應使遠東總督亦參與此事，並希望將談判移至東京，日本對此頗表不快❾。

日本嗣後允將談判移至東京，俄駐日公使羅申即自東京赴旅順與阿列克謝耶夫會商，旋於十月三日向日本政府提出對案如下：

第一條　日、俄兩國，互相尊重韓國之獨立及領土之完整。

第二條　俄國承認日本對於韓國之優越利益，如日本不違背第一條，而輔助韓國改良其民政，則俄國承認此為日本之權利。

第三條　俄國不阻礙日本在韓國之商工業，在不違反第一條規定之限度下，不反對日本保護商工業之一切行為。

第四條　於知照俄國之後，以與第三條同一目的派遣軍隊至韓國，俄國承認此為日本之權利，但軍隊人數不可超過實際必需之數，事畢即須陸續撤回。

第五條　日、俄兩國互約，不得在韓國領土之某部作軍略目的的使用，並不得設兵備韓國海岸，致妨害朝鮮海峽之自由。

第六條　韓國領土在北緯三十九度以北之部份，視為中立地帶，兩締約國之軍隊均不得前往。

第七條　日本承認滿洲及其沿海一帶，均在日本利益範圍之外。

俄國這個對案第二條僅尊重韓國之獨立，保全其領土完整，並未提及滿洲。第二條限於不違反第一條承認日本在韓國之優越利益，但將日本提案第五條之對韓援助限制於民政，而將軍事上援助之語刪去。第四條對派兵事亦僅提韓國而未言滿洲。第五、六、七條為俄國新提出之條件，從這個草案看

---

❽　日本外務省編，《日本外交文書》，第三六卷，第一二至一三頁。

❾　Rosen, *Forty Years of Diplomacy*, Vol. 2, p. 224.

來，俄國擬將滿洲問題除外，而僅僅有限度的承認日本在韓國的利益，自然日本對這個提案感到不滿意。蓋俄國不僅不尊重中國之獨立與領土保全，且欲侵略韓國，所以對日本韓國之權利，加以層層限制❿。

㈢日本向俄再提出修正案

一九〇三年十月三十日，日本外相小村復向俄國提出第二修正案，其內容如下：

第一條　互相尊重中韓兩國之獨立及領土完整。

第二條　俄國承認日本在韓國之優越利益，並承認輔助韓國改良內政（包括軍事在內）為日本之權利。

第三條　俄國約定不阻礙日本在韓國工商業之活動與發展，並不反對為保護此等利益所採之措施。

第四條　為避免引起國際紛爭，因前條所揭之目的，派遣軍隊至韓國，鎮定騷亂，俄國承認此為日本之權利。

第五條　日本約定不於韓國沿岸設置兵備，致妨害韓國海峽之航行自由。

第六條　於韓國與滿洲交界，各五十基羅米突，定一中立地帶，在此地帶內，兩國若未經互相承諾，不得將軍隊開入。

第七條　日本承認滿洲在日本特殊利益範圍之外，俄國承認韓國在俄國特殊利益範圍之外。

第八條　日本承認俄國在滿洲有特殊利益，並承認為保護此等利益所採之措置，為俄國之權利。

第九條　因韓國之條約，日本允許不妨害屬於俄國商業居住之權利與豁免，並因中國之條約，俄國允許不妨害屬於日本商業居住之權利與豁免。

第十條　兩國相約，今後韓國鐵路及中東鐵路延長至鴨綠江，兩國鐵路之聯絡，彼此不加阻礙。

第十一條　本約訂後，凡日、俄兩國前訂關係韓國之約，一律作廢⓫。

㈣俄國向日本提出新修正案

日本的修正案提出後，俄國又多方延宕，嗣經日方之一再催促，才由俄

❿　劉彥，《帝俄主義壓迫史》，第二七九頁。
⓫　何漢文，《中俄外交史》，第二二八至二二九頁。

皇飭令阿列克謝耶夫會同羅申，斟酌續議，一九〇三年十二月十一日，由羅申以下列六條新修正案交與小村：

第一條　互相尊重韓國之獨立及領土完整。

第二條　俄國承認日本在韓國之特殊利益，並助援韓國改良民政，為日本之權利。

第三條　俄國不妨礙日本在韓國商工業之活動與發達，並不反對因保護此等利益而為之措置。

第四條　前條所揭及日後韓國或有騷亂，日本派遣軍隊之事，俄國亦予承認。

第五條　日俄兩國互約，不得在韓國領土之某部，作軍略目的之使用，並不得設兵備於韓國海岸，致妨礙朝鮮海峽之航行自由。

第六條　韓國領土在北緯三十九度以北之部份，視為中立地帶，兩締約國之軍隊均不得前往 ❷。

　　雙方對於滿洲問題各不讓步，兩國的談判可以說是鑿枘不入，而俄在滿洲之軍隊不但沒有撤退，反而繼續增援，瀋陽也再為俄軍佔領。阿列克謝耶夫又下令，命旅順要塞司令趕急建築炮臺，日、俄兩國的積極的作戰準備，日益明顯。清廷為消弭戰爭的危機，特令駐俄公使胡維德於十二月九日向俄國提出迅速撤兵的照會，但俄國外部竟以強橫無理的言詞答覆中國政府。在其覆胡維德之照會中謂：查俄國政府之必須將佔據滿洲展長期限及令俄兵復回盛京，實因迫於一切情形所致，此等情形皆非俄國所能承擔其責，查俄國政府欲將未了之事，求得一持平辦法，故有所請，而中國不允，中國地方官與俄員為難，尤以盛京將軍為最甚，中國北面與俄國鄰界地方又增兵備，中國駐各國之公使與各國屢有所商；無非不欲將兩國所應遂行相商之事，相互瞭解，凡此種種情形，是俄國近時辦法之所由來也 ❸。

㈤日本政府再提出口述覺書

　　日本政府對俄國第二修正案加以慎重考慮後，於十二月二十三日向俄國政府提出一口述覺書，提議協助韓國改良內政為日本之權利，並刪除不得設兵備於韓國海岸，致妨害朝鮮海峽之航行自由，及中立地帶之設立兩點：俄國於一九〇四年一月六日對此提案之答覆，僅謂：日本如贊同俄國所提議之

---

❷　同 ❶，第二二九至二三〇頁。

❸　王彥威，《清季外交史料》，第一七八卷，第一六頁。

韓國領土之軍事使用問題，及設立中立地帶問題，俄允不妨害日本及他國在滿洲依條約所享受之權益，但墾殖除外，對滿洲領土保全一項，隻字未提。

日本政府乃於一九〇四年一月十六日，再向俄國政府提出口述覺書，促俄國作慎重考慮：㈠刪除韓國領土之任何一部不得做軍略目的使用；㈡刪除中立地帶設定之一節；㈢有關滿洲之提議作如下之修正：滿洲及其沿岸日本承認在其利益範圍之外，但俄國應尊重滿洲之領土完整，及日本或他國在現行條約下，在該地享有之權益；㈣俄國之對案應添加如下之一項，即日本承認俄國在滿洲之特殊利益及俄國為保障此等特殊利益，採取必要措置之權利❶❹。

一月二十八日，俄國召集外交、海、陸有關官員討論此一問題，二月一日，阿列克謝耶夫及拉姆斯多夫相繼向沙皇提出報告。日本對俄方之遲緩延宕態度表示不耐。在一月二十三日至三十日，七日間，曾四次訓令其駐聖彼得堡公使詢問答覆日期，據其公使報告最早期間為二月二日，因沙皇尚未聽取各大臣之報告而作最後決定，拉姆斯多夫亦透露延遲的原因，係由於有關各大臣及阿列克謝耶夫之意見不一致❶❺。

㈥日俄交涉之決裂與日本致俄最後通牒

二月四日，日本政府召開御前會議，除桂首相、小村外相之外，曾彌財相、山本海相、寺內陸相及伊藤博文、山縣有朋、井上馨等元老均參加，會議結果，認為俄國侵滿、韓之決心已定，外交之途徑已窮，惟有訴之於戰爭一途。親俄之伊藤博文至此亦不得不承認戰爭之必要，在彼之日、俄交涉破裂之顛末中謂：「俄國自始即等待海、陸軍備充實後，而斷然拒絕日本之要求，而欲在滿、韓領土上自由逞其野心，此固無論矣。日本如不以干戈維護其將被侵害之權利，他日將受一邊境俄國總督之命令指揮，此豈非坐而待亡耶？」❶❻

日、俄雙方對於滿洲問題各不讓步，經往返磋商，也始終沒有結果，延至一九〇四年二月五日，兩國交涉決裂，二月五日（光緒二十九年十二月二十日）日本外務大臣小村電令駐俄公使東野，對俄國政府致送之最後通牒：

日本國皇帝陛下之特命全權公使，遵本國政府訓令，對於俄國皇帝陛下

---

❶❹　同❼，第一七五頁。

❶❺　*China, and Her Politicol Entity*, p. 272.

❶❻　渡邊機次郎，《日本近代外交史》，第三六五頁。

之外務大臣閣下，為下列之通牒：

日本國皇帝陛下之政府，以韓國之獨立及領土完整與自國之康寧與安全，有絕大之關係，故不問如何行為，苟有使韓國地位不安者，帝國政府不能默視。

俄國政府對於日本關於韓國之提案，堅持拒絕，並提出究難妥協之修正案，惟帝國政府認其提案，實為於確保韓國獨立並擁護帝國在該半島之優越利益上緊要不可缺者。又俄國對於與清國所訂條約，及在滿洲地方有利益之諸國，雖曾累次予以保障，但依然繼續佔領該地，並堅決拒絕相約尊重保全已被侵犯之滿洲領土，遂令帝國政府為自衛計，不得已而考慮其應採之手段。俄國屢次遷延其回答，實無可以令人瞭解之理由，且已從事與和平目的萬難調和之軍事行動。至帝國政府與俄國交涉時，實已十分忍耐，其忍耐程度，足以證明帝國尚實希望除去兩國政府關係上將來或致發生誤解之一切原因。

帝國政府盡力之結果，現已領會，凡帝國政府所提穩當無私之提案，或確立遠東鞏固恆久和平之其他任何提案，皆難望得俄國政府之同意。故現下已屬徒勞之談判，除斷絕外，別無可擇之途徑。帝國政府既採用該項途徑，同時為鞏固其已被侵害之地位且防衛之，並為擁護帝國之既得權益及正當利益計，保留其採用認為最善之獨立行動之權利。

同時並命將以下之公文，交與俄國政府：

日本國皇帝陛下之特命全權公使，遵奉本國政府訓令，通告俄國皇帝陛下之外務大臣閣下：

日本帝國政府為除去可使日、俄關係將來發生糾紛之各種原因計，曾用盡各種和諧之手段，竟無效果。帝國政府為鞏固遠東而恆久和平計，所提正當無私之提案，既未蒙俄國予以應得之考慮，則日、俄之外交關係，今已無有價值。是以日本帝國政府業經決定斷絕外交關係。

本使茲併通告閣下，依本國政府之命，擬以某日率領帝國公使館館員離開俄京。

二月六日，栗野將以上兩公文交與拉姆斯多夫，十日率同使館人員下旗回國。

第三節　日俄戰爭之經過

一、日俄雙方之國情及兵力

　　自十九世紀末葉起，日、俄雙方之兵力均曾不斷的增強，但其國情各異，兵額的多寡及戰鬥力的訓練也各有長短，大體而言，日本兵力數量較少而精，宜於速戰，這在以後日、俄海戰中，充分顯示了此一特點，俄國兵數量多而欠機動，但可持久。

　　事實上，日俄戰爭剛開始，俄國即已伏有內在與外在之敗徵。在軍事上，俄國陸軍平時約達一百萬人，戰時可擴充到四百萬人❼。海軍有戰鬥艦五艘，六萬四千五十噸；裝甲巡洋艦四艘，四萬三千二百十六噸；巡洋艦九艘，四萬八千八百五十八噸；炮艦八艘，七千三百三十六噸；海防艦五千三百五十二噸；驅逐艦十三艘，四千二百三十噸。共計艦數三十二艘，噸數九萬三千三百四十二噸，水雷艇十四艘❽。但其在布署方面，既無日本之周密，且兵力分散，一時不易集中。在心理上，俄國認為以大戰小，必操勝算，輕敵之心，油然而生。日本軍民則以國家之生死存亡，繫此一戰，故傾全國之力以赴之。在政治上，自較緩進之威特去職後，俄國政治結構已成畸形組織，軍政大權旁落於少數冒險分子之手，卒造成軍權與軍令之分歧。日本則舉國一致，軍令統一。在經濟上，由於過去對外作戰頻繁，造成國庫空虛。此時，俄戰爭財源完全仰給外債，在社會現狀上，因經濟枯竭，農村破產，國內革命潛力四布，內亂一觸即發。在外交上，德皇為政略計，誘導沙皇向遠東冒險擴展，又恐引起歐局之糾紛，僅予以精神上之同情及鼓勵，及有限度之財政援助。法國因與俄國同盟關係，於戰爭初期，給以少數之貸款，然以鑑於歐洲局勢之嚴重，始終不支持俄國分散軍力，在遠東作過度之冒險。故當英、日同盟成立後，即以俄國由滿洲撤兵為俄、法共同聲明之條件，日、俄戰爭

---

❼　庫羅帕特金 (Kuropatkin) 著，林賽 (Lindsay) 英譯，中國社會科學研究院近代史研究所翻譯室中譯，《俄國軍隊與對日戰爭》，北京，北京商務，一九八〇年，第八一頁。

❽　曾根俊虎，《俄國暴狀誌》，東京，樂善堂書房，明治三十七年（光緒三十年八月），第三〇至三一頁。

之前夕，數度建議斡旋。及戰爭爆發，因顧及國際局勢之變化，對俄國不願多所支助。至當時能在國際政治上同樣發生重大作用之英、美兩國，一則為日本之盟國，而英、日結盟之主旨，即在對抗俄國，故於軍事、外交上，給俄國以各種之牽制。一則因帝俄在東三省橫行霸道，企圖獨佔滿洲，破壞「門戶開放」政策，威脅美國之利益，而完全同情於日，並聯合英國予以財政之協助，某俄人言：日、俄戰爭為英、美委託日本對俄之戰爭，雖屬譏詞，亦正確之論斷也❶。當時的日本常備軍，平時兵力的員額，計有八千一百一十六名軍官，十三萬三千四百五十七名士兵。戰時兵力固定為一萬零七百三十五名軍官，三十四萬八千零七十四名士兵。這是戰前俄駐日武官提供的調查報告，但據日本軍醫署戰後公布之數字，日本在戰爭時期投入戰鬥的總人數超過了一百五十萬人❷。在海軍方面，當時有一等戰鬥艦五艘，二等戰鬥艦二艘，計七萬五千九百三十噸；裝甲巡洋艦八艘及巡洋艦十八艘，計十一萬八千二百八十五噸；海防艦十二艘，二萬一千五百九十噸；炮艦十四艘，七千七百噸；驅逐艦十九艘，八千六百噸；航河艦、通報艦及水雷母艦七艘，六千一百六十二噸；共計艦數八十一艘，噸數二十二萬零六百十七噸，另有水雷艇八十五艘❸。

二、日俄宣戰

㈠日皇下詔對俄宣戰

日本既於二月六日致送其最後通牒，海軍即開始行動。七日，捕獲俄羅斯號於仁川。八日，襲擊俄國艦隊於旅順，戰爭之幕，於此揭開。二月十日（中曆十二月二十五日），日皇下詔宣戰，其詔如下：

> 保有天佑踐萬世一系之皇祚大日本國皇帝，示汝忠實勇武之有眾：
> 朕茲對俄國宣戰，陸、海兩軍，宜竭全力，以與俄國從事交戰。百僚有司，宜各循其職務，應其權能，以努力達到國家之目的。務於國際條約範圍之內，盡其一切手段，以期毋有遺算。

---

❶ 同❹，第三四四頁。

❷ 同❶，第八一頁。

❸ 同❶，第三〇頁。

惟求文明於和平，與列國篤友誼，以維持東洋治安於永久，不損害各國之權利利益，而永久保障將來帝國之安全，此乃朕夙視為國交之要義，期其旦暮不敢或違者。朕見有司，亦善體朕意而從事，致與列國之關係，逐年益趨親厚。今不幸而至與俄國開釁，豈朕之志哉?

帝國之置重於韓國之保全，實非一日之故，是不僅因兩國累世之關係，韓國之存亡，實為帝國安危之所繫。然而俄國雖與清國訂有明約，及對於列強累次宣言，依然佔據滿洲，益鞏固其地步，終將吞併之。若滿洲歸俄國領有，則韓國之保全，無由維持，遠東之和平，亦不可妄望。故朕際此時機，切望由妥協而解決時局，以維持和平於恆久。命有司向俄提議，互半歲之久，屢次折衝，俄國未曾一示互讓之精神，曠日持久，徒使時局遷延。陽唱和平，陰增海、陸軍備，欲我屈從，令人無從認識俄國自始愛好和平之誠意。事已至此，帝國欲依和平交涉而求之將來保障，今日只有求之於旗鼓之間而已。朕賴汝有眾之忠實勇武，期恢復和平於永久，以保全帝國之光榮焉。

明治三十七年二月十日，內閣總理大臣兼內務大臣伯爵桂太郎、海軍大臣男爵山本權兵衛、農商務大臣男爵清浦奎吾、大藏大臣男爵曾禰荒助、外務大臣男爵小村壽太郎、軍大臣寺內正毅、司法大臣波多野敬直、遞信大臣大浦兼武、文部大臣久保田讓。

㈡俄皇下詔對日宣戰

俄皇亦於二月十日下詔宣戰，其詔文如下：

朕將下列之事，宣示於忠實臣民：

朕以維持和平之目的，曾盡全力，鞏固東洋之靜謐，關於韓國事體，日本提議修改兩帝國間現存之協約，亦曾予以同意。然在該問題尚未議妥之時，日本不待接到我政府回答之提議，即知照與俄國斷絕商議及外交關係。日本政府且並未豫為聲明此種斷絕外交關係辦法，即含有開始軍事行動之意義，即令其水雷艇突然襲擊停泊旅順口堡壘外之俄國艦隊。朕接總督報告後，即令其以干戈應日本之挑戰。

朕當決意之時，切禱上帝之救護。朕之臣民，為防禦其祖國，均能趨赴朕命，蓋無庸疑者。

朕敬祈上帝加護朕之素有名譽之陸、海軍。

三、日俄雙方公布交涉的經過

宣戰以後，日本外務大臣小村壽太郎宣布對俄交涉的經過如下：

> 夫維持韓國之主權土地，藉以保護日本在韓所享有之優越利益，日本帝
> 國至為注意，故於俄人使韓國陷於危險之舉動，實不能置若罔聞。且俄
> 國嘗與中國訂約，又曾向各國一再聲明無他，而乃絕不顧忌，既永佔滿
> 洲，且欲侵略韓國，甚可嫉也。若滿洲果為俄國所吞併，韓國主權自難
> 保矣。

日本以保全維持東亞永遠之和局，願將日、俄在滿、韓所享利益，與俄
國和衷商議，期免柄鑿。去年七月，嘗以此意告之俄人，而俄人初亦允之，
因於八月十二日，飭帝國駐俄公使與俄政府會議大綱，今特錄要如下：

第一條　日、俄各相允約，務須保全中、韓兩國之主權土地。
第二條　凡在中、韓之各國商工事業之機會均等主義，日、俄亦願謹守無違。
第三條　俄國允認日本在韓所享之優越利益，日本允認俄國於東三省鐵路已享之
　　　　特殊利益，日、俄並允為保護地方開埠利益，如採其適當措置，惟不得
　　　　違背第一條之宗旨
第四條　俄國允認日本在韓權利，俾其輔助韓國，得以整飭政務。
第五條　將來推展韓國鐵路以入奉天，使榆關、營口軌道，可以接聯，中、韓兩
　　　　國鐵路，俄國允不阻礙。

初，日本政府欲令駐俄日使與俄國政府會議速結，而俄國政府藉詞俄皇
之出巡，不允在聖彼得堡開議，因改於東京會商。十月三日，俄國政府賚送
覆文，於保全中國主權土地以及各國在中韓之商工事業均等一節，均為駁斥，
欲令日本聲明對滿洲及沿海一帶，不稍干涉，且俄人欲牽制日本在韓舉動，
使之不得自由。即如日本為保護在韓利益隨時可以派兵一節，俄國始允而終
拒之。且欲將韓境北緯三十九度以北作為中立地帶之事，商於日本。夫俄國
嘗言不敢侵佔滿洲，何至今不願以第一條、第二條列入此次應商之條款乎？

日本於滿洲有鉅大之商務利益，固欲助長之，推廣之。且按日本政治關係而論，以韓國較滿洲尤為重要，不容置於日本勢力範圍之外。於是，日本遂將俄國所商決意駁斥，以此意告之俄國，並將俄國所覆條款詳妥酌擬。至如中立地帶，倘有必須劃定者，可在中、韓兩國交界劃分，距離相等，如各以五十基羅米突為中立地帶之限是也，十月三十日條款遂定，送交與俄國政府。

　　自後日本政府屢催俄國覆文，至十二月十一日，俄國始答覆。而所覆各條，於東三省之事，一概刪除。以為彼此所商，僅為在韓國有所關係之件，仍執定遇有軍務不得佔用韓國之地為言，而堅持劃定中立地帶之議。夫日本政府數月以來，與俄國之開議，意在和衷商権，平均彼此在滿、韓所享利益，消弭兩國嫌隙。而俄人於滿洲之事，置之不答，實與初時本旨相背。然日本意猶未已，於十二月二十一日，仍向俄國政府妥商，惟將遇有實務限制佔用韓國之地一節作廢，並刪設立中立地帶之條，並駁俄國政府所言在滿洲劃定中立地帶為不可行，亦當於韓國一律照辦。俄國政府最後所覆，一月六日送至東京，並請將下開一節，添入會商條款之內：

　　日本可允認將滿洲及沿海一帶為俄國勢力範圍，至日本及各國與中國現行條約所得權利，俄國並不阻礙，惟不得在東三省設立他國租界。

　　俄人所商各條，仍列劃定中立地帶，及不得為軍務起見佔用韓國界地兩節，以為抵制。是俄國明知日本不允此條款，而尚謂如無此項條款，所議別款概不能允，甚不解也。

　　至於保全滿洲領土一節，俄國之覆文，則未及之。然若不明訂保全土地之條，而所允別款，亦無裨於實際。夫條約所有權利，因與國家主權相需而存，然俄國若果併吞滿洲，與中國有約，各國在滿洲所享之權利，亦即消滅。故日本政府酌定保全東三省領土一節，必令俄人切實允諾。至於限制設立外國租界一事，亦與《中日續訂通商航船條約》所載，頗有窒礙，故將此條限制刪除。至有關韓國各條，實無可以退讓，仍須執定前議，乃於本年一月三十日催詢覆文，仍無所答。日本與俄國開議，始終以謙抑平和為主，而俄國政府固執己見，凡我所商酌者，遽行駁斥。且既推延不答，又復整理陸、海軍兵備，派遣大隊赴韓。日本雖欲保全和局，而俄國政府似此舉動，實不啻迫其決裂者也。至是而會商之議遂絕❷。

---

❷　《日俄戰記》，第一編，第七頁。

俄國外交大臣拉姆斯多夫也宣布交涉之經過如下：

去年日本政府以確定太平洋沿岸之均勢及鞏固秩序為辭，要求俄國政府改訂朝鮮之現存條約。俄國許之，命駐東京公使，與日本政府相議。且命阿萊塞夫總督與我公使協力辦理此事。我國對日本之友誼，不可謂不厚。不料日本社會團體，及內外新聞紙，未體此意，煽動政府，將與我國用兵。日本內閣卒為所動，漸次逞其要求。且同時以遠大之計劃，於國中大修戰備。我國睹此情形，亦不能不籌對待之策，厚集陸、海各軍，以為之備。然我國終不願以外交上小小衝突，破壞遠東之和平。以朝鮮全部之權利，讓與日本，嚴守我國前與日本所定條約，所謂扶持朝鮮獨立保全朝鮮領土之本旨，而主張以下三事：

㈠相互訂約，絕對的確保此主義。

㈡朝鮮國內無論何處，不得為戰略目的之使用，蓋恐他國有此舉動，不免與朝鮮獨立主義違背也。

㈢朝鮮海峽之航路完全自由。

我國如此退讓，日本政府猶不滿足。其最後之提議，且不承認朝鮮獨立之保證，同時又提出滿洲問題之條件。夫滿洲問題，惟中國有干涉之權，其次則惟商業上有關係之全體各國有干涉之權，日本何能以一國之意見，而要求於我政府。

俄國政府於滿洲所佔土地，無論如何，總與日本之朝鮮特別條約毫無關係。而俄國政府佔領滿洲，乃係遵俄國及中國所訂之條約，並非蔑視列國在華之權利。此意早已宣告各國政府，而日本政府，乃卒然有此提議，我政府即令我國駐在東京公使，移牒日本政府，請其反省，暨與日本得和平商議。詎知日本政府不待答覆，即中止談判，斷絕外交關係。且因此而引起之結果，其責任均由日本負之。俄國為保護遠東之權利，不能不執行最後之手段❷❸。

四、日俄戰爭的概況

㈠鴨綠江方面之陸戰

戰局展開之前，日本早有準備，行動較俄方為迅速。一九○四年二月六日，即命東御平八郎為聯合艦隊司令，率艦隊自佐世保出發，向遼東海面邁

---

❷❸ 同❷❷，第一一頁。

進；陸軍則由黑木為楨大將統領第二師團。近衛師團、第十二師團在仁川登陸，向平壤進攻，並於三月十一日佔領平壤，向鴨綠江岸推進。俄方的行動較緩，宣戰七日後，俄國政府始命馬卡諾夫 (Makayov) 中將為遠東海軍艦隊總司令，阿列克謝耶夫為遠東陸軍總司令，而阿氏係海軍出身，且不會騎兵，實際不適宜擔任陸軍之職❷❹。不久，即調陸軍大臣庫羅巴特金擔任此職，他於瀋陽戰敗後被免職，改由第一軍團司令李涅維奇繼任。一年之內，三易主帥，自對俄方戰局，頗有不利之影響。

此時，日方的陸軍已進至鴨綠江對岸的義州，隔江的俄軍是阿列克謝耶夫所指揮的第三和第六兩個師團。四月二十七日，兩方軍隊戰鬥開始，二十九日，日本工兵隊冒險前進，在鴨綠江上架橋，自當日午後二時起，至次日午前三時，軍橋完成，日軍迅速渡江。五月一日，日方軍隊向九連城實施猛烈攻擊，第二師團破九連城正面之俄軍，佔領摺鉢山；近衛師團攻破俄軍右翼，奪腰溝、馬溝、榆樹溝諸要地；而第十二師團亦同時進攻，俄軍不能抵禦，全城淪入日軍之手。而九連城地形難攻易守，俄方的第三、第六兩個師團亦為陸軍中之精銳，竟不能善用優勢之地形，作有效之攻防戰，以致造成開戰以來俄方陸軍第一次之失利❷❺。日方乃乘勝，迅即命奧保鞏大將率領由第一、第二、第四師團所組成的第二軍，於五月五日在皮子窩登岸，然後將該軍區分為二部：一部守皮子窩及普蘭店，以阻擋俄方遼陽之援軍；另一部進攻金州，而金州通背方陸路，為旅順之後蔽，扼交通要道，日方勢在必爭。五月二十六日深夜，日軍進逼金州城下，適逢暴風雨，日軍乘機猛攻，炸毀東南二門，金州城遂被日軍攻佔。日方再以海軍入金州灣合攻，相繼佔領柳樹屯、青泥窪等地，從此處至金州、普蘭店盡為日軍所有，致旅順後援之路遂斷，此為俄軍在戰局中的第二次失利❷❻。

㈡**得利寺之戰**

當時，庫羅巴特金就任遠東陸軍總司令之職，駐紮奉天，集大軍二十萬於得利寺，日方奧保鞏大將見勢，恐曠日持久，俄兵漸集，則難取勝，於是

---

❷❹　李齊芳，《中俄關係史》，第三二〇頁。

❷❺　羅曼諾夫，《日俄戰爭外交史綱》，下冊，第四六七頁。

❷❻　郭斌佳，〈日俄戰爭〉，載《文哲季刊》(武漢大學)，一九三六年一月，第五卷，第二期，第三七八至三七九頁。

乘俄兵尚未大量到達之際，率第二師團、第四師團、第五師團、騎兵第一師團，向北急速推進，展開激烈戰鬥，於六月十五日大敗俄軍於得利寺，日軍沿鐵路繼續北進，連陷熊岳、蓋平。俄方統帥庫羅巴特金留兵守大石橋，自駐瀋陽。七月中旬，日方奧保鞏領兵進攻大石橋，此處為遼陽之南蔽，俄方有四個師團及一個炮兵中隊防守，兵力甚強，阻日軍前進。二十四日，日兵經激列戰鬥後，克俄方堅壘，俄兵始退，日軍遂佔領大石橋，海城、營口、牛莊相繼落入日軍之掌握。自後俄軍不能南下，旅順後援之路至此完全斷絕，此為俄軍第三次之失利 ❷ 。

㈢**遼陽大戰**

當日軍在皮子窩登陸的同時，日方之第一軍亦向西北推進，五月六日，陷鳳凰城。次日，下寬甸。七月七日，攻陷摩天嶺。八月一日，日軍佔領本溪湖，直逼遼陽。遼陽為瀋陽之屏障，形勢重要，俄軍曾以七個月的時間，在此處構造了大型築壘防禦陣地，庫羅巴特金計劃從這裡開始反攻。另方面日軍早在皮子窩登岸的同時，已派遣野津道貫率領第十師團，亦即日方之第四軍，在大孤山登岸，以為後援。六月八日，攻陷岫巖。七月十三日，攻陷析木城，於是第一軍、第二軍、第四軍互相聯繫合力會攻遼陽 ❷ 。

此時，日方認為自開戰以來，遼東軍隊皆受節制於東京大本營，對於調遣協調方面，而應付終不甚捷，於是對統帥指揮機構進行調整，命大山巖為滿洲總司令，兒玉源太郎為總參謀長，移總司令部於滿洲，自此諸軍之指揮，不必受東京大本營之遙控，臨機制敵，更為便捷有效。旋以兒玉源太郎作戰計劃，兵分三路進攻遼陽：以第一軍為右翼，出瀋陽市東北；第四軍為左翼，出瀋陽之西北；而以第二軍為中央軍，攻遼陽之正面；七月中旬，三路齊發，開始進攻。俄軍雖集中全力拒守，築堅壘、掘深溝，而日軍勇敢作戰，頗形順利。右翼軍由遼陽東南至紅砂嶺，轉戰至弓張嶺附近，於七月下旬，進擊遼陽東北，破黑英臺之俄軍，佔領之。左翼軍先激戰首山堡、方家屯、新立屯方面，追殺俄兵頗眾，後佔領遼陽車站。中央軍先破遼陽西南甘家堡、鞍

---

❷ 同 ❷，第三七八至三七九頁。

❷ 同 ❷，第三八一頁；王芸生，《六十年來中國與日本》，第四卷，第三八四頁；同 ❷，第三二一至三二二頁；陳功甫，《日俄戰爭與遠東開放》，上海，上海書店，商務，一九三一年，第三四頁。

山站、新立屯之俄兵，而以七月下旬，猛攻遼陽，遂佔領之。此役，日軍苦戰凡十日，死傷亦重，達一萬七千五百餘人❷⁹。

㈣沙河之戰

俄軍雖敗於遼陽，然其主力尚未被摧毀。因沙皇有不准再退的嚴格命令，於是庫羅巴特金乃集合九個師團的兵力，於十月五日下令總攻，渡過沙河，進攻煙臺，日方亦派兵迎戰，激戰至十八日，日軍才得手，俄軍氣勢漸衰，大山巖伺機展開全線反攻，俄軍終不能敵，敗退至沙河以北。這一戰役全由庫羅巴特金親自指揮，準備作戰費時三個月，戰線長達一百五十俄里。但在組織和指揮方面都敵不過具有頑強戰鬥意志與奮勇精神的對方。綜計此役，日軍死傷一萬五千九百餘人。俄軍陣亡遺棄於戰場者達一萬三千三百餘人，被俘者七百人，死者實達四萬餘人❸⁰。

沙河之戰以後，因天氣漸酷寒，各休養兵力。至次年一月，俄軍總司令庫羅巴特金違反中國的中立地位，命騎兵侵犯遼西中立地區，襲擊牛莊和營口，日軍以出其不意，甚為狼狽。庫氏又以八萬五千的兵力擊敗日軍於黑溝臺，日軍敗退。旋得第八、第二、第三各師團之合力馳援，始於一月二十九日，擊退俄軍於琿河右岸，收復了失地，此役雙方曾浴血作戰，死傷各以萬計❸¹。

㈤奉天大會戰

爾後陸軍之大戰爭，乃奉天會戰之一役。其時，兩軍都不進攻，專休兵力，等待後援。一九〇五年二月，在滿洲之俄軍兵力：步兵三十八萬八百人，騎兵二萬六千七百人，炮兵三萬四千人，大炮一千三百六十門，分作四軍。以第三軍擔任中央軍，第二軍任左翼，第一軍任後衛，第四軍為總預隊；日本兵力，步兵二十萬，炮兵、工兵、輜重各兵種合計十五萬，大炮一千一百門。二月十九日，日軍總司令全大山巖以第五軍新制，銳氣方盛，戰力亦強，遣其先行發動攻勢；隨後遣第一軍於二月二十七日渡沙河，為其後援；又遣第二軍，第四軍同時從正面進攻；第三軍則迂迴向俄軍西北方前進。三月一

---

❷⁹　同❷⁶，第三八二頁。

❸⁰　同❷⁵，第四七九至五三二頁。

❸¹　王芸生，《六十年來中國與日本》，第四卷，第二二四頁；劉彥，《中國近時外交史》，上海，太平洋，一九二一年增補三版，第三八八至三八九頁。

日，日軍陷新民屯，更西轉向俄軍之後方。八日，破壞奉天以北鐵路，截斷俄軍之後路。此時，俄軍方知已陷入敵四面包圍之中，仍力阻日第三軍之進路，由於日軍各路攻勢猛烈，無法阻擋，庫羅巴特金不得已乃下令退卻。日第四軍九日渡運河，十日佔領奉天北方之魚麟堡，日第二軍出奉天西方，進擊俄敗兵，並於三月十日與第四軍之一部協力奮戰，遂佔領奉天（瀋陽）。此役日軍死傷總數四萬一千二百人以上，俄軍死者二萬八千人，被俘者四萬人以上，傷亡總數逾九萬人。戰場上丟棄的大炮、裝備、糧食、軍需品等等，更是不計其數。真可謂「兵敗如山倒」，其當時混亂之情況，慘不忍睹，以致俄軍的高級軍官都喪失鬥志 [32]。庫羅巴特金以此次戰敗，引咎辭去總司令之職，改由李涅維奇接替。李氏僅整理敗軍，一時無力再戰，日軍乘勝續進，迅速佔領開源、鐵嶺，然兵力亦疲，不能再進，日、俄兩軍之陸戰於是結束，而勝利則完全歸於日本 [33]。

㈥旅順之海戰

當俄國在陸戰中連續失敗以後，戰鬥的重心即轉移到海上。日軍聯合艦隊司令長官東鄉大將，攻打俄國旅順港、海軍艦隊之方略，首先採取閉塞之策，謀錮俄艦隊於港內，以保日軍在海上之安全。光緒三十年（西元一九〇四年）正月初旬，以閉塞艦五艘，敢死隊七十九人，乘夜前進，俄艦以探海燈探視，日兵目眩，略改方向，俄探海燈隨之，並發炮猛擊，日艦奮勇前進，抵港口，均破壞沉沒，敢死隊死一人，傷三人，然俄艦仍得自由出入；二月中旬，又決行第二次閉塞，以閉塞艦四艘，敢死隊六十五人，於天未明時突然進旅順，距港口二浬附近，俄人始知之，發炮猛攻，四艦魚貫前進，抵港後，自行爆沉，日軍死者四人，傷者九人，有一船長，廣瀨武夫陣亡。是役，日軍雖然達到目的，然鐵甲艦尚得出入港口，閉塞之效，仍未全收。乃更於三月中旬，實行第三次閉塞，出動閉塞艦八艘，敢死隊應募者尤眾，全隊向旅順出發，時風浪大作，行程困難，司令官傳令暫停，而閉塞艦已冒風前進，令不能達，其入港沉沒者五艘，沉於港口者一艘，另二艘則一觸水雷，一損舵機，皆未抵港而沉。是役，日軍死者頗眾，各艦之敢死隊少倖免者，然而此次閉塞，已大收成效。巡洋以上之船，不能通航。旋日軍復以艦隊於旅順

---

[32]　同[26]，第五三三頁。

[33]　同[24]，第三九七頁。

附近。從事搜索海面，三月下旬，水雷艦宮右，猝被爆沉，死荷旗官一人，兵士十四人，不久，巡洋艦吉野，被撞沉沒，死艦長一、海軍士官四十六人；初瀨艦觸水雷沉沒，死中等海軍士官十六人，下士十九人；至此，日軍閉塞旅順港之目的，遂完全達成。

當日軍進行閉塞旅順之時，日方陸軍亦陷金州，復以乃木希典統第三軍夾攻旅順。五月中旬，日軍攻佔歪頭山及箭山，轉戰前進，直趨旅順方面，而旅順俄軍不得已退伏本防禦線內。旋潛伏於旅順港內之俄艦，以日軍海、陸雙重壓迫，日益加甚，外援既不可得，乃為困獸之鬥，企圖逃出旅順。八月十日，俄戰艦六艘、裝甲巡洋一艘、巡洋艦四艘、驅逐艦八艘，相繼出旅順，準備向海參崴方面突圍，日艦乃遮路迎擊，集全力以攻擊其主力艦，炮火猛烈，激戰數時，俄艦隊司令維特杰夫特 (Witgeft) 將軍陣亡，俄艦大敗遁回港內者半，餘艦分逃庫頁島、煙臺、膠州灣、上海、西貢等地。至此，俄方的旅順艦隊已潰不成軍 ❸❹。

當日軍圍攻旅順時，俄方的海參崴艦隊出沒於海上，乘虛突擊日軍，頗為日軍之患。上村彥之丞屢次進攻，皆不克而退。四月二十五日，俄艦擊沉日艦金州丸於新浦。六月十五日，又擊沉日本陸軍運輸船和永丸、當陸丸於對馬海峽。數日後又襲擊北海道元山津，日方均受到相當程度的損失。八月十四日，日本上村艦隊忽與俄艦相遇於蔚山海面，上村即下令猛攻，擊沉俄戰艦二艘，毀三艘，海參崴艦隊經此巨創，遂屏息港內，不敢復出，於是，制海權遂握於日人之手 ❸❺。

自後旅順外援斷絕，僅因該港地勢險阻，俄軍仍可恃此優勢，繼續頑抗。在八月十九日至十月二十六日之間，日軍發動三次總攻擊，均無功而退，十一月二十六日，日軍以新加第七軍團後援軍到，又實行第四次總攻擊，延續至十二月五日，日方又發動陸、海軍聯合攻擊，始漸得手，背面炮臺，相繼被日軍攻佔，停留在旅順港外的俄殘艦，亦被日方的水雷漸次殲滅，形勢日益危殆。俄防區總司令思特塞爾 (Stossel) 將軍知不可守，乃於一九〇五年一月三日向日軍投降，停止武力反抗。原有俄方的駐防陸軍和海軍共有五萬七千人，將校八百七十八人，此時只剩三萬人左右，全部被俘，堡壘炮臺五十

---

❸❹　同❷❻，第三七七頁。

❸❺　同❷❻，第三八〇至三八一頁。

所，戰利品無算，均落入日軍之手。俄皇聞旅順降敵之報後，唏噓嘆息，然恐人心因之渙散，戰卒無復鬥志，因降詔以慰海、陸軍。略謂：我軍死守旅順，內外援絕，殆七月，其間絕無咨嗟怨恨之聲，輕身重國，以寡弱當眾強，曠日持久，兵傷將斃，無所資以戰守，力屈開城，殊出意外。爾等勿因此偶挫而氣餒，俄國千百年來，每有大創，惟一經挫跌，必更強盛，安知今日之敗，非異日振興國家之助力云云 **㊱**。

(七)俄國波羅的海艦隊東航與對馬海戰

自旅順與海參崴艦隊先後被日軍殲滅，俄國沙皇乃下令，派遣波羅的海艦隊前往遠東，以挽救戰局，並組成為太平洋第二艦隊，由海軍中將羅日傑斯特文斯基 (Rozhdestvensky) 率領。羅氏體力強壯，脾氣暴躁，完全缺乏受自己部下愛戴的將軍素養。九月十一日，他遴選了四十七艘戰艦，自波羅的海東航。及至旅順失陷，俄方又將波羅的海的餘艦，組成第三太平洋艦隊，命海軍少將涅博加多夫 (Nebogatov) 率領。涅氏的性格與作風均優於羅氏，但他屬下官兵的戰鬥能力卻較差 **㊲**。一九〇五年二月十七日，這一艦隊啟程東來，預定在遠東與第二艦隊會合，然以英、日同盟之故，蘇彝士運河為英人所控制，兩支艦隊不能通過，必須繞過好望角向東航行。五月九日，兩支艦隊在南中國海會合，擬經由黃海入海參崴。但此一動向早被日方偵悉，於是日艦總司令東鄉平八郎率領的一百四十艘艦隻和一萬八千名官兵的艦隊，在朝鮮海峽對馬島以北的海面嚴陣以待。一九〇五年五月二十七日凌晨五時，五十八艘俄艦和一萬四千名官兵的俄國聯合艦隊，從南方駛進對馬海峽，當日十三時四十九分，雙方戰鬥開始，戰況至為猛烈，未及半小時，俄艦陣容即呈凌亂現象，日方集中主力於鬱林島附近，以強烈火力猛攻，俄艦受其襲擊，不能支，或起火，或沉沒，到了下午四時，俄艦敗局的跡象已經明顯，其陣列中的艦隻大部分都受損，通往海參崴的航路已被封鎖。後衛艦隊和其他艦隻的聯繫，亦被切斷，將卒均驚惶失措，而陷入一片混亂 **㊳**。

一九〇五年五月二十八日清晨五時，涅博加多夫海軍少將檢點殘軍，察覺他指揮下的戰艦只賸下四艘。涅氏擬乘機率領這支小艦隊向著三海里外的

㊱ 陳功甫，《日俄戰爭與遠東開放》，第四〇至四一頁。

㊲ 同 **㉖**，第三八〇至三八一頁。

㊳ D. Mitchell, op. cit., pp. 254, 259.

海參崴駛去。但此時，俄艦想逃走已不可能，不久，北方海面上出現了幾縷煙柱，五艘日本巡洋艦出現了，其餘的日艦也突然在南邊的海面上出現。

當日上午九時，全部日本艦隊包圍了殘存的俄艦，並立即展開猛烈的攻擊。涅博加多夫將軍與軍官們會商之後，決定發出投降的信號❸。上午十一時左右，俄方將領羅日傑斯特文斯基與涅博加多夫率全體官兵正式向日方乞降，一場海上大戰就此結束。

這次對馬海戰，俄方戰艦被擊沉者六艘、俘獲者二艘、巡洋艦被擊沉者四艘、遁走者五艘、海防艦沉者五艘、俘獲者一艘、遁走者三艘、假裝巡洋艦沉者一艘、特務船沉者四艘、俘獲者二艘、病院船二艘，均被俘獲。俄方原有船艦的總噸位為十五萬七千噸，損失了十三萬七千噸。俄軍被擊斃、燒死、淹死者達五千餘人，獲救後被俘者六千一百四十二人，突圍後進入中立港灣及抵達海參崴者三千人。全部船人，幾乎損失殆盡。自後公海上再無俄艦的蹤影❹。

根據日方艦隊總司令東鄉的報告，日海軍只損失了三艘驅逐艦，傷亡的人數總共為：七名軍官和一百零八名士兵陣亡，四十名軍官和六百二十名士兵負傷。但依據俄方的資料，日方僅陣亡一百一十七人，傷五百八十七人，這與俄方相比，當然是非常輕微的❹。

對馬海戰不僅標誌著俄國人要挽救已經戰敗了的企圖完全破滅，而且是海戰戰史上一場最嚴重的全軍覆沒。總計在十七個月的戰爭中，俄方除了在水雷戰中取得一次勝利外，海上與陸上的任一戰役，可說是每戰必敗。慘敗之餘，接著就是調查和追究責任。一九〇六年十一月，軍事法庭開庭，海軍中將羅日傑斯特文斯基坦承他應負一切的責任，因而被宣判無罪。海軍少將涅博加多夫因投降後在英國報紙上發表文章，透露俄國海軍的缺陷，因而被判死刑。但後來沙皇將此一判決減為十年❹。遠東大總督阿列克謝耶夫在戰爭期間安居在瀋陽官邸中，很少過問軍隊的事務，然而戰後卻獲得了聖喬治十字勳章❹。

❸　Ibid., p. 263.

❹　同❷，第六一至六一一頁；同❷，第三二七至三二八頁。

❹　羅曼諾夫，《俄國軍隊與對日戰爭》，第一三七頁；D. Mitchell, op. cit., p. 265.

❹　D. Mitchell, op. cit., p. 270.

第四節　日俄戰爭中國之中立問題

一、在中國領土上爆發的日俄戰爭

日俄此次戰爭的最大特質，是其戰爭的中心位置，既不在日本，也不在俄國，而是在中國的領海——黃海、渤海和東三省一帶。所以戰爭爆發時，首先直接蹂躪和損失的便是中國。這兩個帝國主義者，無論誰勝誰敗，中國都是在一種「戰敗國的戰敗國」之悲慘境遇中，而遭遇著一種新的破壞與侵略，這就是弱國之悲哀。

二、中國促俄國撤兵之照會

當日、俄雙方已開始軍事調動積極備戰之時，奉天一帶已經撤退之俄軍，又復開回。中國駐俄公使胡惟德於一九〇三年十二月九日（光緒二十九年十月二十二日）照會俄國外部促其撤兵，其照會如下：

為照會事：照得俄兵重據奉省一事，本大臣奉到九月十五日我大皇帝諭旨，均經面交貴副大臣轉遞貴大臣轉奏俄皇在案。九月二十五日、十月初一、初七等日，疊晤貴大臣，稱欽遵諭旨，請見俄皇，陳商速撤奉省及他處之兵。據貴大臣稱：覲見談公，未合通例；極東事務，現由水師提督阿列克謝耶夫主張，至一切可由貴大臣代奏等語。本大臣奉命與貴國商議交涉要公，既不親自覲見，應請貴大臣將以下開列各節，代為轉奏：一、此次俄兵復回奉省，係藉一極小事故，阿提督此舉，未免大傷睦誼，非俄皇向與中國友好之本意。二、奉省是中朝舊都，歷代陵寢所在，此次舉動，不但令我通國驚惶，而且激動公憤。三、我兩鄰國友好，已數百年，以後交涉愈繁，利益公共，正宜愈加親睞，期之永遠。值此緊要關頭，未表友好之據，先有挾制之名，以後交涉必更難辦。四、中國人看法，向分兩派，其一謂俄之友好，出於至誠；其一謂俄遇機會，即圖開拓。今阿提督舉動，是為後派之人添一證據。於中國民情公論，

---

❹ 威特，《威特伯爵回憶錄》，第一〇二頁。

大有損害。五、阿提督此舉，於中國體面有損，於俄國聲名有損，徒為
他國之利便。六、貴大臣稱俄兵舉動，又因他事未能商定之故。凡兩國
商議事件，各為自己權利，是自然之理。若彼此遷就，無事不可商了，
若動以兵力，恫嚇為害更大。七、吉林將軍來函，歷訴俄兵騷擾情形。
吉林一省已有三十餘起之多，此又是俄兵未撤之流禍。民間遭難之苦情，
想俄皇仁厚為懷，必惻然抱痛者也。八、我皇帝諭旨，著本大臣諄請先
將奉省兵隊撤退，並將二、三期撤兵交還，照約辦理，如有兩國應商事
件，仍由駐京使臣與外務部和衷商議，以昭睦誼等因。我皇帝與俄皇帝
皆以和好為先，信義為重，既有一九〇二年《北京條約》，自應先照條約，
盡撤東三省之兵，他事另行商議，總可和平商了。幸俄皇體察諭旨之言，
勿令我皇帝及舉國大失所望。以上各節，務請代奏俄皇，早發應需訓條，
並乞惠以好音，無任感荷❹。

翌日，俄外部照覆胡惟德，聲明其不能撤兵之故，極為蠻橫，其照會如下：

為照覆事：照得接准貴署來文，中國政府請撤去近派往盛京之兵一節，
本部理合答覆，茲將所查情形，開列如下：查俄國政府之必須將佔據滿
洲，展長限期，及令俄兵復回盛京，實因迫於一切情形所致。此等情形，
皆非俄國所能擔承其責。因駐京俄公使早已屢次告知外務部諸大臣，謂
中國政府近時辦法，必至出此等情形。乃中國並不甚介意，遂致情形相
需，以至於此。查俄國政府欲將未了之事，求一持平辦法，故有所請，
而中國不允。中國地方官與俄員為難，尤以盛京將軍為最甚。中國北面
與俄國鄰界地方，又增兵備。中國駐各國之使，與各政府屢有所商，無
非不欲將兩國所應逕自相商之事，和平了結。凡此種種情形，是俄國近
時辦法之所由來也。至我俄國政府，不但無意與中國為難，實願與中國
克敦友誼，以重諸數百年耳。為此照覆❺。

自此俄國已絲毫沒有顧忌中國之哀鳴，已在竭力集中其在遠東的軍隊於
東三省境內，開始與日本作戰。

---

❹　同❸，第一卷，第七八頁之六。
❺　同❹，第七八頁之十七。

三、日俄戰爭時中國之態度

㈠中國局部中立之宣言

日俄戰端既啟，各國次第宣告中立。中國輿論，雖深與日本表同情，然萬一和日本為攻守同盟，則不僅戰爭結果，不可預測，而共同作戰，亦非日人之所深願。且中國蒙古、新疆之邊境，俄國處處可侵入。又財政益加紊亂，各國賠款將有不能履行之患。倘一經宣戰，國內排外風潮勢將復發，或將再釀義和團之災禍，是皆為各國所深慮者。因而當時各國皆認應守局外中立。三月九日，日本政府以公文勸中國守嚴正之中立，同時向英、美、德、法、義、奧各國政府，要求確保俄國亦尊重中國之中立。十二日，美國政府勸告日、俄兩交戰國「劃定交戰區域，尊重中國之中立，並保全滿洲之行政」。英、德兩國政府，亦以「除滿洲外，中國全部領土中立」之旨，告交戰二國。蓋美、英、德三國之意，一致認為限滿洲為交戰區域，令中國守局部之中立。十三日，中國政府乃向日、俄兩國發出公文如下：

> 日、俄失和，朝廷均以友邦之故，特重邦交，奏上諭守局外中立之例。所議辦理方法，已通飭各省，使之一律遵守，且嚴令各處地方，監視一切，使保護商民教徒。盛京及興京，因為陵寢宮闕所在之地，責成該將軍嚴重守護；東三省所在之城池官衙民命財產，兩國均不得損傷，原有之中國軍隊，彼此不相侵犯。遼河以西，凡俄兵撤退之地，由北洋大臣派兵駐紮，各省邊境及外蒙古均照局外中立之例辦理，不使兩國軍隊，稍為侵越。如有闖入界內者，中國自當極力攔阻，不得視為有乖和平。但滿洲外國軍隊尚未撤退各地方，中國因力所不及，恐難實行局外中立之例。然東三省疆土權利，兩國無論孰勝孰敗，仍歸中國自主，不得佔據❹。

同時外務部又發表通電如下：

> 日、俄失和，業經欽奉諭旨，按照中立之例辦理。本部已照會各國公使，聲明東三省係中國疆土，盛京、興京為陵寢宮殿所在，責成該將軍等敬

---

❹ 同❸，第五六至五七頁。

謹守護。該三省城池衙署，民命財產，兩國均不得損傷。原有之中國兵隊，彼此各不相犯。遼河以西，俄已退兵之地，由北洋大臣派兵駐紮。各省及沿邊內外蒙古均按照局外中立例辦理。兩國兵隊，勿稍侵越，倘闖入界內，中國自當攔阻，不得視為失和。惟滿洲地方，尚有外國駐紮兵隊未經退出之地面，而中國力有未逮，恐難實行局外中立之例，東三省疆土權利，兩國無論勝負，仍歸中國自主，兩國均不得佔據❹❼。

(二)頒布中立條規

中國政府聲明局外中立後，遂即頒布《中立條規》，全文如下：

・由北京至山海關各國留駐兵隊，以保海道之通暢。係按光緒二十七年七月二十五日（即西曆一九〇一年九月初七日），各國和約辦理，現仍應遵守此約原有宗旨，不得干涉此次變局之事。

・凡寄居本國局外境內之他國人，如私行接濟兩戰國禁貨，有礙本國局外之責者，應由地方官設法禁止，或知照該管領事等官，分別究辦。

中國官民應一律禁止有礙局外情事，如後開各項：

・本國人民不得干預戰事暨往充兵役。

・民間船隻不得往投戰國，或應招前往，辦理緝捕、轉運各事。

・不得將船隻租賣於戰國，或代為裝載軍火，或代為布置一切，及幫助以上各事，以供其交戰及緝捕之用。

・不得代戰國購辦禁貨，或在境內製造禁貨，運銷於戰國之陸海軍，所有禁貨如後列各項：

　1.砲彈鉛丸火藥及各項軍械；　2.硝磺及製造火藥各種材料；　3.可充戰用之船隻及其材料；　4.關涉戰事之公文。

・不得代戰國越運將弁兵卒。

・不得以款項借與戰國。

・船隻非避風患，不得擅入戰國所封堵之口岸。

・船隻駛入戰疆，不得抗拒戰國兵船之搜查。

・不得為戰國探報軍情。

・除戰國各項船隻在中國口岸購辦行船必需之物，應遵守後列各專條外，不得售

---

❹❼　同❷❷，第一編，第四一頁。

糧食煤炭於戰國。

中國應享局外之權利如後：

- 中國仍得與兩戰國通使往來如常。
- 中國得設兵防堵本國疆界。
- 戰國不得稍犯中國作為局外之疆界。
- 戰國不得封堵中國口岸。
- 中國所發給之護照文憑，兩戰國均當承認。
- 中國人民仍得與戰國通商如常，苟非用兵處所，皆可前往貿易。
- 中國人民寄居戰國境內者，其身家財產均由該國保護，不得奪其資財，或勒充兵役。
- 中國人民如有僑居戰國封堵口岸者，本國得派兵船前往保護，或接載出口。
- 中國船隻得運載戰國公使及其平民。
- 中國船隻所載戰國之貨物，及戰國船隻所載中國之貨物，苟非軍例所禁者，可以往來無阻。
- 中國船隻所載軍器，若係專為自護之用者，不得以禁貨論。
- 中國船隻雖有禁貨，若係運往局外之國，或運自局外之國者，戰國不得截留。
- 中國船隻倘經戰國拿獲，不得逕行入公，應先經戰國法衙審訊，如果犯禁，方可按例懲治，如係誤拿，應由戰國賠償損害，其賠款由該戰國法衙制定。
- 中國得派官員前往觀戰，惟不得有所干預。

戰國陸軍如有在中國局外境內者，應遵守各項如後：

- 戰國陸軍如有敗逃入中國境內，應收其軍器，聽中國官員約束，不得擅自行動。
- 戰國逃兵在中國境內者，如乏衣食，中國政府當量力供給，俟戰事告終，應由戰國如數賠償。
- 戰國之緝捕船隻，不得駛入海口地方，惟其因暫避風患，或修補損傷，或購其行船必需之物，實出於萬不得已者，不在此例，一俟事畢，即當開出該地方。
- 戰國兵船不得於中國各海口地方交戰，緝捕商船，或屯留該處為海軍根據之地。
- 戰國兵船及軍需運船，欲駛入中國海口地方者，如係尋常經過，並無他意，方准其駛入平時所准進出之口岸，限二十四點鐘內退出，若遇風浪危險，難以出洋，或修補損傷未能完竣，或購辦行船必需之糧食、煤炭尚不足駛至最近口岸之數，則應聽中國水師統將或地方官，酌展期限，一俟事畢，即當退出。

・戰國兵船及軍需運船，不得帶領所捕獲之船隻，駛入中國口岸，惟因避風患，或修補損傷，或購求行船必需之物件，實出於萬不得已者，不在此例，一俟事畢，即當退出，惟停泊之際，不得使俘虜登岸，及銷售所虜船隻物件。

・戰國不得在中國海口暨陸地局外疆界，招募兵隊及購辦兵器彈藥，及他種戰具，如遇有戰國兵船在中國海口修補損傷，其工程以能達最近之口岸為度。

・兩戰國兵船及軍需運船，如同在中國之一口岸內，其後到之船，應俟前船出口，經一晝夜，奉有中國水師統將或地方官之命令，方准前往。

・所有未盡事宜，由各直省將軍督撫等隨時查看情形，參酌公法，分飭遵行。

以上各條，俟行文出示之日施行，應即一體遵照辦理毋違❹❽。

(三)議定兩國戰地及中立地條章

　　日、俄兩國戰事爆發後，中國雖守中立，但是戰爭卻在中國領土之內進行。當時，除吉林、黑龍江兩省全為俄人佔據外，奉天的大半，亦在俄軍掌握之中，所以中國頒布的《中立條規》，有所謂「局外境」字樣，然則「局內境」究在何地？吉、黑兩省事實上全為戰區。因此，奉天交涉局乃議定一《兩國戰地及中立地條章》，以劃定兩國在奉天的戰地範圍，其條文如下：

・日、俄二國倘在奉省地面開戰，擬即指定戰地，兩國開戰及駐紮之軍隊只能在戰地界限內，不得逾指定戰地界限之外。

・西自蓋平縣所屬之熊岳城，中間所歷之黑峪龍潭、洪家堡、老嶺、一面山、沙裡寨、雙廟子，以東至安東縣界街止，由東至西，所歷以上各地名，分為南北界限。界限以南至海止，其中之金州、復州、熊岳三城及安東縣街，為指定戰地。抑或西自海岸起，東至鴨綠江岸止，南自海岸起，北行至五十里止，為指定戰地。兩國開戰後，凡戰地限內之村屯城鎮人民財產，不免衝突，倘有損失，照公法應由戰敗之國認賠。如有無故殺傷人民，燒毀房屋，搶掠財物，何國所行之事，應由何國認賠。兩國開戰，我既守局外，所有界限以北之城市，應由我自行派兵防守，兩國軍隊不得衝突。其在界限以南，即指定戰地內之金州、復州、熊岳、三城及安東縣街，向有華官處所，仍當由我派兵保守，堅壁清野，以衛民生，而清界限。

・兩國未經開戰之前，所有戰地限內安東、復州、熊岳各邨屯，向有之巡捕隊，

---

❹❽　同❷❷，第四二頁。

仍照舊駐紮，兩國不得阻攔，並不得收我軍械。如兩國定期開戰，以上各巡捕隊，均行調回各該城內駐紮。至省城外地面兵少，亦當酌調一、二營彈壓，以免驚擾，俄人亦不得阻攔，收我軍械。

‧兩國徵調軍隊，有必須由指定戰地限外地方經過者，不得逗留久住，糧食柴草一切日用之物，須該國軍隊自行備辦攜帶，以符我守局外之例。

‧我既守局外，兩國開戰以前，開戰以後，均不得招募華民匪類充當軍隊。

‧如有匪徒竊發，在戰地限外者，歸華隊剿捕，其在戰地限內者，與何國兵隊相近，即由何國剿捕，惟均不得越界，以免別滋事端。

‧兩國如已訂定開戰，須將日期及在何處開戰，預先知照華官，出示曉諭，俾人民知避，免遭兵禍。

‧兩國開釁，無論勝負軍隊，俱不得衝突，竄入指定戰地界限以外之地。如有侵及限外之地，殺傷人民，燒毀房屋，搶掠財物，以及一切損失，應由越限之國認賠。其戰敗之軍隊及受傷人等，無論行抵何處，我既局外，一概不能收留。

‧此次指定戰地限內之地，但供兩國戰時之用，如勝負已分，軍事已竣，所有指定戰地，兩國兵隊，均各隨時退出，不得佔據。

‧兩國宣戰以後，所有指定戰地限內，除日、俄兩國外，其餘無論何國兵隊，不得任意闌入。並屆時無論何國官民一切人等，如欲赴指定戰地限內地方者，均應照章向華官請領護照，及向沿途華官呈驗，方准前往。其不應前往之人，仍由華官查禁**❹**。

四、東三省成為日俄戰爭的殺戮戰場

日俄戰爭自爆發之時起，其殺戮之戰場，百分之九十五都在中國的東三省之內。在直接軍事行動的區域內，居民遭受到極大的痛苦和財產的損失：激烈炮火的摧殘，敵軍粗野的蹂躪，村莊房屋被毀了，農作物被踐踏了，交戰的每一方，經常對居民冠以莫須有的罪名，而後槍殺。**❺**。至一九○四年冬季為止，僅奉天一地已聚集了災民十餘萬人，露宿街頭，飢寒交迫。此外，在遼陽、海城、哈爾濱、寧古塔、敦化、農安等地，經常有成千上萬的中國

---

❹ 同**㉒**，第四七頁。

❺ 阿瓦林（Avarin）著，黃毅、李紹鵬等譯，《帝國主義在滿洲》，北京，北京商務，一九八○年第一版，第一一一頁。

人，忍受著俄軍刀槍的威脅，從事苦役❺。以俄軍軍紀敗壞，所到之處，搶牛搜物，奸淫燒殺，無惡不作❺，使當地居民生命財產均受到嚴重之損失。特別是俄軍在撤退時，被打敗的哥薩克士兵甚至以大量屠殺中國人來發洩心頭之恨❺。因鄰國之釁，而局外之國，慘遭荼毒若此，言之可為痛哭❺。

第五節　日俄和會與樸茨茅斯條約之締訂

一、一九〇五年日俄兩國國內之情況

㈠俄國方面

俄國在十九世紀末葉與二十世紀之初，由民粹主義左派倡導暴力革命運動和工農群眾要求政治、經濟及社會改革運動，逐漸形成一股勢不可擋之洪流，已經為沙皇政權造成重大之威脅。因此，當日、俄開戰後，俄方連續失敗傳到國內時，全國情勢，直如火上加油。一九〇五年一月初，旅順港為日攻陷，全國各地除了批評政府的軍事腐敗領導無方之外，更及於其他方面之施政。一群俄國學生竟聯名致電日本天皇慶賀擊敗極其專制政府之勝利；因為他們相信由於軍事的失敗，即可解除國內的高壓統治。此外，這一批學生亦曾致電波蘭愛國團體，祝盼其推翻俄國統治，獲致民族獨立運動之成功❺。

一九〇五年一月二十二日，在俄國首都聖彼得堡爆發了所謂「血紅星期天」(Bloody Sunday) 之慘案。茲將此一事件發生的經過，略述如下：

一九〇五年一月二十一日，若干部隊已被調來首都拱衛治安，防止秩序可能混亂。幾天之前，沙皇已偕眷離京，前往沙斯科・西羅 (Tsarsloe Selo) 行宮迴避。軍事當局奉令全權處理首都局勢；二十二日適值星期天，天氣極為

---

❺　中國社會科學院近代史研究所編，《沙俄侵華史》，第四卷，上冊，第四九八至五〇〇頁。

❺　〈遼陽州知州俊英致增祺稟〉，遼寧省檔案，奉天交涉總局檔，第九八八號。

❺　奎斯德特，《（友好）的帝國主義者？沙俄在滿洲》，第一四〇至一四一頁。

❺　許珏，《復庵遺集》，臺北，成文，一九七〇年，第二卷，奏議上，〈敬陳管見摺〉。

❺　馬慈奧 (Dr. Anatole G. Mazours) 著，李邁先譯，《俄羅斯的過去與現在》(Russia, Past and Present)，臺北，政工幹部學校，一九六〇年，上冊，第二六六頁。

寒冷，清晨起人群即由各地分途集中，逐漸凝成了一支為數約在十五萬至二十萬人的龐大行列，臂膀相連，好像一堵人牆，擁塞街道前進，遊行者手持宗教旗幟、十字架、聖像和沙皇的肖像，……參加遊行者包括蓋龐神父所領導之勞工社社員及若干社會團體之成員，也有些希望觀看沙皇出現宮內陽臺接受請願書的好奇之輩夾雜其中，更有些人隨同大隊前進，目的只是希望不要失去參加這一次如蓋龐神父所說「必將有一驚動世界」的偉大局面。

當群眾和軍隊接觸後，雙方衝突就發生了，最初軍方命令群眾解散，於是引起爭執，若干激動的官兵認為群眾不服從軍事命令，下令開槍鎮壓，於是混亂開始，民眾向前湧進，彈雨向人群密集處掃射，死亡枕藉，成千成百的無辜男女老幼，僵臥在冰凍的鵝卵石街道之上，無數傷者輾轉呻吟痛苦求助，一位受難者高喊道：「他們怎敢向一個宗教行列，向沙皇的肖像開槍啊？」他們竟敢如此。被槍彈洞穿的屍體、宗教的旗幟、耶穌的聖像、尼古拉二世的畫像堆積如山。一位悲慟逾恆的老婦人當其憑弔現場之後離去時，傷感地說道：「沙皇已經拋棄了我們，正教的信仰已被他們掃射淨盡了。」❺❻

同時根據俄國財政大臣柯科佐夫（Коковцов В. Н.）於一九〇五年三月下旬的報告：當時戰費的總支出已達十億盧布之鉅❺❼。如果仍依靠外債籌措戰費，實屬非常困難。因國際間對俄國債信的疑慮已形成了普遍性，沙皇政府已面臨嚴重的困境。

㈡日本方面

日本雖然在戰場上得到勝利，但在人力與財力上之損失已達相當嚴重的程度。日本政府在宣戰後的三天之中，即募集了一萬萬元的國庫債券。五月二十三日，又募了第一次公債一萬萬元❺❽。民眾雖踴躍應募，但負擔力將已告竭。戰爭使日本花費了約二十億元，日本的國債由六億元增至二十四億元，其中國外的借款為八億元。然而到戰後，僅利息一項每年須支付一億一千萬元❺❾。如果以美金計算，日軍每日戰費約高達一百萬元，後來支付的利息尚不計算在內。此時，向外貸款已日益困難。此種情況，引起軍方的嚴重不安，

❺❻　同❺❺，第二六七至二六八頁。

❺❼　同❷❺，第五五六頁。

❺❽　同❷❻，第三九〇頁。

❺❾　同❺〇，第一一三頁。

政府也特別注意此種情況，因此，亦欲尋求適當途徑，促使和局早日來臨。

二、促請美國出任和局調人

美國既以「門戶開放」及保全中國領土與行政之完整為其對華之基本政策，乃與英、日採一致行動，出面阻撓帝俄在東三省之獨佔侵略。及日俄戰爭爆發，美國積極贊助日本，好大喜功之羅斯福 (Theodore Roosevelt) 總統且自詡言：曾警告德、法兩國，如彼等援助俄國，美國將立即援助日本，進而作一切必要之措置 ❻。同時，羅斯福也有任戰爭延長，使日、俄兩敗俱傷，以維持遠東均勢之意。及對馬之役，俄國波羅的海艦隊全被消滅，德國深感不安，德皇威廉雖達到其引動俄國向遠東冒險，以削弱俄、法同盟實力之目的，然而乃認為俄國形勢異常嚴重，醞釀中之革命有隨時爆發的可能，沙皇地位岌岌可危。欲拯救沙皇，則斡旋和局為當務之急，而當時任調停之責任，莫宜於美國。故對馬之役後不久，威廉二世飭美駐德大使，將其調停戰爭之意轉告羅斯福，並請其出任調人。此時，日本亦不願再戰，羅斯福認為調停和局之時機成熟，向日使透露：日本應佔有朝鮮，但美國斡旋和局，日本須遵守滿洲之門戶開放 ❻。六月二日，羅斯福召見俄駐美大使喀西尼，告以「美、俄向為友邦，切盼俄國無負文明諸國之希望，與日本謀和。如繼續戰爭，俄羅斯既無勝算，徒使日本擴大其要求」。旋於六月五日，電令駐俄美大使邁爾 (Langerke Meyer) 向沙皇提議調停 ❻。次日，俄廷開御前會議，急進派如陸相薩哈諾夫等尚堅持反對，然沙皇及主和派認為不能再戰，決議接受調停。同時，羅斯福與駐美日使高平亦有所磋商。其時，日本財政也面臨困難，勢亦不能再戰。軍人中主和最力者，為陸相山本權兵衛及滿洲軍參謀長兒玉源太郎 ❻。美代理國務卿路米斯 (Loomis) 遂向俄、日兩國政府發出調停和局之通牒。此為美國總統羅斯福出任斡旋俄、日和局之經過。

---

❻ *The Memolrs fo Prince Balow.*

❻ 永井萬助，《明治大正史》，東京，朝日新聞社，一九三〇年，外交篇。

❻ 同 ❸，第一九一卷，第一四至一七頁。

❻ Great Britain, Despatch 80.

三、中國照會日俄兩國

中國政府鑑於日、俄兩國已經接受美國總統羅斯福之調停，和議即將召開，對中國的權益至關重要，乃於七月六日由外務部照會俄、日兩國，並嚴正聲明：前年貴國與俄（日）國，兩國不幸失和，中國政府深為惋惜，現聞將開和議，復修舊好，中國不勝忻幸。但此次失和，曾在中國疆土用武，現在議和條款內，倘有牽涉中國事件，凡此次未經與中國商定者，一概不能承認。業經本部電知出使大臣，照達貴國政府，預為聲明❻。

實際上，此一聲明無異紙上空言，蓋日俄戰爭之主因，在爭奪中國東三省之權益，而《樸茨茅斯條約》所處分者，百分之九十均屬有關中國東三省權益問題，人為刀俎，我為魚肉，中國主權並未受到尊重。

四、和會之進行與樸茨茅斯條約之簽訂

日、俄兩國接受了美國調停以後，兩國便各任議和全權。日本以小村外務大臣為首席全權，駐美大使高平為次席全權，又命佐藤幫辦公使、山座政務局長、安達書記官、本多秘書官、小西候補外交官等為隨員。俄國以首相兼財相大臣威特為首席全權，駐美大使羅申 (Rosen) 為次席全權，此外，俄代表團成員還包括有：聖彼得堡大學國際法教授馬騰斯 (Martens)、當時駐華公使璞科第 (Pokotilov)、曾任駐華使館代辦普蘭松 (Planson)、財政部代表希波夫 (Shipov)、陸軍部代表葉爾莫洛夫 (Yermolov) 將軍、薩莫伊洛夫 (Samoylov) 上校、海軍部代表魯幸 (Rusin) 上校和後來任過駐華公使柯羅斯托維茨 (Korostovetz)，這些人都是嫻熟於中國事務和軍務的專家。俄國代表團一行於七月二十六日經法國赴美；日方代表團小村等以六月初旬首途，下旬抵紐約。

一九〇五年八月五日，日、俄兩國代表團人員由羅斯福總統介紹，在總統遊艇「五月花」號上舉行見面的儀式。八日，抵達樸茨茅斯 (Portsmouth)，十日，雙方舉行第一次會議，日方的全權小村提出和議草案十二條，其內容如下：

---

❻ 故宮博物院編，《清光緒朝中日交涉史料》，北京，故宮博物院，一九三二年，第六九卷，第一四頁。

第一　俄國承認日本在韓國有政治上、軍事上及經濟上之卓絕利益，日本在韓國
　　　採取認為必要之指導、保護及監理措置時，不加阻礙或干涉。

第二　俄國約在一定期限內，完全由滿洲撤兵，且拋棄在該地侵害中國主權，或
　　　與機會均等主義不相容之領土上利益，以及優先的或專屬的讓與或特許。

第三　日本國約在改革或善政之保障下，將所佔領之滿洲全部交還中國，但遼東
　　　半島租借權及其效力所及之地域，不在此限。

第四　日、俄兩國互約，為使中國發達滿洲工商業計，列國間採取共同一般之措
　　　置，不加阻礙。

第五　庫頁島及附屬諸島嶼，及公共營造物及財產，均讓與日本國。

第六　旅順、大連，並附近領土及領水租借權，及與該租借權有關或組成其一部
　　　之俄國從中國所獲之一切權利特權，讓與及特許，及一切公共營造物及財
　　　產，概行讓與日本。

第七　哈爾濱、旅順口間之鐵道，及其一切支線，並附屬一切權利、特權、財產
　　　及屬於該鐵道或為其利益而經營之一切煤礦，均須不附帶任何債務及負擔
　　　而讓與日本。

第八　滿洲橫貫鐵道，以遵守其修築之特許條件，且限於使用於商工業之目的為
　　　條件，仍由俄國保有經營之。

第九　俄國賠償日本國戰爭之實費，其款項並支付時期與方法，由雙方合意決定之。

第十　戰爭中因受損而避難於中立港致被扣留之俄國軍艦，應作為正當戰利品，
　　　交與日本。

第十一　俄國約定，限制其遠東水面上之海軍力。

第十二　俄國允將日本海鄂霍次克海及伯令海之俄國領土沿岸港灣及河川之充分
　　　　漁業權，許與日本國民❻❺。

　　　威特對於日方所提草案與其他代表們初步討論之後，就指派希波夫和璞
科第逐條草擬答覆，並由馬騰斯教授將其譯成法文，在十二日舉行第二次會
議，會中俄方提出答覆日方十二條之對案，指明割讓庫頁島、賠償戰費、引
渡中立港的俄艦、限制俄國海軍的軍力等項，不能接受。聲稱沙皇有不割地
賠款之訓令，堅不讓步，小村請改為逐條審議。十四日，舉行第三次會議，

---

❻❺　同❺❼，第七六七至七六八頁。

午前，朝鮮問題獲得協議，下午，滿洲撤兵問題亦達成協議。十四日的第四次會議，對保全中國領土及門戶開放問題，都順利的互相同意而告解決。惟到下午討論到庫頁島一項時，雙方爭論了兩個多小時，無法得到一致的結論。只得改行討論旅順、大連租借權轉讓問題，威特提出的文稿獲得通過。十六日舉行第五次會議，磋商中東鐵路與南滿支線問題，爭論至傍晚，終獲解決。十七日的第六次會議，討論意見紛歧的條款，辯論終日，毫無進展。十八日的第七次會議，繼續討論未決的四項條款，日方放棄引渡中立港的俄艦，與限制俄國海軍軍力兩項條款，但俄方仍不肯退讓，午後雙方就捕魚權獲致協議。延至二十三日舉行第九次會議，再度討論未決的四項條款，俄方仍堅不讓步，羅斯福總統恐和議有破裂之虞，積極促請日本再作讓步，同時敦請德、法兩國元首共勸俄國沙皇「考慮目前的形勢，避免可怕的災禍」。又遣美國駐俄大使邁耶覲見沙皇，勸他割讓庫頁島的南半部，以完成和局，終於得到尼古拉二世之允諾 ❻❻ 。二十九日，舉行第十次會議，雙方都認為此乃最後的一次會議，小村乃作最後的大讓步，只要求割讓庫頁島的南半部，北半部仍屬俄國所有，無須償付任何酬金 ❻❼ ，於是和議成功。

　　一九〇五年九月五日，起草和約條文的工作完成，雙方全體代表於下午二時左右齊集會場，先進行核對及校對的工作，三時四十五分鐘，舉行和會閉幕會議。雙方簽訂正附和約於美國樸茨茅斯，其約文見附錄一。

五、樸茨茅斯條約對中國之遺患

　　按照《樸茨茅斯條約》之規定，十之九皆涉及中國主權，而以東三省之一切權利及特權，私相授受，造成既成事實，然後日本強迫中國承認，致使中國成為戰爭禍患中的祭品。

　　日本為迅速取得戰爭中奪得的侵略成果，隨即任命小村壽太郎與內田康哉為全權大臣，率領參加樸茨茅斯和議的原班人員，前往北京，與中國舉行租借地及鐵路經營權轉讓的談判。此時，清廷已任命慶親王奕劻、外務部尚書瞿鴻禨、直隸總督袁世凱為全權大臣，外務部右侍郎唐紹儀為會辦，共任中方的談判代表。一九〇五年十一月十七日，雙方正式開議。先由日方提出

❻❻　同❷❺，第七六九至八〇六頁。

❻❼　同❷❺，第八二〇頁。

會商大綱共十一條，交由中國全權代表核閱，約定由中方按條開出意見作答，再行研議。

自十一月十七日起，連續舉行二十二次會議，始就日方所研擬條款議妥。一九〇五年十二月二十二日（光緒三十一年十一月二十六日）上午十一時三十分舉行末次會議，雙方談判人員均出席，共同完成《中日會議東三省事宜條約》（一稱《中日滿洲善後協約》）的簽署手續。此約有正約三款，附約十二款，其約文❻❽見附錄二。

此次中日兩國的北京會議，實為樸茨茅斯和會的後續協商，《中日滿洲善後協約》可說是樸茨茅斯條約的延伸與擴充。這場戰爭的主體國是日、俄，而戰爭所造成的禍患與危害，卻要由中立的中國承擔善後。戰敗的俄國竟以中國的重大權益讓與戰勝國作為賠償，於法理完全不合。按清廷於一八九八年將旅順、大連租借給俄國時，並未在約中載明俄國有權轉讓，清廷本可不予承認，只因滿洲三省全部淪入俄軍佔領之下，已有六年之久，若不乘此立約之時機，促其與日本同時撤軍，收復失地，如再事遷延，日久之後，造成國際間視聽不明之錯誤印象，致使中國在東北的主權問題更難解決。

六、中俄之北滿交涉

㈠哈爾濱行政權問題

自日俄戰後，俄國將南滿之權利盡讓日本，仍保有北滿之權利，自是日、俄兩國分營滿洲。一九〇七年（光緒三十三年）哈爾濱行政權問題發生。哈爾濱為中東鐵路中心，於一九〇五年（光緒三十一年）開為商埠，例應按中國通商辦法，中國有行政權。乃俄人強詞奪理硬要援《中東鐵路條約》之文，以哈爾濱行政權歸之中東鐵路公司，清廷拒之。日本因圖均沾他項利益，援助俄國。此時，幸獲得美、德主持公論，俄人乃不敢自由行動。次年，哈爾濱俄國領事忽擅自頒布中東鐵路市制，規定凡居住哈爾濱市內之中外人民悉課租稅，限期實行，居民群起反對，清廷電令東三省總督徐世昌與俄人交涉，不洽。俄領事乃逕赴北京，與外務部尚書梁敦彥直接談判，交涉月餘，至一九〇九年（宣統元年），雙方乃議決凡中東鐵路，界內組織自治會，議訂條約

---

❻❽　許同莘等編，《光緒條約》，外交部刊本，第九五項，第三頁；同❷❹，第三三六至三三八頁。

如下：

1. 鐵路界內，首先承認中國主權，不得稍有侵害。

2. 凡中國主權應行之事，皆得在鐵路界內施行，如施行之事，無背中東鐵路公司各合同，則公司及自治會，均不得藉詞阻止。

3. 關於現行中東鐵路公司各合同，仍應遵守。

4. 凡中國主權應發布之法律命令，及其他規則，由中國官吏主持，自出告示。

5. 凡中國地方大吏官員到鐵路界內時，鐵路會社與自治會，務須尊重敬禮。

6. 鐵路界內各埠，以人數多寡，分別設立自治會，該各埠人民，按照地方情形選舉議事人，更複選舉辦事人，或該埠人民，自行辦理地方公共事務，得互舉領袖一人，為辦理公共議定之件。

7. 鐵路界內中外人民，共享平等權利，共擔平等義務，無稍歧視。

8. 凡選舉某埠議事人員之居民，須有相當不動產業，或出納相當房租等項者，方為合格。

9. 議事中自舉議長一人，無論中外人民，均可被選舉。

10. 凡地方一切公益事件，均歸議事人員議定，至教堂、商會、學堂、善舉等事，專屬一面者，應歸各自籌款辦理。

11. 各議事員互舉之辦事員，其數不得過三人，中外議事員，均可被舉。此外另由交涉局總辦，與鐵路總辦，各派一員連同議長成立一辦事處。

12. 辦事處會長，即由該議事會議長兼充。

13. 交涉局總辦與鐵路總辦之位置，在議事會議長及辦事處會長之上，有隨時監督檢查自治會之權，又辦事員之常務，須作報告書稟知二總辦；議事員議決之事項，須先提出兩總辦，請其承認後，始由辦事處公布，無論何國人，皆一體遵行。

14. 議事會議定之件，如交涉局總辦及鐵路總辦不承認之時，交議事會覆議，覆議時如有到場會員四分之三認可，即可施行。

15. 凡關於鐵路界內公益款項重要事件，經議事會妥商後，呈請中國督辦大臣及中東鐵路會社，和衷核奪施行。

16. 車站車廠及其他供鐵路用之地方，專歸中東鐵路會社管理，其他會社未經出租地畝，及會社專管之房屋，未歸自治會者，仍暫歸鐵路會社管理，免納地租。

17.自治會與巡警之詳細章程，及他稅定率，兩國全權，應即時會同商訂。

18.自治會詳細章程，未經商定實行以前，暫就現行章程酌量辦理，惟交涉局總辦與鐵路總辦之監督權，確遵本條約第十三條施行。至交涉局總辦與鐵路總辦不承認議事員議決之事項，及兩總辦意見不一致之時，由中外商人，各舉代表一人，合兩總辦公舉中外有名望者一人，會同和衷協審。又哈爾濱、中國商會得派代表三名，入本埠辦事處，參預事務，與別委員同一權利；滿洲里及海拉爾之中國商會，得派代表二人，入同埠辦事處；其他祇有議事處之都市，中國商人與議辦事，與俄商平等。

㈡松花江航權問題

前約成立後，哈爾濱行政權問題獲得解決，其次則為松花江航權問題。當咸豐時中俄簽訂之《璦琿條約》，規定松花江通航限中、俄兩國；光緒時中俄《伊犁條約》，又申言之。然該二約所指之松花江，係黑龍江下游，並未允許在滿洲內地之松花江通航。及一九〇五年（光緒三十一年）《中日協約》成立，開放滿洲十一商埠，中國政府欲乘機開放松花江上游，許各國自由通航，以制俄人之壟斷。俄人大起抗議，強調兩次條約，係指松花江全部而言，兩國代表開談判於哈爾濱，久不得協議。至一九一〇年（宣統二年）七月，乃由外務部與俄使交涉，始議定航權及關稅條約規定：　1.滿洲境內之松花江，許各國自由通航；　2.船舶稅依所載重量收納；　3.兩國國境各百里內之消費物各免稅；　4.穀物稅比從來減三分之一徵收；　5.內地貨物之輸出稅，於松花江稅關，按規納稅；　6.去年以來中國徵收俄商之稅金，概不給還 ❻❾ 。

㈢北滿關稅問題

在滿洲方面，俄國商人，從前的貿易交通有五，即松花江、璦琿、琿春、綏芬、滿洲里五處。前三處是舊有的貿易交通路，後兩處是中東鐵路開通以後新開的道路。光緒二十三年所訂《中東鐵路合同》第十條規定：「中國於鐵路兩交界地設稅關，由鐵路輸出之貨物，中國照海關稅率減三分之一徵輸出入稅，又運往中國本部之貨物，照既納輸入稅減二分之一徵通過稅。」但是中東鐵路完成幾年以後，中國未在鐵路兩交界處設稅關。光緒三十一年十二月的《中日協約》，開滿洲十六處為商埠，俄國政府恐怕在開放各地，設立稅關，損失俄人貿易之特權。因此，要求清政府設立北滿的稅關，於光緒三十四年

❻❾　同 ❸❻，第八一至八二頁。

正月（一九○八年），兩國代表締結試辦《北滿稅關章程》如下：

第一條　兩國邊界貿易，在百里內，均不納稅，原載在《俄國陸路通商章程》；而《東省鐵路合同》，訂明鐵路交界處，由中國設立稅關。茲中國允准所有貨物由鐵路運往交界百里內之各車站，暫行照條章不徵稅項。

第二條　鐵路運貨按三分減一納稅，應定界限，如哈爾濱由總車站四面各距十華里為界：鐵路總會最要車站，如滿洲里、札賚諾爾、海拉爾、札蘭屯、富勒爾基、齊齊哈爾、阿什河、一面坡、海林、乜河、穆林、交界站、雙城堡、老少溝、窯門、寬城子各站，四面各距五華里為界；除滿洲里及交界站（即綏芬河）兩站歸入百里邊界之例辦理外，其餘十四站即照商定界線以內，為實行三分減一納稅之處。此外東省鐵路各小站，以四面各距三華里為限，亦同此辦法。其貨物運出以上所指各地段，及所定各界線以外，均屬內地，應補足正稅，並按照運貨入內地章程辦理。

第三條　鐵路運貨三分減一納稅，此係中俄特訂之合同，中國允除俄貨外，各國之貨經東省鐵路運至中國，亦一體均沾；俄國允所徵稅各貨物，按照《陸路通商章程》不免稅者，即應照海關所定稅則三分減一徵稅。

第四條　所議條款，係屬大概，作為北滿洲稅關試辦章程；如有應行增改，及於中國稅項不便，應行變更之處，俟一年後，再行相商釐定。至稅關詳細章程，與應劃定界限，並指定小車站處所，即由兩國會議員速行商定。

　　光緒七年，《中俄陸路通商條約》的第一條有：「兩國邊境百里內地，准兩國人民自由貿易不納稅」的規定；但是係限於西北與蒙古、伊犁之國境間，至此以明文規定適用於滿洲。北滿洲中、俄接境沿黑龍江流域，共有三千四百俄里；東滿洲中、俄接境沿烏蘇里江至圖們江畔共有五千四百俄里；此冗長國境之百里內，皆成為無稅貿易區域。並且俄境皆為荒蕪，中國境地皆為富裕，其得失損益自然是很明顯的事實，因此，更引起了日本的嫉視垂涎。自本條約協定之後，不久便在中東鐵路東西北端的滿洲里（黑龍江西境距俄界十八里）、綏芬河（吉林東南距俄界五里）二處設稅務分局，於哈爾濱設稅務本局；而於舊來貿易路松花江、璦琿、琿春三路，仍不設置稅關。及宣統元年（西元一九○九年），乃設哈爾濱、三姓、拉哈蘇三關；同年八月，又設璦琿關。以上四關，都照海關稅率徵收，未經減稅；但是其間的交涉，已歷

盡許多困難。此外，滿洲里、綏芬河兩處之進出貨物，則按照正稅三分減一。

　　迄後，清政府亦深覺特惠關稅的地域過於廣大，不惟不適於日後發達之貿易狀態，並且對於關稅收入的損失也太大，因此，乃於一九一一年請求俄國改定前約，俄國以其不利於己，僅承認國境五十俄里無稅地域之互惠條項而止。於一九一三年一月，又先行宣言廢棄其本國方面之無稅地域；於是我政府不得已，也只得於一九一四年六月廢止中國方面的百里無稅地域。

第六節　日俄戰爭之影響

一、對中國之影響

　　《日俄樸茨茅斯條約》簽訂後，中國清廷政府方知非整頓東三省不足以抵制日、俄兩國在南北滿之勢力，乃於一九〇七年將素來視為「禁地」之奉天、吉林、黑龍江改為行省，移民墾殖，引用國際資本，開發交通，對於一般政治，知非力圖改革，不足以壓服民心，於一九〇五年詔停科舉，興學校，遣派五大臣出洋考察各國憲政：鎮國公載澤等三人赴日、英、法、比等國，湖南巡撫端方等二人，則赴美、德、義、奧等國。五大臣返國後，均上書力陳憲政之重要，認為「保邦致治，非此莫由」。一九〇八年（光緒三十四年），清廷頒布了《憲法大綱》，定九年為預備立憲之期，其中明訂：「大清皇帝統治大清帝國，萬世一京，永永尊戴」，「君上神聖尊嚴，不可侵犯」，皇帝有頒行法律，解散議院，以及總攬司法權利，內容幾乎都在「保障君權」，完全失去立憲之意義，此時，中國海內外要求徹底改革政體之革命運動，日益澎湃。

　　孫中山先生以清廷政治腐敗，不可救藥，所謂改革與立憲，不過欺罔民眾，以圖苟延，遂再接再厲，擴大革命運動，於一九〇五年將興中會改為同盟會，準備推翻滿清，實行三民主義。於各地起義，前仆後繼，卒於辛亥年結束了清廷統治，建立民國。故以中國東三省為戰場之日、俄戰爭之影響，不啻間接暴露清廷自鴉片戰爭以還，政治、軍事、外交等種種腐敗，而促成了其總的崩潰。

二、對帝俄之影響

俄國陸海軍先後之節節失敗，在廣大民眾前，完全暴露沙皇專制之腐敗，而民眾仇視沙皇制度之激憤，與日俱增。據列寧云:「旅順之陷落，即沙皇制度陷落之開始。」沙皇原擬以國外戰爭消滅國內之革命，但適得其反。事實上，日、俄戰爭更促成了革命提前爆發；帝俄農奴制度對農民之壓榨；與資本主義興起，產生對工人之剝削，以及全體人民又苦於毫無權利，生命財產全無保障等原因，致使部分知識分子與覺悟工人力圖領導城鄉民主人士作反沙皇制度之廣泛運動，以擊毀沙皇之黑暗統治。此時，農民也加強對沙皇制度之仇視。一九〇〇年至一九〇三年之經濟危機，更使民不聊生，而戰爭爆發，益加深全國民眾之痛苦。到了俄軍在戰場上不斷遭遇挫敗，於是革命運動與罷工示威，遂如火如荼瀰漫全俄。

事實上，帝俄在二十世紀開始時，已可預見即將爆發重要事故，各派思想家的反應，紛然雜陳。像高爾基 (Горький М.)，這樣激進的知識分子已在一九〇一年預見風暴之海燕在空中御風翱翔，他以渴盼的心情希望風暴更憤怒地開始爆發。溫和的自由主義者米留科夫 (Milikov) 教授當其於一九〇三年在芝加哥大學，一九〇四年在波斯頓羅維爾學院 (Lowell Institute) 先後發表演講時，曾作如下的預言:「現在俄國所有各派的政治家，雖立場互有不同，但卻一致要求實行政治的改革，……俄國正在經歷一段危機起伏的時期，她已病入膏肓，情況嚴重，需要立即加以徹底的治療，醫生們如果使用暫時性的使病人減輕病痛的輕度藥劑，不僅已經無能為力，可能反而徒使病況更趨惡化。除了少數經常撥弄是非別有用心的人士之外，此時如仍有人自欺欺人的認定俄國的一切現況是十全十美完全無疵的話，那已不能算是荒唐可笑的行為，簡直是無可饒恕的罪惡行動了。」❼⓿

由此可知，原本已面臨搖搖欲墜之沙皇政府，加上日俄戰爭失敗之影響，自然就加速了沙皇制度之徹底瓦解，也使尼古拉二世家族遭到集體處死極悲慘之命運。

---

❼⓿　同 ⑤⑤，第二六〇頁。

三、對日本之影響

日本自甲午之役戰勝中國後，即儼然以東方強國自任，力圖活躍於國際政治舞臺，以期逐漸實現其「大陸政策」。及一九○五年戰勝強俄後，新興之日本，其對外侵略之野心日益擴大，乃採取「軍國主義」之政策，以遼東、南滿、朝鮮為支點，鞏固其遠東之地位，而形成太平洋上的決定力量，即列寧所謂日俄戰爭之主要基本問題為「解決海上優先權之問題」。一九一四年，第一次世界大戰爆發，又為日本興起之繼續階段。日本軍事、帝國主義乘歐戰方酣時機，強迫中國承認二十一條，以加強其在中國及太平洋之勢力，致日俄戰後，日、俄之對立益趨尖銳；蓋與美國之門戶開放主張勢不兩立之帝俄獨霸政策，又為日本所繼承，更變本加厲。一九三一年之「九一八事變」，與一九三七年之「七七事變」，使日本侵華與亡華之圖謀完全暴露無遺。但由於中國人民以堅強不屈之意志，發動神聖之全面抗戰，卒使日本軍國主義者深陷泥淖，而形成民主國家對日本之包圍，其處境已經艱困；迨一九四一年十二月日本又發動偷襲「珍珠港事變」，爆發太平洋戰爭，這已註定日本軍國主義失敗之命運；當時日本較有遠見之文治派，認「九一八事變」無異使日人「吞一炸彈」。結果，於一九四五年八月，日本就真正吞下美國之兩顆原子彈而俯首投降，故「九一八事變」也就是日本軍國侵略主義走向失敗之開始 **➐**。

四、對世界政治之影響

就世界政治言之，日俄戰爭直接、間接促成國際情勢之變化與集團之對立。在遠東方面，《樸茨茅斯條約》簽訂之前一個月，一九○五年八月十二日，有第二次《英日同盟》之訂立，有效期間為十年，而其公布則在《日俄條約》簽訂之次日（一九○五年九月六日），避免對日、俄和局有所影響。在第一次英、日同盟五年期間，以英國言，日本對俄之勝利，固已削弱帝俄在中國東北之勢力，然而俄國對印度西北邊陲之威脅，隱然存在；而德國海軍實力之增大，又造成對英帝重要之威脅。以日本言，其最大之收穫為戰勝強俄，掌握朝鮮，建立其「大陸政策」之跳板。但為進一步加強控制朝鮮計，日本雖於一九○五年七月，乘美國陸長塔夫脫(W. H. Taft)巡視菲律賓過日之便，在

➐　同**➍**，第三五一頁。

日本允不侵略菲律賓之條件下，獲得美國承認日本在朝鮮自由措置之權利，遂即簽訂塔夫脫與桂太郎秘密備忘錄，然日本仍以為未定，亟欲再得一二強國之承認。此英日兩國勢在必需擴大其同盟之範圍。第二次《英日同盟》條約之主旨為：

㈠聯合維持東亞及印度全局之和平。

㈡保全中國之獨立與領土完整，及各國在華商工業機會均等主義，以保持各國在華之共同利益。

㈢維持兩締約國在東亞及印度之領土權利，並防衛其在此等區域之特殊利益。

　　關於當時之日俄戰爭，英國仍繼續中立，若有他一國或數國加入對日作戰，英國即行援助日本共同作戰；締約國之一方若非釁由己開，因他一國或數國之攻擊或侵略行動，為防衛其在東亞及印度之領土權利或特殊利益，而至於開戰，不論此等攻擊或侵略發生於何地，則另一締約國，應立即援助其同盟；在不違反各國商工業機會均等主義之原則下，英國承認日本在朝鮮有自由措置之權利；日本承認英國為保衛印度屬地，在印度附近有採取認為必要措置之權利，此無異將一九〇四年英軍侵入之西藏亦包括在內了。尤有進者，此次同盟並加強日本於與俄議和談判中對控制朝鮮之要求，而英國同時得以解除其東顧之憂，而集其海軍力於歐陸海洋，以應付日益強大之德國，且進而以一九〇四年之英法協商為媒介，漸轉而與俄修好。繼之即有一九〇七年之英俄協商及日法協商，與夫一九〇七年後，乃有四次《日俄密約》，共同謀求中國事件之發生。反此皆日俄戰爭之結果，直接、間接影響列強在遠東之新結合 ❼❷。

　　上述之新結合與歐洲政治也有不可分離之關係。蓋歐洲政治於日俄戰爭後，發生了許多新變化。當日俄戰爭之前後，俄國為求助於德國，而德國為誘導俄國向遠東冒險，以期分化法、俄同盟而增強其歐洲之力量，乃有一九〇四年德、俄同盟之擬議，及一九〇五年德、俄兩皇標爾科 (Bjorko) 密約之締結。德、俄交歡期間，德國乘機侵略非洲及近東，促成英法之協商、日俄戰爭期中之第一次摩洛哥事件（一九〇五年三月）復增強英、法之團結。而俄國戰敗，除政治關係外，財政須仰賴於英、法，乃放棄與德國聯合，而形成英俄之協商（一九〇七年），加強俄、法之同盟，以對抗德國。此皆日俄戰

❼❷　同❹，第三五二頁。

爭之直接轉移遠東局勢，間接影響歐洲大局，而促成協約國與同盟國之尖銳對立，使歐戰有一觸即發之勢。除此，一九三一年之「九一八事變」發生，各民主國家又缺乏正義，意存姑息，坐視日本軍國主義者悍然撕毀條約，橫行東三省，致法西斯納粹之德意志，起而效尤，與之桴鼓相應，肆虐歐非，整個世界和平，為之破壞，卒釀成第二次世界大戰，其導火線固在東南歐，為溯其遠因，又未嘗不由日俄戰後，日本坐大，進而強佔中國東北三省，為之厲階。故東三省問題對於兩次世界大戰，直接間接均有至大之影響。在時間、空間上，世界和平不可分離，世界戰爭也無法分離，在今日複雜微妙息息相關之國際環境下，益可徵此言之正確。關於日俄戰爭對國際政治之影響，英國哲學家羅素有精闢之論斷，頗值得參考。他說：「日俄戰爭對帝俄之影響，與對中國同其重要。其一，促成一九〇五年之革命，及以議會政府為開端之憲法之產生；其次，使俄國外交政策全面改變，遠東冒險不復可能，而英、日同盟之締結，更使法國不能赴俄之援。由於同一理由，及一九〇四年日俄戰爭爆發時，英法協商之成立，法國欲助俄抗英，實不可期。此種情勢，使俄國不克在亞洲採取前進政策。而自俄國在中亞推進以來，存在於英、俄間之敵對形勢，亦為之消除。此種敵對形勢，曾使英國對印度帝國之地位大感不安。後果所及，俄國之野心乃轉移於巴爾幹與近東，而與土耳其、奧匈帝國及德國發生衝突。俄國是項政策，不但不與英國在任何地區之利益相衝突，且使英、俄睦誼大有可能，亦為勢所必需。由是乃有一九〇七年英俄協商之成立，而繼續至第一次世界大戰之列強之集團形勢，遂告完成。

　　日本在遠東霸權之崛起，使歐洲列強對華之野心，告一結束。而此未經分配之重要領域，因以不成其為列強鬥爭之對象。至是全球之分配已計劃完成，甲國欲得土地，勢須以乙國為犧牲。此種情勢，使列強對立日益尖銳，疆土之調整，亦愈感困難。向來以帝國主義為出路之勢力之膨脹力，亦因迫於情勢，不復能活動於遙遠未經開發之區域，而反以近鄰為壑，由是而與鄰國發生直接競爭。一般政治家雖已預睹其後果，但缺乏意志與智慧，以為防止之計。故雖目擊危機之來臨，而莫能挽救，終墜於浩劫深淵而不克自拔。」❼❸

---

❼❸　同❹，第三五三至三五四頁。

附錄一

正　約

　　日本國皇帝陛下及俄國皇帝陛下，欲使兩國及兩國人民回復和平之幸福，決定訂定講和條約，是以日本國皇帝陛下特派外務部大臣從三位勳一等男爵小村壽太郎及駐紮美國特命全權公使從三位勳一等高平小五郎，俄國皇帝陛下特派內閣總理大臣威特，及駐紮美國特命全權大使俄國御前大臣羅申，為全權委員，各將所奉全權文憑校閱，認明諸屬妥善，會商訂立各條款，開列如下：

第一條
　　日本國皇帝陛下與全俄國皇帝陛下間，及兩國並兩國臣民間，當和平親睦。

第二條
　　俄國政府承認日本國於韓國之政治、軍事、經濟上均有卓絕之利益，如指導、保護、監理等事，日本政府視為必要者，即可措置，不得阻礙干涉。
　　在韓國之俄國臣民，均應按照最惠國之臣民一律看待，不得歧視。
　　兩締約國為避一切誤解之原因起見，彼此同意於俄、韓兩國兩交界間不得執軍事上之措置，致侵迫俄、韓兩國領土之安全。

第三條
　　日、俄兩國互相約定，各事如下：
一、除遼東半島租借權所及之地域不計外，所有在滿洲之兵，當按本條約附件第一款所定，由兩國同時全數撤退；
二、除前記之地域外，現被日、俄兩國軍隊佔領及管理之滿洲全部，交還中國接收，施行政務；俄國政府聲明在滿洲之領土上利益，或優先的讓與，或專屬的讓與，有侵害中國主權及有違機會均等主義者，一概無之。

第四條
　　日、俄兩國彼此約定，凡中國在滿洲為發達商務工業起見，所有一切辦法，列國視為當然者，不得阻礙。

第五條
　　俄國政府以中國政府之允許，將旅順口、大連灣並其附近領土之租借權內之一部分之一切權益及所讓與者，轉移與日本政府，俄國政府又將該租界疆域內所造有一切公共營造物及財產，均移讓於日本政府。

兩締約國互約，前條所定者，須商請中國政府允諾。

日本政府允將居住前開各地內之俄國居民之財產權，當完全尊重。

第六條

俄國政府允將由長春（寬城子）至旅順口之鐵路及一切支路，並在該地方鐵道內所附屬之一切權利財產，以及在該處鐵道內附屬之一切煤礦，或為鐵道利益起見所經營之一切煤礦，不受補償，且以清國政府允許者，均移讓於日本政府。

兩締約國互約，前條所定者，須商請中國政府承諾。

第七條

日、俄兩國約在滿洲地方，各自經營專以商工業為目的之鐵道，絕不經營以軍事為目的之鐵道。

但遼東半島和租借權效力所及地域之鐵道，不在此限。

第八條

日本政府及俄國政府為圖往來輸運均臻便捷起見，妥訂《滿洲接續鐵道營業章程》，務須從速另訂別約。

第九條

俄國政府允將庫頁島南部，及其附近一切島嶼，並各該處之一切公共營造物及財產之主權，永遠讓與日本政府，其讓與地域之北方境界，以北緯五十度為起點，至該處確界，須按照本條約附約第二條所載為準。

日、俄兩國彼此商允在庫頁島及其附近島嶼之各自所屬領地內，不築造堡壘及類於堡壘之軍事上工作物，又兩國約定，凡軍事上之措置，有礙於宗谷海峽及韃靼海峽航海自由者，不得施設。

第十條

居住於讓與日本國地域內之俄國人民，可出賣財產，退還本國，若仍欲留該地域時，當服從日本國之法律及管轄權，至該住民經營事業行使財產，當由日本國完全保護，其有不安本分者，日本國亦當撤回其居住權並放逐之，但該住民之財產當完全尊重。

第十一條

俄國當與日本國協定，允准日本國臣民在日本海、鄂霍次克海、伯令海之俄國所屬沿岸一帶有經營漁業之權。

前項約束，經雙方同意，不得影響於俄國及外國臣民在彼處應有之權利。

第十二條

《日俄通商航海條約》，因此次戰爭作廢，日本國政府及俄國政府允諾以開戰前所施行之條約為本，另訂通商航海新約，其未定以前，所有進口稅、出口稅、

關章、子口稅、船鈔，並代表臣民船舶，由此國進彼國領土，或由彼國進此國領土時之許可及待遇，均照相待最優之國辦理。

第十三條

本條約一經施行，速將一切俘虜，彼此交還，由日、俄兩政府各派接收俘虜之特別委員一名，專司其事，彼此送還時，應由交犯國將在該國某處口岸、可交還人數若干，預先知照收犯國，即由兩國專派員或該員所派之有權代表員，照以前通知之口岸、人數，彼此交收。

日、俄兩國政府一俟交還俘虜完畢後，將擄犯自被擄或投降之日起，至死亡或交還之日止，所有因照管及留養該犯之一切費用細賬，互相交換後，俄國政府應將日本實用數目中，除去俄國實用數目，尚差若干，當由俄國從速償還日本。

第十四條

本條約當由日本國皇帝陛下及全俄國皇帝陛下批准，從速在華盛頓互換，自簽字之日起，無論如何，當於五十日以內，由駐紮日本之法國公使及駐紮俄國之美國大使，各通知駐在國政府，宣布之後，本條約即全部生效。

第十五條

本條約繕就英文、法文各兩本，分別簽字，其本文雖全然符合，設有解釋不同之處，以法文為準。為此兩國全權委員署名蓋印，以昭信守。

小村壽太郎、高平小五郎、威特、羅森❼❹。

附 約

日、俄兩國按照日本所訂講和條約第三條及第九條所載，由兩國全權委員另立附約如下：

第一條

此條應附於正約第三條，日、俄兩國政府彼此商允，一俟講和條約施行後，即將滿洲地域內軍隊同時開始撤退，自講和條約施行之日起，以十八個月為限，所有兩國在滿洲之軍隊，除遼東半島租借地外，一律撤退。兩國佔領陣地之前敵軍隊，當先行撤退。

兩訂約國可留置守備兵，保護滿洲各自之鐵道線路，至守備兵人數，每一基羅米突不過十五名之數，由此數內，日、俄兩國軍司令官，可因時酌減，以至少足用之數為率。

---

❼❹ 東亞同文會編纂，《東亞關係特種條約彙纂》，第九八三頁。

滿洲之日本及俄國軍司令官，可遵照以上所定，協商撤兵細目，並以必要之方法，從速實行撤兵，無論如何，不得踰十八個月之限。

第二條

此條應附在正約第九條，兩訂約國一俟本約施行後，須從速各派數目相等之劃界委員，將庫頁島之俄、日兩國所屬確界劃清，以垂久遠。劃界委員應就地形，以北緯五十度為境界線。倘遇有不能直劃必須偏出緯度以外時，則偏出緯度外若干，當另在他處偏入緯度內若干以補償之。至讓界附近之島嶼，該委員等應備表及詳細書，並將所劃讓地界線繪圖簽名，呈由兩訂約國政府批准。

以上所增條款，當其附屬之講和正約批准時，亦應視作批准。

小村壽太郎、高平小五郎、威特、羅森❼❺。

附錄二

正　約

第一款

中國政府將俄國按照《日俄和約》第五款及第六款允讓日本國之一切，概行允諾。

第二款

日本國政府承允按照中、俄兩國所訂借地及造路原約，實力遵行，嗣後遇事隨時與中國政府妥商釐定。

第三款

本條約由簽字蓋印之日起，即當施行，並由大清國大皇帝陛下，大日本國大皇帝陛下御筆批准，由本約蓋印之日起，兩個月以內，應從速將批准約本在北京互換。

為此兩國全權大臣繕備漢文、日文各二本，即於此約內簽名蓋印，以昭信守。

---

❼❺　同❼❹，第九八八頁。

附 約

第一款

中國政府應允俟日、俄兩國軍隊撤退後，從速將下開各地方，中國自行開埠通商：奉天省內之鳳凰城、遼陽、新民屯、鐵嶺、通子江、法庫門；吉林省內之長春（即寬城子）、吉林省城、哈爾濱、寧古塔、琿春、三姓；黑龍江省內之齊齊哈爾、海拉爾、璦琿、滿洲里。

第二款

因中國政府聲明，極盼日、俄兩國將駐紮東三省軍隊暨護路兵隊從速撤退，日本國政府願副中國期望，如俄國允將護路兵撤退，或中、俄兩國另有商訂辦法，日本國政府允即一律照辦；又如滿洲地方平靖，外國人命、產業中國均能保護周密，日本國亦可與俄國將護路兵同時撤退。

第三款

日本國軍隊一經由東省某地方撤退，日本國政府應隨即將該地名知會中國政府，雖在《日俄和約》續加條款所訂之撤兵限期以內，即如上段所開，一准知會日本軍隊撤畢，則中國政府可得在各該地方酌派軍隊，以資地方治安，日本軍隊未撤地方，倘有土匪擾害閭閻，中國地方官亦得以派相當兵隊，前往剿捕，但不得進距日本駐兵界限二十華里以內。

第四款

日本國政府允因軍務上所必需，曾經在滿洲地方佔領或佔用之中國公私各產業，在撤兵時，悉還中國官民接受，其屬無須備用者，即在撤兵以前，亦可交還。

第五款

中國政府為妥行保全東三省各地方陣亡之日本軍隊將兵墳塋，以及立有忠魂碑之地，務須竭力設法辦理。

第六款

中國政府允將由安東縣至奉天省城所築造之行軍鐵路，仍由日本國政府接續經管，改為轉運各國工商貨物，自此路改良竣工之日起（除因運兵回國耽誤十二個月不計外，限以二年為改良竣工之期），以十五年為限，即至光緒四十九年止，屆期彼此公請一他國公估人，按該路建置各物件估價，售與中國，未售以前，准由中國政府運送兵丁餉械，可按《東省鐵路章程》辦理，至該路改良辦法，應由日本承辦人員與中國特派人員妥實商議，所有辦理該路事務，中國政府援照《東

三省鐵路合同》，派員查察經理，至該路轉運中國官商貨物價值，應另訂詳章。

第七款

中、日兩國政府為圖來往輸運均臻興旺便捷起見，妥訂《南滿洲鐵路與中國各鐵路接聯營業章程》，務須從速另訂別約。

第八款

中國政府允南滿洲鐵路所需各項材料，應豁免一切稅捐釐金。

第九款

所有奉省已開辦商埠之營口，暨雖允開埠尚未開辦之安東縣、奉天府各地方，其劃定日本租界之辦法，應由中、日兩國官員另行妥商釐定。

第十款

中國政府允許設一中日木植公司，在鴨綠江右岸地方，採伐木植，至該地段廣狹，年限多寡，暨公司如何設立，並一切合辦章程，應另行訂詳細合同，總期中、日股東利權均攤。

第十一款

滿、韓交界陸路通商，彼此應按照相待最優國之例辦理。

第十二款

中、日兩國政府，允凡本日簽名蓋印之正約暨附約所載各款，遇事均以彼此相待最優之處施行。

本約由本日簽名蓋印之日起，即當施行，並本日簽定之正約一經批准，本約亦視同一律批准。為此兩國全權大臣各奉本國政府合宜委任，繕備漢文、日文各二本，即於此約內簽名蓋印，以昭信守。

第九章　日俄協商下侵略中國之密約

第一節　日俄協商之國際背景

一、在歐洲方面

自二十世紀初期，歐陸列強間，關於劃分勢力範圍及殖民地之競爭，乃日形尖銳。德國在近東、中東積極擴張勢力，一九○三年與土耳其成立建築君士坦丁至巴格達鐵道之協定，英國首感不安，遂於翌年，摒棄與法國在非洲競爭領土之宿怨，對於埃及和摩洛哥問題，相互妥協，簽訂協議，以抗衡德國。繼之，德國復圖染指法國勢力範圍之摩洛哥，一九○五年，德皇威廉二世之漫遊丹吉爾 (Tangier) 及其「余已決定保護德國在摩洛哥利益」之演講，此不僅增強英、法之團結，且其擴充海軍之計劃（一九○六年），使英國隱然認德為其強大之勁敵。因而乃決定，寧與新敗於日，失和於德，而歷年與之在近東、中東、遠東爭霸之俄國謀妥協，終形成一九○七年英俄之協定。英、法、俄三國協商之基，亦於此奠立。一九○八年，奧國因獲德國暗助，併吞波斯尼亞、赫塞哥維納 (Bosnia, Hirzegovina) 二州，同年之第二次與一九一一年第三次摩洛哥事件，以及一九一二年至一九一三年之兩次巴爾幹戰爭，凡此均使三國協商與三國同盟之對立，日形尖銳化 ❶。

二、在遠東方面

帝俄在與日本締結《樸茨茅斯和約》後，力謀恢復元氣，故利於與日本

❶　陳復光，《有清一代之中俄關係》，第三八五頁。

調整邦交，以便與英、法協作，應付德、奧；同時，日本以戰勝強俄之餘威，乘歐陸多事之秋，以逞其侵略滿、蒙，併吞朝鮮之野心。自一九〇五年英、日續盟及一九〇七年之日、法協定，日本取得英、法承認其在南滿之權益後，復不願永久仇視俄國，於是有一九〇七年之《日俄協約》；繼為阻撓美國關於滿洲鐵道中立化計劃之實現，日、俄更進一步合作，締結一九一〇年協約，以與美國抗衡。又自一九〇七年對於遠東問題，日本與三國協商互有諒解。結果，英日同盟與法俄同盟對立局面，因《日法協定》（一九〇七年）、《日俄協定》（一九〇七年）、及《英俄協定》（一九〇七年）之締結而消失。當《英俄協定》行將議定時，《日俄協定》始行公布，於此可見協商國間之相互關係。此種關係直接加強協商國對同盟國之陣容，間接予日、俄兩國以待機侵略中國之良好機會。此歐洲政治與遠東政治相互影響之一般概況❷。

三、第一次世界大戰之爆發

在第一次世界大戰前數年，為了爭奪銷售市場，資本輸出市場，為重新分割世界，帝國主義各國曾發生不斷的激烈鬥爭，其表現為：公開及秘密協定之締結，對弱小國家之加緊侵略，協商與同盟兩大集團間之各自加強陣營力量，與夫激烈之軍備競爭，終造成非以武力不能解決國際矛盾之局勢，卒導致一九一四年至一九一八年第一次世界大戰之爆發。

第二節 日俄協商的重要因素

一、帝俄對外政策目標之轉變

推動帝俄政府改變策略，聯日侵華之首要因素，是俄國國內動盪不安的局勢。由於俄軍在日俄戰爭中的慘敗，使沙皇殘暴的專制制度的腐敗暴露無遺。戰後，儘管有些軍方將領和親德勢力，鼓吹大力加強俄國在遠東的軍事力量，對日本進行「復仇」之戰，但俄國政府擔心的恰是深恐日本利用俄國被削弱的機會，在外力支持下又重新挑起戰爭。完全取代俄國在遠東的地位。直到一九〇七年八月《英俄協定》之成立，帝俄政府始終把避免這種新的戰

❷ 同❶，第三八五至三八六頁。

爭危險，作為「俄國對外政策的目標」❸。顯然，戰後的俄國再想要在遠東與英、日爭雄，已是力不從心，要想按照過去的路子實現其侵略中國和獨霸滿洲的計劃，也是絕不可能了。在這種情況下，面對強鄰日本的激烈競爭，帝俄政府乃不得不重新考慮自己的遠東政策，收斂自己的狂妄野心，暫時「放棄那些與國家實力不能一致的打算」❹，並「在一切有爭執的問題上」，謀求同英、日妥協❺。以便確保現在佔有的陣地，取得喘息時間和蓄集力量，伺機再來。

事實上，倡導同日本接近最力者是威特，早在一九〇一年至一九〇二年間，他即已提出俄、日必須協商的主張。《樸茨茅斯和約》談判前夕，他又通過英國〈每日電訊〉常駐聖彼得堡記者狄龍向日本駐英公使林董表達了這一願望。在日、俄和談期間，威特作為俄國首席全權代表，曾提出把「和約」變為「盟約」的設想❻，並向日方表示願通過和約為兩國結盟奠定基礎❼。

在威特之後，力主俄、日親善的是伊茲沃利斯基（一九〇六至一九一〇年的俄國外交大臣）。他認為《樸茨茅斯和約》對俄國的「特殊價值」就在於該約為兩國恢復正常關係，「鄰好睦誼」，為結成聯盟開闢了道路❽。為了使俄國的軍事力量能夠從東方轉向歐洲，他主張「必須把對日協調作為我們（俄國外交）的可靠基礎」❾。

二、日本攻略政策之需要

另一方面，在對俄作戰中取得勝利的日本，此時，在政治上已成為可以與英、法、俄、美、德平起平坐的帝國主義強國。它不僅力圖要控制中國東三省南部和朝鮮，而且更積極為深入亞洲大陸準備條件，在遠東乃至歐洲國際關係的進一步發展中，起著越來越重的作用。日本的侵略活動，使新敗的

---

❸　《紅檔》雜誌，一九三五年，第二至三（總六九至七〇）卷，第三六頁。

❹　同❸，第二六頁。

❺　羅曼諾夫，《日俄戰爭外交史綱》，第二八六頁。

❻　威特，《威特伯爵回憶錄》，第二卷，第四六一頁。

❼　狄龍，《俄國的衰落》，第三〇一至三〇三頁。

❽　西格譯，《伊茲沃利斯基回憶錄》，紐約，一九二一年，第一二五至一二六頁。

❾　同❻，第二卷，第四六一頁。

俄國疑懼不安。然而，當時日本攻略的真正目標並不是俄國，而是朝鮮和中國。俄國只是它競爭的對手。日本對俄之戰固然削弱了對方，但也使自己元氣毀傷，無力再戰。因此，日本政府確認與俄國長久對抗，於實現自己的擴張計劃頗為不利；反之，與俄國妥協，不僅必要，而且有益。

此外，促成日、俄互相接近的另一個重要因素，是戰後日、美關係的迅速惡化。當甲午戰後，中國東北逐漸成為列強在華角逐的焦點。在日俄戰爭中，美國曾積極支持日本，目的之一就是要假借日本之手，打破帝俄對東三省之壟斷，為美國資本市場開闢道路。在日、俄和談時，日本曾向美國承諾，戰後將在滿洲奉行「門戶開放」政策。但是，日本取得勝利後，卻自食其言，在南滿實行「關門政策」，依靠政治、軍事手段，有計劃地排斥和根除日本以外的各國企業和貿易，這不但使美國新的希望落空，而且連原有的貿易經濟利益也受到重大的損失❿。由於在南滿的商業利益受挫，同時美國在北滿的計劃也未開展。日本就成了美國向東三省擴張貿易的主要障礙，也使日、美關係間之矛盾日益尖銳化。於是，日本為抗衡美國，乃加速採取外交步驟，消除俄國對日本的恐懼與疑慮，以便達成相互諒解與妥協之目的。

第三節　日俄密約之談判及簽訂

一、日俄兩國談判之開始

一九〇六年六月，俄外交大臣伊茲沃利斯基令駐日使館探詢與日本舉行政治談判的可能性。十二月，伊氏又親自向日本駐聖彼得堡公使本野一郎明確表示：「如能獲得俄、日之間未來和平之確實保證，則不惜作出更多的讓

❿　日俄戰前，中國東北是美國商品的重要銷售市場。正如《紐約時報》一九〇三年四月二十六日社論所說：「美國在滿洲的商業利益，較之在中國的任何其他地區都多。」參見日本外務省編，《日本外交文書》，第三卷，第一冊，第一四九至一五〇頁；但是據該報一九一〇年六月十八日刊登的資料，日俄戰後，美國對東北的出口額，已由一九〇五年的二千三百五十萬美元急劇下降為一九〇九年的七百五十萬美元；其在東北進口總額中的比重，也由百分之六十下降到百分之三十五。參見謝沃斯基揚諾夫，《美國在遠東的擴張政策》（一九〇五至一九一一年），莫斯科，一九五八年，第三六至三七頁。

步。」❶一九〇七年二月四日，伊氏又向本野倡議以鞏固對日友好為目標，舉行俄、日協商，日方立即響應，表示極為歡迎。至此時機成熟，日、俄兩國遂於二月十八日展開談判。

二月二十日，伊茲沃利斯基正式向本野提出「協定草案兩款」，主要內容是：㈠相互保證尊重現時的領土完整，並和平的享有各自與中國簽訂的現行的各項條約、《日俄樸茨茅斯和約》、以及兩國所訂各項專約規定的各種權利；㈡相互尊重對方在前述條款中規定的地位，各自得用其所有和平手段維護和援助對方行使上述各項條約的權利❷。

針對俄方提案，日本政府於三月三日召開元老會議，擬定對案四條，第一條：內容與俄方相同，惟補充說明與機會均等原則相背的權利不在此限；第二條：規定兩國尊重中國獨立與領土完整，及各國在華工商業之機會均等；第三條：劃定兩國在中國東北三省的利益範圍，雙方相約不在對方勢力範圍內，謀求上述鐵路或電訊讓與權，並且不阻撓對方在其勢力範圍內為謀求上述讓與權而採取的行動；第四條：俄國承認由現行條約即一九〇四、一九〇五年，兩次《日韓條約》規定的日本與朝鮮的政治關係，並保證不阻撓其繼續發展；日本保證俄國在朝鮮享有最惠國的一切待遇❸。很明顯，俄方提案的意圖是鞏固其在華侵略地盤，防止日人滲入它的勢力範圍，日本的對策是以瓜分中國的東北，及獨佔朝鮮的權益為其主要的標的。

關於日方提案中之第二條所謂尊重中國獨立和領土完整，據三月五日林董給本野的訓令，主要是為了防止俄國獨佔蒙古，也就是為日本以後插足該地預留地步；同時，這也是為了避免《英日同盟條約》的有關規定相抵觸，以便取得英國之支持。所謂「機會均等」則是準備說給美國人聽的，以防其反對的口實。

三月九日，本野奉命將上述草案提交伊茲沃利斯基。關於兩國在中國東北的勢力範圍的分界線，日方於稍後不久提出：東段由松花江鐵道橋向東沿江至秀水甸子，再由此至畢爾滕湖（鏡泊湖）之北端，中經琿春至俄朝邊境

---

❶　日本外務省編，《日本外交文書》（一九一五至一九一七年），第四〇卷，第一冊，第一〇八至一〇九頁。

❷　同❶，第一〇五號文件。

❸　同❶，第一〇八、一〇九號文件。

之西北端，依次劃一直線為界。西段以松花江、嫩江及洮兒河為界❶。根據這一方案，奉天全省、吉林省南部包括長春、吉林兩城鎮在內的地區，將劃作日本的勢力範圍；中國東北的其餘地區仍歸俄國控制。

為了取得盟國的諒解，會談開始不久，日、俄雙方便分別向英、法兩國政府通報了協商的情況。由於伊茲沃利斯基採取俄日、俄英談判同時並舉之方針，並確認俄日協定必須取得英國之保證，才能完備❶。因此，也將本國的立場通知英國，渴望獲得英國的支持❶。

現在，伊茲沃利斯基決定乘日本提出朝鮮問題的機會，直接向日本申述己意，把中國的蒙古、新疆作為朝鮮問題的等價物。為此，在四月三日的對案中，伊氏除同意日方提案的第一、二條外，並提議把第三、四條分別改作秘密協定的第一、二條外，同時提出補充條款，作為秘定的第三條，其中規定：日本承認俄國在蒙古及「滿洲以外之中國邊境地區」的利益，佔有優勢地位，保證不在上述地區謀求任何鐵路、電訊或礦山讓與權，不派遣僧侶、官吏、教員以及科學家或商業的考察隊前往該地❶。

這一提案超越了雙方在談判之初確定的協商範圍，不屬於《樸茨茅斯和約》的遺留問題。對中國蒙古等地也懷有野心的日本帝國主義者，自然不會接受俄方的條件，如何劃分兩國在中國和朝鮮的勢力範圍，遂成為雙方在談判中討價還價的中心問題。

四月十六日，日本政府以在蒙古和「滿洲以外之中國邊境地區」日、俄兩國利益並無抵觸，「不會發生紛爭」為由，訓令本野在交涉中堅持：在當前的協議中，完全沒有必要就此問題作出特殊的規定。如俄方固執己見，可提出日本政府不反對或不干預俄國在外蒙古從事與本協定第二條不相矛盾的一切和平活動，以示日方之讓步❶。伊茲沃利斯基對於日方的答覆，表示失望。二十七日，他仿照日本關於朝鮮問題的提案，要求日本承認：蒙古以及中國

---

❶　同❶，第一一七號文件。

❶　同❶，第二六頁。

❶　古奇等編，《關於大戰起源的英國文件》，第四卷，第二七九頁。

❶　同❶，第一二三號文件；參見加利佩林，〈日本併吞朝鮮前夕國際關係中的朝鮮問題〉，載蘇聯《歷史問題》雜誌，一九五一年，第二期，第二二頁。

❶　同❶，第一二九至一三〇頁。

西部與俄國毗鄰的其他地區，位於日本勢力範圍之外；俄國由於其地理位置，在上述地區享有特殊利益；日本「保證既不干涉俄國在這些地區的利益，也不妨礙其繼續發展」❶。日方為使談判繼續進行，決定再作讓步。五月初，日外相林董向俄國駐日公使巴赫麥季耶夫表示，日本無意反對俄國在蒙古的「正常利益」的發展，雙方可以就此達成秘密的協議，但不同意在公開條約中涉及這個問題，因為這將同中國所訂的條約不符，而且可能作不利於日本之解釋❷。同時，林董又訓令提出新的協議草案，承認俄國在外蒙古享有與本約第二條規定的狀態和原則不相抵觸的特殊利益，並保證避免採取足以損害此等利益的一切行動❸。伊茲沃利斯基對此仍表示不滿，於五月十一日質問何謂「外蒙」，為何不同意把中國西北地區包括在協議之中，並要求日方同意將南、北滿的分界線，南段至北緯四十四度以南，將長春一帶置於俄國人的影響之下❹。

　　五月二十二日，日、俄雙方再次會談。伊茲沃利斯基聲言俄國在內蒙古如同在外蒙一樣，有很多「特殊利益」，要求日本政府把保證擴大到整個蒙古。本野指出，俄國特別關心的應是日本不干涉與俄國接壤的蒙古地區的事務，日本就外蒙所作的保證，已滿足了這一要求；而俄國對日本提出的要求，同俄國在當前談判中向日本所作的讓步並不相稱。伊氏辯說，俄國在朝鮮問題上作出的讓步，已大大超越了《樸茨茅斯和約》規定的範圍，因為「繼續發展」字樣包含著許多內容，所以日本應對俄國作出「對等的補償」❺。本野反駁說，俄國在朝鮮問題上所作的讓步並沒有想像的那麼大，因為協議草案中關於朝鮮問題的規定，「乃是日俄戰爭自然的結果」，而關於限制日本在很大部分蒙古地區的行動自由的規定，則純粹是日本所作的讓步。

---

❶　同❶，第一四一號文件。

❷　蒲來思，《一九〇七至一九一六年關於滿洲和蒙古日俄條約》，巴爾的摩，一九三三年，第三七、一三五頁注。

❸　同❶，第一四四號文件。

❹　同❶，第一四七號文件。

❺　據本野報告，在談判過程中，伊茲沃利斯基對於日本意欲合併朝鮮一事，曾表示他理解「繼續發展」一語具有比「控制」更為廣泛的涵義。參見中山治一編著，《日俄戰爭以後——帝國主義在遠東的國際關係》，大阪，創元，一九五七年，第一四九頁。

伊茲沃利斯基見本野無意繼續讓步，談判難以取得進展，便決定稍稍降低要求，於五月二十九日照會本野，宣稱俄方準備在協議中不提俄國在中國西部地區的特殊利益問題，但堅持要求日本就整個蒙古的地位向俄國作出保證，理由之一是內外蒙古的界限難予劃分。五月三十日，本野根據林董的訓令，向伊茲沃利斯基重申日方觀點，但表示：協議簽字後，如俄國在內蒙古的行動屬於和平性質，則日本將不予反對；日本在內蒙古特別是該地與滿洲、直隸灣接壤之處享有的「特殊利益」不亞於俄國，不能認為只有俄國才對中國的這些地區感到興趣；雙方在內蒙古應如在中國其他地區一樣「友好相處」；如俄方認為內外蒙古界限不明，雙方盡可能予以確定❷❹。此外，日本從談判一開始就要求俄國承認日本船隻在松花江有航行權，試圖染指帝俄禁臠——中國東三省北部，但為俄國堅決拒絕，由於雙方你爭我奪，相持不下，使會談展延三個多月，並無結果。

　　這時，關於日、俄之間互爭在中國權益問題的政治交易，日本政府內部也引起了激烈的爭論。駐英大使小村壽太郎和前海相山本權兵衛不同意在《日俄協定》中把朝鮮問題和劃分滿洲勢力範圍問題包括在內，並承認俄國在蒙古享有特權，有違英日同盟有關條款，因而主張暫停談判。前首相、朝鮮統監伊藤博文等人則強調：「日本如能和境域相連、利害關係密切的俄國完成協商，將對解決有關各國與朝鮮關係一切問題有所方便」；為了求得兩國「永久和平」，日本即使「作了一點犧牲」，也在所不惜❷❺。六月十四日，西園寺內閣召開元老會議，基本上採納了伊藤等人的主張，決定承認俄國在外蒙古享有「特殊利益」❷❻，並認為這是日本準備對俄讓步的限度❷❼。關於外蒙古的界限，日本政府主張只限於戈壁沙漠以北之喀爾喀蒙古地區；如果烏梁海地區劃入，也可承認。至於科布多地區，以不涉及為得當❷❽。

　　在國際方面，幾乎與日、俄談判同時進行的法、日協商，於六月十日結

<hr>

❷❹　同❶❶，第一五四號文件。

❷❺　同❶❶，第一五八號文件；松本忠雄，《近世日本外交史研究》，東京，博報堂，昭和十七年，第一二〇至一二一頁。

❷❻　同❶❶，第一五九號文件。

❷❼　同❷〇，第三七頁。

❷❽　同❶❶，第一六三號文件；施阿藍，《使日記》，第三二頁。

束，雙方就兩國在中國的勢力範圍問題正式達成了協議，由於法、俄同盟的存在，《法日協定》的簽訂為《日俄協定》的成立鋪平了道路。同時，英、俄雙方就西藏問題取得了一致意見，關於阿富汗、波斯問題的交易也取得了巨大的進展。英國確信日、俄協商無損於英國在華利益，並切盼日、俄迅速達成協議，以利共同對付德國，在這種情況下，俄國政府於六月二十七日召開有外交大臣、財政大臣、陸軍大臣參加的特別會議，討論俄日協定的最終方案。伊茲沃利斯基在會議中強調，擬議中的《俄日協定》，「僅僅是與英國、法國有關的一系列協議中的一環」，只有穩定俄、日關係，俄國在西方才能有行動自由❷。這次會議決定以日本的方案為基礎，繼續協商，使談判才轉趨順利。

二、第一次日俄密約之簽訂

　　日、俄會談經過一度停滯之後，雙方於七月三日復會，會中終於達成了協議：㈠有關朝鮮、滿洲、蒙古的條款，列入秘密條約；㈡日本承認俄國在外蒙享有特殊利益；通過秘密換文，俄方承諾上述規定，並不意味著廢棄本約第一、二條規定的維持現狀、機會均等原則；㈢南北滿分界線西段終點為洮兒河上游東經一二二度線交叉點，在分界線以南之東省鐵路路段，得保留根據一八九六、一八九八年鐵路合同所享有的一切權利；㈣互相通報各自與中國簽訂的所有繼續有效的條約❸。由於上述協議，日本於七月二十四日逼迫朝鮮政府簽訂了不平等的第三次《日韓條約》，以便即時控制朝鮮的內政全權，俄國政府也隨即承認了這項條約。七月三十日，伊茲沃利斯基和本野一郎分別代表俄、日政府在聖彼得堡簽署了《日俄協定》。八月十四日，雙方依約將協定全文分別通報英、法兩國政府。對於包括中國在內的其他國家，除公開協定外，其餘條款及換文均嚴加保密。

　　此項第一次《日俄協定》是由公開協定、秘密協定、附款及換文四個部分組成。公開協定共兩條，其條文如下：

第一條　兩締約國，允約尊重彼此現時領土之完整，並所有兩國，各自與中國締

---

❷　唐塔科夫，《樸茨茅斯和約》，第一〇四頁；加利佩林，《英日同盟》，第二五八頁。

❸　同⓫，第一六〇至一六一頁。

結有效之條約協定，暨合同之權利，如兩締約國，以抄本互相交換者（但與機會均等主義相反者不在此限），以及日、俄兩國於一九〇五年五月在樸茨茅斯簽訂之條約，暨兩國所定各項專約之權利。

第二條　兩締約國承認中國之獨立與領土之完整，及各國在華工商業之機會均等原則，並相約各用其所有之和平方法，以扶助及防護現狀之存續及對上述原則之尊重 ❸❶ 。

　　最重要而且對中國影響最為深遠的是同時簽署「秘密協定」，日、俄兩國協商的主旨，完全明載於此一密約之內，約文共計四條：

第一條　鑑於滿洲之利益及政治經濟活動之自然趨勢，並欲避免因競爭而起之一切糾紛，日本擔任：不在本約附款所定界線以北，為本國或日本人民之利益，覓取任何鐵路或電信之讓與權，並不直接或間接阻撓俄國政府在此區域內，尋求讓與權之任何行動；在俄國方面，為同一和平慾望所激發，亦擔任：不在上述界線以南，為本國或俄國人民，或他國人民之利益，覓取任何鐵路或電信之讓與權，並不直接或間接阻撓日本政府在此區域內，尋求讓與權之任何行動。

第二條　俄國承認與朝鮮間，依現行條約協定為基礎之共同政治關係；此種條約及協定之抄本，已由日本政府致送俄國政府，擔任不加干涉、且不阻撓此種關係之繼續發展；在日本方面，擔任給與俄國政府領事、人民、商務、工業及航業在朝鮮享最惠國之一切權利，至最後條約締結時為止。

第三條　日本帝國政府承認俄國在外蒙古之特殊利益，擔任禁制可以妨害此種利益之任何干涉。

第四條　兩締約國對此約嚴守秘密 ❸❷ 。

　　此約另有一附款，規定南、北滿之界線，從俄國與朝鮮邊界西北端起，畫一直線至琿春，從琿春畫一直線至畢爾滕湖（鏡泊湖）之極北端，再從此畫一直線至秀水甸子，由此沿松花江至嫩江口止；再由嫩江上溯至嫩江與洮兒河交流處，然後至此河橫過東經一二〇度止。

---

❸❶　V. A. Yakhontoff, *Russia and the Soviet Union in the Far East.*

❸❷　Ibid., pp. 375–376.

此約分法文、俄文、日文三種本文 ❸，雙方簽字後，伊茲沃利斯基以兩國談判終獲圓滿的結果，向本野表達誠摯的祝賀，歡稱兩國關係從此進入了一個全新的時代。

我們細觀《日俄協定》的全部條文，即可看出「秘密協定」與「公開協定」的內容完全相反，公約上是雙方協定尊重中國的領土完整，彼此約定要維持現狀，不應侵略；密約卻是在中國東北三省劃定雙方的勢力範圍，為一種瓜分中國領土，破壞中國主權的計劃，真正的意義，是彼此在其勢力範圍之內，各自任意侵略發展和改變現狀。事實上，這次日俄密約使雙方為在遠東各自確立自己的勢力範圍，並由武裝對抗，變為合夥侵略的轉折點，也標誌著日、俄侵華聯合戰線的初步建立 ❸。

同時，第一次《日俄密約》也加強了日本在遠東的國際地位，助長了日本侵略的野心。帝俄政府則由於調整了對日關係，不僅穩定它在亞洲的陣腳，而且可以在日本的默許下向毗鄰的中國其他邊緣省份擴張，逐漸實現其侵略目標。因此，該約簽字後，伊茲沃利斯基立即就談判的「圓滿結果」，向本野表示「誠摯的祝賀」，歡呼兩國關係從此進入一個「全新的時代」 ❸。內閣總

---

❸ 此約的簽署，由於俄、日雙方保密甚嚴，中國和美、德等國均不知約文的內涵，直至一九一七年十一月俄國大革命後，蘇維埃政權始將密約公布，世人方知密約的原件，包括法、俄、日三種文本。一九二七年，蘇聯的格林姆 (Grimm) 教授才根據俄國外交部的檔案，完成了《有關遠東國際關係史的條約及其他文件匯編》(一八四二至一九二五年) 一書，其中除蒐羅許多重要的約章和公文外，自己還寫了一篇很長的導言，討論遠東歷史上的許多問題，把帝俄時代侵略東亞的野心，暴露無遺。尤其是日俄戰爭後十餘年間，日、俄雙方屢次協約，劃分滿洲三省和蒙古的情節，在書中敘述得非常詳盡。四年之後，雅洪托夫 (V. Yakhontoff) 教授根據此書及其他俄文資料完成了《俄國與蘇聯在遠東》一書，在紐約出版。至一九三三年，又有蒲萊思 (E. B. Price) 所著《一九〇七至一九一六年關於滿洲和蒙古的俄日條約》一書，在巴爾的摩發行。這三本書均立論公允，無所偏倚，學術界均認為是研究遠東國際關係史的權威之作，《日俄密約》的俄文本始見格林姆的書，英文文本見於雅洪托夫的書，法文文本見於蒲萊思的書，蔣廷黻的中文譯本是在一九三二年發表的。

❸ 薩文，《沙俄與蘇聯與中國的相互關係》(一六一九至一九二七年)，莫斯科、列寧格勒，一九三〇年，第六四至六五頁；阿瓦林，《帝國主義在滿洲》，第一卷，第一一四頁。

❸ 同 ⓫，第一八四號文件。

理大臣斯托雷平 (Столыпин П. А.) 等在隨後召開的特別會議上，也一致肯定《俄日協定》「是我們（俄國）外交的勝利」❸❻。

三、第二次日俄密約之簽訂

　　自一九〇七年日、俄簽訂密約之後，兩國就乘勢增強了雙方壟斷中國東北三省權利的壁壘，設法防堵美國經濟勢力的滲入，阻撓中國政府有關恢復東北主權發展東北區域的經濟建設，由於俄國在遠東的經濟與軍事力量已失去了昔日所受之威脅，日本對之顧慮減少，並力圖將其納入自己的陣營，增加聲勢，以圖共同施行排斥美國之門戶開放政策。

　　自二十世紀初葉開始，美國對華貿易日趨發達，在中國市場所佔的地位僅次於英、日兩國，因此對華嚴格執行門戶開放與機會均等的政策，堅定不移。至《日俄和約》成立以後，曾數度發動對華投資的計劃，試圖爭取中國東北三省鐵路建設與經營的主導權。早在一九〇五年十月，美國鐵道大王哈里曼 (Harriman) 就與日本首相桂太郎有出資收購南滿鐵路的草簽，嗣因日本外相小村壽太郎的反對而取消。一九〇七年十一月，中國曾先後向美、英籌款建築自法庫門至新民屯的鐵路，又因日本藉口此線與南滿鐵路平行，有害日本利益，竭力反對而停頓。一九〇八年八月，美國駐奉天總領事司戴德 (W. D. Straight) 與中國奉天巡撫唐紹儀恢復一度停頓的籌款談判，並且簽訂了一個借款備忘錄❸❼。規定由美國貸款二千萬美元，成立滿洲銀行，穩定東三省貨幣，開發東北的農、礦、森林，修築自京奉線至璦琿的鐵路❸❽，後來又因日本的百般阻撓和破壞而告失敗。

　　一九〇九年三月，塔夫脫繼任美國總統，積極推動金元外交，力圖為日益增長的美國金融資本在中國取得投資市場。為了挫敗競爭對手，實力雄厚的美國摩根銀行、坤洛公司、第一國民銀行、和花旗銀行在美國政府的支持下，於六月間組成銀行團，並任命司戴德為銀行團代表，取道倫敦，於八月十九日到達北京，並立即展開積極活動，當時中國政府亦正採行厚積洋債，

---

❸❻　同❸，第三六頁。

❸❼　李丹揚，〈司戴德與幣制實業借款〉，見夏良柱編，《近代中國對外關係》，成都，四川人民，一九八五年，第二二七頁。

❸❽　克羅萊，《司戴德傳》，紐約，麥克米倫，一九二五年，第二六六頁。

相互均勢政策，雙方交涉頗為順利，到十月二日，就與新任東三省總督錫良簽訂了《錦璦鐵路借款草合同》，並提出貸款一千萬兩銀子的承諾 ❸。十一月，美國國務卿諾克斯 (P. Knox) 受到司戴德獲得投資錦璦鐵路消息的鼓舞，不俟正式簽字定案，便提出一項「滿洲鐵路中立化計劃」，以美國政府的名義向英國建議：為使中國在滿洲所享有的行政主權不受紛擾，並得實際運用門戶開放與機會均等政策，以增進東三省之發展，美國政府計劃將滿洲所有鐵路置於科學及公正的管轄之下，由關係列強共同承購股份，以中國為地主。此項計劃之實行，須邀中國、日本及俄國合作，英、美兩國因錦璦鐵路合同關係之特殊利益，亦應參加，如此項計劃不能完全實行，另一計劃可望獲得類似之效果：即由英、美兩國對錦璦鐵路之處置，作外交之互助，請關係列強在友誼上完成滿洲之商業中立化，共同參加錦璦鐵路以及將來發展商業之附屬鐵路之投資與建築，並借款予中國，使其將現存各鐵路贖回。希望此項建議可獲英國之採納 ❹。美國政府當時認為英國既熱衷贊助門戶開放和機會均等的政策，而且司戴德與英國保齡公司駐北京代表曾達成諒解，決定錦璦鐵路由美國銀行團投資，由保齡公司承造，英國政府對滿洲鐵路中立化的計劃，必可與美國取得一致立場。不料英國因與日本有同盟的關係，避免引起與日本的摩擦，以不明俄、日兩國之意見為託詞，婉拒了美國的建議 ❹。俄國則表示：如果日本同意出售南滿鐵路，俄方原則上不反對出售中東鐵路，日本卻非常敏感，憂慮美、俄就此項計劃達成協議而導致美、俄親善，將對日本有不利的影響，便乘美、俄協商尚未達成一致的見解時，搶行於是年九月以前，用最後通牒迫中國簽訂了一系列的條約，取得了改進安奉路、延長吉長路、開採撫順、煙臺煤礦的特權 ❹。然此一行動，更引起俄國的不安和美國的不滿，美國鑑於日本違背協定而威脅中國的獨立，認為有必要同俄國達成和解，以便兩國共同就日本的侵略問題，締結雙邊的政治協議，十一月初，

---

❸　同 ❸，第二二七至二二八頁。

❹　*Foreign Relations of the United States*, Washington DC, Government Printing Office, 1910, p. 234.

❹　V. A. Yakhontoff, op. cit, p. 242.

❹　王鐵崖，《中國舊約章匯編》，北京，三聯，一九五七至一九六二年，第二冊，第五九六、五九九至六〇二頁。

美國駐俄大使柔克義 (Rockhill) 受命爭取俄方的合作，向俄外交大臣進行勸告，指明俄國必須在滿洲事務方面同美國攜手，共同參加滿洲鐵路商務中立化的計劃，以便給日本的進一步侵佔規定一個最後的、所謂的國際界限，甚至還要把中立化擴大到軍事範圍❹。惟日本駐俄大使本野也同時勸告伊茲沃利斯基：應將日、俄之間的現存關係擴大和發展，使之變成正式的同盟，從而俄國就可以依靠日本的支援，根據一八九六年合同的規定，維護屬於中東鐵路公司所有的權益。如此，中國和其他的大國必定都俯首於日、俄同盟的聲勢之下❹。這種雙方都含有強制性的邀請，使俄國政府面臨一個抉擇的難題，究竟是隨從美國把日本人從滿洲鐵路和工礦等企業中排擠出去，還是與日本人聯手，拒美國的經濟勢力於滿洲的門戶之外？

　　在上述的情況中，使尼古拉二世面臨重要的抉擇。十一月二十五日，伊茲沃利斯基啟奏沙皇：現在必須立即為我們的遠東政策選擇一條最終的道路：或者沿著柔克義所指的路線走，即在美國和西歐的保護下，實現滿洲的中立化，藉以疏離日本，這樣做有招致日本入侵濱海地區的危險；或者不顧美國的願望，同日本正式結盟，共同保護滿洲，乃至整個中國；至於第三條道路：接近中國，反對日本，這只能使我們在遠東走向新的戰爭，那時將會遇到以前的敵人，而未必會有積極的同盟者。此時，尼古拉二世為奏摺描繪的俄、日同盟主宰中國的誘人前景所陶醉，為俄、美合作的可怕後果所震懾，於十二月一日在上面批道：就我個人來說，俄國現存應該選擇的道路十分清楚，這就是同日本達成最親密的協議❹。

　　根據沙皇的批示，俄國於十二月十一日召開遠東問題特別會議，進一步研究由於美國的建議而引起的聯美還是聯日問題，伊茲沃利斯基在會議中強調：如果我們拒絕美國的建議，則可能使美國態度冷淡，但是，美國不會因此向我們宣戰，也不會把艦隊開到哈爾濱來，而日本在這方面卻危險得多，這一點應引起我們關注❹。此外，從遠東返回不久的科科弗曹夫在會上作證：

❹　羅曼諾夫，《日俄戰爭外交史綱》，下冊，第九八○頁。

❹　同❹，第九八○至九八一頁。

❹　伯斯圖熱夫，《俄國在對外政策問題上的鬥爭》（一九○六至一九一○年），莫斯科，一九六一年，第三六二至三六三頁。

❹　加利佩林，〈日本吞併朝鮮前夕國際關係中的朝鮮問題〉，載《歷史問題》雜誌，一

俄國在遠東的戰備不足，海軍力量尤其薄弱，因此，應與日本共同行動，從中謀求援助❹。至於東省鐵路問題，他認為放棄該路在經濟上頗為不利，在政治上將使俄國在中國喪失威信，斷不可行❹。參與會議者，除陸軍部代表主張準備對日作戰外，都支持伊茲沃利斯基的意見。會議於是決定：㈠將東省鐵路牢牢地控制在自己手裡；㈡同日本協調對華政策，任何情況下都不允許破裂；㈢這樣，正是出於避免對日摩擦，和共同侵略的需要，帝俄政府終於決定同日本更緊密地聯結在一起❹。

十二月十七日，伊茲沃利斯基接受美使面交的關於「滿洲鐵路中立化」的照會。次日，即以之密告日本駐俄代辦洛河（時本野因事回國），並表示俄國在對美國作出答覆以前，願先與日本政府協商❺。小村得訊，至為滿意，立即於二十日訓令洛河告知俄方：在答覆美國之前，應先披襟袒懷，交換意見，並妥籌維護兩國共同利益之辦法❺。

當日本政府擬就致美國覆照草案後，於十二月三十日主動向俄國外交大臣徵求意見，以換取俄方之信任❺。一九一○年一月十二日，俄國內閣會議通過了致美國覆照草案，伊茲沃利斯基隨即抄送日本❺。經雙方議定，一月二十一日，兩國同時覆照美國，正式拒絕「滿洲鐵路中立化」計劃，俄國照會宣稱：現時並無威脅中國在滿洲的主權或門戶開放政策之事，實行美國建議，勢將嚴重損害俄國公私兩方利益，東省鐵路作為西伯利亞大鐵路的一部分，是溝通俄國遠東領土同帝國其他地區的主要交通線路，也是運輸俄國商品的大動脈，因此，該路享有的權利和特權，在條約規定的期間內，不容廢棄。至於錦璦鐵路既與東省鐵路相接，又可直達毗鄰俄國的璦琿，不僅在政治、軍事上至關重要，而且將從根本上改變與東省鐵路業務有關的東蒙和北

九五一年，第二期，第二五頁。

❹ 阿瓦林，《帝國主義在滿洲》，第一卷，第一二三頁。

❹ 同⓫，第二八五號文件。

❹ 中國社會科學院近代史研究所，《沙俄侵華史》，第四冊，下卷，第六○四頁。

❺ 同⓫，第四二卷，第一冊，第七五○號文件。

❺ 同⓫，第七五二號文件。

❺ 日本外務省，《滿洲鐵路中立化經過概要》，第二卷，〈滿洲鐵路史資料〉，第一分冊，第二○二至二○三頁。

❺ 謝沃斯基揚諾夫，《美國在遠東的擴張政策》，第一六三頁。

滿的狀況，由於以上種種原因，俄國暫不表示態度❺❹。

　　隨後，伊茲沃利斯基於一月十七日、二月五日兩次訓令科羅斯托維茨照會中國，指責清政府擬修錦璦鐵路是對俄國不友好的舉動，並威脅說，此事非與俄國商議，萬勿從事，不然則兩國邦交諸多窒礙❺❺。

　　二月二十二日，帝俄政府又召開特別會議，決定以錦璦鐵路在軍事上、經濟上有損俄國利益為由，並藉口一八九九年六月清政府曾向俄國表示，除俄國外不以他國資本修建北京以北鐵路，正式拒絕美國的錦璦鐵路方案。同時，決定向中國政府提議，由俄國出資承建張恰（張家口──庫倫──恰克圖）鐵路的庫恰段❺❻，企圖乘機把蒙古地區變成第二個北滿。在此以前，日本公使伊集院彥吉亦照會外務部，表示錦璦鐵路關係日本利益甚大，無論中國作何主見，應先得日本允許，方可施行。稍後又建議：在南滿與錦璦兩路之間，建一聯絡支路，以為贊成中國建築錦璦鐵路之條件。以上俄、日兩國所提要求，均置中美雙方於極度困難之地位，致無法推行錦璦鐵路之計劃。

　　美國諾克斯計劃沒有被列強所採納，卻成為日、俄進一步勾結擴大侵華的觸媒。早在一九○九年末，日本上自天皇，下至一般臣僚，都積極鼓吹日、俄友好協商，在沒有美國參與的情況下，獨立地解決滿洲問題❺❼。並多次向俄方提議：一九○七年協定是兩國接近的第一步，現在應當進行第二步，就兩國政治關係進一步發展達成協議❺❽。一九一○年一月二十一日，小村還與俄國駐日大使就維護雙方利益，防止一切突發事件，建立類似聯盟的關係問題，初步交換了意見❺❾。為增加信任，日方還多次聲明：「關於日本欲侵略俄國的流言，極為荒謬。」❻⓿

---

❺❹　《美國對外關係文件》，一九一○年，第二四九至二五○頁。

❺❺　故宮博物院輯，《清宣統朝外交史料》，一九三三年，北平故宮博物院鉛印本，第一二卷，第四七頁；康托羅維奇，《美國在爭奪中國的鬥爭中》，第一九○頁；《美國對外關係文件》，一九一○年，第二五五頁。

❺❻　伯斯圖熱夫，《俄國在對外政策問題上的鬥爭》，第三七八頁；《美國對外關係文件》，一九一○年，第二六一至二六二頁；故宮博物院輯，《清宣統朝外交史料》，第一二卷，第四九至五○頁。

❺❼　西伯特等編，《協約外交與世界》，第九頁。

❺❽　同❺❼，第一○、一二頁；謝沃斯基揚諾夫，《美國在遠東的擴張政策》，第一九二頁。

❺❾　加利佩林，《英日同盟》，第三○一頁。

　　日本的積極行動，增強了俄國在中國推行強硬路線的決心。三月五日，外交大臣伊茲沃利斯基在給斯托雷平的秘密報告中，正式提議審查俄國對華政策，確立嚴厲方針。十四日，俄國外交部擬定了題為「中國違背《俄中條約》」的反華言論，嗣由伊氏以特別備忘錄名義呈交內閣會議審議，作為對華實施強硬政策之依據。其中特別強調要堅決維護俄國依據條約在滿洲及其毗鄰的蒙古地區應享有的權利。同時，他又表示，要執行上述強硬政策而無日本的支持，那將是不可思議的。因此，必須與日本建立最親密的關係❻。

　　一九一〇年三月五日，俄國外交部依據上述原則，擬訂了比較明確地對日同盟條件回應日本，並授權駐日大使馬列夫斯基向日方試探。這些條件主要是：相互維護滿洲現狀，反對日、俄以外之第三國在滿洲修築新的鐵路，和破壞商業權益；雙方有責任共同保護俄國和日本在遠東的領土；及確保根據同中國所訂條約應享有之權利❷。

　　日本政府期待俄國就擬議中的同盟條約，首先提出具體建議，因俄國政府動作遲緩，這時已頗不耐煩❸。三月八日，小村約見馬列夫斯基，提議在「維持滿洲現狀」，確定各自的「特殊利益範圍」、共同「防止第三國侵略」的基礎上，締結政治協定，並願與俄方就此問題進行談判❹。

　　三月十九日，日本政府召開內閣會議，討論小村提出的對俄談判的基本方針。會議認為其他列強對日本在滿洲的特殊地位尚無充分認識，經常輕視日本在該處的利益；中國也未放棄收回滿洲利權的目的，這種狀況經常惹起糾紛；唯有日俄協商才是解決上述問題的最好對策。這就是說，日、俄協商的目的是為了排除第三國的競爭，企圖變中國東三省為日、俄分佔的殖民地。為貫徹上述計謀，這次會議通過了日俄「公開協定」（五條）和「秘密協定」（六條）草案綱要，並決定以此為目標，同俄國締結新的協定。其主要內容有：㈠維持滿洲現狀；㈡確認第一次《日俄密約》劃定的南北滿分界線；㈢承認兩國在各自的勢力範圍內有行動自由；㈣必要時得採取共同措施以防衛

❻⓪　古奇等編，《關於大戰起源的英國文件》，第八卷，第三七三至三七六號文件。

❻①　同❻⑥，第三七八頁。

❻②　同❹⑦，第一二四頁；同⑪，第四三卷，第一冊，第一四號文件附件。

❻③　同❹⑦，第一二四頁。

❻④　同❻⑦，第一五頁。

此種特殊利益，並相互給予支持；㈤改善了兩國鐵路的聯絡業務以避免競爭❻。接著小村命當時正在東京的本野大使攜帶協議草案，前往聖彼得堡磋商。自後雙方談判的重心就轉移到聖彼得堡。

本野返任後，從四月五日起先後與俄外交大臣（五日）、財政大臣（七日）、總理大臣（十日）會晤，並受到尼古拉二世接見（十一日）。晤談中，沙皇表示十分希望兩國關係迅速變得更為親密❻。斯托雷平表示「熱忱希望兩國團結比一九○七年的協定更進一步的、親密的協定」。科科弗曹夫甚至露骨地說：如果滿洲的土地將來必須屬於什麼別的國家，那麼，就只能屬於日、俄兩國❻。

五月十五日，本野與伊茲沃利斯基開始會談。伊茲沃利斯基無視中國主權，再次提出滿洲將來應歸何人掌握的問題，並認為應歸俄、日兩國所有。本野表示贊同，但為掩人耳目，根據本野的意見，雙方同意在協定中，不用如此明確的語句表達，而改用意思相同的適當文句，例如只需說明尊重一九○七年秘密協定確定的勢力範圍分界線，雙方在各自勢力範圍內有權自由活動，彼此互不干預即可❻。由於雙方在侵華目標相同，會談進行順利。五月十七日，小村外相即電令本野向俄方正式提出協議草案。二十五日，伊茲沃利斯基又迅速向本野提出修正案，至六月十六日，雙方意見趨於一致，為爭取盟國的諒解與承認，兩國同意於六月二十八日將協定草案通報英、法兩國政府，並告知已決定簽字。

一九一○年七月四日，俄國代表伊茲沃利斯基與日本代表本野在聖彼得堡簽署第二次《日俄協定》。這次雙方協定也是由「公開協定」與「秘密協定」兩個文本組合而成。其公開協定三條內容如下：

第一條　兩締約國為發展列國之交通及商業起見，相約互為友誼之協助，以便改良各自在滿洲所築鐵路及整理此項鐵路之聯絡，並不得為一切於實行此項目的有害之競爭。

第二條　兩締約國相約維持尊重迄今日本國與俄國及兩國與中國所訂之一切條約，及其他協定所發生之滿洲現狀。

❻　同⓫，第四三卷，第一冊，第八號文件。
❻　同⓰，第三八○號文件。
❻　同⓫，第四三卷，第一冊，第九號文件。
❻　同⓫，第四三卷，第一冊，第二一號文件。

第三條　如有侵害上述現狀性質之事件發生時，兩締約國，為協商關於維持現狀認為必要之措置，應隨時互相商議之❻。

　　同時簽訂《日俄秘密協定》六條，內容如下：

第一條　俄國與日本承認一九〇七年密約附屬條款所劃定兩國在滿洲特殊利益範圍之分界線為疆界。

第二條　兩締約國擔任相互注意其在上述範圍內之特殊利益，因此，彼此承認各自勢力範圍內之權利，必要時採取保護此種利益之措置。

第三條　兩締約國各自擔任，不以任何方法阻礙他締約國在其勢力範圍內鞏固及發展特殊利益。

第四條　兩締約國各自擔任，禁止在他締約國之滿洲特殊利益範圍內之一切政治活動，更經諒解：俄國不在日本範圍內，及日本不在俄國範圍內，覓取足以損害彼此特殊利益之任何特惠及讓與權，日、俄兩國政府尊重本日所訂公開條約所述，根據條約及其他協定所獲得各自範圍內之一切權利。

第五條　為保證互相約定之工作，兩締約國對於一切與彼此滿洲特殊利益範圍有共同關係之事，應隨時以和衷誠意商討之，特殊利益受威脅時，兩締約國同意採取防衛此種利益之辦法。

第六條　兩締約國對此約嚴守秘密❼。

　　一九一〇年《日俄協定》之重要性，尤大於一九〇七年之協定，然自此約談判的經過顯示，第二次《日俄密約》之訂立全係日本所發動，其主要目的在結合俄國的野心，維護它們在中國既經佔用的權益，共同排拒美國的經濟勢力於滿洲之外。對俄國而言，這恰巧是投其所好，便趁此提出了明確的同盟條款，大大的擴大了第一次秘密協定的範圍，伸展到了軍事同盟的境界，約文中也不再提及承認中國的獨立與領土完整，及各國在華商工業之機會均

❻　V. A. Yakhontoff, op. cit., pp. 376–377.

❼　Ibid., p. 377；此項協定的中文文本係根據雅洪托夫的英文文本所譯，蔣廷黻曾於一九三二年七月，首次在《獨立評論》上發表一篇題名為〈東北外交史中的日俄密約〉的論文，但他卻將第一次日俄「秘密協定」的約文全部遺漏，一字未提，顯係疏忽。後來王芸生才自日文文本轉譯全文，在一九三二年十二月九日，天津《大公報》上刊出，並編入他著作的《六十年來中國與日本》一書中。

等的原則，這使美國極感不安，當時的美國總統塔夫托 (Taft) 就在演講中明白表示：美國決不默認任何一國政府暗中破壞中國門戶開放的政策，輿論界的政論家多認為：滿洲三省從此不得再視為中國的疆土，各國利益均霑，及保全中國主權之說，竟成具文，美國若要保障其遠東利權，及協助中國振興，唯有改變方針，早自為謀❼。

　　雖然事實上，日、俄兩國已將滿洲暗自瓜分，但中國政府仍力圖補救，不能坐視此一大片疆土之淪亡。當時一般瞭解國際情勢的憂時之士，早已看清事態之嚴重。清廷對日俄協定行將簽訂之際，亦已密切注意，及至察覺英、法偏袒日、俄，不能主持正義，乃於兩國公布「公開協定」之後，以外務部名義，於七月二十一日向日、俄及各國駐京公使，發出照會，聲明：「此協約，日、俄相約重視中日、日俄各約，則於一九〇五年《日俄和約》所承認在中國東三省主權，顧全列國機會均等，並贊同中國設法振興工商實業各節，及光緒三十一年中、日議訂《東三省條約》之主義，凡關於中國主權內之行動，各國之機會均等，及開發東三省之工商實業等事宜，當切實維持，期於大局均有神益」❼。當時清廷明知日、俄訂有密約，惟只有根據兩國公開之協定，請日、俄及各國尊重中國之主權，雖是一種毫無實力之要求，當亦屬必要之舉措。

　　同時，一九一〇年之《日俄協定》，對於列強之反應各有不同。當談判成熟時，日、俄雙方甚至以秘密草案給英國外相葛雷 (Sir Edward Grey)❼。英國既與日本有一九〇五年之續盟，又與俄國有一九〇七年之協商，則藉《日俄協定》、《英法俄協商》，與日同盟，組合成為四國協商，以與三國同盟對抗，自為一合理之趨勢，對英帝國當為有利，故英國政府對日、俄在滿洲之合作表示滿意。葛雷對中國駐英公使亦稱：彼對《日俄協定》甚洽，日、俄若再有戰爭，不利中國，也不利世界各國。英國則希望遠東太平，洞開門戶，商務利益一體均霑而已❼。法國為俄國之同盟，又有一九〇七年之《日法協定》，當日本與俄國拒絕諾克斯計劃時，法國政府即表示同情；就法國當時的立場

❼　故宮博物院輯，《清宣統朝外交史料》，第一五卷，第三三頁。

❼　同❶，第四〇八至四〇九頁；李齊芳，《中俄關係史》，第一二五五頁。

❼　B. Von Siebert, *Diplomatiseche Vorkriegsjahre*, p. 264.

❼　同❼，第二八頁。

言，認為錦璦鐵路一旦完成，俄國勢將增軍遠東，分散其防德之實力 ❼，及日俄協定通知巴黎，法國外交部機關報表示異常欣悅，以為俄國從此在歐洲方面可以多所顧及。對於美國，日俄此次協定頗有威脅意義，且針對諾克斯而發，華盛頓方面自感極度不安。且《日俄協定》醞釀期中，美國總統塔夫托於一九一〇年五月二日在匹茲堡城演說，特別聲明保持中國門戶開放政策並云：「吾人不能默認東亞方面與中國有關任何一國政府，暗中破壞此項政策」 ❼，但當德國政府不願積極聲援之情勢下，美國雖欲干涉，勢亦有所不能。美國政界當時意見咸以：「東三省從此不得視為中國疆土，各國利益均霑，及保全中國主權之說，竟成具文。美欲助中國力爭，無從下手。……」

關於歐陸列強中之德、奧言之，奧地利與俄國爭霸於巴爾幹，今俄國既弛其力於遠東，可竭全力於近東，以與奧抗，故對《日俄協定》，奧亦頗感不安 ❼。德國早已預料，諾克斯計劃必促成日、俄之接近，為避免兩國為滿洲權利而結同盟之危險局面，德國外交部曾密令德駐美大使，以極謹慎態度，勸美國政府關於錦璦鐵路問題，對俄國表示相當之讓步。日、俄公開協定通知柏林後，俄外相伊茲沃利斯基復向德駐俄大使特別聲明：「各國對於此種新約，無須懷疑不安，蓋滿洲門戶開放原則，完全依舊存在。」俄國政府雖有此聲明，但德皇始終認為俄國公開協定之外，必附有密約，並謂兩國顯係「強盜分贓」，所謂維持滿洲門戶開放，也是「廢話」 ❼。

此外，一九一〇年之《日俄協定》，對於歐局與遠東均產生重大之影響。對於歐局者，自日、俄有更深切之聯合，俄國解除東顧之憂，無異間接加強三國協商在歐洲之實力。同時，復得以照顧近東，阻撓德、奧勢力之深入，故巴爾幹斯拉夫民族一聞《日俄協定》成立，無不額手稱慶。例如，第一次歐戰導火線塞爾維亞之報章，當時即認為「此項條約，可使俄國前在遠東冒險虛用之實力，轉而注意巴爾幹，蓋巴爾幹宿與俄國有利害之關係。俄國政府迄今所持之遠東政策，影響巴爾幹之命運，實非淺顯。就波斯尼亞事件（一九〇八年奧併波、赫二州，俄國不得已表示讓步）俄國所持態度，即可知之。

❼ 王光祈譯，《美國與滿洲問題》，上海，中華，一九二九年，第三四篇。

❼ 同❼，第三五至三六篇。

❼ 同❼，第二八頁。

❼ 同❼，第三九篇。

此次俄國政策之變更，可使其在歐洲得有自由活動之餘地，足令塞爾維亞民族運動之前途，富有甚大之希望」❼❾。自是，憑藉強俄為後援之塞爾維亞民族運動，遂日益澎湃，卒構成歐洲大戰之導火線。

四、一九一二年第三次日俄密約之簽訂

第二次《日俄密約》訂立之後，俄國憑藉與日本的聯盟，增強了它在遠東的地位，並以捲土重來的聲勢，在中國的北滿與外蒙，謀佔多種的權益。

一九〇九年末，俄國已從英、法兩國獲得了五億二千五百萬盧布的貸款。這筆鉅款除用作清償軍事借款的定期支付之外，尚餘現金一億多盧布，可用來支付修築阿穆爾鐵路所需的經費，以及對北滿的投資，惟在中國重新投資與擴權等類的行動，仍需爭取日方的合作與支持，方能順利的推行。——此為促成第三次《日俄密約》的因素之一❽⓪。

其次，由於日俄在一九一〇年拒絕參加「滿洲鐵路中立化」的計劃，迫使美國暫時放棄了錦璦鐵路的建築方案，僅對中國整頓幣制與興辦實業的貸款計劃，依舊進行。美國政府為減少列強對此項貸款的阻礙，逕請英、法、德財團的合作，成立四國銀行團，共同分擔貸款，中國政府終於一九一一年四月與四國銀行團簽訂合同，要求貸款千萬英鎊。日、俄得知此項貸款的消息後，異常不滿，就藉口合同第十六條規定銀行團在滿洲三省有投資的優先權，侵犯了俄、日在該地區的特殊利益，同時提出抗議，兩國指責：這是美國有意插足滿洲地帶的一項圖謀，彼此應合力抵制，共同保持它們在此地區的獨佔權。——此為促成第三次《日俄密約》的因素之二❽①。

最後直接促使日本出而倡議締訂第三次《日俄密約》的推動力，則是俄方侵佔蒙古的企圖，俄國在外蒙的侵略活動，歷來是以利誘的策略，引導蒙古貴族轉向沙皇效忠，臣服於俄國為藩籬，變屬民為俄國的納貢人，再逐漸佔有他們的牧地。到了二十世紀的初年，這種情況才有所改變。根據自一九〇七年至一九一二年俄駐北京公使科羅斯托維茨 (Korostovetz) 的敘述：有關蒙古問題的交涉，是由俄方於一九一一年春季提出，仍採取中、俄兩國會商

---

❼❾ 同❼❺，第四五篇；〈德駐塞爾維亞代辦致德首相報告〉，一九一〇年七月二十日。

❽⓪ 李齊芳，《中俄關係史》，第三五六頁。

❽① 同❽⓪。

的途徑。當時俄國要求於中國者，為保持外蒙的現制，減少中國駐蒙的軍隊，縮小移民範圍，而中國政府認為此項條陳，有關中國內政，斷然拒絕。因此俄方始改計，採用最簡便的手段，與外蒙王公交涉，以保持俄國在蒙古之既得利益 ❽❷。

　　一九一二年一月十一日，俄國外相沙佐諾夫 (Sazonov) 忽然發表一份舉世矚目的公報，聲明帝俄政府已通知清政府：俄國願在清政府和蒙古之間擔任調人，條件是中國不得在蒙古駐軍、移民和設置行政機構，中國在蒙古的一切措施，必須徵得俄國同意。這份公報中彷彿說的是外蒙問題，但全文並無一處出現「外蒙」的字樣，從頭到尾都使用「蒙古」一詞，它既可理解為僅指外蒙，也可解釋為泛指整個內、外蒙古。顯而易見，俄國在一份向全世界公布的外交文件中，採用這樣一個含糊不清，絕非出於疏忽，而是經過仔細考慮過的。它巧妙設計的用心是：如果各國特別是日本對這個用語沒有提出異議，帝俄政府即有理由認為他們已經默認，俄國在全蒙古（包括內蒙）享有特殊地位。公報發表後，引起日本政府極大的關注。一月十六日，東京內閣舉行會議，專門研究俄國在內蒙的動向和日本的對策。日本外務大臣內田在會上強調指出：俄國政府在上述公報中，聲稱俄國與蒙古有特殊關係。「而其所主張之特殊關係，彷彿並不限定於外蒙範圍以內。對此帝國政府若默然放過，即有恣縱俄國不顧《日俄密約》（即一九〇七年第一次《日俄密約》）第三條之規定，而將其特殊關係向蒙古全域擴張之虞。因此，本野大臣認為：帝國政府有必要即時就俄國政府上述公報中所述『蒙古』一詞之含義向該國政府提出質問。」❽❸ 會議採納了他的建議，並決定藉此機會向俄方提出劃分兩國在內蒙古勢力範圍的要求。

　　一月十七日，本野向俄國外交大臣沙佐諾夫遞交備忘錄，就公報中「蒙

❽❷　郭索維慈 (Korostovetz) 著，王光祈譯，《庫倫條約之始末》，臺北，臺灣學生，一九八六年，據一九三〇年上海中華書局版本影印，第三頁；此書原係科羅斯托維茨所著《從成吉斯汗到蘇維埃共和國》一書中的第一二、一三、一四、一五、一六、一八等章的內容，由王光祈根據德文譯為中文，並改名為《庫倫條約之始末》。著者係於一九一二年親往外蒙主持談判，並簽署庫倫條約之人，所言值得重視。

❽❸　〈日本政府關於開始第三次日俄密約談判的內閣會議決議〉，一九一二年一月十六日；鄒念之編譯，《日本外交文書選譯——關於辛亥革命》，第一五〇至一五一頁。

古」一詞的確切含義，提出嚴厲質問。當時，日本已成亞洲唯一軍事強國，帝俄對華侵略在很大程度上還仰賴日本的支持，自然在內蒙古問題上也不能排斥日本的侵略要求，因此沙佐諾夫見計謀已被日本識破，只得聲明公報中的「蒙古」一詞指外蒙而言，俄國政府絕無違反《日俄協約》的原則，而另行活動之意❽。十八日，本野會見俄國總理大臣科科弗曹夫，正式提議兩國劃定在中國內蒙古的勢力範圍，科氏表示同意。這樣，日、俄雙方就瓜分內蒙問題舉行談判一事，取得一致意見。

一月二十一日，日本政府擬定瓜分內蒙古的具體方案，主要內容是：㈠延長第一次密約規定的兩國勢力範圍分界線，由托羅河（洮兒河）與東經一百二十二度交叉點起，沿烏瓏楚爾河至木什匣河與哈爾達蘇臺河分水線，再沿黑龍江省與內蒙古境界線至內、外蒙境界線❽。以張家口至庫倫的大道為界，劃內蒙古為東西兩部，日本政府承認俄國在該分界線以西部分的內蒙古享有特殊利益❽。上述第一點是一九〇七年分界線向西延長，目的是劃定兩國在東三省西部的勢力範圍；第二點是該方案的核心，自北至南將內蒙古分為兩半，西部屬俄國勢力範圍，東部屬日本勢力範圍。二十四日，本野奉命將提案遞交沙佐諾夫。

日本在提案第一點中承認俄國在呼倫貝爾地區享有特殊地位，俄方認為滿意，至於第二點，俄國政府雖已在原則上同意和日本瓜分內蒙，但總想侵佔更多之土地，絕不甘心同日本平分。因此，俄國堅決反對日本提出內蒙分界方案，並決定將這一問題作為雙方談判的重點。二月二十日，俄方外交部向本野提出口頭照會說：「從俄國的利益來看，聯結庫倫、張家口、北京、天津的道路所經過的地帶，是內蒙古最重要的部分。俄國商隊往來必經這些道路；俄國正是沿這條路線維持著同中國的郵務往來；張家口這一向俄國陸路

❽　〈日駐俄大使本野覆內田外務大臣電〉，一九一二年一月十八日；鄒念之編譯，《日本外交文書選譯——關於辛亥革命》，第一五二頁。

❽　關於烏瓏楚爾河、木什匣河及哈爾達蘇臺河的方位，參看鄒世治等繪，《大清一統輿圖》，北四卷，頁中。

❽　〈日本駐彼得大使致外交大臣通知〉，一九一二年一月二十四日；《國際關係文件》，第二編，第一九卷，下冊，第三八三號文件；鄒念之編譯，《日本外交文書選譯——關於辛亥革命》，第一五八頁。

貿易開放，並有俄國人居住的城市，正位於這條路線穿過長城的地點。在這個情況下，帝國政府不能承認日本在其提交俄國方案中所指定的地區內享有特殊利益；不能放棄俄國在這些要害地方根據《中俄條約》所享有的地位。」因而需要將勢力範圍擴展到該省邊境，日本提案阻斷了俄國進入直隸省一切通路，俄國政府不能同意 ❽ 。總之，俄國堅決要求獨佔庫倫至張家口一線及其附近地帶，以遂其控制內蒙要害地區和進一步向直隸擴張，威脅京、津的野心。

日本政府也力圖通過談判為自己謀取最大限度的利益，但是由於俄國視庫倫、張家口一線為禁臠，不容日本染指，便決定在這個問題上稍作讓步，以免使談判半途而廢。於是，日本政府於四月二十日照會俄國政府說：日本前次提案「係毫無意妨害現時庫倫、張家口商路的自由和安全，或者損害俄國的條約權利」；如果俄國政府仍持反對態度，日本帝國政府願將分界線定於該商路以東足以避免從日本勢力範圍干擾該商路的地方 ❽ 。同時，本野向沙佐諾夫提出，希望分界線不要距庫倫至張家口的道路太遠。

俄國外相沙佐諾夫接到日本來照後，喜形於色，一面向本野表示兩國意見日趨接近，問題不難解決，一面和總理大臣緊急會商，決定繼續要求日本作更大之讓步。五月一日，俄國政府乃提出自己的分界方案，共分三條，其中第二條這樣寫道：「內蒙古分為兩部分：一部分位於北京經線（東經一百一十六度二十七分）以東；另一部分位於此線以西。俄羅斯帝國約定，承認日本在上述經度以東的內蒙古享有特殊利益，並予以尊重；日本帝國政府約定，承認俄國在上述經度以西部分的內蒙古及這一地區境外的中國領土上享有特殊利益，並予以尊重。」 ❽ 這就是說，日本應該確認俄國的勢力範圍不僅包括內蒙古大部分，而且還包括今寧夏、甘肅、和新疆等中國西部廣大區域。同日，俄國外交部在面交一份備忘錄中也明確的表示：新條約中應寫明日本承認俄國在中國西部地區享有特殊利益 ❾ 。

---

❽ 〈俄國外交部致日本駐聖彼得堡大使本野口頭照會〉，一九一二年二月二十日；《國際關係文件》，第二編，第一九卷，下冊，第四九九號文件。

❽ 〈日本外務省致俄國外交部備忘錄〉，一九一二年四月二十日；《國際關係文件》，第二編，第一九卷，下冊，第七八七號絕密文件。

❽ 《國際關係文件》，第二編，第一九卷，下冊，第八三四號文件附錄。

　　日、俄雙方在開議之前，原已商定此次定約限於劃分兩國在內蒙和東三省西部的勢力範圍，俄國的新要求完全違背上述原則，引起日方極大不悅。五月十日，日本內閣會議討論俄方的提案，認為可以向俄國再讓一步，同意以北京經線劃分兩國在內蒙的勢力範圍，但是絕不能同意在約文中規定俄國在中國西部享有特殊利益，否則此次協約將成為不平等條約。十八日，本野向沙佐諾夫詳細陳述了日本政府的上述立場。而沙佐諾夫力圖通過第三次密約全面劃分兩國在華的勢力範圍，這時竟以中國福建省作為籌碼，表示如日本接受俄國的要求，俄國政府也可同意在條約中寫明：俄國承認日本在福建省享有特殊利益。雖然日本對福建早有野心，但是日本又深恐這樣一來，將使日俄協約「涉及中國全面問題」，難保不引起他國之反對，因此，本野當即表示拒絕。隨後沙佐諾夫又說：如果日本堅持反對意見，條約中也可不提俄國在中國西部地區的特殊地位，但另以交換密約條件形式加以規定。本野再次拒絕，並向沙氏提出警告：如果俄國政府堅持此種要求，帝國政府即不得不中止此項談判❾１。言畢辭去。

　　由於日本強烈反對把條約適用範圍擴大到中國西部，俄國最後只得放棄這一要求。五月二十二日，沙佐諾夫將此項決定通知本野，同時，要求日方以書面形式詳細說明反對這樣作的原因。本野對此表示同意。二十七日，日本政府照會俄國政府說，俄國希望日本在密約中承認其在中國西部享有特殊利益，日本帝國政府認為此次商談之協約，其適用範圍應限於滿洲及內蒙古兩地區。倘若俄國政府堅欲維持上述條文，則日本帝國政府亦不得不提出日本在中國其他地區如福建省等地所享有之權利及利益，要求俄國政府予以承認。如此結果，即等於在時機到來之前，開始商談中國全面問題，而日本帝國政府則認為目前還不是討論此等問題之時機❾２。這實際上是說：日本之所以不贊成在密約中所涉及中國西部地區，僅僅因為全面瓜分中國的時機目前

❾０　〈俄國外交部致日本駐聖彼得堡大使本野備忘錄〉，一九一二年五月一日；《國際關係文件》，第二編，第一九卷，下冊，第八三四號絕密文件。

❾１　〈日駐俄大使本野致內田外務大臣電〉，一九一二年五月十九日；鄒念之編譯，《日本外交文書選譯——關於辛亥革命》，第一七三頁。

❾２　〈日本政府致俄國政府不署名備忘錄〉，鄒念之編譯，《日本外交文書選譯——關於辛亥革命》，第一七五頁。

尚未成熟，並無根本否認俄國在中國西部享有特殊地位之意。沙佐諾夫接到照會後，立即面奏沙皇說：「我們的目的是為自己保有在中國西部的行動自由」；日本來照中「提及俄國在中國西部的特殊利益」，符合俄國的目標，可以認為滿意 **93**。

以俄國撤回上述要求為契機，日、俄談判迅速達成全面協議。一九一二年七月八日，日本駐俄大使本野一郎與俄國外交大臣沙佐諾夫在聖彼得堡簽訂密約三條，劃分兩國在中國內蒙古之勢力範圍，是為第三次《日俄密約》，其條文如下：

為確定並完成一九〇七年七月三十日及一九一〇年七月四日兩次之密約，並防止關於滿、蒙特殊利益可能之誤解起見，俄、日兩國政府決定展長一九〇七年七月三十日密約之分界線，並劃定內蒙古之特殊利益範圍，茲協定下列之條款：

第一條　從洮兒河與東經一百二十二度相交之點起，分界線應沿烏瓏楚爾河與木什匣河而行，直至木什匣河與哈爾達蘇臺河之分水線；由此再沿黑龍江省與內蒙古之分界線而行，直至內外蒙古之境界終點止。

第二條　內蒙古分為兩部，北京經度一百一十六度二十七分以東之部及以西之部。帝俄政府擔任承認及尊重日本在上述經度以東內蒙古之特殊利益；日本帝國政府擔任同樣義務，尊重在上述經度以西之俄國的特殊利益。

第三條　兩締約國對本約須嚴守私密 **94**。

此次密約，實係一九〇七年所訂第一次《日俄密約》及一九一〇年所訂第二次《日俄密約》的補充，將兩國對華的侵略圈由東北三省擴展到內蒙古。依照以往的慣例，日、俄兩國並將密約全文於簽字前通知了英、法政府，請求同意。自是，第三次《日俄密約》不僅為兩締約國之問題，且為整個協商所關切之問題，並藉此以增強協商國之團結。事後，美駐華公使卡爾洪

93　〈俄國外交大臣上尼古拉二世奏文〉，一九一二年六月四日；《國際關係文件》，第二編，第二〇卷，上冊，第一三〇號文件；六月七日，尼古拉二世在奏文上批示「同意」。

94　V. A. Yakhontoff, op. cit., p. 379；蒲萊思，《一九〇七至一九一六年關於滿洲和蒙古的俄日條約》，附錄四；格林姆，《有關遠東國際關係史的條約及其他文件匯編》，第一八〇頁。

(Calhoun) 對五國銀行團及《日俄密約》等事件，電其政府作極正確之批評云：
「⋯⋯凡此均為基於三國協商之路線而調整英、法、俄間的關係之表示。⋯⋯
非為援助中國之國際友誼合作，乃藉共同利益以達自私之個別政治目的之列
強集團耳。」**⑨⑤** 此時，美國雖然有這個認識，但也無法協助中國擺脫國際間之
困境。

五、一九一六年第四次日俄密約之簽訂

日俄第三次密約締結未久，日本派桂太郎為特使，訪問俄國表示親善，
進而有瓜分中國之擬議 **⑨⑥**。一九一四年歐戰爆發伊始，法國政府向日本提議
締結與英、日同盟相似之日、法同盟時，駐東京俄使馬列夫斯基 (Malevsky) 認
為日、法同盟一旦成立，俄國與日本有迅速結盟之必要，否則俄在遠東之地
位勢必遜於法國，而其地位之鞏固，恐尚不如第一次英、日同盟前之情況 **⑨⑦**。
未幾，俄國外相沙佐諾夫向英國外相葛雷建議締結英、俄、日同盟，互相保
障三國在遠東之利益 **⑨⑧**。葛雷答以：如日本對德宣戰，根據《英日盟約》，英
國之與日協商，並通知俄法；俄法可與日本會商聯合，無須締結三國同盟，
亦能獲得同一之效果 **⑨⑨**。此歐戰初期協商諸國在遠東醞釀之情況。一九一五
年夏季間，俄國開往東普魯士及奧國邊界作戰的大軍，都被德國軍隊擊敗，
傷亡慘重，波蘭、立陶宛、庫爾蘭 (Courland)、西俄羅斯領地均告淪陷，此時
俄軍頓感軍械缺乏，士兵之無武器者達百分之三十 **⑩⑩**。俄國以重工業生產落
後，軍需生產供不應求，欲繼續作戰，不得不求助於英、法，而尤以實際上
未加入在歐作戰之日本為其軍需品之主要供給者，俄國政府之聯日政策因之
亦日趨積極。

---

⑨⑤　*Foreign Relations of U. S.*, 1913, "Calhoun to Knox," Feb. 21, 1913, pp. 164–165.

⑨⑥　Gerard, *Ma Mission au Japan*, p. 236.

⑨⑦　M. O., Vol. VI, p. 100.

⑨⑧　Ibid., Doc. 23.

⑨⑨　Ibid., VI, Doc. 102；G. P. Gooch, *Recent Revelations of European Diplomacy*, p. 167.

⑩⑩　Macheal T. Florinsky, *The End of the Russian Empire*, New York, Collier Books, 1961,
pp. 33–34; Bernard Pares, *The Fall of the Russian Monarchy*, New York, Vintage
Books, 1939, Chapter XII; Georg von Rauch, translated by Peter and Annette Jacobsohn,
A History of Soviet Russia, New York, Praeger, 1964, 4th ed., p. 34.

此時，正當日本強迫袁世凱簽訂二十一條不平等條約，美國政府亟欲對日本侵略政策採取干涉行動，乃要求俄國政府支持美國立場，俄國外交部以與日本有同盟為詞，不予贊同[101]。同時，駐華俄使庫明斯基在中日交涉吃緊期間，一面向袁世凱表示同情，一面供給駐華日使以有關之情報，以求取得日本之好感[102]。此俄國政府拒絕美國請求共同干涉日本一舉，日本外相向駐日俄使表示深切之謝意[103]。此俄國政府利用當時中、日交涉二十一條緊張之局面，對日增進友誼，以期促成《日俄盟約》之訂立。英國政府亦頗希望日、俄締結同盟，葛雷外相向俄國提示，謂：日本政府加入一九一四年九月五日英、法、俄所簽訂「與德作戰到底，不單獨與德媾和」之《倫敦協定》（*The Paet of London*——日本於一九一五年十月十九日始加入），然一時尚無在歐戰期間與俄國訂立「永久同盟」之意，但俄國如相機直接與日本談判，則兩國關係有增加之可能[104]。俄國時正感軍械極為缺乏，遂乘機請求日本援助，表示兩國有增強政治關係之必要。俄國外相致駐日俄使電有云：「我國軍隊急需百萬支槍械之補助，帝國政府特向日本政府請求此項援助。日本政府表示願為我助，俄國自當永誌不忘。歐洲戰局之嚴重，使俄國不得不求助於日本，且俄國素來深感日、俄兩國政治上有緊密連繫之必要，亦為日本外相加藤所熟知者。余負全責聲明：為獲得此項連繫起見，帝國政府同意盡其可能，許日本以有利之條件，請即以此意向日本政府表示。……且英、法兩國政府業已得悉吾人所採之步驟，均希望日本政府允諾俄國之要求。」[105]

當日俄同盟醞釀期間，中國政府深感不安。袁世凱尋派員探詢駐京俄使，他仍閃爍其詞，答以：在對德奧戰爭未結束前，關於日俄同盟之正式談判，似非其時。為應付日本之進逼，袁世凱師李鴻章故智，擬聯俄以制日。俄使庫明斯基認為中國局勢「今非昔比」，中國既無作戰之實力，又不能使俄國獲得實際之利益，俄國之援助中國，實無利可圖，且在日俄友好之情況下，中俄同盟之希望，更將成為幻想。

---

[101] M.O., VII, Doc. 725.

[102] Ibid., VII, Doc. 746.

[103] Ibid., VII, Doc. 786.

[104] Ibid., VII, Doc. 440.

[105] Ibid., VIII, Doc. 470.

　　就在這個時候，德、日在北京正進行積極之勾結活動，及德國有意許日本於戰後在華有自由行動之權，以期獲得日本在戰中對德好感之傳聞，使俄國深切注意 ⑩。為傾全力對德於歐陸，而同時又能保障其遠東地位起見，俄國之聯日遂有急轉直下之勢，俄國外相在國會情緒熱烈的演講，謂：「……對於俄、日兩國作政治上緊密聯合之問題，近來日本情報業有所論列，深得我方輿論之感應。自《樸茨茅斯和約》締結之十年中，俄、日已有相處相安之可能，此對於雙方，均相互有利。吾人與日本實際上之聯盟關係，目下已形成緊密結合之基礎。」 ⑩對沙佐諾夫之演講詞，日本輿論立表同情，甚至有以對俄邦交調整之遲滯歸咎其政府者。前以內政問題攻擊外相加藤者，轉而責其不速與俄同盟，以致貽誤事機 ⑩。此時，正當大隈內閣改組，加藤外相去職，駐法日使石井調任外相。俄國政府頗注意日本新外相之態度，在石井離法使任前，駐法俄使伊茲沃利斯基（俄國前任外相）就軍械供給及俄日聯盟問題，向法國外交部探詢石井政見。法外相告以：據其觀察日俄同盟及軍械供給事均為日本所樂為。因石井向之表示：日本輿論及政府當局均願與俄國密切合作；惟對俄國是否放棄已故伯爵威特之政策一點（威特對日有成見，主張聯德），日本不無懷疑。為解除日本懷疑起見，彼（法國外相）已向日本解釋威特即令對日有成見，「但其人已亡，其政策也隨之俱亡。此為日本援助俄國復生之最佳時機，亦即援助俄國及其盟友戰勝德國之表現」 ⑩。由此可知，對於日俄同盟及供軍械問題，英、法兩國均甚關切，而盡力從中促成，以團結整個協商，而對付強德。

　　日本大隈內閣改組後，俄國遂向日本請求援助，對於軍械供給一節，大隈表示：日本當在無妨礙其軍需生產及軍事配備之原則下援助俄國，至對兩國政治問題，大隈聲明：自歐戰爆發，日本對俄國不但保證友好，且表示俄國盡可將其西伯利亞軍隊調至歐洲戰區，日本軍隊於必要時，可代俄國維持遠東區域秩序之責 ⑩。同時日本外相石井於其離法履新前，詢問駐巴黎俄使

⑩　Ibid., VIII, Doc. 485.

⑩　Ibid., VIII, p. 53, foot note.

⑩　Ibid., VIII, Doc. 486.

⑩　Ibid., VIII, Doc. 534.

⑩　Ibid., VIII, Doc. 556.

伊茲沃利斯基：俄國聯英日之政策在其國內能否終佔優勢？威特之擁護者力量如何 ⑪？俄國外交部訓令伊茲沃利斯基回石井聲明：已故伯爵威特放棄英、日而與德聯合之政策，均為俄國政府及輿論所反對。俄國政府現決計與英、日聯合，並將強調與兩國之關係 ⑫。當石井經倫敦返國，英國外相葛雷告以日俄同盟以及軍械援俄之重大關係，並請日本加入倫敦宣言 ⑬。

　　日本政府當時對日俄同盟有兩派之主張：前外相加藤認為在歐戰東線吃緊之時，與俄國締盟，尚非其時；元老派之山縣有朋及松方井上兩侯爵則不計歐戰局之演變，力主訂立《日俄同盟》；新任外相石井無顯明之主張，以閣議為依從。其時大隈內閣傾向於歐戰後再與俄同盟之建議 ⑭，經慎密考慮後，日本政府一九一五年九月二十三日，始決定正式加入倫敦宣言，駐日英使與大隈會談之餘，即向俄國提示：日本加入倫敦宣言，使日、俄締盟易於推進，俄國政府應勿失此良好時機 ⑮。自是，日、俄締盟之商談漸趨具體化。除元老派主張聯俄外，尚有一部分有力之日本軍人，亦亟盼日、俄從速訂盟，乃向日宮御醫俄人費多諾夫 (Fedonov) 暗示：如沙皇能派一皇族大員訪日，必能發生良好之影響。且可增強日本援俄戰德之主張。費氏據以奏聞，沙皇欣然接受其建議。

　　一九一五年十二月，沙皇尼古拉二世借祝賀日皇大正加冕的名義，決定米哈諾維奇 (Михайлович М.) 大公訪日，隨行之重要人員為俄國外交部顧問卡扎科夫 (Казаков)，其主要任務為：除增進日、俄關係外，向日本政府表示兩國團結以抵抗德國在中國勢力之必要。十二月二十八日，大公一行從聖彼得堡啟程，經西伯利亞、中國東北和朝鮮前往日本。途經安東（今丹東）時，日本駐朝鮮總督寺內正毅前往迎接。卡扎科夫就日、俄結盟問題與寺內舉行長談提出：「俄國和日本成為盟國以後，自然指望互相提供某些幫助，俄國政府希望從日本得到俄軍必需的武器。……至於日本政府，雖然實際上不應在大的政治聯合中摻入小的利益問題，但為了避免有人責難，說日本沒有從日、

---

⑪　Ibid., VIII, Doc. 561.

⑫　Ibid., VIII, Doc. 574.

⑬　Ibid., VIII, Doc. 574.

⑭　Ibid., VIII, Doc. 754.

⑮　Ibid., VIII, Doc. 829.

俄親善中得到相應的好處，它可以向我們要求給予某種補償，例如將位於日本利益範圍內的中東鐵路支線讓給日本，或在不觸及俄國領土主權的其他方面的補償。」(116)寺內對俄國以中國主權同日本作交易的想法，「深表同情」，答應「在元老和內閣面前，給予最積極的支持」(117)。

大公等抵達日本後，卡扎科夫又就上述問題，繼續和日本外相石井菊次郎磋商。日方對俄國政府的願望表示同情，但暗示俄國應將長春至哈爾濱的全部中東鐵路支線讓給日本。卡扎科夫表示俄國只能讓出松花江以南位於日本利益範圍內的一段鐵路，沒有完全滿足日本的希望。同時關於向俄國提供大量武器問題，日方擔心會遭到陸軍內部的反對，表現猶豫不決。一九一六年一月二十一日，大公一行離開東京前夕，石井向卡扎科夫冷淡地表示：㈠日本政府同意俄國意見，必須將德國勢力趕出中國，但認為無需為此訂立書面協定；㈡關於提供武器問題，日本願意盡力而為，但不能做出約定(118)。

當時日本政府內，對大政方針發生指導作用的元老山縣有朋、井上馨和松方巫義等人，力主通過日、俄同盟來實現日本軍國主義的擴張計劃。他們得知石井對俄方的答覆後十分不滿，便委託寺內正毅消除誤會。寺內在朝鮮再次和回國途中的大公一行舉行會談，慷慨許允：日本「在三週內可以送交兩千萬發子彈，其他問題雖不能確切答覆，但我想會作很好的研究。」(119)

二月十四日，日本內閣決定就提供武器和結盟問題與俄國積極進行正式磋商。接著外務省擬定協定草案、訓令駐俄大使本野據以交涉。日俄雙方在嗣後經兩個多月的反覆進行討論。二月十八日，本野向俄國外交部遞交備忘錄要求：㈠將長春至哈爾濱的鐵路讓給日本；㈡調整俄國遠東關稅稅率；㈢承認日本在俄國領域遠東領海內有捕魚權。該備忘錄同時指出：如果俄國同意將長春至哈爾濱的鐵路讓給日本，日本政府願意「在一定程度上滿足俄國關於提供武器的要求」；如果俄國政府同意接受以上三項條件，日本帝國政府非常樂意同俄國討論並締結同盟條約(120)。

---

(116) 〈第四政治司顧問卡扎科夫報告〉，一九一六年二月二十三日；《國際關係文件》，第三篇，第一〇卷，第二四五號文件。

(117) 同(116)。

(118) 同(116)，一九一六年一月二十一日；同(89)，第三編，第一〇卷，第四一號文件。

(119) 信夫清三郎，《日本外交史》，北京，商務，一九八〇年，第二七四頁。

　　俄國政府經過研究後，於二月二十五日書面答覆日本說：㈠如果日本給予俄國援助，俄國政府為了表示酬謝，願意考慮日本的利益，修定關於捕魚權和關稅的章程；㈡俄國希望和日本結成同盟，共同消除德國在華勢力，並主張敦促中國政府對德斷交和宣戰。同時，「俄國政府願向日本政府保證：俄國政府建議這一行動方式，絕對無意鼓勵中國人要求在目前戰爭中獲得參戰國的權利，並在議和時得到發言權。俄國政府清楚地看到這類要求對俄國政府自己及日本政府可能產生不利後果。作為日本忠實盟國，俄國絕不會幹出損害日本在華利益的事，不會妨礙日本政府在俄國政府承認屬於日本特殊利益範圍的中國各地，鞏固自己的地位。」這就是說，俄國政府之所以主張吸引中國參戰，只不過為了利用它作為協約國的僕奴；無論現在或未來，俄國絕不允許中國採取反抗日本侵略的行動，日本政府對此不必有任何顧慮；㈢兩國結盟後，俄國希望從日本得到更多的武器援助，其數量應「相當於日本軍隊如積極參加反對共同敵人的戰鬥將耗去的軍火」。俄國政府為了報答日本，願將位於日本利益範圍內的中東鐵路即長春至松花江路段售予日本 ❶。

　　從上述俄、日交涉之第一回合充分表明：這次締盟談判不僅意味著兩國對於侵華進一步之勾結，而且也暴露了他們在爭奪中國的權益方面之深刻矛盾，日本力圖獲得直至哈爾濱的整個中東鐵路支線，從而將自己的勢力伸張到北滿，而俄國政府則一面保證支持日本在中國的擴張，一面又竭力鞏固俄國在北滿的陣地，並要求日本在中國參戰問題上與俄國採取一致步調。

　　日本政府對於中國參戰問題與俄、英、法之觀點，完全不同。對於俄國所提要求中國參戰一事，表示堅決反對。絕不同意中國參戰。蓋以中國不在其指使下而參戰，必致增強中國在戰中及戰後之國際地位，而影響日本宰制中國之企圖，故對於俄國要求中國參戰之建議，內心深感不滿，而以種種藉口阻撓其實現。同時，日本外相石井訓令本野向俄國政府申述：關於中國問題，日本政府一九一五年十一月，曾向有關列強聲明中國不宜參戰；今中國局勢日趨惡化，參戰更形困難 ❷。俄國政府乃請英國探詢日本政府反對中國

❶　〈日本駐俄使館致外交部備忘錄〉，一九一六年二月十八日；同 ❽，第三編，第一○卷，第二一七號文件。

❶　〈外交部致日本駐俄大使本野備忘錄〉，一九一六年二月二十五日；《國際關係文件》，第三編，第一○卷，第二五四號文件。

參戰之企圖何在？英國外交部答以：日本之反對中國參戰就是恐怕中國國際地位一躍而與聯軍同等，妨礙其在華侵略勢力之發展。為俄國計，莫如放棄要求中國之參戰問題，專致力於爭取日本之合作，以削弱德國在華之利益 ❿。駐日俄使旋亦向俄國外交部密報謂：日本早已蓄意乘歐戰期間，增強其在華之優越勢力，如不得日方同意，必致引起其誤會，甚至造成嚴重之威脅 ❿。

　　在上述情況中，俄國為了與日本早日締盟，以及獲得日本軍械之接濟，及保障其在遠東地位之安全，結果，不僅放棄其勸告中國參戰之建議，而對袁世凱稱帝問題也放棄其觀望態度，且與日本採取一致行動，反對袁氏帝制；並對日方締盟條件之要求，亦作相當之讓步，允將長春至松花江間之中東鐵路讓與日本，不顧中國同意與否，日人得在勢力範圍之松花江航行。自是，遷延幾達二年之日、俄締盟談判經英、法從中協商，始得解決。一九一六年七月三日，日本駐俄大使本野與俄國外交大臣沙佐諾夫，根據俄國政府之草約原則 ❿，在聖彼得堡簽訂日俄「公開協定」二條，「密約協定」六條。是為第四次《日俄密約》。公開協定約文如下：

　　俄羅斯帝國政府及日本帝國政府為協力維持遠東之永久和平，協定以下之條款：
第一條　俄國將不加入對抗日本國之任何措置，或政治聯合。日本將不加入對抗俄國之任何措置，或政治聯合。
第二條　締約國之一方，遠東領土權利，或特殊利益，為另一締約國所承認者，若發生危害時，俄、日兩國將協商辦法，相互協助，或合作，以保衛彼此之權利與利益 ❿。

　　俄日兩國同日簽訂之密約條款如下：

　　俄羅斯帝國政府及日本帝國政府，為增強一九〇七年七月三十日、一九一〇年七月四日及一九一二年七月八日各密約所締結之忠誠友誼關係起見，協定下列

---

❿　M. O., X, p. 202.

❿　Ibid., X, Doc. 378.

❿　Ibid., X, Doc. 461.

❿　Ibid., X, Doc. 380；一九一六年三月十八日，〈俄國外交部致駐俄日使備忘錄〉，提出日俄密約草案及說明。

❿　V. A. Yakhontoff, op. cit., pp. 379–380.

各條款，以完成上列之各協定：

第一條　兩締約國承認，雙方重要利益需要中國不落在有敵視俄國或日本之可能
　　　　的任何第三國政治勢力之下，將來遇有必要時，須開誠交換意見，並協
　　　　定辦法，以阻止此種情勢之發生。

第二條　若因雙方同意採行上條所舉之協定辦法，兩締約國之一方須與上條所指
　　　　定之第三國宣戰時，則另一締約國一經請求，即須援助，且兩締約國在
　　　　未得彼此同意之先，不得單獨媾和。

第三條　上條所規定之軍事援助之條件及方法，應由兩締約國負有相當權威之人
　　　　員判定之。

第四條　但雙方了解：兩締約國之一方，若不能獲得其他同盟國予以與行將發生
　　　　之衝突的嚴重性相符之合作保障，則無須給另一締約國第二條所規定之
　　　　軍事援助。

第五條　本約自簽訂之日發生效力，其有效期間，繼續至一九二一年七月十四日
　　　　為止。

　　　　如締約國之一方在本約滿期前十二個月，未將不願繼續之意思通知對方，
　　　　則本約繼續有效，直至由締約國之一方通知不續約之日起，算滿一年為止。

第六條　兩締約國須嚴守本約之私密 ⓘ。

　　　　按第四次《日俄密約》規定：於必要時，兩國得協同以武力制止第三國
政治勢力之侵入中國，其性質等於軍事同盟。前此之諸密約，僅劃分滿、蒙
的勢力範圍。日、俄在第一次之公開協定中尚有維持中國領土、主權完整之
規定。而此次之密約，無異視整個中國為日、俄之保護區域，在公開協定中，
竟直然規定採取聯合行動，以保衛兩國在遠東的權利與利益，是日、俄之利
益範圍由滿、蒙擴大為整個遠東。另密約中作為假想的所謂「有敵視俄國或
日本之任何第三國」者，主要是暗指美國 ⓘ。因為自日俄戰爭結束以來，美
國一直是與日、俄爭奪中國權益的主要競爭對手。同時，這個第三國也兼指
德國，目的是要防止它有朝一日在中國捲土重來。此外，這個密約在一定程
度上，也有影射英、法之意 ⓘ。然而當時既有法俄同盟、英日同盟，復有英

ⓘ　Ibid., pp. 380–381.

ⓘ　Gerard, op. cit., p. 236.

法協商、及日法協約之存在，則日俄盟約之規定，勢不能顧及此種頗為錯綜複雜之微妙關係。當駐俄日使本野提出其關於《日俄盟約》之私人草案時，原有擬以第三國明指德國而言之主張❸。俄國外交部亦向日本表示：「在俄、日兩國與德國發生軍事衝突之場合下，如未能獲得其他同盟國（指英、法兩國）之軍事合作，兩國負擔未免過重，故有使俄日同盟與現今各協約國所形成之『政治體系』(Systime Poligue) 相聯繫之必要；對於由現時大戰中勢必形成之列強集團，亦須顧及。且《法俄盟約》及《英日盟約》中，並無以抵抗第三國在中國樹立政治霸權之趨勢，為構成『敵視原因』之規定，為謹慎從事起見，日、俄兩國政府只有在獲得其他同盟國軍事援助之保障下，始能確然採取軍事合作」；並建議規定《俄日盟約》與《英日盟約》的同一時效❸。此蓋使有關「協商國」諸盟約不互相抵觸，進而使之協調，成為一有力之「協商體系」以對抗德國，亦即《日俄密約》中第四條之規定。換言之，此次《日俄密約》之訂立，直接為日、俄暗中企圖宰制中國，間接為強調俄法同盟及英日同盟之關係。但日、俄兩國雖以中國為其侵略之共同目標，然而實際上日本早已具有獨霸中國之野心。俄國政府所提密約草案原有：「兩締約國之一方，不預先得他方之同意，不得與第三國締結有關中國內部之政治條約或協定之規定」❸，後以日本堅決之反對而刪除。

綜觀《日俄密約》實為日俄戰爭之產物，這場戰爭不僅使俄國不再謀求對日本報復，反而自願與敵對的競爭者結為軍事同盟的合作夥伴，並以中國為共同侵略之目標。

日、俄兩國又為達成上述侵略目標之戰略計劃，乃自一九〇七年至一九一六年先後簽訂四次密約：第一次《日俄密約》的發動於俄國，簽訂於一九〇七年，立約的主旨是劃分雙方在南、北滿的勢力範圍，但在談判的過程中，俄方乘機將範圍擴大到外蒙，要求日本承認其在外蒙有特殊的利益；第二次《日俄密約》締結於一九一〇年，為日本所發動，其主要目的是結合雙方的力量，共同排拒美國的滿洲鐵路中立化及建築錦璦鐵路等計劃，以維持它們

---

❿　列寧，〈論單獨媾和〉，見《列寧全集》，第二三卷，中文第一版，第一二七頁。

⓭　M. O., X, Doc. 243.

⓭　Ibid., X, Doc. 380.

⓭　Ibid., X, Doc. 380,〈日俄密約草案〉。

在中國既得的利益；第三次《日俄密約》簽訂於一九一二年，當時正值中國發生辛亥革命之際，俄國乘機在蒙古進行多方侵略，於是觸動了日本政府的警覺，乃積極要求雙方立約，劃分內蒙古的界限，以防止越界侵略；第四次《日俄密約》簽訂於一九一六年，當時俄國已捲入歐洲大戰兩年有餘，前線的俄軍屢受德國重擊，損失慘重，為求自日本獲得大量軍械的供應及其在遠東地位安全之保障，不惜讓予在中國東北部分權益為條件，要求日方訂立一項軍事同盟，將兩國軍事保衛的區域擴大到整個遠東 ⑬ 。

當《日俄同盟》訂立，俄國獲得日本大量之軍援後，對德戰爭雖一度進攻到達匈牙利，戰情稍有轉機，然由於其國內政治日趨腐敗，經濟已瀕臨破產，軍需品仍日形缺乏，而軍事進展因以停滯。一九一七年春，內則革命高潮不可遏止，外則對德戰爭節節敗退，羅曼諾夫王朝已面臨千鈞一髮之際，自救不遑，豈能顧及遠東，日本更可乘機積極侵略中國，以獨取《日俄同盟》之實惠。一九一七年三月五日，日、俄關於中國山東問題之秘密諒解，為帝俄犧牲中國以畀日本之最後禮品。一九一七年十月俄國發生大革命，羅曼諾夫王朝被推翻，帝俄擴大侵略與瓜分中國之野心終未實現。

---

⑬　李齊芳，《中俄關係史》，第三六四至三六五頁。

第十章 帝俄對中國蒙古地區之圖謀

第一節 蒙古地區與中國之關係

一、蒙古概況

蒙古地區是蒙古族的主要聚居區，包括外蒙古喀爾喀四盟（車臣汗、土謝圖汗、札薩克圖汗、三音諾顏部）、科布多和內蒙古諸盟旗。其幅員廣闊，地處大漠南北，是中國京師地區的屏蔽，也是由東西伯利亞通向中國內地、西藏、喜馬拉雅高原、印度和中亞細亞的咽喉❶。外蒙古是因蒙古族而得名，人民多數以遊牧為生，文化低落，土地廣大，礦產資源豐富，面積為一、三八〇、〇〇〇平方英里❷，約等於法國本土的七倍，日本本土的十倍。

二、蒙古地區與中國關係

㈠蒙古地區自古以來就是中國領土

從考古發掘的材料看，早在新石器時代，蒙古地區同中原地區就有著比較密切的經濟、文化聯繫。在黑龍江上游石勒喀洞穴中發現的新石器時代遺物，如帶刻紋飾的有分支的鹿角、野豬牙製造的工具、箭鏃、有肩磨製石鏟等，和我國中原地區出土的同類器物十分相似，有的甚至完全相同。外貝加爾地區出土的器物中，就有世界公認的中國黃河流域典型的新石器時代器物

---

❶ 〈俄代理外交大臣致財政大臣科科弗曹夫密函〉，一九一一年十月三十一日；《國際外交文件》，第二編，第一八卷，下冊，第七六五號文件。

❷ Dallin, *The Rise of Russia in Asia*, p. 123.

——陶鬲（音立）。這種三足器物與中國龍山文化的深肢鬲相比較，除紋飾稍有變化外，其造型與製作技術完全相同，甚至於在那裡發現的銅戈等，更是在中國中原文化的直接影響下發展起來的產物❸。

進入有文字記載的歷史時代以來，隨著朝代的更迭，這個地區與中原的聯繫就愈來愈頻繁，在這裡活動過的民族如匈奴、丁零（敕勒）、鮮卑、柔然、突厥、契丹、女真、及蒙古等，他們和漢族之間的關係也愈來愈密切。在漫長的歷史年代中，由於彼此經濟的互通有無，文化、教育的交流合作，生活習慣的逐漸接近，我國以漢、滿、蒙、回、藏為主體的各個民族，已經融合成為血脈相連和互相依存的共同體。

㈡清朝對蒙古地區的統一和有效管轄

明朝末年，明朝建州左右衛都督僉事、建州女真部首領努爾哈赤的勢力逐漸強大起來。他在統一女真各部的過程中，於一六一六年建立了後金政權，逐漸控制了黑龍江中下游、嫩江流域以及呼倫貝爾一帶。一六二四年，遊牧於內蒙古東部的科沁、札魯特、敖漢等，蒙古與後金發生聯繫，並先後歸附後金。一六二五年，後金遷都瀋陽，當時的蒙古大汗林丹汗，不時聯合明朝征討歸附後金的蒙古各部。一六三二年，清太宗皇太極聯合歸附後金的蒙古各部，攻打林丹汗。一六三四年，林丹汗敗走青海而亡。察哈爾、土默特和鄂爾多斯諸部紛紛歸附後金。一六三六年，漠南蒙古各部首領同滿漢貝勒大臣一道，尊皇太極為「寬溫仁聖皇帝」，皇太極改後金為大清，漠南蒙古正式成為清朝的一部分。

漠北喀爾喀蒙古和西北厄魯特蒙古，也在這一時期與清朝發生朝貢關係。一六三五年，喀爾喀車臣汗要求與後金通貢，不斷向後金進貢駝馬等，「嗣是貢獻不絕」❹。一六三六年，皇太極便派官員嘉賞車臣汗。一六三七年以後，車臣汗、札薩克圖汗、土謝圖汗以及三音諾顏部，都接連不斷向清朝進貢駝馬、貂皮和土產，並派遣官員要求歸附清朝。一六三八年（清崇德三年），清朝規定喀爾喀蒙古每年進「九白之貢」，即白駝一峰、白馬八匹，不貢他物，形成了固定的朝貢關係。厄魯特蒙古當時分和碩特、準噶爾、杜爾伯特和土

---

❸　特布信、郝維民、張植華等編著，《沙俄侵略我國蒙古地區簡史》，呼和浩特，內蒙古人民，一九七九年，第一頁。

❹　《蒙古遊牧記》，第九卷。

爾扈特四部。一六三六年，和碩特部首領顧實汗派人向清朝請求通貢，一六四二年，顧實汗又偕同西藏地區政教首領一道向皇太極表示稱臣納貢。這樣，清朝在全國的統治建立以前，就與漠北喀爾喀和西北厄魯特蒙古有了緊密的聯繫。

　　一六四四年，清朝入關，定都北京，逐步統一了全國，明朝遂亡，確立了清朝的統治。同時，清朝也加強對蒙古地區的管轄，經常不斷派遣官員到外蒙古各部宣慰，調節各部關係，調解各部之間的糾紛，救濟糧食，安置牧場，喀爾喀蒙古與清朝「誠心誓好，凡一下詔，靡不敬從」❺。一六八八年，帝俄策動厄魯特蒙古準噶爾部噶爾丹發動叛亂，並向喀爾喀蒙古進攻。外蒙古宗教領袖哲布尊巴丹率領喀爾喀各部遷往內蒙古，清朝政府還做了妥善安置。一六九一年四月，康熙皇帝在多倫諾爾召見了外蒙古各部首領和內蒙古四十九旗札薩克，並按照內蒙古已經實行的盟旗制度，在外蒙古也編制了盟旗。一六九六年，康熙帝親率大軍擊敗噶爾丹叛軍，一六九七年，喀爾喀蒙古各部全部返回外蒙古。這樣，外蒙古地區包括唐努烏梁海全部統一於清朝。

　　清朝入關以後，厄魯特蒙古各部同清朝的關係也更加密切了。一六四六年，順治皇帝賞給顧實汗「甲冑弓矢」，叫他管轄四部厄魯特。一六五三年四月，他又封顧實汗為「遵文行義敏慧顧實汗」❻。厄魯特其他各部也不斷派人向清朝政府朝貢。準噶爾部首領巴圖爾琿臺吉和遠牧於伏爾加河下游的土爾扈特部首領和鄂爾勒克等二十二人，隨顧實汗「附名以達」❼，表示歸附清朝。一六五五年以後，土爾扈特部多次派官員不遠萬里向清朝政府進貢方物。一六八二年，清朝政府又特派內閣侍讀圖理琛到土爾扈特部探慰❽。大量的歷史事實說明厄魯特各部是清朝的屬部，就連以後在帝俄策動下發動叛亂的準噶爾部首領噶爾丹也承認：「我與中華，一道同軌」，「尚在中華皇帝道法之中，不敢妄行」❾。清朝政府還規定了厄魯特蒙古進貢制度，形成了法定的朝貢隸屬關係。十八世紀中葉，清廷又平定了阿睦爾撒納的叛亂。一七

---

❺　同❹，第七卷。

❻　祁韻士，《皇朝藩部要略》，第九卷。

❼　同❻。

❽　〈清史稿──藩部六〉（舊土爾扈特）。

❾　《親征平定朔漠方略》，第九卷。

七一年，遠離故鄉的土爾扈特部返回祖國，這樣，厄魯特蒙古各部也全部統一於清朝。

清朝在統一蒙古的過程中，逐步在蒙古地區建立了盟、旗制度，旗下設佐領（蘇木）等基層組織。在內蒙古設立哲理木、卓索圖、昭烏達、錫林郭勒、烏蘭察布、伊克昭六盟四十九旗；設置察哈爾蒙古八旗，歸化城土默特旗、阿拉善和額濟納旗；在呼倫貝爾安置了巴爾虎、厄魯特、索倫、鄂倫春、達斡爾等蒙古族及其他少數民族游獵部落，編制八旗。一七四五年，又設呼倫巴爾總管，統轄呼倫貝爾部落。內蒙古及呼倫貝爾各盟旗部落分別由盛京、黑龍江、吉林、綏遠城將軍和熱河、察哈爾都統監督，統轄和節制。

在外蒙古，把原土謝圖汗、車臣汗、札薩克圖汗和三音諾顏四部編為四盟，分設八十六旗；唐努烏梁海編制五旗四十六佐領、兩個總管；科布多地區的蒙古八部分設三十二旗，由烏里雅蘇臺定邊左副將軍統轄節制。另設庫倫辦事大臣管理土、車兩盟兵馬，並負責巡查邊境，監督恰克圖貿易；設科布多參贊大臣，管理科布多八部三十二旗事務；由烏里雅蘇臺定邊左副將軍兼理札薩克圖、三音諾顏兩盟及唐努烏梁海事務。在天山南北路，把厄魯特蒙古各部編為五盟十三旗，由伊犁將軍和塔爾巴哈臺辦事大臣統轄節制。清朝中央政府還先後設蒙古衙門、理藩院，辦理蒙古、新疆、西藏等地區少數民族事務；清朝政府在蒙古地區行使著有效的行政管理 ❿。

三、外蒙古與帝俄之關係

自清朝以來，外蒙古即成為中國領土之一部分，根本沒有對外關係之可言。所謂俄蒙邊界問題，即中俄邊界問題。如一七二七年（雍正五年）的《中俄恰克圖條約》第三條規定：「在恰克圖河溪之俄國卡倫房屋，與在鄂爾懷圖山頂之中國卡倫俄博，適中平分，作為兩國貿易疆界地方。自此迤東至額爾古納河，迤西至沙畢納依嶺，其間如橫有山河空曠之地，則從中平分，設立鄂博為界，陽面作為俄國，陰面作為中國。」⓫

事實上，民國以前，外蒙與帝俄之關係，僅限於經濟性質。而該項經濟與商業上的往來，也是由清廷政府和俄國政府所締結的條約所規定。如雍正

---

❿ 同❸，第一五至一六頁。

⓫ 《中俄約章會要》，第一一至一三頁。

五年（一七二七年），《恰克圖條約》第四款，規定恰克圖為兩國通商地。……
有因通商在兩國交界處所，零星貿易者，在色愣格之恰克圖、尼布楚之本地
方，擇好地建蓋房屋，情願前往貿易者，准其貿易 ❷。咸豐十年（一八六一
年），《中俄北京條約》第五條，規定由恰克圖至北京所經過之庫倫及張家口
地方，亦得作零星之貿易。同治元年（一八六二年）所訂《中俄陸路通商章
程》與《稅務條款》，其第一款規定兩國邊界在百里內，均不得納稅；其第二
款規定俄商得往中國所屬並設有官員之蒙古各處，及該處所屬之各盟貿易，
亦不納稅。其不設官之蒙古地方，該俄商如有本國邊界官的執照，亦可前往
貿易。又光緒七年（一八八一年），《中俄聖彼得堡條約》第十二款，規定蒙
古各處各盟，均准俄人貿易不納稅 ❸。

第二節　帝俄侵略蒙古地區初期之活動

一、俄人早有垂涎外蒙古之野心

　　《恰克圖條約》後，在俄國力主改變中俄既定國界、佔有蒙古者，首推
西伯利亞軍政長官。例如早在十八世紀五十年代，即該約簽訂後不久，西伯
利亞總督米亞特列夫 (Мятлев В. А.) 中將和色愣格斯克城司令雅科比准將，
就曾建議樞密院利用清政府忙於平定準噶爾叛亂之機，兼併蒙古。因此他們
經常派翻譯或偵察兵喬裝商人，潛往庫倫等地，以瞭解蒙古的人心向背、軍
事動向，並伺機煽動蒙古王公歸順俄國。俄國樞密院根本不尊重《中俄條約》
之規定，竟多次討論他們的設想；外交委員會甚至發布關於兼併蒙古的指令，
試圖通過暗中慫惠蒙人特別是呼圖克圖（活佛）投靠俄國的辦法，一舉實現
吞併蒙古的目的 ❹。但由於此時多數王公不受俄人的欺騙，加以清政府迅速
平定了準噶爾叛亂，致帝俄之圖謀沒有得逞。

　　繼此之後，俄人竭力否認中國對外蒙古的主權，主張恢復和擴大對蒙古
侵略行動者，是長期在西伯利亞從事研究工作的俄國科學院教授、六等文官

---

❷　何漢文，《中俄外交史》，第八〇頁。

❸　同❷，第一二八頁。

❹　瓦西里耶夫，《外貝加爾哥薩克》，第二卷，第一〇三、一一六、一二三、一二七頁。

米勒爾，一七六五年，他上書葉卡婕琳娜二世 ❶，公然要求用武力佔有色愣格河、鄂爾渾河和土納河沿岸的全部土地，使大戈壁成為隔離俄、中兩國的天然邊界，並提議派人入蒙，唆使當地王公擺脫中國覊絆，接受俄國的保護。他認為即使此計不成，也可使蒙人對漢人有所懷疑，從而分裂成若干不同的幫派，那麼通過援助其中傾向俄國的一派，就可能達到預期的政治目的 ❶。一七九一年，伊爾庫茨克總督伊凡・雅科比也向沙皇建議，在武裝佔領中國黑龍江地區的同時，從恰克圖揮戈南下，佔據直到庫倫的蒙古土地 ❶。只是因為帝俄正忙於在西方之征戰，兵力不足，武力征服的計劃才沒有付諸實施。

二、帝俄在蒙古地區對商業貿易之擴展

㈠俄人勢力逐漸進入蒙古地區

　　隨著中、俄兩國國力的消長，從十九世紀五十年代起，帝俄政府又開始計劃如何侵略蒙古。一八二五年，東西伯利亞總督穆拉維約夫首先派出親信官員澤諾維奇前來庫倫，秘密拜會蒙古王公，鼓勵他們不承認中國朝廷的統治，而應在俄國的幫助下，組成以本族統治者為首的獨立小公國 ❶。一八五四年初，穆氏又建議俄國政府利用清政府內外交困之際，用武力誘逼蒙古接受俄國的保護。他強調一旦中國發生政變，也不應容許中國新政府把權力擴大到蒙古 ❶。二月七日，俄國政府召開特別會議進行討論，鑑於當時的侵略重點是黑龍江地區，會議認為俄國政府有關蒙古的行動計劃，「應在於使蒙古同我們保持和平和友好的關係，並借助除武力以外的所有手段，將蒙古置於我們的影響之下」 ❶。因此，穆拉維約夫應注重博取蒙古呼圖克圖之好感，

---

❶　舊譯喀德琳二世，一七六二至一七九六年的俄國女皇，彼得三世之妻。見郭建恆主編，《中俄關係史譯名辭典（俄漢對照）》，哈爾濱，黑龍江教育，第二三頁。

❶　班蒂什・卡緬斯基，《一六一九至一七九二年俄中外交資料匯編》，第五八〇至五八一頁。

❶　同❶，第二一六頁。

❶　狄龍，〈蒙古從中國分離〉，載《英國現代評論》，一九一二年四月，第五五六號，第五八〇至五八一頁。

❶　巴爾蘇科夫，《穆拉維約夫—阿穆爾斯基伯爵（傳記資料)》，第二卷，第一一三頁。

❶　薩文，《沙俄及蘇聯與中國相互關係》（一六一九至一九二七年），莫斯科—列寧格勒，一九三〇年，第六九頁。

並加強聯絡最有勢力的王公❷。據此，穆氏於一八五八年再次派澤諾維奇前往庫倫，勸誘蒙古王公「獨立」，並說如需軍隊、武器和金錢，可以指望俄國❷。

　　一八五九年十二月，在英、法新的侵華戰爭前夕，穆拉維約夫估計清朝政府可能在聯軍進攻下瓦解，英、法可能控制中國大部分地區；由此，他要求俄廷作好準備，一旦北京陷落，俄國立即出兵，控制鄰近的滿洲和蒙古❷。但是，時局的發展並沒有為穆拉維約夫提供期待的機會。一八六一年，俄皇亞歷山大二世主持阿穆爾委員會，審議穆拉維約夫的設想。會議指出，進軍滿蒙將促使歐洲列強加緊佔領中國的其他部分，從而迫使我們同遠北中國危險的近鄰交往，因此，這不是上策。次年，阿穆爾委員會重申，為了俄國的政治和商業利益，以及廣闊的陸地邊疆的安全，⋯⋯一旦滿清帝國覆滅，我們的一切活動應以能使蒙古和滿洲組成獨立的領地為目的❷。依照上述基本策略，帝俄首先加強了對外蒙古的經濟滲透，貿易乃是俄國擴大經濟影響的武器❷。

㈡俄人充分利用有關蒙古條約上之特權

　　從一八六〇年《中俄北京條約》開始，中經一八六二年《陸路通商章程》，到一八八一年「改訂條約」乃獲得在蒙古各處免稅貿易和在庫倫設置領事館的特權，並規定在科布多、烏里雅蘇臺等地，「俟商業興旺」，經兩國協商後，俄國也得在那裡設置領署。從而，俄國對蒙古的貿易得到了迅速的發展。一八六一年，俄國與蒙古地區的貿易總額僅為二十一萬八千餘盧布，一八八五年增至一百七十一萬餘盧布❷。一九〇〇年，復增至一千五百九十九萬餘盧

❷　波波夫，〈沙皇俄國與蒙古〉（一九一三至一九一四年），載蘇聯《紅檔》雜誌，一九二九年，第六（總三七）卷，第七頁。

❷　同❸，第五八〇至五八一頁。

❷　同❹，第二八六頁。

❷　古里耶夫，《俄蒙政治關係》，聖彼得堡，一九一一年，第一四至一八頁，轉引自尤英，《一九一一至一九一二年中俄在外蒙古的政策》，美國，布魯明頓，一九八〇年，第一九頁。

❷　斯坦菲爾德，〈當地商業家對俄國在蒙古的貿易的述評〉，載《亞洲通報》（哈爾濱俄文版），一九〇九年，第二期，第一一二頁。

❷　巴托爾斯基，《蒙古軍事統計實錄》，載帝俄總參謀部軍事學術委員會編，《亞洲地理、地形和統計資料匯編》，第四八冊，聖彼得堡，一八九一年，第一二二至一二

布 ㉗，四十年間增長了近八十倍。在遠離中國內地的烏里雅蘇臺和科布多（即蒙古西部地區），俄蒙貿易發展尤其迅速：一八九五年至一九〇三年間增加了近十倍；當地市場實際上已為俄國商人所控制。八、九十年代之交，這裡至少四分之三的居民穿著由俄商供應、完全用俄國棉織品製造的衣服 ㉘。

隨著貿易的開展，俄商也由商隊定期販運來去有時，逐漸轉向定點常年貿易。一八六〇年，庫倫出現了第一家俄國商號；一八八三年，增至十家，與此同時，俄國在科布多的商號也由一家（一八六九年）增至四家（一八九二年）；烏里雅蘇臺則由一家（一八六九年）增至三家（一八九二年）。到十九世紀末，長住蒙古的俄商已有四百餘人，並有不斷增加之趨勢 ㉙。至於深入蒙古草原，奔走於各旗的俄國商人，為數尚多，以致喀爾喀四旗，每旗均有貿易之俄商 ㉚。

三、俄人在蒙古地區的經濟控制與政治分化活動

㈠攫取外蒙金礦開採權

一八九五年，原天津關稅司柯樂德（舊譯葛羅隸）進行實地考察後，華俄道勝銀行與俄國採金公司等集團，便於一八九七年六月在聖彼得堡創立了以開發中國礦藏為目的的中國礦藏勘查公司。接著，柯樂德又前往蒙古，向庫倫辦事大臣表示願與中國合資興辦蒙古金礦，並「悉遵中國所定規章辦理」。一八九八年初，經清政府核准，俄國正式獲得了在庫倫以北、恰克圖以南土、庫兩盟地域範圍內開採金礦二十五年的權利 ㉛。

㈡謀求鐵路租讓權和工業壟斷權

修築溝通西伯利亞和中國內地，貫穿蒙古大草原的鐵路，藉以實現對蒙

四頁。

㉗　邁斯基，《當代蒙古》，伊爾庫茨克，一九二一年，第二〇二頁。

㉘　波斯涅耶夫，《蒙古紀行》（一八九二至一八九三年），莫斯科，一八九四年，第八一頁。

㉙　同㉗，第八八、二〇〇頁。

㉚　清朝理藩院檔案，一五二三號文件之二八六附件，〈閣抄烏里雅蘇台將軍連順請設中俄通商局摺〉，光緒二十八年十一月。

㉛　臺北中央研究院近代史研究所編，《礦物檔》，第八冊（新疆、庫倫），第四八九五、四九一八頁。

古的控制，並向內地擴展其勢力，是十九世紀末、二十世紀初帝俄的主要戰略目標。繼一八九三年巴德瑪耶夫提議修築由貝加爾湖南經蒙古至蘭州的鐵路計劃之後，一八九四年夏，俄國又派希什馬廖夫前往蒙古，調查發展貿易和在西伯利亞大鐵路建成後向該地延伸的可能性❸。一八九七年十二月，威特乃指示駐華俄使璞科第正式向清政府要求在蒙古享有鐵路和工業壟斷權❸。一八九六年六月，俄國迫使清政府同意，除俄國外不給任何大國以建築從北京往北或往東北的鐵路讓與權。當時，俄國外交當局極希望獲得修築由恰克圖經庫倫、張家口至北京鐵路的特權，以加強其與其他帝國主義大國在華競爭的地位。為此，威特於一九〇一年初曾委託柯樂德在北京展開活動❸。此後，在中、俄關於交收東三省的談判中，帝俄又向清政府提出非經俄國同意，中國不得在蒙古自行築路，並不得將該地的路礦和其他利益讓與他國或他國人❸。英國駐華公使薩道義對此事評論說：俄國禁止中國在蒙古等地修築鐵路，等於要求中國放棄這些地區❸。

㈢設立銀行輸入俄幣

一九〇〇年春，華俄道勝銀行隨外蒙金礦公司開始在庫倫進行活動，不久，即在庫倫和烏里雅蘇臺設立該行代辦處❸，除從事金融業務外，庫倫分行還擁有洗毛廠和貨棧，直接向市場投放商品。一九〇四年日俄戰爭爆發，帝俄視外蒙為滿洲的後方供應基地，用盧布在蒙古購置馬匹，以充軍需，俄幣於是大量流入蒙境❸。此後，俄幣流通範圍日益擴大，勢力膨脹，竟成為當地商民貿易的主要幣種，中國大清銀行發行的銀元和紙幣，反而受到排擠。當時，俄幣在蒙古不僅是貨物買賣流通的手段，而且由於規定購買俄貨必須

❸　納羅奇尼茨基，《資本主義列強在遠東的殖民政策》，第五四四頁。

❸　羅曼諾夫，《俄國在滿洲》，第一九二至一九三頁。

❸　羅曼諾夫，《日俄戰爭外交史綱》，第二〇一頁。

❸　同❸，第二八一、二八六、二八九頁。

❸　古奇等編，《關於大戰的英國文件》，第二卷，第三七頁。

❸　華俄道勝銀行庫倫代辦處和烏里雅蘇臺代理處分別於一九〇〇、一九〇一年成立（一說烏里雅蘇臺代理處成立於一九〇三年十二月），後因放款利息太高，缺乏吸引力，在一九〇九年前後自行關閉。參見古里耶夫，〈俄國在西部蒙古的貿易〉，載《亞洲通報》，一九一一年，第一〇期，第六〇頁（註二）。

❸　臺北中央研究院近代史研究所編，《中俄關係史料——外蒙古》，第六二四頁。

使用盧布，所以它本身又成為可以交易的對象。這不僅破壞了中國貨幣的統一，損害了中國的主權，而且因俄幣對中國銀兩的匯價時有漲落，直接使蒙古人民嚴重吃虧受損❸❾。

㈣製造輿論擴大宣傳

帝俄在外蒙古所謂「俄國政界、商界代表、出版界和社會團體都致力宣傳蒙古問題」❹。同時，從蒙古考察返回的俄人，也是圍繞著如何發展和鞏固俄國在蒙古的貿易、經濟及政治影響問題，紛紛發表論著，除建議俄國政府採取措施，在蒙古設立商業銀行，修築恰克圖至庫倫的鐵路，要求中國擴大免稅貿易區，以「求獨佔商權於蒙古外」❹，有的鼓吹「蒙古中立化」，說這是有利於俄國的唯一出路❹；有的強調蒙古自治，無疑有利於俄國，自治將削弱蒙古同中國中央政府的連繫❹；有的認為「最善之方法」，在於使中國的蒙古和新疆獨立❹，並說「如果我們現在不在俄、中之間的蒙古建立緩衝國」，我們將犯歷史性的大錯誤❹。

帝俄為適應其擴張政策之需要，一九〇九年，還在哈爾濱成立了俄羅斯東方學會，創辦了該會的機關刊物《亞洲通報》；同年，在哈爾濱又出版了《蒙古新聞》，由東省鐵路公司負責發行❹。

㈤培植親俄勢力

帝俄政府對蒙古僧、俗兩界領導人物大力實行攏絡政策，俄新任領事呂巴與庫倫活佛及蒙古王公饋贈不絕。領事館譯員布里亞特人澤倫皮諾夫經常出入活佛宮門，深得他的信任❹。為收買蒙古王公，俄國不惜巨款「欲取先予」❹。一九〇四年，烏泰為清償京債，向俄人借款，帝俄先由盛京華俄道

❸❾　鮑戈列波夫・索鮑列夫，《俄蒙貿易概述》，第一九七至一九八頁。

❹　同❷❼，第二五三頁。

❹　〈記俄國遠征隊深入蒙古事〉，載《東方雜誌》，第七年（一九一〇年），第一〇期。

❹　同❸❾，第四八八頁。

❹　《莫斯科的蒙古貿易考察隊》，第二四頁。

❹　〈俄人對於蒙古新疆之陰謀〉，譯自大阪《朝日新聞》，載《東方雜誌》，第八卷，第五號。

❹　同❹❸，第二八〇頁。

❹　布爾圖科夫，《在舊蒙和新蒙古》，第八七、四〇二頁。

❹　科羅斯托維茨，《從成吉斯汗到蘇維埃共和國》，第一五三頁。

勝銀行出面借給二十萬盧布；一九〇九年又以東省鐵路名義借給九萬盧布；兩次貸款，均以全旗礦產鐵路及牲畜作抵❹，為提高烏泰的聲望，以便在他的協助下，把其他蒙古王公引導自己方面來❺，尼古拉二世於一九〇六年末親自決定授予烏泰聖安娜二級勛章一枚❺。

　　這樣一來，由於帝俄的精心培植，到辛亥革命前夕，外蒙古已形成了以庫倫活佛哲布尊巴丹為首領，而影響力頗大的親俄勢力。中國已面臨著外蒙古被肢解的命運。

第三節　在帝俄操縱協助下外蒙古獨立之經過

一、協助外蒙獨立政變

　　中國政府的封疆大臣，對蒙古邊區的情況，以及帝俄謀蒙之野心，均異常關切，乃紛紛向清廷建議，認為應在蒙古施行新政，鞏固邊疆，以防俄人得寸進尺的入侵。清廷依議，於一九〇九年一月任命熱心新政的三多署理駐庫倫辦事大臣：他到任之後，就設立憲政籌備處、交涉局、衛生局、商務調查局、實業調查局等機構，積極實行編練新軍，興辦學校，招民墾荒，設立銀行，籌建鐵路，創辦實業等新政，惟當時各機關之開辦費，全令蒙古供應，致蒙民負擔日重，均感不安。上層階級中的宗教領袖和各盟旗的領主王公也認為新政之施行，必將損害其原有的統治特權和經濟利益。於是形成蒙古人民上下，均感恐慌❺。又由於在俄人煽動之下，遂演變成為企圖脫離中國以求獨立之政潮。

　　宣統三年六月，外蒙親王杭達多爾濟等，借會盟為名，調集四盟王公，

---

❹　徐世昌，《東三省政略》，第二卷，〈蒙務述要〉，第三頁。

❹　朱啟泉，《東三省蒙務公牘匯編》，第三卷，第一九頁。

❺　格·普，〈我們在東蒙古的商業利益〉，載《亞洲通報》，一九〇九年，第一期，第一二七頁。

❺　《清理藩院檔案》，第一五二三號文件之二八二附件，〈外務部咨送俄國賞給哲蒙科爾沁郭爾羅斯王公寶星執照及本部簽行文稿〉，光緒三十三年。

❺　陳籙，《止室筆記》，臺北，文海，一九一七年，第一七九至一八〇頁。

秘議獨立。不久，杭達多爾濟以哲布尊巴丹欽命外務大臣名義，密赴俄京接洽。俄國外相沙佐諾夫與其秘談後，偕之親見沙皇，俄廷待以隆重之禮。杭達多爾濟貢獻名馬鞍及金佛等物，並復贈俄廷權要。這次與俄外相所談，注重獨立問題，意圖完全脫離中國之管轄，並請派兵援助。

一九一一年春及同年八月二十八日，俄駐華公使依照俄國外交部的訓令，兩度向清廷外務部提出照會，宣稱：中國政府在蒙古所採取的新政，有危蒙古地方現狀，搖動鄰國的友好關係，俄國不能淡然置於度外，企望中國政府保持外蒙現制，減少中國駐軍，縮小移民範圍，並建議中、俄應就此等問題展開會商。惟中國的外務部的答覆是：中國在蒙古所施行的改革，其目的是為蒙民謀福利和維持地方的治安，並未妨害俄國之利益。俄方要求舉行談判一事，實無必要，因蒙古問題純屬中國內政，與當前中、俄關係毫不相干。惟中國政府顧全兩國友誼起見，自願將庫倫駐軍數額加以減縮，改革蒙政與移民計劃兩項亦決暫緩施行。俄方對此答覆仍感不滿，並電令俄使採取強硬的態度，通知中國政府，俄國決在庫倫領事館增設衛隊，同時，又通知蒙人，蒙古獨立自治運動，定可獲得俄國之援助。十月，帝俄伊爾庫茨克軍區接受軍部的命令，將步槍一萬五千枝、騎兵軍刀一萬五千把、彈藥七百五十萬發，交給外蒙集團。並派出一個步兵營及哥薩克騎兵八百餘名，以加強庫倫俄領事館的防禦為名，開入庫倫駐紮❸，藉此以助長外蒙要求獨立之聲勢。

一九一一年十月十日（清宣統三年八月十九日），中國爆發辛亥革命，一時政情混亂，清廷無暇北顧，消息傳到庫倫，主張獨立的蒙人乘機開始行動，於十一月二十八日，密召各旗蒙兵，集會庫倫，圖謀起事，十二月一日，庫倫辦事大臣三多旋接哲布尊巴丹呼圖克圖札飭一件，措詞極為嚴厲，其文曰：

> 為札飭事，照得我蒙古自康熙年間隸入版圖，所受歷朝恩遇，不為不厚，乃近年以來，滿洲官員對於我蒙古欺凌虐待，言之痛心。今內地各省既皆相繼獨立，脫離滿洲，我蒙古為保護土地、宗教起見，亦應宣布獨立，以期萬全。現已由四盟公推本哲布尊巴丹呼圖克圖為大蒙古獨立國大皇帝，不日即當御極。庫倫地方已無須用中國官員之處，自應即時全體驅逐，以杜後患。合行札飭三多：札到，該三多即便凜遵，限三日內帶同

---

❸ 同❸，第一二三至一二四頁。

文武官員以及馬步隊等趕速出境，不准逗留，如敢故違，即以兵力押解回籍，此布。❺❹

此無異對駐庫倫辦事大臣之驅逐令；三多在俄軍威脅之下，毫無應付之法。不久，即由俄駐庫倫領事館派兵十餘名護送出境，經恰克圖取道西伯利亞回北京。此後，庫倫遂無中國中央政府之官員。三多行至奉天，接軍機處電，奉旨革職，聽候查辦。

一九一一年十二月二十三日，中國政府特派在北京的外蒙古車臣汗部盟長多爾濟帕拉穆郡王和科布多辦事大臣畢桂芳，作為查辦庫倫事件大臣，迅速前往庫倫解決外蒙問題。帝俄駐北京公使庫朋斯基多次對畢桂芳等人進行恫嚇和阻撓，以致未能成行。

當庫倫辦事大臣三多被逐出境後，於一九一一年十二月二十八日（宣統三年十一月九日），哲布尊巴丹呼圖克圖宣布獨立。翌月，自稱大蒙古帝國日光皇帝，以「共戴」為紀元，並組織外蒙政府，分設內務、外務、兵務、財政、司法五部，稍後又接受俄方的建議，設立了由王公喇嘛組成上、下兩院❺❺。事實上，外蒙古走向獨立，完全是俄國在幕後操縱與指使下所造成的。關於此點，帝俄政府的大臣們也都承認不諱。一九一四年一月三十日，沙佐諾夫給俄國駐庫倫領事米勒爾的信中說：「蒙古之所以能夠自主，全靠俄國一國之努力。」❺❻威特也說：「利用中國的混亂，造成蒙古脫離中國，則是我們的秘密影響或唆使下發生的。」❺❼

二、俄蒙私訂協約及其他商務專約

帝俄駐北京和庫倫的使領人員，對外蒙古的獨立運動自始就承諾了支援和庇護。但當俄國要正式兌現此項承諾時，又不得不體會到：如俄國政府果真援助蒙古獨立，不僅違反保全中國領土完整之國際約束，也違反中、俄之間多種條約之規定。如此，必引起各國的抗議，演成嚴重國際糾紛，所以俄國外交部為求符合國際的局勢，依舊要沿襲對華外交的一貫作風，設法先尋

❺❹　陳復光，《有清一代之中俄關係》，第四二○至四二一頁。
❺❺　同❸，第一二五至一二六頁。
❺❻　〈帝俄與蒙古〉，載《國聞週報》，第一○卷，第五○期，第九頁。
❺❼　威特，《威特伯爵回憶錄》，第三卷，第五二四頁。

求地方性的接觸和談判，造成既成事實，然後再逼迫中國政府在正式條約中加以承認，以完成其合法化。由於外蒙古代表團抵達俄京求援，俄國政府認為有重新檢討此項問題之必要。

一九一一年八月十七日，帝俄政府總理大臣召開遠東特別會議，財政、海軍、陸軍、外交、參謀各部大臣均出席，研究喀爾喀蒙古的局勢和俄國應採取的方針，會議確認支持蒙古人民反對中國政府的願望完全符合俄國利益，惟考慮到國際的情勢，俄國只有通過外交途徑，居間調停，以支持蒙人獨立之願望，而不承擔以武力支援蒙人脫離中國的義務❺❽，惟對蒙古可提供適當數量的軍械，以作自衛之用❺❾。

不久，俄國代辦謝金就向中國提出「居間調停」的建議，北京政府以俄方所提條件太苛，婉言拒絕，並準備派新任駐科布多辦事大臣畢桂芳赴庫倫直接交涉。俄國外相沙佐諾夫得知後勃然大怒，警告中國駐俄公使說，沒有俄國參與調停，外蒙當局「大概將拒絕同畢桂芳談判，無論如何，畢桂芳不能指望得到我們的協助」❻⓪。暗示俄國絕不允許北京政府撇開俄國同外蒙當局直接接觸。果然，一九一二年二月袁世凱決定派員赴庫倫談判時，哲布尊巴丹呼圖克圖竟在俄人指使下，發電阻止說：「與其派員來庫，徒事跋涉，莫若介紹鄰使，商榷一切之為妥。」❻❶完全阻斷了直接交涉的途徑。

一九一二年四月二十六日，俄國外相沙佐諾夫在國家杜馬宣布說：俄國決心迫使中國嗣後對於蒙古不移殖農民、不派遣軍隊、不干涉政治。此三者為調停之條件，於俄國最有利。環顧近日，中國有誤會我國之意，堅欲以獨力解決外蒙之事，而排斥我國在蒙之勢力，我國絕不能因此中道而廢，百折不回，毅然以進，終必能有滿足之結果❻❷。

一九一二年六月，俄國駐華公使庫朋斯基 (Krupensky)，以上述之三項條

❺❽ 中國社會科學院近代史研究所編，《沙俄侵華史》，第四卷，下冊，第七三三頁。

❺❾ 郭索維慈，《庫倫條約之始末》，第五頁。

❻⓪ 〈俄外交大臣致北京代辦謝金電〉，一九一一年十二月二十三日；《國際關係文件》，第二編，第一九卷，下冊，第三四五號文件。

❻❶ 遠東研究會編，《最近十年中俄之交涉》，哈爾濱，一九二三年，第一三九頁。

❻❷ 同❻❶，第一四五頁；參閱〈外交大臣致對蒙談判全權代表電〉，一九一二年九月五日；《關於蒙古問題外交文件集》，聖彼得堡，一九一四年，第一號文件。

件，向中國政府提出照會，要求雙方協商蒙案，中國政府也婉詞拒絕。庫使遂電俄國外交部，指稱蒙古問題僅靠進行外交談判，將無法從中國方面獲致任何的結果，俄國最好採取堅決的措施去解決蒙古問題，盡快與哲布尊巴丹締結一項特別協定，以迫使中國人必須請求俄方居間調停，方能解決三方的糾葛 ❻ 。

　　一九一二年八月十五日，俄國內閣舉行會議，就締結俄蒙協定問題，進行了詳細的討論，會中一致認為：中、俄直接談判性雖然不大，但如果北京政府宣布在蒙古實行門戶開放，也會影響俄國的優越地位。因此，在蒙古問題上採取等待政策是危險的。當前最好的解決方法是締結一項俄、蒙雙邊外交協定，要點是：俄國政府允諾保衛喀爾喀的自主制度，不准中國軍隊進入蒙古，不准中國人向蒙古移民，另方面應使喀爾喀統治者承擔義務，不訂立任何違反上述原則的條約，並給予俄國各種貿易特權。這樣的協定具有很重大的政治意義，因為中國人將不得不考慮俄、蒙業已單獨訂約的既成事實。會後，內閣立即將會議紀要呈尼古拉二世審閱，二十三日，尼古拉二世批示：「同意」 ❻ ；於是締結俄蒙協約的方針正式確定。

　　一九一二年九月三日，俄國外交部特命前駐華公使科羅斯托維茨（此時任駐摩洛哥公使）為全權代表，前往庫倫議約。十月初，科氏抵達庫倫。十月六日，俄、蒙雙方在俄國總領館展開談判，俄方的代表除科羅斯托維茨外，還有資深蒙古問題專家、駐庫倫總領事呂巴等人，蒙古代表為當時的「總理大臣」三音諾顏汗那木囊蘇倫、「外交大臣」杭達多爾濟、「內務大臣」車林齊密特等人。

　　在第一次的會議上，科羅斯托維茨就提出俄方的兩個協定草案，要求蒙古迅速畫押。並聲稱締結這項協定是為了「保證蒙古的自由並為調整蒙古的法律地位奠定基礎」，而締結商務協定則是作為蒙方對帝俄政府的報答，「俄國挺身捍衛蒙古，承擔著重大義務，卻只以很少的貿易特權作為補償，按照同中國締結的條約，這些特權其實屬俄國所有。」實際上，俄國給蒙古的好處比從蒙古得到的東西多得多 ❻ 。外蒙首席代表那木囊蘇倫收下了草案，答應

---

❻　同 ❻ ，第八二二頁。

❻　〈內閣特別會議紀要〉，一九一二年八月十五日；《國際關係文件》，第二編，第二〇卷，下冊，第四七二、四七三號文件。

立即呈報哲布尊巴丹。

十月九日，庫倫當局在車林齊密特堅持下向俄方提出「補充條款」，並對俄國的草案提出一些修正意見，最主要者是要求蒙古為獨立國，其轄境應包括內蒙、呼倫貝爾及與喀爾喀毗鄰的其他地方，並要求俄國駐庫倫代表升格為公使，外蒙得向俄國派駐外交代表❻。另一方面，外蒙當局允許俄國人在各城市和貿易地點享有土地所有權，並在各旗享有租地權和墾殖權❻。

上項意見剛一提出，便遭到俄方拒絕。

十月中旬，俄、蒙繼續舉行會談。庫倫當局針對俄方草案正式提出對案，仍然要求外蒙為「獨立國」，承認哲布尊巴丹為「額真汗」（意為蒙古專制君主），將協定草案中外蒙古一詞改為「蒙古國」，並建議約文中不提禁止中國移民，因為此事純屬蒙古的內政問題❻，同時，車林齊密特在發言時大聲激昂地指出說：「現在所謂《俄蒙協約》，對蒙人並無實利可言，只將蒙人置諸鐵砧之上、鐵錘之下，任意敲擊而已。」又說：「此種條約的用意，無非俄國欲將蒙古暗中置諸自己保護之下，使之成為布哈拉或高麗第二而已，……俄國政府並無絲毫誠意與蒙古磋商條約，乃是勒令蒙古無條件地接受俄國要求而已❻。蒙古目前尚需等待北京代表那彥圖來到庫倫，提示中方條件之後，再定方針。」科羅斯托維茨見蒙古態度強硬，無理與之爭辯，便將桌上蒙方所擬條約草案擲於地上，藉口車林齊密特發言侮辱了他，宣布停止談判❼。

事後，科羅斯托維茨將上述情況詳細電告俄國外交部，主張表面上不妨向外蒙當局「略加讓步」，以便該約能盡快訂立。十月十六日，沙佐諾夫電說，《俄蒙協約》應該成為我們同中國解決問題的基礎，在這一前提之下，可以對該約作如下的修改：㈠同意將草案中外蒙古一詞改為蒙古，因為，這可以

---

❻ 〈對蒙談判全權代表致外交大臣電〉，一九一二年十月七日；《國際關係文件》，第二編，第二〇卷，下冊，第九四〇號文件。

❻ 同❻，一九一二年十月十日；《關於外蒙古問題的外交文件集》，第六號文件。

❻ 同❻，一九一二年十月十一日；《國際關係文件》，第二編，第二〇卷，下冊，第九八七號文件。

❻ 同❻，一九一二年十月十四、十五日；《國際關係文件》，第二編，第二〇卷，下冊，第一〇三二號文件。

❻ 同❼，第一七〇頁；參看郭索維慈，《庫倫條約之始末》，第六三至六四頁。

❼ 同❺，第六一至六四頁。

兼收威脅中國之效；㈡同意在條約蒙文本中採用「額真汗」名號，但俄文本或者不採用該詞，或者譯成不完全脫離中國之意；㈢外蒙政府可以在伊爾庫茨克派駐代表，處理邊境貿易，但不得在聖彼得堡設常駐代表機構。此外，該約必須寫明不准中國在外蒙移民❼。

　　為了貫徹俄國政府的方針，科羅斯托維茨決定將車林齊密特排除在談判之外❼，並直接向蒙方提出這一要求，哲布尊巴丹不敢拒絕，只得將車林齊密特遣去❼，於是親俄勢力在外蒙談判代表中開始佔據絕對優勢。此時，俄國政府又從上烏丁斯克軍團調派一個炮隊，前往庫倫和烏里雅蘇臺駐紮。俄國外交部指示科羅斯托維茨說：可利用此種調動向蒙人施加壓力，還要蒙方瞭解，如無俄國參與外蒙與北京單獨訂立的任何條約，俄國政府均不承認。另一方面又慷慨許諾：俟條約簽訂後，俄國政府將給予外蒙二百萬盧布的貸款。蒙方政府在俄人軟硬兼施的壓迫下，又多次商討，最後乃不得不完全就範，接受俄方的條件。

　　一九一二年十一月三日的深夜，蒙方的那木囊蘇倫和杭達多爾濟等人以蒙古王公的名義在《俄蒙協約》與《俄蒙商務專條》等文件上簽字，隨後由哲布尊巴丹呼圖克圖批准，立即生效。

㈠俄蒙協約（一名《庫倫條約》）

　　該約文共有四條，約首附有導言，略述：蒙人全體為保全蒙地起見，除驅逐中國兵隊、官吏於蒙境之外，舉哲布尊巴丹呼圖克圖為蒙古王，斷絕蒙古與中國舊有關係，現為維持俄、蒙雙方素有之友誼，及感俄、蒙通商事件有確定之必要，俄、蒙兩方彼此同意協定：

第一條　俄帝國政府有扶助蒙古保守現已成立之自治組織及蒙古自行編練國民軍之權利，不准中國軍隊進入蒙境及華人在蒙境殖民。

第二條　蒙古元首及蒙古政府准俄國臣民與俄國商務，照舊在蒙所享有此約所附商務專條所規定之各種權利及其他特權；其他外國臣民在蒙所享權利不

❼　〈外交大臣致對蒙談判全權代表科羅斯托維茨電〉，一九一二年十月十六日；《國際關係文件》，第二編，第二〇卷，下冊，第一〇四九號文件。

❼　〈對蒙談判全權代表致外交大臣緊急報告〉，一九一二年十月十五日；《國際關係文件》，第二編，第二〇卷，下冊，第一〇四四號文件。

❼　同❼，第一七一頁；郭索維慈，《庫倫條約之始末》，第六六頁。

得超過俄人在蒙所享之權利。

第三條　如蒙古與中國及其他外國訂立之條約，非經俄國同意，不得有違反或變更此次所訂條約及商務專條所列各種條款之規定。

第四條　此項友誼條約自簽字之日實行❼❹。

㈡俄蒙商務專條（一名《友誼通商條約》）

該商務專條有十七條，全文如下：

第一條　俄國屬下人等，照舊享有權利，得在蒙古境內各地自由居住移動，經營工商業，以及辦理公私各種事業之權。

第二條　俄國屬下人等，並得照舊有權利，無論何時，可將俄國、蒙古、中國暨其他各國出產製作各貨，運出運入，免納出入口各稅，並自由貿易，無論何項稅課捐，概免交納。惟中俄合辦之營業，以及俄國屬下人等偽稱他人之貨為自己之貨時，不得援用此條。

第三條　俄國銀行有權在蒙古開設分行,與各個人各公司會社,辦理各種款目事項。

第四條　俄國屬下人等，可用銀錢買賣貨物，或互換貨物，並可商明賒欠，惟蒙古各旗王及蒙古官幣，不得擔負私人債款。

第五條　蒙古官吏不得阻止蒙人、華人向俄國屬下人等，往來約定辦理各種商業，並不得阻止其為俄人或俄人所開商店工廠服役。蒙境內，無論何種公私會社機關以及個人，皆不得具有商務製作專賣權，其在未定此約之前，已得蒙古政府允其具有此種專賣權者，則在該項期限未滿以前，仍可保有其權利。

第六條　俄國屬下人等，有權在蒙古境內各城鎮、各蒙旗，租賃地段或購買地段，建造商務製作局廠，或修築房屋舖戶貨棧，並租用閒地，開墾耕種。此種地段或買或租，以為上開各項之用；自不得以之作謀利之舉動（指買而轉賣言）。此項地段要須按照蒙古各地現有規例，與蒙古政府妥商撥給，其教務牧場地段，不在此列。

第七條　俄國屬下人等，可與蒙古政府協商，關於享用礦產、林、漁業及其他各事項。

第八條　倘俄國政府認為蒙古境內某某地方，有設置俄國領事之必要時，俟與蒙

❼❹　同❺❾，第八二至八三頁；《蒙古概況》，第四六頁。

古政府協商後，得有派遣俄國領事駐紮該地之權，蒙古政府若於帝國沿界各地認為有設置蒙古政府代表駐紮之必要時，俟與俄國政府協商後，亦可派遣蒙古政府代表駐紮該地。

第九條　凡有俄國領事之處，及有關俄國商務之地，均可由俄國領事與蒙古政府協商，設立貿易圈，以便俄國屬下人等營業居住之用，專歸領事管轄。無領事之處，則專歸各商務公司會社之領袖管轄。

第十條　俄國屬下人等，有權在蒙古各埠之間，以及各埠至俄國邊界之間，自行設立郵局，以及運輸郵件貨物。此事可與蒙古政府協商辦理。如須在各地設立郵站，以及別項需用房屋，均遵照本約第六條所定章程辦理。

第十一條　俄國駐蒙各領事，如須轉遞公件，遣派信差，以及別項公事需用之時，可用蒙古臺站。惟一月所用，馬匹不過八隻，駱駝不過三十隻，可勿給費。俄國領事及辦理公事人員，亦可由蒙古臺站行走，償給費用。俄國屬下辦理私事之人，亦有用蒙古臺站之權；惟此項人等應償費用，須與蒙古政府商定。

第十二條　凡自蒙古城內流至俄國境內各河，及此諸河所受之河流，均准俄國屬下之人乘用自有商船，往來航行，與沿途居民貿易。俄國政府當幫助蒙古政府整理各河流航路，設置各項需用標誌等事。蒙古官吏當遵照此約第六條所定章程，於此各河岸撥給停船需用地段，以及建築碼頭貨棧，以及備用柴木之用。

第十三條　俄國屬下人等，於運送貨物，驅送牲隻，有權由水路各路行走，並可商允蒙古官吏，由俄人自行出款建築橋樑渡口；且准其向經過橋樑渡口之人，索取費用。

第十四條　俄人牲隻於行路之時，可得停息餵養。如要停息多日之時，地方官並須於牲隻經過路徑，及有關牲隻買賣地點，撥給足用地段，以作牧場。如用牧場時間，超過三月以外，即須償費。

第十五條　俄國沿界居民，向在蒙古割草漁獵，素已相沿成習。嗣後仍照舊辦理，不得稍有變更。

第十六條　俄國屬下人等，及其所開處所，與蒙人、華人往來約定辦理之事；可用口定，或立字據，其訂約之人，可將所立契約，送地方官廳呈驗。如地方官廳以為呈驗契約有窒礙之處，當從速通知俄國領事；並與該

領事會商，將所出誤會，共同判決，今應暫行定明：凡有關於不動產事件，務當成立約據，送往蒙古該管官吏，及俄國領事處，呈驗批准。如享用天然財賦（指礦產、林業等而言）之契約，必須經過蒙古政府批准方可。如遇有爭議之時，無論因口定之事，或立有字據之件，可由兩造推舉中人和平解決，如遇不能和解時，再由會審委員，共同判決，會審委員，分常設、臨時兩種：常設會審委員會，於俄領事駐在地設置之；由領事或領事代表以及品級相當之蒙古官吏一人組織之，臨時會審委員會，於未設領事之處，酌量所出事件之緊要情形，暫行開設；由俄國領事代表，及被告居留或所屬蒙旗之蒙王代表組織之。會審委員會，可招蒙人、華人、俄人為會審委員會之鑑定人。會審委員會之判決，如關於俄人，即由俄國領事從速執行，其關於俄人、華人者，則由被告所屬或所居留之蒙旗蒙王執行之。

第十七條　此項《商務專條》自簽押之日實行。

㈢俄蒙開礦合同（節錄）

1. 蒙古政府根據《俄蒙專條》，對於境內之礦產，允許俄人自由開採。
2. 礦務公司設在三音諾顏部，其分公司不限地點。
3. 公司資本由俄國官商籌集，但蒙古人亦得加入資本五分之二。
4. 他國人不得加入資本。
5. 俄國人由礦務公司之介紹，得向蒙古政府請求採礦證書，已得證書後，無論何時，不失其效力。
6. 以礦砂輸出稅之百分之一，補助蒙古練兵費。
7. 每年由紅利內對於蒙古之資本額給予三成之報酬。

㈣俄蒙築路條約（節錄）

1. 庫倫政府承認俄國在其領土內擁有鐵道建築權。
2. 俄國政府與庫倫政府協同議定，蒙古鐵道線路及將來鐵道計劃，以圖俄蒙雙方之利益。
3. 蒙古鐵道之建設，不問其費用之出於俄國政府或蒙古政府，抑由蒙古政府私人所出，俄國政府對於蒙古政府允以相當之補助。
4. 若鋪設與俄國境界線聯絡之鐵道，應照俄蒙鐵道聯合條件及該地方習慣辦理。

5.庫倫政府若自認有建築鐵道之利益時，應先諮詢俄國經其承諾。

㈤俄蒙電線條約（節錄）

蒙古政府因謀俄國國境與烏里雅蘇臺與庫倫間通信便利之故，按照下列條件，將從俄國伊爾庫茨克省之孟達至烏里雅蘇臺之電線架設權，讓於俄國交通部。

1.俄國交通部負擔前項電線之經費及工程，以所得該線之利用權及加盟權為報酬。

2.孟達和烏里雅蘇臺間之電線，本條約簽字後，立即架設；蒙古政府對於此項工程，所需採伐木料，及搬運他項必要品，均應竭力援助。

3.全線之電報局及其他建築物所需之土地，均由蒙古政府指定讓與俄國。

4.蒙古政府不得再行架設前項競爭線，或以其權利讓之於他國人。

5.蒙古欲於別方面架設電線，先以其權給予俄國交通部。

6.蒙古人為電報事務員者，由俄國交通部委任，其薪俸亦由該部發給，該電報局並由俄國官吏監督。

外蒙古為中國屬地，和外國沒有締結條約的權利。按照《俄蒙協約》及《商務專條》等文件之規定，帝俄實際上竟視外蒙為其保護區域，幾將外蒙經濟富源囊括殆盡。而外蒙當局所獲者，僅自治之承認及締約後以礦稅為擔保之二百萬盧布借款而已。帝俄對中國在外蒙之宗主權，隻字未提，公然違背保全中國領土主權之承諾，完全視條約為戲言。

三、中俄聲明文件及另件之訂立

《俄蒙協約》締結後，俄國外交部特別通知英、法、日三國，並令駐華俄使照會我外交部，希望中國加入，若被拒絕，即聲明：此後俄國對於承認蒙古獨立之事，當更有進一步之表示❼❺。在《俄蒙協約》簽訂前，我政府曾密囑章嘉、丹珠兩呼圖克圖及喇嘛王公電庫倫勸阻，並向駐京俄使提出抗議。復令駐俄公使劉鏡人向俄國政府正式聲明：蒙古為中國領土，無與他國訂約之權；俄蒙所訂條約，無論其條款如何，中國政府概不承認。及接《俄蒙協約》全文，我政府又嚴詞駁拒，俄方置若罔聞。於是國內輿論沸騰，主張「征蒙」之說，甚囂塵上。商人則排斥俄貨，參議員亦提出彈劾案。外交總長梁

❼❺　同❺❾，第八〇頁。

如浩於民國元年十一月十二日引咎辭職，臨時大總統袁世凱以精通俄事陸徵祥代之，即令陸氏親訪俄使庫朋斯基，提出八項意見：㈠中國完全領有蒙古；㈡仍前清時代駐蒙大員三名例，不增派官員；㈢中國政府為保護駐蒙官員起見，得駐屯軍隊若干名；㈣中國政府為保護移居蒙古之中國人民，得設若干警察隊；㈤蒙古官有牧場概分於蒙古王公，以示優遇；㈥中國人及各國人在蒙古得駐設各種團體；㈦非經中國政府許可，他國人不得在蒙古自由開墾開礦及敷設鐵路；㈧蒙古與他國締結之條約一概無效 **⑯**。

一九一二年十一月二十六日，中、俄在北京正式開議。俄使庫朋斯基先發制人，談判伊始，就提出以新疆援科（布多）部隊繼續後撤為談判的前提條件，並斷然拒絕承認中國對外蒙的主權 **⑰**。三十日，庫氏又根據日前沙佐諾夫的指示，向中國提出如下方案，並要求據以訂約：㈠中國不得改變蒙古自治制度，並承認蒙古編練軍隊，中國不得在蒙古移民；㈡俄國在外蒙除派駐領署衛隊外，若不先行知照中國，不得派遣軍隊；㈢中國接受俄國調處，以確中、蒙關係和「自治」蒙古的領土範圍；㈣俄國人享有《俄蒙商務專條》規定的各項權利 **⑱**。

十二月七日、十七日，陸徵祥先後兩次提出對案，希望恢復外蒙古固有的體制，均為俄方拒絕。此後雙方繼續會談二十餘次，袁世凱政府一讓再讓，終於一九一三年五月二十日與俄方議定六款：㈠俄國承認外蒙為中國領土的組成部分，尊重由此種領土關係產生的中國各項歷史權利；㈡中國同意不改變外蒙自治制度，並許其有成立軍隊和警察專有權，並拒絕非蒙古人在境內移民的權利；㈢俄國允許除領署衛隊外，不向外蒙派遣軍隊及移民；㈣中國聲明接受俄國調處，在上列各條基礎上，確定中蒙關係原則，外蒙「中央長官」應自認具有中國地方官吏性質；㈤中國政府為酬謝俄國調處，同意俄國人享有《俄蒙商務專條》所規定之權利；㈥日後，俄國如與外蒙當局訂立關

---

⑯ 同 **㊸**，第四二八頁。

⑰ 〈駐華公使致外交大臣電〉，一九一二年十一月二十六日；《關於蒙古問題的外交文件集》，第三八號文件。

⑱ 〈外交大臣致駐華公使電〉，一九一二年十一月二十九日；《關於蒙古問題的外交文件集》，第三九號文件；〈駐華公使致外交大臣電〉，一九一二年十一月三十日；同前書，第四〇號文件。

於改變外蒙制度的國際條約，應經中國同意，方為有效❼。

　　雙方協議既定，陸徵祥遂於五月二十六日將協議草約送國務會議通過，又於二十八日咨送眾議院審議，七月八日經眾議院以多數票通過，惟當時輿論認為北京政府談判蒙案，喪權失地，多方抨擊。參議院受其影響，遂於七月十一日將協議草案予以否決，俄方亦利用此種機會，於七月十三日照會北京外交部，聲明取消協議，自後，俄方恢復行動自由，不再為前議六項條款所拘限，陸徵祥為情勢所迫，辭去外交總長職務，中、俄談判遂陷於停頓。

　　實際上，中、俄此次協議的草約，對中國主權的維護，確有精細的規定，因主持的陸徵祥駐俄多年，深悉俄國事務及俄人之性格，因此，他與俄使庫朋斯基論辯約文時，字斟句酌，含意深遠，尤其第一款、第四款、第六款對保衛中國的主權和杜絕俄方日後侵權行為，都有防微杜漸的規定。惜當時國會參議院對此缺乏瞭解，主其事者亦未作有效之溝通，以致使陸氏之努力，功敗垂成。後來俄方所提的條件更加苛刻，中國就陷於更加不利的地位❽。

　　不久，俄駐華公使庫朋斯基在照會中提出以下四條要求，強迫北京政府無條件接受：㈠中國承認蒙古自治及由此產生的各項權利（內蒙古地方除此）；㈡俄國承認中國對蒙古的宗主權；㈢中國接受俄國調處，按照《俄蒙協約》及其附約所載明的原則，以確定它與蒙古的相互關係；㈣凡涉及俄、中兩國在蒙古利益的問題，日後由兩國政府磋商。

　　一九一三年九月十一日，中國政府任命孫寶琦繼陸徵祥為外交總長。孫氏主張從速解決蒙古問題，以解決政府北疆之憂，迅即與俄方公使聯繫，雙方商定於九月十八日在北京舉行中、俄會議，開議之日，孫寶琦首先提出簡明扼要的談判主旨，僅有二款：㈠中國不將蒙古改為行省，不在彼有設行政官、殖民、派兵之舉動，但須保全歷史上應享之權利；㈡俄國在蒙古只求通商利益，並無侵佔之意。

　　然而，俄使庫朋斯基全不尊重孫氏意見，完全根據於七月十三日向中方提出的四項協議原則，逕自擬定談判大綱五款，作為俄方的談判草案，其主要內容為：㈠中國承認蒙古之自治權，其內蒙各處不在其內；㈡俄國承認中

<hr />

❼　佩里，艾斯庫・奧特──巴里，《和俄國人在蒙古》，第二九至三一頁；屈禩，《自治外蒙古》，商務，一九一八年，第五三至五四頁。

❽　李齊芳，《中俄關係史》，第三八二頁。

國在蒙古之宗主權；㈢中國承認蒙古享有自行辦理自治蒙古之內政，並整理本境一切工商事業之專權，中國承認不干涉以上各節，是以不將兵隊派駐蒙古及安置文武官員，且不辦殖民之舉，惟中國可任命官員代表政府，偕同應用屬員及護衛隊，不得過百人，駐紮庫倫；㈣中國承認俄國調停，以便按照一九一二年十月二十一日（俄曆）所定俄蒙條款內所載之宗旨，明定中國與蒙古之關係；㈤俄國及中國在蒙古利益，暨於各該處因現勢發生之各事宜，均應經中、俄、蒙三方另行商定，並酌定地點，以便派委全權接洽❽。

在俄國所提這五項談判大綱中，已無陸徵祥與庫朋斯基所協議中之第一款、第四款、第六款的影子；有關俄國在蒙古的權益，中國均應按照《俄蒙協約》予以承認；而中國在蒙古的權益，則應由中、俄、蒙三方政府另行商定，此種反客為主的要索，中國自然不能接受，當時俄國因巴爾幹兵爭結束，得移其注意力於遠東，態度轉趨強硬，致使雙方歧見很難化解，往返磋商多次，仍舊僵持不下，中國政府乃電令劉鏡人在聖彼得堡與俄代理外交大臣尼拉托夫 (Neratov) 直接談判，也未能消除雙方的爭端，延至十一月五日，中國政府力求早日締結簽約，一再忍讓，勉強與俄國達成協議。

一九一三年十一月五日，中國政府外交總長孫寶琦與俄國駐華公使庫朋斯基在北京簽署「聲明文件」五款與「聲明另件」四款，六日互換，二十二日在兩國首都同時公布❷。「聲明文件」內容如下：

㈠俄國承認中國在外蒙古之宗主權。

㈡中國承認外蒙古之自治權。

㈢中國承認外蒙古人享有自行辦理自治外蒙古之內政，並整理本境一切工商業之專權；中國允許不干涉以上各節，是以不將兵隊派駐外蒙古及安置文武官員，且不辦殖民之舉。惟中國可任命大員，偕同應用屬員，暨護衛隊，駐紮庫倫。此外，中國政府亦可酌派專員駐紮外蒙古地方，保護中國人民利益，但地點應按照本文件第五款商訂。俄國一方面擔任除各領事署護衛隊外，不於外蒙古駐紮兵隊，不干涉此地之

❽　張啟雄，《外蒙主權歸屬交涉》（一九一一至一九一六年），臺北，中央研究院近代史研究所，一九九五年，第一五二至一五四頁。

❷　王鐵崖，《中外舊約章匯編》，第二冊，第九四八至九四九頁。

各項內政，並不在該境有殖民之舉動。

㈣中國聲明承受俄國調處，按照以上各款大綱，以及一九一二年十月二十一日《俄蒙商務專條》，明定中國與外蒙古之關係。

㈤凡屬於俄國及中國並在外蒙古之利益，暨各該處因現勢發生之各問題，均應另行商訂。

雙方奉本國政府委任簽押蓋印，以昭信守，繕具二份。立於北京。

大中華民國二年一月五日，即西曆一九一三年十一月五日。

「聲明另件」㈠

大中華民國外交部總長孫寶琦為照會事：照得本日簽定關於外蒙問題之聲明文件，本總長奉有本國委任，以政府名義，向貴公使聲明各款如下：

1. 俄國承認外蒙古為中國領土之一部分。

2. 凡關於外蒙古政治、土地交涉事宜，中國政府允與俄國政府協商，外蒙古亦得參與其事。

3. 正文第五款所載隨後商訂事宜，當由三方面酌定地點，派員代表接洽。

4. 外蒙古自治區域，應以前清駐紮庫倫辦事大臣烏里雅蘇臺將軍及科布多參贊所管轄之境為限；惟現在因無蒙古詳細地圖，而各該處行政區域又未劃清界限；是以確定外蒙古疆域及科布多阿爾泰劃界之處，應照聲明文件所載第五款日後商定。

以上四款，相應照請貴公使查照，須至照會者。

右照會大俄帝國欽命駐華全權公使庫。

中華民國二年十一月五日。

「聲明另件」㈡

大俄帝國欽命駐華全權公使庫，為照會事：照得本日簽定關於外蒙古問題之聲明文件，本公使奉有本國委任，以政府名義向貴總長聲明各款如下：

1. 俄國承認外蒙古土地為中國領土之一部分。

2. 凡關於外蒙古政治、土地交涉事宜，中國政府允與俄國政府協商，外蒙古亦得參與其事。

3.正文第五款所載隨後商訂事宜，當由三方面酌定地點，委派代表接洽。

4.外蒙古自治區域應以前清駐紮庫倫辦事大臣烏里雅蘇臺將軍及科布多參贊大臣所管轄之境為限。惟現在因無蒙古詳細地圖，而該處行政區域又未劃清界限，是以確定外蒙古疆域及科布多阿爾泰劃界之處，應按照聲明文件第五款所載日後商定。

以上四款相應照請貴總長查照，須至照會者。

右照會大中華民國外交總長孫。

大俄國一九一三年十一月五日（十月二十三日）。

依照上述聲明文件，俄國雖然承認蒙古為中國領土，但是僅承認其宗主權。宗主權這個名詞，在國際政治的實例上的意義並不一致。如一九〇七年的《英俄協約》，英、俄兩國承認中國於西藏有宗主權，兩國都不干涉西藏的內政，並必須經由中國政府方能與西藏有所交涉，中國對於西藏的宗主權，實有內政、外交的一切主權。又如英國承認土耳其對於埃及的宗主權，則僅有其定名，埃及實際上幾乎成了英國的領土。現在中國對蒙古既不能干預其內政，又沒有監督蒙古外交上的專權，由此可知，所謂宗主權也是很空洞了。並且我國既承認《俄蒙商務專條》，又沒有外交上的監督權，以蒙人之能力，自然不能負起如此重大條約上的責任，蒙古政權自然逐漸為俄人所操縱，而外蒙所謂自治也落得有名無實❸。

此外，當時中國政府為避免國會的否決，特將此一重要的條約定名為聲明文件及另件，因此不必提交國會審議，即可由政府公布實行。

四、中俄蒙協約之簽訂

依照聲明文件第五款及另件第三款之規定，凡關於俄國及中國在外蒙古之利益，暨各該處因現勢發生的各項問題的時候，外蒙古政府也可以派代表參與其事。因此中國政府在公布聲明文件之後，就積極準備開會事宜，並與俄方商定以恰克圖為開會地點。一九一四年一月二十七日，任命畢桂芳、陳籙為議約全權大使，陳毅為顧問。俄國全權專使為密勒爾，顧問為恰克圖邊務委員希特羅沃（舊譯錫特羅倭）和駐蒙領事署工商部特派員博羅班。外蒙

---

❸　同 ⑫，第二八八頁。

當局專使為「內務大臣」達錫扎布（後改為司法部副大臣色楞丹津）和「財務大臣」察克都爾扎布等人。一九一四年九月八日，中、俄、蒙會議在恰克圖開幕。

　　由於中國政府先已被迫訂立「中俄聲明文件」和「聲明另件」，因此，恰克圖會議是以這個不平等條約所規定的原則作為基礎，所以中方代表在談判中始終處於不利的地位。加以當時日本出兵強佔膠州，隨後又提出圖謀獨佔中國二十一條要求，中、日關係十分緊張，致使北京政府在對俄交涉中倍加困難。而當時中方代表的談判方針是：保全中國對外蒙古的主權，堅持外蒙古為中國領土的一部分，其次，則是賦予外蒙古以自治權，中國政府不干涉其內政，再其次是接受俄國的調處，承認聲明文件與另件及《商務專條》所載各項權益之規定。俄方的基本策略是：鼓勵蒙古親俄排華，爭取外蒙高度自治，以期自蒙方獲得最大之報酬。蒙方則恃俄方之支援，而堅持獨立，拒絕接受臣屬中國的任何條件❽❹。

　　九月八日，三方舉行第一次會議，中國全權專使首先提出：中俄「聲明文件」確認外蒙是中國領土之一部分，外蒙擅自獨立稱帝，有礙宗主權及領土之統一，應請正式宣布取消獨立及帝號，仍用哲布尊巴丹呼圖克圖名號，取消共戴年號，遵用民國年曆❽❺。俄、蒙代表均堅持保存「額真汗」或「博克多汗」（皇帝）名號，硬說與中國宗主權並無抵觸❽❻。這一分歧表面是庫倫活佛名號之爭，實際乃是關係到中國在外蒙領土主權的重大問題。中方代表再三強調外蒙是中華民國領土內的「自治地方」，同一領土之上不容有二主❽❼，所以不容另有皇帝，雙方反覆爭議毫無結果。

　　十月上旬，俄使庫朋斯基採取了威脅手段，警告北京政府說：如果中方代表不立即根本改變其行動方式，必將導致談判破裂❽❽。同月中旬，俄國外

❽❹　同❽⓪，第三八五頁。

❽❺　〈一九一四年九月八日第一次會議記錄〉；《中俄蒙會議錄》抄本。參見屈燦，《自治外蒙古》，第七六至七七頁。

❽❻　〈一九一四年九月十九日第三次會議記錄〉；《中俄蒙會議錄》抄本。參見屈燦，《自治外蒙古》，第七九頁。

❽❼　〈一九一四年九月二十三日第四次會議記錄〉；《中俄蒙會議錄》抄本。參見屈燦，《自治外蒙古》，第八〇頁。

❽❽　《國際關係文件》，第三編，第六卷，上冊，第四二六頁註㈠。

交部又電令庫朋斯基向北京政府再度提出警告：三方會議如果失敗，俄國決意進一步擴大外蒙的「自治權」，並提高它的「國際地位」。其時，日軍在山東已經強佔膠濟鐵路全線，形勢緊張，北京政府張惶失措，急電畢桂芳、陳籙說：「日本交涉異常棘手，望勉為其難，和平續議，勿致決裂。」❽這樣中方代表終於被迫退讓，於十一月下旬與俄方達成諒解，同意採用「外蒙古博克多哲布尊巴丹呼圖克圖汗」一詞。這個離奇的名號兼有「皇帝」和「活佛」雙重含義，基本上滿足了俄國之要求。但其他的議題，蒙方的代表也是態度強硬，困難重重，諸如對蒙境鐵路、郵電、中國駐庫倫大員及衛隊名額、中、俄人民訴訟、稅則、劃界等問題，爭論頗烈，不能成議。同時外交部也在北京與俄國公使庫朋斯基往返磋商，又命駐俄都公使劉鏡人與俄國外交大臣頻繁洽談，力圖突破障礙，惟俄方主談代表密勒爾的態度較俄國外交大臣及庫朋斯基更為強橫，多方恐嚇，畢、陳二使唇焦舌枯，力竭辭窮，亦難覓退旋餘地。此時，外交部再次電令：忍辱負重，勉循俄意，從速結案。自一九一四年九月開議，至一九一五年六月七日，中、俄、蒙三方正式開會凡四十八次，中、俄之間非正式磋商亦達四十多次，共歷時九月有餘，殆因外交部的催促，接受喪權的諸多條件，忍痛勉強達成協議❾。

　　一九一五年（中華民國四年）六月七日，中、俄、蒙三方在恰克圖簽署《中俄蒙協約》。約文共計二十二條，其內容如下：

㈠外蒙古承認民國二年十一月五日中俄聲明文件及中俄聲明另件。

㈡外蒙古承認中國宗主權，中國、俄國承認外蒙古自治，為中國領土之一部分。

㈢自治外蒙無權與各外國訂立政治與土地關係之國際條約，凡關於外蒙古政治及土地問題，中國政府擔任，按照民國二年十一月五日中俄聲明另件第二款辦理。

㈣外蒙古博克多哲布尊巴丹呼圖克圖汗名號，受大中華民國大總統冊封，外蒙古公事文件上，用民國年曆，並得兼用蒙古干支紀年。

㈤按照民國二年十一月五日中俄聲明文件第二及第三兩款，中國、俄國

❽　同❺，第一種；《恰克圖議約日記》，第一六頁。

❾　同❽，第三八五至三八六頁。

承認外蒙自治官府有辦理一切內政，並與各外國訂立關於自治外蒙工商事宜國際條約及協約之專權。

㈥按照聲明文件第三款，中國、俄國擔任不干涉外蒙古現有自治內政之制度。

㈦中、俄聲明文件第三款所規定中國駐庫倫大員之衛隊，其數目不過二百名，該大員之佐理專員，分駐烏里雅蘇臺、科布多及蒙古、恰克圖各處，每處衛隊不過五十名，如與外蒙自治官府同意，在外蒙古他處添設佐理專員時，每處衛隊不過五十名。

㈧俄國政府遣派在庫倫代表之領事衛隊，不過二百五十名；其在外蒙古他處已設或將來與外蒙古自治官府同意，添置俄國領事署，或副領事署時，每處衛隊不得過五十名。

㈨凡遇有典禮及正式聚會，中國駐庫倫大員應列最高地位。如遇必要時，該大員有獨見外蒙古博克多哲布尊巴丹呼圖克圖汗之權，俄國代表亦享此獨見之權。

㈩中國駐庫倫大員及本協約第七條所指在外蒙古各地方之佐理專員，得總監視外蒙古自治官府及其屬吏之行為，使其不違犯中國宗主權及中國暨其人民在自治外蒙古之各種利益。

㈠自治外蒙古區域，按照民國二年十一月五日中俄聲明另件第四款：以前庫倫辦事大臣烏里雅蘇臺將軍科布多參贊大臣所管轄之境為限。其與中國界限以喀爾喀四盟及科布多所屬，東與呼倫貝爾，南與蒙古，西南與新疆省，西與阿爾泰接界之各旗為界。中國與自治外蒙古之正式劃界，應另由中、俄兩國及自治外蒙古之代表會同辦理。並在本協約簽字後二年以內，開始會勘。

㈡中國商民運貨入自治外蒙古，無論何種出產，不設關稅；但須照自治外蒙古人民所納自治外蒙古已設及將來添設之各項內地貨捐一律交納。自治外蒙古商民運入中國內地各種土貨，亦應按照中國商民一律交納已設及將來添設之各項貨捐；但洋貨由自治外蒙古運入中國內地者，應按照光緒七年《陸路通商條約》所定之關稅交納。

㈢在自治外蒙古中國居民民刑訴訟案件，均由中國駐庫倫大員及駐自治外蒙古各地方之佐理員審理判斷。

㈣自治外蒙古人民與在該處之中國居民民刑訴訟案件，均由中國駐庫倫大員及駐自治外蒙古各地方之佐理專員，或其所派代表，會同外蒙古官吏審理判斷。如中國居民為被告者，或加害人；自治外蒙古人民為原告者，或被告人；則在中國駐庫倫大員及駐自治外蒙古各地方之佐理專員處會同審理判斷。如自治外蒙古人民為被告人，或加害人；中國居民為原告人，或被害人；亦照以上合同辦法，在外蒙古衙門審理判斷。犯罪者，各按自己法律治罪，兩造有權，為舉仲裁和平解決爭議之事。

㈤自治外蒙古人民與在該處之俄國居民民刑訴訟案件，均按一九一二年十月二十一日俄蒙商務專條所載章程審理判斷。

㈥所有在自治外蒙古之中、俄人民刑事訴訟案件，均照以下規定審理判斷；如俄國居民為原告，或被害人；中國居民為被告者，或加害人；俄國領事或親往，或由其所派代表會審，與中國駐庫倫大員或其代表，或駐自治外蒙古各地方之佐理員，有同等權利，俄國領事或其所派代表在法庭審訊，原告者及俄國證見人，其被告者及中國證見人；經由中國駐庫倫大員，或其代表，或駐自治外蒙古各地方之佐理專員間接審訊，俄國領事或其代表審查證據，追求償債保證，如認為必要時，得請鑑定人證明兩造事實真偽，並與中國駐庫倫大員或其代表，或駐自治外蒙古各地之佐理專員，會同擬定及簽押判決詞，中國官吏有執行判決之義務，如俄國居民為被告者，或加害人；中國居民為原告者，或被害人；中國駐庫倫大員及駐自治外蒙古各地方之佐理專員，或親往，或由其派代表，亦可在俄國領事署觀審，俄國官吏有執行判決之義務。

㈦因恰克圖、庫倫、張家口電線之一段，經過自治外蒙古境內，故議定將該電線作為外蒙古自治官府之完全產業，凡關於在內外蒙古交界設立中蒙派員管理之特電局詳細辦法，並遞送電收費章程及分派進款等問題，另由中國、俄國及自治外蒙古代表組織之特別專門委員會審定。

㈧中國在庫倫及蒙古恰克圖之郵政機構，仍舊保存。

㈨外蒙古自治官府給予中國駐庫倫大員及駐烏里雅蘇臺、科布多、蒙古、恰克圖之佐理官員暨其屬員人等必要之駐所，作為中華民國政府之完

全產業，並為該大員等之衛隊及其駐所附近處給與必要之地段。

㊌中國駐庫倫大員及駐自治外蒙古各地方佐理專員，暨其屬員人等使用外蒙古臺站時，可通用一九一二年十月二十一日《俄蒙商務專條》第十一條之規定辦理。

㊍民國二年十一月五日中俄聲明文件及一九一二年十月二十一日《俄蒙商務專條》，均應繼續有效。

㊎本約用中、俄、蒙、法四文合繕，各三份，於簽字日發生效力，四文檢對無訛；將來文字解釋，以法文為準。

　　按照協約之規定，中國所爭得者，為冊封活佛尊號，外蒙用民國年曆及典禮位置之虛儀，此即所謂中國宗主權範圍之所在。關於外蒙內政，雖規定中俄兩國均不干涉，但實際上俄國已在外蒙派有財政顧問監理外蒙的財務。外交代表則操縱其自治。中國駐庫倫大員則無任何權力等於虛設。至於民刑訴訟，完全受領事裁判權之控制。經濟方面，外蒙境內工商業及一切資源既已操在俄人手中，所謂外蒙政府得有權與各外國締結工商業性質之國際條約者，除已與締結商務專條之帝俄外，尚有何國？此無異專為俄國所作之規定。且工商業又無一定之限制，帝俄既能支配外蒙經濟，也就絕對支配其政治了。至於軍事方面，俄方派遣軍官訓練並指揮外蒙的軍隊，且軍費又大半由俄借款項下開支，實際上亦落於俄人掌握之中。

　　此外，帝俄代表在談判過程中，一直強力的支持外蒙向中國提出種種獨立之要求，但俄國本身卻只承認外蒙自治，而不是獨立。蓋俄國不願外蒙在名義上完全脫離中國，走向國際間真正的獨立，如此就可避免列強的抗議，或出現各國相繼外蒙獨立之局面，俄國就可獨佔外蒙的種種特權，而不必顧慮列強也要擠進外蒙，與其競爭工商業投資的利益。

　　一九三八年出版的蘇聯《小百科全書》第二版指出，帝俄政府利用《中俄蒙協約》在外蒙獲得十分廣泛的排他性權利，從而將外蒙古變成了沙皇俄國實際上的殖民地❾❶。

---

❾❶　唐盛鎬，《俄國和蘇聯在滿洲和外蒙的政策》，第三四一頁。

五、策動呼倫貝爾叛離中國與特別地域協定

《中俄蒙協約》簽訂以後，帝俄對中國邊區權益的貪求仍未滿足，繼續在外蒙鄰近地區策動當地蒙人親俄排華，尋機起事，致使中俄雙方在漠北的糾紛遷延不斷。呼倫貝爾就因有俄國的積極策動，而產生有叛離中國的運動。

呼倫貝爾是黑龍江省西部的呼倫道，原有呼倫、臚濱兩府，面積一萬五千多平方公里，西北以額爾古納河與俄國交界，境內森林、水產資源、金、煤等礦藏極為豐富，久為帝俄覬覦之地。據初步統計，到一九一七年初，俄國駐呼倫副領事吳蔭蒂 (Usati) 誘迫叛離團體領導人吳福及陳巴爾虎等人，先後訂立捕魚、伐木、採礦等各種合同五十份之多 ❷。據呼倫貝爾善後督辦鍾毓經過調查，報告黑龍江省督軍孫烈臣說：「俄商阿穆爾公司及烏薩車夫斯克等礦合同，則佔有興安嶺迤西全境森林十分之六七，各河河流均為其獨據。且各礦合同皆以五十年為期，謝夫謙克等木植合同則更漫無年限，並於條文內聲明合同蓋印後，指明地點，不准另租他人。……」在其報告書中強調指出：帝俄企圖通過這些合同，搜括全境利源，為一網打盡之計 ❸。這是說得很實在的。

帝俄並不滿足對呼倫貝爾資源的佔有，還企圖進一步對呼倫貝爾在政治方面作實質之控制。因此，俄國乃積極策動及參與呼倫貝爾蒙人叛離中國的政變，再以所謂居間調停者的地位，從中取利，以求達成其目標。緣由當地蒙旗副都統勝福以清朝皇室的忠臣自居，反對辛亥革命後所倡導民主共和政體，號召附近各旗蒙兵一千餘人，利用俄國駐呼倫貝爾副領事吳蔭蒂供應武器（五百枝槍及彈藥等），組織成一支名為「大清帝國義軍」，準備叛亂作戰。

一九一四年一月十四日傍晚，勝福派人到呼倫城駐防軍營宣稱：明天早八點蒙兵攻城，城內駐軍、商、民應掛白旗，否則一律攻殺。一月十五日，叛亂武裝部隊攻入呼倫城內，驅逐當地政府官員，佔領官署，逼迫中國政府

---

❷ 程廷恆等，《呼倫貝爾志略》，北京，全國圖書館文獻縮微複製中心影印本，二〇〇二年，第三三五至三三八頁；臺北中央研究院近代史研究所編，《中俄關係史料——外蒙古》，一九二〇年，第五六至五八頁，〈呼倫貝爾俄蒙訂之各項合同一覽表〉。

❸ 〈民國九年十一月一日，黑龍江省督軍孫烈臣咨〉；臺北中央研究院近代史研究所編，《中俄關係史料——外蒙古》，第五四頁。

所屬軍隊撤退出境，強行接受了行政權❾❹。二月二日，勝福又率同七百多名俄軍和三百多名蒙兵進攻臚濱府，當地巡防營士兵奮勇抵抗，經過數小時激戰，擊退敵軍，並當場打死了俄國西伯利亞第十五聯隊軍官勞喀普林斯基和四名俄兵。戰後，在當地的英、德等國人員，都親自目睹這些身穿蒙裝的俄國官兵屍體，並留下了簽字證明❾❺。

二月四日，俄方又增派馬、步、炮兵，再次圍攻臚濱府，並由俄國駐齊齊哈爾領事照會黑龍江巡撫周樹模，進行威脅說：如果中國政府軍與蒙軍交戰，俄國將守中立，但華軍不得在東清鐵路界內與蒙軍交戰，不許用火車運送中國軍隊。同時又警告當地的官廳：如果防衛軍企圖抵抗，俄軍必封鎖車站，斷絕中方的糧食供應❾❻。守軍無法獲得兵力增援，食糧短缺，致呼倫貝爾全部不久即為勝福所率叛軍所佔據。

當勝福率軍佔據呼倫貝爾後，又在俄人操縱下組織自治政府，接收外蒙古「總督」名義，將呼倫貝爾地區併入「大蒙古國」。同時採取依靠俄援的對外政策，由俄國軍官訓練軍隊，兵器亦由俄方供應。現在的呼倫貝爾的政治、經濟、軍事各方面實際已脫離中國，淪入俄國勢力範圍掌控之中。

當時中國政府的計劃是：先由黑龍江省政府派員前往呼倫貝爾，與地方當局疏通排解，以免受俄人之居間操縱阻撓。不料俄人早已有備，既不願將呼倫貝爾事件與外蒙問題一併解決，亦不願將呼倫貝爾劃入外蒙自治範圍，復圖假借居間調停的名義，造成中、俄間另一件談判糾紛，迫使中國政府接受其與呼倫貝爾地方當局所訂的一切經濟合同，以攫取特殊之經濟利益。為此，俄國公使竟向中國外交部嚴詞指責：中國政府不應與呼倫貝爾直接進行交涉，必須接受俄方的仲介地位，方可談判。中方認為呼倫貝爾事件係中國的內政，俄方完全無理由將其改變為中、俄間的外交糾紛。彼此意見難以交集，雙方會議亦難順利達成協議。

延至一九一四年二月二十三日，中俄雙方始同意在北京舉行有關呼倫貝爾問題的談判，俄國公使庫朋斯基當日就提出恢復中國在呼倫貝爾主權的四

---

❾❹　程廷恆等，《呼倫貝爾志略》，兵事，第一〇三頁。引自特布信、赫維民、張植華等編著，《沙俄侵略我國蒙古地區簡史》，第一四二頁。

❾❺　同❸，第一四三至一四四頁。

❾❻　《辛亥革命》，第七冊，第三〇七至三一〇頁。

項條件：㈠呼倫貝爾仍歸蒙古管轄，中國政府應任命本地人為副都統；㈡中國政府確認俄商與呼倫貝爾簽訂的各項合同，一律有效；㈢俄國人在呼倫貝爾有修築中東鐵路專用線的優先權；㈣對於日俄戰爭前一度獲得金礦開採的權利，爾後又失去特許權的俄國金礦主，中國政府應給予補償 ❾❼。

三月二十日，俄國公使庫朋斯基又以勝福等人的名義，提出六項條件正式轉交中國外交部，作為前提條件的補充：㈠呼倫貝爾的所有官員，均須由當地蒙人充任；㈡副都統由呼倫貝爾的官員推舉，呈請大總統任命；㈢呼倫貝爾不分擔中華民國的國債；㈣中華民國不得在呼倫貝爾殖民、駐軍及派駐官員；㈤呼倫貝爾保存本地的軍隊；㈥呼倫貝爾為特別區域，直屬中央政府 ❾❽。孫寶琦接讀後指出：按照這些條件，中國全部主權就只剩下由總統批准巴爾虎人推舉行政長官了 ❾❾。三月二十八日，中國政府外交部專就二月二十三日俄使所提的四項條件照會庫朋斯基說：俄人在呼倫貝爾訂立的各項合同，中國政府將逐項加以審查，考慮批准；中國政府如須借用外資建造中東鐵路支線，俄國有貸權及優先權；日俄戰後俄國人喪失的各項採礦權，可個別研究解決。此外，孫寶琦還向庫朋斯基透露：袁世凱決定任命勝福為呼倫貝爾副都統 ❿。雖然中國政府已作了極大的讓步，庫朋斯基還不滿意，尤其對照會中未就勝福等人七項條件作出答覆大為不滿。這樣，中、俄雙方之談判遂陷入停頓。

至一九一四年十二月，中、俄雙方始同意在北京續議呼倫貝爾問題。一九一五年三月十日，俄國公使再向中方提出九款解決呼倫貝爾問題的條件，經過在北京及聖彼得堡兩地的中、俄外交官員往返磋商，俄方終不讓步。當時日本對中國要求二十一條的交涉，以及恰克圖中、俄、蒙三方會議中的爭執，均異常激烈，中國政府陷於重重困難之中，深恐遷延日久，若與外蒙劃界之事發生牽連，將更增加不利，只得向俄國屈服，以求迅速結案 ⓛⓞ①。

---

❾❼　〈駐北京公使致外交大臣電〉，一九一四年二月二十三日；《國際關係文件》，第三編，第二卷，第三〇七號文件。參看第二八〇號文件。

❾❽　中國社會科學院近代史研究所編，《沙俄侵華史》，第四卷，下冊，第八八一頁。

❾❾　同❽❽，第二卷，第一四七號文件註㈠。

❿　同❾❼，一九一四年四月三日；《國際關係文件》，第二卷，第一四七號文件。

⓵⓪①　同⓼⓪，第三九二頁。

　　一九一五年十一月六日，中俄雙方在北京簽訂了《中俄關於呼倫貝爾改為特別地域協定》（又稱《中俄會訂呼倫貝爾條件》），全文共分八條，主要內容如下：

第一條　呼倫貝爾為中華民國特別地域，直屬中央政府。

第二條　呼倫貝爾副都統由大總統選擇當地三名以上之蒙員直接任命，與省長有同等權利。

第三條　都統衙門設左右兩廳，廳長由副都統擇四品以上之蒙員，請中央任命。

第四條　呼倫貝爾平時一切軍事措施均由當地民兵擔任，若遇變亂不能平定時，中國政府預先通知俄國政府，得派兵赴援，秩序恢復後，即須撤出。

第五條　除海關與鹽政稅款專歸中央政府外，呼倫貝爾境內各項稅收及其他地方收入，均由本地支配使用。

第六條　呼倫貝爾之土地為同地人民共有財產，中國人（原為內地人，俄方改為中國人）僅能取得借地權。

第七條　中國政府如在呼倫貝爾鋪設鐵路，須借外款時，先與俄國商辦。

第八條　俄國前與呼倫貝爾當局所訂各種合同，業由中俄雙方之委員審查者，中國政府應即承認 ❿❷。

　　簽署此一協定的同時，中國外交部還向俄國公使致送兩個照會，一件是聲明中國政府同意補償俄國採金商人於日俄戰爭後在黑龍江省遭受的損失；另一聲明是，今後俄人與呼倫貝爾當局訂立任何合同，均將由黑龍江省予以批准，如黑龍江省不准，再送外交部會同俄國公使審議解決。

　　自一九一二年一月，呼倫貝爾事件爆發以來，延續了四年之久的中、俄交涉，至此才算結束。俄人侵略呼倫貝爾的圖謀，藉由此項協定的訂立而得以實現，自後呼倫貝爾就成為帝俄進入北滿的主要門戶，與中東鐵路地帶聯成一氣，使俄人在北滿的地位更加鞏固。不過，此一《中俄關於呼倫貝爾協定》雖經中國政府批准，但並未公布。到了一九一七年帝俄崩潰之後，中國政府就廢除此一特別區域，恢復對呼倫貝爾的完全主權 ❿❸。

---

❿❷　鄒尚文、朱枕薪等編，《呼倫貝爾概要》，北京，一九三〇年，第五九至六三頁；同 ❽⓪，第三九二至三九三頁。

❿❸　同 ❽⓪，第三九三頁。

第四節　帝俄侵併中國唐努烏梁海地區

一、唐努烏梁海概況

中華民國初期，帝俄竟公然違背歷次中俄條約，以經濟、政治及軍事等方式，侵併中國唐努烏梁海地區。

唐努烏梁海（俄文唐努圖瓦）位於外蒙古的西北部，北接薩彥嶺（一稱沙畢納依嶺），南接唐努山脈，是一個群山環繞的大盆地。藍色的葉尼塞河上游流經其境，面積十七萬多平方公里，相當於瑞士、葡萄牙和比利時三國面積的總和。居民以烏梁海人為主，一九一三年統計共五萬二千三百人❿。平均每平方公里只有零點三人，主要從事畜牧業，礦產資源極為豐富，有金、鐵、銅、煤、石棉、雲母、岩鹽、寶石等。山巒重疊，森林密布，浩瀚林海，無邊無際，並盛產黑狐、銀狐、貂獺、灰鼠等珍貴毛皮。且土地肥沃，水草豐茂，頗適於放牧和農作，為中國北部邊疆最美麗富饒之地，俄人久有垂涎之意，圖據為己有。

二、唐努烏梁海很早就是中國的領土

唐努烏梁海很早就是中國的領土，我國北方少數民族世代相傳居住在這裡，遠在漢代臣屬於匈奴的丁靈人（或作丁零），散居在這一帶。在唐代，為鐵部落聯盟（即丁靈）中的都波人所居（或做都播、或稱土瓦），西元六四六年（唐貞觀二十年），都波和鐵勒諸部落首領到靈州（今寧夏靈武縣）朝見唐太宗，表示「願得天至尊」作唐朝屬部的可汗。並請求「置唐官」、「列其地為州縣」。次年，唐朝在漠北廣大地區設置府州，唐努烏梁海地區的都波部歸瀚海都督府管轄❺。遼金時期，先後為遼、金王朝轄地。一二〇六年，成吉思汗統一蒙古各部以後，派長子朮赤率兵征服南西伯利亞各部落，其中的禿巴思都就是世代居住在唐努烏梁海的都波人。在元朝，歸嶺北行中書省管轄。

---

❿　波波夫，《烏梁海邊區》，伊爾庫茨克軍區司令部，一九一三年，第八一至八二頁，轉引自紹伊熱洛夫，《圖瓦人民共和國》，莫斯科，一九三〇年，第八頁。

❺　同❸，第一五八頁。

明代蒙古瓦剌部和韃靼部都統管轄過，明末清初則為外蒙古扎薩克圖汗部轄地。一六八六年（康熙二十五年），清朝政府令尚書阿喇尼「蒞臨承制」，阿喇尼授扎薩克圖汗部和托輝特的根敦以扎薩克的頭銜，管理唐努烏梁海。一七〇三年根敦死後，其子博貝承襲唐努烏梁海扎薩克輔國公 **⑯**。

一七二七年《中俄布連斯奇條約》和一七二八年中俄《恰克圖條約》都明文規定薩彥嶺以南的唐努烏梁海是中國的領土：「此界已定，兩國如有屬下不肖之人，偷入遊牧，佔據地方，蓋房居住，查明各自遷回本處。兩國之人如有互相出入雜居者，查明各自收回居住，以靜疆界。」 **⑰** 一八六〇年《中俄北京條約》、一八六四年《勘分西北界約記》、一八六九年《科布多界約》和《烏里雅蘇臺界約》，均承認兩國在唐努烏梁海西北端所立沙賓達巴哈界牌，是中俄兩國間的正式國界標誌 **⑱**。

蘇聯早期的歷史學者曾明確指出唐努烏梁海是中國的領土，例如紹伊熱洛夫在《圖瓦人民共和國》一書中說：「圖瓦人（即烏梁海人——引者），在一九一一年中國革命以前，隸屬大清帝國。」 **⑲** 卡鮑在《圖瓦歷史與經濟概述》一書中說：「我們不會忘記，圖瓦是中國的一個遙遠邊區。」 **⑩**

三、俄人對唐努烏梁海的經濟滲透與非法移民

早在十九世紀四十年代，米努辛斯克等地哥薩克人即利用鄰近唐努烏梁海的方便，開始越境，潛來這一地區進行小規模的貿易活動。到了六十年代，俄商利用一八六二年《中俄陸路通商章程》關於兩國邊界百里內及蒙古各處免稅之規定，在唐努烏梁海逐漸擴大貿易規模。一八六七年，米努辛斯克商人衛肖爾科夫在烏魯克木河等處建立商站 **⑪**，很快就獲得龐大的利益，消息傳出後，俄商乃紛紛前往唐努烏梁海各地建立商站。清廷駐烏里雅蘇臺將軍

---

⑯ 同**❸**，第一五八至一五九頁。

⑰ 同**㉒**，第一冊，第八頁。

⑱ 同**㊳**，第九二三至九二四頁。

⑲ 紹伊熱洛夫，《圖瓦人民共和國》，第一三頁。

⑩ 卡鮑，《圖瓦歷史與經濟概述》，第七二頁。

⑪ 波波夫，《第二次蒙古旅行記（烏梁海問題)》，伊爾庫茨克軍區司令部，一九一三年，第八頁。

麟興得知後，於當年與俄國駐庫倫領事希什馬廖夫交涉，俄方偽稱：俄商在唐努烏梁海建立商站，是臨時性的 ⓬。事實上，俄人所建立之商站既不是臨時的，且由於此種商站之建立，使俄國對唐努烏梁海之貿易獲得非常大之發展。據烏辛斯克當局統計，一八九六年俄國對唐努烏梁海的貿易額達二十五萬盧布 ⓭。七年間更增至六十五萬盧布 ⓮，十年間增加兩倍以上。

　　此外，唐努烏梁海金礦蘊藏極為豐富，有「加利福尼亞第二」的美稱 ⓯，俄國商人便利用這裡地廣人稀，清政府疏於防範等條件，從十九世紀三十年代末起，開始越過薩彥嶺，前來唐努烏梁海境內之昔斯提克木河流域，擅自開採。從此，開掘之範圍日益擴大。到八十年代初，僅在謝爾利赫河流域被俄商古雪夫等人霸佔的金礦即有九處。據不完全的統計，至一八八一年，俄人在上述兩地開產黃金四百四十六普特（每普特十六‧半俄斤——作者），價值九百五十萬盧布 ⓰。清廷烏里雅蘇臺將軍聞訊後，於一八八九年呈請清政府下令檢查邊境，判明實情，並與俄國政府交涉，要求令俄人「照約退回本國」 ⓱。但由於清政府軟弱，帝俄政府完全置之不理，且來到唐努烏梁海採掘金礦的俄商不斷增加。一八九六年，俄人強佔金礦計十一處，擁有挖金工人五百名 ⓲。到一九一〇年，俄人佔有的金礦達十八座，待開採的三十座尚不包括在內 ⓳。

　　隨著貿易與採金業的發展，帝俄向唐努烏梁海的非法移民也不斷地增加。

⓬　姆‧克，〈關於重新審定烏梁海地區的俄中國界〉，載《亞洲通報》，一九一〇年，第五期，第九六頁。

⓭　薩菲亞諾夫，〈商業資本在圖瓦的殖民政策〉，載《新東方雜誌》，第二三至二四期，莫斯科，一九二三年，第一五八頁。按：實際貿易額遠超過此數。一八九六年俄商從唐努烏梁海運出貂皮五千張，僅此一項貿易額已不少於二十五萬盧布。

⓮　同 ⓭，第一六二頁。

⓯　古里耶夫，〈關於改訂一八八一年二月中俄彼得堡條約〉，載《亞洲通報》，一九一〇年，第六期，第九二頁。

⓰　杜洛夫，《圖瓦社會經濟史（十九世紀至二十世紀初）》，莫斯科，一九五六年，第三三八至三三九頁。

⓱　王彥威，《清季外交史料》，光緒朝，第八〇卷，第一一頁；第八一卷，第二四頁。

⓲　同 ⓰，第三四二頁。

⓳　同 ⓫，第七頁。

早在十九世紀上半葉，首批俄國移民越過薩彥嶺，來到位於唐努烏梁海邊境的烏河流域 ❿。當地唐努烏梁海居民或被趕至他處，或淪為俄人的牧奴和僱工。從六十年代起，為數更多的俄國殖民者擅自進入唐努烏梁海，把薩彥嶺的一些好地方強行佔據，建造了房屋，開始經營畜牧業與農業。為此，一八六八年，烏里雅蘇臺將軍麟興與俄國領事會晤，要求俄國政府約束俄國人，不准在唐努烏梁海地區蓋瓦種地 ❶。但俄方並未照辦。一八八五年，俄國更公然在圖藍河畔建立圖藍鎮，並向中國地方官吏送禮，企圖換取默許。清廷烏里雅蘇臺將軍獲悉後，一面懲罰了受賄的官吏，一面向俄方提出抗議。但俄國政府完全無視中國領土主權，繼續鼓勵俄國移民：「到中華帝國去種莊稼」 ❷。

　　一八八二年，東西伯利亞總督阿魯欽建議俄國政府建立烏辛斯克邊務區。內務大臣立即表示支持，後經亞歷山大三世批准，烏辛斯克邊務區於一八八六年初正式成立 ❸，作為對唐努烏梁海地區移民墾殖及策劃侵併之機構。

四、帝俄對唐努烏梁海武裝侵略與和平兼併

　　迄一九〇七年為止，俄國在唐努烏梁海非法定居的移民已達二千一百人，並擅自建立大小村鎮一百多處 ❹。唐努烏梁海的總管海都部查知實況後，即採取措施，予以限制。但俄人不服規定，並派波波夫 (Попов) 上校率領俄軍百餘人侵入唐努烏梁海，攻佔並焚毀了中國哨所 ❺，更加擴張了他們的殖民範圍。

　　一九一一年十月，中國發生辛亥革命，俄國駐華代辦世青認為俄國併吞唐努烏梁海的時機已經成熟，急電外交大臣沙佐諾夫建議：乘中國目前政局發生重大變化之際，立即武裝佔領唐努烏梁海，實為兼併的良機 ❻。

❿　列昂諾夫，《唐努圖瓦》，莫斯科，一九二七年，第七頁。
❶　文慶等輯，《籌辦夷務始末》，同治朝，第六〇卷，第四二至四三頁。
❷　同 ⓰，第三五一至三五二頁。
❸　同 ❷。
❹　同 ⓫，第一一頁。
❺　同 ⓼，第九二八至九三〇頁。
❻　蘇聯《紅檔》雜誌，一九二六年，第五（總第一八）卷，第九七頁；同 ⓼，第九三三頁。

　　一九一一年十一月二十一日，俄國內閣舉行會議，專門討論併吞唐努烏梁海的時機和方式問題。與會者面對中俄歷次成約，不得不承認俄國對唐努烏梁海地區的要求，缺乏確實的條約根據。同時，代理外交大臣尼拉托夫(Нератов) 指出：歐美主要國家和日本在中國均有重大利益，公開的違約併吞唐努烏梁海，將會遭到他們的反對，從而在外交上陷入被動的地位。考慮了各種因素以後，乃達成一致意見，認為：中國經過這次革命後，將被進一步削弱，短期間內，無力過問唐努烏梁海問題，因此，俄國不必急於採取武裝佔領該地區的行動，而可以採取「和平兼併」方法，繼續大力發展移民墾殖事業。會議決定為了最終佔據唐努烏梁海，應當加緊修築通往該地的道路，並在烏辛斯克增加駐軍 ❿。帝俄制訂的「和平兼併」唐努烏梁海的政策，獲得了尼古拉二世的完全贊同 ❷。

　　一九一二年二月，唐努烏梁海總管貢布多爾濟在帝俄烏辛斯克邊區當局的策動下，宣布獨立，並請求俄國出兵佔領唐努烏梁海各要地 ❷，加以保護。但此一舉動引起了內部之反對。因此，俄國經過一年多的籌劃，終於一九一四年七月十七日，由烏辛斯克邊務專員采列林正式宣布：俄國接受貢布多爾濟的「自願歸順」，置唐努烏梁海於俄國保護之下。他接著並要求貢布多爾濟要切實遵守下列兩條規定：㈠不得與俄國以外的任何國家有任何往來，如確需進行此種往來，必須經采列林批准；㈡各旗之間的一切爭執，必須服從采列林的裁決 ❿。采列林講話後，貢布多爾濟即向他恭呈「保證書」一份，自稱為沙皇「忠實、恭順的僕人」，並發誓嚴格遵守采列林宣布的規定 ❿。

　　一九一五年，俄國移民開放唐努烏梁海墾殖區，圈佔土地達三十二萬五千俄畝。在俄國政府鼓勵下，大量的移民蜂擁而至，總計在一九一二年至一

<hr />

❿　〈一九一一年十一月八日內閣會議特別議事錄〉；同 ⑩，第一五九至一六二頁。

❷　同 ⑱，第九三三頁。

❷　同 ⑳，第四三頁。按：貢布多爾濟與帝俄勾結已久，一九一〇年沙皇曾賞以斯坦尼斯拉夫二級金質獎章一枚。他「智力貧乏，意志薄弱」，名義上兼任唐努烏梁海大總管，但實際上並不能節制其他各旗。

❿　〈向大總管貢布多爾濟宣布最高意旨本文〉，一九一四年七月十七日；《國際關係文件》，第三編，第四卷，第二六七號文件。

❿　〈大總管貢布多爾濟保證書〉，一九一四年七月十七日；《國際關係文件》，第三編，第四卷，第二六八號文件。

九一八年期間，俄國的殖民者人數增加了兩倍❸。他們不僅強行建立很多的移民點，而且經所謂國家杜馬認可，於一九一四年春，公然在中國領土上建立商業和行政中心，正式命名為「白沙皇城」（別洛查爾斯克）❸。

　　一九一五年，中國政府派員前往唐努烏梁海執行公務，竟為帝俄阻攔，未能入境。一九一六年，中國駐俄公使劉鏡人再度與俄國交涉，要求依約在唐努烏梁海設佐理員，俄方藉口該地已歸俄國保護，不允中國官員前往行使職權❸。且當時外蒙業已宣布自治，原駐唐努烏梁海的中國官員已被迫離境，北京與唐努烏梁海之間的交通隔絕，無法直接往來，致使唐努烏梁海十七萬多平方公里的領土孤懸塞外。而帝俄在無任何條約依據之下，非法侵併了這塊土地，雖然在俄國十月革命後，中國政府曾一度恢復唐努烏梁海的主權，但不久又為蘇聯紅軍所攻佔。因此，關於唐努烏梁海問題，仍是中、俄兩國間尚待協議之懸案。

---

❸　同❸，第三一頁。

❸　同❸，第四九七頁。

❸　同❸，第四〇九至四一〇頁。

第十一章 俄英在西藏地區之爭奪與妥協

第一節 帝俄之垂涎西藏

一、西藏概況

　　西藏位於亞洲腹部，幅員遼闊，山巒起伏，有高屋建瓴之勢，是中國西南的天然屏障；廣袤六十五萬一千五百方哩，人口六百餘萬，域內分前藏、後藏，屬古代三苗種族，亦稱圖伯特族。首府拉薩，是喇嘛教的重要中心，為亞洲各地喇嘛教徒所嚮往；達賴喇嘛、班禪喇嘛的神權，影響所及，超出了中國國界。由於地理位置的重要和喇嘛教的政治作用，在十九世紀末與二十世紀初列強爭奪在華勢力範圍的衝突中，西藏就成了俄、英兩國競相獵取的目標。

二、俄人早有謀藏之企圖

　　早在十八世紀二十年代初，沙皇彼得一世即萌生了侵佔「達賴喇嘛住地」即拉薩之意圖，他於一七二一年一月下令樞密院以通商為名，查明到達並佔領該地之途徑❶。當時，由於國力所限，加以地域遠隔，情況不明，彼得一世此一計劃未能實現，但他的後繼者們始終把它奉為行動的指針。

　　從葉卡婕琳娜二世到尼古拉一世時期，他們都曾致力於通過常駐北京的俄國東正教傳教團，結交清廷權貴和藏族的上層人物，搜求文獻資料，研究

---

❶ 《一六九四年以來俄羅斯帝國詔會大全》，一八三〇年，俄羅斯帝國秘書廳刊本，第六卷，第三一三頁。

關於西藏的情況。一八一二年，西伯利亞防衛司令曾建議財政大臣與西藏建立正式貿易關係❷。由於俄人持續不斷的努力，到十九世紀三十年代，由西伯利亞經青海、西寧等地輸入西藏的各類商品，雖然數目不大，但在當地市場上卻居於領先地位。此時，已開始引起英國之注意，並認為「俄國人在拉薩已有了政治和商業的影響力」❸。

進入亞歷山大二世時期，即十九世紀六十年代後，帝俄併吞了中亞的浩罕、布哈拉、希瓦三汗國，在地理上，接近了西藏。從此，俄國滲入西藏的活動更趨活躍。一八七〇年起，由俄國總參謀部及地理學會先後多次派遣「考察隊」，經由新疆、蒙古、青海、四川等地到中國崑崙山麓和唐古拉山區活動。到九十年代末，俄人的足跡已深入藏北高原一帶❹。

三、利用喇嘛教作為進入西藏之橋樑

帝俄為了打開進入西藏的渠道，乃有利用喇嘛教之計劃。於十八世紀初，在鄰近中俄邊界的外貝加爾湖地區，創設了布里亞特喇嘛教中心，十九世紀中葉起，進一步實行保護喇嘛教的政策，規定教階，給予俄國喇嘛教徒種種特權和優惠，鼓勵他們入藏學佛、學經，並從中挑選可靠人員，委以秘密的政治使命。

據親蒞西藏從事間諜活動的日本僧人河口慧海記載：至八十年代末，經常在西藏甘丹、色拉、大昭、札什倫布等著名寺院學經的俄國喇嘛，常在一百五十至二百人左右❺。帝俄與西藏當局的官方關係，就是通過布里亞特人和阿斯特拉罕卡爾梅克人佛教徒來保持的❻。他們實際上藉著宗教的名義，進入西藏，擔任連絡藏人與蒐集情報的工作，其中具有特別影響者為德爾智❼。

---

❷　〈十九世紀和二十世紀初的俄國對外政策〉，《俄國外交部文件集》，第一集，第六卷，第一二四號文件。

❸　藍姆，《英國與中屬中亞：通向拉薩的道路》（一七六七至一九〇五年），倫敦，一九六〇年，第八二頁。

❹　中國社會科學近代史研究所編，《沙俄侵華史》，第三卷，第六章，第二節。

❺　河口慧海，《西藏旅行記》，東京，一九四一年，第三八八頁；河口慧海，《旅藏三年》，倫敦，一九〇九年，第四九六頁。

❻　科羅斯托維茨，《從成吉斯汗到蘇維埃共和國》，第一三九頁。

四、德爾智勘布在俄藏間扮演的角色

德爾智勘布為人精明強幹，兼通俄、蒙文，沙皇賜以勳章，授以對藏密策，命往西藏留學。德爾智研究藏文數年，學識超眾，被選為達賴十三世之侍讀，藉其導師之地位，對達賴十三世常以：「英國將來侵略西藏之可畏，中國政府之不足賴，及俄羅斯是將來之唯一保護者」為教旨；且著有小冊，引用某喇嘛之預言，謂異日佛教紊亂，徹底滅亡時，北方將有一大法王出世以統一之；並倡言沙皇為首創喇嘛教之法身，終將建立一偉大之佛教國。達賴十三成年後之拳拳於親俄主義，實由德爾智薰陶之功勞。德自是亦以所謂「玄學教授」聞於世，及其返俄陳報藏情，俄廷復給以重賞，使其經常往來於拉薩、俄京間，沙皇與達賴十三之關係，因以日臻親密。

一八九八年（光緒二十四年），俄國政府復派德爾智勘布赴拉薩，攜有俄國珍寶饋贈藏官喇嘛，並勸達賴投俄，告以：中國國事蜩螗，自顧不暇，倘藏人無力禦外，必受英人虐待。若乘此時求援於俄，俄國必能盡力驅逐英人勢力，且可建議沙皇信奉喇嘛教，沙皇信奉，全俄國人民俱可皈依佛法。達賴遂為所動，欲親赴俄，後為左右所阻，始寢其議❽。

翌年，德爾智勘布又赴藏，攜有沙皇請達賴喇嘛遣使赴俄之函，並贈達賴教主袈裟一襲。一九〇〇年（光緒二十六年），當八國聯軍入京，中國處於無政府狀態時，達賴派德爾智赴俄報聘，沙皇召見於黑海離宮，對之優禮有加。次年夏，達賴復遣之赴俄，沙皇與皇后召見於彼得宮。德爾智勘布並拜見外相拉姆斯多夫及財相威特。俄國報章且大為宣揚，謂：「西藏使節之再度出現於俄境，是德爾智前次奉使來俄，滿載良好之印象而返，使達賴喇嘛決意與俄國建立最友好之關係。……達賴認為與俄國親善，是最合理之步驟，蓋俄國為唯一之強國，而能破英國詭計者。」

---

❼ 德爾智（道爾吉耶夫），布里亞特人，一八五三年（一說一八五〇年）出生於貝加爾湖以西，上烏丁斯克省。一八七三年隨進香隊入藏，在拉薩附近的哲蚌寺學經，並攻讀藏語。一八八八年獲得喇嘛教程中的高級學位——拉然巴格西。柏林，〈阿旺·德爾智勘布〉，載蘇聯《新東方》雜誌，一九二三年，第三期，第一四〇至一四一頁。

❽ 陳復光，《有清一代之中俄關係》，第三九〇頁。

當時，英國政府得悉上述消息後大為震驚，俄國政府乃假維也納新聞社聲明：「俄國對於西藏，毫無政治野心，僅與藏使規定中亞之俄民佛教徒待遇而已。」俄國外相拉姆斯多夫則向英國駐俄使解釋：西藏來遊諸人，雖公稱達賴喇嘛特使，然不能認為負有任何政治或外交性質之任務；其使命之性質與羅馬教皇派赴國外之使節同。但英印度大臣對德爾智之使俄，極為重視，咨請英國外交部訓令駐俄英使，照會俄國外相，謂英國政府欣然接受其保證，但對於一切傾向與變更，或擾亂西藏現狀之行動，不能緘默不問，英國外相即本此意，照會俄方❾。

一九○一年四月，德爾智又率領「西藏使團」由諾爾宗諾夫伴同前往俄都，要求「在聖彼得堡建立常設的西藏使團」❿。七月六日，尼古拉二世在聖彼得堡接見德爾智，希望同西藏建立「牢固的友好關係」，並致信達賴，表示俄國「將竭誠援助西藏」⓫。不久，兩名藏人帶著沙皇的信件和禮品先期返回西藏，德爾智則留在俄籍卡爾梅克人和布里亞特人中繼續活動。

五、俄人藉科學考察混入西藏

一九○二年初，帝俄政府派總參謀部奧爾洛夫上校率領人馬，以科學考察隊名義，用二百匹駱駝載運槍枝彈藥，由庫倫經青海柴達木盆地來到拉薩。另一支四十人的隊伍，由布里亞特人策仁貝率領，扮作客商模樣，帶著五十匹馬、二百頭牛，載著槍枝彈藥，經黃河上源入藏，於當年十一月到達拉薩⓬。又據日人河口慧海說：一九○二年二、三月間，他曾在拉薩東北約五十公里處，目睹一支有二百匹駱駝的運輸隊，裝載著貨物前往拉薩。後來，他向藏員探聽，才知道運載的是俄國的武器。同時，他又獲悉，在不久以前，另一支有三百匹駱駝的駝隊載運軍火抵達拉薩⓭。

❾　同❽，第三九一頁。

❿　《敖德薩新聞》，一九○一年六月十二日（俄曆），轉引自《英國議會文書》（關於西藏的文書），一九○四年，第一九二○帙，第一一三至一一四頁。

⓫　同❼，第一四三頁。

⓬　菲爾希納，《亞洲風雲》，柏林，一九二四年，第六二至六三頁。

⓭　河口慧海，《西藏旅行記》，第五○五至五○六頁。

第二節　英國亟思霸佔西藏

一、英國不允他國政治勢力進入西藏

　　印度總督寇松 (Lord Curzon) 鑑於當時俄國對日本積極備戰，且有侵略西藏之企圖，乃於一九○三年一月，上書英國政府，痛陳西藏問題，謂：為保護印度計，英國決不允許他國在西藏有政治勢力。今俄國既狡焉思逞，英國應有積極方針，使西藏早日就範，以斬斷俄人之野心。因此，宜在武裝保護之下，遣派專使前往拉薩，勿須顧及中國之宗主權，直接與達賴喇嘛交涉，解決一切英藏問題，並派英國代表常駐拉薩。書入，英國政府甚為嘉納，遂派對藏素具野心之榮赫鵬上校 (Col. Young Husband) 為駐藏專使，率領英軍入藏。

二、英軍攻陷拉薩與簽訂拉薩條約

　　當日俄戰爭爆發後，英國對俄國已不存顧忌。於是英國政府於五月十日，藉口「西藏人的傲慢和頑固」，公然授權印度殖民當局進兵拉薩。八月三日，英軍攻陷拉薩。達賴十三逃遁青海，將其印璽交噶爾丹寺長，令其代行職權。榮赫鵬以英國特派邊務全權大臣名義，與噶爾丹寺長等於一九○四年九月七日（光緒三十年七月二十八日）簽訂所謂《拉薩條約》（一名《印藏條約》）。該約除規定開放江孜、噶大克為商埠和賠償英國兵費五十萬英鎊外，並要求西藏承認：㈠未經英國政府之許可，不得將西藏任何部分割讓變賣租借或抵押與第三國；㈡不許任何外國干涉西藏內務；㈢不許任何外國派遣代表入藏；㈣不得租借鐵路、電線、礦產或他種權利與任何外國，倘有此種租借事實發現時，英國政府應得同樣之租借權；㈤不得將西藏稅款解付任何國家❶。按此規定，實際上把西藏變成了英國獨佔的勢力範圍，基本上排除了帝俄在西藏的勢力。

---

❶　英文約文，王光祈譯，見《西藏外交史料》，第八二至九○頁；王鐵崖，《中外舊約章匯編》，第二冊，第三四六至三四八頁。

三、中英締結續訂印藏條約

中、英兩國政府為了維持邦交，速了藏案起見，於一九○六年四月二十七日（光緒三十一年四月初四日），由外務部右侍郎唐紹儀與駐京英使薩道義（Sir Ernest Mason Satow），在北京締結《續訂印藏條約》六款，一方面中國政府承認《拉薩條約》，並將其列為該約的附約；另一方面，英國承允不兼併西藏，及不干涉西藏一切政治；中國亦應允不准其他外國干涉藏境及其他一切內政：《拉薩條約》所申明各項權利，除中國獨能享受外，不許他國享受。按此約之規定，不過將英、藏前訂之《拉薩條約》加以限制而已。

第三節　帝俄對西藏政策之轉變與英俄西藏專約之簽訂

一、俄國對西藏政策之轉變

一九○五年八月十二日，英、日兩國簽訂第二次《同盟條約》，將互相援助、共同作戰的範圍擴大到了印度邊境，這無疑是對俄國侵藏行動的一大限制。九月五日，俄國因戰敗被迫與日本停戰締和，國際地位由此直趨下降。在這種情況下，璞科第等認為此刻不宜支持達賴分裂主義活動，因為西藏一旦脫離中國，英國便可能利用優越的地理位置，在那裡為所欲為；只有使達賴盡快回藏，「俄國才能更加積極地著手保護西藏的獨立！」❺俄國外交部採納了這一主張。

為適應俄國的政治需要，一九○六年二月，達賴喇嘛命德爾智攜帶他的親筆信及禮品前往聖彼得堡，請求沙皇保護他重返西藏掌權。三月初，尼古拉二世親自予以接見❻。四月五日，沙皇又復電達賴「表示敬意」，並稱他是「西藏人民的最高首領」❼。

接著在俄國政府的安排下，乃由俄籍布里亞特人發起組織武裝衛隊，準

❺　波波夫，〈俄國與西藏〉，載《新東方》雜誌，一九二七年，第二○至二一期合刊本。
❻　《英國議會文書》（關於西藏的後續文書），一九一○年，第五二四○帙，第四三頁。
❼　古奇等編，《關於大戰起源的英國文件》，第四卷，第三二七頁。

備護達賴喇嘛返藏。隨後又由一個布里亞特人組成的代表團，由俄國前往庫倫，將這一計劃通知達賴❶。對此，中國政府令駐俄公使胡惟德照會俄國外交部，嚴正指出：「達賴世受恩命，俾持佛教。此次行程，沿途皆我轄境，已經中國派員妥為護送，無庸他國人干涉。俄國派佛教人隨行一節，斷難允許。」❶與此同時，英國政府認為達賴返藏勢將在俄國支持下實行反英政策，因此，也持反對態度。五月二日，英國要求俄國政府保證布里亞特衛隊不得超越蒙古邊境，否則，英國政府就有必要再次進行干涉❷。在這種情況下，俄國外交部只有知難而退，密令璞科第放棄原定的護送計劃❷。

二、俄英的妥協與重開談判

俄、英在護送達賴返回西藏問題上的妥協，是雙方在中亞地區由激烈競爭轉向互相勾結的信號。這種走向，其主要原因是由於歐洲國際形勢的急劇變化所促成的。英國為了對付德國，早在日俄戰爭初期，即已著手與俄國就雙方另有爭議的問題進行談判。一九〇四年六月十日，印度代理總督碙士爾就曾向印度事務大臣布璐德里克建議，鑑於德國的威脅日益嚴重，英國應考慮和俄國修好，不宜為西藏問題和俄國結仇❷。日俄戰後，戰敗的俄國在遠東已不再成為英國的主要競爭對手；在近東，因德國已成為英、俄在這一地區的共同敵人，加以英國在第二次侵藏戰爭後，基本上已排除了俄國在西藏的勢力，所以俄、英妥協就有了實現之可能。

一九〇五年十二月，英國自由黨執政後，更力求在國際事務中緩和同俄國的緊張關係。十二月十三日，新任外交大臣葛雷就職不久，就主動向俄使本肯道夫表示，希望兩國恢復談判，就所有問題中最微妙的中亞問題，締結雙邊條約❷。十天後，他又邀見本氏專談西藏問題，介紹英國在中、英關於

❶　藍姆，《麥克馬洪線》，倫敦，一九六六年，第一卷，第八三至八四頁。按：這支武裝衛隊約有三、四十人。

❶　王彥威，《清季外交史料》，光緒朝，第一九六卷，第二一頁。

❷　同❶，第三三〇頁。

❷　同❶，第四七至四八頁。

❷　藍姆，《英國與中屬中亞》，第三〇八頁。

❷　同❶，第二一八頁。

西藏問題談判中的立場，並說明英國無意將第二次英日同盟協定的適用範圍擴大到西藏。當時，英國為了鞏固其對阿富汗的保護地位，為了與俄國在波斯問題上進行討價還價，因而準備在西藏問題上採取比較緩和的政策，對俄國作出外交讓步，把西藏變成兩國之間「可靠的緩衝地」❷❹。

　　事實上，在日俄戰後，俄國也希望同英國接近和改善關係。為了在英國金融市場上以有利條件籌得借款，以彌補由於戰爭造成的財務虧損，俄國政府在西藏問題方面，也要對英國謹慎從事。一九〇六年三、四月間，英、法同意貸款後不久，帝俄政府就決定接受英國要求，不派人護送達賴返藏，自有原因。同年五月，伊茲沃利斯基接任外交大臣後，更重視改善俄、英關係。他認為在西藏問題上不能不考慮英國已有的優勢地位，和藏印連界的優越條件，而俄國沒有對西藏施加影響的任何手段，把賭注押在達賴身上是靠不住的，擺脫困境的辦法，是明確承認英國在西藏的優先利益，以便利用這一形勢，取得一定的好處，那怕是在別的事情上也好。璞科第也認為，由於俄國在西藏事務中所處的地位，西藏問題本身未必會在什麼時候對俄國有重大意義。全部問題在於，英國因我們在西藏問題上的讓步，而同意對我們作出補償，能在大程度上使我們滿意，沙皇贊同上述意見❷❺。這樣俄、英雙方都準備在不損害本國實際利益的前提下達成妥協❷❻。

　　一九〇六年五月二十三日，英國外交部訓令新任駐俄大使尼科爾森與俄國政府就重新劃分在中亞地區的勢力範圍問題進行談判。六月六日，伊茲沃利斯基主持外交部召開西藏問題會議，認為俄國在西藏，沒有直接的利害關係。就在這一天，根據英國提議，兩國談判從西藏問題開始❷❼。七日，尼科爾森首先向俄國政府提出協議草案五條，作為談判的基礎：㈠承認中國對西藏的宗主權，尊重西藏的領土完整，停止對西藏內政的一切干涉；㈡承認由於地理位置的關係，英國特別關心西藏對外事務不受任何其他大國的干擾；㈢雙方約定，不派代表到拉薩；㈣兩國政府同意不為本國或本國臣民在西藏謀求或取得鐵路、公路、電報及礦山的讓與權或其他的權利；㈤雙方同意，

---

❷❹　同❶❺，第四六至四七頁。

❷❺　同❶❺，第四九一頁。

❷❻　同❹，第四卷，下冊，第七〇四頁。

❷❼　同❶❺，第五一至五二頁。

西藏的歲入，無論為實物或現款，都不得抵押或讓與兩國或兩國的任何臣民 ❷。同時，尼科爾森表示阿富汗和波斯問題亦需與俄國逐項討論，當某個問題交換了意見，並實際上達成協議之後，就轉向另一個問題，一俟各個問題討論結束，就草擬和簽訂一個包括所有問題的總協議 ❷。這個草案的出發點，是要俄國政府承認由中、英《印藏續約》確定的英國在西藏的優勢地位，放棄對西藏的直接間接的干涉。

六月十三日，伊茲沃利斯基根據沙皇的指示，向尼科爾森表示，俄國準備接受英方的提案第一、三、四、五各款；至第二款，他強調，如果俄國承認英國由於地理位置可以在西藏享有特殊利益，則英國亦應承認俄國由於布里亞特臣民同西藏人宗教上的共同性，得在西藏享有精神利益 ❸。為此，他要求英方同意：㈠讓達賴喇嘛回藏執政，俄國得同他繼續保持聯繫；㈡俄屬布里亞特人得同拉薩當局繼續保持宗教關係；㈢俄國可派科學考察隊入藏考察；㈣公開聲明英軍佔領春丕是臨時性的 ❹。俄國的這些要求，目的在於爭得同英國在西藏的同等地位，防止對方獨佔西藏 ❺。儘管這些要求是英國所不能完全同意的，但是雙方從各自的戰略目標出發，都力求奉行與對方關係緩和之政策。

三、英俄協約與西藏專約之簽訂

一九〇七年一月中旬，俄、英兩國關於西藏問題之談判，基本上多已達成協議。關於第一點，兩國政府相約不採取任何行動促使達賴返藏，而由中國政府自行決定。關於第二點，雙方約定，除通過中國政府外，不與西藏交涉；並同意俄國佛教徒得與達賴喇嘛保持宗教上的聯繫，但不向拉薩派駐代表。關於第三點，雙方同意以互換照會方式相互保證，三年內不派科學考察團入藏。關於第四點，作為協議附件，英國重申一俟清政府償清賠款，英軍

❷　同 ⑰，第三三二至三三三頁。

❷　同 ⑰，第三三二頁。

❸　同 ⑰，第三三四至三三五頁。

❹　英國外交部檔案，第八八一號文件之八九二六附件，〈關於擬議中的英、俄、西藏協定的通訊備忘錄〉，一九〇七年四月十八日。

❺　梅拉，《麥克馬洪線及其以後》，德里，一九七五年，第四四頁。

即從春丕撤回，作為交換條件。俄方同意在協議序言中寫入：英國由於其所處的地理位置，「在維持西藏現狀中有特殊利益」❸。

在這裡還有一件重要的史實必須指出者，就是當日俄戰爭後，帝俄為了取得所謂補償，乃把攫取中國的蒙古作為對外政策的主要目標。所以，在談判開始不久，俄國政府便把蒙古問題與西藏問題連結一起，要求英國同意「維持蒙古現狀」，即要求承認俄國在蒙古的特殊地位，並希望英國勸說日本公開接受上述原則。一九○六年七月九日，俄國駐英代辦波克列夫斯基向哈丁暗示，如果英國能說服其盟國日本停止干涉蒙古事務，那麼，俄國人將以更大同情心聽取英國關於它在西藏具有特殊利益的要求❸。一九○七年一月五日，西藏問題即將達成協議時，伊茲沃利斯基又向尼科爾森探詢是否在協議中適當提到維持蒙古現狀❸。英、俄經過一番交涉後，終於得出結論：俄國人將以承認英國在西藏的特殊地位來換取英國承認在外蒙古具有特殊利益。二月五日，哈丁以個人名義向俄使表示：「鑑於俄國的地理位置，我們承認俄國在與其接鄰的蒙古地區的特殊利益。」❸

與此相關者，在俄、英談判中，俄國進一步改變了對達賴返藏問題的態度，主要也是適應俄國對外政策之要求。本來談判開始不久，俄方就要求英國同意達賴重返西藏，但英方認為達賴返藏會全力為俄國效勞，成為西藏一個「危險和動亂的因素」，因而表示堅決反對❸。六月十二日，尼科爾森甚至說，如果達賴返藏，英國很可能需要再一次進行武裝干涉❸。俄國屈於英方的壓力，決定不讓達賴返回西藏，以便利用他來增強俄國在蒙古王公中的影響❸。七月十三日，伊茲沃利斯基正式向尼科爾森表示：「為了英、俄雙方利益，讓這個人返回拉薩是不適宜的。」❹由於英、俄一致阻擾，十月間，清政府命令正在返藏途中的達賴暫住西寧附近的塔爾寺待命。俄國外交部聞訊後，

❸　同❸。

❸　同❸，第一○二頁。

❸　同❸。

❸　同❸，第一○五頁。

❸　同❸，第四二頁（註六）。

❸　同❸。

❸　同❸，第五三頁。

❹　同❸。

又召集專家會議，主張將達賴留在柴達木地區，同時考慮將德爾智重新派到達賴身邊❹。隨後，俄國政府即設法勸使達賴相信現在回藏是不適宜的❷。至此，達賴喇嘛就成了俄、英兩國在中國西藏互爭權利政治交易的犧牲品。

隨著俄、英關於阿富汗、波斯問題談判的結束，一九○七年八月三十一日，雙方正式簽署了《英俄協約》❸。其中有關西藏問題的條款，則為《西藏專約》。其約文如下：

英、俄兩國政府皆承認中國在西藏的宗主權 (Suzerain Right)，又以英國因地理關係，對於保持西藏對外關係，特別注意之，故兩國政府專約條款如下：

第一條　兩締約國擔任尊重西藏領土之完整，不得干涉其內政。

第二條　依據承認中國在西藏握有宗主權之原則，英、俄兩國除由中國介紹外，皆不得與西藏進行交涉；但此項交涉，不能影響英國商務委員與西藏官廳之直接關係，為一九○四年九月七日《英藏條約》第五款所規定，並為一九○六年四月二十七日《中英條約》所證實者；又此項約束亦不能變更上述一九○六年《中英條約》第一款內之規定❹。

英、俄兩國臣民中之佛教徒，關於純粹宗教事務，得與達賴喇嘛以及藏中其他佛教代表，發生直接關係，英、俄兩國政府應各自負責，不使此項關係損失本約之規定。

第三條　英、俄兩國政府相約，各不派遣代表到拉薩。

第四條　兩締約國相約，不得為自己或本國臣民，在西藏要求，或取得鐵道、馬路、電報、煤礦以及其他權利。

第五條　兩締約國政府約定，所有西藏國賦，無論為貨物或現金，皆不得向英、俄兩國或其他臣民抵押或讓與❺。

---

❹　同❶，第五三頁。

❷　同❸。

❸　馬克漢，《與中國簽訂的有關中國的條約和協定》，第一卷，第六七四至六七八頁；王彥威，《清季外交史料》，光緒朝，第二○五卷，第一三至一五頁；同❷，第七○九頁。

❹　V. A. Yakhontoff, *Russia and the Soviet Union in the Far East*, p. 103.

❺　同❶，宣統朝，第一○卷，第四二至四四頁。

　　此外，復附有英國聲明春丕屯兵如期撤退一條，此為俄國政府之要求。按照《西藏專約》之規定，英、俄兩國因利益衝突，不易獲得平衡之解決，始承認中國在西藏之宗主權，始申明除由中國介紹外，兩國不得與西藏進行交涉，及相約不派代表赴拉薩，不在西藏攫取鐵道、煤礦等權利，昔日兩國對西藏之爭先侵略，遂一變而為西藏之現狀。但最值得注意的，乃是英、俄兩國竟公然否定中國對西藏的主權，這自然是中國政府和人民所不能接受的。

　　就世界政治之觀點言，《英俄協約》之重大意義，在與一九〇五年之《英日續約》，一九〇七年之《日法協約》、《日俄協約》相配合，而形成協商體系，在歐洲則對抗三國之同盟，在遠東則造成英、法同情日、俄侵略滿蒙之局面。自一九〇七年迄歐戰之爆發，英、俄又乘中國多事之秋，仍以相互默認彼此在蒙藏之優越地位為交換條件，以各逞其贊助蒙藏自主之野心，不斷謀求發展自己的利益。

參考書目（上、下冊）

一、中文參考書目

㈠中央研究院近代史研究所　《四國新檔（俄國檔）》，臺北，中央研究院近代史研究所，一九八六年再版。

㈡中國人民大學清史研究所編，《清史編年》，北京，中國人民大學，二〇〇〇年第一版。

㈢中國第一歷史檔案館　《清代中俄關係檔案史料選編》，北京，中華，一九八一年。

㈣中華文化復興運動委員會　《中國近代現代史論集清季對外交涉》，臺北，臺灣商務，一九八六年。

㈤中華民國外交部文書科編　《外交部交涉節要》，出版項不詳，一九一二至一九一三年。

㈥中華民國開國五十年文獻編纂委員會　《光緒中俄密約全卷》，臺北，中華民國開國五十年文獻編纂委員會，一九六一年。

㈦中華民國開國五十年文獻編纂委員會　《帝俄侵略之開端》，臺北，中華民國開國五十年文獻編纂委員會，一九六一年。

㈧中國社會科學院近代史研究所編　《沙俄侵華史》，北京，北京人民，一九七七年。

㈨文公直　《中俄問題全部之研究》，上海，益新，一九二九年初版。

㈩文慶等輯　《籌辦夷務始末》，上海，上海古籍，二〇〇二年影印本。

㈡王　蘇　《中國領土之一部庫頁島歷史問題考》，臺南，王蘇刊，一九七四年。

㈡王　蘇　《西伯利亞鮮卑地方中國領土考》，出版地不詳，中國生命雜誌，一九五四年。

㈢王　蘇　《俄帝侵華史》，臺北，中國生命線，一九五三年。

㈣王之相、劉澤榮編譯　《故宮俄文史料》，北平，北平國立故宮博物院，一九三六年。

㈤王彥威　《清季外交史料》，臺北，文海，一九八五年。

㈥王彥威輯　《清宣統朝外交史料》，北平，著者刊，一九三三年初版。

㈦王錫祺　《中俄交界記》，臺北，廣文，一八九一年再版。

㈧王鐵崖　《中外舊約章匯編》，北京，三聯，一九五七至一九六二年。

㈨加恩著，江載華、鄭永泰譯　《彼得大帝時期的俄中關係史——一六八九——一七三〇年》，北京，北京商務，一九八〇年。

㈩北平故宮博物院編　《清代外交史料》，嘉慶、道光朝，北平，北平國立故宮博物院，一九三二年。

�北京大學歷史系　《沙皇俄國侵略擴張史》，北京，北京人民，一九八〇年。

㈡北京師範大學清史研究小組　《一六八九年的中俄尼布楚條約》，北京，北京人民，一九九七年初版。

㈢外交部中俄會議辦事處　《籌辦中俄交涉事宜公署意見書》，臺北，國立中央圖書館，一九八〇年，據一九二四年刊本影印。

㈣外交部條約司　《中國約章彙編中俄部份》，出版地不詳，一九二七年。

㈤民國十二年遠東外交研究會　《最近十年中俄之交涉》，哈爾濱，著者刊，一九二三年。

㈥田　鵬　《中俄邦交之研究》，南京，正中，一九三七年。

㈦白建才　《俄羅斯帝國》，西安，三秦，二〇〇〇年。

㈧石榮暲　《庫頁島志略》，臺北，文海，一九七〇年。

㈨多桑著，馮承鈞譯　《多桑蒙古史》，長沙，長沙商務，一九三九年。

㈩戎　疆　《沙皇是怎樣侵略中國的》，北京，北京人民，一九七六年。

㈢成崇德　《十八世紀的中國與世界——邊疆民族卷》，北京，遼海，一九九九年。

㈣朱建民　《外交與外交關係》，臺北，正中，一九七七年。

㈤朱壽朋編　《光緒朝東華錄》，北京，中華，一九五八年。

㈥米鎮波、蘇全有　《清代俄國來華留學生問題初探》，出版項不詳。

㈦西　清　《黑龍江外記》，臺北，臺灣商務，一九六五年。

㈧何　瑾　《俄羅斯風情》，臺北，明雅堂，一九九四年。

㈨何秋濤　《朔方備乘》，臺北，新興，一九八八年初版。

㊳何漢文　《中俄外交史》，上海，中華，一九三五年。

㊴吳成章　《俄蒙協約審勘錄》，臺北，國立中央圖書館，據民國二年約章研究
　　社冬榮山館編書之三本複印，一九八〇年。

㊵吳紹璘　《新疆概觀》，南京，仁聲，一九三三年。

㊶吳德鐸　《哥薩克東方侵略史》，上海，作新社，光緒二十八年。

㊷呂一燃　《中國北部邊疆史研究》，哈爾濱，黑龍江教育，一九九一年第一版。

㊸宋教仁　《二百年來之俄患》，臺北，中央文物，一九五三年。

㊹李玄伯　《李文忠使俄與光緒中俄密約》，出版地不詳，一九八六年。

㊺李尚英　《天涯何處是神州中俄密約》，北京，中國人民大學，一九九三年第
　　一版。

㊻李迺揚　《俄國通史》，香港，亞洲，一九五六年。

㊼李齊芳　《中俄關係史》，臺北，聯經，二〇〇〇年。

㊽李邁先譯　《俄羅斯的過去與現在》，臺北，政工幹部學校，一九六〇年。

㊾杜玉亭　《元代羅羅斯史料輯考》，四川，民族，一九七九年。

㊿杜榮坤等編　《準噶爾史略》，北京，北京人民，一九八五年第一版。

(五一)步平等編　《東北國際約章匯釋》，哈爾濱，黑龍江人民，一九八七年。

(五二)沙俄侵西北邊疆史編寫組　《沙俄侵略西北邊疆史》，北京，北京人民，一九
　　七九年。

(五三)和珅等撰　《大清一統志》，乾隆朝，上海，上海古籍，一九八七年。

(五四)孟　森　〈宣統三年調查之俄蒙界線圖考證〉，原載《大公報—圖書副刊》，
　　一四四期，一九三六年八月二十日；《北平圖書館圖書季刊》，三卷三期，一
　　九三六年九月。

(五五)季平子　《從鴉片戰爭到甲午戰爭——雍正、道光年間的中俄關係》，臺北，
　　雲龍，二〇〇一年。

(五六)林　軍　《俄羅斯外交史稿》，北京，世界知識，二〇〇二年。

(五七)松　筠　《新疆識略》，道光元年武英殿刻本。

(五八)祁韻士　《西陲要略》，道光十七年。

㈤祁韻士　《西陲總統事略》，嘉慶十六年。

㈥祁學俊　《黑河史話》，哈爾濱，黑龍江人民，一九九七年。

㈦哈爾濱鐵路分局研究組、中國社會科學院歷史研究所史地組　《中俄密約與中東鐵路》，北京，中華，一九七九年。

㈧奕景河　《中俄關係的歷史與現實》，開封，河南大學，二〇〇四年。

㈨姚亞英　《中俄交涉觀》，附地圖，出版地不詳，一九三〇年。

㈩姚明輝　《蒙古誌》，光緒三十三年。

㈠故宮博物院明清檔案部　《清代中俄關係檔案史料選編》，北京，中華，一九七九年，第三卷。

㈡施建青　《從璦琿條約到北京條約》，出版地不詳，一九七七年。

㈢施紹常　《中俄國際約注》，光緒三十一年。

㈣胡叔仁譯　《俄羅斯簡史》，香港九龍，友聯，一九五八年。

㈤特布信、赫維民、張植華等編著　《沙俄侵略我國蒙古地區簡史》，呼和浩特，內蒙古人民，一九七九年。

㈥唐在禮　《蒙古風雲錄》，南昌，著者刊，一九一二年。

㈦孫幾伊　《中俄交涉論》，上海，大東，一九三一年初版。

㈧徐宗亮　《黑龍江述略》，北京，北京圖書館，二〇〇六年。

㈨徐景學　《俄國征服西伯利亞紀略》，黑龍江，黑龍江人民，一九八四年。

㈩翁同龢　《翁文恭公日記》，臺北，臺灣商務，一九二五年影印本。

㈠袁同禮　《中俄西北條約集》，華盛頓，撰者刊，一九六三年，新疆研究叢刊第四種。

㈡袁同禮　《伊犁交涉的俄方文件》，臺北，中央研究院近代史研究所，一九六六年。

㈢郝建恆等　《歷史文獻補遺——十七世紀中俄關係文件選譯》，北京，北京商務，一九八九年。

㈣馬齊等編　《清聖祖實錄》，臺北，華聯，一九六四年。

㈤國民外交叢書社　《中俄關係略史》，上海，中華，一九二六年。

㈤國家檔案局明清檔案館編　《義和團檔案史料》，北京，中華，一九五九年。

㈤宿豐林　《早期中俄關係史研究》，黑龍江，黑龍江人民，一九九九年。

㈤張玉芬主編　《清朝通史》，嘉慶朝分卷，北京，紫禁城，二〇〇二年。

㈤張羽新　《清代前期西部邊政史略》，哈爾濱，黑龍江教育，一九九五年第一版。

㈤張柳雲譯　《大斯拉夫主義之歷史與觀念》，臺北，政工幹部學校，一九六二年。

㈤張博泉等　《東北歷代疆域史》，吉林，吉林人民，一九八一年。

㈤張進泉　《黑龍江中俄關係四百年》，出版地不詳。

㈤張維華、孫西　《清前期中俄關係》，濟南，山東江西，一九九七年第一版。

㈤張鵬翮　《奉使俄羅斯日記》，上海，神州國光，一九四六年。

㈤曹廷杰　《東北邊防輯要》，北京，線裝，二〇〇三年。

㈤清代外交史料光緒朝　《中俄外交秘史》，光緒二十六年。

㈤畢桂芳　《外蒙交涉始末記》，臺北，文海，一九六八年初版。

㈤許景澄　《西北邊界地名譯漢考證》，成都，四川民族，二〇〇二年。

㈤許景澄　《許文肅公遺稿》，臺北，文海，一九六八年初版。

㈤許華國　《李鴻章的對俄外交》，出版地不詳，一九四七年。

㈤陳功甫　《日俄戰爭與遼東開放》，上海，上海商務，一九三一年。

㈤陳芳芝譯　《俄中戰爭義和團運動時期沙俄侵佔中國東北的戰爭》，北京，北京商務，一九八二年第一版。

㈤陳博文　《中俄外交史》，上海，上海商務，一九二八年初版。

㈤陳復光　《有清一代之中俄關係》，雲南，崇文，一九四七年。

㈤陳登元　《中俄關係述略》，上海，上海商務，一九二六年初版。

㈤科羅斯托維茨著，王光祈譯　《庫倫條約之始末》，上海，中華，一九三〇年初版。

㈤復旦大學歷史系　《沙俄侵華史》，上海，上海人民，一九七五年。

㈤曾友豪　《中國外交史（中俄關係）》，臺北，文海，一九七五年影印本。

㈤曾志淩　《中東路交涉史》，北平，建設，一九三一年初版。

㈢曾紀澤　《金軺籌筆》，臺北，臺灣商務，一九六六年臺二版。

㈢曾紀澤　《曾惠敏公奏議》，上海，出版者不詳，清光緒二十年石刊本。

㈢曾問吾　《中國經營西域史》，臺北，文海，一九三六年。

㈢曾鴻琛　《中蘇外交沿革史》，編者刊，一九二五年。

㈢程廷恆等　《呼倫貝爾志略》，北京，全國圖書館文獻縮微複製中心影印本，
二〇〇二年。

㈢程發軔　《中俄國界圖考》，臺北，蒙藏委員會，一九六九年。

㈢鈕仲勛　《準噶爾西北疆域考》，出版項不詳。

㈢黃大受　《中國近代史》，臺北，文匯，一九五九年再版，第三卷。

㈢楊　儒　《庚辛存稿》，中國社會科學院近代史，一九八 ?。

㈢楊培新　《華俄道勝銀行（沙俄侵華史內幕）》，香港，香港經濟與法律，一
九八七年。

㈢董啟俊　《近百年來之東北》，上海，正中，一九四六年。

㈢董景良　《一九〇〇一九〇一年俄國在華軍事行動資料》，出版地不詳，一九
八二年。

㈢董鴻禕　《中俄交涉史》，臺北，文海，一九八五年影印版。

㈢賈禎等編　《籌辦夷務始末咸豐朝》，臺北，文海，一九七〇年。

㈢鄒沅颿　《中俄界記》，武昌，亞新地學，宣統三年，第二冊。

㈢鄒尚友、朱枕薪編　《呼倫貝爾概要》，北平，東北文化，一九三〇年。

㈢雷　殷　《中東鐵路問題》，哈爾濱，國際協報館，一九二九年。

㈢椿　園　《西域聞見錄》，北京，全國圖書館文獻縮微複製中心影印本，二〇
〇三年。

㈢圖理琛　《異域錄》，臺北，臺灣商務，一九六五年。

㈢趙中孚　《清季中俄東三省界務交涉》，臺北，中央研究院近代史研究所，一
九七〇年初版。

㈢趙光運譯　《蘇俄通史》，臺北，政工幹部學校，一九六四年。

㈢趙叔鍵等《中國近代現代史》，臺北，今古文化，一九九三年修訂三版。

㈩趙雲田　《中國邊疆民族管理機構沿革史》，北京，中國社會科學，一九九三年第一版。

㈦齊耀貴　《日俄戰爭與中國》，出版項不詳。

㈤劉　彥　《中國近時外交史》，臺北，文海，一九八三年。

㈤劉　彥　《最近三十年中國外交史》，臺北，文海，一九八七年。

㈢劉　彥、李方晨　《中國外交史》，臺北，三民，一九六二年。

㈢劉民聲、孟憲章　《十七世紀沙俄侵略黑龍江流域編年史》，北京，中華，一九八九年第一版。

㈢劉祥熊　《清季十年之聯俄政策》，重慶，重慶三友，一九四三年。

㈢劉瑞麟編　《東三省交涉輯要》，一九一〇年常州劉氏刊本。

㈢劉遠圖　《早期中俄東段邊界研究》，北京，中國社會科學，一九九三年第一版。

㈢蔣建黻　《近代中國外交史資料輯要》，臺北，臺灣商務，一九三一年初版，上卷。

㈢鄭天挺主編　《清史》，臺北，雲龍，一九九八年。

㈢憲法新聞社　《中俄立約始末記》，出版地不詳，編者刊，一九一三年。

㈢遼寧師範學院政史系教研室　《沙俄侵佔旅大的七年》，遼寧，中華，一九七八年。

㈢錢　恂　《中俄界約斠注》，臺北，廣文，一九六三年。

㈢鍾　鏞　《西疆交涉志要》，臺北，臺灣商務，一九六五年臺二版。

㈢鍾廣生　《新疆誌稿》，臺北，文海，一九六六年。

㈢魏　源　《聖武記》，北京，中華，一九八四年第一版。

㈢羅家倫　《蘇俄的基本國策》，臺北，中央文物，一九五三年。

㈢羅麗達　《土爾扈特為甚麼西遷》，出版項不詳。

㈢蘭州大學歷史系　《中俄關係史論文集》，蘭州，甘肅人民，一九七九年。

二、外文參考書目

㈠日文

㈠佐藤弘著，養浩齋主人譯　『俄國蠶食亞洲史略』，東京。

㈡櫻井忠溫著，黃郛譯　『旅順實戰記「一名肉彈」』，北京，宣統元年。

㈢曾根俊虎　『俄國暴狀誌』，東京，明治三十七年。

㈣山內封界　『海參崴和濱海州』，東京，一九四三年。

㈤矢野仁一　『近代蒙古史研究』，東京，一九三九年。

㈡西文

Atkinson, T. W.　*Travels in the Regions of the Upper and Lower Amoor and the Russian Acquisitions on the Confines of India and China.* London, 1860.

阿特金森：《黑龍江上、下游地區的旅行》，倫敦，一八六〇年。

Bell, Sir Charles.　*Tibet, Past and Present.* Oxford, 1924.

貝爾：《西藏今昔》，牛津，一九二四年。

Bland, J. O.　*Recent Events and Present Policies in China.* London, 1912.

勃蘭德：《最近時局和現行對華政策》，倫敦，一九一二年。

Boulger, D. C.　*The life of Jakoob Beg.* London, 1878.

包羅杰：《阿古柏傳》，倫敦，一八七八年。

Butsinski, P.　*Zaselenie Sibiri* (*Colonization of Siberia*). Charkof, 1889.

布增斯基：《西伯利亞的移民》，哈爾科夫，一八八九年版。

Chen Agnes Fang Chih.　"Chinese Frontier Diplomacy: The Eclipse of Manchuria 1858–1860," *The Yenching Journal of Social Studies*, Vol. V, No. 1. July 1950.

陳芳芝：〈中國邊疆外交東北的侵蝕〉（一八五八至一八六〇），載《燕京社會科學學報》，一九五〇年七月，第五卷，第一期。

Chu Djang.　"War and Diplomacy over Ili", *The Chinese Social and Political*

Science Review, Vol. XX. October, 1936, No. 3.

章楚：〈關于伊犁問題的戰爭和外交〉，載《中國社會及政治學報》，一九三六年
　　十月，第二〇卷，第三期。

Churchill, R. P.　*The Anglo Russian Convention of 1907, Cedar Rapids.* Lowa,
　　1939.

邱吉爾：《一九〇七年英俄協定》，愛荷華，一九三九年。

Cluhb, O. E.　*China and Russia.* New York, London, 1971.

克拉布：《中國和俄國》，紐約、倫敦，一九七一年。

Clyde, Paul H.　*International Rivalries in Manchuria, 1689–1922.* Columbus,
　　1928.

克萊德：《滿洲的國際競爭》（一六八九至一九二二），美國哥倫布，一九二八年。

Cook, J.　*Voyage to the Pacific Ocean.* London, 1784.

庫克：《太平洋航行記》，倫敦，一七八四年版。

Corzon, G. N. C.　*The Pamirs and the Source of the Oxus.* London, 1898.

寇松：《帕米爾和阿姆河河源》，倫敦，一八九八年。

De Sabir, C.　*Le Fleuve Amo.* Paris, 1861.

德薩比爾：《黑龍江河》，巴黎，一八六一年版。

Dennett, Tyler.　*Roosevelt and the Russo Japanese War.* New York, 1925.

丹涅特：《羅斯福和日俄戰爭》，紐約，一九二五年。

Fischer, J. E.　*Sibirische Geschichte.* St. Petersburg, 1768, Russian edition, 1774.

費歇爾：《西伯利亞史》，聖彼得堡，一七六八年版，俄譯本於一七七四年版。

Foust, Clifford M.　*Muscovite and Mandarin:Russia's Trade WithChina and Its
　　Setting, 1727–1805.* U. S. A., 1969.

福斯特：《莫斯科人和清朝官員》（一七二七至一八〇五），美國，一九六九年。

Gerard, Auguste.　*Ma Mission en Chine ,1893–1897.* Paris, 1918.

施阿蘭：《使華記》（一八九三至一八九七），巴黎，一九一八年。

Gipps, G.　*The Fight in North China Up to the Fall of Tientsin City.* London,

1901.

吉普斯：《華北作戰記（至天津城陷落）》，倫敦，一九〇一年。

Golder, F. A.　*Russian Expansion on the Pacific, 1641–1850.* Cleveland, 1914.

戈爾德：《俄國在太平洋的擴張》（一六四一至一八五〇），美國克利夫蘭，一九
　　一四年。

Great Britain, *Foreign Office*, *Public Record Office. F. O.* 881/8926: *Memorandum
　　on the Correspondence Relating to the Proposed Agreement Between Great
　　Britain and Russia on the Subject of Tibet.* April, 1907.

英國外交部檔案，八八一至八九二六，《關于擬議中的英俄西藏協定的通訊備忘
　　錄》（一九〇七年四月）。

Henning, G.　　"Russland und China bis zum Vertrage von Nertchinsky," *die
　　Grenzboten.* Leipzig. March 3 and April 25, 1904.

亨寧：〈尼布楚條約前的俄國和中國〉（一九〇四年三月三日和四月二十五日），
　　《邊界使者》，來比錫。

Hoo Chitsai.　*Les bases conventionnelles des relations modernes entre la Chine et
　　la Russie.* Paris, 1918.

胡世澤：《近代中俄關係的條約根據》，巴黎，一九一八年。

Krausse, A. S.　*Russia in Asia, a Record and a Study, 1558–1899.* London, 1900.

克勞斯：《俄國在亞洲》（一五五八至一八九九），倫敦，一九〇〇年。

Lansdell, H.　*Russian Central Asia, Including Kuldja, Bokhara, Khiva and Merv,*
　　Vol. 1–2. London, 1885.

蘭斯德爾：《俄屬中亞細亞》，倫敦，一八八五至一八九九，第一/二卷。

Lobanov Rostovsky, A.　*Russia and Asia.* N. Y., 1933.

羅巴諾夫·羅斯托夫斯基：《俄國與亞洲》，紐約，一九三三年。

"Major General Ignatiev's Mission to Peking, 1859–1860," *Papers on China, Vol.*
　　10. Harvard University, 1956.

曼考爾：〈伊格納切夫少將的出使北京〉（一八五九至一八六〇），載美國哈佛大

學，《有關中國論文集》，一九五六年，第一〇號。

Malozemoff, Andrew. *Russian Far Eastern Policy, 1881–1904.* Berkeley, 1958.

馬洛澤莫夫：《俄國的遠東政策》（一八八一至一九〇四），柏克萊，一九五八年。

Mancall, Mark. *Russia and China.* Harvard University Press, 1971.

曼考爾：《俄國與中國》，哈佛大學，一九七一年。

Middendorf, A. Th. von. *Sibirsche Reis.* St. Petersburg, 1859.

米登多夫：《西伯利亞紀行》，聖彼得堡，一八五九年。

Monger, G. W. *The End of Isolation:British Foreign Policy 1900–1907.* Toronto and New York, 1963.

蒙格：《孤立的終止：一九〇〇至一九〇七年的英國對外政策》，多倫多和紐約，一九六三年。

Morley, J. W. ed. *Japan's Foreign Policy, 1868–1941.* Columbia University Press, 1974.

莫利：《日本的外交政策》（一八六八至一九四一），美國哥倫比亞大學，一九七四年。

Morse, Hosea B. *The International Relations of the Chinese Empire*, 3 Vols. London, 1910.

馬士：《中華帝國對外關係史》，倫敦，一九一〇年，三卷。

Oliphant, Laurence. *Narrative of the Earl of Elgin's Mission to China and Japan in the Years 1857, 1858, 1859*, 2 Vols. London, 1860.

俄理范：《額爾金伯爵出使中國和日本紀實》（一八五七至一八五九），倫敦，一八六〇年。

Popof, M. *Pervaja Morskaja Expeditsia K Ustju Reki Obi* (*First Expedition to the Mouth of the Ob.* St. Petersburg, 1907.

波波夫：《鄂畢河口第一次探險》，聖彼得堡，一九〇七年版。

Quested, R. K. I. *The Expansion of Russia in East Asia, 1857–1860.* Kuala Lumpur, 1968.

奎斯特德：《俄國在亞洲的擴張》（一八五七至一八六〇），吉隆坡，一九六八年。

Ravenstein, E. G.　*The Russians on the Amur*. London, 1861.

拉文斯坦：《俄國人在黑龍江》，倫敦，一八六一年。

Schrenck, L.　*Reisen und Forschungen in Amur Lande*. St. Petersburg, 1881.

施賴克：《阿穆爾地區旅行和考察記》，聖彼得堡，一八八一年。

Schwartz, Herry.　*Tsars, Mandarins, and Commissars*; *A History of Chinese Russian Relations*. New York, 1964.

施瓦茨：《沙皇、清朝官員和俄國委員：中俄關係史》，紐約，一九六四年。

Semyonov, Yuri.　*The Conquest of Siberi*. London, 1944.

尤里・謝緬諾夫：《西伯利亞征服記》，倫敦，一九四四年。

Strahlenberg, P. J.　*L'Empire de Russien*. Stockholm. 1730; London, 1738.

斯特拉蘭伯格：《俄羅斯帝國》，斯德哥爾摩，一七三〇年；倫敦，一七三八年。

Witsen, N.　*Noord en Oost Tartaren*. Amsterdam, 1705.

威特森：《北部和東部的韃靼》，阿姆斯特丹，一七〇五年。

㈢俄文

Бабков И. Ф.

Воспоминания о моей службе в Западной Сибири, 1859–1875. СПб., 1912.（巴布柯夫：《一八五九至一八七五我在西西伯利亞服務的回憶》，聖彼得堡，一九一二年。）

Бадмаев П. А.

Россия и Китай. СПб., 1905.（巴德瑪耶夫：《俄國與中國》，聖彼得堡，一九〇五年。）

Бантыш-Каменский Н.

Дипломатическое собрание дел между Российским и Китайским государствами с 1619 по 1792-й год. Казань, 1882.（班蒂什－卡緬斯基：《一六一九至一七九二年俄中外交資料匯編》，喀山，一八八二年。）

Баранов А.

Урянхайский вопрос. Харбин, 1913.（巴拉諾夫：《烏梁海問題》，哈爾濱，一九一三年。）

Барсуков Иван

Граф Николай Николаевич Муравьев-Амурский（Материалы для биографии.) кн. I–II, М., 1891.（巴爾蘇科夫編著：《穆拉維約夫──阿穆爾斯基伯爵（傳記資料）》，莫斯科，一八九一年。）

Бекмаханов Е. Б.

Присоединение Казахстана к России. М., 1957.（別克馬漢諾夫：《哈薩克斯坦合併於俄國》，莫斯科，一九五七年。）

Бережков В. М.

Страница дипломатической истории. Издательство “Международные отношения”, М., 1982.（貝列什柯夫：《外交史頁》，莫斯科國際關係出版社，一九八二年。）

Бестужев И. В.

Борьба в России по вопросам внешней политики 1906–1910. М., 1961.（別斯圖熱夫：《俄國在對外政策問題上的鬥爭》（一九〇六至一九一〇），莫斯科，一九六一年。）

Борлин Л.

Хамбо-Агван-Доржиев（*К борьбе Тибета за независимость*）— *Новый Восток,* №3, 1923.（柏林：〈阿旺·德爾智〉，載蘇聯《新東方》雜誌，一九二三年，第三期。）

Бродский Р. М.

Американская экспансия в Северо-Восточном Китае 1898–1905. Изд. Львовск. ун-та, 1965.（勃羅德斯基：《美國在中國東北的擴張》（一八九八至一九〇五），蘇聯，一九六五年。）

Буксгевден А.

Очерки дипломатических сношений России с Китаем, 1. Пекинский договор 1860 г. Порт-Артур, 1902. （布克斯蓋夫登：《一八六〇年北京條約》，旅順，一九〇二年。）

Бурцев В. Л.

Царь и внешняя политика, виновники Русско-Японской войны. По тайным документам Записка Гр. Ламсдорфа и Малинавой книге. Berlin, 1910. （布爾采夫：《沙皇和日俄戰爭肇事者的對外政策》，柏林，一九一〇年。）

Вартенбург

Рост России в Азии. Ташкент, 1900. （瓦爾堅堡：《俄國在亞洲的進展》，塔什干，一九〇〇年。）

Васильев А. П.

Забайкальские Казаки: исторический очерк. т. II–III, Чита, 1916–1918. （瓦西里耶夫：《外貝加爾哥薩克》，赤塔，一九一六至一九一八年，第二一三卷。）

Венюков М.

Путешествия по Приамурью, Китаю и Японии. Хабаровск, 1952. （維紐科夫：《阿穆爾地區、中國和日本之行》，哈巴羅夫斯克（伯力），一九五二年。）

Веселовский Н. И.

Материалы для истории Российской Духовной Миссии в Пекине. СПб., 1905. （維謝洛夫斯基：《俄國駐北京傳道團史料》，聖彼得堡，一九〇五年。）

Винокуров И. и Флорич Ф.

Подвиг адмирала Невельского. М., 1951. （維諾庫羅夫和弗洛里奇：《涅維爾斯科依海軍上將的功勛》，莫斯科，一九五一年。）

Витте С. Ю.

Воспоминания. Царствование Николая II. 1894-окт. 1905. ТТ. I–III. Берлин, 1922. （威特：《回憶錄》（一八九四至一九〇五），柏林，一九二二年，三卷。）

Внешняя политика России XIX и начала XX века. Документы Российского министерства иностранных дел. Серия I, т. 1-4, 6; Серия II, т. 1, М.,

1960–1972.（《十九世紀和二十世紀初的俄國對外政策》，俄國外交部文件集，莫斯科，一九六〇至一九七二年，第一一二集。）

Вышинский А. Я.

Дипломатический словарь. М., 1950.（維辛斯基主編：《外交辭典》，莫斯科，一九五〇年。）

Глинский Б. Б.

Пролог русско-японской войны. Материалы из архива графа С. Ю. Витте. Петроград, 1916.（格林斯基編：《日俄戰爭的序幕》，威特伯爵檔案資料，彼得格勒，一九一六年。）

Головачев П.

Россия на Дальнем Востоке. СПб., 1904.（戈洛瓦喬夫：《俄國在遠東》，聖彼得堡，一九〇四年。）

Гримм Э. Д. (сост.)

Сборник договоров и других документов по истории международных отношений на Дальнем Востоке (1842–1925). М., 1927.（格林姆編：《有關遠東國際關係史的條約及其他文件匯編》（一八四二至一九二五），莫斯科，一九二七年。）

Громыко А. А. (гл. ред.)

Дипломатический словарь. Т. 1–3, М., 1960–1964.（葛羅米科主編：《外交辭典》，莫斯科，一九六〇至一九六四年。）

Груздовский В. Е.

Приморско-Амурская окраина и Северная Маньчжурия. Владивосток, 1917.（格魯兹多夫斯基：《濱海──阿穆爾地區和北海》，海參崴，一九一七年。）

Демилова Н. Ф. и Мясников В. С.

Русско-китайские отношения в XVIII веке. 1700–1725 гг.（捷米洛娃和苗斯尼柯夫：《十八世紀俄中關係》（一七〇〇至一七二五年），莫斯科，一九七八年。）

Джамгерчинов Б.

Присоединение Киргизии к России. М., 1959.（賈姆格爾契諾夫：《吉爾吉斯合併於俄國》，莫斯科，一九五九年。）

Добров А.

Дальневосточная политика США в период руссико-японской войны. М., 1952.（多勃羅夫：《日俄戰爭時期的美國遠東政策》，莫斯科，一九五二年。）

Ефимов И. В.

Заметки и воспоминания. Граф Николай Николаевич Муравьев-Амурский пред судом профессора П. Н. Буцинского. СПб., 1896.（伊·葉菲莫夫：《布欽斯基教授對穆拉維約夫伯爵的評論和回憶》，聖彼得堡，一八九六年。）

Жданко М.

Роль моряков на Дальнем Востоке России. Владивосток, 1910.（日丹科：《水兵在俄國遠東的作用》，符拉迪沃斯托克（海參崴），一九一〇年。）

Избрант Идес и Адам Бранд

Записки о русском посольстве в Китай (1692–1695 гг.). М., 1967.（伊茲勃藍特·伊傑斯和亞當·勃藍德：《俄國使團使華筆記》（一六九二至一六九五年），莫斯科，一九六七年。）

Кириллов А. В.

Переселения в Амурскую Область. Труды членов приамурского отдела И.Р.Г.О.1895.（基利洛夫：〈阿穆爾省的移民〉，載《俄國地理學會阿穆爾分會會員著作集》，一八九五年。）

Кирхнер А. В.

Осада Благовещенска и взятие Айгуна, Благовещенск, 1900.（基爾赫涅爾：《圍攻布拉戈維申斯克和占領璦琿》，布拉戈維申斯克，一九〇〇年。）

Коростовец И. Я.

Россия на Дальнем Востоке. Пекин, 1922.（科羅斯托維茨：《俄國在遠東》，北京，一九二二年。）

Куропаткин А. Н.

Кашгария. Историко-географический очерк страны, ее военные силы, промышленность и торговля. СПб., 1879.（庫羅巴特金：《喀什噶爾的歷史、地理，軍事工業和貿易概況》，聖彼得堡，一八七九年。）

Куропаткин А. Н.

Записки генерала Куропаткина о русско-японской войне. Берлин, 1909.（庫羅巴特金：《俄日戰爭的總結》，柏林，一九〇九年。）

Куропаткин А. Н.

Русско-китайский вопрос. СПб., 1913.（庫羅巴特金：《俄中問題》，聖彼得堡，一九一三年。）

Леонтьев В. П.

Иностранная экспансия в Тибете в 1888–1919 гг. М., 1956.（列昂節夫：《外國在西藏的擴張》（一八八八至一九一九），莫斯科，一九五六年。）

Мартенс Ф. Ф.

Россия и Китай. СПб., 1881.（馬爾堅斯：《俄國與中國》，聖彼得堡，一八八一年。）

Минцлов С. Р.

Секретное поручение. (Путешествие в Урянхай). Рига.（明茨洛夫：《秘密的使命（烏梁海之行）》，里加。）

Мичи А.

Путешествие по Амуру и Восточной Сибири. СПб.-М., 1868.（米琪：《沿黑龍江和東西伯利亞旅行記》，聖彼得堡一莫斯科，一八六八年。）

Мясников В. С.

Империя Цин и Русское государство в XVII веке. М., 1980.（苗斯尼柯夫：《十七世紀清帝國與俄國》，莫斯科，一九八〇年。）

Нарочницкий А. Л. и другие

Международные отношения на Дальнем Востоке. Книга первая с конца XVI в. до 1917 г. М., 1973.（納羅奇尼茨基等著：《遠東國際關係（從十六世紀末至

一九一七年)》，莫斯科，一九七三年，第一卷。）

Окунь С. Б.

Российско-американская компания. М.-СПб., 1939.（奧孔：《俄美公司》，莫斯科一聖彼得堡，一九三九年。）

Письмо С. Ю.

Витте к Д. С. Сипягину (1900–1901 гг.)—Красный архив, 1926, Т. 5 (18).（〈威特致西皮亞金的信〉（一九〇〇至一九〇一），載蘇聯《紅檔》雜誌，一九二六年第五（總第一八）卷。）

Покровский М. Н.

Дипломатия и войны царской России в XIX столетии. Сборник статей, М., 1923.（波克羅夫斯基：《十九世紀沙皇俄國的外交和戰爭》，文集，莫斯科，一九二三年。）

Попов А.

Россия и Тибет.—Новый Восток, № 18, Nos. 20–21, 1927.（波波夫：〈俄國與西藏〉，載蘇聯《新東方》雜誌，一九二七年，第一八期及第二〇一二一期合刊。）

Потемкина В. П.

Библиотека внешней политики История дипломатии. Том 1, 2, 3. М., 1941（波切莫克娜：《對外政策叢書》，莫斯科，一九四一年，三卷。）

Похлебкин В. В.

Внешняя политика Руси, России и СССР (за 1000 лет). Издательство "Международные отношения", М., 1982.（波赫列柏金：《千年露西，俄羅斯和蘇聯對外政策》，莫斯科國際關係出版社。）

Прохоров А.

К вопросу о советско-китайской границе. М., 1975.（普羅霍羅夫：《關於蘇中邊界問題》，莫斯科，一九七五年。）

Прохоров А. М.

Советский энциклопедический словарь. М., 1984.（普羅霍羅夫：《蘇維埃百科

辭典》，莫斯科，一九八四年。）

Пясецкий П. Я.

Неудачная экспедиция в Китай (1874–1875). СПб., 1881.（皮謝茨基：《一八七四至一八七五年到中國不成功的考察》，聖彼得堡，一八八一年。）

Романов Б. А.

Россия в Маньчжурии (1892–1906). Л., 1928.（羅曼諾夫：《俄國在滿洲》（一八九二至一九〇六），列寧格勒，一九二八年。）

Романов Б. А.

Очерки дипломатической истории русско-японской войны (1895–1907). М.-Л., 1955.（羅曼諾夫：《日俄戰爭外交史綱》（一八九五至一九〇七），莫斯科—列寧格勒，一九五五年）

Романов Б. А.

Очерк дипломатической истории русско-японской войны (1895–1907). Изд. 2-е, АН СССР. М.-Л., 1955.（羅曼諾夫：《日俄戰爭外交史綱》（一八九五至一九〇七），莫斯科—列寧格勒，一九五五年，蘇聯科學院，第二版。）

Саввин В. П.

Взаимоотношения царской России и СССР с Китаем (1619–1927). М.-Л., 1930.（薩文：《沙俄及蘇聯與中國的相互關係》（一六一九至一九二七），莫斯科—列寧格勒，一九三〇年。）

Свечников А. П.

Русские в Монголии (Наблюдения и выводы), Сборник работ относительно Монголии (Халхи). СПб., 1912.（斯維奇尼科夫：《俄國人在蒙古》，聖彼得堡，一九一二年。）

Семенов-Тянь-Шанский П. П.

Путешествие в Тянь-Шань в 1856–1857 гг. М., 1946.（謝苗諾夫：《天山遊記》（一八五六至一八五七年），莫斯科，一九四六年。）

Скальковский К.

Внешняя политика России и положение иностранных держав. СПб., 1897.
（斯卡列科夫斯基：《俄國的對外政策和各國情況》，聖彼得堡，一八九七年。）

Скачков П. Е. и Мясников В. С.

Русско-китайские отношения в XVIII веке 1689–1916 гг. М., 1958.（斯卡什柯夫和苗斯尼柯夫：《一六八九至一九一六年俄中關係》，莫斯科，一九五八年。）

Коростовец И. Я.

Страница из истории русской дипломатии. Русско-японские переговоры в Портсмуте в 1905 г. Дневник И. Я. Коростовца, секретаря графа Витте. Изд. 2-е. Пекин, 1923.（科羅斯托維茨：《樸茨茅斯和會日記》，北京，一九二三年，俄文第二版。）

Тихвинский С. Л. и др.

Русско-Китайские отношения в XVII веке (материалы и документы). М., Т. I, 1969; Т. II, 1972.（齊赫文斯基等：《十七世紀俄中關係文件集》，一九六九年，第一卷；莫斯科，一九七二年，第二卷。）

Трусевич Х.

Посольство и торговые отношения России с Китаем (до XIX века). М., 1882.（特魯塞維奇：《俄中通使與通商關係》，莫斯科，一八八二年。）

Унтербергер П. Ф.

Приморская область 1856–1898 гг. СПб., 1900.（翁特爾別格：《濱海省一八五六至一八九八年》，聖彼得堡，一九〇〇年。）

Ушаков Д. Н.

Толковый словарь русского языка. Том 1, 2, 3, 4, 5, 6, 7. М., 1934.（烏沙柯夫：《俄文詳解字典》，莫斯科，一九三四年。）

Фурсенко А. А.

Борьба за раздел Китая и Американская доктрина открытых дверей, 1895–1900. М.-Л., 1956.（富爾森科：《瓜分中國的鬥爭和美國門戶開放政策》（一八九五至一九〇〇），莫斯科—列寧格勒，一九五六年。）

Халфин Н. А.

Политика России в Средней Азии (1857–1868). М., 1960. （哈爾芬:《俄國在中亞的政策》（一八五七至一八六八），莫斯科，一九六〇年。）

Хвостов В. М.

История дипломатии. (1871–1914). Т. II. М., 1963. （赫沃斯托夫主編:《外交史》（一八七一至一九一四），第二卷，莫斯科，一九六三年。）

Шрейдер Д. И.

Наш Дальний Восток (три года в Уссурийском крае). СПб., 1897. （什列伊杰爾:《我們的遠東（烏蘇里邊區三年)》，聖彼得堡，一八九七年。）

Щебеньков В. Г.

Русско-китайские отношения в XVII веке, 1608–1683 гг. том 1, М., 1960.

謝實柯夫:《一六〇八至一六八三年俄中關係》，第一冊，莫斯科，一九六〇年。

政治學

呂亞力／著

本書共分四篇三十三章，第一部分是政治學學科的介紹，教學上可把這兩章放在最後講解。第二部分基本上遵循傳統的政治學，但也增添一些行為學者的研究而與坊間其他同類型著作有所不同。第三部分自第二十章起至第二十四章，為純粹行為政治學的素材；第四部分介紹一些國際關係的知識，主要是針對無法修習國際關係課程的讀者之需要。而意識型態與地方政府兩方面的常識，為政治學入門者所不可缺乏，故特使其自成單元，一併列入。

政治學概論

劉書彬／著

亞里斯多德說：「人是政治動物。」從健保費調漲、油價漲跌、中國毛巾進口、ETC 招標弊端、貓空纜車事故等新聞中，不難發現政治離生活不遠。有鑑於此，本書嘗試以臺灣遭遇的事件為例，用深入淺出的筆調講解政治學的基本概念原則，期盼經由本書的出版，協助讀者建立對政治學的興趣及基本的民主法治知識，進而能夠觀察、參與政治，落實自律、自主的民主理想。

政治學

薩孟武／著

本書是以統治權為中心觀念，採國法學的寫作方式，共分為五章：一是行使統治權的團體——國家論；二是行使統治權的形式——政體論；三是行使統治權的機構——機關論；四是國民如何參加統治權的行使——參政權論；五是統治權活動的動力——政黨論。書中論及政治制度及各種學說，均舉以敷暢厥旨，並旁徵博引各家之言，進而批判其優劣，是研究政治學之重要經典著作。

比較政府與政治

李國雄／著

本書採用共同的分析架構，探索英、法、德、日、俄、中、歐盟等的歷史背景、地理因素、社會結構、文化因素，以及政經關係等客觀環境，藉以說明各國正式及非正式政治制度成形的背景，及實際運作的真相，以作為各國相互比較的基礎。

西洋古代政治思想家——蘇格拉底、柏拉圖、亞里斯多德

謝延庚／著

　　本書以希臘三哲為主題，剖析其學術旨趣與彼此間的思想傳承。從蘇格拉底之死到後亞里斯多德時代的亂世哲學——亦即城邦沒落，個人與國家分離所衍生的引退或遁逃思想。其間不乏引人入勝的關鍵論點，諸如知識與道德的關係、如何在亂世中自求多福。作者默察繽紛與寥落，頗能執簡馭繁，以敏銳的筆觸提出精闢的論述和詮釋，絕對值得您一讀。

邁向「歐洲聯盟」之路

張福昌／著

　　本書追溯五十年來歐洲統合的歷史，從1950年舒曼計畫開始到「歐洲聯盟」的誕生，剖析歐洲統合的思想緣起、統合的方法與成果，「歐洲聯盟」的組織架構、十五會員國的概況以及「歐洲聯盟」的擴大與影響。期使讀者能夠掌握歐洲統合的脈動，以作為分析歐洲現實動向的基礎；並從歐洲統合的經驗當中，思索出兩岸未來的和平方向。

現代西洋外交史——兩次世界大戰時期

楊逢泰／著

　　漫長的戰爭並未換來長期的和平，第二次世界大戰即因前次戰爭的惡果爆發，演變成一場全球性的長期戰爭。戰爭帶來的災害，成為人們的夢魘，因此兩次大戰結束後，都曾建立國際性的組織，期望以外交方式解決國際紛爭，消弭戰火。人類面臨新穎的世界，有悲觀的看法，也有樂觀的態度，如何進入一個沒有戰爭的時代，成為一個莊嚴、偉大且責無旁貸的任務與挑戰。

行政學

吳瓊恩／著

　　自六〇年代起，我國行政學已發展將近五十年之久。多年來，行政學作為一門獨立學科，始終難以突破學術西方化的限制。本書宏旨即在因應本學科的特性，透過吸收西方理論的精華，而以哲學的角度透析理論的預設及條件，並批判過度理性主義的謬誤，藉此擺脫韋伯預言的「鐵的牢籠」，從而提出具有人文特色亦即中國式的行政學理論，允為行政學研究者最重要的參考依據。

社會學理論——從古典到現代之後　　石計生／著

　　「社會」，一個日常生活中經常聽到的詞彙，一般人通常不假思索地接受它，卻鮮有認真觀察社會樣貌的能力；本書正是一本提供讀者經由閱讀社會學家所提出的各式解釋「社會」的理論，而從中發現理解之道的途徑。

社會運動概論　　何明修／著

　　社會運動本是一種複雜的現象，因此作者不預設社會運動的本質，而從各種經驗現象出發，導入諸多理論觀點，容納更豐富的議題討論，一同描繪出社會運動的萬千風貌。此外，本書更以本土經驗與外國理論對話，援引臺灣社會運動的研究成果，讓抽象的概念與理論，也能融入本土的參照點！

社會學概論——蘇菲與佛諾那斯的生活世界　　王崇名／著

　　本書作者從事通識教育社會學課程多年，並曾於臺中監獄的菸毒戒治所擔任講師，對於非社會學本科系入門者的啟蒙工作擁有豐富的經驗，能帶領您以最輕鬆有趣的姿態來認識社會學，藉此為國內大眾揭開「社會學」這門新興學問的神秘面紗。

韋伯論中國傳統法律——韋伯比較社會學的批判

林　端／著

　　長久以來，西方人對中國的看法，一直受到韋伯比較社會學的影響：為了彰顯現代西方的獨特類型，韋伯將中國作為對比類型的傳統社會代表。本書以中國傳統法律為例，嘗試對韋伯提出批判：指出其比較法律社會學裡二元對立式的理念型比較的侷限，並說明了韋伯對中國傳統法律與司法審判看法上的誤解與限制。

批判社會學 黃瑞祺／著

　　本書從定位批判社會學開始，在社會學的三大傳統之間，釐清批判社會學的地位和意義。繼則試圖站在批判理論的立場上來評述主流社會學。再則從容有度地探批判理論的興起、義蘊以及進展。最後乃是從批判社會學的立場來拓展知識社會學的關注和架構。本書的導言和跋語是從現代性的脈絡來理解批判社會學。現代性／社會學／批判社會學乃本書的論述主軸。

全球化與臺灣社會：人權、法律與社會學的觀照

朱柔若／著

　　臺灣在全球化動力的推促下，似乎正朝向某種單一、多元又共通的整體發展。在這個背景下，本書首先以全球化與勞工、人權與法律開場，依序檢視全球化與民主法治、全球化與跨國流動、全球化與性別平權，以及全球化與醫療人權等面向下的多重議題，平實檢討臺灣社會在全球化的衝擊之下，展現的多元面貌與所面對的多元議題。

俄羅斯史——謎樣的國度 周雪舫／著

　　本書始於 862 年俄國建立第一個政府「基輔羅斯」，終於 1999 年 12 月 31 日葉爾欽辭去總統職務為止，依時間順序展開敘述，旁及各時期的政治、外交、經濟、社會、文化等各層面，希冀將俄羅斯千餘年來的發展特色呈現給讀者，為您解開俄羅斯這個俄國詩人布洛克口中的「難解的迷」。